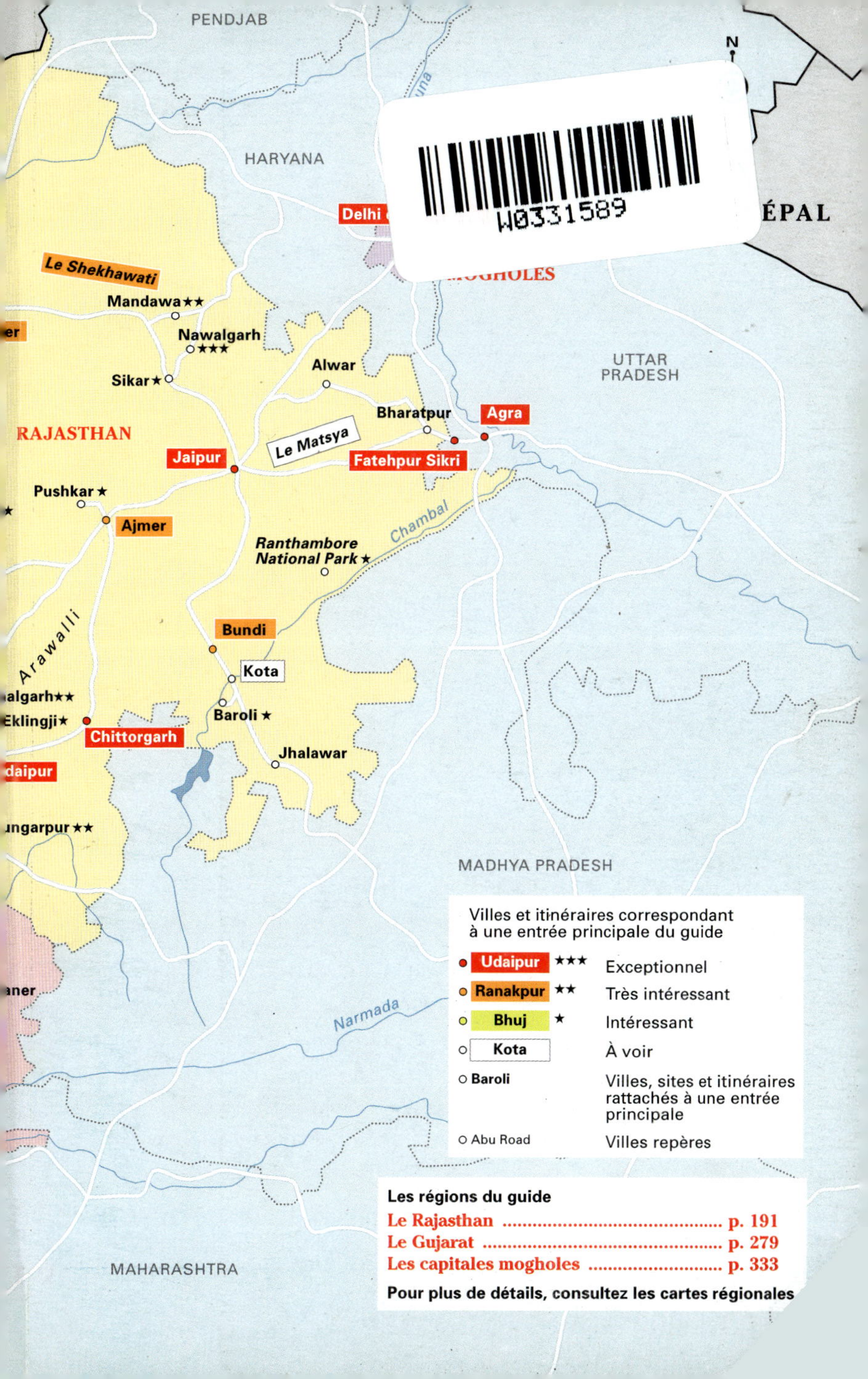
N
PENDJAB
HARYANA
Delhi
ÉPAL
MOGHOLES
Le Shekhawati
Mandawa★★
Nawalgarh ★★★
Sikar★
Alwar
UTTAR PRADESH
Bharatpur
Agra
RAJASTHAN
Le Matsya
Jaipur
Fatehpur Sikri
Pushkar★
Ajmer
Chambal
Ranthambore National Park★
Arawalli
Bundi
Kota
Baroli★
Jhalawar
Chittorgarh
MADHYA PRADESH
Narmada
MAHARASHTRA
Villes et itinéraires correspondant à une entrée principale du guide
Udaipur ★★★ Exceptionnel
Ranakpur ★★ Très intéressant
Bhuj ★ Intéressant
Kota À voir
Baroli Villes, sites et itinéraires rattachés à une entrée principale
Abu Road Villes repères
Les régions du guide
Le Rajasthan .... p. 191
Le Gujarat .... p. 279
Les capitales mogholes .... p. 333
Pour plus de détails, consultez les cartes régionales

Rajasthan - Gujarat

Agra, Delhi et Fatehpur Sikri

Note sur la graphie des mots indiens

L'orthographe des noms indiens est soumise à interprétation. L'éditeur s'est conformé à l'usage le plus généralement admis. En dehors de la translitération scientifique rigoureuse, l'usage varie suivant les époques et les auteurs. Par exemple, le nom désignant l'État du Panjab est transcrit par les Britanniques Punjab afin de lui conserver en anglais sa prononciation d'origine. Les prononciations françaises « pounjab » ou « pendjab » ne correspondent à aucune réalité. La transcription française devrait être panjab afin de traduire une prononciation correcte. Ainsi en est-il de mots comme Lucknow, transcription anglaise de Laknau, ou de Dussehra, pour transcrire Dashahara. Sont en italiques (et sous leur forme invariable) les mots étrangers. Les mots d'origine étrangère passés dans la langue française sont en romain et suivent les règles orthographiques de celle-ci.

À nos lecteurs

Aussi scrupuleusement établi soit-il, ce guide n'est pas à l'abri des modifications de dernières minutes, d'erreurs ou d'omissions. Ne manquez pas de nous faire part de vos remarques par courrier (43, quai de Grenelle, 75905 Paris Cedex 15) ou par e-mail (bleus@hachette-livre.fr). Informez-nous aussi de vos découvertes personnelles : nous accordons la plus grande attention au courrier de nos lecteurs.

Rajasthan
Gujarat

Agra, Delhi et Fatehpur Sikri

GUIDES BLEUS

Direction :	Nathalie Pujo
Direction littéraire :	Armelle de Moucheron
Responsable de collection :	Béatrice Hemsen-Vigouroux
Édition :	Peggy Dion, Anne Grobert
Introductions :	Pierre Amado (textes mis à jour par Serge Bathendier pour l'édition 2006), Jackie Assayag, Françoise Delvoye, Dominique-Sila Khan, Jacques Pouchepadass
Rédaction générale :	Serge Bathendier, Catherine Bourzat
Avec la collaboration de :	Isabelle Ferrière, Nathalie Foucard, Géraldine Péron, Marc Rousseau
Cartographie :	Frédéric Clémençon, Aurélie Huot
Illustrations :	Éric Geoffroy, Bruno Mallart, Coralie Moulin
Informatique éditoriale :	Lionel Barth
Lecture-correction :	Michel Mazoyer
Fabrication :	Amandine Sevestre
Conception graphique :	Couverture : François Supiot ; intérieur : Emmanuel Le Vallois
Mise en pages :	Étienne Hénocq

Crédit photographique :	Les chiffres romains renvoient aux pages couleur illustrées
Couverture	plat 1 : X. Zimbardo/Hoa Qui - dos : F. Soltan/Hoa Qui
P. 156, 161, 369	P. Amado
P. 185, 278, 296, 343, 363, 378, I (hd et cg), II, III, IV, V, VII (cd et cg), IX (hg), X (hd), XI, XII (hd), XIII, XV, XVI (hd et c)	C. Bourzat
P. XII (c et bd)	B. Ellena
P. 180	P. Fabris
P. 169, I (bg), VI, VII (h et bd), IX (bd), X (bg), XII (hg)	Anne Garde
P. 181	C. Masson/Enguérand
P. VIII	RMN-Arnaudet
P. 93, 153, 154, 162, 163, 165, 166, 168, 301, 318, 343	Hachette Livre
P. 103	D. R.
P. XVI (bd)	G. Sioen/Rapho
P. XIV	A. Walliser

Nos remerciements vont à l'Office du Livre qui nous a permis de reproduire les dessins des pages 140-141, 332, 358, tirés des ouvrages *Inde* et *Inde islamique* (de la coll. « Architecture universelle »).

43, quai de Grenelle, 75905 Paris Cedex 15 ; www.hachette.com

Sommaire

Sommaire

Découvrir le Rajasthan et le Gujarat

Partir

Séjourner

Comprendre

Visiter

Le Rajasthan

En savoir plus

Abréviations et symboles

alt.	altitude
a.-m.	après-midi
apr.	après
av.	avant
avr.	avril
ch.	chambre
cm	centimètre
déc.	décembre
dim.	dimanche
dr.	droite
E.	est
ens.	ensemble
env.	environ
f.	fermé
fév.	février
g.	gauche
h	heure
ha	hectare
hab.	habitant
ill.	illustration
inf.	information
j.	jour
J.-C.	Jésus-Christ
janv.	janvier
jeu.	jeudi
juil.	juillet
km	kilomètre
kWh	kilowattheure
lun.	lundi
m	mètre
†	mort
mar.	mardi
mer.	mercredi
mn	minute
N.	nord
nov.	novembre
O.	ouest
oct.	octobre
OT	Office du tourisme
ouv.	ouvert
p.	page
pl.	place
prom.	promenade
Rd	Road
r.d.c.	rez-de-chaussée
rens.	renseignements
rés.	réservation
Rs	roupies
s.	siècle
S.	sud
sam.	samedi
sem.	semaine
sept.	septembre
seul.	seulement
sf	sauf
St.	Street
t	tonne
t.a.	toute l'année
t.l.j.	tous les jours
tx	télex
v.	vers
ven.	vendredi
vis.	visite
▶	début de détour
◀	fin de détour
→	se reporter à
☎	téléphone
ℹ	information

Classification des sites, villes, monuments, musées...

★	Intéressant
★★	Très intéressant
★★★	Exceptionnel

Une présentation rapide du Rajasthan et du Gujarat pour mieux organiser votre voyage

Découvrir

Découvrir
le Rajasthan et le Gujarat

Une antique tradition de commerce, par les voies des caravanes traversant le désert, ou les routes maritimes, tournées vers l'Arabie, la longue saga de l'aristocratie rajpoute, farouches combattants en temps de guerre, monarques mécènes en temps de paix : tout cela a scellé les marches occidentales de l'Inde – Gujarat et Rajasthan – dans un destin commun.

Être gujarati aujourd'hui est devenu synonyme d'une communauté tournée vers l'avenir et d'une diaspora entreprenante. Pourtant, le Gujarat est aussi une terre de pasteurs – Bharwad ou Rabari – et d'indéfectible attachement aux traditions.

Le Rajasthan, lui, représente à l'inverse un esprit quelque peu passéiste, encombré de rites et de codes sociaux, légués par les princes rajpoutes. Il est vrai que leurs descendants arborent toujours leurs titres, bien que dépouillés de leurs prérogatives par J. Nehru et de leurs rentes par I. Gandhi. Mais, nombre de ces *raos, ranas* ou *rajas*, petits ou grands, se sont reconvertis dans les nouvelles orientations qu'ouvrent la politique et la finance. D'ailleurs, le Rajasthan, anachronique « Pays de Rois » tout marqueté de palais et de forteresses, est aussi le berceau d'une longue dynastie de négociants, les Marwari.

Aux marches de l'Inde, le dialogue historique entre les seigneurs, batailleurs mais protecteurs, et les marchands, riches mais prodigues, a donné lieu à des merveilles dans ces contrées parfois désolées – steppe du Saurashtra, désert de Thar ou marais du Kutch. Une infinité de palais, parfois pour un royaume de quelques arpents de terre, d'innombrables *haveli,* demeures ostentatoires des commerçants ou des ministres, ont poussé dans les villes et les villages du Gujarat et du Rajasthan. Leur luxe, raffiné ou tapageur, s'exprime en d'époustouflants décors : cohortes de divinités peintes au plafond ou sur les murs, éclats de miroirs créant des espaces illusoires, grès ou teck ciselés à l'infini par le ciseau du sculpteur.

Tant d'attraits ont excité les convoitises. Aussi, lorsque l'Inde du Nord passa aux mains des Moghols, ceux-ci entreprirent d'abattre la puissance rajpoute et de faire main basse sur les richesses du Gujarat. Chittorgarh, l'imprenable citadelle du Rajasthan, Ahmedabad, opulente capitale du Gujarat, tombèrent à quatre ans d'intervalle, à la fin du XVIe s. Pourtant, malgré cette fusion politique avec l'Hindoustan moghol, la terre des marchands et des seigneurs ne perdit jamais sa séduisante personnalité. Elle est toujours l'Inde de rêve.

Que voir

Les plus vieilles cités de l'Inde

Les fouilles archéologiques ont permis de mettre au jour les vestiges de ports et de cités des plus anciennes civilisations du sous-continent, notamment de celle de l'Indus. Les passionnés d'histoire ancienne iront à leur découverte à Lothal* ou à Dwarka *(Saurashtra)*.

Des forteresses imprenables

Elles sont l'image même de la fierté et de la bravoure rajpoutes : Chittorgarh***, forteresse naturelle dominant la plaine alentour ; Jodhpur***, fief des chevaliers Rathore ; Jaigarh*, au-dessus du fort d'Amber *(p. 217)*, coffre-fort des princes qui y déposaient leur trésor ; Jaisalmer*** et son rempart de 5 km hérissé de 99 bastions ; Kumbhalgarh** *(p. 250)*, dont les murailles serpentent sur les pentes des Arawalli ; Bhuj*, aux confins de l'Inde et du Pakistan ; le fort de Junagadh**, au pied du mont Girnar.

Des palais somptueux

Ils évoquent l'Inde des livres d'images : les belles façades d'Udaipur*** surplombant son lac ; le château suspendu de Bundi** ; les salles d'audience de Samode** *(p. 254)* ; le palais-pièce montée de Dungarpur** *(p. 266)* ou Amber*** et son palais de miroirs *(p. 216)*. Dans chacun de ces palais resplendit encore le faste dont s'entouraient ces guerriers infatigables.

Les *haveli*

Dans le Marwar et le désert de Thar, le Saurashtra et la plaine du Gujarat, la prospère corporation des baniyas a rivalisé avec ses seigneurs en se faisant bâtir de véritables petits palais. Balcons ouvragés toisant les ruelles de Jaisalmer***, façades de teck ciselé des pols d'Ahmedabad** ou de Vaso* *(p. 299)*. Dans le décor peint des *haveli* du Shekhawati**, les innovations du monde occidental – train, bicyclette ou automobile – se mêlent à la mythologie traditionnelle, voire à des scènes érotiques. À Sidhpur* *(p. 312)*, les façades victoriennes des demeures des Bohra alignent sagement des couleurs de bonbons anglais.

Des caravanes de chameaux

Depuis le Ier millénaire avant notre ère, le dromadaire est le véhicule du désert de Thar, des marais du Kutch et des steppes du Kathiawar. Dans les ballades des bardes du désert, il est la monture des princes et des marchands. À Jaisalmer *(p. 223)*, les joueurs de ravannatha improvisent sur l'air du « gorbhand », le harnais du dromadaire, orné de pompons de laine aux couleurs éclatantes et de petits miroirs. Lors des grandes foires de Nagaur *(p. 242)*, Vautha *(p. 294)* et Pushkar *(p. 186)*, des milliers de bêtes sont amenées pour être vendues.

Pour en savoir plus sur les contes et légendes, en particulier sur les joueurs de ravannatha, du Rajasthan, reportez-vous aux Tristes noces de Pabuji *(p. 175)*. Vous pourrez également découvrir La ballade de Dhola et Maru *(p. 229)*.

La ferveur populaire

Au Rajasthan, il y a autant de dieux que de légendes. On s'en convainc en visitant la galerie des héros de Mandore *(p. 240)*. Baba Ramdeo unit hindous et musulmans dans une même foi en son temple de Ramdeora *(p. 234)* ; la longue geste de Pabuji, preux rajpoute, est évoquée par les bardes Bhopa, pour guérir les malades. La déesse s'est incarnée au pays des fils de rois, en la personne de Karni Mata, à qui on rend un culte au temple de Deshnoke* *(p. 190)*, peuplé de centaines de rats sacrés qui courent allégrement entre les jambes des fidèles et des visiteurs.

■ Montagnes sacrées et dentelles de marbre des jaïns

Le Gujarat possède deux lieux de pèlerinage jaïns, tous deux perchés au sommet d'une montagne : Palitana★★★ *(p. 314)* et le mont Girnar★★ *(p. 308)*. Au terme d'une longue ascension, on est récompensé par de superbes paysages et la riche parure sculptée des sanctuaires. Au Rajasthan, les dons des riches marchands jaïns ont permis d'offrir à leur communauté de magnifiques temples décorés à profusion : à Ranakpur★★ *(p. 247)*, blotti dans une région de collines ; au mont Abu★★★ *(p. 178)* ; ou encore à l'intérieur du fort de Jaisalmer★★★.

■ Les noces de l'Inde et de l'islam

L'architecture musulmane du Gujarat est l'une des plus originales de l'Inde. Née de la commande des sultans et de leur cour, elle fut façonnée par le ciseau des maçons-sculpteurs hindous. Autant de lieux à découvrir : mosquées d'Ahmedabad★★ *(p. 281)*, prises dans les mailles des rues de la vieille ville, Champaner★★★ *(p. 299)*, capitale abandonnée et petite Fatehpur Sikri du Gujarat, ou les mausolées de Sarkhej★ *(p. 293)* édifiés autour d'un grand bassin.

■ La passion des étoffes

Au temps où Cambay était l'un des plus grands ports du monde, les convois chargés des soies précieuses de Chine renonçaient à la périlleuse traversée de l'Asie centrale pour suivre le cours de l'Indus jusqu'aux rives de la mer d'Oman. C'est là, après l'ultime épreuve de la traversée du Thar, que l'on déroulait les ballots de soie brute pour rehausser de lumière couvertures et tentures murales. Les brocarts ou les « tissus de vent » du Gujarat étaient achetés à prix d'or par les cours royales d'Asie mineure ou d'Indonésie, ou celles, plus proches, des princes rajpoutes et des Grands Moghols. De Bhuj★ *(p. 301)* à Jaisalmer★★★, des femmes, vêtues comme des princesses, perpétuent de leurs doigts de fée l'éclat des broderies d'antan. Outre des cotonnades bon marché, on trouve au Gujarat de somptueuses pièces comme les saris tissés de fils d'or, spécialité de Surat. Les villages des environs de Bhuj offrent l'occasion d'observer la dextérité des brodeuses ; la visite de Patan *(p. 311)* permet de s'initier au savant travail des sari patola ; à Ahmedabad, le Calico Museum★★★ *(p. 290)* s'est consacré avec passion à l'art textile.

■ Des peintures murales aux miniatures

La miniature hindoue a trouvé ses accents les plus charmeurs au Rajasthan, qu'il s'agisse de représentations d'épisodes de la geste de Krishna ou de galantes scènes de cour. Peintes sur papier, soie, ivoire, mais aussi décorant les murs des palais et riches demeures, elles évoquent toujours un monde coloré et vivant, d'où le pittoresque n'est jamais absent. Ainsi, par exemple, un panneau mural du palais de Bundi★★ *(p. 192)* où l'on découvre la ville d'il y a deux siècles, corsetée de remparts, avec son bazar aux mille métiers ; ou encore les portraits des maîtres de Kota *(p. 197)* qui ornent un pavillon de leur ancien palais. Quant aux délicates miniatures proprement dites, il faut les découvrir dans les collections des palais, à Jaipur★★ et à Kota★, dans celle de la galerie Nanala C. Mehta★★ d'Ahmedabad *(p. 281)*, ou auprès des artisans d'Udaipur *(p. 259)* qui, depuis trois siècles, génération après génération, maintiennent la tradition.

■ Farniente sous les cocotiers ou méharée dans le désert

Le Gujarat compte quelques très belles plages équipées d'hôtels ou de bungalows. Signalons surtout celles de l'île de Diu et, sur le continent, celles de Chorwad *(p. 319* et Mandvi *(p. 304)*. Quant au désert autour de Jaisalmer, on le parcourt au pas d'un dromadaire au cours d'un safari de quelques jours ; plusieurs agents de voyages locaux organisent ce type de randonnée.

La terre du lion d'Asie et les amours du flamant rose

Plus petit que son cousin africain, le lion d'Asie prospère aujourd'hui dans la réserve de Gir Forest* *(p. 319)*. Quant aux flamants, ils s'assemblent l'hiver sur les berges du lac Nal *(p. 294* avant de s'envoler vers les marais du Rann du Kutch *(p. 301)* pour s'y reproduire. Le petit Rann du Kutch est aussi une terre d'élection pour l'onagre, ou âne sauvage, autre espèce menacée. Au Rajasthan, on retiendra essentiellement Bharatpur* *(p. 246)* pour ses oiseaux et Ranthambhore N. P.* *(p. 200)* pour ses tigres, deux des plus célèbres réserves de l'Inde ; au S. de Jodhpur, des troupeaux d'antilopes paissent paisiblement aux abords des villages des Bishnoï, qui les respectent et les protègent.

Des légumes à toutes les sauces

Ne manquez pas de goûter l'un de ces succulents *thali*, spécialité du Gujarat : on vous servira sur un plateau un assortiment de légumes accommodés de différentes et savoureuses façons, accompagné de riz et de condiments.

Propositions de circuits

Le Gujarat et le Rajasthan réunis représentent la superficie de la France. Grâce à son réseau routier globalement correct et surtout à d'importantes possibilités de logement à travers tout l'État, dans les villes et les villages, le Rajasthan peut à lui seul faire l'objet d'un voyage au cours duquel on pourra apprécier ses différentes facettes : humaine, géographique et artisanale.

Le Gujarat dispose d'un des meilleurs réseaux aériens du pays et de nombreux aéroports. Il est donc facile de concevoir un itinéraire exclusivement consacré à cet État en gagnant directement l'un de ses nombreux ports d'entrée depuis Bombay. Les distances pourront vous paraître importantes, mais dans l'ensemble les routes du Gujarat sont assez bonnes et permettent d'atteindre des moyennes d'env. 60 km/h.

Attention aux abords des grandes villes (Jaipur, Udaipur, Kota) et à la circulation sur la route Udaipur-Ahmedabad-Baroda-Bombay : le trafic des poids lourds y est très dense et peut créer des embouteillages impressionnants.

Par la route, vous combinerez aisément un voyage entre les deux États, ou avec le Madhya Pradesh et l'Uttar Pradesh voisins. En venant de Delhi, on entre aisément au Rajasthan, soit directement par la région du Shekhawati, soit en faisant étape à Agra et Fatehpur Sikri avant de gagner Jaipur. Depuis le Rajasthan (Udaipur, Dungarpur ou le mont Abu), vous avez la possibilité de rejoindre le N. du Gujarat en filant directement sur Ahmedabad ou en faisant étape à Poshina ou Balaram ;

il existe également une route entre Jaisalmer et Bhuj. Depuis Mandu ou Dhar (Madhya Pradesh), vous gagnerez Baroda par la route de Jhabua et les belles mosquées de Champaner, ou par celle, plus difficile, des grottes de Bagh.

1 Au pays des rois (Rajasthan)

Un circuit de 20 j. qui prend en compte les sites incontournables du Rajasthan, avec des suggestions pour varier les étapes et les plaisirs.

1er-2e j. Le **Shekhawati****. Venant de Delhi, vous entrerez au Rajasthan par cette région de demeures de marchands, peintes de sujets naïfs. Vous pourrez loger agréablement dans l'un des nombreux palais de la région aménagés en hôtel.

3e j. Depuis **Fatehpur***, la route vers l'O. est excellente. Départ matinal pour rouler « à la fraîche » jusqu'à Bikaner*** : de hautes et austères murailles rouge sombre y protègent un décor foisonnant de miroirs, lambris et peintures sortis comme par magie du désert. En fin d'après-midi, excursion au très étrange temple des rats de Deshnoke*.

4e -5e j. La belle route du désert conduit ensuite à **Jaisalmer***** *(328 km)*, impressionnante cité caravanière corsetée dans sa muraille. En chemin, haltes à **Gajner**, paisible lieu de pèlerinage au bord d'un lac, au curieux temple de **Ramdeora** et à **Pokharan***, autre ville caravanière perdue dans le désert. Pour visiter Jaisalmer, prévoyez une deuxième nuit sur place. Une journée vous mènera successivement au lac Gadhisar, bordé de ghats couverts de minuscules temples et de *chhatri*, et emplacement d'un très remarquable musée d'ethnographie régionale, puis à la citadelle avec son fort et surtout ses *haveli* de grès ciselé ou ses temples jaïns bâtis par une communauté qui fit la prospérité de cette cité caravanière aux XVe-XVIe s. Au coucher du soleil, vision splendide des cénotaphes des souverains.

6e-7e j. Rejoindre ensuite **Jodhpur***** *(295 km)*. Si vous empruntez la route, ne manquez pas le détour par **Osiyan** et ses vestiges de dix-huit temples hindous ou jaïns des VIIIe et XIe s. ; ou encore **Mandore**, ses *chhatri* de grès rose élevés dans un luxuriant jardin et son étonnante galerie rupestre des héros et des dieux. Visite de la ville bleue, de ses bazars et du fort Mehrangarh, édifié en 1459, qui servit jusqu'au début du siècle de résidence aux maharajas du Marwar. Même sans y loger, allez donc prendre un rafraîchissement à l'hôtel Umaid Bhavan.

Les liaisons aériennes du Gujarat

Ahmedabad : Bangalore (Karnataka, Inde du S.), Baroda, Bombay, Chennai (Madras, Tamil Nadu, Inde du S.).
Baroda : Ahmedabad, Bombay, Delhi.
Bhavnagar, Porbandar, Jamnagar, Rajkot et Bhuj ont des liaisons régulières avec Bombay.

Une solution alternative consiste à faire une étape préalable dans la région d'Alwar (Matsya) : le fort de Neemrana, à 90 km de Delhi, à la frontière du Rajasthan et de l'Haryana Pradesh, est une étape de rêve. De là, vous rejoindrez aisément Nawalgarh.

Si vous aimez le désert, profitez du séjour à Jaisalmer pour organiser une méharée de deux jours.

Pour aller de Jaisalmer à Jodhpur, vous pouvez aussi emprunter le train de nuit. Si vous voyagez par la route et disposez d'un véhicule, il vous sera possible de faire étape au château de Khimsar ; en février, une importante foire aux chameaux se tient dans la ville voisine de Nagaur. Enfin, plutôt que de loger dans la ville de Jodhpur, pourquoi ne pas choisir les petits palais des environs (Luni ou Rohet) qui raccourciront l'étape vers le mont Abu, tout en découvrant la contrée des Bishnoï.

Plusieurs palais de charme (Ghanerao, Narlai) existent dans les environs de Ralakpur pour profiter des paysages boisés des Arawalli.

Pour fractionner cette longue étape, vous pourrez loger dans le vieux fort de Bijaipur et ainsi, le lendemain, sur la route de Bundi, visiter les sites méconnus de Menal et Bijolia.

Si vous voyagez vers le temps de la pleine lune de novembre, Ajmer pourra aussi vous servir de base pour assister à la mela qui se tient dans le village voisin de Pushkar.

8e-9e j. Le **mont Abu***** *(264 km)*. Une journée complète est nécessaire pour visiter l'ensemble des temples jaïns du Delwara et flâner autour du lac qui fait la joie des Gujaratis en villégiature.

10e j. Il faudra ensuite 6 h par des petites routes pour rejoindre **Udaipur***** *(182 km)*.

11e-12e j. Deux jours de détente sur les bords du **lac Pichola** : une journée pour visiter le palais, la vieille ville et ses jardins, l'autre pour entreprendre une excursion à **Ranakpur**** *(95 km)* où vous verrez, dans un repli des monts Arawalli, l'un des plus beaux temples jaïns de l'Inde.

13e j. Route pour **Bundi** *(279 km)* ; à mi-chemin, une visite exceptionnelle, celle du fort de **Chittorgarh***** *(116 km)*, un des hauts lieux de la geste héroïque des Rajpoutes. Arrivée à Bundi dans la soirée.

14e j. **Bundi****. Partez le matin visiter la ville voisine de Kota et gardez l'après-midi pour flâner dans les rues de Bundi et s'imprégner de son atmosphère ; visite du palais et de ses magnifiques fresques, chef-d'œuvre de l'école de Bundi.

15e j. On peut gagner directement **Jaipur***** *(214 km)* ou faire une dernière halte à **Ajmer**** *(163 km de Bundi ; 130 km de Jaipur)* pour y voir son fort et surtout le mausolée musulman du Dargah. Nuit à Jaipur.

16e j. **Jaipur***** sera l'ultime étape dans les lieux où s'exerça le pouvoir rajpoute. L'ancienne capitale d'Amber*** épouse les sommets d'une colline où l'on accède à dos d'éléphant. Visite de Jaipur, ville rose élevée au XVIIIe s. pour répondre aux rêves d'urbanisme idéal de Jai Singh. Le Palais des Vents y est une « fenêtre » d'apparition fantasmagorique, tandis que l'Observatoire évoque une architecture futuriste.

17e j. En quittant **Jaipur**, vous laisserez le Rajasthan pour les lieux de représentation et d'exercice du pouvoir des Grands Moghols qui, à bien des égards, voulurent surpasser en magnificence la splendeur des cours rajpoutes. Sur la route d'Agra, étape à **Fatehpur Sikri*****, la ville de grès rouge restée, par-delà les siècles, l'impossible rêve de l'empereur Akbar.

Passer deux nuits à Agra permet d'aller admirer les jeux de la lumière au lever et au coucher du soleil sur le marbre poli du Taj Mahal.

18e j. **Agra***** conjugue les puissantes murailles de son fort rouge et les splendeurs de marbre blanc de l'architecture moghole. C'est à Agra également que vit pour l'éternité le souvenir d'une superbe histoire d'amour : le Taj Mahal. Nuit à Agra.

19e j. Fin de la visite d'Agra et départ pour **Delhi***** via **Sikandra*** où la dépouille de l'empereur Akbar repose sous un mausolée de style persan que garde aujourd'hui une communauté de singes. Nuit à Delhi.

20e j. Promenade dans l'ancienne et la nouvelle **Delhi***** : Fort Rouge, Jama Masjid, la plus grande mosquée de l'Inde, Qutb Minar et mausolée d'Humayun ; ou visite de deux formidables musées : le Musée national et le Crafts Museum.

Le train Shatabdi Express (départ le matin) est aussi un moyen intéressant et confortable pour rejoindre Delhi. Dans l'autre sens, il permet de poursuivre le voyage vers Gwalior, une citadelle rajpoute sise au Madhya Pradesh.

Si vous quittez l'Inde depuis Delhi, sachez que la plupart des vols internationaux partent dans la nuit. Si vous souhaitez disposer d'une chambre à l'hôtel, vous devrez payer une nuit supplémentaire, même si vous le quittez à minuit.

2 Un balcon sur l'Arabie (Gujarat)

Un périple de dix jours à travers le Gujarat avec, en fin de programme et au départ d'Ahmedabad, des suggestions pour gagner le Rajasthan et le Madhya Pradesh.

1er et 2e j. **Bhuj**** que vous gagnerez par avion depuis Bombay.

3e j. Bhuj-**Gondal*** *(264 km)*. Route pour le Saurashtra et visite du vieux palais de Gondal à l'arrivée.

4e-5e j. Gondal-**Junagadh**** *(101 km)*. Départ matinal si vous souhaitez faire l'ascension du **mont Girnar****, haut lieu de pèlerinage qui domine la ville. Nuit à Junagadh. Cette ancienne capitale est une pittoresque cité qui conserve de très curieux mausolées, un fort et, pour les amateurs d'archéologie, une inscription d'Ashoka.

Prévoir deux nuits à Bhuj : vous disposerez du temps nécessaire pour obtenir le permis de visiter les zones sous contrôle *(restricted areas)*, près de la frontière pakistanaise. (Attention ! Ne fixez pas ce séjour un week-end : vous trouveriez porte close auprès des services administratifs.)

6e j. Junagadh-**Chorwad** *(66 km)* ou Junagadh-**Sasan Gir*** *(54 km)*. Selon la période de l'année (la réserve de Sasan Gir est fermée pendant la saison des pluies), vous irez voir le lion d'Asie ou partirez directement vers Chorwad, bordé d'une des plus belles plages du Gujarat. Une magnifique demeure abrite l'hôtel du lieu.

Vous pourrez prolonger le séjour à Junagadh pour aller visiter Jamnagar *(138 km)*, ou Porbandar *(108 km)*. Depuis Gondal, vous pouvez raccourcir l'itinéraire en filant vers Bhavnagar, à l'autre bout du Saurashtra *(177 km, voir 7e j.)*.

7e j. Chorwad-**Diu*** *(95 km)*. D'une plage l'autre, cette courte étape vous conduira en chemin au temple de **Somnath***, un des lieux les plus saints pour les hindous, avant d'arriver à Diu où vous visiterez quelques églises du temps des Portugais, irez flâner à la criée au poisson et prolongerez le farniente autant qu'il vous plaira (dernière étape au bord de la mer).

8e j. Diu-**Bhavnagar** *(246 km)*. En route, allez visiter le fantastique cimetière de bateaux d'Alang* *(50 km au S. de Bhavnagar)*. Si vous n'êtes pas à cheval sur le confort, vous pouvez aussi continuer directement vers **Palitana***** *(51 km de Bhavnagar)* et être à pied d'œuvre pour faire l'ascension de la colline sainte de Shatrunjaya le lendemain matin.

9e j. Bhavnagar-**Ahmedabad**** *(201 km)*. Partez très tôt pour être dès l'aube au pied de la colline de **Palitana***** *(51 km)*, qu'il vous faudra gravir en 2 h pendant qu'il fait encore frais. En chemin vers Ahmedabad, vous pourrez visiter le site archéologique de **Lothal*** et l'ensemble architectural de **Sarkhej*** dans la banlieue d'Ahmedabad. Si vous souhaitez profiter du calme de la campagne, faites étape au manoir d'**Utelia** *(à 7 km de Lothal)* pour la nuit.

10e j. **Ahmedabad****. Une journée permettra de visiter quelques-uns des témoins de l'architecture indo-musulmane gujarati et, selon vos centres d'intérêts, au moins l'un des musées de la ville. Depuis Ahmedabad, vous pourrez poursuivre le voyage vers l'un des États voisins *(distances depuis Ahmedabad)* :

La danse des bâtons stimulait autrefois les ardeurs guerrières des Rajpoutes.

D'Ahmedabad au Rajasthan

Cette route du N. vous conduira successivement au puits d'Adalaj** *(16 km N.)*, au temple du soleil de **Modhera**** *(102 km)*, à **Patan***, ancienne capitale des Solanki *(133 km N.)* et aux *haveli** des Bohra de **Sidhpur*** *(116 km N.)*. De là, vous pourrez poursuivre vers le mont Abu*** *(226 km N.)* ou faire une dernière étape au Gujarat à **Balaram** ou à **Poshina** *(225 km N.)*.

Une autre possibilité consiste, après la visite de Modhera, à gagner le Rajasthan par Himatnagar en faisant étape à Dungarpur** *(175 km d'Ahmedabad)*. Vous êtes ensuite sur la route d'Udaipur***.

D'Ahmedabad au Madhya Pradesh

Quittez Ahmedabad par la route de Baroda et faites un crochet pour aller admirer les façades de bois sculpté des *haveli* de **Vaso*** *(55 km S.-O.)*. Poursuivez au-delà de Baroda *(115 km S.)* jusqu'à la bourgade de **Dabhoï*** *(29 km S.-E. de Baroda)* et ses fameuses portes**. Consacrez la fin de la journée à la visite de **Baroda***. Le lendemain, empruntez la route de Jhabua au Madhya Pradesh : elle vous permettra de visiter la ville-fantôme de **Champaner***** *(47 km N.-E. de Baroda)*, joyau de l'art indo-musulman du Gujarat.

3 L'Inde des caravanes

Une suggestion d'itinéraire pour combiner au mieux la visite des hauts lieux du Gujarat et du Rajasthan.

1er et 2e j. **Bhuj****.

3e j. Bhuj-**Wankaner** *(169 km)*. Route vers le très écossais château de Wankaner, aux portes du Saurashtra.

4e j. Visite du château de Wankaner et du trésor de la famille royale, rattachée à l'illustre branche des Rajpoutes Rathore de Jodhpur. Traversée du Kathiawar pour Bhavnagar *(7 h de route)*.

5e j. Départ très matinal pour la colline sainte de Shatrunjaya : une ascension de 3 500 marches offre la vision sublime de la cité de temples de marbre jaïns de **Palitana***** (possibilité de monter en chaise à porteurs). Déjeuner au pied de la colline et départ pour Ahmedabad, capitale du Gujarat. Perdu aujourd'hui dans les marais du Kathiawar, le site de **Lothal*** fut un grand port commerçant avec l'Euphrate au IIe millénaire avant notre ère : visite du site et du musée. À **Sarkhej***, dans les faubourgs S. d'Ahmedabad, beaux exemples d'architecture indo-musulmane médiévale. Arrivée en début de soirée. Nuit à Ahmedabad.

6e j. La vieille ville d'**Ahmedabad**** permet d'apprécier les talents de sculpteurs qui firent la réputation des Gujarati : Jama Masjid (1423), mosquées de Rani Sipri (1519) et de Siddi Saiyad (1572), où tout est orné d'une profusion végétale pétrifiée. Promenade dans les ruelles étroites des pols. L'après-midi sera consacré à l'un des plus beaux musées d'art textile du monde : le Calico Museum***.

7e j. Journée d'excursion autour des textiles et de la sculpture du Gujarat, dans le N. d'Ahmedabad. Visite du temple de **Modhera****, consacré au Soleil, bel exemple d'architecture rajpoute. La cité de Patan *(Env. Modhera)* a préservé le plus beau des **baori*****, les puits du Gujarat. Dans la vieille ville, certaines familles tissent toujours les *patola* ou l'*ikat* de soie. Avant de rentrer à Ahmedabad, un crochet par **Sidhpur***, avec ses *haveli* édifiées par la communauté des Bohra.

Pour découvrir la place essentiel de l'eau et le rôle des puits, reportez-vous aux pages couleur IV.

8e j. Départ pour **Udaipur***** *(250 km)* et le Rajasthan. Arrivée dans la soirée.

9e j. Découverte d'Udaipur et de ses environs. Sur les berges d'un lac artificiel, les 250 mètres de façade du palais dissimulent un labyrinthe de salles au décor de rêve, ainsi qu'une collection de ces miniatures qui firent la réputation des peintres du Mewar. Après le déjeuner, excursion aux temples de **Nagda***, bâtis au Xe s. dans un cadre bucolique ou d'**Eklingji***, dédiés au dieu protecteur de la dynastie du Mewar. Retour et nuit à Udaipur.

10e j. Départ pour **Kumbalgarh**** et sa formidable citadelle ; nuit sur place dans un splendide cadre naturel.

Souvent vêtu d'orange, assis à même le sol derrière un panier, le charmeur de serpent joue de la bina.

11e j. Départ pour le Marwar. À **Ranakpur**★★, les sculptures de marbre déclinent l'iconographie très intellectuelle du jaïnisme avec une grâce infinie. Nuit dans la résidence de campagne de **Rohet**, au cœur du pays des Bishnoi, à 40 km de Jodhpur.

12e j. Découverte en jeep des environs de Rohet où la communauté des **Bishnoï** donne une véritable leçon d'écologie. Après le déjeuner, départ pour **Jodhpur**★★★. Visite de la forteresse et excursion à **Mandore**★. Retour à Jodhpur pour voyager en train de nuit vers Jaisalmer.

13e j. Arrivée matinale pour une journée plus reposante de déambulations à **Jaisalmer**★★★.

14e j. Départ et traversée du Marusthali pour **Ramdeora** et l'antique cité d'**Osiyan**★★. Nuit au château de Khimsar.

15e j. Sur la route de Bikaner, visite de **Nagaur**★, que les musulmans disputèrent à plusieurs reprises aux souverains rajpoutes et du temple de **Deshnoke**★. Nuit à Bikaner.

16e j. Visite du fort de **Bikaner**★★★ et départ pour le **Shekhawati**★★ en découvrant en route **Fatehpur**★ et **Mandawa**★★. Nuit au fort de **Dundlod**★.

17e j. Sur la route de Jaipur, visite des *haveli* de **Nawalgarh**★★★.

18e-22e j. Voir programme de l'itinéraire « Au Pays des Rois » 16e-20e j.

Informations utiles à la préparation de votre voyage

Partir

Partir

Adresses utiles

Délégations de l'Office national indien du tourisme

En France : 13, bd Haussmann, 75009 Paris ; ☎ 01-45-23-30-45 ; www.indiatourismparis.com

Au Canada : 60, Bloor Street West, Suite 1003, Toronto, Ontario M4W 3B8 ; ☎ (416) 962-37-87 ou 38.

Services consulaires

En France : 20-22, rue Albéric-Magnard, 75016 Paris ; ☎ 01-40-50-71-71 ; www.amb-inde.fr ; service des visas ☎ 01-40-50-50-83 ou 84, ouv. en sem. sf j. fériés 9 h 30-10 h 30.

En Belgique : chaussée de Vleurgat 217, B-1050 Bruxelles ; ☎ 02-640-91-40 ; service visas ouv. lun.-ven. sf j. fériés 9 h 30-11 h 30 et 17 h-17 h 30.

En Suisse : 9-11, rue du Valais, 1202 Genève ; ☎ 022-906-86-76 ; ouv. lun.-ven. 9 h 15-12 h 15.

Au Canada : Consulat général de l'Inde, Suite 400, 1835 Yonge Street, Toronto, Ontario M4S 1X8 ; ☎ (1-416) 960-0751 ; www.cgitoronto.ca

Quand partir

La haute saison touristique s'étend des mois de **nov.** à **mars.** Le ciel y est toujours clair et les températures restent très clémentes, à l'instar d'un printemps européen. La journée, le thermomètre oscille entre 22 et 25 °C ; les nuits restent assez fraîches (3 à 4 °C au minimum au mois de nov.). Les **pluies de mousson** arrosent le N. du sous-continent à partir du mois de juin et jusqu'au mois de sept. Ce n'est pas la saison où il est le plus facile d'entreprendre un voyage ; les inondations sont cause de multiples perturbations (vols retardés ou annulés ; routes coupées). Ce n'est pourtant pas non plus la période la plus désagréable ; entre deux averses, la lumière est très belle sur les paysages détrempés et l'atmosphère est très gaie, si du moins les eaux nour-ricières sont tombées en quantité suffisante. C'est après les premières pluies de mousson que la nature devient la plus belle.

La période qui va de la mi-avril à l'arrivée des pluies est à éviter ; il règne sur tout le pays une chaleur intolérable, tandis que le ciel est constamment bouché de nuages de poussière ocre.

Renseignements météo internationale, *Météo France* ☎ 3250 (0,34 €/mn) ; www.meteofrance.com • *Météo Consult* ☎ 3201 (1,35 € l'appel, puis 0,34 €/mn) ; www.meteoconsult.fr • *La Chaîne Météo* ☎ 3209 (1,35 € l'appel, puis 0,34 €/mn) ; www.lachainemeteo.com

Comment téléphoner ou écrire en Inde

Le code international de l'Inde est le **91.** Pour obtenir un numéro à Delhi, composez depuis Paris le 00-91-11, puis le n° de votre correspondant.
Le décalage horaire est de 4 h 30 en hiver (3 h 30 en été).
Comptez env. **dix jours** pour l'acheminement de votre courrier en Inde. Si vous voulez vous faire adresser votre courrier en poste restante, demandez à vos correspondants de souligner, par précaution, d'un gros trait rouge la lettre initiale de votre nom, car votre courrier pourrait être mal classé.
Renseignements internationaux : 32-12

Chaque année, l'Association Française des Amis de l'Orient *(→ p. 25)* organise pour ses membres plusieurs voyages en Inde. À vocation culturelle, ils sont accompagnés par des guides conférenciers.

Se documenter

Librairies spécialisées

Éditions Kailash, 69, rue Saint-Jacques, 75005 Paris ; ☎ 01-43-29-52-52 ; ouv. mar-sam. 14 h-19 h.

Fenêtre sur l'Asie, 49, rue Gay-Lussac, 75005 Paris ; ☎ 01-43-29-11-00 ; ouv. lun.-sam. 11 h-19 h.

Librairie orientale Samuelian, 51, rue Monsieur-le-Prince, 75006 Paris ; ☎ 01-43-26-88-65 ; ouv. mar.-ven. 11 h-12 h 45, 14 h-18 h 30, sam. 14 h-18 h 30.

Librairie orientaliste Paul Geuthner, 12, rue Vavin, 75006 Paris ; ouv. mar.-ven. 9 h-12 h et 14 h-18 h 30 et lun.14 h-18 h 30. ; ☎ 01-46-34-71-30 ; www.geuthner.com

Librairies de voyages

À Paris *:*

L'Astrolabe, 46, rue de Provence, 75009 ; ☎ 01-42-85-42-95 ; ouv. lun.-sam. 10 h 30-18 h 45.

IGN (Institut géographique national), 107, rue La Boétie, 75008 ; ☎ 01-43-98-85-13 ; www.ign.fr ; ouv. lun.- ven. 9 h 30-19 h, sam. 11 h-12 h 30 et 14 h-18 h 30. Cartes et guides toutes destinations.

Itinéraires, 60, rue Saint-Honoré, 75001 ; ☎ 01-42-36-12-63 ; www.itineraires.com ; ouv. lun. 11 h-19 h, mar.-sam. 10 h-19 h. Commandes sur le site Internet.

Ulysse, 26, rue Saint-Louis-en-l'Île, 75004 ; ☎ 01-43-25-17-38 ; www.ulysse.fr ; ouv. mar.-ven. 14 h-20 h. Une des plus anciennes librairies de voyage, un grand choix de guides anciens et de documents inédits.

Voyageurs du Monde, 55, rue Sainte-Anne, 75002 ; ☎ 01-42-86-17-37 ; www.vdm.com ; ouv. lun.-sam. 9 h 30-19 h. Librairie du tour-opérateur Voyageurs du Monde, spécialisée dans les guides de voyage, les cartes et les beaux-livres.

En province :

À Bordeaux : *Librairie Mollat,* 15, rue Vital-Carles, 33080 ; ☎ 05-56-56-40-40 ; www.mollat.com Rayon tourisme : ☎ 05-56-56-40-24

À Caen : *Librairie Hémisphères,* 15, rue des Croisiers, BP 99, 14008 Cedex ; ☎ 02-31-86-67-26.

À Clermont-Ferrand : *Les Volcans,* 80, bd François-Mitterand, 63000 ; ☎ 04-73-43-66-75 ; www.volcans-privat.fr

À Grenoble : *Gaïa Store,* 6, rue d'Alsace, 38000 ; ☎ 04-76-86-86-96 ; www.gaia-store.com

À Lille : *Le Furet du Nord*, 15, pl. du Général-de-Gaulle, 59800 ; ☎ 03-20-78-43-43 ; www.furet.com ; ouv. lun.-sam. 9 h 30-19 h 30.
À Lyon : *Librairie Voyageurs du Monde*, 5, quai Jules-Courmont, 69002 ; ☎ 04-72-56-94-50 • *Raconte-moi la terre*, 38, rue Thomassin, 69002 ; ☎ 04-78-92-60-22 ; www.raconte-moi.com.
À Marseille : *Librairie de la Bourse*, 8, rue Paradis, 13001 ; ☎ 04-91-33-63-06 • *Librairie Voyageurs du Monde*, 25, rue Fort Notre-Dame, 13001 ; ☎ 04-96-17-89-26.
À Montpellier : *Les Cinq Continents*, 20, rue Jacques-Cœur, 34000 ; ☎ 04-67-66-46-70.
À Nantes : *Géothèque*, 10, place du Pilori, 44000 ; ☎ 02-40-47-40-68.
À Nice : *Magellan*, 3, rue d'Italie, 06000 ; ☎ 04-93-82-31-81.
À Rennes : *Ariane*, 20, rue du Cap. Dreyfus, 35000 ; ☎ 02-99-79-98-47 ; www.librairie-du-voyage.com
À Strasbourg : *Géorama*, 20-22, rue du Fossé-des-Tanneurs, 67000 ; ☎ 03-88-75-01-95.
À Toulouse : *Librairie Voyageurs du Monde*, 26, rue des Marchands, 31000 ; ☎ 05-34-31-72-55 • *Ombres blanches Voyages*, 48-50, rue Gambetta, 31000 ; ☎ 05-34-45-53-33 ; ouv. lun.-sam. 10 h-19 h ; www.ombres-blanches.fr
À Tours : *Géothèque*, 15, rue Néricault Destouches, 37000 ; ☎ 02-47-05-23-56.

En Belgique :
Anticyclone des Açores, 34, rue Fossé-aux-Loups, B-1000 Bruxelles ; ☎ 02-217-52-46 ; ouv. lun.-sam. 10 h 30-18 h 30. La plus grande librairie de voyages de Belgique.
Peuples et continents, 11, rue Ravenstein, B-1000 Bruxelles ; ☎ 02-511-27-75 ; ouv. lun.-ven. 9 h-18 h, sam. 10 h-18 h ; www.peuplesetcontinents.com
Le Monde à livre ouvert, 24, rue Bas de la Place, 5000 Namur ; ☎ 081-413-490 ; ouv. mar.-sam. 10 h-18 h ; www.lemondealivreouvert.be

En Suisse :
Le Vent des Routes, 50, rue des Bains, 1205 Genève ; ☎ 022-800-33-81.
Travel Book Shop, Rindermarkt 20, 8000 Zurich ; ☎ 01-252-38-83 ; ouv. mar.-ven. 9 h-18 h 30, sam. 9 h-16 h, lun. 13 h-18 h 30 ; www.travelbookshop.ch

Associations et centres culturels

Association française des Amis de l'Orient, 19, av. d'Iéna, 75016 Paris (annexe du musée Guimet) ; ☎ 01-47-23-64-85 ; ouv. lun.-ven. 14 h-18 h. Journées d'études, cycles de cours et de conférences, visites guidées d'expositions, voyages avec guides conférenciers.

Centre de relations culturelles franco-indien, 50, rue Vaneau, 75007 Paris ; ☎ 01-45-48-15-57 ; ouv. lun.-ven. 9 h-12 h et 14 h-18 h. Cours de yoga et de danse indienne *(bharata-nâtyam)*, bibliothèque de 5 000 ouvrages en anglais et en français (consultation sur place, prêt réservé aux adhérents). Programme de voyages en Inde.

Centre Mandapa, 6, rue Wurtz, 75013 Paris ; ☎ 01-45-89-01-60. Cours de danse indienne et de chant carnatique. Concerts et spectacles de danse.

Centre Soleil d'Or, 146, rue Raymond-Losserand, 75014 Paris ; ☎ 01-45-43-50-12. Cours de yoga, danses indiennes, massages ayurvédiques à l'huile, sophrologie, chants carntiques et art martial indien. Spectacles réguliers.

Maison des cultures du monde, 101, bd Raspail, 75006 Paris ; ☎ 01-45-44-72-30 ; www.mcm.asso.fr Ce centre culturel peut proposer des spectacles sur l'Inde, notamment dans le cadre du Festival de l'Imaginaire qui se déroule chaque année au printemps pendant six semaines.

Partir

Le statut de l'anglais

La Constitution a classé l'anglais dans les langues « officielles » pour une durée de 10 ans. Mais ce délai a été « prolongé » pour un temps indéterminé. L'anglais est connu d'un assez grand nombre d'Indiens, particulièrement dans le Sud, et partout parmi les fonctionnaires. Cette langue est d'ailleurs très souvent utilisée dans l'enseignement supérieur. Il est fréquent que les Indiens de différents États conversent en anglais, l'hindi étant souvent tenu pour une langue encore plus étrangère que l'anglais, dont l'enseignement avait été rendu obligatoire à l'école secondaire dès 1835. La littérature indienne de langue anglaise est peu abondante mais de qualité depuis le milieu du XIXe s. Il faut citer, entre autres : au Bengale, Tagore (qui écrivait aussi en anglais) ; au Gujarat, Mulk Raj Anand ; au Tamil Nadu, des philosophes comme S. Radakrishnan, professeur à Oxford, qui fut président de la République.

Le Sri Manikar Vinayakar Alayam (72, rue Philippe-de-Girard, 75018 Paris ; ☎ 01-40-34-21-89 ; http://perso.wanadoo.fr/temple.hindou), dédié à Ganesh, est le seul temple hindou de Paris. Trois offices ont lieu chaque jour (à 10 h, 12 h et 19 h). Le temple est ouvert à tous à condition de se déchausser et de suivre les règles du lieu.

Bibliothèques

Bibliothèque du musée national des Arts Asiatiques Guimet, 6, pl. d'Iéna, 75016 Paris ; ☎ 01-56-52-53-01 ; www.museeguimet.fr ; ouv. 10 h-17 h, f. mar. et dim.Grand choix d'ouvrages sur l'Inde, spécialement dans le domaine des arts et de l'archéologie.

Bibliothèque de l'Ambassade de l'Inde, 15, rue Alfred-Dehodencq, 75016 Paris ; ☎ 01-40-50-70-70 ; ouv. lun.-sam. 10 h-13 h et 14 h 30-17 h (sur rendez-vous).

Bibliothèque de l'INALCO (Langues O.), 4, rue de Lille, 75007 Paris ; ☎ 01-44-77-87-20 ; www.inalco.fr ; ouv. lun. 13 h-19 h, mar.-ven. 9 h-19 h, sam. 10 h-18 h ; accès libre. La première fois, se munir d'une pièce et d'une photo d'identité pour l'établissement de la carte.

Médiathèque du musée du quai Branly, 222, rue de l'Université, 75007 Paris ; rens. ouv. ☎ 01-56-61-70-00 ; www.quaibranly.fr Constituée autour du fonds de la bibliothèque du musée de l'Homme, la médiathèque du nouveau musée des Arts et civilisations d'Afrique, d'Asie, des Amériques et d'Océanie est ouverte au grand public.

L'Inde à Paris

Collections

Musée national des Arts Asiatiques Guimet, 6, pl. d'Iéna, 75016 Paris ; ☎ 01-56-52-53-00 ; www.museeguimet.fr ; ouv. t.l.j. sf mar. 10 h-18 h. Le premier musée d'arts asiatiques du monde présente des collections d'une richesse exceptionnelle.

Ambiances

Pour vous mettre dans l'atmosphère, allez dans le 10e arrondissement de Paris : le **passage Brady** (métro Château d'Eau) qui débouche sur le boulevard de Sébastopol, aligne ses restaurants indiens, ses barbiers et ses magasins d'épices. Dans la **rue du faubourg Saint-Denis** (entre la Gare du Nord et la place de la Chapelle) vous trouverez surtout des boutiques de saris et panjabis, des bijouteries, quelques boutiques de restauration rapide et des magasins d'alimentation.

Restaurants

Indra, 10, rue du Commandant-Rivière, 75008 Paris ; ☎ 01-43-59-46-40.

Yugaraj, 14, rue Dauphine, 75006 Paris ; ☎ 01-43-26-44-91 ; www.yugaraj.com

Artisanat et textile

Namasté, 52, rue des Francs-Bourgeois, 75003 Paris ; ☎ 01-42-77-76-35. Bijoux, statuettes, boîtes peintes, tissus, etc.

Le Jardin Moghol, 53, rue Vieille-du-Temple, 75004 Paris ; ☎ 01-48-87-41-32. Magnifiques étoles, plaids et écharpes à motifs géométriques en laine et soie, tissés selon les méthodes ancestrales.

Mohanjeet, 10, rue de Turenne, 75004 Paris ; ☎ 01-42-74-27-00. Mohanjeet crée des vêtements inspirés de l'Inde du Nord (pantalons larges, tuniques, saris, plaids) avec un look contemporain. Très beaux tissus.

L'Inde sur Internet

www.amb-inde.fr : site officiel de l'Ambassade de l'Inde à Paris. Actualité politique et économique, rubrique L'Inde et Internet. Liens vers d'autres sites.

www.indiatourismparis.com : version française de l'Office de tourisme indien.

www.incredibleindia.org (anglais) : site officiel du ministère du Tourisme indien.

www.123india.com (anglais) : site portail sur l'Inde.

www.museeguimet.fr (français) : présentation du musée Guimet et de ses collections.

www.auxindes.fr.st (français) : pulls et étoles en cachemire, épices et spécialités culinaires de l'Inde.

www.mapsofindia.com (anglais) : cartes et plans de ville.

Le Gujarat sur Internet : www.ahmedabadcity.com • www.gujaratonline.com • www.gujaratinri.com • www.colorsofgujarat.com

Le Rajasthan sur Internet : www.rajasthanonline.com • www.rajasthantourism.gov.in

Les avantages de la carte France Télécom

• La carte France Télécom vous permet d'appeler de n'importe quel téléphone fixe ou mobile et même de surfer sur Internet depuis la France et plus de 110 pays.

• C'est une carte personnelle et permanente.

• Le montant de vos communications est directement débité sur votre compte téléphonique personnel, professionnel ou sur votre carte bancaire, et le détail des communications est gratuit.

Pour en savoir plus ou obtenir votre carte avant votre départ, appelez le n° vert : ☎ 0800-202-202 ou consultez le site internet : www.francetelecom.com

Formalités

L'entrée en Inde

Un visa délivré par les autorités consulaires indiennes est nécessaire pour l'entrée en Inde. Pour l'obtenir, il faut présenter un passeport en cours de validité (au moins six mois après la date d'entrée en Inde), deux photos d'identité et 50 € (en 2006) pour un visa touristique.

Les consulats de l'Inde à l'étranger délivrent des visas de tourisme valables six mois, pour une ou plusieurs entrées dans le pays. Si vous envisagez de faire une incursion dans un pays limitrophe au cours de votre voyage (au Népal par exemple), veillez à vous faire délivrer un visa « multiple ».

Ayez l'appoint pour régler votre visa en espèces. Le dépôt des demandes se fait le matin de 9 h 30 à 10 h 30. L'attente est importante et mieux vaut venir prendre sa place bien avant l'heure d'ouverture. Il vous faudra revenir le lendemain après-midi, entre 15 h 30 et 17 h, pour chercher votre passeport ; l'attente est alors beaucoup moins longue.

Services de visa par correspondance : ***VIP Visas Express*, 54, rue de l'Ouest, BP 48, 75661 Paris Cedex 14 ; ☎ 01-44-10-72-72 ; www.visas-express.fr**
***Action Visas*, 69, rue de la Glacière, 75013 Paris ; ☎ 0892-707-710 ; www.action-visas.com**

Si vous passez par l'une de ces sociétés, il faudra ajouter environ 25 € de frais de dossier par personne (frais dégressifs pour plusieurs personnes).

Ces réglementations peuvent être sujettes à modification. Aussi, adressez-vous à l'ambassade de l'Inde ou auprès de l'OT. De même, si vous résidez en province, téléphonez directement à l'ambassade afin de connaître la procédure à suivre pour obtenir votre visa par la poste.

■ Vaccinations et santé

Aucun vaccin n'est exigé, mais les rappels diphtérie, tétanos et polio sont obligatoires, les vaccins contre la typhoïde et l'hépatite A sont vivement conseillés. Les vaccins contre l'hépatite B, la rage et la méningite peuvent également être envisagés. Le paludisme est présent toute l'année en Inde, surtout dans les zones rurales situées au-dessous de 1 500 m d'alt. La résistance à la chloroquine est connue, en particulier dans les provinces du N. Votre médecin saura vous conseiller sur un éventuel traitement antipaludéen.

Centres de vaccination

Centre international de vaccination d'Air France, 148, rue de l'Université, 75007 Paris ; ☎ 01-43-17-22-00 ; rens. : ☎ 0892-68-63-64 ; ouv. lun.-sam. 9 h-17 h, sans rendez-vous. Consultations de médecine des voyages sur rendez-vous.

Centre international de vaccination de l'Institut Pasteur, 209-211 rue de Vaugirard, 75015 Paris ; ☎ 0890-710-811 ; www.pasteur.fr ; ouv. lun., mar., mer., ven. 9 h-16 h 30, jeu. 10 h-16 h 30, sam. 9 h-11 h 30 sans rendez-vous. Médecine des voyages, ☎ 01-40-61-38-00, consultations sur rendez-vous.

■ Assurances

Si vous engagez des dépenses médicales en Inde, vous devrez faire l'avance des frais. À votre retour en France, l'Assurance maladie rembourse, sur présentation de factures acquittées, les frais médicaux engagés en Inde sur la base des tarifs français pour les actes et opérations similaires.

Il est conseillé de contracter une assurance individuelle couvrant la responsabilité civile, les accidents, le rapatriement et le décès. Lors de l'achat d'un vol sec ou d'un voyage organisé, la plupart des compagnies aériennes et des agences de voyage proposent une assurance en plus du billet.

Bon nombre d'assurances voyage (assistance, bagages et rapatriement voire annulation) sont comprises dans la cotisation de certaines cartes bancaires et de votre assurance habitation. Il est inutile donc de vous surassurer. En revanche, renseignez-vous pour savoir exactement pour quels risques et quel capital vous êtes assuré.

■ Douane

Vous bénéficierez des tolérances habituelles en ce qui concerne vos effets personnels, les cigarettes (200), un appareil photo (et 25 pellicules), une caméra jusqu'à 16 mm (et 5 bobines), un magnétophone, une paire de jumelles, du matériel de camping personnel (interdiction de transporter du gaz), etc.

Les **caméras vidéo** doivent être déclarées à votre arrivée et enregistrées sur votre passeport. À la sortie du pays, les douaniers s'assureront que vous êtes toujours en possession de votre caméra ; en cas de perte ou de vol, faites immédiatement établir un constat par la police et conservez précieusement la déclaration afin de ne pas être accusé de revente.

L'exportation des **pierres précieuses** et **bijoux** dépassant 10 000 Rs ainsi que l'exportation de tout bijou en or (quelle que soit sa valeur marchande) sont soumises à l'obtention d'un permis auprès de la *Reserve Bank of India*. Lors de l'achat, pensez également à demander au commerçant un certificat d'authenticité et un permis d'exportation.

Au retour, sachez que l'exportation des **antiquités** indiennes de plus de 100 ans est interdite sans autorisation (pour l'obtenir, s'adresser un mois à l'avance auprès de la direction des musées de New Delhi, Bombay, Calcutta et Madras).

L'exportation des **peaux d'animaux** ou d'objets en peau (serpent, crocodile) est interdite.

Au retour, la douane française peut vous réclamer la TVA pour les achats dépassant 175 €.

Infos Douanes Service (centre de renseignement des usagers de la douane) ☎ 0820-02-44-44 ; ouv. lun.-ven. 8 h 30-18 h ; www.douane.gouv.fr

Devises

La roupie (Rs) est divisée en 100 *paise* (prononcer paisé). Une roupie vaut env. 0,017 € ; 1 € = 54,09 Rs (avr. 2006). Il existe des billets de 5, 10, 20, 50, 100, 500 et 1000 Rs. L'importation et l'exportation de roupies indiennes sont interdites. En revanche, il n'existe actuellement aucune restriction à l'importation de devises étrangères en billets et en chèques de voyage jusqu'à concurrence de 1 000 $. Au-delà de cette valeur, les devises devront faire l'objet d'une déclaration *(Currency Declaration Form)* à l'entrée en Inde.

Change

Toutes les devises étrangères doivent obligatoirement être converties auprès des organismes de change agréés (banques, hôtels, certains magasins, etc.). Conservez les bordereaux de change ; ils seront indispensables pour reconvertir l'excédent de monnaie indienne au départ ou pour l'achat de billets d'avion en roupies. Ils vous seront également demandés à la réception de la plupart des hôtels que vous réglerez en roupies. Gardez néanmoins des devises car certains hôtels de grand standing exigent ce mode de règlement. Les dollars (espèces et chèques de voyage) sont acceptés plus facilement que les euros. Le règlement en dollars d'un billet pour un vol intérieur vous donnera une priorité de fait pour les réservations.

Carte de crédit

Dans les villes, le paiement par carte de crédit (Visa International, American Express, Mastercard, Diners Club) est généralement possible (pour les notes d'hôtels, les billets d'avion, les achats dans les *em-poria* ou magasins d'antiquités, etc.). Le paiement avec une carte de crédit peut entraîner une majoration des prix de 10 à 20 %.

Il est possible de retirer des espèces avec la carte Visa dans les agences de l'*Andhra Bank,* de la *Bank of Baroda,* de la *Grindlays Bank* (1 h d'attente), ainsi que dans celles de la *Citybank* (la plus rapide en général).

Lorsque l'on achète un voyage ou un billet avec une carte de paiement, bon nombre d'assurances voyages sont comprises dans la cotisation annuelle (les cartes Visa Premier ou Platinium et la Gold American Express incluent même une assurance annulation). Inutile donc de vous surassurer. En revanche, vérifiez votre contrat pour savoir exactement pour quoi vous êtes assuré.

Numéros à appeler pour faire opposition en cas de perte ou de vol de votre carte bancaire :

Cartes bleues Visa : numéros valables dans le monde entier ☎ 1-410-581-9994. Depuis l'Inde un numéro spécifique ☎ 000-11-7886-765-944 ; www.visa.com

Cartes American Express : numéro en France : ☎ 01-47-77-72-00. En Inde ☎ 021-614-2020 ; www.americanexpress.fr

Cartes Eurocard/Mastercard : ☎ 01-45-67-84-84. (24 h/24) en France ou 1-636-722-711 (en PCV) depuis l'Inde ; www.mastercardfrance.com

Cartes Diners Club : numéros en France : ☎ 01-49-06-17-76 ou 0810-314-159 ; numéro en Inde : ☎ 044-852-24-84 ; www.dinersclub.fr

À emporter

Vêtements

Des vêtements légers de coton, quelle que soit la saison du voyage (avec un lainage pour les soirées d'hiver et les hôtels climatisés), et des vêtements plus chauds, en laine, si vous devez séjourner en altitude. Si vous désirez faire du trekking, emportez des chaussures fermées et montant jusqu'aux chevilles (à cause des sangsues). En revanche, vous trouverez sur place, sans aucune difficulté et à très bon marché, tongues et nu-pieds (indispensables car faciles à ôter à chaque fois que l'on entre dans un temple).

Petite pharmacie

Prévoyez d'emporter des médicaments contre les troubles intestinaux (Ercéstop®, en vente libre dans les pharmacies, Ercéfuryl ou Imodium, Arsenicum si vous êtes un adepte de l'homéopathie), un antibiotique à large spectre contre les refroidissements dus à une climatisation excessive, un antiseptique pour les petites plaies, du produit antimoustiques en crème ou à vaporiser (ou des tortillons, disponibles sur place), une crème hydratante. Enfin, n'oubliez pas vos lunettes de soleil et des boules Quiès. Si vous êtes sujet au mal des transports, un médicament à base de diphenhydramine (type Nautamine®).

Bagages

Prenez une valise munie d'une serrure ou un sac muni d'un cadenas. Attention aux sacs de toile en période de mousson. Attention aussi aux excédents de bagages : en classe économique et sur les vols intérieurs, vous n'avez droit qu'à 20 kg (*Indian Airlines* est assez sévère sur ce point).

Photo

La législation indienne n'autorise l'importation que d'un nombre limité de pellicules, mais on peut en trouver sur place de bonne qualité (Kodak ou Fuji) dans les boutiques des hôtels.

Autres

Une paire de **jumelles** est indispensable pour détailler les sculptures des temples. Un sac de couchage peut être utile pour les voyages en train de nuit et dans certains hôtels de catégorie inférieure. Pensez également à un **cadenas** (pour les bagages laissés à la consigne ou à la réception de l'hôtel), un **réveille-matin**, un **couteau de poche** (à ne pas transporter dans votre bagage à main dans l'avion) pour peler les fruits que vous achèterez.

Le voyage par avion

Lignes régulières

Delhi est l'aéroport d'arrivée pour le Rajasthan et l'Inde du Nord tandis que Bombay (Mumbai) est la porte d'entrée du Gujarat. Il faut compter 9 h à 12 h de vol (vols directs ou avec escales) pour se rendre à Delhi ou à Bombay.

De France

Air France, ☎ 0-820-820-820 ; www.airfrance.fr Vols quotidiens pour Delhi et Bombay.

Air India, 5, rue des Colonnes, 75002 Paris ; ☎ 01-55-35-40-00 ; www.airindia.com Au départ de Roissy, plusieurs vols directs quotidiens pour Bombay et 1 vol à destination de Delhi.

De Belgique

Air France, aéroport de Bruxelles. Centrale de réservation pour les clients francophones et anglophones : ☎ 070-22-24-66. Vols quotidiens Bruxelles-Paris-Delhi et Bruxelles-Paris-Bombay.

Air India, 60, rue Ravensteins, 1000 Bruxelles ; ☎ 02-512-75-15 ; www.airindia.com

De Suisse

Air India, Talacker 50, 8001 Zurich ; ☎ 043-888-70-90 ; www.airindia.com Vols Zurich-Delhi via Bombay, Paris ou Vienne.

Swiss ☎ 0-848-700-700 ; www.swiss.com Vols Zurich-Delhi via Bombay.

Air France, Kloten Airport, Zürich ; ☎ 044-439-18-18 ; www.airfrance.ch Vols quotidiens Zurich-Paris-Delhi et Zurich-Paris-Bombay.

Vols à prix réduit

Plusieurs voyagistes proposent des tarifs négociés sur des vols réguliers.

Anyway, ☎ 0-892-893-892 ; www.anyway.com
E-Bookers, ☎ 0-892-70-09-09 ; www.ebookers.com
Expedia, ☎ 0-892-301-300 ; www.expedia.fr
Go Voyages, 22, rue d'Astorg, 75008 Paris ; ☎ 0-892-891-832 ; www.govoyages.com
Last Minute ☎ 0-899-78-5000 ; www.lastminute.com Vols et séjours, offres spéciales.
Nouvelles Frontières, 87, bd de Grenelle, 75015 Paris ; ☎ 0-825-000-747 ; www.nouvelles-frontieres.fr Vols spéciaux et charters.
Opodo, ☎ 0-892-101-620 ; www.opodo.fr Vols secs, promos, séjours, hôtels et locations de voiture.
Voyagermoinscher.com, site internet qui permet de comparer les tarifs des vols et les offres de voyages disponibles sur Internet. Une sélection des meilleures affaires du moment : promotions, dernières minutes ou enchères.

Tenue vestimentaire

En règle générale, évitez les tenues trop débraillées, les Indiens étant attentifs aux détails vestimentaires (dans une société aussi codifiée que la leur, c'est un point de repère). Pour les femmes, shorts, bermudas, jupes courtes, tee-shirts sans manches et tenues décolletées sont à proscrire, de même que tee-shirts et débardeurs dénudant les épaules. Au pays où les femmes se baignent tout habillées, sachez que vous ne porterez votre maillot de bain que dans des lieux fortement touristiques.

Si vous partez en pleine saison touristique (aux alentours de Noël par exemple), vous avez intérêt à réserver depuis la France au moins les vols intérieurs et le séjour dans les localités touristiques par l'intermédiaire d'une agence de voyages.

N'oubliez pas les réductions Air France. En réservant suffisamment à l'avance, vous pouvez bénéficier des réductions Tempo 1, 2, 3, 4, 5 (nuit du sam. au dim. sur place) remboursables et modifiables sous conditions) dont le tarif varie en fonction de la date d'achat : plus vous réservez tôt, plus forte est la réduction.

La plupart des compagnies aériennes incluent désormais le montant de la taxe d'aéroport (env. 500 Rs) dans le prix du billet retour. À vérifier tout de même au moment de la confirmation de votre vol, par exemple.

Le voyage individuel

Il ne présente pas de difficulté insurmontable. L'infrastructure hôtelière est suffisamment importante et le réseau aérien est bien développé. Trains et bus permettent également de sillonner le pays. Une assurance individuelle de voyage s'impose. Un impératif : confirmer les vols intérieurs et le vol retour.
Notez que les irrégularités dans les horaires des diverses compagnies qui assurent les vols intérieurs sont fréquentes, surtout en janv.-fév. en raison des brouillards. matinaux : les vols peuvent ainsi être reportés sans préavis. D'où la nécessité d'avoir un programme bien équilibré, point trop chargé.

Le voyage organisé

Le voyage en Inde reste un tourisme à vocation largement culturelle et figure au programme de nombreux tour-opérateurs. À côté du classique circuit en groupe, on trouve de plus en plus des formules de voyages individuels où toutes les prestations sont réservées depuis l'Europe : transports, transfert, hébergement, guides...

Acme Receptif, 501 Kirti Mahal, 19 Rajendra Place, New Delhi 110008; ☎ (00-91-11) 25-74-32-10 ou 25-73-15-68 ; www.acmetours.com Agence indienne dédiée aux voyageurs francophones : itinéraires personnalisés, réservations d'hôtels, billets de trains ou d'avion, locations de voiture avec chauffeur. Propose un circuit « Rajasthan, la vie de château » (16 j.).

Assinter-Découvrir, 56, rue de Londres, 75008 Paris ; ☎ 01-53-04-89-69 ; www.assinter.fr Voyages en individuel au Rajasthan sous la marque Découvrir : « Duo Rajpoute », 13 j. ; en petit groupe accompagné avec Assinter, « L'Inde en majesté » (Rajasthan et Gujarat en 19 j.).

Les Comptoirs du Monde, 22, rue Saint-Paul, 75004 Paris ; ☎ 01-44-54-84-54 ; www.comptoirsdumonde.fr Représentant exclusif pour la France du « Palace on Wheels », le luxueux train des Maharajahs. Circuit de 17 j. au Rajasthan : « Sur les pas des Maharajahs », au départ de Delhi avec visite d'Agra.

Horizons Nouveaux, En Suisse : Centre de l'Étoile, Case postale 196, 1936 Verbier ☎ 02-77-71-71-71 ; en France : Mme Marie Jaeger, 13, rue St François de Paule, 06300 Nice ☎ 04-92-00-06-07 ; en Belgique : Mme Anne Laurant, Beau-Site 1ère avenue 12, 1330 Rixensart ☎ 02-652-3644 ; www.horizonsnouveaux.com Spécialiste de l'Inde et de l'Asie. Propose de nombreux voyages individuels, par exemple : « Perles du Rajasthan » (12 j.), « Le Rajasthan des Mille et une nuits » (16 j.), ou moins classiques « Temples jaïns et palais rajpoutes » (16 j.) et « Le Rajasthan à cheval » (14 j.).

La Maison des Indes, 7, place Saint-Sulpice, 75006 Paris ; ☎ 01-56-81-38-38 ; www.maisondesindes.com Forte de sa connaissance du terrain, la Maison des Indes propose un éventail de circuits classiques ou inédits, des voyages en individuel ou en petits groupe qui favorisent une approche insolite de la diversité de l'Inde du Nord : déserts, puissantes citadelles, palais du Rajasthan, dentelles de marbre des temples jaïns du Gujarat, villes saintes, lagunes frangées de cocotiers.

Le Monde de l'Inde et de l'Asie, 15, rue des Écoles, 75005 Paris ; ☎ 01-53-10-31-00 ; www.votremonde.com Propose exclusivement des voyages à la carte pour individuels et groupes constitués. Deux circuits de 15 et 18 j. sont proposés sur le Rajasthan ainsi qu'un circuit de 15 j. sur le Gujarat.

La Route des Indes, 7, rue d'Argenteuil, 75001 Paris ; ☎ 01-42-60-60-90 ; www.laroute-desindes.com Ce spécialiste de l'Inde et du monde indien propose des voyages sur mesure et conçoit des itinéraires personnalisés. Les conditions de prix sont avantageuses sur les vols, l'hébergement et les transports locaux. Expositions, conférences et projections sont organisées ponctuellement. Une librairie est également à la disposition des voyageurs. 4 circuits (de 13 à 18 j.) sont proposés sur le Rajasthan.

Orients, 25, rue des Boulangers, 75005 Paris ; ☎ 01-40-51-10-40 ; www.orients.com Avec ce spécialiste des routes caravanières on découvrira l'Inde dans son ensemble, régionalisée et surtout l'Inde et ses nombreuses fêtes. Ces voyages originaux sont conçus pour de petits groupes (de 10 à 20 participants) ou sur mesure avec chauffeur. Guides accompagnateurs spécialisés. Propose au Rajasthan un circuit de 19 j « Routes caravanières au pays des rajahs » avec variante spéciale foire de Pushkar, et un circuit « Festivals d'automne au Rajasthan » de 20 j. intégrant les grandes fêtes d'automne liées à la pleine lune de novembre. Ces deux circuits incluent les visites de Delhi, Agra et Fatehpur Sikri. Au programme également : « Inde fervente et romanesque », un circuit de 16 j. combinant Gujarat et Madhya Pradesh. Belle brochure.

Voyageurs en Inde, 55, rue Sainte-Anne, 75002 Paris ; ☎ 01-42-86-16-90 ou 0892-23-76-76 ; www.vdm.com Un grand choix de circuits et d'itinéraires à la carte ou déjà conçus par des professionnels de la destination. Plusieurs circuits intéressants, dont « Les palais rajpoutes et les forteresses mogholes » (17 j.) et « Le Gujarat, terre des princes » (14 j.).

■ Voyages culturels

Arts &Vie, 251, rue de Vaugirard, 75015 Paris ; ☎ 01-40-43-20-21 ; www.artsetvie.com Antennes à Grenoble, Lyon, Marseille et Nice. Première association culturelle de voyages à l'étranger. Deux circuits en Inde du Nord permettant la découverte du Rajasthan, dont un combiné avec le Népal.

Clio, 27, rue du Hameau, 75015 Paris ; ☎ 01-53-68-82-82 ou 0826-10-10-82 ; www.clio.fr Voyages culturels avec des conférenciers spécialisés. Circuit accompagné « Trésors de l'Inde du Nord » (14 j.) ou « Le Rajasthan à l'occasion de la foire de Pushkar » (20 j.).

Explorator, 16, rue de la Banque, 75002 Paris ; ☎ 01-53-45-85-85 ; www.explorator.fr Spécialiste du voyage (à la carte ou organisé) par petits groupes de 6 à 14 personnes axé sur la découverte du patrimoine culturel et humain. Propose, de Delhi à Delhi, un circuit très complet, de 18 j. au Rajasthan, comprenant une méharée, la visite des temples de Kiradu (XIe et XIIe s.) et du mont Abu. Hébergement de charme.

Ikhar, 16, rue de la Banque, 75002 Paris ; ☎ 01-43-06-73-13 ; www.ikhar.com Au programme : « Le fastueux Rajhastan des Rajahs », circuit de 17 j. ou « Palais somptueux, montagnes sacrées des jaïns », circuit de 15 j. (Gujarat et Rajasthan). Propose également des séjours thématiques à la carte comme « L'Inde prestigieuse et princière au Rajasthan ».

■ Séjours aventure, randonnées

Allibert, en France : ☎ 0-825-090-190 (0,15 €/mn) • 156, av. de l'Aiguille-du-Midi, 74400 Chamonix • 37, bd Beaumarchais, 75003 Paris • 19, rue Léon-Gambetta, 31000 Toulouse ; en Belgique : 15 rue Royale, 1000 Bruxelles, ☎ 02-526-92-90. ; www.allibert-trekking.com Propose deux circuits marche et découverte du Rajasthan et du Gujarat : « Palais et forteresses rajpoutes » (15 j.) et « Special festival de Pushkar » (15 j.).

Atalante, 5, rue du Sommerard, 75005 Paris ; ☎ 01-55-42-81-00 • 36-37, quai Arloing, 69256 Lyon Cedex 09 ; ☎ 04-72-53-24-80 ; www.atalante.fr Dans la brochure « Inde/Népal en liberté », itinéraires en petits groupes (de 2 à 8 pers.) à la semaine ou à la quinzaine au Rajasthan et au Gujarat. Atalante est le plus spécialisé et le plus pointu sur ces régions.

Club Aventure, 18, rue Séguier, 75006 Paris ; ☎ 01-44-32-09-30 ; centrale de rés. : 0-826-88-20-80 ; www.clubaventure.fr Circuit de 16 j. « Rajasthan, désert du Thar et palais des Maharajahs ». Marche à pied facile et mini-bus pour cet itinéraire de découverte.

Nomade Aventure, 49, rue de la Montagne Sainte-Geneviève, 75005 Paris ; ☎ 0-826-100-326 ; www.nomade-aventure.com Itinéraire « Désert et villes de prestige », 10 ou 17 j., au Rajasthan en voiture, en train, à pied et à dos de chameau : randonnée vers les lieux de pèlerinage hindous nichés dans les monts Arawalli, désert du Thar, visites de Jaipur, Agra et le Taj Mahal, Jaisalmer, Bara Bagh et Jodhpur.

Tamera, 26, rue du Bœuf, 69005 Lyon ; ☎ 04-78-37-88-88 ; www.tamera.fr Voyage de 18 j. au Rajasthan : itinéraire classique avec randonnée chamelière dans le désert du Thar.

Terres d'Aventure, 6, rue Saint-Victor, 75005 Paris ; ☎ 01-53-73-77-73 ; centrale de rés. : 0-825-847-800 ; www.terdav.com Voyages alliant marche à pied, balade à dos d'éléphant, méharée et jeep au Rajasthan.

Séjourner autrement

Tourisme chez l'habitant, 15, rue des Pas-Perdus, 95804 Cergy Saint-Christophe ; ☎ 01-34-25-44-72 ou 0892-68-03-36 ; www.tch-voyage.com Hébergements dans tout le pays en « Guest houses », pensions de famille, chambres d'hôtes, palais de maharajah ou plus classiquement en hôtels de toutes catégories. Hébergements au Rajashtan (Jaipur, Jaisalmer, Udaipur), à Agra et Delhi.

FUAJ, 27, rue Pajol, 75018 Paris ; ☎ 01-44-89-87-27 ; www.fuaj.fr ou www.yhaindia.org La FUAJ vous renseignera sur les auberges de jeunesse en Inde (36 en tout). Au Rajasthan et au Gujarat, auberges de jeunesse à Jaipur, Jodhpur et Kankroli (pour le Rajasthan), Baroda et Gandhinagar (Gujarat).

YMCA Voyages, c/o UCJG, 5, pl. de la Vénétie, 75013 Paris ; ☎ 01-45-83-62-63 ; bureaux situés à l'entresol du bâtiment n° 5 ; www.ucjg-ymca-france.org ou www.ymca.int L'association pourra vous donner les coordonnées des YMCA implantées en Inde mais elle n'effectue pas de réservation. Il y en a 28 en Inde dont une à New Delhi et une à Bombay.

Les généralistes

Fram, 4, rue Perrault, 75001 Paris ; ☎ 01-42-86-55-55 ; www.fram.fr Des voyages entièrement pris en charge avec accompagnateur de Paris à Paris et guides locaux. Au programme : « Au pays des Maharadjahs », circuit au Rajasthan de 13 j./12 nuits.

Jet Tours, 29, av. de la Motte Picquet, 75007 Paris ; ☎ 01-47-05-01-95 ou 0825-30-20-10 ; www.jettours.com Au programme : « Les couleurs du Rajasthan » circuit de 11 j./9 nuits au Rajasthan uniquement ; « Inde fastueuse », circuit de 17 j./15 nuits au Rajasthan et au Gujarat. Brochure disponible dans toutes les agences de voyages.

Kuoni, 95, rue d'Amsterdam, 75008 Paris ; ☎ 01-42-85-71-22 ; centrale de rés. : 0820-05-15-15 ; www.kuoni.fr Propose un circuit de 13 j./11 nuits « Palais du Rajasthan », et un circuit « L'Inde des Seigneurs » de 17 j./15 nuits, conjuguant Rajasthan et Gujarat. Le Rajasthan est également en partie abordé dans d'autres circuits plus généraux sur l'Inde du Nord.

Nouvelles Frontières, 87, bd de Grenelle, 75015 Paris ; ☎ 0-825-000-747 ; www.nouvelles-frontieres.fr Vols secs, voyages à la carte, séjours aventure, et de nombreux circuits dont « Rajasthan et Gujarat » (19 j.), « L'Inde des Rajputs » (14 j.) ou « Rajasthan insolite » (17 j.).

Séjourner

Informations utiles sur place

Séjourner

Urgences

En cas de difficulté, composez le 100, qui doit théoriquement aboutir au standard téléphonique du bureau de police le plus proche. Il est de loin préférable, si vous en avez la possibilité, de vous y rendre vous-même. C'est ce que vous ferez impérativement en cas de problème sérieux (vol, accident de circulation...) ; en aucune circonstance vous n'essaierez d'arranger les choses « à l'amiable ». Du bureau de police, mettez-vous immédiatement en contact avec votre consulat. Sachez néanmoins que celui-ci ne peut nullement organiser votre rapatriement ou vous consentir une avance d'argent ; d'où la nécessité d'avoir souscrit avant le départ une assurance de voyage.

Se loger

Classification des hébergements

La qualité d'ensemble de l'hôtellerie indienne est une heureuse surprise. Outre les hôtels de prestige issus d'anciens établissements coloniaux comme le *Taj Mahal* à Bombay, ou de palais de maharajas comme le *Lake Palace* à Udaipur, ou le *Rambagh Palace* à Jaipur, l'Inde dispose d'excellents hôtels de confort occidental dans presque toutes les villes importantes, à des prix qui soutiennent favorablement la comparaison avec des pays réputés bon marché. Nombre de ces hôtels sont situés dans des quartiers résidentiels (souvent l'ancien Cantonment britannique), donc à l'écart du tumulte, dans des jardins.

Le Rajasthan a été un des pionniers du tourisme en Inde. Dès les années 1970, les anciennes familles princières ont ouvert leurs palais aux touristes en les transformant en hôtel ; ce fut le *Lake Palace* d'Udaipur, ou le *Rambagh Palace* de Jaipur, aujourd'hui deux fleurons de l'hôtellerie indienne aux prix prohibitifs. À leur suite, les héritiers des dynasties locales du Rajasthan et du Gugarat se sont également lancés dans le tourisme. On compte aujourd'hui près d'une centaine de ces demeures historiques accueillant les visiteurs : elles sont regroupés sous le label Heritage hotels et on peut en consulter la liste sur le site www.heritagehotels.com. Si le pittoresque est toujours au rendez-vous – ainsi que l'accueil –, leur confort est parfois inégal.

À côté de ces nobles demeures, le Rajasthan et le Gujarat – dans sa partie côtière et à Ahmedabad –, ont vu fleurir des hôtels modernes, disposant de tout le confort. On pourra ainsi se loger sans problème dans tout le Rajasthan, dans d'excellentes conditions de confort et, sauf dans les grands palaces gérés par les chaînes hôtelières, à des prix très abordables.

Gammes de prix

La fourchette de prix donnés, à titre indicatif, correspond à une chambre double, petit déjeuner compris.

Hôtels haut de gamme : de 120 à 200 $ la nuit.

Établissements de bon confort occidental (du type *Clarks* ou *Ashok*) : de 50 à 70 $.

Hôtels de bon confort : de 20 à 30 $.

Guest Houses, plus simples mais qui peuvent réserver d'heureuses surprises : autour de 10 $.

Réservation

Les hôtels de catégorie supérieure exigent le paiement en devises ou la présentation d'un bordereau de change dont le montant couvre le total de la note à payer.

Elle s'impose durant la haute saison touristique (de nov. à mars), notamment dans les établissements de prestige ; par exemple, si vous souhaitez loger au *Lake Palace* d'Udaipur, la réservation est impérative. Vous pourrez effectuer vos réservations hôtelières par l'intermédiaire de votre agent de voyage, ou directement en ligne sur le site internet de l'établissement ou du groupe hôtelier auquel il appartient.

Blanchisserie

La grande majorité des hôtels offre un service de blanchissage ; vous laissez votre linge le matin et le récupérez le soir. À moins que vous ne logiez dans un grand hôtel qui possède son propre service de blanchissage, il y a fort à parier que vos vêtements connaîtront le sort commun en Inde. Ils seront confiés à des *dhobiwallah*, caste de blanchisseurs à qui les familles indiennes remettent leur linge sale (pour des raisons de pureté rituelle, les hindous de caste ne sont pas autorisés à entrer en contact avec la saleté). Dans chaque localité, il existe un ghat des blanchisseurs, où les *dhobiwallah* exercent leur activité. Là, en compagnie de leurs confrères, ils entreprendront de tordre vigoureusement votre linge et de le frapper méthodiquement contre une pierre. Si la saleté ne résiste pas à un tel traitement, les boutons non plus, hélas ! (Prévoyez un stock de rechange.) Après avoir séché au soleil, vos effets subiront un solide repassage qui rend les plis durs comme des lames, avant de vous être retournés, comme neufs, un peu moins épais cependant.

Se restaurer

Les restaurants

Il en existe pour toutes les bourses. Les plus chers sont ceux des grands hôtels où il faut s'attendre à une addition de 15 à 25 €. Dans les restaurants de luxe en ville, on paiera de 8 à 16 €. Dans des établissements plus simples de 3 à 5 €. Il existe par ailleurs d'innombrables petites échoppes de restauration rapide : à l'indienne, où l'on sert principalement toutes sortes de beignets, ou, à l'occidentale, avec l'indémodable « burger » ; on peut y manger pour 1 ou 2 €. Enfin, tout en bas de l'échelle, vous trouverez les restaurants populaires où, assis sur des bancs de bois ou sur des *charpoi* (sommier de cordes où l'on peut s'allonger ensuite pour la sieste), on vous servira, pour 0,5 € du riz arrosé de *dal* ou d'un curry de légumes (seulement pour les amateurs d'exotisme dotés d'un solide estomac).

La cuisine indienne

Si vous la redoutez, essayez-la, ne serait-ce qu'une fois, car ce sera l'une de vos grandes expériences au cours de votre voyage ; si vous la supportez, ce sera l'une de vos satisfactions. Avec certains plats, admirables bouquets de ces épices qui, à l'aube de la Renaissance, furent le moteur des grandes découvertes maritimes, vous vous sentirez transporté à la table d'un prince florentin, au temps où leurs négociants offraient sur le marché jusqu'à 288 variétés de condiments. En même temps qu'elle est l'une des expressions d'une civilisation raffinée, cette cuisine épicée, qui se « relève » de plus en plus au fur et à mesure que l'on va plus au S., est adaptée au climat et si elle vous fait transpirer quelque peu, songez que c'est là un moyen de provoquer une régulation thermique qui vous aide à supporter la chaleur.

Viandes et légumes

Maintenant passons à table et, à tout seigneur tout honneur, commençons par le cari (curry), ce plat auquel vous avez certainement goûté un jour, en Europe, mais dont vous découvrirez avec étonnement qu'il peut vous réserver d'énormes surprises. Il n'y a pas un cari, mais des centaines de caris, de mouton, de poulet, de poisson, de langouste, de crevette, d'œufs durs, de légumes, de fruits, de pousses de bambou, qui, par le goût, les parfums, la consistance de la sauce, diffèrent largement les uns des autres ; certains sont assez doux (c'est évidemment le type le plus couramment servi dans les hôtels de style occidental), d'autres vous mettent la bouche en feu (n'essayez pas d'éteindre ce feu avec un verre d'eau, mais mangez plutôt un morceau de chapati ou du riz, ou bien encore du curd, sorte de yaourt aigre, servi d'ordinaire en accompagnement). Ils peuvent être servis avec le dal, une sauce épaisse aux lentilles. Les caris ne sont pas nécessairement servis avec du riz ou des idli (boulettes de farine de riz cuites à la vapeur) ; on les présente avec des chapatis, galettes à la farine de froment, sans levain, cuites sur le gril ou à la poêle, sans matière grasse ; des nans, crêpes de froment cuites au four ; des puris, crêpes plus épaisses que les chapatis, frites au ghee ou à l'huile ; ou des parata, crêpes de froment parfois farcies aux légumes, particulièrement savoureuses.

Les ***dosa*** sont des pains confectionnés à partir de farine de lentille ; fourrés avec des légumes au cari, on les appelle des masala dosa, très populaires en Inde du S.

Vous trouverez enfin très souvent sur votre table, en guise d'amuse-gueule, des ***papad***, fines galettes de farine de lentilles, frites et généreusement épicées.

Des ***chatni*** (chutneys), condiments aigres-doux confectionnés avec une vingtaine de variétés de légumes ou de fruits (celui à la mangue est le plus fameux), ou des achards, proches des pickles, peuvent accompagner les caris (ils sont servis à part dans des coupelles).

Le ***mulligatawny curry*** a la consistance d'une soupe mais, lorsqu'il est cuit avec du lait de coco et aromatisé avec des *curry leaves* (feuilles de cari), il accompagne d'une façon fort appétissante le riz blanc *(plain rice)*.

Dis-moi ce que tu manges...

Les habitudes alimentaires répondent strictement à la caste ou à la communauté à laquelle on appartient. Chez les musulmans, la viande de porc est considérée comme impure. Chez les jaïns, le végétarisme est absolu ; chez les hindous, où il est aussi inspiré par des sentiments de nature religieuse, il est lié par ailleurs au système des castes. Il peut être absolu (de nombreux brahmanes suivent un régime strictement végétarien, ainsi que les adorateurs de Vishnou) ou concerner seulement certaines viandes, les unes étant considérées comme pures, les autres comme impures. Cette classification est très mouvante ; la viande de bœuf n'est guère consommée chez les hindous que par les intouchables (très occasionnellement d'ailleurs) ; quant aux autres viandes, ou poissons, les tabous varient d'une caste ou d'une sous-caste à l'autre, d'une région à l'autre. On pourrait écrire des volumes entiers sur les coutumes alimentaires des hindous, non seulement vis-à-vis des nourritures elles-mêmes, mais aussi sur la manière de les conserver, de les préparer, de les faire cuire, de les servir, etc. Ne dit-on pas : « Treize Rajpoutes, treize fourneaux » ?

Le *pan*

Goûtez au moins une fois à la chique de bétel, ou *pan*, ce masticatoire que les Indiens acceptent volontiers à la fin des repas car il facilite la digestion des nourritures trop grasses et, disent-ils, il « purifie le sang ». Il était d'usage, autrefois, de laisser le soin à chaque convive de confectionner son *pan*, car c'était pour eux une manière de manifester comment ils avaient apprécié le repas. Ceux que l'on vous servira dans les restaurants indiens sont fabriqués avec un mélange d'épices, de noix d'arec et de chaux, le tout étant enveloppé dans une feuille de bétel, maintenue enroulée par un clou de girofle. Les *pan* sont à l'origine de ces taches rouges sur les trottoirs qui font partie du décor de l'Inde et que l'on remarque autour de la bouche de nombreux Indiens après l'heure des repas.

Quelques précautions indispensables

Buvez exclusivement de l'eau minérale capsulée (et décapsulée devant vous). Évitez glaces et glaçons (même dans les grands hôtels) ; rien ne peut vous assurer qu'ils sont fabriqués avec de l'eau purifiée. De même, méfiez-vous des jus de fruits coupés d'eau et abstenez-vous de crudités. Il est indispensable de peler les fruits. Rappelez-vous que les préparations à base de yaourt sont excellentes pour la flore intestinale. En cas de petit problème digestif, mettez-vous à la diète pendant quelques jours : riz blanc et bananes.

Vins, apéritifs et alcools d'importation sont vendus à des prix prohibitifs.

Les plats de viande et de volaille sont dits ***vindalu*** (ou *vindaloo*) lorsqu'ils sont préparés à l'ail, aux oignons et au vinaigre ; le ***biriani*** (de mouton, de poulet), plat de gala chez les musulmans (sa préparation exige env. 4 h), est confectionné avec du riz pilaf (riz porté sur le feu quelques minutes, puis revenu au beurre, la cuisson étant achevée au-dessus de la viande, elle-même richement épicée).

Partout vous vous régalerez avec les **kebabs** (brochettes de mouton) et surtout avec le **poulet tandoori**, spécialités du Rajasthan (morceaux de poulet ayant macéré dans du yaourt épicé et badigeonnés d'une pâte à base de piment, qui leur donnera une belle coloration rouge orangé, avant d'être cuits dans le tandoor, un four en terre). Le ***thali*** est un plateau comprenant toute une gamme de petits plats exclusivement végétariens, très parfumés, avec un dessert (sucrerie) et un *pan*. On trouvera les meilleurs au Gujarat.

Fruits et douceurs

L'Inde vous prodiguera des fruits très variés et savoureux : mangues (mai-juin), ananas, anones ou pommes-cannelles (un fruit de la famille de l'ananas à chair blanche et crémeuse), goyaves, bananes, jujubes, mandarines, noix de cajou, noix de coco, pommes des vergers du versant himalayen, etc.

À l'exception des mangues, des bananes et des ananas, les fruits sont assez rarement servis dans les restaurants.

Les sucreries, très appréciées des Indiens, sont très surprenantes mais généralement peu prisées par les Occidentaux car elles sont douceâtres ou gorgées de sirop, notamment les ***rossogollas*** (boules de caséine cuites dans un épais sirop), les **halvas** (pâtes compactes parfois fourrées avec des noix de cajou), les ***sondesh*** de Calcutta, sucreries à base de laitage.

■ Boissons

Il faut impérativement consommer de l'eau minérale provenant d'une bouteille décapsulée devant vous. Méfiez vous également des glaçons. L'eau minérale en bouteille plastique se trouve sans difficulté dans les villes et aux abords des grands sites touristiques. Si, en revanche, vous envisagez un long périple hors des sentiers battus, il est indispensable de prévoir une provision d'eau minérale. Pendant ses repas, l'Indien boit généralement de l'eau, mais vous pourrez arroser les vôtres avec des jus de fruits (non coupés d'eau), des boissons gazeuses (sucrées ou non) et, dans les États où la prohibition n'existe pas, avec de la bière (très convenable), du vin, notamment celui de Golconde (Hyderabad). À côté

d'un whisky de fabrication locale, du rhum et autres alcools et de l'*asha* (excellente liqueur aromatisée du Rajasthan). On trouve également du « **champagne** » indien, correct, baptisé Marquise de Pompadour. À essayer.
Le **thé**, qu'il provienne des collines de Darjeeling, de l'Assam ou des monts Nilgiri, est la boisson nationale. Le ***lassi***, une boisson au yaourt glacé, et le ***nimbu pani***, jus de citron vert pressé, sont très appréciés, de même que le ***nira***, lait de coco consommé avec une paille plongée à l'intérieur d'un fruit vert.

Se déplacer

Train (même en 1re classe) et avion sont généralement moins chers qu'en Europe. L'avion dessert les principales localités du pays. Quant au train, rappelons que l'Inde possède un réseau ferré très étendu ; si vous n'êtes pas pressé, ce mode de transport vous emmènera partout dans le sous-continent. Pendant les périodes de haute saison touristique, les réservations dans les trains et les avions peuvent s'avérer difficiles à obtenir *(→ ci-dessous)*. Quant à la route, elle reste néanmoins, et à certaines conditions, le meilleur moyen de découvrir le pays.

■ La route

L'essentiel du transport des hommes et des marchandises se fait par la route. Il n'y a pratiquement pas d'autoroutes et les nationales, en assez mauvais état, sont surchargées de convois de bus, de camions qui se croisent à toute vitesse, avertisseurs bloqués. Quant aux routes secondaires, étroites et peu souvent revêtues, elles ne possèdent quasiment pas de signalisation. Ajoutez à cela des piétons, des vélos, des charrettes tirées par des bœufs, des troupeaux, etc., et vous comprendrez qu'il ne faut pas espérer réaliser de grandes moyennes horaires : 50 à 60 km/h sur les grands axes, 20 à 30 ailleurs (c'est-à-dire la majeure partie des routes). La route reste néanmoins la meilleure façon de découvrir le pays. On peut facilement trouver des cartes routières dans les librairies des grandes villes ; aucune malheureusement n'est complètement fiable, ce qui au fond n'a guère d'importance puisque vous vous ferez conduire par un **chauffeur**.

En voiture

Dans toutes les grandes villes et les localités touristiques, on peut louer sans difficulté à des prix accessibles, à l'hôtel ou chez votre agent de voyages, des voitures avec chauffeur, généralement capables de parler un anglais sommaire. Pour une location de quelques heures seulement, vous paierez à la course. Pour une durée plus longue, le prix vous sera fixé au km, augmenté des taxes et d'indemnités pour le chauffeur. Un supplément est demandé si le parcours a lieu en montagne ; il en est de même si le véhicule est pourvu de l'air conditionné (indispensable à certaines périodes de l'année). Il n'est pas inutile de vérifier l'état des pneus du véhicule ; pour le reste, sachez que l'on trouve des garages dans toutes les petites localités. Un long périple en voiture permet généralement d'en visiter quelques-uns…

Autocars

Des autocars de luxe circulent régulièrement entre les principales villes du pays. Le nec plus ultra s'appelle « Video Deluxe Coach » ; ce sont des autobus pourvus d'un écran qui diffuse à plein volume tout au long du trajet les dernières productions des studios de Bombay ou d'ailleurs. Les autocars ordinaires, très nombreux, inconfortables et toujours surchargés, permettent d'aller à peu près partout pour une somme modique. L'état des véhicules et la conduite pour le moins sportive des chauffeurs réservent ce mode de transport aux voyageurs les plus aventureux.

En ville

Les **autobus** sont très bon marché pour les Occidentaux, mais ils sont le plus souvent bondés et y pénétrer relève souvent de l'impossible exploit. Préférez en toute circonstance les taxis, en général jaune et noir, nombreux dans les grandes villes.

Autres moyens de locomotion : les **auto-rickshaws** (ou taxis-scooters), tricycles à moteur très pratiques pour se faufiler entre les voitures immobilisées (à conseiller pour de courtes distances).

Si vous payez 50 Rs pour une simple course en ville, sachez que ce prix - modeste - est supérieur à celui qu'aurait payé un Indien. Dans tous les cas, il est préférable de convenir à l'avance du prix de la course.

Code de la route

Le point essentiel est la conduite à gauche ; cependant, vous découvrirez très vite que la tendance dominante est la conduite au milieu, qui impose lors des croisements de se rabattre à gauche, généralement le plus tard possible. Quant aux autres règles de conduite, elles n'existent pas, ou, si elles existent, elles ne sont guère respectées. Il y a cependant des signaux de stop à l'intersection des routes principales, mais la protection qu'ils assurent est des plus illusoires.

L'avion

Le réseau aérien d'*Indian Airlines* couvre à peu près tout le pays ; il dessert un grand nombre de villes sur le territoire national et également dans les pays voisins : Katmandou au Népal (au départ de Delhi, Bénarès et Calcutta), Colombo à Sri Lanka (à partir de Madras), Bangkok (à partir de Calcutta), Chittagong et Dacca au Bangladesh (à partir de Calcutta) ou Karachi au Pakistan (à partir de Bombay).

Depuis les lois de libéralisation de l'économie en 1993, plusieurs compagnies aériennes privées ont vu le jour dont les principales sont *Jet Airways* et *Sahara Airlines.* Leurs réseaux sont beaucoup moins étendus que celui d'*Indian Airlines,* mais peuvent en certains cas offrir des alternatives intéressantes à la compagnie nationale.

Voyager seul

Si vous êtes un voyageur individuel itinérant et n'avez rien réservé au départ, nous vous conseillons, sitôt arrivé dans une localité, de passer la première matinée à organiser votre départ en réservant votre place de train, d'avion ou de car, etc.

Réservations

La réservation est nécessaire sur tous les vols, de même que la confirmation 72 h avant le départ. Malgré le nombre et la fréquence des vols, il est souvent difficile d'obtenir des billets. Il vaut donc mieux réserver vos billets pour l'ensemble de vos déplacements **dès votre arrivée en Inde.** Vous pourrez aussi réserver des vols intérieurs depuis l'Europe, mais il est de toute façon impératif de confirmer vos réservations dès votre arrivée dans le pays. Rappelons que le règlement en dollars d'un billet pour un vol intérieur vous donnera une priorité de fait pour les réservations.

Les horaires des vols *Indian Airlines* sont très souvent modifiés. Faites-vous confirmer l'horaire exact la veille de votre départ.

Conditions d'embarquement

Vous devrez vous présenter à l'aéroport 2 h avant le décollage, même pour les vols intérieurs. *Indian Airlines* est très strict sur la limitation du poids des bagages : 20 kg par personne ; au-delà, vous devrez acquitter une surtaxe pour excédent de bagages.

Il est interdit de posséder en cabine tout objet pouvant ressembler à une arme (cela va jusqu'au couteau de poche et à la lime à ongle). Dans certains aéroports, il vous sera demandé de vider vos appareils électriques de leurs piles (attention aux appareils photo et aux caméscopes) ; mieux vaut le faire avant qu'on ne vous le demande et les glisser dans votre valise enregistrée en soute.

Certaines villes comme Bombay ou Delhi possèdent plusieurs aérogares, l'une réservée aux vols internationaux, l'autre aux vols intérieurs.

Forfaits

India Airlines propose trois forfaits « **Discover India** » de 21 j. (895 $), 15 j. (630 $) et 7 j. (400 $) : ils permettent un nombre illimité de vols, à condition de ne pas faire escale deux fois dans la même ville, sauf s'il s'agit d'assurer une correspondance. Un montant de 5 $ *(Passenger Service fee)* vous sera demandé pour chaque parcours.

Le forfait Discover India est obligatoirement payable en dollars américains ou en devises, jamais en roupies. Les titulaires de ce forfait bénéficient d'une priorité sur les réservations.

Taxe d'aéroport

Les compagnies aériennes incluent désormais le montant de la taxe d'aéroport dans le prix du billet.

■ Le train

Comptant quelque 62 000 km, le réseau ferré sera très inégalement intéressant pour le voyageur, mais, en dépit de la lenteur des trains, sans doute serez-vous amené à emprunter le chemin de fer sur ce réseau qui, depuis le début du XIXe s., est le premier en Asie. Certains parcours sont spectaculaires et constituent en eux-mêmes un but d'excursion, en particulier les lignes de montagne qui grimpent par exemple à Darjeeling (Bengale-Occidental), en traversant, à petite vitesse, de somptueux paysages.

Très pratique car il permet d'atteindre des régions loin de tout aéroport, le train est en revanche très lent : même à bord des plus rapides, il ne faut

espérer parcourir plus de 50 à 60 km par heure. Les trains les plus rapides sont les **Express,** viennent ensuite les **Mail,** puis les **Passenger Omnibus.** Depuis quelques années, des lignes à grande vitesse ont été ouvertes, comme le ***Pink Express*** (Delhi-Jaipur en 5 h), le ***Radjani Express*** (Delhi-Calcutta en 18 h) ou le ***Shatabdi Express*** [Delhi-Bhopal en 8 h *via* Agra (2 h), Gwalior (3 h) et Jhansi (4 h)].
Les trains indiens ont un site internet très complet qui présente l'ensemble du réseau ainsi que les horaires : www.indianrail.gouv.in

Les classes
Les trains des Indian State Railways comportent cinq classes de passagers : les 1res couchettes climatisées (***First A/C ;*** disponibles sur certaines lignes seulement) qui n'ont rien à envier aux wagons-lits européens ; les 1res assises climatisées ***(A/C Chair Car) ;*** les 1res couchettes non climatisées ***(First Non A/C)*** disposées en compartiments de 2 ou 4 passagers (les banquettes sont transformées la nuit en couchettes) ; les 2es couchettes climatisées ***(A/C 2 Tier)*** qui se composent de boxes de 4 couchettes, séparés par un rideau du couloir où sont installées d'autres couchettes (pendant les grosses chaleurs, préférez cette classe aux 1res non climatisées) ; enfin, les 2es non climatisées ***(2nd Class non A/C),*** toujours bondées : pour les amateurs de contacts humains uniquement. Encore que l'on ne se sente jamais seul dans les autres catégories de voitures (les trains indiens transportant chaque jour près de 11 millions de passagers).

Réservation
Elle est recommandée dans toutes les classes. La compagnie des chemins de fer est désormais dotée d'un système de réservation informatisé qui permet depuis la plupart des grandes agglomérations de réserver sur n'importe quel parcours. Une réservation peut être effectuée six mois à l'avance.

Lors de la réservation, vous devrez préciser votre âge et votre sexe afin de permettre à l'ordinateur de répartir harmonieusement les passagers. Avant de monter dans le train où votre place est réservée, vous irez consulter sur le quai de départ un tableau ***(Reservation Chart)*** où devra figurer votre nom, le numéro de la voiture et le numéro de la place qui vous est attribuée. La même liste mentionnant le nom des passagers et le numéro de leur place est affichée sur chaque voiture.

Billets RAC et Waiting List
Lorsque le train que vous souhaitez prendre est complet, demandez au préposé de vous délivrer un billet RAC ***(Reservation against Cancellation).*** Ce billet (valable pour les couchettes) vous permet d'embarquer dans le train et de bénéficier d'une place assise. En cas de places réservées et non occupées *(no show),* vous aurez la priorité pour l'occuper. À la remise de ce billet, le préposé vous dira combien de personnes sont avant vous sur la liste des RAC et quelles chances vous avez de trouver une couchette. Ce type de billet vous donne le droit de monter à bord, contrairement à un billet en liste d'attente *(Waiting List),* qui ne vous y autorise que si une place se libère effectivement.

Forfaits
Les forfaits « **Indrail Pass** » sont valables pour un nombre illimité de trajets pendant des périodes limitées : de 7, 15, 21, 30, 60 ou 90 jours. Ils existent pour toutes les classes et sont payables en devises. Ils donnent théoriquement priorité lors des réservations.

Au plan strictement financier, ce type de forfait n'est pas véritablement une affaire, à moins de passer ses journées dans le train. À titre d'exemple, un forfait de 7 j. coûte 270 $ en *First A/C*, 135 $ en *A/C Chair Car* ou *A/C 2 Tier*. De plus, vous découvrirez rapidement que beaucoup de trains ne comprennent pas de *First Class A/C* ni même de 2nd *Class A/C*. Les avantages de ce type de forfait ne sont pas d'ordre pécuniaire ; ils vous épargneront de longues queues pour acheter votre billet.

Pour la réservation, adressez-vous directement au *Stationmaster*. Vous obtiendrez plus facilement une place dans un train complet pour les Indiens grâce au *Tourist Quota*. On peut acheter ces forfaits dans les gares des villes importantes : Bombay, Delhi ou Calcutta.

Le « Titi » maître à bord

Dans chaque voiture, un TTE *(Travelling Ticket Examiner)* est chargé du confort des passagers. Si vous voyagez de nuit, c'est lui qui vous louera draps et couvertures ; il vous en coûtera quelques roupies. Le stock est généralement insuffisant pour tous les passagers et vous serez bien avisé de vous adresser à lui aussitôt monté dans le train. Toutefois, la propreté souvent douteuse des draps incite à se munir d'un sac de couchage.

Les repas

Sur presque toutes les grandes lignes, des repas chauds sont proposés aux voyageurs pour des sommes très modiques. Le préposé passera prendre votre commande et vous apportera votre plateau-repas à votre place. Toutefois, si vous effectuez de longues distances, il est impératif de vous munir d'eau minérale (introuvable à bord, mais disponible le plus souvent sur les quais de gare).

Porteurs

Vous les reconnaîtrez aisément à leur tenue rouge ; ils vous seront très utiles en vous conduisant directement sur le bon quai et porteront vos valises jusqu'à votre place à l'intérieur de la voiture. 30 à 50 Rs selon le nombre de bagages seront une bonne rémunération.

Palace-on-Wheels

Le ministère du Tourisme du Rajasthan a voulu ressusciter la splendeur des trains des maharajas en organisant un circuit exceptionnel à travers l'État. Tracté par une locomotive à vapeur, le train, réservé exclusivement aux touristes, est composé de voitures ayant servi jadis aux déplacements princiers. Au départ de Delhi, ce programme de 7 nuits (de sept. à avr., en pension complète) comprend les visites de Jaipur, Amber, Jaisalmer, Jodhpur, Sawai Madhopur, Chittorgarh, Udaipur, Bharatpur, Fatehpur Sikri et Agra. Tarif ; de 2060 à 2695 $ selon la période, par personne sur la base d'une chambre double.

En théorie, il existe un quota de places réservées aux étrangers *(Tourist Quota)*, qui leur permet d'obtenir des places dans un train complet pour les Indiens. Le billet est alors payable en devises. Il existe de même un VIP Quota. À vous de convaincre les préposés de votre importance.

À Delhi et Bombay, il existe un guichet de réservation pour les touristes étrangers. Le personnel y est parfois fort aimable et au moins anglophone. Avant de commencer votre voyage, vous pourrez y effectuer, une fois pour toutes, l'ensemble de vos réservations de train.

Toilettes : tous les trains en sont pourvus.

Consigne *(Cloak Room)* : il y en a une dans toutes les gares.

Des sleepings de rêve

Le succès du Palace-on-Wheels (→ *ci-contre*) a permis le lancement d'un autre train de luxe, le Royal Orient, qui relie à toute vapeur les étapes suivantes au départ de Delhi, à travers le Rajasthan et le Gujarat : Chittorgarh, Udaipur, Junagadh, Veraval, Somnath, Sasangir, Mandvi, Diu, Palitana, Sarkhej, Ahmedabad et Jaipur. Comptez environ 200 $ par jour sur la base d'une cabine double à partager. Renseignements auprès des bureaux du tourisme du Rajasthan et du Gujarat, qui gèrent l'affrètement de ces trains spéciaux. Il est possible d'effectuer une partie seulement du circuit, à condition de passer au moins quatre nuits à bord.

Les Indiens ont fréquemment recours aux initiales, sigles et acronymes. Aussi ne vous étonnez-pas que l'on vous indique, par ex., MG Road pour Mahatma Gandhi Road.

La carte Visa est acceptée dans de nombreux établissements, hôtels et restaurants parfois même assez modestes.

Les banques sont généralement ouvertes du lun. au sam. de 10 h à 14 h (12 h 30 le sam.).

Rens. en France auprès de l'agence ***Comptoirs du Monde*** *(→ p. 32)*, sur www.palaceonwheels.net ou auprès du bureau du tourisme du Rajasthan à Delhi.

Vivre au quotidien

■ La langue

Les recensements de 1961 et 1971 ont dénombré 1 652 langues parlées en Inde. Parmi elles 18 ont été déclarées langues officielles dans l'aire géographique où elles sont utilisées. L'hindi, principale langue de l'Inde du N., est en théorie la langue officielle de l'Union.

En pratique, l'anglais, qui a le statut de « langue associée », est la seule langue pratiquée du S. de l'Inde à l'Himalaya. C'est elle qui prévaut à l'université. Cela ne signifie pas pour autant qu'elle soit comprise par tous, mais, en revanche, elle est pratiquée dans les hôtels, la plupart des restaurants (sauf les plus populaires), où l'on trouvera le plus souvent un menu en anglais, et dans les administrations, les banques et les services d'une manière générale (où les panneaux sont toujours en anglais). Il est indispensable de posséder quelques rudiments d'anglais pour pouvoir se débrouiller seul en Inde. Dans les grandes métropoles et les villes touristiques, vous trouverez toujours un chauffeur de taxi qui baragouine quelques mots d'anglais.

■ Argent

L'unité monétaire est la roupie (Rs) divisée en 100 *paise* (*paisa* au singulier). On trouve des pièces de 10, 25, 50 paise, et 1, 2 et 5 Rs et des billets de 5, 10, 20, 50 100, 500 et 1 000 Rs.

Les Indiens ont la fâcheuse habitude de maintenir les liasses par des agrafes : résultat, les billets sont très souvent troués. S'ils sont trop endommagés, ils sont refusés par les commerçants : il convient donc de vérifier soigneusement l'état des billets lors des opérations de change. Les coupures de 100 et 500 Rs sont trop importantes pour les menues dépenses quotidiennes (taxis, rickshaws, boissons, pourboires...) : il est impératif de se munir de petite monnaie avant de quitter son hôtel.

■ Change

On trouve désormais des distributeurs automatiques de billets dans toutes les villes d'une certaine importance. Les hôtels de catégorie moyenne et supérieure sont également habilités à pratiquer le change. Le taux y est sensiblement le même que dans les banques et l'attente infiniment moins longue. Conservez vos bordereaux de change – et vos justificatifs de retrait – : ils vous seront utiles pour régler votre note dans les hôtels de catégorie supérieure (si vous payez en espèces), et pour convertir en devises les roupies qu'il vous resterait lors de votre départ : des bureaux de change sont prévus à cet effet dans les aéroports.

Fuyez le change au noir ; c'est illégal. De plus, vous aurez nécessairement en face de vous des individus qui vivent en dehors de la légalité et vous risquez fort de les voir prendre leurs jambes à leur cou avec vos billets en poche, ou de recevoir des billets périmés, en mauvais état ou faux. Le jeu n'en vaut pas la chandelle.

Budget

Un budget moyen est difficile à établir. On peut choisir de voyager de palace en palace, en avion et voiture particulière, ou de traverser le sous-continent à vélo en logeant dans les hôtels indiens les plus simples et en mangeant dans les petites échoppes au bord des routes.

Tentons d'y voir plus clair. Un voyage du type « lune de miel » reviendra environ entre 250 et 300 € par jour pour deux personnes : hôtels somptueux ; visites avec guide particulier et voiture climatisée, déplacement en avion ou en train *First A/C* ; dîners fins dans les meilleurs restaurants. Il vous restera même de quoi acheter des souvenirs (pour des bijoux, prévoir un peu plus). On peut également voyager plus simplement, dans des hôtels de type 3 étoiles : il vous en coûtera de 120 à 180 € par jour (pour deux personnes) : ce budget vous permettra de prendre l'avion et de louer les services de guides locaux. Plus modeste ? Avec de 70 € par jour pour deux, vous trouverez des hôtels corrects ou de sympathiques *Guest Houses* où vous serez au contact de la population indienne, vous voyagerez en train *(A/C 2 Tier)*, de préférence de nuit, mangerez dans de petits restaurants et visiterez les sites sans guide, mais avec un bon livre de voyage. Moins cher encore ? Sachez que l'on peut se nourrir (de riz et de légumes) pour 1 € par jour et dormir pour la même somme dans les dortoirs des hôtels indiens bon marché.

Merci, connais pas

On ne dit pas merci dans les langues de l'Inde. Sans doute pense-t-on que rendre un service ou faire un cadeau est un geste tout naturel, suffisamment gratifiant en soi. Mais comme il faut bien trouver un correspondant à *thank you* ou *merci*, que nous employons à tout bout de champ, on utilise parfois *shukrya*, qui vient de l'arabe par le persan, ou le sanskrit *dhanyavad* « soyez prospère ! » – expression rare que les hôtesses de l'air ont mise à la mode pour traduire en hindi le *thank you* qui conclut leurs annonces en anglais.

P. A.

Pourboires et bakchichs

Le pourboire récompense un service, tandis qu'un bakchich permet d'ouvrir des portes. On attendra les deux de vous. Pour les pourboires (restaurants, taxis…), comptez environ 10 % du prix à payer. Pour les menus services, par exemple les bagagistes qui apportent vos valises dans votre chambre, prévoir 50 Rs. Si vous donnez davantage, il est fort probable que vous verrez défiler, dans les minutes qui suivent, l'ensemble du personnel de l'étage, l'un vous apportant un bouquet de fleurs, l'autre une savonnette, un troisième son seul sourire. Le montant du bakchich est proportionnel à l'importance du service que vous en attendez : quelques roupies pour le TTE qui vous a trouvé des draps alors que sa réserve était officiellement vide, un peu plus peut-être s'il vous trouve une place dans un

Attention, pour visiter les sites dépendant de l'Archeological Survey of India (Taj Mahal à Agra, tombeau d'Humayun à Delhi, etc.), les étrangers doivent aujourd'hui acquitter un droit allant de 5 $ à 20 $.

La pratique du bakchich est délicate même si elle est très répandue, car les limites qui la séparent de la corruption sont floues. Conservez cependant à l'esprit qu'un bakchich doit toujours être proposé discrètement et en aucun cas devant témoins, surtout s'il s'agit de collègues.

> **L'heure des repas**
>
> Les hôtels suivent en la matière les usages internationaux : on y prend le petit déjeuner à partir de 7 h, le déjeuner de 12 h 30 à 14 h 30, et l'on y dîne à partir de 19 h. Signalons que la plupart des grands hôtels possèdent un « coffee-shop » ouvert 24 h sur 24, bien pratique en cas de départ très matinal. Les restaurants en ville ouvrent à peu près aux mêmes heures. Les petites échoppes populaires, quant à elles, servent tout au long de la journée.

train bondé. Conclusion : il est impératif d'être toujours en possession de petits coupures. Il ne semble pas nécessaire, dans un pays miné par la corruption, de donner de l'argent ni même des cadeaux aux policiers et autres fonctionnaires en service.

Décalage horaire

Il y a 4 h 30 (3 h 30 en été) de décalage entre l'Inde et la France : lorsqu'il est midi à Paris, il est 16 h 30 (15 h 30 en été) en Inde. L'Inde n'occupe qu'un seul fuseau horaire.

Vivre à l'heure de l'Inde

Dès 5 h, avant le jour, les temples reçoivent la visite des fidèles qui viennent y faire leurs dévotions avant d'entamer une nouvelle journée. Rues et campagnes s'animent dès le lever du soleil. Les banques, administrations et grands magasins comme emporia d'État observent, eux, des horaires plus occidentaux. Les bureaux de poste ouvrent de 10 h à 16 h 30 (12 h le sam.) et les administrations de 9 h 30 à 17 h (13 h le sam.). Les musées suivent à peu près les mêmes horaires. Les petits commerces populaires ont des horaires plus élastiques : ils ouvrent vers 9 h ou 10 h et ferment à la disparition du dernier client.

Calendrier

Depuis l'indépendance, l'Inde utilise officiellement le calendrier de l'ère commune. Le calendrier religieux traditionnel hindou suit, lui, un cycle luni-solaire de douze mois ; ainsi les fêtes principales, d'origine agricole, tombent-elles toujours à la même saison, avec un décalage de quelques jours d'une année à l'autre par rapport au calendrier universel. Les fêtes musulmanes respectent le calendrier lunaire de l'islam et sont donc mobiles.

Parmi les chronologies ou ères servant à régler la vie religieuse des hindous, l'ère *shaka* est la plus répandue ; ce calendrier luni-solaire débute en l'an 78 apr. J.-C. On utilise également l'ère *vikram* (luni-solaire, principalement dans l'O. indien), qui débute en l'an 57 av. J.-C. Localement existent de nombreux calendriers, vestiges de civilisations ou de royaumes aujourd'hui disparus. Musulmans, sikhs, bouddhistes ou jaïns possèdent par ailleurs leur propre comput.

Jours fériés et fêtes

En dehors des fêtes religieuses célébrées localement avec plus ou moins de faste, il existe des jours fériés chômés dans toute l'Inde.

1er janv. : Jour de l'An.
26 janv. : Republic Day, fête nationale.
Mars : Holi.
15 août : anniversaire de l'indépendance.

Les bureaux du tourisme en Inde éditent chaque année la liste des principales fêtes avec leurs dates respectives (disponible généralement au mois d'oct.).

2 oct. : anniversaire de naissance du Mahatma Gandhi.
25 déc. : Noël.

L'année indienne est une succession de fêtes locales ou nationales, dont les dates varient légèrement d'une année à l'autre puisqu'elles suivent le calendrier luni-solaire. Fondées sur un calendrier purement lunaire, les fêtes musulmanes sont plus variables. Parmi les principales fêtes religieuses hindoues, célébrées dans toute l'Inde, on retiendra :

Janv.-fév. : Vasanta Panchami. 5e j. du mois de *magha,* consacré à Sarasvati, déesse de l'Éloquence et des Beaux-Arts ; c'est une fête célébrée tout d'abord par les intellectuels, au cours de laquelle des livres, des plumes et des pinceaux sont placés devant une image de la divinité. Dans de nombreuses localités du N., c'est aussi l'occasion d'un festival de cerfs-volants multicolores que font évoluer les familles réunies au complet sur le toit de leur maison, d'ordinaire réservé aux femmes.
Mahashivaratri. Le 13e j. du mois de *magha* a lieu la nuit de Shiva, que les dévots passent en chants et actions de grâces. Les 4 j. précédents donnent lieu dans de très nombreuses localités à de grandes foires (danses, chants, manèges dans le style des kermesses) qui attirent des dizaines de milliers de curieux.

Fév.-mars : Holi. Fête très populaire de l'équinoxe de printemps célébrée à la pleine lune du mois de *phalguna* dans toute l'Inde du N., particulièrement en Orissa ; l'un des aspects les plus voyants de Holi consiste à jeter de l'eau colorée sur les vêtements des passants, aussi bien dans les villes que dans les campagnes.

Mars : Gudi Parwa. Le 1er j. du mois de *chaitra,* qui est aussi le 1er j. de l'année pour ceux dont la vie religieuse est réglée sur l'ère *shaka.* On dresse des bannières de soie et d'or au cours de processions en l'honneur de Shalivahan, fondateur légendaire de ce calendrier. C'est le jour des amabilités et du langage châtié, où les injures et grossièretés sont prohibées.
Rama Navami. Du 1er au 9e j. de *chaitra,* lorsque les vaishnava, adorateurs de Vishnou, commémorent la naissance de Rama, l'avatar du dieu, précisément le 9e j., à midi. Cette fête, particulièrement brillante dans le N. de l'Inde, notamment dans l'Uttar Pradesh où naquit Rama, fait appel à des groupes de danseurs qui retracent des épisodes fameux du *Ramayana,* véritables mystères dits Ramlila, où sont relatés les exploits du dieu lors de la conquête de Ceylan et l'anéantissement du démon Ravana, dont l'énorme effigie, en bois et en papier, est solennellement brûlée.

Mars-avr. : Hanuman Jayanti. Jour de la pleine lune du mois de *chaitra,* pour célébrer la naissance de Hanuman, chef des singes, allié de Rama lors de ses combats contre Ravana. C'est une fête populaire chez les vishnouites.
Gangaur. Fête en l'honneur de Parvati au cours de laquelle les jeunes filles dans leurs plus beaux atours se rendent en procession dans les temples pour honorer la déesse. Ce mois est traditionnellement celui des mariages.

Avr. : Vaisakhi. Fête des moissons célébrée dans toute l'Inde du N., particulièrement au Pendjab.

Juil. : Naga Panchami. Le 5e j. du mois de *shravana,* consacré aux nagas, génies des régions souterraines et des eaux (dans l'O. et le S. de l'Inde, on apporte des fruits et du lait aux serpents sacrés des temples et des sanctuaires domestiques). C'est un jour où l'on s'abstient de labourer la terre.
Janma Ashthami. Le 8e j. du mois de *shravana,* célébré par les vishnouites pour commémorer la naissance de Krishna, particulièrement à Mathura et dans ses

Séjourner

Les douze mois du calendrier indien

Le calendrier lunaire divise l'année en douze mois et ajoute un mois intercalaire tous les deux ou trois ans. L'année commence au printemps (mars-avr.).

Chaitra : mars-avr.
Vaishakha : avr.-mai.
Jyestah : mai-juin.
Ashadh : juin-juil.
Shravana : juil.-août.
Bhadra : août-sept.
Ashvina : sept.-oct.
Kartik : oct.-nov.
Marga : nov.-déc.
Push : déc.-janv.
Magh : janv.-fév.
Phalgun : fév.-mars

Les lunaisons divisent chaque mois en deux quinzaines *(paksha)*. La première, quinzaine sombre, s'appelle Krishna Paksha ; elle prend fin la veille de la nouvelle lune *(Amawashya)*, marquée sur les calendriers. Le jour suivant est le premier jour de la quinzaine claire, Shukla Paksha, qui s'achève à la pleine lune *(Pumima)*. Ainsi, la foire de Pushkar a lieu chaque année, au Rajasthan, durant Kartik Shukla 8 à 15, ce qui signifie que ces festivités débutent le 8e jour de la quinzaine claire du mois de Kartik (oct.-nov.) et s'achève à la pleine lune.

Téléphoner de l'Inde à l'étranger

Composer le 00, puis le code du pays (33 pour la France, 32 pour la Belgique, 41 pour la Suisse), suivi de l'indicatif régional et du numéro du correspondant, sans le 0 initial.

environs ; importantes pujas en l'honneur du dieu, avatar de Vishnou, avec des offrandes végétales, l'aspersion et la toilette de ses statues.

Juil.-août : Narali Purnima. Lors de la pleine lune du mois de *shravana*, cette fête de la noix de coco marque la fin de la mousson ; ces fruits sont offerts à la mer, c'est-à-dire à Varuna, dieu des Eaux. À cette occasion, les membres masculins des trois castes supérieures (brahmanes, kshatriyas et *vaishya*), les « deux fois nés », changent de cordon sacré, symbole de seconde naissance.

Août : Ganesh Chaturthi a lieu le 4e j. du mois de *bhadra*. Cette fête commémore la naissance de Ganesh, le dieu à tête d'éléphant, fils de Shiva et de Parvati, qui est l'une des divinités les plus populaires chez les hindous. Elle est particulièrement haute en couleur à Bombay. Ses dévots achètent des effigies du dieu en argile peinte, qu'ils emportent en palanquin à leur domicile. Elles y seront vénérées pendant une semaine, puis promenées en grande pompe, escortées de tambours et d'autres musiciens, déposées à terre lors d'une cérémonie d'adieu et enfin confiées à un officiant qui ira les immerger dans la mer, un lac ou un cours d'eau. Le jour de Chaturthi (« 4e j. »), on évite de regarder la lune pour ne pas attirer le malheur sur sa tête.

Sept.-oct. : Dussehra (prononcer dashara). De la 1re à la 9e nuit du mois d'*ashvina*, cette fête en l'honneur de Durga, également connue sous le nom de **Durga Puja**, consacre la fin de la mousson. Elle culmine les 8e et 9e j. avec des réjouissances et des sacrifices d'animaux (chèvres et parfois buffles) en l'honneur de la déesse, épouse de Shiva. Dussehra était autrefois une fête royale et les armées des princes hindous choisissaient souvent ce jour pour partir en campagne.

Oct.-nov. : Diwali. Également appelée **fête des lumières,** marque le Nouvel An pour ceux dont la vie religieuse est réglée sur le calendrier vikram. C'est la fête des riches négociants (surtout dans l'O. de l'Inde) qui illuminent leurs quartiers de résidence et leurs lieux de travail, et qui distribuent des vêtements usagés. Les célébrations durent quatre j., les deux derniers j. du mois d'*ashvina* et les deux premiers du mois de *karttika*, dans une explosion de feux d'artifice et de pétards. C'est la fête la plus gaie du calendrier hindou.

Poste

Les services postaux indiens fonctionnent avec régularité mais avec une tendance certaine à la lenteur. Une lettre postée en Inde mettra env. 10 j. avant de parvenir à son destinataire en Europe. Les bureaux de poste sont ouverts de 10 h à 16 h 30 en sem. et de

10 h à 12 h le sam. Ils sont fermés le dim. à l'exception de la Grande Poste (GPO) des villes importantes, ouverte t.l.j. de 8 h à 21 h 30. On trouve aussi des timbres à la réception de la plupart des hôtels.

Téléphone et Internet

Les communications téléphoniques passant par satellite, il est désormais possible d'atteindre immédiatement par téléphone le monde entier. Ce réseau couvre également de très larges portions du territoire indien. Les petites échoppes de téléphone se sont multipliées à travers tout le pays ; vous ne pourrez pas les manquer : elles portent l'enseigne ISD/STD. Beaucoup sont ouvertes 24 h sur 24 et l'on y paie sa communication au moins deux fois moins cher qu'à partir des hôtels. Sachez qu'il est souvent plus facile d'obtenir une communication avec la France qu'avec la ville voisine en raison de l'encombrement des lignes. Alors, armez-vous de patience et persévérez. Vous trouverez dans chaque partie l'indicatif des localités reliées à l'automatique.
En raison de faibles coûts de communication, le téléphone mobile est très utilisé dans le pays aujourd'hui. Avec votre forfait européen de téléphone portable, il est généralement possible de vous connecter directement sur le réseau sans fil indien (renseignez-vous auprès de votre opérateur).

On trouve partout, même dans les petites localités, des cafés internet au prix très modique.

Achats

Une visite aux emporia des différents États de l'Inde à Delhi *(State Emporia)* vous donnera une idée de la diversité et de l'extraordinaire richesse de l'artisanat indien. Les prix demandés dans ces établissements ne donnent pas matière à discussion ; c'est exceptionnel en Inde. Partout ailleurs, le marchandage est la règle *(→ encadré p. 51)*. À ce propos, il convient de signaler que dans les localités touristiques, la plupart des magasins (privés) de souvenirs et d'artisanat arborent fièrement sur leur devanture la mention « Government Approved » ; ils essaient ainsi de faire accroire qu'ils sont des magasins d'État et que par conséquent les prix y sont fixes (et que si le vendeur vous consent une petite réduction, vous le devez uniquement à l'irrésistible sympathie qui émane de votre personne).

Que rapporter

Par la richesse de son artisanat, l'Inde est une invitation permanente à la dépense. Dépense qui au demeurant peut être fort modique, du fait de prix très avantageux pour les Occidentaux. On peut ainsi pour presque rien rapporter de superbes cotonnades, des objets en bois sculptés, des marionnettes,

Le marchandage, une règle d'or

Dans un pays où le niveau de vie reste très bas, il est très facile de passer pour un « riche Américain ». Votre condition d'étranger vous vaudra dans les magasins privés de vous entendre proposer des prix trois à quatre fois supérieurs à un prix « indien ». C'est alors que doit intervenir votre talent pour le marchandage. En la matière, la réputation des commerçants indiens n'est plus à faire. Ils sauront vous faire rêver en vous assurant les yeux dans les yeux que leur famille descend en droite ligne des artisans qui décorèrent le Taj Mahal, les temples de Khajuraho ou les murs des palais princiers. Et puisque vous êtes français (ou belge, suisse, lituanien...) et par conséquent ami de l'Inde, le brave homme est prêt à consentir un véritable sacrifice. Devant de telles envolées lyriques, ne perdez pas de vue votre objectif principal : l'article qui vous intéresse et le prix que vous êtes disposé à payer. Gardez le sourire et n'oubliez pas que le marchandage est avant tout un échange courtois – en fait, un véritable art de vivre – au cours duquel personne ne doit être la dupe de l'autre. N'entamez pas un marchandage si vous n'êtes pas intéressé ; ce genre de plaisir gratuit est peu prisé des marchands et passera, à juste titre, pour discourtois. Marchander avec des dollars en liquide peut s'avérer très fructueux.

Dans la partie introductive à chaque région du guide, nous vous indiquons quels objets acheter en fonction des spécificités artisanales locales.

Il est interdit d'exporter des fourrures, des peaux de serpent, des antiquités, et d'importer en Europe tout objet en ivoire.

des épices. Un peu plus chers (mais bien moins qu'en Europe) sont les soieries, les bijoux, les tapis (préférez ceux qui sont produits par des ateliers qui s'interdisent de recourir au travail des enfants ; leurs produits sont signalés par le label « Rugmark »), les objets en argent, les miniatures contemporaines...

Informations touristiques

Offices du tourisme (OT)

Toutes les localités touristiques disposent d'un OT où vous trouverez au moins quelques brochures et un interlocuteur anglophone pour vous renseigner. La qualité de l'accueil et l'efficacité varient d'une ville à l'autre et dépendent en fait des employés ; certains sont muets comme des tombes, d'autres d'une disponibilité et d'une amabilité à toute épreuve. D'une manière générale, mieux vaut vérifier les informations recueillies, notamment les horaires d'ouverture de sites, de trains ou d'avion. Les Indiens éprouvent une répugnance naturelle à avouer leur ignorance – surtout s'ils occupent un poste officiel – et préféreront toujours vous donner une réponse, même fantaisiste.

L'abréviation ITDC identifie les bureaux de tourisme fédéraux. Les offices de tourisme du Rajasthan portent le sigle RTDC (Rajasthan Tourism Developpment Corporation) ; ceux du Gujarat sont identifiés par GSTDC.

Il existe en fait deux organismes de renseignements touristiques : le ***Government of India Tourist Office*** est géré par l'État fédéral et le ***State Tourist Office*** par l'État concerné, localement. Les seconds sont plus largement implantés, mais préférez-leur, si vous avez le choix, les bureaux de l'État fédéral, mieux documentés.

Agents de voyages

Ils ne sont pas à proprement parler des bureaux de renseignements. Ils vendent des prestations (billetterie, réservations d'hôtels, circuits organisés, location de voiture avec chauffeur). Certaines agences sont néanmoins dirigées par des professionnels amoureux de leur région et vous y trouverez parfois le meilleur accueil.

Guides

On peut s'attacher les services d'un guide local anglophone par l'intermédiaire des OT de la ville ou de la réception de son hôtel. S'ils ne sont pas toujours des puits de science, ils seront en revanche très utiles pour vous aider à vous repérer dans des villes où il est parfois difficile de se diriger. Le tarif extrêmement modique de ces guides (env. 300 Rs pour une demi-journée) incite à ne pas se priver de leurs services lorsque cela est nécessaire. Un seul inconvénient : ils ont une propension à vous détourner vers des magasins de souvenirs ; on ne peut les en blâmer et c'est à vous de refuser gentiment ou d'accepter de temps à autre un petit arrêt.

Ne manquez pas les éditions du dimanche où plusieurs pages sont consacrées aux annonces matrimoniales ; ce sont les parents qui y présentent leur progéniture : de véritables tranches de vie.

Dans les temples en activité, il n'est pas rare d'être « pris en charge » par un brahmane qui se fera un devoir de vous montrer les lieux, moyennant rétribution bien entendu. Pittoresque dans un premier temps, ce genre de compagnie peut s'avérer lassante (d'autant qu'elle est rarement instructive), surtout lorsque l'on est sollicité dans chaque temple (et l'Inde n'en manque pas). Sachez que la présence de ce genre de personnage n'est nullement obligatoire pour visiter un temple ; éconduisez-le avec politesse, mais fermement.

Médias

Journaux

Depuis quelques années, la presse francophone a fait une timide apparition en Inde. On ne trouve pour l'instant quotidiens et magazines qu'à Delhi, sur Jan Path, à proximité de l'office du tourisme. On trouve en revanche la presse anglophone (*Herald Tribune,* ou *Times* de Londres). Il existe de nombreux quotidiens indiens en langue anglaise, tels *Times of India, Indian Express* ou *The Hindu ;* vous le constaterez, ils sont peu ouverts aux informations internationales, mais constituent une mine pour approcher les réalités du pays au travers des faits divers.

On trouve également d'excellents hebdomadaires anglophones (*India Today* est le meilleur), où on lira avec intérêt des articles de fond sur les réalités indiennes, politiques, sociales et culturelles.

Dans de nombreux hôtels, vous trouverez à votre réveil, glissée sous la porte de votre chambre, la dernière édition d'un quotidien anglophone.

À Delhi est publié un hebdomadaire *Delhidiary,* qui donne les programmes des manifestations culturelles ainsi que de nombreux renseignements utiles sur la capitale : disponible dans les hôtels, les kiosques et à l'office du tourisme.

Télévision

Depuis quelques années, et même dans les villages les plus reculés, l'Inde est hérissée d'antennes paraboliques tournées vers le satellite. Dans tout le pays on reçoit désormais les chaînes d'information anglophones (BBC, CNN) ainsi que les chaînes de loisirs internationales. La réception de TV5, la chaîne internationale francophone, est théoriquement possible, pour peu que votre hôtelier prenne le soin de diriger sa parabole vers le satellite approprié.

Santé

Il y a fort à parier que les premières victimes de votre voyage en Inde seront votre estomac et vos intestins. Vous devez néanmoins observer quelques précautions indispensables (→ *encadré p. 40*). En cas de troubles, cocktail antidiarrhéique Imodium Ercéfuryl (ou Ercéstop®, en vente libre dans les pharmacies) et diète sévère.

Méfiez-vous de la climatisation des hôtels, des restaurants et des avions ; prévoyez toujours un petit lainage dans vos bagages à main.

Tenez-vous à l'abri du soleil et méfiez-vous des piscines d'hôtels à la propreté souvent aléatoire. Désinfectez la moindre petite plaie.

En cas de troubles persistants, faites appeler un médecin anglophone par votre hôtel ; ils ont généralement l'habitude des maux dont souffrent les touristes. En cas de problèmes graves, prenez contact avec votre assureur et faites-vous rapatrier. Le recours à l'hôpital n'est à envisager qu'en cas d'extrême urgence et lorsqu'il n'y a absolument aucune autre solution.

Il ne sera peut-être pas inutile d'emporter quelques seringues stériles, si l'on doit vous faire une injection d'urgence (en cas de crise de paludisme par exemple).

Sachez enfin qu'il est très facile d'acheter sur place des tortillons ou de la crème antimoustiques.

Comment draper un sari

Le port du sari transforme les gestes, la démarche, les attitudes auxquels il donne féminité, harmonie et élégance. Par leurs couleurs, leurs motifs ou leur matière, les saris présentent une infinie diversité.

1 Commencez par enfiler une blouse (blousepiece ou choli, sorte de petit boléro) et un jupon, petticoat ou pavada (accessoires à faire coudre ou à acheter tout faits). Prenez dans votre main gauche l'extrémité non décorée du sari (l'autre, plus richement ornée, s'appelle le pallou) et glissez-la dans le jupon serré à la taille. Lorsqu'il est porté avec élégance, le sari doit presque toucher le sol (si vousête grande, vérifiez qu'il soit assez long car les différents types de saris sont de largeur variable).

2 Fixez bien le bord du sari tout autour de la taille.

3 Prenez dans votre main gauche un grand pan de votre sari et repliez-le régulièrement. Les plis formés doivent avoir la largeur d'une main, et sont maintenus entre le pouce et l'index. Laissez environ deux mètres pour le drapé final.

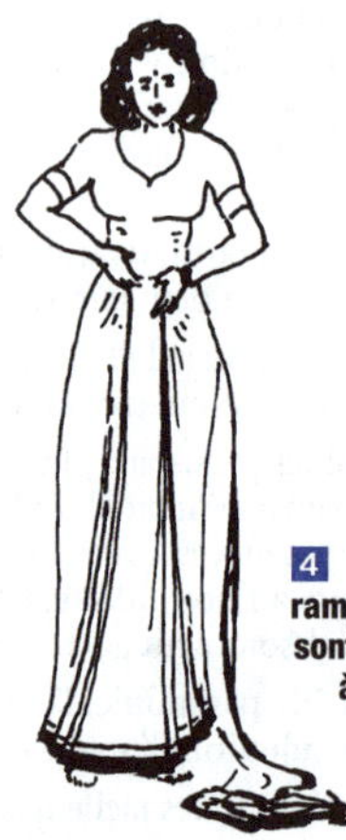

4 Tous les plis ramenés au centre sont alors glissés à l'intérieur du jupon.

5 Faites passer le reste de l'étoffe derrière vous en l'enroulant autour de votre taille.

6 Puis refaites passer l'étoffe sous votre bras droit.

7 Lorsque l'étoffe ainsi ramenée est bien mise en place, prenez dans votre main gauche le pallou (l'extrémité du sari la plus ornée, parfois brodée d'or ou de couleur contrastée). Arrangez quelques plis pour qu'il soit nettement posé.

8 Enfin, jetez-le par-dessus votre épaule gauche. Le pallou doit retomber dans le dos à la hauteur des hanches ou un peu plus bas (pour vérifier la bonne longueur mettez-le sur vos épaules à la manière d'un châle).

Si vous craignez que le sari tombe, vous pouvez fixer les plis à l'intérieur à l'aide d'une épingle de sûreté et accrocher discrètement à l'aide d'une autre épingle le pallou à la blouse sur l'épaule gauche. Mais attention de ne pas déchirer votre blouse ou votre sari par des mouvements brusques.

Tenez-vous à l'écart des chiens et des singes, la rage étant assez répandue en Inde. En cas de morsure, dirigez-vous immédiatement vers l'hôpital le plus proche.

Manger à l'indienne

Invité à prendre un repas chez un Indien, ôtez vos chaussures si vous remarquez que vos hôtes n'ont pas les leurs. On vous invitera à vous asseoir devant une table très basse, où l'absence de couvert et la présence d'un *thali* (plateau généralement en aluminium, mais qui peut aussi être une simple feuille de bananier) couvert de coupes et de coupelles *(ketori)*, remplis de chapatis ou de riz, de plats en sauce et de condiments divers, annoncent que vous allez devoir faire preuve d'un petit talent d'imitateur. Observez vos commensaux et vous remarquerez qu'ils prennent de la main droite (la main gauche étant réservée aux actes impurs comme la toilette intime) un morceau de chapati, modelé du bout des doigts en un cornet qui sera garni de viande et de légumes (les choses sont nettement plus compliquées s'il s'agit de riz qu'il faut alors rouler en boulettes où vous devrez amalgamer viandes et légumes, dans un *ketori*).

Tenue vestimentaire : dans ce domaine également, il convient de respecter certaines règles de bienséance : → p. 31.
Bakchich : → p. 47.

■ Toilettes

N'en cherchez pas en dehors des hôtels et restaurants. Il y en a en revanche dans les trains ; dans les longs trajets en bus, il est toujours prévu des arrêts à intervalles réguliers. Il est conseillé d'avoir toujours du papier hygiénique sur soi.

■ Comportement

L'Inde est l'un des pays qui exigent peut-être le plus de tact de la part des Occidentaux, notamment dans le comportement qu'il convient d'adopter vis-à-vis des spectacles de misère et à l'égard de certains actes religieux, comme ceux qui touchent à la mort, par exemple sur les ghats de crémation *(burning ghats)* ; il est des moments où il faut savoir laisser son appareil photographique à l'hôtel. Les Indiens sont très attentifs aux égards et à la courtoisie ; les rapports humains sont en effet largement conditionnés par le système hiérarchique des castes où chaque individu est tenu de remplir son rang et de rester à sa place. Les rapports humains s'inscrivent ainsi dans le cadre de codes bien précis à l'intérieur desquels un Occidental fait rapidement figure d'éléphant dans un magasin de porcelaine. Point d'autre conseil que de rester courtois et mesuré en toute circonstance, en gardant à l'esprit que les Européens sont, aux yeux des hindous pieux, des intouchables.

Mendiants

Il ne nous appartient pas de vous conseiller dans le choix d'une attitude vis-à-vis des nombreux mendiants qui encombrent les entrées des grands temples, mais il est bon que vous sachiez qu'ils jouent ici un rôle religieux en permettant aux dévots de s'acquitter d'un devoir de charité ; quant à ceux qui se pressent aux abords des hôtels de luxe, songez qu'ils trouvent là leurs seuls moyens d'existence et qu'une modeste roupie a parfois le pouvoir de projeter un petit rayon de lumière sur la sombre trame de leur existence.

Visite des sanctuaires

Pour visiter les temples hindous ou jaïns, les mosquées et même certains sanctuaires bouddhiques pourtant désaffectés, vous enlèverez vos souliers (et parfois même vos chaussettes) et les ferez garder à l'entrée contre quelques roupies. Dans certaines mosquées, des babouches vous seront prêtées à l'entrée, contre une petite pièce également. En vous rendant très tôt le matin sur les lieux de visite, vous éviterez de vous brûler les pieds. Sachez aussi que tous les temples brahmaniques ne sont pas accessibles aux non-croyants. Parfois, cette interdiction se limite au « saint des saints ». En ce qui concerne les brahmanes empressés à vous guider à travers le temple, reportez-vous à la page 52.

Courant électrique

On utilise dans presque tout le pays du 220 V avec des prises de type européen.

Files d'attente

Voilà au moins un usage que les Anglais n'ont pas réussi à imposer aux Indiens. Ici les files d'attente s'apparentent davantage à une mêlée ouverte qu'aux paisibles « queues » que l'on admire dans les rues du Royaume-Uni. Le principe fondamental est de ne pas laisser le moindre espace entre votre prédécesseur et vous de sorte qu'aucun resquilleur ne puisse s'immiscer. Bien entendu, la personne derrière vous se fera un devoir de se coller contre votre dos. L'exercice n'est guère agréable par grosse chaleur, d'autant qu'il se pratique rarement en silence. Un conseil : ménagez votre temps et votre bonne humeur. Lorsque cela est possible, faites accomplir ces démarches par un professionnel (un agent de voyages). Le prix du service sera modique en comparaison de ce à quoi vous aurez échappé.

Poids et mesures

L'Inde indépendante a adopté le système métrique. Sur les routes, les distances sont indiquées en km. Néanmoins, deux unités de mesure traditionnelles sont fréquemment utilisées : le lakh (100 000) et le crore (10 millions).

Photos

L'Inde est une invitation permanente à la prise de vue. Sachez néanmoins qu'il est interdit de photographier les ponts, aéroports, gares et installations militaires ou stratégiques. Dans de nombreux musées, vous devrez acquitter un droit supplémentaire au prix d'entrée pour pouvoir prendre des photos. Quant aux scènes de rue, il est toujours préférable de demander l'autorisation - avec un sourire - à votre modèle improvisé. De manière générale, les Indiens adorent se faire prendre en photo et l'on vous demandera certainement au cours de votre voyage de poser à votre tour en compagnie d'une famille indienne en promenade.

Prohibition

La prohibition de l'alcool est appliquée dans tout le Gujarat : on trouve cependant dans les grandes villes des bureaux officiels de vente d'alcool où les étrangers sont autorisés à s'approvisionner. Les hôtels de luxe servent également des boissons alcoolisées à leurs clients. La prohibition de l'alcool n'est pas en vigueur dans le Rajasthan. De

Être invité chez les Indiens

Si vous êtes invité chez des hôtes indiens évitez de leur apporter des fleurs : ce n'est pas l'usage et, comme certaines fleurs conviennent au mariage, au deuil ou à telle ou telle divinité, vous risqueriez de commettre un impair – sachez que vous pourrez néanmoins en faire envoyer à Delhi ou Bombay, où l'on trouve des fleuristes, en particulier dans les grands hôtels. En revanche, il est toujours possible d'arriver avec quelques sucreries. Si vous apportez à des amis un véritable cadeau, veillez à ce qu'il soit joliment enveloppé et surtout ne vous étonnez pas que vos hôtes déposent le paquet dans un coin sans l'ouvrir et sans même vous dire merci. Rassurez-vous, ils l'ouvriront après votre départ et seront très contents.

Ne vous attendez pas à dîner avec vos hôtes d'un jour. Sauf s'ils sont très occidentalisés, ils se contenteront généralement de vous servir : c'est une marque de grand respect que de « nourrir » quelqu'un. Et n'oubliez pas d'utiliser exclusivement votre main droite, le propre de la main gauche étant précisément de servir à des actes impurs. N'oubliez pas non plus de prendre congé aussitôt le repas terminé. C'est l'usage, même chez les Indiens occidentalisés, où le dîner est précédé pendant une heure au moins par des apéritifs solides et liquides, alcoolisés ou non.

P.A.

Drogue : l'usage, la détention et le trafic de drogue sont interdits et sévèrement réprimés.

plus, certains jours de fête comme l'anniversaire de la naissance du Mahatma Gandhi, le 2 octobre, la vente d'alcool est bannie dans tout le pays, même aux bars des grands hôtels.

Horoscopes

Par la tradition révélée de l'Inde, il existe un ordre cosmique *(dharma)* et l'homme en est partie intégrante. Entre le microcosme qu'est l'homme et le macrocosme qu'est l'Univers, il existe donc naturellement une correspondance. De même que telle conjoncture astrale, observée depuis la plus haute Antiquité, permet de prédire l'arrivée de la mousson qui régit impitoyablement la vie de l'Inde, de même, pense-t-on, la vie quotidienne de chacun est soumise à l'influence des astres, en particulier des planètes, qui sont, dans l'astrologie indienne, au nombre de neuf : à Mercure, Vénus, Mars, Jupiter et Saturne sont joints la Terre, la Lune et les deux « nœuds », ascendant et descendant, de la Lune. Leur représentation figure dans de nombreux temples, où on les vénère particulièrement pour se les rendre propices lors d'occurrences astrales néfastes telles que les éclipses. Des millions d'almanachs *(panchang)* sont publiés chaque année dans toutes les langues, indiquant les moments favorables ou néfastes de chaque jour. On ne saurait exagérer l'importance des astrologues *(jyotishi)* – qui sont des brahmanes –, consultés par des gens de toutes catégories sociales dans les circonstances importantes de leur vie. La date même de l'indépendance de l'Inde, fixée par lord Mountbatten au 15 août 1947, dut être modifiée car, selon les astrologues, ce jour était néfaste : l'indépendance fut déclarée par Nehru le 15 à minuit, c'est-à-dire le 16 août… (Lapierre et Collins, *Cette nuit la liberté*)

P. A.

Astrologues

Chacun des actes importants de la vie d'un hindou (comme le mariage, la conclusion d'une affaire commerciale, un voyage…) doit recevoir l'approbation de l'astrologue attaché à la famille. Ainsi, ne vous étonnez pas de voir dans les hôtels un astrologue tenir boutique entre le coiffeur et le marchand de souvenirs.

Yoga et méditation

De nombreux Occidentaux, tentés par une aventure mystique, vont en Inde pour suivre les enseignements d'un maître de méditation ou de yoga. Il ne nous appartient pas de porter ici un jugement sur ce type de recherche, mais nous devons en revanche mettre en garde contre un certain « tourisme mystique ». Entrer dans un ashram signifie abandonner toute volonté et s'en remettre corps et âme à un maître. Cela demande une préparation certaine et un long cheminement intérieur qui ne s'improvisent pas. Par ailleurs, certains gourous se sont révélés dans un passé récent de fieffés escrocs. En général, on ne sort pas intact d'un séjour dans un ashram et la plus grande circonspection s'impose.

Formalités

La visite de certaines régions requiert l'obtention d'un permis spécial.

Sur place, il est possible de faire prolonger son visa en s'adressant au Bureau des étrangers, *Foreign Registration Office*, dont on trouve une représentation dans les grandes villes.

Sécurité

Même si la sécurité n'est pas un problème majeur, il faut néanmoins avoir à l'esprit que 40 % de la population vit dans des conditions précaires et que l'on apparaît de toute façon comme un riche Occidental, même si l'on voyage avec un tout petit budget. Il y a donc quelques précautions élémentaires à respecter. Dans les endroits publics, évitez de brandir des liasses de billets ; mieux vaut avoir quelques petites coupures dans une poche et le reste de son argent dans une autre en lieu sûr.

Dans les hôtels bon marché, assurez-vous avant de vous endormir que votre porte est bien fermée ; il n'est pas inutile d'être muni de son propre cadenas. Ne laissez aucun objet de valeur dans votre chambre pendant la journée. Trains : faites comme les Indiens, attachez votre valise (fermée à clé) à un pied de la banquette à l'aide de votre propre cadenas. Attention aux pickpockets, notamment dans les gares et les lieux touristiques.

Les plages

L'Inde n'est pas une destination balnéaire. On trouve néanmoins de belles plages sur la côte O., au N. et au S. de Bombay ou ainsi qu'au Gujarat. Ne vous attendez pas cependant à découvrir des plages organisées et surveillées comme en Europe. Localement, notamment sur le golfe du Bengale, la mer peut être forte et dangereuse. Attention ! Les plages servent souvent de toilettes publiques aux habitants des localités riveraines : méfiance avant d'étendre sa serviette.

Les réserves naturelles

La période la plus agréable pour visiter les réserves d'animaux va d'oct. à mars. Toutefois, c'est pendant la saison sèche et torride qui précède la mousson (mai-juin) que l'on a le plus de chances de voir les grands mammifères qui viennent se désaltérer aux points d'eau. La visite d'une réserve se fait toujours en compagnie d'un garde forestier et il est nécessaire le plus souvent de louer un véhicule tout-terrain.

Se divertir

Musique et danse

Vous serez évidemment très désireux, au cours de votre voyage, d'écouter de la musique et d'assister à des spectacles de danse classique qui soient authentiques et non à vocation purement commerciale. Les choses, alors, ne seront pas simples, car vous dépendrez du calendrier des fêtes, les récitals de musique, de danse et les représentations dramatiques étant le plus souvent, en dehors des festivités religieuses, des affaires privées, c'est-à-dire organisées par des associations d'amateurs ou des clubs. Ne négligez pas de consulter les journaux de langue anglaise, pour vous tenir au courant des spectacles présentés dans la ville où vous êtes de passage.

Cinéma

Allez au moins une fois au cinéma, la principale source de distraction des Indiens, pour assister à la projection d'un film produit dans un studio indien, un de ces innombrables *Massala Movies* (→ *p. 161*). Il n'est guère besoin de comprendre les dialogues ; en général, l'intrigue est fort mince, seules comptant les scènes d'action ou les parties musicales. Alors, peu de risques qu'une scène capitale vous échappe : elle sera ponctuée par les cris du public ; car, au fond, le spectacle est autant dans la salle que sur l'écran.

Sport

Le sport national, ou plutôt celui où l'Inde remporte ses succès internationaux les plus flatteurs, est le hockey sur gazon, et il n'est pas inintéressant d'assister à un grand match, si l'occasion se présente. Vous pourriez également assister à des matchs de polo (à New Delhi et au Rajasthan surtout), un sport où l'Inde a brillé dans le passé, ou de cricket.

Sans doute y a-t-il peu de chances pour que vous soyez venu en Inde du N. dans le but de pratiquer un sport. À tout hasard, notez que vous pourriez jouer au tennis (plusieurs hôtels ont des courts privés) ou au golf ; nombreux terrains de golf, dans certains, on peut louer l'équipement sur place.

Un ensemble d'introductions présentant la société, l'histoire, et la civilisation indiennes.

Comprendre

L'Inde aujourd'hui

Depuis sa fondation en 1947, à la suite de passions mobilisatrices et d'un drame intense, l'Inde s'est cristallisée en une idée : celle de la démocratie. L'Inde indépendante offre désormais le spectacle d'une activité collective débordante et de personnages hors du commun, l'exemple d'objectifs atteints et de résultats parfois inattendus, en dépit d'échecs mémorables. Seuls les détails et la texture de cette mutation historique, à la fois nationale et postcoloniale, permettent de comprendre la trajectoire singulière de cette vaste région. Formidable laboratoire social tant par la multiplicité de ses langues, l'importance que continuent de revêtir le mariage et la famille, les religions et l'idée de nation, mais aussi la pyramide de ses institutions, que par les formes paradoxales qu'entretient une société faisant la part belle à la modernité alors que sa population est majoritairement pauvre, paysanne, hindoue.

Si l'Inde s'est proclamée haut et fort national-hindouiste dans les années 1980-1990 – au diapason du mouvement de la « contre-sécularisation » planétaire –, elle a mis subitement fin à cette expérience « safran » en votant pour le parti du Congrès aux élections de 2004 ; ce mouvement avait été créé en 1885. Aujourd'hui, la question est de savoir si ces quelque 15 années du règne du national-hindouisme (partagé avec une vingtaine de partis régionaux) n'auront été qu'une parenthèse. Contrainte d'ouvrir son économie sous la pression de l'ajustement structurel en 1991, l'Inde s'insère progressivement dans le nouvel ordre mondial. Elle s'y applique à son rythme, c'est-à-dire à la manière d'un éléphant. L'Inde se mondialise donc bel et bien, mais au travers d'une formule qui lui est propre : la réinvention de sa différence.

L'Inde d'hier et d'aujourd'hui

L'Inde fut-elle découverte ou inventée ? Ce continent monumental, que les Occidentaux plaçaient volontiers aux confins de l'imaginaire et du surréel, fut longtemps perçu à l'instar d'un inventaire exotique ou d'un état d'esprit, au risque d'en dérober l'accès. De fait, en dépit de la circulation des hommes et des marchandises, des idées et des images, pour ne rien dire des autoroutes de l'information et de la mondialisation, l'Inde reste trop souvent ce qu'elle fut depuis l'Antiquité : une terre d'affabulation et l'horizon d'exotisme par excellence. Quels que soient les savoirs mobili-sés pour lutter contre les clichés, l'idée fantasque d'une Inde dont

L'Inde en bref

Superficie : 3 287 000 km²
Langues officielles : 18
Capitale : Delhi (9 817 439 hab.)
Mégalopoles : Bombay (Mumbai), 11 914 398 hab. ; Calcutta 4 580 544 hab., (plus 1 088 704 avec le faubourg de Howrah) ; Madras 4 216 268 hab.
Institutions : démocratie parlementaire, **République fédérale** : 28 États, 7 territoires • chef de l'État : A.P.J. Abdul Kalam depuis juillet 2002 • chef du gouvernement : Manmohan Singh depuis mai 2004.
Démographie
Population : 1,068 milliard
Densité : 348 hab./km2
Population de moins de 25 ans : 53 %
Taux de natalité : 24,6 ‰
Taux de mortalité : 8,7 ‰
Taux de mortalité infantile : 71 ‰
Pop. rurale : 72 %
Espérance de vie : femmes 64 ans, hommes 62 ans
Indice de fécondité : 3,1
Développement humain : 127e rang mondial
Population vivant avec moins de 1 $ par jour : 35 %
Alphabétisation : femmes 46 %, hommes 69%
Religions
hindous 80,5 %, musulmans 13,4%, chrétiens 2,3 %, sikhs 1,9%, bouddhistes 0,8 %, jaïns 0,4 %
Économie
Monnaie : roupie (58 Rs = 1 e)
PIB/hab. : 538 $
Importations : 83,85 milliards de $ (2002)
Exportations : 77,6 milliards de $ (2002)
Dette extérieure : 104,4 milliards de $ (2002)
Taux de croissance du PIB : 4,4 % (2002-2003), 6% (2004)
Taux d'inflation : 3,7
L'Inde est dans le monde le 1er producteur de thé, beurre, jute, sucre, longs métrages • le 2e producteur d'arachides, de blé, de mil-sorgho, de riz, de mica, de logiciels • le 3e producteur de coton, de tabac, de charbon.

l'éternité le dispute à la pacotille est toujours prête à renaître, ce qui n'étonnera pas le sens commun puisqu'il y reconnaît la terre des réincarnations. Certes, le roi des serpents à mille têtes, Shesha, sur les anneaux duquel repose le dieu Vishnou, représente la durée illimitée. Mais nul n'est obligé de prendre à la lettre la mythologie hindoue pour en goûter la fantaisie surhumaine. L'Inde n'est en effet rien moins qu'un songe du fait de son ampleur, de la diversité de ses paysages, de son histoire longue et de sa démographie. Sa superficie est six fois celle de la France et s'étend de la chaîne de l'Himalaya, au N., jusqu'au Cap Comorin, au S., où se rejoignent l'océan Indien et la mer d'Arabie. Sa population compte plus d'un milliard d'individus : elle dépassera la Chine à l'horizon 2040 car elle se reproduit au rythme d'une « Australie » par an – aujourd'hui, un homme sur six dans le monde est indien.

Un sous-continent de profusion

Le sous-continent indien n'est pas seulement vaste (3,28 millions de km²), il est aussi immensément varié en termes de géographie physique et de populations. Le défi consiste donc à penser une région qui inclut les étendues neigeuses de l'Himalaya, les déserts brûlants du Rajasthan, le large plateau du Deccan, la plaine indo-gangétique, les luxuriantes régions côtières en zones tropicales, les forêts denses du N.-E. et les mauvais sols érodés de la vallée du Chambal ; avec, à chaque fois, des peuplements afférents. On y découvre aussi les quatre grands fleuves donneurs de vie : le Gange, la Cauvery, la Narmada et la Krishna, soit autant d'océans de mythologie. Quant à son climat de mousson, avec ses étés chauds et humides, ainsi que ses hivers secs et frais, séparés par deux mois brûlants en mai et juin, il règle encore pour une bonne part le revenu national plus que toute autre variable.

Au moins aussi impressionnants que les variations physiques ou climatiques sont la diversité des cultures et le dynamisme des religions, le foisonnement des traditions, la pluralité des styles de vie, la créativité du système politique et la plasticité relative des institutions. La capacité qu'a la population indienne à s'adapter et à se réinventer au cours de sa longue histoire étonne. Cette faculté vire même au paradoxe. La manière qu'a l'Inde de regarder en arrière pour aller de l'avant ne se révèle pas préjudiciable au progrès, ce que montre son entrée exemplaire à pas comptés mais déterminés dans la mondialisation. Bien des parties de ce monde indien, que l'on décrit fermé sur lui-même, sont plus ouvertes au grand large que ne le sont certains pays industrialisés. La notion d'une essence indienne, à la généalogie supposée linéaire et multimillénaire, n'a pas plus de sens que celle d'un Orient immuable.

Des Indes contemporaines

Face à cette « esthétique du divers », grande est la tentation du voyageur de marmotter la litanie des contrastes exotiques entre l'ancien et le nouveau, d'opposer la modernité à la tradition et de souligner les contradictions : là, une économie de subsistance (tribale) ; ici, la nouvelle économie informatique (des zones high-tech). Certes, les bidonvilles surpeuplés bourgeonnent au pied des gratte-ciel des mégalopoles. Certes encore, les intouchables côtoient les richissimes hommes d'affaires anglicisés. Certes enfin, les paysans sortis d'un autre âge adulent les stars sophistiquées de Bollywood dont l'occidentalisation à l'indienne, ou l'inverse, ravit les publics de l'Asie du Sud et du Sud-Est jusqu'au Moyen-Orient et l'Afrique subsaharienne.

En dépit des anachronismes apparents, toutes ces Indes dissonantes sont pourtant contemporaines. Elles coexistent et se partagent sur des lignes de frontières sociales et culturelles, ainsi que sur la base d'inégalités économiques souvent criantes. Considérer l'une quelconque de ces Indes comme

En quête de classes moyennes

Au dire des médias, une « grande classe moyenne » a émergé depuis les années 1980 : ses membres les plus aisés consommeraient les produits du marché mondial. Au regard de la taille et des caractéristiques de cette classe moyenne, il faut toutefois reste lucide ; si ses membres sont effectivement susceptibles d'acheter des biens, comme une radio ou un vélo, seule une minorité est en réalité capable de se procurer des produits de consommation coûteux et durables. Selon le Conseil national pour la recherche économique appliquée, on peut classifier ainsi cette population : 150 millions ont les moyens d'acquérir des biens durables ; 275 millions sont en voie d'assimilation lente aux précédents ; 50 millions y aspirent. Si donc ce groupe semble homogène dans ses visées, il se révèle socio-économiquement segmenté par son pouvoir d'achat, qui le situe entre les six millions de « très riches » et les 500 millions de « très pauvres ». La notion de classe sociale, selon le modèle occidental, s'exporte donc mal. Ces résultats attestent que la classe moyenne indienne est bien celle d'un pays pauvre, placée loin derrière celles des « tigres asiatiques » et de la Chine, ou encore du Mexique et du Brésil. Dès lors, on comprend la désillusion des investisseurs internationaux qui, à la faveur de l'ouverture économique (1980-1990), avaient fondu sur le marché indien sur la base d'une consommation estimée en chiffre démographique absolu de la population, ignorant de la sorte ses composantes sociologiques.

l'expression fossilisée de la société, telle une « tradition » ou une « civilisation » venue du fond des âges, est une illusion ; comme est un leurre de lui opposer cette Inde qui galoperait vers la modernité, *via* le progrès, à la faveur du culte des hautes technologies. Car les informaticiens aussi bien que les intouchables, les tribaux, les analphabètes ou les pauvres, sont les produits dudit « progrès ». Le tiers-monde et la modernité sont les fruits des contradictions propres au développement économique et social inégal.

La cohorte de laissés-pour-compte de la planète, dépourvus de pouvoir et la plupart du temps rivés au sol, est (in)également embarquée dans les processus mondiaux en cours ; comme le sont les équipes de décideurs qui la mettent en œuvre. Mais ils en tirent, eux, bénéfices, puissance et privilèges. Tous contribuent (sciemment ou à leur insu) à la dynamique d'un monde voulu davantage intégré, quoique toujours plus fragmenté. De cette réalité témoignent les dizaines de milliers de militants – paysans, femmes, intouchables, dirigeants politiques – rassemblés lors du Forum social mondial (FSM) à Mumbai en 2004 ; tous sont pleinement concernés par une mondialisation que la majorité d'entre eux considère comme « im-monde ». Ainsi le débat s'est-il ouvert en Asie, après avoir fait rage dans les pays du Sud et du Nord.

L'Inde une ou multiple ?

Que le voyageur approfondisse cette « esthétique du divers » dans l'histoire, et il découvre que la péninsule indienne s'apparente moins à une civilisation qu'à un carrefour. Depuis la haute époque, avant que cette région ne s'orchestre en États-nations, l'Asie du Sud fut un espace d'échanges et d'emprunts tous azimuts entre ethnies, tribus, peuples et religions, qui s'acculturèrent ou s'affrontèrent sur la base de communautés, féodalités et royaumes. Ceux-ci s'interpénétrèrent ou luttèrent par la guerre, le commerce ou la rapine. Les styles de vie aussi bien que les productions esthétiques et intellectuelles exercèrent leurs influences réciproques. Certes, partages et syncrétismes cédèrent périodiquement face aux orthodoxies ou aux crispations « identitaires ». Mais ce vaste réseau de circulation des hommes, des marchandises et des idées, qui transitèrent soit par les routes terrestres, soit par les voies maritimes, s'est confondu avec le monde eurasiatique.

Jusqu'au XIIe s., les frontières de l'Inde restèrent floues, élargies souvent jusqu'en Asie centrale d'un côté, et en Asie du Sud-Est de l'autre. Non seulement les Indiens « civilisèrent » ces populations, sous le chef de l'hindouisation (jusqu'en Chine et même au Japon par le bouddhisme), mais encore de larges parties de ces régions furent elles-mêmes « civilisées » par l'islam. On assista donc à un brassage ou une symbiose culturelle millénaire entre populations hétérogènes, ainsi qu'entre royaumes (hindous) et sultanats. Cela n'empêcha pas conflits et massacres d'être légion. Mais la coexistence et les mélanges, les répulsions comme les hybridations mentales et pratiques autorisèrent de subtiles accommodations entre hindous, sikhs, musulmans, parsis, chrétiens d'espèces diverses ; certains plus ou moins ortho- ou hétérodoxes, tant dans la culture populaire qu'au sein des milieux savants.

Hindous, musulmans, Britanniques

Ce n'est qu'avec l'arrivée des Portugais en Inde du Sud, vers 1500, que la question des identités religieuses fut perçue et traduite en dichotomie ethno-religieuse : la population se partageait en deux « *natio*s », deux religions irréconciliables. D'un côté, les hindous, considérés comme les polythéistes autochtones septentrionaux ; de l'autre, les Maures ou musulmans, ces monothéistes venus de l'étranger. Le grand empire des Moghols, fondé vers 1600 et enraciné dans la culture de cour turco-persane, fut alors opposé à la société du Sud, centrée, elle, sur les textes sanskrits, la langue tamoule et les temples minuscules ou monumentaux.

Vue d'Europe, la première représentation alimenta le modèle du « despotisme oriental » dont la catégorie connut une riche destinée dans la philosophie politique européenne en tant que repoussoir absolutiste. La seconde servit à illustrer l'enthousiasme religieux et l'exubérance rituelle des hindous, dont disputaient alors les missions jésuites au travers des questions controversées du culte, de la superstition et de la conversion, enfin de la religion « première ». La conquête britannique, qui a commencé de manière brutale en Inde (du Sud) dans les années 1740, a perpétué l'opposition entre ces deux Indes. Pis, elle a progressivement conforté l'idée que deux communautés clairement séparées vivaient sur un même territoire. À terme, l'Inde vue à travers le prisme sanskrit l'emporta sur le pan turco-persan : l'Inde « véritable » est hindoue plutôt que musulmane. C'est en 1788 que le Grand Partage fut installé sur la *Map of Hindoostan*, qui offrit la première vue de l'Inde considérée comme une réalité territoriale du N. au S.

Du territoire à la nation

La colonisation s'approfondissant, la recherche de l'intégrité et de la pureté indienne s'intensifia, tant chez les Britanniques que parmi les Indiens. Au XIXe s., l'idée se fit jour de condamner la culture musulmane, pourtant longuement patinée en Inde, ainsi que toutes les formes syncrétiques de l'agir et du croire. Des réformateurs musulmans dénoncèrent les superstitions hindoues. Le Raj désarma la paysannerie, afin de mieux la sédentariser, et on réprima dans le même temps l'ensemble des cultures nomades. Dès lors embarqués dans une histoire commune – mais avec des objectifs contradictoires –, colonisateurs et réformistes néo-hindous s'enquirent de l'âge d'or, dit « Inde classique », période durant laquelle s'épanouirent le sanskrit, les *Veda*, le brahmanisme…

La quête de l'unité d'une Inde authentique devint la croix des orientalistes et la bannière safran des militants nationaux-hindouistes. À leurs yeux, les vrais Indiens sont exclusivement issus de cette culture hindoue plurimillénaire. Son origine se confond avec les Aryens, ces habitants présumés nordiques et autochtones. L'idéal politique d'une Inde enfin libérée des allogènes musulmans, britanniques ou chrétiens – colonisateurs à divers titres – a servi de munitions à la lutte pour l'indépendance. Cet idéal religieux, à la fois régressif et purifié, a forgé le désir de nation. Le Bharatiya Janati Party (Parti du peuple hindou) en fut la plus récente incarnation. Certes, l'Inde porte encore trace des sédiments des cultures plurielles cristallisés *dans* et *par* une histoire turbulente et tourmentée, du moins pour qui adopte le regard éloigné et prend acte de la longue durée. Mais la question mérite d'être posée : dans quelles proportions et pour encore combien de temps ?

L'Inde en mutation

Les Indiens sentent bien que les dernières décennies du XXe s. ont entraîné une mutation de fond de leur société. L'amplitude des transformations économiques a accéléré les changements politiques, transformé les relations sociales et recomposé la ou les cultures. Les présuppositions élémentaires et les horizons d'attente, les manières de faire et de répondre aux défis, les façons de se concevoir localement, de même qu'en Asie ou dans le monde, mais aussi les modes de consommer et de communiquer, de mener sa vie et d'espérer se sont profondément modifiés. Qui ne voit que l'Inde aujourd'hui n'est plus dans l'Inde ? Et cela pour au moins trois raisons.

D'une part, la libéralisation économique des années 1980 et l'ajustement structurel imposé en 1991 par le Fonds monétaire international (FMI) ont mis fin au développement autocentré et planifié voulu par le Premier ministre Jawaharlal Nehru après l'indépendance : le pays s'ouvre aujourd'hui de plus en plus aux *joint-ventures* et aux biens étrangers. D'autre part, une fraction significative de la population, notamment lesdites classes moyennes qu'on évalue à 150 ou 250 millions d'individus (selon les estimations), accède progressivement au marché mondial des images et à des styles de vie moins vernaculaires et plus cosmopolites (non sans risque d'un retour du refoulé néotraditionaliste). Enfin, l'Inde se conçoit et se projette désormais dans la mondialisation, qu'on l'entende en termes de « délocalisations », avec l'installation de firmes transnationales sur son sol (notamment des logiciels informatiques), ou dans sa riche et puissante diaspora de quelque 1,8 million d'individus installés à l'étranger, certains bardés de diplômes et remarquablement intégrés dans leur société d'accueil, notamment aux États-Unis.

La famille : indivise et patriarcale ?

Il n'y a pas de secteur de la vie sociale en Inde qui soit plus idéalisé que celui de la famille. La vaste et aimante famille indivise indienne est un cliché familier. Dans ce pays s'épanouirait la « grande famille traditionnelle », sous-entendu un type d'organisation opposé au modèle réduit de la famille occidentale, dite nucléaire, au sein de laquelle se développent l'individualisme, l'égoïsme et la solitude. Pourtant, dans ce pays comme ailleurs, les familles tiennent par la glu sociale et non par la magie du sang. Et, à l'instar de toute institution, la famille change en même temps que se transforment les sociétés. Une constante s'impose toutefois : la famille demeure l'enjeu d'un formidable investissement affectif, économique et social, en dépit ou à cause du remplacement des générations. Pour mieux se reproduire, ses membres s'efforcent d'améliorer leurs conditions et leur statut en vue de préparer l'avenir de leurs descendants dans une société aux ressources limitées et dans laquelle la compétition est rude.

Diversité et complexité de la famille

Comprendre la famille indienne exige d'abord de ne pas amalgamer trois grands sous-ensembles : le monde des hindous, certes majoritaires (80 %) mais extrêmement divers en termes économique, sociologique, culturel et au regard de la pluralité régionale ; celui des musulmans (14 %), avec leurs pratiques singulières et leur législation propre concernant le code de la famille : mariage et divorce, propriété et héritage ; enfin, le milieu des tribus (8,5 %), lui-même fort contrasté et variablement hindouisé ou stigmatisé.

C'est dire que la famille n'est pas réductible au seul cas exemplaire connu comme famille « indivise » ou « étendue », et couramment appelée *paternal joint family*. Cette expression recouvre un groupe de personnes vivant sous un seul toit qui se reconnaissent des liens de parenté, qui mangent dans un même plat, détiennent la propriété en commun et participent ensemble à des rites conformes à leur tradition ancestrale ; tout cela sous la houlette des hommes. Sa forme typique consiste en un couple et leurs fils mariés, les épouses des fils et leurs enfants, les fils et les filles non mariés, éventuellement une veuve. Cette famille est généralement liée à une propriété terrienne et à une activité professionnelle à la source d'un capital matériel et immatériel plus ou moins important.

Cette organisation simultanément patrimoniale et de résidence, ce dispositif à la fois rituel et de production-consommation apparaît comme un système d'échanges matériels et symboliques entre les générations. Cette organisation est centrée sur l'institution du mariage dont la finalité est la perpétuation du lignage. Une telle configuration se révèle d'autant plus positive que la société indienne est segmentée à l'extrême et que les rapports entre individus et groupes sont fréquemment conflictuels. Raison sans doute pour laquelle la représentation valorisée de la famille indivise reste structurante dans l'imaginaire autochtone et national, comme elle l'avait été pour le panthéon, les grandes épopées et les mythologies.

Famille ou maison ?

Entériner une telle vue revient cependant à confondre les faits et les valeurs, et à assimiler les comportements ou les stratégies à des normes, au risque de passer à côté des pratiques conduites *in situ*. La simple lecture des journaux nationaux ou régionaux dément le discours officiel, souvent lénifiant. En effet, aucune donnée empirique ne suggère qu'une majorité d'Indiens ait jamais vécu dans des familles étendues par le passé. La représentation enchantée de la famille, volontiers confondue avec une « tradition » sempiternelle, est une idéalisation rétrospective. Aujourd'hui, il n'est pas sûr que ce type de famille soit prédominant, ni d'ailleurs qu'il décroisse au profit de la famille conjugale, de type élémentaire, à la faveur du progrès ou de l'impact de l'occidentalisation, alors que la transition démographique (inachevée) se diffuse depuis le Sud.
Le modèle de la désintégration de la famille élargie, sous la pression de ladite « modernisation », a fait long feu parce que les Indiens donnent eux-mêmes des définitions variables des familles « indivises » ou « élémentaires » : une mère seule ou un père veuf avec son fils marié, son épouse et ses enfants, est alternativement classé sous l'une ou l'autre catégorie. Cette équivoque explique les erreurs lors des relevés statistiques ou à l'occasion des recensements. Et la confusion s'accroît lorsqu'on prend acte des différences régionales, loin d'être négligeables. Ainsi, par exemple, y a-t-il plus de maisons regroupant des familles indivises dans le Nord hindi que dans le Sud, comme il y a une parenté structurellement distincte entre régions hindi et dravidienne, cette dernière ayant des règles positives de mariage et pas seulement négatives (comme dans le Nord), à tendance matrilinéaire.
Si l'on veut rendre compte des faits, mieux vaut donc considérer la composition des « maisons » *(households)*. On constate alors que les familles élargies ne sont pas statistiquement dominantes et que lesdites familles nucléaires sont généralement plus nombreuses. De plus, la proportion des premières sur les secondes ne décroît pas et la taille moyenne des maisons s'est même apparemment accrue au cours du dernier siècle. Mieux, dans les zones rurales, où le nombre de personnes dans la maison est généralement plus grand, on observe un accroissement simultané des familles nucléaires et à composition élargie ! Enfin, en dépit de la prédominance des familles nucléaires, les individus expérimentent différents types de regroupements et de modes de vie en fonction des cycles de l'existence qu'ils traversent, sans même parler des accidents de vie. En outre, il faut tenir compte des nombreuses migrations saisonnières ou définitives qui dessinent des configurations variables ou instables. Les situations d'emploi, les relations d'affaires liées plus ou moins aux propriétés foncières ou immobilières, *via* le jeu contradictoire des héritages (avec la division égalitaire entre fils et l'exclusion *de facto* des filles), complexifient encore le tableau ; de fait, tous ces paramètres sont propices à des arrangements divers et sujets à variations dans le temps.

Le mariage, cérémonie entre toutes

Partout en Inde, le mariage est la cérémonie du cycle de vie la plus importante. L'arrangement matrimonial équivaut au don d'une vierge d'une famille à une autre famille. Le pedigree, le statut, la moralité mais aussi l'horoscope des partenaires et de leur famille sont scrupuleusement vérifiés avant que l'accord ne soit scellé à la suite des fiançailles. Une fois devenue épouse, la femme est dépositaire de l'identité du groupe social auquel elle appartient, garante de l'honneur de la parentèle et du prestige lignager. Le mariage apparaît moins comme une union entre deux individus que comme une alliance entre deux collectifs ; une alliance dont la finalité est l'engendrement d'un mâle qui assurera la continuité de la lignée. Le nouveau couple ne prend son indépendance, éventuellement, qu'après la naissance du premier enfant. L'alliance de mariage exprime moins l'autorité des seniors sur les cadets qu'elle n'installe un mécanisme essentiel à la reproduction de la famille comme système de parenté englobé dans la structure plus large de la sous-caste et de la caste.

Nulle autre cérémonie que le mariage ne montre avec autant d'ostentation l'extension de la parenté et les ressources engagées par les familles pour la réussite de ce rite de passage. L'événement permet de donner à voir le statut et l'honneur, la prospérité et la générosité de la famille, en affirmant du même coup son prestige et son pouvoir. Même au sein des milieux modestes, les invités sont toujours fort nombreux et les dépenses la plupart du temps exorbitantes : on n'hésite jamais à s'endetter pour l'occasion. Pour l'étranger, certains mariages évoquent une espèce de carnaval kitsch (par ailleurs fort sage, sinon formel), une fête avec fleurs à profusion, décorations fastueuses, pavillon sculpté ou coloré, tapis chamarrés, vêtements luxueux, bijoux brillant de mille feux et cadeaux somptueux. Tandis qu'un orchestre joue de la musique en continu, les invités consomment force nourritures variées, salées et sucrées. Le mariage est une cérémonie proprement régalienne dont on ressort fréquemment ébloui ou groggy.

La dot

Depuis une trentaine d'années, un bouleversement lié au développement de la consommation de masse affecte la condition des femmes : la pratique de la dot se généralise aux dépens du prix de la fiancée (aujourd'hui abandonné). Le phénomène s'est d'abord développé dans les classes moyennes urbaines vers les années 1960-1970. Mais il a gagné le milieu rural sur des bases à peine moins somptuaires. Les parents de la jeune fille doivent donner à leur gendre, ou à sa famille, des prestations en espèces et en nature (bijoux, réfrigérateur, radio, télévision, vidéo, scooter, etc.). Ces versements contraignent les familles à s'endetter lourdement puisque la dot peut représenter plus de 50 fois le revenu annuel moyen ! Cette pratique provoque des tensions au sein des familles et elle est souvent à l'origine de violences domestiques, celles qu'exercent le mari ou la belle-famille sur la jeune mariée lorsque ceux-ci estiment insuffisant le montant des versements. Outre le harcèlement moral et physique, les jeunes épouses sont parfois victimes de morts violentes, déclarées « accidentelles ». En réalité, elles ont été sciemment brûlées vives dans leur cuisine.

La vie familiale

Le mariage est quasiment toujours arrangé par les deux partis qui s'accordent en termes de (sous-)caste, de statut, de richesse et de diplôme. Les jeunes mariés cohabitent fréquemment avec les parents du mari, la résidence étant patrilocale. Dans ce cadre domestique, les femmes doivent afficher timidité, respect et modestie, faire preuve surtout d'une dévotion sans faille envers les beaux-parents et l'époux, relation analogue à celle que l'on rend à « un dieu sur terre », répète-t-on à l'envi. On attend d'elle qu'elle soit rapidement mère, ce qui lui vaudra une ascension statutaire. Elle est devenue Lakshmi, déesse de la prospérité.

Lorsque les relations sont bonnes entre les membres de la famille, hommes et femmes partagent le travail et les tâches, les ennuis et les joies, conformément à leur sexe, leur génération, leur rang et leur pouvoir. Alors les enfants grandissent parmi les grands-parents, les oncles et les tantes et des cousins (si proches que l'on se réfère à eux en tant que « frères » ou « sœurs ») ; même mariée, la sœur reste sous la protection des frères, comme le rappelle le rituel annuel de nouage de bracelets entre eux.

Mais il n'est pas rare que les tensions au sein de la famille rendent la vie intolérable, notamment pour la jeune épouse que la belle-mère harcèle volontiers avec l'appui du mari et de la belle-famille. C'est que (dans le système de parenté du Nord) la fille est élevée très jeune dans l'idée qu'elle appartiendra à une autre famille après son mariage : « La fille est le fuel de la famille du mari », dit un proverbe. Quant au garçon, il est entendu que son devoir sera de soutenir ses parents à l'âge venant des cheveux blancs : « Le fils est le bâton d'aveugle des vieux parents », selon l'adage.

Un célèbre psychanalyste indien a souligné l'importance que revêt la fusion rationnelle entre la mère et le fils dans la prime jeunesse, avant que ne s'établisse la priorité du rapport père-fils (conforme au système patriarcal). La dynamique du rapport matrimonial est évidemment fort différente de la relation d'amour ou de la notion de conjugalité telle qu'elle s'exprime en Occident. Mais les modes de vie, de travail et de consommation propres aux classes moyennes favorisent une conception plus individualisée de la personne et du couple, un idéal d'intimité et de compagnonnage entre sexes selon un modèle inconnu dans les autres milieux sociaux où règne la séparation systématique entre hommes et femmes. Alors que les mariages continuent d'être arrangés, les *love affairs* et le romanesque hantent les rêves ou fantasmes, et le cinéma. Les médias sont des pourvoyeurs puissants de mythes érotiques, certains échevelés.

La sexualité comme menace sociale

Comme l'attestent les prestiges attachés aux gourous et autres renonçants, la sexualité est généralement perçue comme impure. Son exercice affaiblit les hommes et la répétition de l'acte provoque une consomption. Quant au désir, incarné au premier chef par les femmes, il menace l'ordre social et l'ordre cosmique, ce dont atteste exemplairement la puissance des déesses (terribles) dont on craint plus que tout l'énergie, dite *shakti*. Or toute femme est potentiellement une *shakti*. Le caractère polluant de la sexualité, conçue d'emblée comme féminine, rend les femmes socialement dangereuses pour les hommes.

Dans une société où l'accent est mis sur la pureté et les pollutions, nombre d'obligations visent à sauvegarder la première et à éviter les secondes. Or l'infériorité présumée des femmes les rend sexuellement vulnérables et puissamment menaçantes pour l'idéal de la maîtrise de soi, couplé à l'impératif de chasteté. De là, cette volonté de les contrôler en les mariant *dans* la caste et avec un homme imposé, et si possible à un âge précoce (quoique, aujourd'hui, en recul) ; de là aussi, l'importance attribuée à la virginité et à la réclusion temporaire durant la menstruation. De là enfin, la nécessité de codifier les relations entre sexes : hommes et femmes vivent généralement dans deux mondes séparés *(parda)* et les premiers limitent (autant que faire se peut) les déplacements des filles, des sœurs et des épouses. Parce que les femmes sont au cœur des stratégies de reproduction biologique et sociale, la famille est le creuset de l'identité aussi bien féminine que masculine, et la maison un espace ambigu de coopération et de conflit entre les sexes.

Une société patriarcale

Tous les indicateurs attestent de la position dominée des femmes. Leur surmortalité, plus accentuée dans le Nord que dans le Sud, montre la valorisation du garçon et les privilèges qu'on lui accorde en termes de soin et d'alimentation, d'entretien et d'éducation. L'infanticide est assez couramment pratiqué, y compris par le moyen technologique de cliniques où l'on pratique l'amniocentèse :

on comptait 933 femmes pour 1 000 hommes, en 2001, et la disproportion ne cesse d'augmenter. D'ici quelques années, 15 % d'hommes pourraient ne plus trouver d'épouses – génération dite des « branches nues » –, au point que certains observateurs annoncent le retour du « prix de la fiancée » à proportion de la rareté des femmes.

L'importance que revêt la famille patriarcale le doit certainement à la concentration des mâles dans la maison, que renforce, à l'inverse, la dispersion des femmes dans les familles de leurs époux puisque la résidence est patrilocale. Dans ce type de société, les hommes sont reliés entre eux par la parenté, alors que les femmes n'ont entre elles que des liens d'affins ; du moins avant qu'elles ne deviennent mères et sachant que leurs filles sont des membres transitoires du groupe. C'est donc plus pour des raisons structurelles (que psychanalytiques) que leur relation aux fils se révèle si puissante et que leur soumission à la domination masculine reste si difficile à subvertir. L'Inde est et restera donc encore longtemps une société patriarcale. Ce qui n'est guère étonnant dans un pays toujours composé de millions de petits propriétaires terriens, d'une large aristocratie foncière et de myriades d'entreprises familiales, soit autant de foyers organisés sur la base de la famille indivise (vécue ou rêvée) que gouverne un patriarche détenteur exclusif de la propriété.

En dépit de ce constat, force est de souligner qu'un grand nombre de femmes luttent et résistent de manière plus ou moins organisée. Ainsi sont-elles à l'origine d'un vaste mouvement *(anti-arack)* qui vise à supprimer la production, la distribution et la consommation d'alcool, source de violence matrimoniale, de décès et de désordre social. Elles ont également pris la tête des luttes contre la construction des barrages géants dans la vallée de la Narmada (en Inde centrale), monstre de béton destructeur de l'environnement et à l'origine du déplacement de populations tribales ou pauvres par centaines de milliers de personnes.

De la ville au monde paysan

L'Inde se caractérise par une urbanisation paradoxale : très limitée si l'on prend en compte l'ensemble de la population (28 % en 2001), très développée, au contraire, si l'on prend les chiffres absolus. Trois mégapoles, Mumbai, Kolkata et Delhi, dépassent 12 millions d'habitants, et Mumbai deviendra en 2015 la deuxième agglomération mondiale (26 millions d'habitants), presque à égalité avec Tokyo, grâce à une croissance de 73 % sur 20 ans ! Il n'en reste pas moins que l'Inde offre l'occasion de réviser le mythe de l'explosion urbaine du tiers-monde, suscité par les images chaotiques de mégapoles plurimillionnaires ou l'imagination incontrôlée d'écrivains ou de journalistes enclins à qualifier de « fourmilière proliférante » l'ensemble des réalités indiennes.

Une majorité paysanne

En effet, l'Inde est un pays à prédominance rurale; 72 % des Indiens vivent dans les villages. Et, selon les projections, le pays le restera à moyen terme. Mais cela ne signifie pas que la paysannerie soit assoupie ni que les villages soient sempiternellement traditionnels. D'une part, les mouvements de populations et les échanges de marchandises entre villes et campagnes sont réguliers et souvent importants : déplacements et échanges que favorise une infrastructure dense des transports routier et ferroviaire. D'autre part, les quartiers s'apparentent fréquemment à des bourgs et moult villages s'urbanisent assez rapidement, encore cela dépend-il des régions. Enfin, nombre de campagnes sont assez bien développées et créatrices d'activités économiques diversifiées. Loin d'évoquer le spectre d'un exode rural massif (comme en Chine), les migrations au sein du territoire indien sont dominées par les mouvements intra- ou interrégionaux, en particulier ceux des travailleurs migrants saisonniers et ceux des femmes allant rejoindre le domicile de leur époux après le mariage.

L'agriculture est une composante essentielle de l'économie indienne pour deux raisons : elle compte pour plus du quart du produit intérieur brut (PIB) ; elle représente presque les deux tiers de la population active, soit 600 millions de personnes (un exploitant sur quatre dans le monde est indien). C'est le secteur qui emploie la plus grande force de travail, plus que l'industrie ou les services. Soulignons que plus de 80 % des terres des exploitations agricoles consistent en de petites propriétés (de moins de 2 ha) : l'Inde compte plus de 100 millions d'exploitations agricoles…

Le « paysan moyen »

Brossons le portrait de l'agriculteur moyen indien. Celui-ci possède entre 1,5 et 2,6 ha de terre et chaque 1/2 ha lui rapporte environ 5 000 roupies annuellement, voire 10 000 si c'est vraiment une bonne année. Même si l'on adopte le chiffre le plus haut et le double, le moindre vendeur d'échoppe, sinon le mendiant de Mumbai gagne davantage d'argent (mais, en réalité, la différence est moins forte à cause du coût de la vie dans la mégalopole). Lorsque les riches hommes d'affaires et les décideurs politiques rappellent le besoin pressant de taxer les revenus agricoles, on doit garder à l'esprit qu'en réalité très peu d'exploitants gagnent suffisamment pour entrer dans les catégories imposables. S'il y a effectivement beaucoup de subventions s'agissant des engrais chimiques, de l'électricité et de l'eau pour l'irrigation, nombre de zones rurales manquent de ressources électriques et hydrauliques. Et près de 40 % des villages sont directement raccordés au réseau routier. Pour être sommaire, l'état des lieux donne cependant une idée de l'ampleur du chantier.

Le petit paysan ou fermier d'aujourd'hui est cependant très différent de ses prédécesseurs tant le contexte économique a changé : son propriétaire terrien vit le plus souvent à la ville et n'est plus présent en tant que patron rural. Quant à son plus proche voisin, éventuellement plus prospère, il peut être un producteur d'un produit exotique destiné au marché global. Mais il peut aussi souhaiter s'accaparer sa terre afin d'agrandir sa surface cultivée. Le prêteur d'argent local peut, de son côté, avoir des connexions plus ou moins directes avec le monde du crime organisé. Le politicien local peut lui demander son soutien lors des élections.

Dorénavant, tous les problèmes auxquels les paysans font face attestent que l'Inde est en voie d'intégration dans le marché mondial, alors même que la photographie du paysan misérable donne l'illusion d'une figure hors du temps.

La « révolution verte » et la pauvreté agricole

La « révolution verte » des années 1970, avec l'emploi coordonné de semences à haut rendement, d'engrais chimiques, de pesticides et de l'irrigation, a transformé l'Inde de plus grand importateur de grains alimentaires en pays d'autosuffisance céréalière dès 1975, certaines vastes régions devenant de véritables zones d'industrie agricole (notamment en blé et en riz, ou « or blanc »). Reste toutefois le paradoxe suivant : tandis que 500 millions de personnes sont malnutries et un nombre encore plus grand au seuil de l'insécurité alimentaire, 63 millions de tonnes de grains (en septembre 2001) sont conservés par le gouvernement. Ces stocks sont suffisants pour procurer 70 kg par personne, soit la moitié des besoins annuels de céréales pour un individu, à plus de 600 millions d'habitants.

L'introduction sans régulation *ad hoc* de nouvelles technologies a ajouté son lot de problèmes. Après la « révolution verte » des cultures, les exploitants agricoles se sont convertis aux semences hybrides dans leur quête de plus grands bénéfices. Mais ce type de semences est plus coûteux et nécessite davantage d'intrants, non seulement en engrais et pesticides mais encore en termes d'irrigation ; ces cultures sont aussi plus vulnérables aux attaques d'insectes. De là, cette réflexion amère d'un agriculteur du Karnataka : « C'est un cercle vicieux puisque vous investissez davantage dans l'espoir que dans ce que vous allez en réalité gagner. »

Mais la cause principale de la pauvreté des paysans est leur fragilité financière, accrue par l'endettement. Les revenus d'une majorité d'entre eux sont faibles et presque toujours insuffisants. En 1994, une étude du National Council for Applied Economic Research montrait que 59% des ménages ruraux en Inde avaient un revenu net de moins de 20.000 roupies par an. Une telle somme interdit d'affronter quelconque crise. Si la mousson est faible, si une bête de trait meurt (et qu'il faut la remplacer), si une maladie se déclare ou un vers parasite prolifère, s'impose le recours au prêteur d'argent.

Régulation et mondialisation

Sous l'égide du Fonds monétaire international (FMI) et de la Banque mondiale (BM), le gouvernement indien a impulsé, en 1991, une « politique d'ajustement structurel ». L'objectif général était l'ouverture de l'économie, jusque-là protectionniste, au marché mondial. Son dossier agricole a plusieurs volets : le démantèlement du système étatique de fixation des prix ; la suppression des subventions sur les intrants ; la libéralisation des commerces des produits de base ; l'abolition du système de gestion alimentaire et l'assèchement des coûts correspondants ; enfin, l'application du système public de distribution de produits alimentaires subventionnés aux seuls pauvres. Toutes ces mesures devaient accroître les échanges avec l'étranger, désormais régulés par le niveau des tarifs douaniers.

Les agriculteurs ont été plus ou moins affectés par les changements des règles domestiques imposés par l'OMC, notamment la libéralisation des prix des produits agricoles et des intrants. Avec l'ouverture du secteur au commerce international, le risque s'accroît et l'incertitude augmente. Peu accoutumés aux variations des prix sur les marchés mondiaux et s'accommodant assez mal des nouveaux aléas, peu d'agriculteurs tirent leur épingle du jeu. Mais pour nombre d'observateurs locaux, c'est plutôt dans la stagnation des investissements publics et l'accent mis sur les mécanismes de prix visant à satisfaire les intérêts de puissants lobbies agricoles qu'il faut chercher l'origine de la crise agricole ; la négligence de l'État indien envers la majorité de ses agriculteurs explique plus sûrement la permanence de la pauvreté rurale en Inde.

En 1988, la fin du monopole public sur les semences a fait naître dans ce secteur d'importantes firmes indiennes. L'entrée des multinationales s'est traduite par la perte d'une partie de l'indépendance dans ce domaine. La firme géante américaine Monsanto a lancé des opérations de vaste envergure en essayant d'introduire des organismes génétiquement modifiés (OGM), dans un pays fort sourcilleux au regard de toute éventuelle « re-colonisation ». Le gouvernement indien fait le grand écart : tandis qu'il prétend contrôler l'entrée des OGM et affecte de prêter attention aux nombreuses ONG indiennes dénonçant les nouvelles semences, il finance toutefois des recherches dans les institutions publiques et a autorisé en 2000 la culture et la commercialisation du coton Bt de Monsanto.

L'Inde politique : mythe et réalité

Le discours inspiré et prophétique que prononça Jawaharlal Nehru, devant le Fort Rouge de Delhi, en 1947 est devenu justement célèbre. Le patricien anglicisé y annonçait au monde et aux Indiens que l'Inde « avait pris rendez-vous avec son destin ». Le pays accédait enfin à l'indépendance après plusieurs siècles de colonisation.

Mais on pourrait défiler autrement le fil de l'histoire du sous-continent. L'Inde est, en effet, née de l'amputation de ses deux ailes orientale et occidentale du Pakistan, le « pays des purs ». La partition scella donc les émancipations nationales sur fond de religions belliqueuses, *via* la division par les Britanniques d'un tracé de frontières nouvelles supposées correspondre à des zones de densités hindoue et musulmane. La convulsion qu'a provoquée le déplacement de 12 millions d'individus, la mort d'un million de personnes, le viol de dizaines de milliers de femmes, la séparation et le déchirement des familles, la destruction des foyers et les propriétés perdues ont constitué un traumatisme sans précédent.

Depuis lors, des conflits ensanglantent périodiquement la péninsule. On compte quatre guerres indo-pakistanaises (1949, 1965, 1971, 2001) et un nombre significatif d'émeutes meurtrières, comme si les violences entre communautés religieuses rejouaient la partition, cette mémoire toujours à vif. L'islamisation progressive du Pakistan, accélérée par les réformes politiques conduites par Zia ul-Haq à partir de 1979, et la montée en puissance de l'hindouisation depuis les années 1980, puis 1990, avec l'accession au pouvoir central du Parti du peuple hindou (Bharatiya Janata Party), ont radicalisé d'autant plus les antagonismes que les deux frères ennemis sont devenus des puissances nucléaires agressivement communautaires.

L'unification de l'Inde : langues, États, régions

Traumatisés par les massacres entre hindous, musulmans et sikhs, ainsi que par l'assassinat du Mahatma Gandhi par des hindous, les constituants ont opté pour un « État souverain, séculeriste, démocratique et socialiste » en 1950. Il est vrai qu'au moment de

Une Babel linguistique

À côté des langues appartenant aux groupes tibéto-birman (régions de l'Himalaya) et austro-asiatique (N.-E. et Deccan central), soit 2 % de la population totale environ, les autres idiomes se répartissent en deux grands ensembles : les langues indo-aryennes, au N. (75 %), et les langues dravidiennes, au S. (23 %). Les premières, dérivées du sanskrit, utilisent l'écriture devanagari. Elles comprennent le hindi, que parle 40 % de la population, principalement dans la zone indo-gangétique dite « ceinture hindi » (hindi belt) ; l'ourdou, propre aux musulmans (dont une majorité ne le parle pas), est oralement la même langue que le hindi mais s'écrit en persan ; enfin, le bengali, le gujarati et le marathi. Les secondes sont parlées dans les quatre États du Sud : Tamil Nadu, Kerala, Andhra Pradesh et Karnataka. Toutes ces langues sont à l'origine de riches littératures, souvent fort anciennes. Le hindi et les langues régionales prospèrent dans les médias, alors que la télévision se divise entre le hindi et le tamoul, dans une moindre mesure le telugu. Tous les Indiens sont polyglottes.

l'indépendance, les nouveaux dirigeants du parti du Congrès, ce mouvement national fondé en 1885, durent se confronter à une Babel à la fois linguistique, territoriale, politique et religieuse.

La question linguistique a des implications politiques parce que le statut des nombreuses langues indiennes privilégie ou handicape différentes catégories de population.

Aujourd'hui, l'Inde compte 18 langues officielles, dont l'anglais qui est parlé par 2 % de la population environ. La langue du colonisateur reste la *lingua franca* des classes sociales privilégiées et de l'élite, le véhicule prestigieux pour l'éducation. Cela vaut également pour les gens du Sud qui ont préféré son maintien en tant qu'idiome de communication national. Depuis le XIXe s., les militants régionalistes luttent contre l'imposition du hindi par le Nord, considérée comme « impérialiste ». Chaque État reconnaît l'anglais en plus de sa propre langue officielle, sachant qu'on dénombre en plus 1 600 langues différentes dont 400 sont parlées par plus de 200 000 individus ; bien que nombre d'entre elles soient mutuellement intelligibles, certaines, dites « tribales », n'ont rien à voir avec les langues officielles.

Une pyramide démocratique

La division de l'Inde n'est pas seulement linguistique. Sous le Raj, l'Inde comptait 10 provinces britanniques et pas moins de 500 États princiers ! À la suite de l'indépendance, la première tâche fut de (re)membrer le corps de la nation, en destituant notamment les princes compromis avec les colonisateurs. Après des années d'agitation populaire sur fond de revendications régionalistes, le pouvoir central recartographia les États sur la base de grandes divisions linguistiques grâce à la promulgation du State Reorganization Act de 1956. Cet arrangement territorial organisa l'Union indienne qui compte aujourd'hui 35 États et territoires (eux-mêmes divisés en 593 districts) administrés directement par New Delhi.

Le pouvoir central. Simultanément à l'unification territoriale et à l'intégration nationale, la Constitution entra en vigueur le 26 janvier 1950. Cette charte, composée de 395 articles et de multiples alinéas – la plus longue du monde, dit-on –, a donné à l'Inde un régime parlementaire bicaériste de type britannique. Il garantit au peuple un ensemble de droits fondamentaux dans un cadre fédéraliste centralisé.

La Chambre du peuple (Lok Sabha) comprend 543 membres élus au suffrage universel par un scrutin uninominal à un tour ; la Chambre des États (Rajya Sabha), composée de 232 membres, est élue au suffrage indirect par les assemblées législatives au prorata de leurs populations respectives (12 membres sont désignés par le président de la république). À l'instar du *cabinet system* britannique, c'est le Premier ministre qui exerce en fait le pouvoir exécutif grâce à sa majorité parlementaire, alors que ses pouvoirs ne sont jamais définis par la Constitution. Cet exercice se fait sous la souveraineté du président, qui possède toutes les prérogatives du pouvoir mais n'en exerce aucune.

Le pouvoir local. Au niveau des États, le pouvoir est organisé selon le même schéma que le pouvoir central. Un gouverneur représente le président de l'Union qui désigne le ministre en chef *(chief minister)* au sein du parti majoritaire de l'Assemblée régionale élue au suffrage universel. Malgré la structure fédérale prévue par la Constitution, les États restent sous la coupe du Centre, ainsi qu'en atteste l'usage du *president's rule*, mesure d'exception (qui fut d'ailleurs utilisée par Indira Gandhi en 1975). En dépit de cette structure institutionnelle et gouvernementale décentralisée, les pouvoirs de décision restent concentrés au sein d'une petite élite au sommet qui empêche volontiers l'expression démocratique qu'elle est pourtant censée traduire.

Dans chaque ville, un conseil *(municipal corporation)* est élu au suffrage universel. Cette assemblée choisit un maire. À chacun des niveaux des collectivités locales : district administratif, groupe de villages (jusqu'à 100, dits *block*), village, conseils (de 5 à 31 membres), les représentants sont élus au suffrage universel. Ces assemblées siègent sous les appellations respectives de « zilla parishad », « panchayat samiti », « panchayat ». En dépit de l'emboîtement des structures administratives, dites Panchayat Raj, la mise en application de ces programmes par une lourde bureaucratie fréquemment corrompue n'a pas toujours atteint les objectifs démocratiques et de développement planifié. Les responsables locaux, généralement recrutés parmi les castes dominantes et l'élite régionale, ont fréquemment détourné à leur profit ces programmes au détriment des pauvres et des populations défavorisées.

État et sécularisme

Conformément au vœu de Nehru, les constituants firent de tous les citoyens des égaux devant la loi « sans distinction de religion, de race, de secte, de caste ou de lieu de naissance ». Ils refusèrent la création d'un État hindou à destination des seuls hindous, s'opposant à un Pakistan islamique. L'État « sécularisté » préserve cette liberté de croyance qui fonde la démocratie. Neutre à l'égard de toutes les religions, celui-ci interdit toute discrimination envers les minorités (musulmane, sikh, chrétienne, etc.) et peut, le cas échéant, désarmorcer le « communalisme », défini comme défense primordiale de l'identité religieuse.

Mais l'insistance des hindous sur le fait qu'ils constituent la majorité de la population, surtout après le décès de Nehru en 1964, contribua à l'assimilation de l'identité indienne à l'identité hindoue, coextensive au territoire national. À leurs yeux, l'idée de majorité (hindoue) distincte des minorités (musulmane, chrétienne, sikh), conçues en termes démographiques plutôt que politiques, doit d'autant plus s'imposer que la règle majoritaire préside au système démocratique. De surcroît, il leur semble évident que seule l'immémoriale « tolérance » hindoue et les symboles afférents – vache, svastika, dieux, trident, ashram, etc. – donnent corps et imaginaire à la nation.

Une des conséquences de ce fait majoritaire paradoxal au regard des données démographiques (900 millions d'hindous pour 150 millions de

Le socialisme indien

Le contrôle de l'État sur l'économie, qui impose un haut degré de régulation, s'exerce grâce à une planification quinquennale indicative des objectifs de croissance et de justice sociale. Un tel dirigisme privilégie l'industrialisation et la modernisation par le biais d'investissements massifs de capitaux graduellement concentrés sur des programmes de bien-être et de lutte contre la pauvreté. On cherche ainsi à concilier les intérêts des grands monopoles privés, des petites et moyennes entreprises, ainsi que des groupes de pression paysans, en ne faisant intervenir l'État que pour pallier les insuffisances du marché. Il s'agit donc d'un système d'économie mixte, lequel se fonde sur la reconnaissance de l'entreprise privée (sans nationalisation des grands trusts industriels) contrôlée par l'État et concurrencée par de nouvelles industries en plein essor dans le secteur public. Les usines sont les nouveaux temples de l'Inde : plutôt la sidérurgie que Bénarès !

musulmans) fut le développement du « complexe minoritaire de la majorité », c'est-à-dire leur sentiment d'être menacés « chez eux ». Cette fièvre obsidionale croissante s'accompagne d'une exacerbation de la xénophobie et de la violence (notamment contre les musulmans et les chrétiens).

Le socialisme et l'industrie

Devant faire face aux conséquences de près d'un siècle de stagnation économique liée à la colonisation – en 1951, le revenu par tête (53 $) est l'un des plus bas du monde et la population augmente de 5 millions par an –, Nehru adopte en 1948 une version du capitalisme d'État qu'il appelle « socialisme » ! Le mot « socialisme » ne renvoie toutefois pas à la cité future communiste, mais répond à la volonté de tourner le dos à un passé colonial étiqueté « capitaliste et impérialiste ».

Dès 1949, les principes d'une politique économique volontariste fondée sur un développement auto- et statocentré *(self-reliance)* privilégient l'essor industriel dans le cadre d'un marché domestique protégé par un système de réglementations pointilleuses et par l'imposition de lourds tarifs douaniers à l'entrée des produits de consommation. Non seulement cette politique limitera les capacités de production d'un appareil productif insuffisant et obsolète, mais de grands efforts restaient à faire en matière de productivité et de compétitivité, alors que l'endettement s'accroît. La solution de relance sera trouvée dans les années 1980, avec le train de réformes économiques et l'ajustement structurel en 1991. D'autant que l'industrie de pointe, désormais représentée par le logiciel, est une importante source de revenus.

Les principes en déshérence

Des quatre principes posés par Nehru – le socialisme, le sécularisme, la démocratie et le non-alignement –, le premier et le dernier ont été abandonnés, le troisième s'altère avec l'impact de la mondialisation. Quant au deuxième, le sécularisme, il est en voie de redéfinition afin d'acclimater le national-hindouisme chauvin. Au point qu'il est désormais impossible d'écrire sur l'Inde sans faire mention de la crise de grande amplitude qu'y traverse ledit sécularisme, c'est-à-dire les rapports qu'entretiennent État et religions.

La montée en puissance de l'hindouisme autoritaire depuis les années 1980, la destruction de la mosquée d'Ayodhya (édifiée en 1526 par l'empereur Babur) en décembre 1992 par des militants hindous, l'accession du Bharatiya Janata Party (BJP) au pouvoir central de l'État en 1998-1999, à la faveur d'une coalition d'une vingtaine de partis politiques, ainsi que les pogromes

Le non-alignement

Nehru fut le principal inventeur de la notion de « non-alignement ». Il la conçut à partir de la définition donnée par l'Inde de son indépendance politique, de son propre développement et de sa volonté de n'appartenir à aucun système d'alliance militaire d'une des deux superpuissances. Il en devint l'avocat le plus universellement écouté, soutenant sans relâche les mouvements d'indépendance des peuples colonisés. Cette inspiration connaîtra son acmé à la conférence de solidarité afro-asiatique, tenue en avril 1955 à Bandung (Indonésie), sous la houlette des trois dirigeants charismatiques qu'étaient alors Jawaharlal Nehru, le Chinois Zhou Enlai et l'Indonésien Achmed Sukarno.

Cette conférence des « non-alignés » avait rassemblé 27 pays des continents africains et asiatiques cherchant à se fédérer dans une double perspective : s'affirmer politiquement, après la décolonisation, face aux anciennes puissances coloniales, et ne pas s'aligner sur l'un des deux blocs, communiste ou capitaliste. Ce rêve tiers-mondiste s'évanouit avec l'invasion de l'Inde par la Chine en 1962. Mais l'alliance de 18 pays menés par l'Inde, la Chine et le Brésil lors de la 5e conférence ministérielle de l'Organisation mondiale du commerce (OMC), tenue à Cancun (Mexique) en septembre 2003, semble avoir redonné vie à ce vieux songe internationaliste.

d'Ahmedabad planifiés et couverts par les autorités régionales de l'État du Gujarat en février 2002, ont mis en évidence la façon dont l'hindouisme, en tant qu'identité primordiale ou revendication ethnique, a progressivement proclamé l'Inde comme sienne. L'usage de l'idéologie de l'hindouité *(hindoutva)*, comme appel à la mobilisation musclée et déni du sécularisme (en tant qu'idéologie nationale légitime), exacerbe la crise politique et sociale de l'Asie du Sud. Une crise qu'approfondissent les récents événements en Afghanistan avec la guerre par procuration que se livrent, depuis 20 ans au Cachemire, l'Inde et le Pakistan, pour ne rien dire des réalignements géopolitiques suscités par la menace dudit « terrorisme islamique » international depuis l'attentat meurtrier du 11 septembre 2001 sur le sol américain.

Le salut de l'Inde par les élections démocratiques ?

Sachant que l'Inde fut la seule démocratie dans le monde dont la composition de l'électorat s'est transformée entre 1971 et 1996 au profit des sections les plus vulnérables de la société, le sort de ce pays n'est nullement scellé. En 1996, il y eut davantage de pauvres, d'illettrés, de *dalit*, de basses castes, de ruraux, de musulmans (en majorité défavorisés), etc., parmi les votants. Comme si ceux-là étaient les défenseurs actifs de la démocratie (mais non sans risque de dérive populiste).

Dans un pays aussi peuplé et diversifié que l'Inde, l'organisation des élections législatives dans plus de 500 circonscriptions est à la fois une tâche difficile et un formidable espoir. Grâce à une puissante commission électorale, réputée impartiale et intègre, ce ne sont pas moins de 450 millions d'électeurs qui se rendent périodiquement dans les 500 000 bureaux pour déposer leurs bulletins dans les urnes. À destination des électeurs analphabètes, les partis politiques sont représentés par des symboles graphiques (une roue, une vache, une fleur de lotus, une charrue, etc.). Bref, la performance mérite d'être saluée.

Si les fraudes électorales sont relativement rares, la violence accompagne les élections (surtout en zones rurales) : enlèvement des urnes, intimidation des électeurs, menace envers les réticents ou les opposants, voire assassinats. La démagogie et le populisme dans tous les cas font rage lors des campagnes : les tribuns promettent de baisser le prix du riz, d'annuler les dettes, de soutenir les prix agricoles ou industriels sur le marché, et même d'impulser des réformes agraires, sociales et éducatives de grande ampleur.

Il est devenu courant de verser des pots-de-vin aux notables, d'acheter les votes et d'entretenir des clientèles parce que le personnel politique est en voie de criminalisation. En 1998, la commission électorale avait noté que, dans neuf États, environ 1 500 candidats aux élections parlementaires avaient un casier judiciaire pour meurtres, viols ou vols.

La population est devenue pragmatique, sinon cynique, au point que la corruption liée à la criminalisation ne déclenche plus guère d'outrage. Dans un pays où tout se paie, du certificat de naissance à celui de décès, de l'inscription à l'école à l'admission à l'hôpital, en passant par l'obtention d'un emploi de balayeur ou de voirie, plus rien n'étonne. La majorité s'en accommode et attend de ses députés qu'ils fassent quelque chose pour elle en échange du bulletin de vote.

D'aucuns conjecturent que l'institutionnalisation de la présence des femmes pourrait améliorer la situation… mais pour autant que celles-ci résistent à la pression des hommes. Espérons. Après tout, les turbulences et le manque de transparence des élections n'obèrent pas une passion durable chez les Indiens et les Indiennes : celle de la politique. Ainsi va et se perpétue ladite « plus grande démocratie dans le monde ». Non sans provoquer parfois l'étonnement, comme il advint lors des élections de 2004 avec le retour du parti du Congrès au pouvoir central. La dynastie des Gandhi semble avoir encore un avenir politique.

Histoire de l'Inde

Ce qu'il est convenu d'appeler histoire de l'Inde, c'est l'histoire de l'espace compris entre l'arc montagneux de l'Himalaya et de l'Hindu Kuch et les côtes du Deccan, formidable creuset humain et culturel où peuples migrants et envahisseurs se sont succédé et mélangés sans relâche au fil des siècles. Ce sous-continent n'a connu, avant le xviiie s., que trois phases de cohésion politique relative, et n'a formé un État réellement unitaire que pendant les deux siècles de la colonisation britannique. Il est de nouveau fractionné aujourd'hui en une demi-douzaine d'États indépendants. Cet ensemble infiniment divers a pourtant toujours été perçu de l'extérieur comme une aire culturelle dotée d'une personnalité propre, dont les habitants partageaient une vision distincte du monde et de la société. Il a été nommé « Inde » par les Perses et les Grecs antiques d'après le fleuve Indus. L'appellation générique « hindou » est également d'origine étrangère et n'a pas d'équivalent dans les langues indigènes.

Aux origines de la civilisation indienne

Si les premiers outils de pierre taillée trouvés dans le sous-continent indien remontent à presque deux millions d'années, le Néolithique, en revanche, y a été comparativement tardif (IIIe millénaire). Une région, toutefois, fait exception, le Bélouchistan, dans la zone où les vallées du plateau iranien débouchent sur la plaine de l'Indus. C'est là qu'a pris naissance à la fin du VIIIe millénaire, en même temps qu'au Moyen-Orient, une des plus vieilles agricultures du monde.

La civilisation de l'Indus (v. 2500 - v. 1500 av. J.-C.)

De ce monde paysan est issue, 4 000 ans plus tard, la civilisation urbaine de l'Indus, contemporaine de celle de Sumer en Mésopotamie. Le bassin de l'Indus est alors semé de villes fortifiées à l'urbanisme avancé et surmontées d'acropoles monumentales, dont les principales sont Mohenjo-Daro et Harappa. Cette civilisation commerce avec le monde iranien et l'Asie centrale, et par mer avec la Mésopotamie. Elle a laissé d'admirables sceaux de stéatite ornés d'intailles animalières et porteurs d'inscriptions que nul n'a encore réussi à déchiffrer. Faute de sources textuelles, on ignore presque tout de son histoire. Son extinction, dans la 1re moitié du IIe millénaire, est probablement liée à la décadence du commerce et au dépérissement écologique du système de l'Indus.

Les Indo-Aryens et le monde védique (v. 1500 - 500 av. J.-C.)

C'est alors l'époque où arrive du plateau iranien, par les passes montagneuses de l'Hindu Kuch, une immigration de pasteurs semi-nomades de langue indo-européenne qui se donnent à eux-mêmes le nom d'Aryens. On les connaît par leurs textes sacrés en langue sanskrite, les *Veda*. À mesure qu'ils se répandent à travers l'Inde du Nord, ces pasteurs se sédentarisent en fusionnant avec les sociétés locales, et se convertissent progressivement à l'agriculture. Leurs prêtres, les brahmanes, élaborent en sanskrit une immense littérature de mythes et de spéculations qui est descendue jusqu'à nous, et dont les plus beaux fleurons sont les épopées du *Mahabharata* et du *Ramayana*, composées vers le milieu du Ier millénaire. L'interpénétration entre la culture indo-aryenne et les traditions autochtones est profonde, non seulement dans la vie matérielle mais dans le domaine des institutions, de la langue et de la religion, et c'est grâce à ce processus de synthèse extrêmement diversifié que ce que nous appelons l'hindouisme prend forme.

L'espace gangétique à l'époque du Bouddha (VIe-IVe s. av. J.-C.)

Dans l'Inde du Nord aryanisée au cours du Ier millénaire, les clans peu à peu laissent place aux royaumes. Les textes divisent déjà nettement la société en quatre « classes » ou *varna* (prêtres, guerriers, éleveurs-agriculteurs, serviteurs), conformément à l'idéologie sociale brahmanique d'où naîtra le système des castes. L'expansion démographique accompagne des transformations économiques de grande portée : progrès des défrichements, essor de la riziculture, apparition de l'usage du fer et de la monnaie, renouveau des échanges. La seconde civilisation urbaine de l'histoire indienne s'épanouit bientôt dans la vallée du Gange, où grandissent des villes fortifiées dotées de monuments publics et centres d'un commerce actif.

Au Ve s. av. J.-C. naissent deux sectes religieuses promises à un grand avenir, le jaïnisme et surtout le bouddhisme, qui traduisent une réaction contre la religion magique des *Veda* et l'exclusivisme social des brahmanes. Un puissant royaume, le Magadha, grandit à la même époque sur le Gange. Il englobe déjà la plus grande partie de l'Inde du Nord lorsque Alexandre de Macédoine, après avoir abattu l'Empire perse, franchit l'Indus en 326 et soumet une partie du Pendjab. Son armée refusant d'aller plus loin, il rentre en Perse l'année suivante, mais en laissant derrière lui des garnisons. Il jette ainsi les bases d'une culture indo-grecque qui fleurira dans l'Inde du N.-O. pendant plusieurs siècles.

L'expansion indienne outre-mer

L'Inde antique a exporté sa culture à travers toute l'Asie du Sud-Est, où l'on trouve des inscriptions sanskrites dès le IIIe s. Ce processus d'indianisation, exemple unique d'expansion culturelle sans conquête militaire, s'est étalé sur plus d'un millénaire. Les villes-temples de Borobudur, à Java, d'Angkor, au Cambodge, et de Pagan, en Birmanie, ont été édifiées entre le IXe et le XIIIe s. par des souverains qui portaient des noms sanskrits. Il n'y a pas eu pourtant de « colonisation » indienne de ces régions, mais une profonde imprégnation par les valeurs religieuses, les conceptions sociales, politiques et juridiques, et les traditions littéraires et artistiques de l'Inde. C'est la diaspora des marchands indiens qui a servi de relais à cette diffusion, mais les brahmanes hindous et les moines bouddhistes et jaïns en ont été les acteurs essentiels, en fournissant aux élites locales une tradition savante et une culture politique qui leur étaient nécessaires dans la phase d'émergence des royautés, et dont elles firent un usage immensément créatif.

L'époque classique

Le millénaire qui s'étend des souverains Mauryas aux Guptas, bien que souvent troublé, constitue à la fois l'époque fondatrice de l'unité indienne et l'apogée de la culture sanskrite.

L'Empire maurya (IVe-IIIe s. av. J.-C.)

Le trône de Magadha est usurpé vers 320 par Chandragupta Maurya. La dynastie culmine sous l'empereur Asoka (264-227 av. J.-C.), qui règne sur l'Inde entière sauf l'extrême Sud. L'empire, bien que doté d'une bureaucratie et d'une armée permanente, est plutôt une pyramide de royaumes assujettis qu'un État unitaire. C'est alors qu'apparaissent en Inde la grande architecture en pierre de taille et la sculpture sur pierre, où l'on reconnaît des influences grecques et achéménides.

Asoka, empereur dévot, est une des figures légendaires du bouddhisme, alors en plein essor. L'empire se disloque après lui et l'histoire de l'Inde redevient obscure, sauf au Pendjab, où règnent des rois grecs venus de Bactriane au IIIe s. Dans leurs royaumes, notamment sous le roi Ménandre (v. 160 - v. 140 av. J.-C.), s'épanouit une culture indo-grecque où le bouddhisme rencontre l'art hellénistique, et dont le plus beau vestige est un admirable monnayage frappé de portraits royaux.

Tourmentes et splendeurs des « siècles obscurs » (IIe s. av. J.-C. - IIIe s.)

Cependant, par contrecoup des mouvements de peuples nomades à travers la haute Asie, l'Inde reçoit par les passes du N.-O. une succession d'invasions. Au Ier s. av. J.-C., les Sakas balaient les derniers royaumes indo-grecs et conquièrent le quart N.-O. de l'Inde, suivis peu après par les Parthes, eux-mêmes supplantés par les Kouchans. Sous le long règne de Kanishka (fin Ier-début IIe s.), l'Empire kouchan s'étend de l'Asie centrale à Bénarès, avec Purushapura (actuelle Peshawar) pour capitale. Cet empire est un espace de paix où se développent le commerce à longue distance, l'agriculture irriguée et l'urbanisation, et dont les souverains tolérants protègent les religions locales (notamment le bouddhisme, dont l'expansion commence alors vers la Haute Asie et la Chine). La philosophie et les lettres sanskrites y fleurissent en même temps que les arts, et notamment la sculpture, dont l'inspiration indienne est imprégnée d'influences helléniques. Au Gandhara, région carrefour et foyer du bouddhisme situé au cœur de l'Empire kouchan, l'art gréco-bouddhique, notamment la sculpture, produit alors ses chefs-d'œuvre.

Le morcellement politique du sous-continent n'empêche pas l'essor du commerce et des communautés marchandes, ni le développement des villes et des artisanats. Les corporations marchandes sont des institutions puissantes, dont le commerce caravanier et maritime atteint l'Asie orientale et centrale et la Méditerranée. Le bouddhisme et le jaïnisme, protégés par nombre de princes et de corporations, connaissent un grand développement, d'ailleurs accompagné de schismes (ainsi, dans le bouddhisme, entre le Petit et le Grand Véhicule). Le mécénat royal et marchand permet une floraison de l'art bouddhique et jaïn, dont témoignent les stupas de Bharhut et Sanchi, les sanctuaires rupestres d'Ajanta et d'Ellora, la sculpture du Gandhara et des écoles de Mathura et d'Amaravati.

L'« âge d'or » des Guptas (IVe-VIe s.)

Une nouvelle entreprise conquérante partie du Magadha se développe à partir des environs de 320 sous la dynastie des Guptas. Leur empire s'étend au Ve s. sur toute l'Inde du Nord, du Gujarat au Bengale. Il cède au début du VIe s. sous les coups des Huns hephthalites, cavaliers nomades originaires de l'Altaï qui envahissent l'Inde du Nord et y détruisent les villes et le commerce. Ces Huns sont bientôt contraints au repli par un regain des résistances locales et seront finalement anéantis en Asie centrale par les Turcs. Mais cet épisode marque la fin de l'âge classique de la civilisation indienne.

Le grand siècle des Guptas a été un âge de prospérité, comme le montrent l'abondance et la qualité du monnayage d'or et d'argent, ainsi que les splendides vestiges du mécénat des empereurs et des corporations marchandes. Les souverains hindous tolèrent et protègent le bouddhisme, qui est florissant. Les lettres sanskrites connaissent sous leur patronage un bel épanouissement, dont le chef-d'œuvre est la *Sakuntala* du dramaturge Kalidasa. Le raffinement des mœurs est illustré par le *Kamasutra*, manuel de vie et d'amour du jeune homme de la bonne société cultivée. Le temps des Guptas, enfin, est pour l'art la période classique de la sculpture et de la peinture indiennes.

L'Inde du Nord replonge ensuite dans le morcellement pour six siècles. C'est alors à l'extrême S. du Deccan que la civilisation indienne brille de son plus vif éclat.

L'Inde du Sud dans sa première grandeur

Le Sud dravidien du Deccan, bien que déjà progressivement aryanisé, n'entre dans l'histoire que vers le début de l'ère chrétienne, avec l'apparition des premières inscriptions, rédigées en sanskrit.

L'âge du Sangam (Ier-IVe s.)

La vitalité de la culture locale est attestée par les recueils de poésie profane qui composent le *Sangam*, monument inaugural de la littérature tamoule. La région passe alors de l'âge des chefferies tribales à celui des royaumes et de l'agriculture sédentaire. Elle est dominée par trois maisons royales rivales, Colas à l'E., Pandyas au S. et Cheras à l'O. L'économie prospère de ces royaumes est fondée sur la riziculture irriguée et un commerce maritime actif avec la Méditerranée romaine et l'Asie orientale.

Le monde tamoul des Pallavas aux Colas (VIIe-XIIe s.)

Les VIIe et VIIIe s. sont la grande époque de la dynastie pallava, à laquelle remontent les premiers monuments de pierre de l'Inde du Sud (Mahabalipuram, Kanchipuram), et la poésie mystique tamoule des douze alvars. Au milieu du IXe s., la prééminence passe pour quatre siècles à la dynastie des Colas de Thanjavur. Leur empire méridional, avec ses systèmes d'irrigation et son organisation agraire, est

Aryens et dravidiens

Les termes « aryen » et « dravidien » désignent des catégories linguistiques. Les langues de l'Inde du Nord, dérivées du sanskrit qui appartient à la famille indo-européenne, sont dites indo-aryennes d'après l'appellation Arya (« noble ») que les porteurs de la langue védique se donnaient à eux-mêmes. Les langues de l'Inde du Sud appartiennent à la famille dravidienne. C'est sous l'influence des théories raciales du xixe s. qu'on s'est mis à identifier ces catégories linguistiques à des populations distinctes, dont les différences biologiques et ethniques se seraient perpétuées jusqu'à nous. On interprétait alors l'immigration des Arya védiques dans le sous-continent comme une invasion de conquérants au teint clair qui auraient repoussé vers le S. les aborigènes dravidiens à peau noire. Ce scénario est aujourd'hui périmé, et le brassage continuel des populations dans l'histoire exclut de toute façon la perpétuation de types physiques purs. Si l'Inde de langue dravidienne présente bien des spécificités du point de vue des castes, des rites ou des systèmes de parenté, elle n'en est pas moins essentiellement indienne (les langues dravidiennes sont d'ailleurs très sanskritisées). La revendication identitaire dravidienne d'aujourd'hui n'est qu'une construction idéologique du militantisme régionaliste.

remarquablement administré. Ils appuient l'expansion outre-mer des corporations marchandes et lancent des expéditions maritimes dans l'Insulinde contre le royaume de Srivijaya, qui règne sur les détroits.

Une diaspora indienne se répand dans l'Asie du Sud-Est, où se développent des États hindouisés.Les souverains colas, dont le pouvoir est indissociable de leur fonction rituelle, dotent richement les grands temples (Thanjavur, Gangaikondacholapuram), dont l'architecture et le décor, ainsi que toute la statuaire cola (notamment les bronzes à la cire perdue de Thanjavur), incarnent l'art classique de l'Inde à son sommet.

La prépondérance islamique

Les invasions des XIe-XIIIe s. ouvrent un nouvel âge de la civilisation du sous-continent, celui de la rencontre de l'islam et de l'indianité.

La conquête turque et le sultanat de Delhi (XIe-XIVe s.)

L'Inde du Nord, affaiblie par des guerres intestines continuelles, est victime, au début du XIe s., des raids meurtriers d'un chef turc d'Afghanistan, Mohammed de Ghazni, qui annexe pour 150 ans le Pendjab et les régions voisines.

Un autre chef afghan, Mohammed de Ghor, après avoir vaincu en 1192 la résistance acharnée des Rajput coalisés, conquiert en 10 ans toute l'Inde du Nord jusqu'au Bengale, fondant ainsi le sultanat de Delhi. Cet État musulman n'est d'abord qu'un régime d'occupation militaire sanguinaire et iconoclaste, menacé au-dedans par les rivalités de clans et les rébellions hindoues, et au-dehors par la pression des Mongols sur l'Indus.

La situation se stabilise en 1296 avec l'accession au trône d'Alauddin, chef du clan Khalji, qui abat une poigne de fer sur l'aristocratie musulmane et les princes hindous, repousse les dernières incursions des Mongols, et soumet en trois campagnes tout le Deccan jusqu'à Madurai.Le sultanat, ensuite, s'indianise progressivement, car les nécessités de la coexistence imposent la tolérance mutuelle. Des contaminations réciproques s'observent dans les pratiques religieuses populaires et les courants mystiques, comme dans l'architecture et la musique. L'islam devient progressivement une composante de la civilisation de l'Inde. Le règne de la dynastie Tughluq (1320-1413) est marqué par un déclin progressif, le Deccan, l'Inde centrale puis le Bengale retrouvant leur autonomie sous des monarchies hindoues. En 1398, le conquérant turc Tamerlan lance un raid de pillage dévastateur sur Delhi et la vallée du Gange, d'où il repart chargé d'un énorme butin, laissant l'Inde du Nord dans le chaos.

Vijayanagar et les monarchies régionales (XVe-XVIe s.)

De l'anarchie qui suit émergent, au début du XVe s., une quinzaine d'États régionaux, tous musulmans sauf deux. Dans l'Inde du Nord, les Rajput du Rajasthan reconstituent leurs royaumes et se regroupent en confédération sous la direction de Rana Kumbha (1431-1468). Au S., l'empire de Vijayanagar, fondé en 1336 au cœur du Deccan, englobe un siècle plus tard la plus grande partie de l'Inde péninsulaire. Sa puissance militaire s'appuie sur un réseau de forteresses stratégiques, et son économie sur la riziculture irriguée des plaines côtières et sur le grand commerce maritime des deux côtes du Deccan. L'hindouisme y est florissant, comme les lettres sanskrites et dravidiennes, les sciences et les arts, que le mécénat favorise à l'écart des influences persanes qui s'exercent dans les États musulmans. Il sera abattu en 1565 par une coalition des sultanats du Deccan septentrional.

À la fin du XVe s., l'expansion navale des Portugais met fin à la domination commerciale des musulmans dans l'océan Indien. Vasco de Gama prend pied sur la côte occidentale du Deccan en 1498. Son successeur Albuquerque donne à l'empire maritime portugais ses points d'appui sur tout le pourtour de l'océan Indien, et s'empare en 1510 du port de Goa qui devient sa capitale. L'ère du contact direct entre l'Inde et l'Europe est désormais ouverte.

L'Empire moghol

Né après le siècle d'anarchie qui suit le raid de Tamerlan, ce vaste empire agraire indo-musulman, contemporain de la Renaissance européenne et du « siècle de Louis XIV », fait de l'Inde une des grandes puissances politiques et culturelles des Temps modernes.

Baber et Akbar (1526-1605)

Le sultanat de Delhi, provisoirement anéanti par Tamerlan, renaît de ses cendres à partir de 1451 sous la dynastie des Lodi. Mais ses divisions, au début du siècle suivant, en font une proie facile pour Baber, descendant de Tamerlan et de Gengis Khan qui règne alors à Kaboul, brillant capitaine et fin lettré. Vainqueur des Lodi à Panipat en 1526, il s'empare de Delhi et d'Agra, et fonde l'Empire « moghol » (corruption de « mongol »). Il écrase, l'année suivante, le grand Rajasthan confédéré mené par Rana Sanga. Son successeur Humayun se heurte après 1530 aux ambitions concurrentes d'un noble afghan aux capacités exceptionnelles, Sher Khan. Battu en 1540, il se réfugie en Perse. En six ans de règne, Sher Khan, devenu Sher Shah, soldat et homme d'État hors pair, impose sa loi à presque toute l'Inde du Nord et en réorganise magistralement le gouvernement, préparant ainsi le terrain à la construction impériale moghole. Sa mort accidentelle en 1545 permet à Humayun de reconquérir son trône avec l'appui perse en 1555, avant de disparaître accidentellement à son tour.

L'expansion reprend sous son fils Akbar (1556-1605), qui régnera sans partage sur l'Afghanistan, l'Inde du Nord et le N.-O. du Deccan. Excellent politique, il ouvre les emplois supérieurs de l'État à toutes les composantes de l'aristocratie du pays (y compris les Rajput), pratique la tolérance à l'égard des hindous, supprimant l'impôt sur les non-croyants, et développe un culte impérial dans lequel convergent les religions constituées. Sur les bases établies par Sher Shah, il dote ses territoires d'une solide armature administrative et fiscale, dont les Britanniques, deux siècles plus tard, recueilleront l'héritage.

Le siècle des Grands Moghols (1605-1707)

L'apogée se poursuit sous les règnes de Jahangir (1605-1627) et de Shah Jahan (1627-1658). L'empire, soutenu par une vaste et redoutable armée, inclut désormais tout le Deccan, sauf l'extrême Sud. L'ordre régnant favorise le développement du commerce et des manufactures, et l'essor urbain. Lahore, Delhi, Agra et Ahmedabad comptent alors parmi les plus grandes villes du monde. Le faste de la cour et le souci du prestige chez les grands suscitent une magnifique floraison d'art indo-persan, dont le chef-d'œuvre emblématique est le Taj Mahal.

La crise politique et les rivalités européennes (1707-1757)

Le déclin commence sous Aurangzeb (1658-1707), avec la multiplication des rébellions provinciales, et notamment des soulèvements hindous (sikhs et Jats au N. de Delhi, Rajput au Rajasthan, Marathes dans le Deccan). Sous la pression des religieux sunnites, l'empereur renoue avec la discrimination et l'iconoclasme antihindous, qui galvanisent les résistances. Face à l'insaisissable guérilla marathe, les armées mogholes finissent par s'enliser dans le Deccan, où Aurangzeb trouve la mort après 25 ans de vaines et ruineuses campagnes. L'empire glisse ensuite vers l'éclatement.

Le raid de pillage lancé sur Delhi par le shah de Perse en 1739 donne le signal de la débâcle. L'Empire moghol se réduit au territoire de Delhi. Les Marathes, devenus puissance dominante, s'emparent de Delhi en 1757, puis progressent jusqu'au Pendjab. Ils s'y heurtent aux ambitions expansionnistes du nouveau royaume afghan et sont écrasés à Panipat en 1761. Mais leur vainqueur est rappelé en Afghanistan par des problèmes internes. La confédération marathe se fractionne bientôt en cinq royaumes. Le pouvoir est alors vacant au sommet.

Cette situation profite aux compagnies marchandes européennes qui rivalisent pour la maîtrise du commerce des mers indiennes, et dont les comptoirs s'échelonnent sur les côtes du Gujarat au Bengale. Les Hollandais ont délogé les Portugais de leur monopole au début du XVIIe s. Cinquante ans plus tard, c'est leur concurrente britannique, l'East India Company, qui a pris l'avantage, mais elle trouve bientôt sur sa route la Compagnie française des Indes orientales fondée par Colbert, qui est basée à Pondichéry depuis 1673. À partir de 1744, cette rivalité franco-anglaise débouche sur des conflits armés, par contrecoup des guerres qui se succèdent en Europe entre les deux pays, et parce que les deux compagnies se mettent à s'immiscer dans les conflits indiens en vue de conquérir de nouveaux avantages. Sous la direction de Dupleix, l'influence française atteint son zénith dans le Deccan vers 1750. Elle périclite ensuite sous ses successeurs moins doués, qui pâtissent de surcroît de la supériorité anglaise sur les mers. Battus dans le sous-continent comme en Europe au terme de la guerre de Sept Ans (1763), les Français ne conservent en Inde que cinq comptoirs, dont Pondichéry.

L'Inde sous les Anglais

Victime de ses divisions face aux ambitions conquérantes du capitalisme européen, l'Inde entre dans l'ère contemporaine en faisant l'expérience de la sujétion coloniale, d'où elle tire à la fois son armature unifiée d'État moderne et des handicaps structurels générateurs de pauvreté.

Essor et suprématie de la Compagnie anglaise des Indes (1757-1858)

Les menées diplomatiques et militaires de Robert Clive donnent à l'East India Company le contrôle du Bengale en 1757, puis de toute l'Inde orientale en 1765. Jusqu'en 1818, à partir de ses bases de Calcutta, Bombay et Madras, elle étend ensuite sa domination de proche en proche sur presque tout le sous-continent à l'E. de l'Indus. L'expansion sera parachevée entre 1843 et 1886 avec l'annexion du Sind, du royaume sikh du Pendjab, du Bélouchistan et enfin de la Birmanie, absorbée par étapes pour décourager toute avancée française à partir de l'Indochine.

Le premier souci dans les régions conquises est d'asseoir l'impôt foncier pour subvenir aux besoins budgétaires du gouvernement, au prix d'une aggravation générale de la condition paysanne. L'Angleterre de la révolution industrielle inonde l'Inde de produits manufacturés et renvoie les artisans ruinés vers l'agriculture, déjà surpeuplée dans les conditions de l'époque. La concurrence du capital européen fait barrage à l'entreprise indigène dans le secteur moderne. La colonie est soumise à un véritable « drainage de richesses » : la métropole y investit peu, les entreprises britanniques y opèrent avec des capitaux empruntés sur place, et les bénéfices qu'elles réalisent sont systématiquement expatriés. L'éducation anglaise est développée et donne naissance à une bourgeoisie anglophone issue des castes supérieures, qui s'engage dans les professions libérales et occupe les échelons moyens de l'administration.

La grande rébellion (1857-1858)

Les fréquentes révoltes paysannes ou tribales sont d'ordinaire facilement réprimées, mais il en va autrement de la grande rébellion militaire, paysanne et aristocratique, dite « révolte des Cipayes », qui enflamme la plaine du Gange puis l'Inde centrale à partir de mai 1857. Née d'une affaire de cartouches graissées dont l'emploi heurte un tabou des soldats indigènes, la mutinerie vire au soulèvement populaire. Elle exprime le malaise social engendré par la modernisation et la christianisation, et les rancœurs d'une aristocratie spoliée et d'une paysannerie accablée d'impôts. Mais ce n'est qu'une addition de révoltes locales mal coordonnées qui n'englobe qu'une partie du sous-continent. Les Anglais, d'abord pris de court, reprennent l'avantage au bout d'un an, au terme d'une guerre de reconquête ponctuée d'atrocités.

L'apogée de l'empire des Indes (1858-1918)

Ce traumatisme transforme le caractère de la domination coloniale. L'East India Company est abolie, et l'empire des Indes directement rattaché à la Couronne. À l'élan de la mission civilisatrice succèdent le respect affiché des traditions locales et le renforcement des hiérarchies princières et foncières en place. Alors commence le demi-siècle d'apogée du grand Raj victorien, immense colonie d'exploitation soumise à un régime autoritaire et figé.

L'essor considérable de l'agriculture de marché va de pair avec la récurrence de grandes famines meurtrières, qui régressent toutefois au XXe s. grâce aux progrès du ravitaillement par chemin de fer, de l'irrigation, des politiques de prévention. Situation de dépendance, déséquilibres structurels entre secteurs et inégalités spatiales de développement se combinent pour faire de l'Inde colonisée une économie désarticulée, trait majeur de ce qu'on appellera plus tard le sous-développement.

Cependant, la revendication de libertés politiques se développe au sein de la petite élite indigène anglophone, qui se donne en 1885 une organisation militante, le Congrès national indien. Des courants nationalistes radicaux à forte coloration religieuse s'y développent au début du XXe s., et certains groupes clandestins versent dans l'action terroriste.

Les maharajahs

L'empire des Indes incluait 562 États indigènes sous protectorat. Beaucoup n'étaient que de modestes seigneuries, mais quelques dizaines étaient de véritables royaumes, dont les souverains avaient droit au titre de maharajah. Il y eut des princes consciencieux et éclairés, mais la plupart étaient de petits potentats oisifs ou tyranniques que leur statut protégé rendait irresponsables. Leur faste fascinait les coloniaux britanniques, et ceux que l'Europe mondaine côtoyait sur les champs de courses du Royaume-Uni et dans les casinos de la Côte d'Azur faisaient partie de la mythologie ordinaire de la presse à sensation de part et d'autre de la Manche. Leurs critiques les plus virulents étaient les nationalistes indiens, qui stigmatisaient leur loyauté envers la Grande-Bretagne, leur archaïsme et leur obscurantisme. À l'indépendance, leurs territoires furent fondus dans l'Union indienne, qui, en compensation, leur accorda des listes civiles et leur laissa leurs biens de famille et des avantages honorifiques. Ces privilèges, très critiqués à gauche, furent abolis par Indira Gandhi en 1971. Certains princes sont entrés dans la vie politique ou les affaires. D'autres vivent des restes de leur patrimoine, quitte parfois à transformer leurs palais en hôtels.

Gandhi et le combat d'indépendance (1917-1947)

Seule l'entrée en scène de Gandhi, dont le charisme suscite la ferveur des foules, donne néanmoins au Congrès, à partir de 1917, une véritable audience populaire. Le Mahatma lance contre le pouvoir colonial des campagnes nationales d'agitation non-violente, cependant que la Ligue musulmane, née en 1906, initialement solidaire du combat pour l'autonomie, adopte ensuite face au Congrès une ligne concurrente communautariste, puis ouvertement séparatiste. Le Congrès refusant tout démembrement, les violences religieuses se déchaînent au lendemain de la guerre. Le gouvernement de Londres dépêche alors Lord Mountbatten à New Delhi en janvier 1947 pour négocier un transfert rapide du pouvoir aux autorités indiennes. L'indépendance est proclamée le 15 août suivant, assortie de la partition du sous-continent en deux États distincts, l'Inde et le Pakistan. Le Pendjab sombre alors dans une furie meurtrière opposant sikhs et hindous d'un côté et musulmans de l'autre, qui fait 500 000 morts, et que prolongent d'immenses exodes de populations (au moins 14 millions de personnes déplacées entre 1947 et 1950).

La partition du sous-continent

Hindous et musulmans, en règle générale, coexistaient pacifiquement dans l'Inde coloniale. Mais les Britanniques institutionnalisèrent les distinctions religieuses en 1919 en créant des électorats communautaires séparés. La logique de division ainsi enclenchée stimula chez les musulmans une conscience de minorité menacée, déjà alertée, depuis quelque temps, par l'émer-gence de courants hindouistes militants à connotation anti-islamique. Mais l'idée d'un Pakistan séparé, lancée dès 1930, était énergiquement rejetée par le Congrès, et les négociations sur l'avenir constitutionnel de l'Inde échouèrent sur ce point jusqu'en 1945. L'exaspération mutuelle finit par engendrer de sanglantes émeutes communautaires, ce qui persuada les Britanniques pressés d'en finir qu'une partition était inéluctable. Au lendemain de la déclaration d'indépendance fut publié un tracé frontalier hâtif traversant des communautés profondément imbriquées. Si Gandhi put éviter le pire au Bengale, le Pendjab sombra dans des massacres d'une horreur insoutenable. L'antagonisme entre les deux pays s'est poursuivi, provoquant deux guerres et des tensions incessantes. Il perdure au Cachemire au milieu de violences quotidiennes.

La construction nationale (1947-1964)

Cette amère expérience inspire aux nouveaux chefs de l'Inde un souci dominant : l'unité. Unification politique, démocratie, égalité sont les maîtres mots de la période qui commence.

Nehru ou le modernisme au pouvoir

Les destinées de l'Inde pendant les deux décennies qui suivent sont gouvernées par un parti hégémonique, le Congrès, et par son chef, Nehru, Premier ministre jusqu'à sa mort en 1964. Un conflit armé éclate dès 1947 avec le Pakistan autour du rattachement de l'État princier du Cachemire que les deux pays revendiquent. Un cessez-le-feu intervient le 1er janvier 1949 sous l'égide de l'ONU, mais sans résoudre le problème de fond.

La Constitution votée en 1950 fait de l'Inde une démocratie parlementaire, condamne le système des castes et l'intouchabilité, et proclame la laïcité de l'État et la liberté religieuse, ainsi que le droit de tous au bien-être et à la justice sociale. Sur la scène internationale, dans le contexte de la guerre froide, l'Inde de Nehru se fait porte-parole de la coexistence pacifique à la tête des pays « non alignés ». Mais la débâcle en

1962, face une attaque éclair lancée par la Chine pour s'emparer de territoires himalayens contestés, puis la mort de Nehru qui suit mettent un terme à ce magistère pacifiste de l'Inde sur la scène internationale.

La voie indienne du développement

À l'intérieur, Nehru engage l'Inde sur la voie du socialisme démocratique, avec une économie mixte à fort secteur public, pilotée par une planification quinquennale. Malgré les inerties administratives et des freins budgétaires, le bilan est considérable en termes d'équipements publics (barrages, centrales, aéroports, réseaux de communication et d'irrigation, équipement scolaire et hospitalier), et une vaste industrie lourde est créée de toutes pièces. Dans l'agriculture, restée très archaïque, l'accent est d'abord mis sur les réformes de structure (réforme agraire, appareil de développement rural). Mais après la mort de Nehru, la recherche de l'autosuffisance alimentaire à court terme est privilégiée, et avec elle la « révolution verte », qui concentre le développement subventionné des nouvelles technologies sur les régions avancées et les exploitants aisés. Le succès est spectaculaire : malgré l'augmentation de sa population, l'Inde devient autosuffisante au milieu des années 1970. Mais il a un coût social : les plus riches continuent à s'enrichir, alors que le pourcentage des pauvres reste stable ou progresse.

La démocratie indienne à l'épreuve

L'Inde après Nehru traverse plusieurs crises politiques et affronte de graves tensions sociales et religieuses. Mais elle donne la preuve que son unité d'État fédéral est solide, tout comme son enracinement dans la démocratie.

Indira Gandhi : populisme et autoritarisme (1966-1977)

Le successeur de Nehru, Lal Bahadur Shastri, est confronté en septembre 1965 à une nouvelle guerre contre le Pakistan au sujet du Cachemire. Le conflit tourne à l'avantage de l'Inde au bout d'un mois et s'achève par un cessez-le-feu signé sous l'égide de l'ONU. Shastri étant décédé peu après, c'est la fille de Nehru, Indira Gandhi, tacticienne audacieuse sous des apparences timides, politiquement orientée au centre gauche, que le Congrès désigne pour lui succéder. Les élections de 1967 ayant révélé l'usure du Congrès, elle décrète, deux ans plus tard, la nationalisation des 14 plus grandes banques privées du pays, qui suscite la sécession de la fraction conservatrice du parti. Mais après une campagne populiste centrée sur le slogan « À bas la pauvreté ! », elle remporte haut la main les élections de mars 1971.

À ce moment précis, le gouvernement pakistanais lance son armée contre sa province du Bengale oriental, où les autonomistes viennent de remporter les élections. Les réfugiés affluent bientôt par millions au Bengale indien. Indira Gandhi signe en août un traité d'amitié et de coopération avec l'URSS, qui la garantit contre tout risque d'intervention hostile de la Chine, puis dépêche ses troupes au Bengale oriental en décembre. L'armée pakistanaise capitule moins de 15 jours plus tard. La paix est signée à Simla, en 1972. La popularité d'Indira en Inde atteint alors son point culminant.

L'opinion déchante dans les années qui suivent. Un puissant mouvement de contestation se lève en 1974 autour de Jayaprakash Narayan, vétéran gandhien de la lutte d'indépendance. L'année suivante, risquant la chute parce que son mandat de députée est menacé d'invalidation, Indira fait voter par le Parlement l'instauration de l'état d'urgence et publie un programme en 20 points de réforme radicale. Mais les dérives autoritaires du gouvernement font sombrer ce programme dans le discrédit. L'état d'urgence est levé en 1977, au bout de 22 mois.

Coalitions et alternances (1977-1991)

Aux élections qui suivent, le Congrès connaît sa première défaite face à une coalition improbable, le parti Janata, qui rassemble des socialistes à la droite hindouiste, et se désagrège deux ans plus tard. Les élections de 1980 le ramènent au pouvoir avec Indira Gandhi. Après les excès de centralisme du passé récent, de graves tensions éclatent entre le Centre et divers États. Au Pendjab, le séparatisme sikh vire à la guerre civile. L'armée indienne donne l'assaut en juillet 1984, au temple d'Or d'Amritsar, lieu saint du sikhisme. Trois mois plus tard, Indira Gandhi est assassinée par ses gardes du corps sikhs. Porté par une vague de sympathie, le Congrès remporte largement les élections en décembre. Il confie le poste de Premier ministre à Rajiv Gandhi, fils aîné d'Indira. Cet homme de 41 ans, sans passé politique, veut libéraliser l'économie et combattre la corruption, l'esprit de caste, l'intolérance religieuse. Il signe la paix avec les sikhs. Mais les tensions entre hindous et musulmans s'exacerbent, et le BJP, parti nationaliste hindou, entame son ascension. En 1988, l'Inde intervient au Sri Lanka, auquel Rajiv a offert une assistance pour démilitariser le N. et l'Est de l'île tenus par une rébellion tamoule. L'opération est un fiasco, bien que le corps expéditionnaire indien compte un moment jusqu'à 50 000 hommes. La tension remonte entre l'Inde et le Pakistan, qui appuie maintenant un mouvement indépendantiste musulman au Cachemire. Enfin, le gouvernement est ébranlé par des affaires de pots-de-vin liés à des contrats d'armement.

Le Congrès est battu en 1989 par une nouvelle coalition, le National Front, qui éclate au bout de 14 mois. Lors de la campagne de 1991, Rajiv Gandhi est assassiné par un commando-suicide de rebelles tamouls sri-lankais, payant ainsi l'intervention indienne dans la guerre civile de l'île. Le Congrès, qui ne remporte que 45 % des sièges, revient au gouvernement grâce à la division de ses adversaires et nomme Narasimha Rao Premier ministre. Le BJP, avec le quart des députés, est le premier parti de l'opposition.

Ascension et règne des nationalistes hindous

L'Inde, cette année-là, fait face à une grave crise des paiements et s'engage, sous la pression des agences internationales, dans un processus d'ajustement structurel qui constitue un revirement historique de sa politique économique. Après quatre décennies d'une stratégie de développement étatiste et autocentrée, elle prend le virage libéral de la dérégulation, des privatisations et de l'ouverture au marché. Dès le milieu des années 1990, les grands équilibres sont en voie de rétablissement, et les exportations croissent à un rythme sans précédent. Mais le Congrès perd le soutien des couches pauvres. Or il vient déjà de perdre celui des musulmans, pour n'avoir pas empêché, en 1992, la destruction de la mosquée d'Ayodhya par les extrémistes hindous, qui a déclenché une vague meurtrière de violences intercommunautaires.

Les élections de 1996 sont une nouvelle défaite pour le Congrès et donnent 29 % des sièges au BJP dans une assemblée sans majorité. Le pays revient devant les urnes deux ans plus tard. Le BJP, qui enlève 46 % des sièges avec ses alliés, accède cette fois au pouvoir. Le Premier ministre Atul Behari Vajpayee poursuit la politique de libéralisation et met son radicalisme hindouiste en veilleuse pour ménager ses alliés et l'opinion. Mais son œcuménisme de façade est endommagé par les attaques qui se multiplient contre les chrétiens du pays. Toutefois, sa détermination face au Pakistan, qui soutient la guérilla séparatiste au Cachemire, lui vaut un large consensus dans l'opinion. Il prend la communauté internationale par surprise en faisant procéder, en mai 1998, à cinq essais nucléaires souterrains, qui suscitent aussitôt une réplique identique de la part du Pakistan. Battu d'une voix au début de 1999 lors d'un vote de confiance, son gouvernement est contraint à la démission. Mais l'opposition congressiste échoue à en former un autre, et il reste donc au pouvoir pour gérer les affaires courantes jusqu'aux élections. On frôle la guerre au printemps, lorsque des maquisards infiltrés du Pakistan investissent les positions indiennes sur les hauteurs de Kargil, au Ladakh. Un désengagement militaire est décidé d'un commun accord dans l'été, mais la guérilla redouble de violence au Cachemire, et les duels d'artillerie sur la ligne de contrôle continuent à se succéder malgré les tentatives de médiation internationale.

Aux élections de septembre, le Congrès présidé par Sonia Gandhi, veuve d'origine italienne de Rajiv, essuie une défaite historique, et la coalition disparate menée par le BJP l'emporte d'une courte majorité. La tension entre hindous et musulmans, notamment focalisée par le débat sur la construction d'un temple hindou à la place de la mosquée détruite d'Ayodhya, est très vive. Elle débouche sur un carnage au Gujarat, État contrôlé par le BJP, en février-mars 2002. La tendance, en revanche, est à l'apaisement avec le Pakistan, dont le président Moucharraf, après avoir rejoint les États-Unis sur une ligne antitalibans après le 11 septembre 2001, a mis l'extrémisme islamiste hors la loi en janvier 2002. Un nouveau cessez-le-feu au Cachemire est proclamé en 2003, et le dialogue direct entre les deux chefs de gouvernement reprend officiellement au début de 2004. Mais le plus difficile reste à faire : trouver ensemble la formule qui pacifiera le Cachemire.

Assuré de récolter les dividendes d'une croissance économique exceptionnelle et des succès de sa diplomatie, le BJP avance de plusieurs mois la date des élections générales de 2004, et fait campagne sur le slogan « L'Inde qui brille » (« Shining India »). Contre tous les pronostics, c'est pourtant la coalition adverse emmenée par le Congrès de Sonia Gandhi qui l'emporte le 13 mai. Le monde rural, où vivent les deux tiers des Indiens, a sanctionné une politique qui privilégiait les classes moyennes urbaines et l'économie hightech sans bénéfice pour les masses pauvres, et dont le sectarisme religieux s'est parfois révélé meurtrier. Le nouveau Premier ministre Manmohan Singh, un des principaux artisans de la libéralisation de l'économie lancée en 1991, signe aussitôt avec ses alliés (dont les communistes) un programme commun minimum qui ramène au premier plan la lutte contre la pauvreté et le développement des infrastructures, et qui met un frein aux privatisations d'entreprises publiques et à la liberté de licenciement des employeurs. Il persévère en revanche dans la stratégie de détente contrôlée à l'égard du Pakistan et dans la politique de puissance inaugurée avec les tests nucléaires de 1998.

Lorsque le tsunami du 26 décembre 2004 balaie la côte est du Deccan, faisant près de 11 000 morts et 6 000 disparus (chiffres officiels du 20 janvier 2005), l'Inde refuse l'aide internationale et envoie des secours au Sri Lanka, aux Maldives et en Indonésie, affichant ainsi le statut de puissance régionale et d'acteur majeur de la communauté internationale au nom duquel elle revendique aujourd'hui un siège permanent au Conseil de sécurité de l'ONU.

Un système socio - cosmique

La civilisation indienne est une civilisation « traditionnelle », c'est-à-dire que, de génération en génération, se transmet une vérité globale, tenue pour révélée en des temps anciens à une incarnation, à des prophètes, à des héros. Dans les civilisations dites « rationnelles », ce qui se transmet de génération en génération est sans cesse passé au crible de la raison et seul est tenu pour vérité ce qui résiste à cet examen. Dans les civilisations « traditionnelles », l'homme s'éprouve comme une parcelle de l'univers. De ce fait, il ne ressent pas tant le besoin de se distinguer, de se singulariser et de s'individualiser, que de se fondre dans le groupe, dans l'environnement naturel et surnaturel dont il se sent partie intégrante.

Du Cachemire au cap Comorin (l'extrême pointe du Deccan), du Gujarat, à l'ouest, jusqu'aux confins de la Birmanie, l'unité de la civilisation indienne ne résulte pas de la géographie du sous-continent, mais d'une culture. La clé de cette culture est le concept de dharma. C'est lui qui va nous permettre de comprendre la société indienne, en particulier l'aspect qui déconcerte et choque le plus les Occidentaux : le « système des castes ».

Un terme hérité des missionnaires

Ce sont les missionnaires portugais qui employèrent les premiers ce mot, rattaché par erreur au latin *castus,* qui signifie « pur ». En effet, ils avaient remarqué que les différences hiérarchiques, caractéristiques de la société hindoue, étaient plus ou moins liées à la notion de pureté. De fait, les membres des castes les plus élevées se livrent à des occupations « pures », alors que ceux qui sont au bas de l'échelle travaillent dans des domaines qui les rendent « impurs » (animaux morts, déchets humains). En réalité, les hindous ne parlaient point de leur caste, mais de leur *jâti,* vocable qui signifie naissance. Ce terme s'applique à tous les groupes ayant, de par leur naissance, des caractères spécifiques communs. Ainsi, si vous êtes « né » potier, quand bien même seriez-vous technicien dans une usine de Bombay, vous continuerez à accomplir les rites religieux de ceux de votre naissance, les potiers.

Son origine mythique

Quand les colonisateurs, perdus dans la complexité de la réalité sociale hindoue, demandèrent à des *pandit* (brahmanes docteurs de la loi) de les éclairer sur les fondements de leur société, ceux-ci cherchèrent la référence la plus digne de foi, c'est-à-dire, pour eux, la plus ancienne. Ils citèrent donc un hymne védique, vieux de plus de trente siècles, expliquant l'origine du monde : le grand corps cosmique, conçu à l'image d'un homme, fut offert en sacrifice par les dieux et démembré.

Ainsi, selon ce texte sacré, la société se trouve-t-elle divisée en quatre ordres (appelés *varna*) : au sommet sont installés les brahmanes, qui seuls ont droit à la connaissance des rituels et des textes sacrés conduisant à la connaissance métaphysique la plus haute. Ensuite viennent les *kshatriya* (« ceux du pouvoir »), appelés souvent princes ou guerriers, qui possèdent la puissance temporelle. Puis viennent ceux à qui appartiennent les fonctions de production et de commerce, les *vaishya*, cependant que le service serait la part du « quatrième ordre », celui des *shudra*. Les trois premiers *varna* ont seuls droit au port du « cordon sacré », triple fil de coton porté sur l'épaule gauche et descendant jusqu'à la hanche droite, signe de leur initiation ou « deuxième naissance ». Cette division n'était pas, à l'origine, plus réelle que celle imaginée par Platon dans sa « République ». Elle finit par s'imposer dans les esprits, de sorte que chaque *jâti* se rattache plus ou moins artificiellement à un des *varna*.

La loi du *karma*

Il n'en est pas moins vrai que notre connaissance sommaire de la société indienne souffre encore de cette confusion trois fois séculaire entre ces deux vocables bien différents dans leur origine et dans leur signification (*varna* et *jâti*) : nous les traduisons par le terme unique de « caste », qui ne recouvre exactement ni l'un, ni l'autre. Cette confusion est, pour nous, à l'origine de bien des malentendus et de bien des problèmes, qui disparaîtraient d'eux-mêmes si l'on traduisait par « naissance » le terme originel de *jâti*, utilisé en fait dans toute l'Inde d'aujourd'hui. On n'y dit pas « j'appartiens à la caste des brahmanes » ou à celle « des vidangeurs ». On dit simplement : « je suis né brahmane » ou « je suis vidangeur de naissance ». Or, naître brahmane ou vidangeur ce n'est pas, pour un hindou, le fruit du hasard. Celui qui, dans ses existences précédentes, aura toujours agi de façon à se maintenir en harmonie avec l'ordre cosmique, qui aura suivi les préceptes et accompli les rites adaptés à sa situation dans le monde, celui-là renaîtra à un niveau plus proche de l'équilibre idéal entre l'homme et l'univers. Il sera, cette fois, plus proche de la pureté spirituelle désincarnée, modèle du brahmane. Au contraire, celui qui aura agi en violation de cet équilibre, ses actes l'alourdiront comme une tare, et leur accumulation l'entraînera vers le bas de l'échelle des naissances. Sa vie nouvelle sera plus proche de la matière périssable et de la décomposition ; il risquera même d'être si impur que sa vue ou son contact pourrait souiller autrui : tel est le cas des

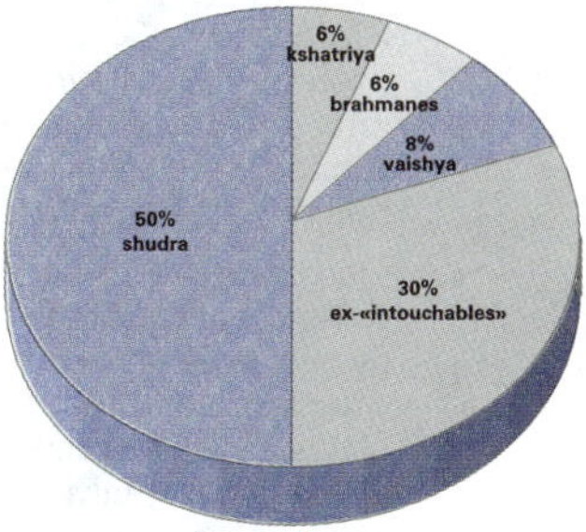

Les castes.

« Sa bouche devint le brahmane,
Le guerrier fut le produit
de ses bras,
Ses cuisses furent l'artisan,
De ses pieds naquit
le serviteur. »

trad. L. Renou.

Un système socio-cosmique

« intouchables ». Ainsi, c'est le poids des actes accomplis dans nos vies antérieures, c'est notre *karma*, qui détermine notre sort présent. L'échelle sociale apparaît alors comme une échelle des valeurs morales, l'inégalité des naissances comme la manifestation intégrale de la justice « normale ». Elle est la manifestation de l'ordre cosmique dans la société.

On comprend aisément, dans ces conditions, que l'hindou ne ressente pas comme injuste l'inégalité des naissances. L'hérédité du *karma* est aussi inéluctable que l'hérédité génétique. On ne peut changer ses vies antérieures, ses parents, sa « naissance ». Se révolter contre sa « caste » serait à la fois une absurdité et une faute, car cette naissance est dans l'ordre des choses ; elle est l'expression même de l'Ordre de l'Univers.

Une manière d'être dans l'univers

Il n'en reste pas moins que considérer l'inégalité sociale comme l'expression même de la justice constitue pour nous un paradoxe inacceptable. Mais c'est, en Inde, une évidence qui n'est pas remise en question – si ce n'est par une infime minorité d'Indiens « occidentalisés ». Pour ne pas troubler l'ordre « socio-cosmique » et pour se sentir intégré à l'univers, il n'est que d'agir « en accord avec sa naissance », dit-on. Mais cette expression ne signifie pas grand-chose dans notre langue et peut justifier abusivement une intolérable aliénation. Et il est bien vrai que cette croyance n'a cessé, au cours des siècles, de donner lieu à tous les abus, en justifiant moralement et métaphysiquement un insupportable asservissement à des règles imposées par une société de castes. On pourrait même dire que l'homme de basse naissance est si astucieusement conditionné par la perfidie du système qu'il s'endort, exploité, battu et content, dans une stupide et béate acceptation de son asservissement. On vous répondra qu'il s'agit là d'abus, de transgression de la Loi du Bon Ordre qui dépasse largement la société. Pour la tradition, la hiérarchie des naissances n'est pas un système social inventé par une société de profit fondée sur l'exploitation de l'homme. L'hindou a une vision du monde qui n'est pas limitée à l'ordre économique et social, mais s'étend à l'univers global, manifestation de l'Absolu, dont chaque être est également la manifestation. Le but final des renaissances, c'est la délivrance de toute naissance, c'est-à-dire la fusion dans l'Absolu, unique réalité. Observer les règles de la naissance – de la caste – c'est « une manière d'être dans l'univers » témoignant qu'il est plus important d'être que d'avoir. Cela n'implique pas, est-il besoin de le dire, que tous les hindous soient des philosophes. Mais chacun agit, consciemment ou non, en accord avec une certaine façon d'envisager les rapports de l'homme et du monde avec le *dharma*, la loi du Bon Ordre de l'Univers.

Une hiérarchie très particulière

Chaque groupe, chaque caste, se caractérise, en accord avec sa place dans la hiérarchie, par un ensemble de règles spécifiques héréditaires entraînant un comportement particulier dans la société : mariage à l'intérieur de la caste, pratiques religieuses, coutumes alimentaires, interdits et privilèges, spécialisation professionnelle. L'organisation socio-économique se fonde sur une relation d'échanges de services entre les différents groupes suivant une hiérarchie variable selon les lieux et les époques. Sans cesse, au cours des temps, des castes sont apparues, se sont éteintes ou transformées. L'hérédité des métiers – à laquelle se réduisent trop souvent certaines images simplistes du « système de castes » – est loin d'être aussi rigoureuse qu'on le dit. De même, contrairement à ce que l'on croit communément, la hiérarchie de la richesse et du pouvoir ne recouvre pas exactement celle des naissances. La « caste » ne correspond pas à la classe sociale. Parmi les brahmanes (6 % environ de la population hindoue) se trouvent d'opulents hommes d'affaires, comme aussi de pauvres cultivateurs, ainsi que de modestes cuisiniers, car seul un brahmane peut cuisiner pour un brahmane.

Dans une forte proportion, les médecins sont brahmanes ; malgré d'anciens interdits, ils soignent des « impurs » comme des « purs », touchant sans hésitation les plaies et le sang ; ils n'en jouissent pas moins du prestige dû à leur naissance, dont, par ailleurs, ils continuent à pratiquer les rites. Le fils du potier de village, qui ne peut faire face à la concurrence de la céramique industrielle, de l'aluminium et du plastique, travaillera aux champs ou en usine ; s'il en a les capacités, il pourra faire des études, devenir ingénieur en ville. Changera-t-il pour autant de naissance ? C'est ainsi que les *shudra* – petits cultivateurs et artisans – représentent plus de la moitié de la population hindoue.

Une remarquable organisation socio-économique

Plus accessible que celle de l'État (spécialement réservée à ceux qu'on appelait « intouchables » et qui représentent plus de 25 % des hindous), l'aide de sa caste peut être mise à la disposition de chacun ; organisant écoles, bourses d'universités, dispensaires, fonds d'aide contre les calamités, la caste tend à jouer le rôle de bureau d'entraide et de sécurité sociale. Par ailleurs, la vie des grandes villes, en rapprochant, sur les lieux de travail, dans les autobus, sur les bancs des écoles, des gens de toutes origines, a contribué à atténuer l'aspect visible de leurs distinctions. Les interdits – encore parfois rigoureusement respectés au village, malgré une législation qui les condamne – tendent à disparaître, ou du moins à ne s'exprimer que dans les grandes occasions, comme lors des mariages. Mais si la caste perd du terrain au niveau des pratiques quotidiennes, par contre l'organisation interne du groupe et la « conscience de caste » tendent à s'élargir et à se renforcer. Bref, loin d'être ressentie comme oppressive, la caste est plutôt vécue par la plupart des gens comme sécurisante. Tel est le paradoxe de cette société, où l'inégalité n'est pas considérée comme une injustice, où le domestique brahmane est situé plus haut dans la hiérarchie des naissances que le ministre « intouchable », où le « marginal » lui-même est intégré.

Un obstacle au développement ?

Une telle organisation n'est-elle pas un obstacle au développement ? Certes, il ne s'agit pas d'un système figé. Mais une société sécurisante, où les frustrations sont d'autant moins ressenties qu'elles sont partagées, où les responsabilités se diluent, où la concurrence et la compétition individuelle n'existent pas, ne perd-elle pas, du même coup, toute incitation au changement, tout esprit d'aventure ? Il n'y a aucun doute, en tout cas, que le « système » contribue au maintien d'une idéologie conservatrice. Mais on

Intouchables

Aussi étonnant que cela paraisse, pas plus que le mot « caste », le terme « intouchable » n'est la traduction d'un mot indien. Il est même banni par la Constitution de 1950, qui a supprimé non pas les castes mais « toute discrimination fondée sur la religion, la race, la caste, le sexe et le lieu de naissance ». Selon le vœu de Gandhi, on utilise le terme harijan « peuple de Dieu » pour « les » désigner, mais leur nom de famille est, comme pour toutes les autres castes, celui de leur naissance, c'est-à-dire de leur fonction : vidangeur, corroyeur, balayeur, etc. Le terme de « hors-caste » qu'on leur applique parfois est donc impropre. Ils ont beau se trouver tout en bas de la hiérarchie, ils sont intégrés au niveau de leur degré d'impureté, car leurs fonctions sont indispensables au bon fonctionnement de la société.

Selon les articles 15 à 17 de la Constitution, les interdits traditionnels qui les frappaient – comme par exemple puiser de l'eau à des puits autres que les leurs – sont désormais punissables par la loi. Malheureusement, il suffit de lire la presse pour constater que les harijan sont souvent victimes de violences et de sanglants conflits collectifs pour avoir, sous la prétendue protection de la loi, transgressé des interdits traditionnels. Il en a sans doute toujours été ainsi. Mais le fait que les médias donnent aujourd'hui une grande diffusion à ces affaires oblige les autorités à intervenir.

Sommes-nous des « intouchables » ? Comment serait-ce possible, puisque ce n'est pas « notre naissance » ? Nous sommes impurs (en particulier parce que nous mangeons du bœuf) et simplement considérés comme « hors du système ».

peut dire, à l'opposé, que l'esprit de groupe, si présent dans la société de castes, est un atout dans l'organisation du travail et la connaissance des besoins collectifs. De plus, on acquiert dans sa caste, en même temps qu'une qualification personnelle d'autant mieux adaptée qu'elle se perfectionne de génération en génération, une disposition à accomplir le mieux possible son travail, quel qu'il soit, puisque c'est son « devoir d'état », son *dharma*. Enfin, le développement très important des classes moyennes (ingénieurs, cadres) a, sans effacer pour autant la conscience de caste, donné naissance à un esprit de classe qui favorise la compétition, l'esprit d'entreprise, le goût pour l'aventure.

Sortir du « système »

On peut imaginer que l'on puisse se sentir prisonnier de cette organisation « socio-cosmique » et souhaiter en sortir. On ne saurait toutefois concevoir d'aller vivre ailleurs après avoir changé de nom (c'est le nom qui indique essentiellement la caste). Cela n'aurait pas de sens car on n'aurait pas changé sa naissance, ses parents, l'hérédité de son *karma* et, « là-haut », on le saurait bien ! Et puis sa présentation, son comportement vis-à-vis des autres, sa façon de penser – la couleur de sa peau aussi – n'auraient pas changé pour autant. Non, si vous ne croyez pas au « système » (hypothèse d'école), ou plutôt si vous êtes pressé d'atteindre dans cette vie même la délivrance, au lieu de suivre cette sorte de voie hiérarchique des re-naissances, il y a une autre façon d'agir, plus vraie, plus noble, conforme à la « norme » qui l'a sécrétée : c'est de sortir par la « porte étroite », en abandonnant toutes ses possessions et tous ses attachements, de prendre en ascète la voie du « renonçant », du *sâdhu,* du *sannyasin,* et de partir à la quête de l'Absolu. L'idéal du « non-attachement » est encore très vivant en Inde et faire l'aumône à un *sannyasin,* c'est, d'une certaine façon, participer à sa quête.

Il y a une autre voie pour sortir du « système » : c'est de « sortir en religion » (comme disent les bouddhistes) par une conversion à une autre confession. Les conversions plus ou moins forcées au christianisme ou à l'islam qui eurent lieu particulièrement entre le XIe et le XVIIIe s. ont touché presque exclusivement les « intouchables » qui pensaient ainsi échapper au système qui les opprimait. En fait, les convertis ayant presque toujours, par la force des choses, conservé leurs métiers traditionnels impurs, n'ont pas perdu leur rang méprisé. Après l'indépendance, B. R. Ambedkar, juriste éminent, « intouchable » de naissance, qui fut ministre de l'Inde indépendante après avoir présidé à l'élaboration de sa Constitution, invita tous les « intouchables » de l'Inde à sortir du système en se convertissant au bouddhisme, religion née en Inde – d'où elle a pratiquement disparu. Il le fit lui-même solennellement en 1956, peu avant sa mort, avec 50 000 autres « intouchables » de la même naissance que lui, les mahar de la région de Bombay. Ainsi naquit le « néo-bouddhisme », plutôt parti politique local des « opprimés » *(dalit)* que religion nouvelle.

Rajasthan, le pays des rois

Le « pays des rois », terre de rêves et de réalités, est le deuxième État de l'Inde par sa superficie (342 239 km^2), équivalant aux deux tiers de la France. Pays étonnant, où forteresses et sanctuaires évoquent un passé qui vit encore à travers les légendes et les chants populaires. Charrettes à dromadaires parcourant les pistes du désert, éléphants au front peint défilant pendant les processions royales, voiles et turbans multicolores – autant d'images qui, pour être devenues des clichés, n'ont pas pour autant perdu leur pouvoir de fascination. Pays qui s'avance résolument vers la modernité, sans tourner le dos au passé, le Rajasthan est sans conteste une destination touristique privilégiée.

Un pays de contrastes

Situé dans le N.-O. de l'Inde, le Rajasthan possède une frontière naturelle avec le Pakistan : le désert du Thar. Du fait de sa situation géographique particulière, c'est une région marquée par de forts contrastes résultant de l'alternance de zones arides et d'étendues plus fertiles. Au cours des dernières décennies, de remarquables progrès ont modifié le profil de cet État naguère considéré comme un des moins développés de l'Inde.

Des lacs de montagne au désert du Thar

Les monts Arawalli (culminant à 1 722 m au mont Abu) forment une barrière naturelle de plus de 600 km qui, du N.-E. au S.-O., divise le pays en deux parties inégales. Au N.-O., la pénéplaine du Marwar constitue une zone semi-aride qui confine avec le Thar, vaste étendue de pierre et de sable. Dans cette partie du Rajasthan, à de maigres cultures saisonnières, essentiellement millet et sorgho, s'ajoutent les ressources du sous-sol (gypse, cuivre, marbre de Makrana, sel du lac de Sambhar...) et celles de l'élevage (ovins et chameaux). C'est le royaume des épineux *(khejra, babul* et *jal)* mais aussi celui des gazelles du désert *(chinkara)* et des antilopes cervicapres. Un seul fleuve le traverse, ou plus exactement un oued, la Luni, qui creuse de longs ravins sablonneux en été et devient une rivière souterraine dans la région de Barmer, à l'O. de Jodhpur. Au S.-E., au-delà des Arawalli, c'est un autre monde, plus souriant et plus hospitalier : les rivières Banas et Chamba aux eaux pérennes arrosent des vallées relativement fertiles, apportant les bienfaits, en même temps que les nuisances, de l'industrie. Çà et là, des lacs naturels ou artificiels reposent la vue du voyageur ; c'est le pays où poussent le blé et l'orge, le colza et la moutarde, ainsi que la canne à sucre.

Démographie et alphabétisation

La population d'environ 56 473 000 habitants se répartit inégalement entre les campagnes et les grands centres urbains. Autre inégalité démographique particulière à l'État du Rajasthan : il y a trop peu de filles... Pourtant, si leur venue au monde suscite souvent un accueil mitigé par les parents, le déficit de femmes est tout aussi préoccupant dans une société où le mariage est considéré comme un devoir social majeur.

Grâce aux efforts conjugués du gouvernement fédéral, de quelques instances régionales et d'ONG, l'alphabétisation a connu des progrès considérables ces dernières décennies. Le district d'Ajmer, par exemple, est devenu un modèle à suivre. Jusqu'aux années 1980, à peine 40 % des Rajasthanis étaient alphabétisés. Le chiffre actuel de 61,03 % (avec 76,46 % pour les hommes et 44,34 % pour les femmes) place l'État, stigmatisé naguère comme une région sous-développée, largement au-dessus de l'État du Bihar auquel on le compare volontiers.

Une économie encore adolescente

Malgré les difficultés auxquelles le Rajasthan doit faire face étant donné sa situation géographique particulière, l'agriculture et l'industrie ont fait de notables progrès au cours des dernières décennies. La mise en place, au terme de gigantesques travaux, d'une irrigation durable dans les zones les plus arides, assurée notamment par les canaux Indira Gandhi et Ganga et par la rivière Chambal, ont permis de développer les rendements de l'agriculture et de l'élevage. Cependant, le réseau reste encore insuffisant (seulement un peu plus de 1/5 des terres sont irriguées). Comme ailleurs en Inde, l'usage abondant des engrais chimiques et des pesticides a, dans un premier temps, contribué à augmenter la production de céréales, d'oléagineux et de coton. Mais cette pratique, selon les experts agricoles, n'est pas sans conséquences fâcheuses pour le rendement des terres et risque de déboucher à court terme sur une nouvelle période de pénurie.

La richesse minérale du territoire est considérable. Métaux et roches abondent. Mais c'est le marbre qui continue de remporter la palme. Pas moins de cinq grandes carrières dont celles justement célèbres de Makrana, la « Carrare du Rajasthan » située entre Jaipur et Jodhpur, a fourni le marbre qui a servi, entre autres, à la construction du Taj Mahal et des temples de Ranakpur.

En deçà et au-delà des Arawalli

Le contraste marqué entre les deux versants des monts Arawalli avait fait écrire au colonel James Tod, ancien soldat de la Compagnie des Indes orientales britanniques (1782-1835) : « On a peine à y croire tant la transition est brutale... : il suffit de traverser un maigre ruisseau pour laisser derrière soi toute une végétation luxuriante ; à la place du pipal *(Ficus religiosa)*, du *ber* (jujubier) et de cette espèce de mimosa qui ressemble au cyprès... on trouve différentes sortes de buissons épineux... » Rien n'illustre aussi bien ce contraste que cet ancien couplet en langue rajasthanie : « *anwal anwal Mewar, babul babul Marwar* ». Ces vers d'un poète du XVe s. pourraient se traduire de la manière suivante : au Mewar (province historique s'étendant autour de la région relativement fertile d'Udaipur) poussent de nombreux buissons d'*anwal* (*Cassia auriculata*), plante aux floraisons dorées, tandis qu'au Marwar, région aride qui correspond partiellement à l'ancien royaume de Jodhpur, on voit surtout des épineux du type *babul* (*Acacia arabica*). C'est cette frontière naturelle qui fut jadis choisie pour départager les deux royaumes rivaux et le couplet fut vite promu au rang de dicton.

La croissance industrielle du Rajasthan n'est nulle part aussi bien visible qu'à Kota. Cette ancienne cité royale attire aujourd'hui des milliers d'ouvriers venus de tous les coins de l'Inde. La vallée de la Chambal fournit aussi une bonne partie de l'électricité, dans ses centrales thermiques, alimentés par le charbon local, et nucléaire (centrale de Rana Pratap). Les principales mines de zinc se trouvent dans les environs d'Udaipur, fournissant une modeste mais toutefois appréciable base industrielle à cette cité de villégiature.

De l'âge des seigneurs à l'indépendance

Rajasthan (« pays des rois ») ou Rajputana (« terre de Rajpoutes ») comme les pouvoirs coloniaux avaient, au XIXe s. baptisé cette mosaïque de royaumes et de principautés, d'abord indépendants, puis sous protectorat britannique. Ces deux noms décrivent assez bien la région de l'Inde où une très ancienne féodalité a longtemps survécu aux soubresauts de l'histoire. Depuis l'indépendance bien des choses ont changé... L'histoire moderne du Rajasthan s'annonce comme une nouvelle saga dont les héros ne sont plus les guerriers d'antan mais des « chevaliers d'industrie ».

Les débuts...

À Kalibangan (280 km de Bikaner), dans la région de Ganganagar, les ruines d'une très ancienne cité ont été mises au jour entre 1961 et 1969. Les fouilles ont établi qu'il s'agit des vestiges d'un site important datant de la civilisation de l'Indus (2500-1800 av. J.-C.). L'histoire du Rajasthan se rattache donc à ses débuts, à celle des prestigieuses cultures d'Harappa (Pendjab) et de Mohenjo-Daro (Sind).

Sur le plan religieux, la période du VIe s. av. J.-C. au XIIe s. de notre ère, fut marquée par l'influence du bouddhisme et du jaïnisme, particulièrement florissants dans la région. Si ce dernier mouvement y a subsisté jusqu'à nos jours, le bouddhisme a disparu du Rajasthan, sans doute vers le VIIIe s.

D'où viennent les fils de rois ?

Si l'on entend parler de dynasties princières et de leurs hauts faits dès le VIIIe s., c'est surtout dans les légendes et les poèmes des généalogistes royaux. Ces communautés guerrières dont on connaît mal l'origine ont cependant laissé des traces sous la forme de temples, tels que ceux de Nagda ou d'Osiyan. Aux Pratihara, aux Chauhan et aux Tanwar succèdent les Guhilot, puis les Bhati, les Rathore, et les Kachwaha.

En réalité, l'identité rajpoute ne se constitue vraiment qu'au XVIe s., à l'époque du Grand Moghol Akbar, lorsque des communautés d'origines diverses (tribaux, intouchables, artisans, agriculteurs et brahmanes) rejoignent les clans militaires existants et se rassemblent en factions guerrières, fournissant une nombreuse main-d'œuvre militaire à l'Empire moghol. Après s'être taillé des royaumes, les nouveaux seigneurs font appel aux généalogistes et aux brahmanes pour légitimer leur pouvoir naissant. S'intitulant « fils de rois » (Rajpoutes), ils s'attribuent de prestigieux ancêtres en la personne de rois d'épopées qui prétendaient eux-mêmes descendre des dieux Rama et Krishna : on parle alors de dynasties solaire et lunaire. Plus tard, à une époque difficile à déterminer, des poètes créent une troisième dynastie, mythique, celle du feu.

Guerres et paix...

Entre les XVIe et XVIIIe s. combats et alliances entre Rajoutes et Moghols, qui, sous Akbar, vont dominer l'Inde du Nord et le N.-O. du Deccan, se succèdent.

Il ne s'agit en aucun cas de guerres religieuses ; les enjeux sont clairement ceux du pouvoir et du territoire. Lorsque les Rajpoutes affrontent les Moghols, ce n'est pas en tant qu'hindous mais pour défendre leurs royaumes et préserver leur indépendance ; à l'époque, l'idée d'une opposition entre hindous et musulmans n'avait pas de sens. Un exemple parmi tant d'autres : quand Akbar envoie son allié hindou, Man Singh Ier, raja d'Amber, contre Pratap, le prince du Mewar, celui-ci fait diriger son armée par un général musulman d'origine afghane, grâce auquel il obtient temporairement la victoire. À Udaipur, une inscription commémore cet événement à l'endroit où a été érigée une statue équestre du maharana.

À la fin du XVIe s., Akbar inaugure une politique d'alliance avec les seigneurs Rajpoutes. À l'ombre du puissant empire, les Rajpoutes prospèrent ; avec l'argent des butins amassés pendant les batailles qu'ils livrent pour le compte du Grand Moghol, ils font de leurs rugueuses forteresses de somptueux palais. Alliés plus que vassaux, les Rajpoutes subissent peu de contraintes. Ainsi, s'ils doivent en principe donner une de leurs filles en mariage à l'empereur, celle-ci n'en continue pas moins à suivre ses coutumes. L'obligation de venir une fois l'an à la cour impériale d'Agra est plutôt ressentie comme un honneur par les fiers Rajpoutes : ils reçoivent de nombreux cadeaux et y glanent des idées.

Le Rajasthan du colonel Tod

Le colonel Tod (1782-1835), premier historien européen du Rajasthan, avait assimilé l'histoire de la région à celle des dynasties rajpoutes et à leurs combats héroïques. D'abord officier dans l'armé de la Compagnie des Indes orientales, il eut l'occasion de parcourir plusieurs régions du Rajasthan et du Gujarat. Nommé représentant du gouvernement britannique il fut un temps résident à la cour du souverain d'Udaipur. Il envoya toute une équipe d'informateurs locaux aux quatre coins du Rajputana – comme on appelait alors cette partie de l'Inde – à la recherche de documents anciens. Il s'agissait essentiellement de généalogies et de poèmes à la gloire des souverains, composés par les spécialistes locaux, Bhat et Charan. L'extraordinaire popularité de son livre *Annals and Antiquities of Rajasthan*, paru 1829, est à l'origine de bien des mythes qui ont façonné l'imaginaire occidental à propos du Rajasthan. Certains, s'ils ont été contredits depuis par les historiens, ont la peau dure, comme ceux de l'origine scythe de ces clans guerriers ou de leur opposition unanime aux « envahisseurs musulmans ».

L'époque coloniale : les nouveaux seigneurs

Avec la Compagnie des Indes orientales britanniques (créée en 1600), de nouveaux seigneurs, venus d'Europe, apparaissent sur la scène. Leur influence croît à mesure que le pouvoir des Moghols décline. Après les troubles qui agitent une grande partie de l'Inde au temps des guerres contre les Marathes et les Jats (XVIIIe s. et début du XXe s.), les souverains du Rajasthan vont trouver d'autres puissants alliés en la personne des Anglais. Lorsque, après la « Grande Mutinerie » de 1857, une bonne partie du sous-continent passe sous la domination directe de la couronne britannique, les différents États princiers qui formeront plus tard le Rajasthan conservent leur indépendance administrative – seule la province d'Ajmer-Merwara fait alors partie intégrante de l'empire. Les souverains rajpoutes sont cependant mis sous tutelle comme dans d'autres royaumes indiens, et au fil des années, l'ingérence du pouvoir colonial dans les affaires des princes locaux se fait plus pressante. Mais les princes ne semblent pas souffrir outre mesure : comme au temps des Moghols, ils participent à de grandes batailles, dont les enjeux ne les concernent pas directement. Ainsi, de nombreux Rajpoutes, sous la conduite du maharaja de Jaipur s'illustrent-ils pendant le Seconde Guerre mondiale au sein de la 4e DI indienne.

Cette nuit, la liberté...

L'heure de l'indépendance a sonné à minuit, le 15 août 1947. Mais, à ce moment, une question essentielle restait encore en suspens : quelle forme prendrait le nouvel État fédéral ? Si l'accession des provinces britanniques à la fédération indienne naissante (au Rajasthan, la petite enclave d'Ajmer-Merwara) se fit aisément, il n'en fut pas de même des États princiers. Tandis que le maharaja de Bikaner est le premier à signer le pacte d'accession, celui de Jodhpur, bien qu'hindou, pense un instant se rallier au Pakistan... C'est le refus obstiné de céder son royaume au nouvel État qui lui dicte cette politique et non une sympathie pour la nation rivale... il finit par s'incliner devant la voix de la majorité. Les maharajas de Jaipur et d'autres royaumes décident de s'unir, formant une première confédération des États princiers. En 1949, celle-ci s'agrandit jusqu'à devenir un nouvel État. Mais c'est seulement le 1er novembre 1956 que s'achève l'unification de la région, qui prend alors le nom de Rajasthan.

Les maharajas deviennent de simples citoyens

En 1971, le 26e amendement la Constitution supprime les pensions et privilèges des souverains ; les princes se trouvent privés des ressources qui leur permettaient d'entretenir leurs palais et de se livrer à de coûteuses activités politiques. Condamnés à subvenir à leurs besoins, ils se lancent dans les affaires et encouragent le tourisme en transformant leurs palais résidentiels en hôtels, qu'ils ouvrent aux visiteurs étrangers. Les conversions sont nombreuses : Bhawani Singh, l'actuel maharaja de Jaipur (en titre) devient un membre actif du parti du Congrès tandis que le souverain de Bikaner s'illustre au cours des championnats de tir à l'arc. Héritage, de l'Empire britannique, de nombreux princes continuent de pratiquer avec passion le polo et d'envoyer leurs garçons étudier à Ajmer, dans le célèbre collège naguère fondé par un Anglais, lord Mayo. Cependant, il ne reste plus grand-chose du faste et de la gloire des « fils de rois », le Rajasthan est entré résolument dans l'ère démocratique.

Entre tradition et modernité : la société rajasthanie

Dans cette région de l'Inde, la société n'est pas encore parvenue à abandonner les anciens critères hiérarchiques. Elle hésite encore entre tradition et modernité, combinant parfois les deux de curieuse façon. Les castes ont la peau dure au Rajasthan... Malgré la sévérité des lois, certains villages connaissent encore des cas de discrimination envers les intouchables. En milieu urbain, la situation cependant est assez différente : la vie moderne oblige toutes les communautés à se fréquenter, ce que beaucoup semblent accepter de bon cœur.

Échanges professionnels

Le tableau des relations entre castes est loin d'être aussi sévère qu'on pourrait le supposer. Car entre certaines communautés d'artisans, d'éleveurs et d'agriculteurs existent des liens solides qui vont bien au-delà des barrières sociales et religieuses. Ainsi les Raïka, éleveurs de chameaux et d'ovins souvent reconnaissables à leurs volumineux turbans, font-ils appel aux Nayak intouchables pour ramasser les carcasses de dromadaires et tanner leur cuir. Ils emploient aussi les plus talentueux d'entre eux, des prêtres-chanteurs appelés Bhopa, pour réciter la ballade de Bapuji. Les Manihar (fabricants de bracelets) musulmans sont invités à diriger le rituel au cours duquel la fiancée hindoue se fait mettre aux deux poignets les bracelets de mariage. Les Panigar, d'autres artisans adeptes de l'islam, fabriquent les fines feuilles d'argent qui serviront à décorer les images des divinités populaires hindoues et des prophètes jaïns...

De pittoresques communautés

Il serait trop long d'énumérer toutes les communautés qui confèrent au Rajasthan un charme particulier. Quel voyageur pourra rester indifférent à la voix des musiciens du désert dont le répertoire est fait de chants populaires et de poèmes soufis ? Qui ne s'arrêtera un instant pour observer les sculpteurs marbriers au travail dans une des ruelles de la vieille ville de Jaipur ? Les Gadulia Lohar ou « forgerons à la charrette », formant une caste semi-nomade, se rencontrent partout à la lisière des villes et dans les villages ; potiers hindous et musulmans démontrent volontiers leur talent devant les touristes en confectionnant jarres, tirelires, lampes à huile et effigies de toutes sortes. Les Kalbelya aux turbans orange, connus avant tout comme charmeurs de serpent, sont aussi chanteurs et guérisseurs, et leurs femmes sont parmi les meilleures danseuses du Rajasthan. Enfin, parmi les joueurs de tambour des intouchables *(nat)* on trouve de talentueux montreurs de marionnettes. Si beaucoup de ces gens ont abandonné le métier de leurs ancêtres pour des professions plus lucratives, ils restent heureusement assez nombreux pour continuer à perpétuer leur art.

Tribus du Rajasthan

Il faut soigneusement faire la distinction entre castes nomades (groupes non sédentarisés, tels que les Kalbelya, les Gadulia Lohar et les Banjara) et communautés tribales, Bhil, Mina, Girasia. Ce qui les sépare avant tout ce sont les coutumes et les règles de mariage. Les membres des différentes tribus de l'Inde ne font pas partie de la société des castes et forment un système social différent. La grande ceinture tribale du N. de l'Inde s'étend sur une partie du Rajasthan. Les Bhil, qui sont probablement d'origines diverses, cultivent paisiblement aujourd'hui leur petit lopin de terre dans les Arawalli mais continuent d'être les meilleurs archers du pays. Leurs fêtes et leurs foires sont très spectaculaires. Cependant, certains d'entre eux, surtout ceux qui vivent dans les régions arides, sont encore d'une très grande pauvreté. Les Mina, qui sont apparentés aux Bhil ont mieux su profiter de la politique des quotas réservés et ont souvent trouvé des emplois dans le secteur public.

Hier, aujourd'hui, demain...

Nulle part ailleurs qu'au Rajasthan le passé ne se confond aussi bien avec le présent. De très anciennes traditions perdurent tandis que les signes de la modernité se multiplient, bouleversant sans avoir l'air l'ordre traditionnel de la société. Car au Rajasthan, plus qu'ailleurs, on a l'art d'« indianiser » les cultures étrangères et d'accepter les nouveautés venues de l'Occident sans rejeter totalement les coutumes d'hier. Ainsi on verra un ascète *(sadhu)* vêtu de sa robe ocre parchevaucher sa moto, une paysanne de la campagne du Marwar parler dans son téléphone portable, tout en dissimulant son visage sous un large voile coloré, une adolescente sortant de l'université de Jaipur arborer coquettement la longue tunique brodée traditionnelle *(kurta ou kamiz)* par-dessus son jean coupé à la dernière mode... En hindi comme en rajasthani, d'ailleurs, il n'existe qu'un seul terme pour dire à la fois « hier » et « demain » : *kal*. Ainsi, une phrase sans verbe qui contiendrait ce mot serait on ne peut plus ambiguë.

Une société en plein changement

Le Rajasthan moderne est un phénomène des plus intéressants : on a l'exemple d'un peuple qui s'accroche à ses traditions tout en s'engageant audacieusement sur les voies de la modernité. Mais le choix des priorités n'est pas toujours le même qu'en Occident. À la campagne, on préfère encore acquérir un téléviseur, un scooter, un téléphone portable avant d'installer chez soi les toilettes et la salle de bains. Les champs, le puits ou la pompe, un coin de la cour suffisent largement aux ablutions quotidiennes…

Signe certain d'une évolution des mentalités, au cours des dernières décennies plusieurs femmes ont été élues maires de villages ; ne pouvant oublier leur vocation traditionnelle de mère de famille, elles sont souvent les premières à mettre un vigoureux accent sur les problèmes relatifs à la santé, l'hygiène et l'éducation.

Une question de foi

Les chiffres officiels du gouvernement du Rajasthan sont là pour nous éclairer : 89 % d'hindous, 8 % de musulmans, le reste de la population se déclarant sikhs, chrétiens, jaïns ou bouddhistes. Derrière l'apparente limpidité des statistiques se cache pourtant une réalité plus complexe.

Hindous ou musulmans ?

De nos jours, la question de l'appartenance religieuse se pose essentiellement sur le plan légal. Le droit personnel étant différent selon la confession, chacun est dans l'obligation se ranger dans une des catégories définies par la Constitution : on est hindou ou on est musulman, il faut choisir. C'est compter sans les nombreux Rajasthanis qui ont conservé croyances et pratiques syncrétiques, qu'ils dissimulent soigneusement de peur de déplaire aux puristes. Ainsi les Meo, musulmans de la région d'Alwar, continuent-ils de réciter leur version de la grande épopée hindoue du *Mahabharata* ; les Bishnoi hindous font appel à des prêtres musulmans pour leurs mariages ; les adorateurs hindous de Ramdev rendent un culte aux tombes islamiques… et ce ne sont là que quelques exemples parmi d'autres. D'autre part, si l'on fait partie d'une communauté de *dalit* autrefois considérée comme intouchable, il est plus avantageux de se ranger parmi les hindous pour pouvoir bénéficier des quotas réservés à ces catégories. Musulmans et chrétiens *dalit* n'ont pas droit à ces avantages. Cette loi aboutit donc à décourager les conversions en dehors de l'hindouisme.

L'islam au Rajasthan

Officiellement, la majorité des musulmans du Rajasthan se disent d'obédience sunnite. Mais cela n'implique nullement qu'ils suivent régulièrement les obligations rituelles du sunnisme. Les mosquées pleines à craquer le vendredi et le jour des deux Eid sont un spectacle relativement récent. Cette ferveur apparente cache une autre réalité : la propagande intensive d'organismes réformateurs tel que le *tablighi jamaat*, particulièrement actif dans la région du Mewat (Alwar) parmi les Meo musulmans dont la culture, typiquement rajasthanie, reste profondément imprégnée d'éléments hindous. Les chiites ne sont pas très nombreux, mais il existe des villages, près d'Ajmer ou de Samode, où ils sont seuls représentés parmi les musulmans. Chiites duodécimains avant tout, car les ismaéliens de la secte Tayyidbi sont surtout présents au sud d'Udaipur. Quant aux ismaéliens Nizari (ceux qui suivent aujourd'hui l'Aga Khan), ils ont laissé d'importantes traces de leurs activités missionnaires : aujourd'hui plusieurs

Si les 36 clans, qui d'après la tradition sont censés constituer la communauté rajpoute, se déclarent hindous, il existe aussi au Rajasthan un clan rajpoute musulman, celui des Kayamkhani.

sectes du Rajasthan, telles que les Bishnoï, les Aipanthi et les Jasnathi, qui se déclarent hindoues, ont préservé les pratiques propres à cette religion, souvent sans avoir conscience de leur origine.

« Le pays du désert est un beau pays... »

Ces paroles sont les dernières prononcées par le héros de la ballade de Dhola et Maru. Les Rajasthanis semblent toujours avoir eu le culte de la beauté. Dans cette région, arts classiques et arts populaires sont d'une exceptionnelle richesse. Artistes de cour, artistes populaires ou humbles artisans ont longtemps été ignorés des historiens et des chroniqueurs, pourtant ce sont eux, plus que les souverains rajpoutes, qui ont tissé, l'étoffe colorée du « pays des rois ».

La légende de Dhola et Maru

Cette geste, jadis chantée par des bardes, a inspiré poètes, sculpteurs et peintres. Dhola et Maruni ont été mariés dans leur petite enfance. En attendant l'âge adulte ils vivent chacun séparément dans le royaume de leurs parents. Entretemps le père de Dhola lui choisit une autre épouse, Malwani. Un jour, Maruni devenue adolescente, voit en rêve son époux et en tombe amoureuse. Ses parents envoient un messager pour demander à Dhola de venir la chercher. Enfin averti, le jeune prince décide de se rendre immédiatement au « pays du désert» où habite Maruni. Jalouse, Malwani, fait tout pour l'en empêcher. Mais Dhola triomphe de tous les obstacles et part sur son chameau noir rapide à la course. Il traverse ainsi le désert en un seul jour. Bientôt Dhola et Maru sont réunis. Après une courte cérémonie, les deux époux enfourchent le même dromadaire et partent pour le royaume de Dhola. En chemin il leur arrive toute sorte d'aventures, mais finalement ils arrivent sains et saufs au palais. La seconde épouse, mécontente mais obligée, de par la coutume, d'accepter sa rivale, se met à railler le pays du désert et ses habitants. Après l'avoir patiemment écoutée, Dhola répond en lui décrivant toutes les beautés du Rajasthan. Malwa se soumet.

Des sons envoûtants, des voix captivantes...
Si la musique classique (de style hindoustani) est une tradition vivante au Rajasthan, c'est avant tout l'art des chanteurs populaires qui séduira le voyageur. Cette musique, d'une grande richesse, a quelque chose d'unique, qui correspond intimement à l'âme du pays. Les musiciens du désert, avec leur style semi-classique et semi-populaire, se sont rendus célèbres à l'étranger comme dans l'Inde entière : les Langa et les Manganiyar se sont inspiré des chants de villageoises, créant de magnifiques compositions interprétées à l'occasion des mariages ; les Mirasi ont développé un style à eux, le *mand*, qui fut fort apprécié naguère à la cour des rois de Bikaner. Les Bhopa de Pabuji, comme ceux de Dev Narayan, ne mémorisent plus que quelques fragments des interminables ballades traditionnelles, mais ils puisent également dans un large répertoire de chants populaires. Les Kalbelya et les Kamad font entendre, lors de veillées religieuses, les compositions des poètes médiévaux et les Bhartrihari Jogi chantent les légendes des anciens rois-yogis.

Au pays où les dieux dansent...
Dans un pays où les hommes imitent en un rituel sans cesse recommencé les gestes des dieux, il est naturel que la danse ait pris une importance particulière. Le *kathak* – style classique développé à la cour des Moghols et de leurs alliés – reste une des spécialités du Rajasthan. Mais, une fois de plus, ce sont les danses populaires qui évoquent le mieux la magie du Rajasthan. Signalons d'abord la danse spectaculaire des femmes de caste Kalbelya : son suc-

cès a été tel que plusieurs de ces danseuses se sont produites sur des scènes étrangères. Les femmes de Kamad ont un style très curieux, appelé *teratal* : la danseuse, qui reste assise pendant tout le spectacle, fait résonner un ensemble de 11 petites cymbales attachées à l'une de ses jambes, avec une autre paire de cymbales qu'elle tient à la main. Le *gair*, danse où les hommes entrechoquent leurs bâtons à un rythme de plus en plus rapide, est associé à la fête du Holi, tandis que la danse sur les braises est exécutée comme un rituel religieux propre aux hommes de la secte Jasnathi.

Les *phad* de Pabuji et de Dev Narayan

La ballade de Pabuji se récite toute une nuit, accompagnée de chants et de danse et illustrée par une longue toile peinte de plus de 4 m, le *phad*. Le Bhopa, vêtu d'une ample robe rouge, indique de temps à autre une scène avec l'arche de son instrument à cordes, le *ravanhatta*. Mais la tradition se perd et aujourd'hui il n'existe plus un seul prêtre-chanteur capable de mémoriser la ballade dans son entier. D'autres Bhopa récitent la geste des 24 frères Bhagrawat et de Dev Narayan. Tous les ans, les curieux peuvent assister au spectacle pendant la foire de Pushkar. Les *phad* sont exécutés par des peintres spécialisés, les Joshi, résidant au S.-E. du Rajasthan.

Sous le patronage des rois et des négociants

C'est grâce aux rois qui furent de généreux mécènes que les Shilpi hindous ont modelé les admirables statues de Nagada et d'Osyan. On doit aux Silawat musulmans les façades délicatement ciselées des édifices qui ornent les cités de Jaisalmer, Bikaner et Pokaran. Des artistes de grand talent ont bénéficié du même patronage pour orner de fresques les murs des palais royaux. Les plus belles réussites sont sans doute celles de Kota et de Bundi. D'autres peintres de cour ont enluminé des manuscrits, donnant naissance aux différents styles de peinture : Udaipur, Jaipur, Bikaner, Jodhpur... Au VXIIIe s. le Maharaja Jai Singh II, fondateur de Jaipur, peupla sa nouvelle cité d'artisans venus de diverses régions : teinturiers hindous et musulmans devinrent célèbres pour l'art des étoffes imprimées à la planche, des tailleurs de pierres précieuses firent de Jaipur un des grands centres mondiaux de la joaillerie. Des tisserands, passés maîtres dans l'art difficile de nouer des tapis de laine et de soie, furent bientôt capables de rivaliser avec les spécialistes de Perse, d'Asie centrale et du Cachemire. D'autres artisans, ayant hérité leur savoir des Iraniens, fabriquèrent des céramiques « petit-feu » et parvinrent même à arracher un secret soigneusement gardé par les

Saveurs du désert

Pami les plats typiquement rajasthanis on trouve le *kher-sangri* ; ces savoureux haricots provenant de l'arbre *khejri* et les baies du désert sont frites avec des épices et traditionnellement accompagnées de galettes de millet. Les *besan-gata* sont des boulettes de farine de lentilles cuites dans une sauce épaisse. Comme au Pendjab les feuilles de colza revenues dans un mélange d'épices et consommées avec des galettes de maïs constituent un aliment favori pendant l'hiver Enfin, les *malpua* sont des crêpes de farine de blé mélangées avec de la mélasse.

experts d'une région du Pendjab située aujourd'hui au Pakistan : le fameux « bleu de Multan ».

Quant aux négociants du Shekhawati, exilés à Bombay ou à Calcutta et enrichis grâce au commerce maritime, ils engagèrent des potiers, devenus peintres-maçons pour orner leurs demeures natales. Ainsi laissèrent-ils des traces de leur opulence sur les murs extérieurs et intérieurs de leurs somptueuses *haveli*. Loin d'avoir cessé leurs activités, tous ces maîtres artisans appartiennent encore au présent : ils ont simplement mis leurs produits au goût du jour, préservant ses lettres de noblesse à l'artisanat le plus riche et le plus développé de l'Inde.

L' art et les femmes

Chargées des besognes du foyer, les femmes en sont aussi traditionnellement les gardiennes. La monotonie des corvées domestiques est tempérée par les nombreuses fêtes domestiques qui rythment l'année. Celles-ci sont exclusivement célébrées par les femmes. Levées avant l'aube, elles préparent, après le bain, le culte à la divinité du jour : nourriture spéciale qui servira d'offrande et que les membres de la famille consommeront ensuite, et dessins sur le sol et les murs. Les *mandana* sont faits de motifs géométriques tandis que les *thapa* sont figuratifs. À l'intérieur d'un cadre qui symbolise à la fois la maison et la matrice féminine, on trouve des représentations d'animaux domestiques et d'objets utilitaires, ainsi que des personnages. Les chants et les récits qui accompagnent ces rituels sont, comme les dessins, transmis oralement de génération en génération, de nombreuses villageoises étant encore analphabètes.

Les 16 articles de la beauté

Traditionnellement, la femme mariée du Rajasthan doit suivre les « 16 articles de la beauté » *(solah shringar)* qui sont censés protéger son foyer et lui éviter l'épreuve du veuvage. 16 est un chiffre symbolisant la totalité. Autrefois la roupie était divisée en 16 annna et l'on dit encore d'un homme intègre qu'il est « honnête à 16 anna »... Voici une des listes traditionnelles : brossage des dents avec le bâtonnet ou la pâte de margousier, bain, parfum, onguent pour le corps, coiffure, poudre brillante pour le visage, raie rouge dans les cheveux, point rouge au milieu du front, henné sur les paumes, pâte rouge sur la plante des pieds, khôl sur les yeux, noix de bétel pour rougir les lèvres, mouche, vêtements, bijoux et fleurs. On dit d'une femme qui se fait belle qu'elle « se pare des 16 articles de la beauté ».

L'Inde religieuse

L'Inde est un pays profondément religieux. Comme toutes choses baignent dans l'espace qui les enveloppe et les unit entre elles, la religion imprègne et unit toutes les actions et toutes les démarches de l'esprit. L'hindou cherche constamment, consciemment ou non, à se sentir en harmonie avec le monde. C'est pourquoi sa vie est ponctuée de rites qui relient l'homme aux dieux et au monde. Ces rites, il les tient de son père ou de sa mère, qui les tiennent eux-mêmes de leurs parents, qui les tenaient de leurs ancêtres. Ainsi, le geste rituel verse, pour ainsi dire, le passé dans le présent. Il relie aux ancêtres et, de proche en proche, aux dieux et à l'univers tout entier. Beaucoup d'Indiens occidentalisés vous diront aujourd'hui qu'ils ne croient pas à « toutes ces superstitions » et se prétendront athées. Mais voyez-les vivre chez eux, dans l'intimité de leur famille, et vous serez éclairés sur leur sincérité. Il existe pourtant dans la tradition indienne une philosophie athée, le *Vedânta* « non dualiste », développé dans les Upanishad. Il ne rejette néanmoins ni le polythéisme ni le monothéisme, et il a cette particularité éminemment indienne de n'entrer en contradiction avec aucun autre « point de vue » *(darshana)* – c'est ainsi, en effet, que l'on appelle les systèmes philosophiques, ce qui est aussi très significatif. De même, l'acceptation de la coexistence est naturelle à la société indienne, où les castes s'intègrent les unes aux autres pour constituer un ensemble où chacune a son rôle et sa fonction. Lorsque la République de l'Union indienne s'est déclarée constitutionnellement laïque (en anglais, *secularist*), par opposition à la République islamique du Pakistan, elle a voulu signifier par là que toutes les religions y sont égales.

L'hindouisme

Décidément, nous avons une étrange façon de vouloir comprendre l'Inde : pas plus que les mots « caste » et « intouchable », « hindouisme » n'existe dans les langues de ce pays. Ce sont les Européens qui ont inventé ce terme pour définir la religion des hindous par analogie avec le « christianisme, religion des chrétiens ».

Une religion ?

Essayons de sortir de notre ethnocentrisme pour y voir un peu plus clair. Chaque hindou naît dans une famille qui vénère les divinités de sa lignée. Chaque famille est intégrée à une communauté ayant une même fonction dans la société, que nous appelons « caste » (horticulteurs, charpentiers, forgerons, comptables, etc.).

La triade hindoue

Trimurti (« qui a trois formes »), triade représentant les trois manifestations de l'Être sous la forme de Brahma, Vishnou et Shiva. Chacun est associé à une fonction cosmique spécifique, Brahma qui maintient l'équilibre entre deux principes opposés, Vishnou qui préserve et Shiva qui désintègre.

Brahma

C'est le créateur de l'Univers. Il est né des eaux primordiales. Il est généralement représenté assis sur une fleur de lotus (l'un des noms du lotus est *abja*, « né de l'eau »). Il est barbu et il a quatre têtes, tournées vers les quatre horizons (il est « maître des horizons »). Il porte toujours une aiguière contenant de l'eau primordiale, et ses trois autres mains portent généralement un sceptre, un rosaire, et le livre du Veda, dont il est l'auteur. Il a pour monture une sorte d'oie sauvage ou de cygne, considérée comme le symbole de la pureté de l'âme. Dans la tradition vishnouite, on le représente souvent comme sortant du nombril de Vishnou. Il se manifeste dans le monde par la parole, que symbolise son épouse, Sarasvati. Brahma est curieusement un dieu sans adeptes et presque sans temples (Pushkar, au Rajasthan, est l'une des exceptions).

Vishnou

C'est le protecteur, celui qui maintient l'Univers, personnification de la bonté et de la compassion. Il est, avec Shiva, l'une des deux divinités qui ont le plus de fidèles. Il tient toujours dans l'une de ses mains un disque représentant la roue du destin, qu'il peut utiliser, en la lançant dans l'espace, comme une arme redoutable. Dans les trois autres, il tient généralement une conque marine, une massue et une fleur de lotus.

Il est souvent représenté couché sur un serpent lové (le serpent de l'Éternité) qui le protège de son quintuple capuchon et qui flotte sur les eaux primordiales dans lesquelles l'Univers vient d'être résorbé. Vishnou rêve le prochain cycle cosmique, cependant que Lakshmi, son épouse, lui masse les pieds. De son nombril sort une fleur de lotus sur laquelle trône Brahma, qui se prépare à créer à nouveau l'Univers. La monture de Vishnou est l'aigle blanc à tête humaine. Vishnou intervient dans le monde en « descendant » du ciel sous la forme d'un avatar (ce terme signifie « descente »), chaque fois que le *dharma* (Bon Ordre de l'Univers) se dégrade. Il y a traditionnellement dix avatars de Vishnou.

Shiva

C'est le « Grand Dieu » (Mahadeva), terrible car son troisième œil voit la réalité (alors que nous ne voyons que les apparences) et il peut détruire tout ce qui n'est qu'illusion. Par crainte, on le nomme Shiva (« propice ») ou Shankar (« qui donne la paix »), mais il a bien d'autres noms (1 008 traditionnellement). Il est souvent représenté comme un ascète (*Mahayogi*, « le grand yogi ») et l'une de ses caractéristiques constantes est précisément son haut chignon de cheveux tressés. Il est aussi « roi de la danse » ou *Natarâja*, dansant au milieu d'un cercle de flammes, figurant le cycle perpétuel de la destruction et de la re-création. Il tient alors dans une main le tambour (en forme de sablier) de la vibration créatrice et, dans une autre, le feu qui brûle les illusions, cependant qu'il piétine le démon de l'ignorance.
Parmi ses attributs figure toujours un trident. Il a souvent un collier de serpents et, dans sa chevelure d'ascète, un croissant de lune et la déesse Ganga dont il calme les flots tumultueux avant de l'offrir au monde. Shiva est généralement vêtu d'une simple peau de tigre (ou de léopard). Il est symbolisé par le lingam *(p. 113)* et sa monture est le taureau Nandi. Shiva n'agit pas directement dans le monde. Il intervient par l'intermédiaire de sa shakti (« énergie active ») qui se manifeste et est vénérée sous différentes formes féminines : Parvâtî, Kâlî ou Durgâ *(p. 122-123)*.

P. A.

Chacune d'entre elles a ses propres divinités et sa façon de les vénérer, ainsi que ses propres rites qui la relient d'une part à la hiérarchie des autres castes et à l'ensemble de la société, et d'autre part l'intègrent à l'ensemble du monde. Chaque caste a ainsi un « code de conduite » *(jâti dharma)*. Il y a donc autant de codes de conduite, c'est-à-dire, en somme, de religions, que de *jâti*. Ajoutons que chaque village a ses propres divinités, vénérées par tous les habitants, généralement un dieu préposé à la garde du territoire et une déesse chargée du bien-être de la population. De plus, chacun peut choisir une « divinité d'élection » qui lui est personnelle (certains même choisissent Jésus), ce qui ne le dispense pas de vénérer les autres. Tout cela peut paraître compliqué, mais en définitive, du brahmanisme savant des textes sacrés à la façon de vivre aujourd'hui sa religion, il y a une continuité et une unité : chercher à être en harmonie avec le monde.

Trente-trois millions de divinités

La notion de dieu absolu n'empêche pas que le panthéon hindou compte, suivant la tradition, trente-trois millions de divinités. Au reste, les notions de monothéisme, polythéisme, panthéisme et athéisme ne s'excluent pas radicalement en Inde. Ce qui est certain, c'est que l'on y vit en intimité avec le divin ; il pénètre tous les actes du quotidien ; les pensées et les sentiments s'y réfèrent sans cesse, consciemment ou inconsciemment. Rien n'y est plus naturel, en somme, que le surnaturel. Ainsi la haute métaphysique « non dualiste » du brahmanisme védantique n'a pas exclu les cultes populaires qui n'ont cessé de se développer parallèlement, groupés en deux troncs qui ont bien des rameaux communs : les shivaïtes, adorateurs de Shiva ; les vishnouites, adorateurs de Vishnou. Ces divinités personnelles sont identifiées tout naturellement à la Réalité primordiale et, ainsi, le foisonnant polythéisme populaire n'entre pas en contradiction avec le « non-dualisme » métaphysique des sages. C'est à cet ensemble difficile à définir que l'on a donné le nom d'hindouisme.

Le « Bon Ordre » du monde

Il ne faut pas oublier toutefois qu'il est, en réalité, non seulement impossible mais hors de propos d'étudier l'« hindouisme » comme une religion. C'est une « manière d'être dans le monde », une façon de vivre à chaque instant les rapports de l'homme et de l'Univers, de l'homme et de Dieu. La pratique religieuse n'est pas séparée du reste de la vie ; il n'y a pas d'« activités sacrées » par opposition à des « activités profanes ». La « religion » est vécue à chaque instant, elle est le dharma même. Elle est

Aux origines de l'hindouisme

L'hindouisme est le résultat d'une longue évolution, qui débute avec l'arrivée des Aryas en Inde, et où l'on distingue schématiquement plusieurs grandes périodes : le védisme, religion du *Veda*, dans les temps les plus anciens ; le brahmanisme, ensuite, correspondant à une plus grande exigence de spiritualité. On trouve dans le *Veda* les trois notions de base de la civilisation indienne, qui se transmettront à travers trois millénaires : le monde est « ordonné » selon la vérité ; le microcosme de l'homme et le macrocosme de l'univers se correspondent et s'expliquent l'un par l'autre ; l'univers est peuplé d'un nombre indéfini d'êtres vivants, dont la vie forme une chaîne continue d'existences qui, bien que radicalement différentes, procèdent toutes d'une réalité absolue et unique qui les anime et qu'elles manifestent. La religion védique apparaît comme particulièrement ritualiste et presque exclusivement centrée sur le sacrifice. Celui-ci, apanage exclusif et héréditaire des brahmanes, permettait de maintenir la « norme » par l'entremise des dieux, afin d'obtenir leur protection et leur intervention efficace.

précisément constituée par les règles de conduite qui permettent à chacun de vivre en harmonie avec la Loi du Bon Ordre son existence présente, résultante des actes passés. Pour l'hindou, chacun de nous est constitué d'un corps périssable et d'un élément éternel qui transmigre indéfiniment d'une vie à une autre, en parcourant la hiérarchie des existences possibles. Ce passage sans fin à travers des vies successives, cette ronde des naissances et des morts, les hindous la nomment samsara, terme qui évoque un courant qui coule perpétuellement. Si, pour nous, le cycle des réincarnations paraît plus accablant qu'exaltant, il n'en va pas de même pour l'hindou, car il a conscience de vivre un temps cyclique. L'univers tourne autour de l'axe du pôle selon un mouvement périodique sans fin, traversant à chaque cycle les mêmes âges. Les dieux eux-mêmes n'échappent pas à ce mouvement perpétuel. À la fin de chaque grande période, le monde se résorbe en un immense chaos, la « grande dissolution ». Puis il se manifeste à nouveau en se réorganisant pour une période nouvelle, où le « Bon Ordre » se dégrade peu à peu depuis le premier âge, qui est d'or, jusqu'à l'âge noir – le Kaliyuga, le quatrième, celui où nous vivons présentement, qui a commencé il y a plus de 5 000 ans et doit durer encore 432 000 ans –, lequel sera suivi d'une nouvelle dissolution. Après quoi l'univers se manifestera de nouveau et les cycles se succéderont ainsi sans fin.

Vers la Délivrance

Penser qu'une telle croyance mène l'homme à un fatalisme incurable, à un pessimisme sans recours, c'est ignorer qu'à chaque incarnation, grâce à sa conduite, il peut se rapprocher de l'état de pureté, de la délivrance finale. Bien plus, l'« ordre brahmanique » prévoit, dans sa vie, différentes étapes successives : l'homme doit, d'abord, se préparer chastement à la vie de chef de famille, puis s'accomplir dans celle-ci et en assumer tous les devoirs, y compris celui de procurer le bien-être aux siens ; mais ensuite, il se retirera du monde et pourra se détacher des désirs et des possessions, des attirances et des aversions qui s'opposent comme autant d'obstacles à l'éveil suprême.

Plus encore, ce renoncement au monde, il pourra le choisir à chaque instant de chaque existence. Certes, la porte est étroite qui mène au « non-attachement ». Par l'ascèse et la méditation, il pourra se délivrer des conditionnements de la pensée domestiquée, déchirer le voile de la connaissance illusoire (mâya) et atteindre à la libération finale (moksha) en « réalisant », au plus profond de lui-même, la fusion en l'Absolu, la Réalité suprême.

Le Veda, ou « savoir » par excellence, est une somme religieuse et philosophique tenue pour révélée, contenant les pratiques rituelles apportées par les Arya lorsqu'ils pénétrèrent dans le nord du sous-continent où elle fut enrichie par les prêtres brahmanes.

On appelle « brahmanisme » la forme de la religion qui s'est développée depuis l'époque des Upanishad et du bouddhisme (VIe-Ve s. av. J.-C.) jusque vers le début de notre ère. On donne généralement le nom conventionnel d'« hindouisme » aux formes religieuses qui ont suivi, plus diversifiées et plus proches des aspirations populaires.

La voie du renoncement

On appelle *sannyasin* ceux qui ont choisi de mener une vie d'ascète. Certains vivent dans des ermitages complètement coupés du reste du monde. D'autres se regroupent dans des ashram, où ils mènent une vie monastique sous la direction d'un maître *(guru)*, s'adonnant à la méditation, à des disciplines spirituelles et à l'étude des textes sacrés. Il en est, enfin, que l'on voit cheminer sur les routes, vêtus d'une sorte de toge couleur de safran ou bien à demi nus, le corps couvert de cendre. Ils n'ont pour tout bagage qu'un bâton de pèlerin – terminé souvent en trident, le trident de Shiva – et un petit baluchon contenant les objets du culte. Ces *sâdhu*, qu'on appelait autrefois improprement fakirs, et dont certains se soumettent à d'impressionnantes macérations, font partie du paysage de l'Inde. On les rencontre en nombre dans les grands centres de pèlerinage. Ils n'ont pas besoin de mendier pour recevoir leur nourriture, car venir en aide à un *sâdhu*, c'est se gagner un mérite en participant à sa recherche de l'Absolu. Cela explique sans doute l'abondance des faux *sâdhu* dans tous les lieux visités par les dévots.

Pour ceux qui ont choisi la voie du renoncement, on comprend aisément que la vie soit uniquement consacrée à la recherche, à l'ascèse, aux pratiques spirituelles. Il n'en est pas moins vrai que, pour tous les autres aussi, l'Ordre du Monde est une totalité qui englobe, sans les distinguer, l'ordre naturel, l'ordre social, l'ordre moral. Chaque action s'intègre ou ne s'intègre pas dans l'ordre du monde et, de ce fait, revêt un caractère « religieux ».

Un curieux polythéisme

Pour l'hindou, Dieu, unique et absolu, Réalité suprême, est partout ; mais on ne peut le connaître que dans ses manifestations. C'est pourquoi on le vénère sous la forme de divinités innombrables – trente-trois millions, c'est-à-dire une infinité – qui sont autant d'aspects divers de la même Réalité. Tout au long de son histoire, l'Inde n'a pas cessé d'enrichir son panthéon de divinités nouvelles, qu'elle a assimilées et absorbées : à l'époque védique, on n'en comptait que trente-trois.

Étrange « religion » que cette religion qui a autant de divinités qu'on veut, mais qui n'a pas de dogme, pas plus qu'elle n'a de fondateur. Elle n'a pas non plus de clergé constitué, car les brahmanes n'en constituent pas un et il ne faut pas oublier, d'ailleurs, que tous les brahmanes ne sont pas prêtres et que tous les prêtres ne sont pas des brahmanes. Par contre, la plupart des hindous sont animés par une dévotion qui est « participation » *(bhakti)* à la divinité et se

Ôm

C'est le son ininterrompu que ne peut produire le choc d'aucun objet. C'est le son incréé, sans commencement ni fin, le bruit de la mer, le son qu'on entend dans les cavernes ou les coquillages, pour ainsi dire l'image auditive de l'éternité. C'est le *mantra* par excellence, le *mantra* primordial, composé des trois sons, A-U-M, censés représenter les trois *Veda*, les trois Mondes (le Ciel, la Terre et l'Espace intermédiaire), les trois divinités primordiales (Brahma, Vishnou, Shiva). On le prononce religieusement au début et à la fin de chaque invocation, de chaque prière, de chaque méditation. Sa prononciation même doit être rigoureusement conforme à la phonétique du sanskrit, sinon elle perdrait toute signification et toute efficacité.

Le lingam

Lingam signifie littéralement « signe, emblème ». Dans le culte de Shiva, c'est une pierre arrondie dans laquelle, lors du culte, on invoque la présence de la divinité, vénérée à travers ce symbole. Le culte n'est donc pas idolâtre.

Si la partie visible du lingam des temples est cylindrique, arrondie à son sommet (comme la coupole céleste ou le stupa), la partie qui est insérée dans la terre est carrée (la terre est symbolisée par les quatre directions de l'espace) et la partie insérée dans la table d'offrande (yoni, « réceptacle », comme la matrice), carrée jusqu'au VIIe s., avec son bec pour l'écoulement des libations, est octogonale, intermédiaire entre le carré et le cercle.

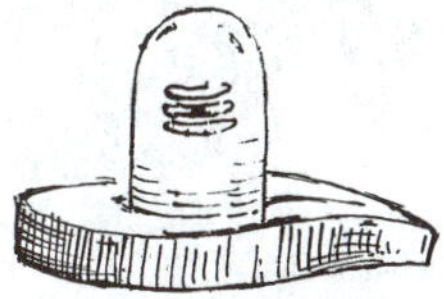

Très souvent, le lingam est orné par le prêtre, pendant le culte, de trois traits horizontaux tracés avec de la cendre ou de la pâte de santal – marques que les shivaïtes tracent également sur leur front lors de la puja.

Une interprétation hasardeuse

Dans les temples, le lingam se présente comme une pierre cylindrique, arrondie au sommet et, généralement à tort, les Occidentaux le considèrent comme un symbole phallique. Sans doute a-t-il probablement existé en Inde, comme dans d'autres civilisations, des cultes phalliques – toute pierre dressée ne peut-elle pas être considérée comme un symbole de (pro)création ? En fait, après le VIe s., sous l'influence du tantrisme, certains lingams, rarement en Inde et plus souvent en Asie du Sud-Est, évoquent plus précisément cet organe. Il n'en est pas moins vrai qu'il ne faudrait pas s'aviser de dire à un fidèle en train de poser une guirlande ou de verser de l'eau du Gange ou du lait de coco sur un lingam qu'il vénère un phallus ! Il n'apprécierait guère et aurait toutes les raisons de ne pas comprendre. Quand ils le veulent vraiment, les Indiens savent bien représenter un phallus. Les statues « érotiques » des temples en témoignent.

Une jeune princesse célèbre le culte à Shiva devant le lingam orné de guirlandes de fleurs.

manifeste partout, à la maison, au village, dans les temples ou les grands pèlerinages. Sans distinction d'origine, de caste, d'appartenance, et sans quitter « le monde », chacun peut, par l'adoration, qui est oubli de soi, « participer » à la divinité selon sa vocation et sa prédilection particulières.

Le shivaïsme

De nos jours, il prévaut par le nombre de ses temples sinon de ses fidèles. Shiva est, pour eux, l'Être suprême, à la fois bienveillant et terrible. Son symbole par excellence est le lingam (littéralement « signe »), pierre cylindrique dressée sur une table d'offrandes ovaloïde, ensemble évocateur de l'union des deux principes d'où jaillit la vie. Il est représenté sous des aspects divers. Celui de Roi de la danse *(Natarâja, p. 156)*, qui symbolise le triomphe de la Réalité éternelle sur les formes transitoires de la vie, rappelle qu'il est le Grand Yogi au trident, le Seigneur de la Délivrance. Ayant maîtrisé à la fois le corps et l'esprit grâce à une discipline psychosomatique rigoureuse, il voit, avec un troisième œil ouvert sur son front, la réalité et non plus les apparences. Shiva agit dans le monde par l'intermédiaire de divinités féminines, considérées comme ses épouses, qui sont la manifestation de l'Énergie cosmique *(shakti)*. Suivant la fonction qui leur est impartie, elles apparaissent sous des formes diverses, dont les principales sont Parvâtî, généralement bienveillante, Durgâ, la guerrière, Kâlî, la destructrice *(p. 116)*.

Le vishnouisme

Il peut apparaître comme complémentaire du shivaïsme, tant ses principes en diffèrent peu. Pour ses adeptes, Vishnou est la manifestation de la Réalité absolue, et ils ne considèrent généralement pas le monde comme irréel, puisque Vishnou y est omniprésent. Dans les temples, on le représente généralement sous son aspect glorieux, avec quatre bras, portant une conque et la roue de la destinée. Mais l'adoration *(bhakti)* domine la pratique du vishnouisme et ses adeptes adorent plus volontiers les formes que Vishnou a prises en descendant lui-même sur terre, chaque fois que la Loi du Bon Ordre était en péril. Les *avatar* (littéralement « descentes ») de Vishnou (dont le nombre est généralement fixé à dix) sont glorifiés dans les grandes épopées du Mahâbhârata et du Râmâyana, ou dans les anciens légendaires appelés Purânâ. Parmi ces « incarnations », qui prennent l'apparence d'animaux aussi bien que d'êtres humains, Râma et Krishna sont sans doute les plus populaires, et il n'est pas inutile, étant donné le rôle qu'ils jouent dans l'art traditionnel et dans la vie contemporaine, de tracer les grandes lignes du Râmâyana et de la légende de Krishna.

Les samskâra

Tout au long du jour, depuis le moment où il s'éveille jusqu'au moment où il s'endort, l'hindou accomplit des rites qui le « relient » (n'est-ce pas l'un des sens de la religion ?) au Bon Ordre du Monde. Certes, ce ne sont souvent que de simples habitudes – quand le sens du rite n'est pas réellement vécu – ou même des superstitions – quand il est perdu. Tout au long de la vie, dès avant la naissance et jusqu'après la mort, d'autres rites qui sont des sortes de consécration ou de sacrement, les *samskâra*, jalonnent l'existence de l'hindou. On en compte aujourd'hui une dizaine, véritables cérémonies familiales, accompagnées de récitations de textes sacrés et de chants. Par exemple :

– le don du nom à l'enfant, entre le 10e et le 12e jour, nom qui a une profonde valeur religieuse et c'est pourquoi on donne aussi à l'enfant dès sa naissance un surnom, qu'on utilisera couramment pendant toute la vie ;

– la cérémonie de la première sortie, lors de laquelle a lieu la présentation au soleil, généralement au 4e mois ;

– le sevrage, ou plutôt, vers le 6e mois, le don de la première nourriture : la mère prend une boulette de riz (c'est le père qui cultive le riz et ce sera la première nourriture qui vient de la terre), la mâche soigneusement, puis en glisse une pincée avec son pouce dans la bouche de l'enfant ;

– le percement des oreilles, la première coupe de cheveux, le mariage, et ainsi jusqu'à la mort et aux cérémonies qui s'ensuivent.

Les grandes épopées hindoues

On est illettré en Inde quand on ne sait lire et écrire que son nom. Est-on pourtant vraiment illettré quand on connaît par cœur quelques centaines – ou quelques milliers – de versets du Râmâyana ou du Mahâbhârata, qui sont bien plus que la Bible, l'Iliade et l'Odyssée réunies ? Écoutez, par exemple, les débardeurs du port de Calcutta, éreintés par une journée de travail, chanter en chœur au rythme des tablas, la nuit au bord du Gange. Combien de fois n'ont-ils pas répété déjà ces strophes qui les ont nourris dès leur plus tendre enfance autant que le lait de leur mère ? Ils en revivent chaque fois le contenu et y puisent, comme à une source intarissable, l'énergie dont ils ont besoin pour reprendre, le lendemain, leur travail toujours recommencé. Les deux grandes épopées de l'Inde, ce ne sont pas seulement des livres.

La « Bible » des hindous

Le Râmâyana est une vaste épopée de 24 000 versets (composée approximativement entre le IIIe s. av. J.-C. et le IVe s. de notre ère) qui, si l'on en croit la légende, a été rédigée par le sage Valmiki, sur l'incitation du dieu Brahma. Celui-ci lui promit que son poème durerait « aussi longtemps que resteraient debout les montagnes et que continueraient à couler les fleuves » – promesse tenue du moins jusqu'à ce jour où, non seulement en Inde mais dans tous les pays indianisés de l'Asie du Sud-Est, le Râmâyana correspond à la fois à la Légende dorée, à nos contes traditionnels, aux images d'Épinal et, d'une certaine manière, à la Bible. Les enfants en connaissent les plus merveilleux épisodes, pour en avoir été bercés et nourris dès leur plus tendre enfance ; on le récite à la veillée sur la place des villages dans ses versions en langues locales ; dans les grandes villes même, les travailleurs, après une dure journée, reprennent en chœur ses couplets que chante un récitant.

La geste de Râma

L'histoire en est simple : le prince Râma (qui est en vérité une incarnation du dieu Vishnou), fils du roi d'Ayodhyâ *(à 130 km de Lucknow, Uttar Pradesh)*, ayant réussi, seul parmi tous les princes, à bander l'arc merveilleux du dieu Shiva, gagne en mariage la princesse Sîtâ. Son père souhaite lui donner le trône, mais, cédant par faiblesse à son épouse favorite, il

Les dix avatars de Vishnou

1 – Le poisson, pour sauver de la résorption dans les eaux primordiales l'homme et tout ce qui est précieux.

2 – La tortue, pour servir de socle au mont Mandara, pivot autour duquel est enroulé le serpent Éternité, que dieux et démons utiliseront pour baratter l'océan primordial. En sortiront successivement les plus précieuses créations et, en dernier lieu, le vase *(kumbh)* contenant l'élixir d'immortalité.

3 – Le sanglier, pour aller rechercher la terre noyée dans l'océan cosmique.

4 – « L'homme-lion » *(nara-simha)*, pour tuer un roi-démon qui se voulait plus puissant que Vishnou.

5 – Le brahmane nain, pour se débarrasser du démon Bali qui s'emparait de l'Univers. Il lui demanda de lui offrir trois pas de terre, ce que le démon promit en riant, vu la taille du brahmane. Mais le nain, reprenant la forme de Vishnou, alla d'une enjambée jusqu'au bout du ciel, d'une autre atteignit les limites de la terre, et son troisième pas enfonça le démon dans le néant.

6 – « Râma-à-la-hache » *(Parasurama)*, pour délivrer le monde de l'oppression des *kshatriya*.

7 – Le roi Râma, héros du Râmâyana.

8 – Krishna, qui enseigne aux hommes, dans la Bhagavad Gîtâ, la voie de la délivrance, et qui est aussi le berger divin qui, de sa flûte, attire les âmes *(encadré, p. 119)*.

9 – Bouddha, « récupéré » par l'hindouisme.

10 – Kalki, avatar qui se manifestera à la fin de l'ère présente, symbolisé par un cheval.

Kâlî

Ceux qui ont fait de la *shakti* leur divinité d'élection *(ishta)* la placent au-dessus même de Shiva, qu'ils aient choisi de la vénérer sous la forme de mère secourable, Parvâtî, ou sous celle de destructrice des démons, Durgâ ou des illusions. Le culte de la *shakti* a assimilé les divinités pré-aryennes et implique parfois des sacrifices sanglants d'animaux (coqs, chèvres, buffles). Il s'est développé dans le tantrisme, où il est accompagné de pratiques sexuelles plus ou moins sublimées, mais il a été aussi l'occasion de magnifiques chants de dévotion.

La forme la plus terrible, sans doute, et la plus vénérée de la *shakti* est Kâlî, « la noire » (c'est aussi le nom de la 7e flamme ou « langue » d'Agni, le dieu du feu). Elle a la couleur du temps éternel *(kâla)* où disparaissent toutes les autres couleurs et toutes les distinctions. Elle détruit impitoyablement toutes les illusions *(mâya)* et les apparences pour ne laisser subsister que la réalité. C'est pourquoi on la représente sous une forme terrible. Dans une course effrénée de destruction, tirant la langue, un collier de crânes autour du cou, armée du trident de Shiva et du feu destructeur, portant dans ses deux autres mains un cimeterre ensanglanté et une tête tranchée, elle détruit tout sur son passage. Son temple le plus sacré est celui de Kalighat (où de nombreux chevreaux lui sont encore sacrifiés), à Calcutta - ville dont le nom originel était Kalikshetra, « lieu de Kâlî », devenu Kaliketa.

exile notre héros – qui part pour les forêts sauvages de l'Inde centrale, accompagné de Sîtâ et de Lakshman, frère dévoué. Là, vivant dans un ermitage, ils subissent les attaques des *rakshasa*, brigands-démons, dont le roi, Râvana, nourrit pour Sîtâ une passion lubrique. Éloignant Râma par ruse, Râvana réussit à s'emparer de la princesse, qu'il enlève dans son char aérien tiré par des ânes volants carnivores, jusque dans son île fabuleuse de Lanka (identifiée à Ceylan, qui a repris aujourd'hui son nom d'origine), où il l'enferme dans son harem, cherchant en vain à la séduire.

Pour reconquérir Sîtâ, Râma, qui sera souvent aidé par l'aigle blanc Garuda – la monture merveilleuse de Vishnou –, conclut une alliance avec le roi des singes, qui met à la disposition de Râma son aide de camp Hanumân – modèle de dévouement absolu – et toute l'armée des singes. D'un saut gigantesque au-dessus de la mer, Hanumân atteint Lanka, découvre Sîtâ, la rassure et, après mille péripéties héroï-comiques, rentre faire son rapport à Râma. Grâce à l'armée des singes, celui-ci lance un pont sur la mer et envahit l'île. Une vaste bataille s'engage contre les démons et leur roi Râvana, que Râma en personne abat finalement. Sîtâ libérée apparaît, débordante de joie, mais Râma la repousse douloureusement : « Quel homme reprendrait en la chérissant une femme qui a habité la maison d'un autre ? » s'écrie-t-il. L'irréprochable Sîtâ, atteinte au plus profond de son cœur, se jette sur un bûcher qu'elle fait élever. Mais les flammes l'épargnent, attestant son innocence. Râma, rayonnant, rentrera triomphalement avec elle à Ayodhyâ, où il sera enfin sacré, au milieu des réjouissances unanimes.

Hanumân

Hanumân (« lourde mâchoire »), général de l'armée des singes (et non pas « dieu-singe »), fils de Vâyu (ou Mârut), dieu du vent, dont il a hérité la faculté de voler dans les airs. Il a un visage rond et rouge, une très longue queue et il est d'une force prodigieuse – ce qui ne l'empêche pas d'être très cultivé et un remarquable grammairien. Ses nombreux exploits sont contés dans le Râmâyana. Le roi Râma a fait alliance avec lui dans sa guerre contre le démon aux dix têtes Râvana, qui a enlevé son épouse Sîtâ et l'a enfermée dans son palais de Lanka (ex-Ceylan). Hanumân l'y a retrouvée, après avoir tué des milliers de démons et franchi d'un saut le bras de mer qui sépare l'Inde du Sri Lanka.

Hanumân est l'image du total dévouement et de la fidélité à toute épreuve. Il est généralement représenté portant dans une main une massue et sur l'autre, comme sur un plateau, une montagne, ce qui rappelle un de ses hauts faits. Lors d'une bataille du Râmâyana, Lakshman, frère de Râma, blessé par une flèche empoisonnée, était près de mourir. Seules quatre plantes, selon un sage docteur, auraient pu le guérir ; mais elles poussaient dans l'Himalaya, sur la montagne qui dominait le lac des lotus bleus. À peine Hanumân avait-il entendu, qu'il courut et vola vers l'Himalaya. Il trouva bien la montagne, mais ne sut quelles plantes choisir. Alors, il prit la montagne tout entière et l'apporta en courant au sage docteur, qui put ainsi sauver Lakshman.

C'est pourquoi Hanumân est invoqué en cas de maladie et vénéré sur l'autel familial comme dans de nombreux petits temples où on couvre sa statue de vermillon – au point que, parfois, on en reconnaît à peine les formes.

Une extraordinaire diffusion

Aucun ouvrage n'a connu une telle diffusion en Inde et dans les pays marqués directement ou indirectement par l'influence indienne. On voit à travers toute l'Inde d'innombrables représentations de ses héros principaux, sculptées ou gravées dans la pierre des temples, peintes sur les murs des palais ou des chaumières, sur les enseignes des échoppes ou des magasins, sur les affiches d'un théâtre officiel ou d'une troupe de village. Si le Râmâyana a connu et connaît un tel succès, c'est qu'il est une nourriture satisfaisante pour l'esprit, en Inde et en Asie du Sud-Est. Il projette, d'une façon étonnamment vivante et colorée, les problèmes inhérents à « l'humaine condition » et y répond comme seul un grand mythe peut le faire.

Le Mahâbhârata

Cette somme épique et philosophique de 90 000 versets de 32 syllabes est la plus longue épopée de toutes les littératures. Comme les histoires grecques de la guerre de Troie qui ont donné naissance à l'*Iliade*, comme le cycle des légendes germaniques qui se sont cristallisées dans les *Nibelungen*, le Mahâbhârata conte l'histoire d'une querelle un peu vive qui dégénère en guerre d'extermination. Les cinq fils de Pandu, les Pandava, perdent leur royaume, à la suite d'une fourberie, au profit de leurs méchants cousins, les Kaurava, les cent fils de Kuru. Après une effroyable bataille sur le « champ des Kaurava » (Kurukshetra, à 150 km au nord de Delhi), bataille de douze jours au cours desquels sont massacrés tous leurs ennemis et presque tous leurs amis, « la vérité triomphe » et les cinq frères Pandava reprennent leur royaume. Composée probablement entre le IIIe s. av. J.-C. et le Ier s. de notre ère, cette grande épopée ne se réduit pas au récit poétique d'une guerre sans doute légendaire, sinon mythique, entre deux clans. Le texte fourmille d'interpolations de toutes sortes, probablement ajoutées après la composition du récit principal, et traitant de divers sujets : instructions sur les devoirs des rois, l'alimentation et les jeûnes, la vie spirituelle, et longues dissertations morales, religieuses et métaphysiques, ainsi que bon nombre de « mythes » d'une étonnante richesse. Le VIe livre, qui est une de ces interpolations, constitue la Bhagavad Gîtâ (prononcer « guita »). C'est celui sans doute qui a eu le plus d'influence sur l'hindouisme moderne et qui est le plus connu en dehors de l'Inde.

Un grand poème didactique

Incarnation de Vishnou, Krishna apparaît sous un autre aspect dans la Bhagavad Gîtâ, le « Chant du Seigneur ». Figurant dans le Mahâbhârata, ce joyau de l'hindouisme est souvent considéré comme son « Évangile ». Krishna y joue le rôle de compagnon et cocher d'Arjuna, chef des Pandava lors de la grande guerre qui va les opposer à leurs cousins, les Kaurava. Au moment d'engager la bataille, Arjuna hésite à répandre le sang. Krishna, en des stances d'une très grande beauté, lui montre la vanité de la vie comme de la mort et lui fait prendre conscience de son *dharma,* le devoir de sa naissance. Se manifestant à lui sous la magnificence de sa forme divine, il lui dévoile son grand secret : « Agis car l'action est inévitable » tant que l'esprit est lié au corps. Mais seul celui

Ganesh

Fils de Shiva et de Parvâtî, c'est le frère de Karttik, aimable dieu de la guerre monté sur un paon. C'était, à sa naissance, un superbe bébé à qui le néfaste Shani (Saturne) coupa la tête en le saluant maladroitement avec son sabre. Vishnou promit de la remplacer par celle du premier être rencontré dormant tourné vers le nord, position faste. Ce fut un éléphant ! En compensation, Ganesh serait vénéré avant tous les autres dieux ; c'est pourquoi on trouve son image à l'entrée de chaque temple, à la porte de nombreuses maisons. C'est lui que l'on invoque avant d'entreprendre quoi que ce soit : écrire une lettre, lire ou écrire un livre (son image ou son *mantra* figure généralement en tête d'un ouvrage), commencer un nouveau travail, partir en voyage (il est généralement présent non loin des gares), car « il écarte les obstacles ». C'est le sens d'un de ses noms : Vinayak, cependant que Ganesh ou Ganapati signifie « maître des troupes » de génies qui sont au service des dieux.

Dans ses quatre mains, il porte toujours un croc à éléphant et un lacet, et souvent un livre (c'est à lui qu'aurait été dicté le Mahâbhârata), ou un rosaire, ou encore un pot de friandises dont sa bedaine est pleine. Sa monture dérisoire est un rat. Pétillant d'intelligence et d'astuce, gourmand, aussi fin qu'il est gros, il est une sorte d'ange gardien vénéré dans l'Inde entière par la presque totalité des hindous. Sa fête annuelle - Ganesh Chaturti -, particulièrement célébrée en Inde occidentale, a lieu le « 4e jour » *(chaturti)* de la lune croissante de Bhadra (août-sept.).

Krishna

C'est le huitième avatar de Vishnou. Innombrables sont les poèmes, hymnes, cantilènes (d'où l'érotisme n'est pas absent) qui, dans toute l'Inde, chantent les amours de Krishna et des bergères. Le dieu le plus personnel et le plus humain du panthéon hindou naquit à Mathura, sur les bords de la Yamuna, affluent sacré du Gange. Élevé par un couple de bergers, il passe son enfance et sa jeunesse parmi les troupeaux, d'où son surnom de Gopala (bouvier), ainsi qu'avec les bergères. Espiègle et séduisant, il les attire et les charme au son divin de sa flûte de roseau. Il allume leur désir, puis les repousse, se joue de leur passion, feignant de préférer l'une puis l'autre – choisissant finalement Radha ; il se dérobe à leur vue pour apparaître soudain et danser avec elles toutes une ronde bucolique voluptueuse, symbolisant l'union mystique de l'âme innombrable et de son dieu unique.

qui agit selon le devoir de sa naissance dans un pur désintéressement, « sans cueillir le fruit de ses actions » et dans l'amour du dieu suprême, image de l'Absolu, atteindra, par ses actes, la délivrance.

Une religion bien vivante

Importance des cultes locaux et privés

Parallèlement au shivaïsme et au vishnouisme – en vigueur dans toutes les régions de l'Inde sans jamais s'exclure – coexistent d'innombrables communautés qui ont leurs traditions personnelles, leurs pratiques rituelles propres et éventuellement leurs opinions philosophiques particulières. Plus encore, chaque *jâti,* chaque « caste » doit, pour se maintenir dans l'ordre universel, accomplir ses propres rites, vivant ainsi sa propre « religion ». En dehors des grands temples consacrés à Shiva et à Vishnou ainsi qu'à d'autres divinités panindiennes dont les noms varient suivant les régions, l'Inde fourmille d'innombrables temples et autels consacrés à des divinités de villages, de castes, ou familiales. Ces divinités ont plus d'importance dans la vie populaire quotidienne que les grands dieux du panthéon dont parlent les livres et qui sont vénérés dans les grands temples royaux.

Les lieux « sacrés »

Pour le voyageur, le lieu « sacré » est celui où se manifeste de façon visible la vie religieuse : petits sanctuaires de villages, plus ou moins bien entretenus, représentations de divinités populaires à la croisée des chemins, temples imposants attirant des foules de pèlerins. Quelles qu'en soient les dimensions ou la renommée, le temple est toujours la demeure d'un ou de plusieurs dieux. Comme presque tous les temples appartiennent à des particuliers ou à des fondations pieuses, le choix de la divinité dépend de ceux qui ont construit le temple. Pendant des siècles, la plupart des sanctuaires et monastères avaient été excavés dans le roc des falaises (par exemple Ajanta, Ellora). Mais dès l'âge d'or des Gupta, l'architecture construite – qui permet une plus grande liberté technique – va prendre le pas sur les monuments rupestres (les *ratha* de Mahabalipuram et le Kailasha d'Ellora se trouvent à la charnière). Le temple construit sera d'abord constitué par un ensemble de masses sculptées ordonnées d'après le symbolisme de la cosmologie humaine et divine, décrite dans les textes sacrés. Peu à peu, la sculpture sera davantage assujettie à l'architecture.

Le *tilak*

Tilak, *tîkâ*, également *puttu*, dans le Sud. C'est le point de couleur que les femmes et les jeunes filles (après la puberté) se mettent sur le front, entre les deux yeux. On vous dira qu'il s'agit seulement d'un ornement. En fait, de nos jours, on l'assortit souvent à la couleur du sari et on trouve à acheter des pastilles autocollantes en plastique de couleurs variées et de formes traditionnelles diverses. Si *tîkâ* signifie seulement « marque », *tilak* indique que, à l'origine (et aujourd'hui encore, dans de nombreuses familles), il s'agissait d'une marque faite avec du noir de fumée. Ce noir est recueilli à la flamme d'une lampe à huile de sésame *(til)*, d'où le nom de *tilaka*, allumée devant la divinité. Mais, suivant les familles, et traditionnellement, la couleur varie ; on emploie souvent du vermillon *(sindur)*. Fréquemment, la femme prépare le *tilak* avec de la pâte faite à partir de différentes fleurs. Le point où l'on pose le *tilak* (généralement avec le majeur de la main droite) est la place même du troisième œil, celui qui ne voit pas seulement les apparences, mais la réalité. Le caractère religieux de cette tradition se manifeste aussi par le fait qu'on l'utilise seulement après s'être purifié le matin et qu'on se garde bien de le mettre en cas d'impureté rituelle (règles, deuil, etc.).

Sur le front des *sâdhu* en particulier, on voit deux sortes de marques :

– trois raies horizontales, faites avec des cendres ou de la pâte de santal, qui sont le signe des shivaïtes ;

– entre les deux yeux, deux lignes rouges en forme de V et, entre elles, une ligne blanche verticale, qui sont le signe des vishnouites.

Des demeures divines à l'image du cosmos

Le plan du temple reproduit un *mandala*, forme géométrique qui symbolise le cosmos. C'est une variante du *yantra*, schéma de l'épanouissement de la création depuis un point central, vers lequel tend l'esprit des fidèles qui méditent sur ce diagramme. Le choix du lieu et son orientation obéissent à des impératifs rigoureux. La présence de certains éléments de base est indispensable : un arbre, symbole de vie, parfois stylisé en pilier (dans de nombreux temples, un arbre dans la cour reçoit l'hommage des femmes qui veulent avoir un fils) ; une pierre, devenue autel (ou socle de l'image divine) ; l'eau, par essence l'élément de la purification. Le temple est situé souvent au sommet d'une colline, demeure des dieux, ou près d'un cours d'eau. Le temple hindou est avant tout destiné à la divinité et à son desservant, et non à recevoir de vastes assemblées. Il pourra donc, en principe, se composer seulement d'une cella ou sanctuaire, exiguë et obscure, où seul l'officiant pénètre. En fait, les architectes, tout en respectant les impératifs rituels et des canons rigoureux, ont construit des ensembles de plus en plus vastes et variés, contenant des sanctuaires et bâtiments divers et constituant parfois une cité religieuse – d'où le commerce n'est pas exclu dans ses parties extérieures.

Atmosphère parfois recueillie…

Il n'est jamais obligatoire d'aller au temple ; on s'y rend pour voir la représentation du divin, lui faire une offrande suivant les rites, obtenir sa bénédiction, méditer en répétant un *mantra* – formule sacrée en sanskrit. Car, à côté de théologies fort complexes et de rituels très subtils, la pratique de la méditation, dont l'hindouisme et le bouddhisme ont une connaissance très profonde, joue encore un grand rôle dans la vie quotidienne.

Pour le visiteur étranger, les « villes saintes », bâties au bord d'un fleuve comme Bénarès ou autour d'un grand temple comme Puri ou Madurai, offrent l'occasion la plus favorable d'observer de près la pratique religieuse hindoue. En effet, tout ce qui relève du culte privé – cultes du matin et du soir devant la représentation des divinités familiales – échappe au regard de celui qui ne fait que passer et ne peut pénétrer dans la vie des familles.

... et toujours vibrante

Si, par chance, le voyageur se trouve en Inde à l'époque d'une grande fête religieuse, il pourra assister à des manifestations sans égales de ferveur populaire, auxquelles on peut difficilement rester indifférent. Telles les fêtes de Durgâ, à Calcutta, à la fin de la mousson (sept.-oct.). Ou encore la grande « fête du char », à Puri, au cours de laquelle l'image de bois de Jagannath (l'une des formes de Vishnou ; *encadré, p. 115*) est promenée à travers la ville, sur un gigantesque char de bois sculpté ; elle rassemble plusieurs centaines de milliers de fidèles chaque année en juin-juil. La « Kumbh Mela » de Prayag (Allahabad), au confluent du Gange et de la Yamuna, a lieu tous les douze ans ; elle a attiré, en 1989, plus de 20 millions de pèlerins. Mais en dehors de ces périodes privilégiées, l'atmosphère qui règne dans les lieux sacrés est toujours vibrante.

La cérémonie du crépuscule

C'est au soleil couchant qu'il faut se rendre aux temples, à l'heure de l'offrande de la lumière *(arati)*, lors du culte *(puja)* du soir. Le prêtre, installé en lotus devant la représentation de la divinité, purifie d'abord le lieu par une aspersion accompagnée de *mantra* appropriés, puis il dessine devant la statue un *yantra*, symbole du cosmos, indiquant ainsi que c'est à travers l'image de la divinité qu'il révère l'Absolu. Il allume ensuite des bâtonnets d'encens, puis il fait à la divinité l'offrande des cinq éléments : l'eau, contenue dans un coquillage ; la terre, sous la forme d'une fleur ; le feu, sous la forme d'une lampe à huile (c'est véritablement *arati* : tout en agitant une clochette de la main gauche, symbole de la vibration cosmique primordiale, il dessine dans l'espace, à l'aide de la lampe, le lotus aux mille pétales, symbole cosmique) ; l'air, symbolisé par une queue de yack formant éventail ; et le cinquième élément de la tradition hindoue : l'espace, « celui qui enveloppe tout », sous la forme d'une pièce de tissu. Cette cérémonie, rythmée par les tambours, les gongs et les clochettes, a lieu dans chaque maison traditionnelle, sous la conduite du chef de famille. À travers toute l'Inde, depuis des siècles et des siècles, quand le soleil disparaît à l'horizon, le son des conques, dans lesquelles soufflent les prêtres, retentit de temple en temple et de maison en maison. Au même instant s'allument, de foyer en foyer, devant les autels familiaux, d'innombrables petites lampes à huile, témoignant avec ferveur que la tradition est toujours vivante.

Sur les grandes fêtes hindouistes de l'Inde, *p. 48*.

Le lotus

L'un des noms sanskrits du lotus est *abja*, « né de l'eau ». Le lotus prend racine dans la boue, développe sa tige dans l'eau, et sa fleur sort de l'eau pour s'ouvrir au soleil de la connaissance.
La fleur de lotus est toujours un symbole de connaissance dans la tradition hindoue et bouddhique. Râma, avatar de Vishnou, a un œil « en forme de [bouton de] lotus », et le siège de Lakshmi, en particulier, est une fleur de lotus largement ouverte. Il en est souvent de même de Brahma, lorsqu'il sort du nombril de Vishnou (couché sur le serpent Ananta) pour créer le monde. D'où son nom d'Abjaja : « celui qui naît du né de l'eau ».
Le « lotus aux mille pétales » est un symbole cosmique, que le prêtre dessine dans l'espace lors de la *puja*.

Les trois grandes déesses

Aux trois grands dieux de la *trimurti* correspondent trois grandes déesses qui sont leurs épouses et qui leur sont liées par des liens de parenté : Lakshmi, épouse de Vishnou, et Sarasvati, épouse de Brahma, sont filles de Shiva et Parvâtî, sans toutefois être nées de leur union charnelle. Parvâtî elle-même est la réincarnation d'une première épouse de Shiva, Sati, modèle de fidélité. Pour les hommes, les familles des dieux sont bien compliquées.

Parvâtî ou la femme parfaite

La forme féminine associée à Shiva est la plus riche en significations. Parvâtî est la « fille de la montagne », la fille de l'Himalaya. Elle est Devi, « la déesse », pour les hindous la femme par excellence (parfaite mère et épouse), la déesse-mère, épouse de Shiva dont elle est la *shakti,* l'énergie cosmique en action dans le monde. Sous cette forme, elle est généralement représentée assise à la gauche de Shiva Mahadeva, « le Grand Dieu », dans la pose du royal repos : une jambe repliée sur son siège ou sa monture – fleur de lotus, trône, ou encore le taureau Nandi –, avec un lotus dans la main gauche. Elle est la mère de Ganesh *(encadré, p. 118)* et de Kartikeya, le dieu de la guerre. Mais la *shakti* de Shiva se manifeste sous d'autres formes : Kâlî, Durgâ ou encore Gauri. Kâlî « la noire » *(encadré, p. 116)* est la plus populaire. Durgâ, « l'inaccessible », est montée, selon les formes qu'elle prend, sur un tigre ou sur un lion offert par son père, l'Himalaya ; ses dix bras ont été armés par les dieux pour qu'elle triomphe de Mahishasura, le « démon-buffle » du mal, qui s'empare du monde. Elle a la couleur de l'aurore et on l'invoque dans son cœur quand on sent le démon du mal monter en soi. Sa célébration, la *Durga Puja (p. 50),* est la principale fête

Parvâtî

Durgâ

du panthéon hindou

religieuse du Bengale, mais elle est plus connue dans le reste du pays sous le nom de Dusserah. Quant à Gauri, « la blanche », ou Annapurna, « plénitude de la nourriture », elle donne à l'homme toute nourriture dont il a besoin. Elle est fêtée avec éclat au Rajasthan. Parvâtî est souvent représentée avec un paon, parfois une chouette.

Lakshmi ou la prospérité

Appelée parfois Shri, Lakshmi (« bonne fortune ») est la fille de Shiva et de Parvâtî, mais, comme Sarasvati, Karttik (Subrahmanyam) et Ganesh, elle n'est pas le fruit légitime de leurs ébats. Elle est la déesse de la fortune et de la prospérité, et elle est vénérée dans toutes les échoppes et tous les commerces. Le jour de sa fête, Diwali, la fête des lumières, les commerçants célèbrent son culte devant leur coffre-fort. Dans les familles, avec de la pâte de riz, on dessine l'empreinte de ses pas depuis la rue jusqu'à l'intérieur de la maison, pour l'inciter à suivre le chemin. Elle est assise sur une fleur ouverte de lotus et elle porte souvent un lotus dans deux de ses quatre mains. Elle est souvent flanquée de deux éléphants, qui, de leur trompe, l'ar-rosent d'eau, signe d'abondance. Son époux est Vishnou, avec lequel on la vénère souvent sous la forme d'une seule divinité, Lakshmi-Narayana. Elle est la mère de Kama, dieu de l'amour.

Lakshmi

Sarasvati

Sarasvati ou la connaissance

Comme Lakshmi, Sarasvati (« qui est comme l'eau ») est la fille de Shiva et Parvâtî. Elle est la déesse de la connaissance, des lettres, des arts et des sciences. Elle est blanche, joue de la vina, et dans ses deux autres mains tient un rosaire et un livre, comme Brahma, dont elle est l'épouse. Au lieu du livre, elle porte parfois une lampe à huile, lumière de la connaissance. On la représente toujours avec un cygne, symbole de la discrimination : dans la tradition, le cygne, quand il boit du lait, est capable de boire la crème et de laisser l'eau. Sarasvati est vénérée par tous les artistes, les écrivains, les scientifiques. C'est la déesse honorée de tous les étudiants, particulièrement au Bengale, où sa fête a lieu le cinquième jour de la lune montante du mois de Magh (janv.-fév.), le jour de *Vasanta Panchami*, fête du printemps.

P. A.

Yoga et tantrisme

On désigne sous le nom de yoga (terme de la même famille que *joug*, qui évoque l'idée d'atteler, de maîtriser, d'unir) diverses disciplines de « libération » *(moksha)* grâce à des exercices psychiques et corporels. Ces disciplines rigoureuses se pratiquent auprès d'un maître *(guru)* qualifié. En Occident, on ne pratique souvent, sous le nom de *hatha yoga*, qu'une technique corporelle généralement accompagnée d'exercices psychosomatiques élémentaires. La pratique du yoga en Inde est beaucoup plus complexe, impliquant une initiation et un engagement personnel complet, moral, psychique et physique. L'enseignement se fait directement, de bouche à oreille, et se transmet de maître à maître par tradition orale. Il reste donc secret. Les *tantra* sont des « traités », dont les premiers datent des IVe-Ve s., décrivant ces pratiques rituelles secrètes en même temps que tout un ensemble de recettes variées (y compris magiques) permettant de libérer l'énergie cosmique sous forme féminine *(shakti)* que chacun porte en soi comme un serpent lové *(kundalini)*, en la faisant monter par la moelle épinière à travers des centres énergétiques *(chakra)* jusqu'au sommet du crâne. Là, elle s'unit au principe masculin, provoquant la fusion en l'Absolu, la délivrance.
Les rites tantriques, par opposition au brahmanisme orthodoxe, comportent souvent consommation de viande, d'alcool et union sexuelle – adoration de la *shakti* sous la forme féminine d'une déesse. Mais ces pratiques ne sont efficaces que si on n'en éprouve aucun plaisir – preuve du détachement. Le tantrisme s'est beaucoup développé dans le bouddhisme du Mahayana, qui comporte des techniques au symbolisme compliqué.

Le bouddhisme

Contrairement à une opinion répandue, le bouddhisme n'est pas la religion de l'Inde. Certes, le bouddhisme y est né, s'y est développé, y a connu des écoles philosophiques de grand renom, tant au nord qu'au sud. Par exemple, l'université de Nalanda, au Bihar – la plus ancienne université du monde, fondée au Ve s. –, a reçu, jusqu'à sa destruction par les invasions islamiques en 1199, des moines et pèlerins venant de divers pays d'Asie et en particulier de Chine par l'Asie centrale. Au sud, l'école fondée au IIIe s. par Nagarjuna fut florissante pendant près de huit siècles. Mais le bouddhisme, qui implique de « sortir en religion » par la voie du renoncement, n'a jamais, en Inde, été une religion populaire. Par ailleurs, né d'une réaction contre le pouvoir excessif des brahmanes, il provoqua une réforme salutaire de la religion dominante, ce qui diminua son influence.

Une morale du détachement

C'est aux VIe-Ve s. avant notre ère que le prince Siddharta Gautama (né en Inde aux confins du Népal) – qui s'était retiré dans la solitude et les macérations pour chercher un remède à l'insupportable souffrance humaine – s'éveilla à la réalité (Bouddha signifie « éveillé ») : il comprit que toutes les douleurs du monde viennent du désir et que le seul moyen d'y échapper consiste à éteindre la « soif du Moi », le désir, tout désir ; on supprime ainsi la douleur, tout ce qui est douleur – la naissance, la vie et la mort – et on échappe du même coup au cycle éternel des réincarnations. C'est alors « l'Éveil », la libération finale, le nirvana, « extinction de tout désir », félicité ineffable. Il décida d'enseigner cette vérité aux autres, « mettant en marche », selon sa propre expression, « la Roue du Dharma ». Par opposition au clergé brahmanique noyé dans les rites de ses sacrifices, le Bouddha prêcha que le vrai sacrifice est non pas celui dont les seuls prêtres pouvaient connaître le cérémonial compliqué, mais bien le sacrifice personnel, celui de ses attachements, affirmant que chacun peut devenir un bouddha, un « éveillé ». Sage enseignant la sagesse, il prêcha une morale de détachement, de chasteté et de douceur, de non-violence *(ahimsâ)* et d'amour universel.
Si le Bouddha refusa le ritualisme excessif des brahmanes, il était néanmoins marqué par leur tradition

philosophique et religieuse, et en particulier il ne remit jamais en question l'idée de réincarnation. Mais le bouddhisme, qui était d'abord une métaphysique négative et une morale athée, ne devait pas tarder, par réaction contre le brahmanisme social et politique, à devenir une religion. Sans doute l'accueil réservé à cet enseignement s'explique-t-il, en partie, par le mécontentement causé, dans certains milieux, par le pouvoir envahissant des brahmanes et par leur conception de la condition humaine. La conversion de l'empereur Ashoka (IIIe s. av. J.-C.) contribua beaucoup à le répandre dans toute l'Inde, où, d'ailleurs, il ne s'imposa jamais à une part importante de la population.

Les véhicules du bouddhisme

La doctrine, prêchée par différentes écoles, ne cessa d'évoluer et on a coutume de désigner par le nom de *Theravada*, « opinion des anciens », sa forme traditionnelle appuyée sur le canon des écritures en langues pâli. La forme moins populaire que prit la doctrine sous l'influence de plusieurs siècles de pensée métaphysique sera appelée *mahayana*, « la voie noble » (ou « Grand Véhicule »), par l'élite qui pratique ses techniques très élaborées. Les tenants de cette école appelleront *hinayana*, « la voie inférieure » (ou « Petit Véhicule »), la doctrine *Theravada*. Le bouddhisme se répandit progressivement au-delà de l'Inde et – fait remarquable, mais qui ne nous étonnera pas – toujours par des moyens pacifiques. Le *Theravada* se propagea à Ceylan et, par la voie maritime, dans le monde de l'océan Indien. Le *mahayana* gagna, par le Népal et le Tibet, l'Asie centrale, la Chine, la Corée et le Japon. En Inde même, la conquête musulmane des XIIe-XIIIe s. fit disparaître de son pays d'origine le bouddhisme, qui s'y affaiblissait depuis plusieurs siècles.

Il n'existe donc pratiquement plus de bouddhistes en Inde, sinon au Sikkim (env. 400 000 hab.) et au Ladakh (env. 130 000 hab.), auxquels il faut ajouter quelques populations près des frontières du Népal et de Birmanie. Après l'annexion du Tibet par la Chine (1959), le dalaï-lama se réfugia en Inde à Dharamsala, dans une vallée himalayenne où vit maintenant une petite communauté bouddhiste.

Un nouveau bouddhisme ?

B. R. Ambedkar, éminent juriste et homme d'État « intouchable », engagea, dans les années 50, tous les « intouchables » de l'Inde à se convertir au bouddhisme afin de « sortir du système ». En effet, le bouddhisme était né en Inde alors que, pour sortir du système, on se convertissait jusqu'alorsi plutôt au christianisme ou à l'islam. La conversion spectaculaire d'Ambedkar en 1956 donna naissance au « néo-bouddhisme », mouvement plus politique que religieux, qui explique l'augmentation rapide du nombre des bouddhistes : ils étaient 7,7 millions au recensement de 2001.

Le jaïnisme

C'est vers la même époque que le Bouddha et dans la même région que le *Jina* (le « Victorieux »), connu également sous le nom de *Mahavira* (« Grand Héros »), menant une vie de religieux errant, prêcha lui aussi une doctrine de réaction contre le ritualisme conservateur des brahmanes. Plus abrupt que le Bouddha, qui conseillait la « voie moyenne », il enseignait que la voie du salut passait nécessairement par l'ascétisme le plus rigoureux et par la « non-nuisance » *(ahimsâ)* la plus absolue. De nos jours, on rencontre encore des jaïns portant devant la bouche un linge destiné à les empêcher d'avaler involontairement des « poussières animées » ou balayant les poussières devant leurs pas.

Jaïns et bouddhistes

De nombreux points semblaient devoir apparenter, à l'origine du moins, bouddhisme et jaïnisme : même époque, même région (autour de l'actuel Bihar), caractères communs de leurs fondateurs (aristocrates guerriers ayant décidé de renoncer au monde et prêchant une nouvelle « voie »), opposition identique au conservatisme brahmanique. Pourtant, alors que le bouddhisme s'est répandu dans toute l'Asie, le jaïnisme n'a pas dépassé les quelques régions de l'Inde où il s'était fixé rapidement. Comment expliquer des destinées aussi dissemblables ? Sans doute par des raisons intrinsèques à ces deux doctrines : les jaïns paraissent beaucoup plus exigeants quant au respect des règles de conduite, alors que le bouddhisme s'est adapté sans trop de difficultés aux réalités locales et paraît également offrir des possibilités d'accès à la « Terre heureuse » beaucoup plus généreuses. À ces raisons, dues aux doctrines elles-mêmes, s'est ajouté, en faveur du bouddhisme, l'extraordinaire élan missionnaire impulsé par l'empereur Ashoka, ainsi que le profit qu'il sut tirer des multiples routes commerciales partant de l'Inde ou la traversant. Le jaïnisme, quant à lui, touchait des communautés plus centrées sur le pays.

Cette religion compte, aujourd'hui encore, plus de 4 millions d'adeptes. On les trouve particulièrement dans deux régions de l'Inde : dans le Sud où ils sont le plus souvent cultivateurs, mais surtout au Gujarat et au Rajasthan, au nord-ouest du Deccan, où ils pratiquent généralement le négoce. De là, d'ailleurs, nombre d'entre eux ont émigré dans les grands centres économiques de l'Inde, où ils jouent un rôle très important.

En fait, jaïns comme bouddhistes n'ont jamais pu avoir dans la société indienne l'importance des brahmanes, puisqu'ils préconisent de sortir de cette société pour s'organiser en communautés marginales, alors que, par leur fonction même, les brahmanes demeurent dans la société que leur ordre régit.

L'islam en Inde

Les musulmans sont arrivés en Inde dès le VIIIe s. comme des envahisseurs. Mais c'est au XVIIe s., sous l'Empire moghol, que l'Inde, alors presque totalement unifiée, devint l'une des plus grandes puissances de l'époque. L'affaiblissement, puis la décadence de l'empire favorisèrent l'émergence du pouvoir britannique qui imposa sa suprématie aux siècles suivants. La frustration des musulmans fut d'autant plus grande que leur refus de fréquenter les écoles anglaises leur ferma l'accès aux fonctions de la Compagnie des Indes, puis de l'empire. De la partition de l'Inde, surtout due à la volonté de Jinnah qui, avec la ligue musulmane, rêvait d'un État où l'islam ne serait pas en minorité, les musulmans de l'Inde d'aujourd'hui se sentent, d'une certaine façon, coupables ; ils conservent de cet épisode une mauvaise conscience. Par ailleurs, le droit à la polygamie et à la répudiation – qui leur est octroyé par la Constitution au titre de la coexistence de toutes les communautés religieuses – leur est reproché comme une sorte de privilège. Ils sont donc dans une situation inconfortable, accentuée par leur sous-représentation dans la haute administration et, dans l'armée, chez les officiers, même si par ailleurs l'élite du pays compte de nombreuses personnalités scientifiques, littéraires et politiques musulmanes.

Des communautés hiérarchisées

L'Union indienne a, par le nombre, la seconde population musulmane du monde, précédée par l'Indonésie et suivie de près par le Pakistan et le Bangladesh. Sur plus de 1 milliard d'Indiens, on compte en effet près de 134 millions de musulmans. Mais cette population est hétérogène et sa répartition très inégale : autour de 50 millions se trouvent dans la plaine du Gange et quelque 20 millions dans les États du Sud. Historiquement, grâce aux États musulmans qui se sont créés au cours des siècles, ils ont profondément marqué l'organisation politique, économique et fiscale du pays, et cette influence est encore très sensible. Culturellement, l'art (architecture, peinture, miniature), la littérature, la mystique (soufisme) ont constitué un apport fécondant à la civilisation de l'Inde. Cette empreinte apparaît davantage dans le Nord que dans le Sud où l'islamisation n'a pas revêtu de caractère politique. Dès la mort du Prophète (632), des marchands navigateurs venus d'Arabie y ont apporté le message du Coran. Des conversions de basses castes – qui ont généralement vécu en bonne intelligence avec la majorité hindoue et les minorités chrétiennes – ont eu lieu. C'est l'origine des moplah. Sans problème également, quelques siècles plus tard, de nombreux commerçants du Gujarat, en contact avec des navigateurs musulmans, se sont convertis pour acquérir une sorte de « carte de la chambre de commerce » sur les marchés des côtes du S.-E. asiatique, qu'ils « colonisèrent ». Mais, dans le Nord, l'islamisation est encore ressentie par beaucoup d'hindous comme un passé d'asservissement. En fait, de longue date, les musulmans ont été étroitement impliqués dans le monde hindou – ne serait-ce que par leur origine : ils sont, en presque totalité, des descendants d'indigènes « convertis ». D'ailleurs, le monde hindou les a marqués au point qu'on retrouve chez eux le sens de la division et de la hiérarchie, caractéristiques de la société hindoue. La division entre sunnites et chiites n'est évidemment pas particulière à l'Inde. Les chiites (10 % env.) se trouvent surtout en Uttar Pradesh (Lucknow), en Andhra (Hyderabad) et au Cachemire. Les chiites ismaéliens, dont le chef spirituel est l'Aga Khan, forment une « caste » commerçante.

Contagion du système des castes

Au sommet de la hiérarchie, les descendants des conquérants venus de l'extérieur, les *Sayyed*, ou princes, qui se considèrent comme étant de la lignée du Prophète. Immédiatement au-dessous, les *Shaykh*, ou chefs, qui prétendent avoir une ascendance arabe pure. L'ensemble forme les *Ashraf*.

Malgré leur nombre important, les musulmans constituent, en tout état de cause, une faible minorité de la population totale du pays (environ 13,5 %). Ils ont d'ailleurs été les premiers à souffrir des terribles manifestations qui ont eu lieu à la suite de la destruction de la mosquée d'Ayodhyâ *(p. 90)* et du véritable pogrom perpétré en 2002 dans le Gujarat qui s'est soldé par 2000 morts.

L'islam indien compte un bon nombre de sectes et de confréries. Plus encore, bien que l'islam soit, suivant le Coran même, une religion égalitaire, on trouve chez les musulmans de l'Inde une hiérarchie entre les communautés qui n'est pas sans évoquer celle des « castes » hindoues. Elle est fondée sur leur origine, c'est-à-dire, en somme, sur le degré de pureté par rapport à l'islam originel.

Viennent ensuite les descendants des divers envahisseurs musulmans qui se sont succédé jusqu'au XVe s. On les appelle *Pathans* (Turco-Afghans) ou Moghols. Dans les sultanats importants, comme auprès des Grands Moghols, un certain nombre d'hindous de castes élevées s'étaient convertis pour occuper des postes à responsabilité ou pour commercer plus aisément. Au bas de la hiérarchie, les *Ajlaf,* qui sont les descendants des hindous de basse naissance, constituent 90 % des musulmans indiens. Ils sont eux-mêmes groupés selon une hiérarchie qui reproduit celle de leur origine. En effet, poussés à la conversion par leur misère, afin de gagner la protection des nouveaux maîtres, ils sont passés à l'islam par castes entières. Ils s'intégraient ainsi tout naturellement à la nouvelle hiérarchie des convertis, sans perdre le rôle qu'ils occupaient dans leurs villages. C'est le cas, par exemple, au Bengale – surtout au Bengale oriental, devenu le Bangladesh. En vérité, malgré l'endogamie rigoureuse qui règne dans toutes ces communautés, il ne s'agit pas de castes véritables, mais seulement d'une intégration sociale d'où la notion de *dharma* est exclue.

Le sikhisme

La communauté sikh représente, aujourd'hui, moins de 2 % de la population totale. Cependant, la question du Pendjab n'a cessé de poser un sérieux problème aux gouvernements successifs.

Un syncrétisme original

Cette communauté, qui compte en Inde quelque 18 millions de personnes, est née d'une sorte de syncrétisme entre l'hindouisme et l'islam. C'est à la fin du XVe s., au Panjab (« le pays des cinq eaux ») – cette marche bien irriguée, située sur la ligne de partage des eaux entre le bassin de l'Indus et celui du Gange, qui était sous domination musulmane –, que son fondateur, Nanak (1469-1539), se met à étudier la religion de l'occupant, afin d'y trouver un terrain d'entente avec sa propre religion, à laquelle il reprochait un ritualisme étroit. Plusieurs mouvements s'étaient déjà développés en Inde du Nord, qui attachaient plus d'importance au mysticisme qu'aux rites. Nanak réalisa, dans une sorte de révélation, que la rencontre ne pouvait avoir lieu, au-delà du formalisme et du fanatisme des deux religions, qu'au niveau de l'expérience mystique, où s'évanouissaient les distinctions entre hindous et musulmans. Il adopta le monothéisme de l'islam, certain que Dieu était unique, éternel, ineffable, « sans forme » *(nirankar)* et qu'il ne pouvait s'incarner ni se représenter, au contraire de l'hindouisme et du christianisme. La dévotion et la méditation constituent la pratique rituelle. Sans rejeter la doctrine de la réincarnation et du *karma,* il refusa la hiérarchie des castes, adoptant la doctrine islamique de la « fraternité ».

À noter que, en dépit du refus de la hiérarchie des castes affiché par le fondateur du sikhisme, les Mazhabi, intouchables convertis autrefois et qui représentent aujourd'hui près de 20 % de la communauté, ouvriers agricoles pour la plupart, sont encore considérés comme « inférieurs », sinon moins purs.

La « communauté des purs »

Les disciples de Guru Nanak prirent le nom de sikhs (dérivé du mot sanskrit signifiant « disciple »). Neuf autres *guru* lui succédèrent, organisant peu à peu cette communauté unie par la religion, la culture, le mode de vie (sans restrictions alimentaires), le langage (le *panjabi,* à qui le second *guru* donna même une écriture propre, la *gurumukhi*). Les sikhs vénèrent un livre sacré, l'*Adigranth* (le « Livre fondamental »), ou *Guru Granth Sahib,* recueil de textes religieux émanant, pour la plupart, de Nanak et de mystiques appartenant à différentes confessions, y compris hindoues et chrétiennes. Il se trouve sur l'autel des *gurudwara,* les temples sikhs.

Aux franges du désert

À en juger par les nombreux fossiles de flore ou de faune marines, la mer recouvrait jadis les marches occidentales de l'Inde. Les épopées, quant à elles, ont retenu de ces temps géologiques le nom de deux rivières : la Sarasvati et la Brishadvati, aujourd'hui englouties dans les sables du désert. Car, désormais, une grande partie de ces confins de l'Inde est recouverte, du Marwar à Bhuj, par les sables et les dunes de Thar. Ces terres brûlantes sont fermées à l'E. par la chaîne des Arawalli, où chassaient autrefois les maharajas. Une steppe rase, jalonnée çà et là de *babul* (acacia) fait transition avec les zones irriguées, qui permettent la culture du *bajra*, le millet – le riz du désert.

▲ Cette « vallée du Nil » que l'on découvre en descendant du Marwar vers le S.-E. du Rajasthan est celle de la Chambal, la région la plus fertile de l'État. C'est là que furent entrepris les premiers travaux d'irrigation, dès la période coloniale. Aujourd'hui, cette rivière, qui baigne les anciennes principautés de Bundi et de Kota, est équipée de plusieurs barrages et d'une centrale nucléaire ultramoderne, élevée en 1973 sur les berges du lac artificiel Rana Pratap Sagar.

▲ Du Kutch au S. de Jaisalmer, l'habitat se fait circulaire. Les huttes, ou bungo, assurent la fraîcheur de la pénombre au cœur des plus fortes chaleurs ; une seule ouverture, une porte si basse qu'il faut se baisser pour la franchir et que l'on ferme d'un simple panneau de bois, laisse entrer la lumière.

◄ Le désert de Thar qui envahit les marches N.-O. se rattache géologiquement à la grande ceinture désertique qui commence au Sahara et s'achève au Gobi. Ce fut le domaine des caravanes, qui enrichirent les commerçants marwaris. Sur ces terres arides, les populations vivent principalement de l'élevage des chameaux et des chèvres.

Pasteurs et seigneurs

Des femmes, vêtues comme des princesses – caraco brodé et jupe chatoyante –, des hommes, parés comme des princes – boucles d'oreilles, turbans et babouches de couleurs vives –, tous semblent avoir inventé la couleur dans le désert. Mais leurs bijoux disent qu'ils ne sont pas d'origine noble : ils ne portent pas l'or, apanage des Rajpoutes et des hautes castes, mais l'argent des comnautés rurales, parure identitaire et dot des femmes.

Pasteurs dans une large mesure, agriculteurs quand l'irrigation le permet, ils forment, du Rajasthan au Gurat, tout un réseau de groupes sociaux : chameliers Rabari et pasteurs Bharvad, guerriers Garasia, reconvertis dans la culture de la terre, aborigènes Bhil ou Mina, forgerons itinérants Lohar, bardes-guérisseurs Bhopa…

◀ Traditionnellement chameliers, les Rabari sont aujourd'hui bergers, mais restent semi-nomades, organisant périodiquement les transhumances de leurs troupeaux de chèvres et de chameaux. Leur terre d'élection est le Kutch, où de riches pâturages bordent les zones de marais. Hindous de basse caste, ils élèvent les bêtes pour le lait et la laine, non pour la viande.

▶ Établis au S. de Jodhpur, les Bishnoï forment un groupe à part. Ce n'est pas leur activité de fermiers qui les distingue, mais l'observance de vingt-neuf préceptes, consignés dans un livre par leur maître spirituel Jambhoji, au XVIe s. Respectueux de toute forme de vie, ils sont végétariens et vont jusqu'à proscrire la coupe des arbres. Propriétaires des terres qu'ils cultivent, les Bishnoï sont de riches paysans ; c'est à ce titre que les femmes portent des bijoux d'or et non d'argent.

◀ La méticuleuse propreté de ce *bungo*, hutte de terre des populations du Kutch, est toute sa richesse. Tout y est modelé dans la boue, rehaussée, à l'image des Shish Mahal des palais princiers, de minuscules miroirs. Ceux-ci, les *abhla*, servent aussi d'ornements appliqués sur les étoffes, du Kutch au Saurashtra.

▶ Recensés au titre de *scheduled tribes*, comme les Bhil et les Mina, les fermiers Garasia, installés dans les villages des piémonts S.-E. des Arawalli, revendiquent une ascendance rajpoute. Cependant, au lieu de rendre culte à la déesse, comme la plupart des fils de roi, leur dévotion va à Krishna. S'ils sont endogames, leurs codes sont plus souples et, exceptionnellement en Inde, c'est la famille du futur époux qui constitue la dot.

Les groupes répertoriés en tant que *scheduled tribes* représentent plus de 10 % de la population de cette région. Parmi eux, les aborigènes Mina et Bhil. Les premiers sont de remarquables agriculteurs ; les seconds mirent leur talent de chasseurs au service de Rana Pratap, souverain du Mewar qui tenta de résister aux Moghols après la prise du fort de Chittor. Refoulés dans les zones montagneuses et peu fertiles du Rajasthan, du Gujarat et du Madhya Pradesh, les Bhil ne se regroupent pas en villages, mais dispersent leurs longues maisons le long d'un réseau de routes et de chemins. En revanche, ils restent attachés aux terres d'où leurs ancêtres furent expulsés. ▶

L'eau précieuse

Très rares sont les villages équipés de pompes et de canalisations. De plus, la sécheresse est un problème majeur dans les marches occidentales de l'Inde ; la mousson y est faible, parfois même absente, ce qui entraîne, encore de nos jours, la famine. Du temps où les Rajpoutes étaient leurs seigneurs et les riches négociants leurs bienfaiteurs, les villages furent dotés de puits *(baori ou vav)* et de réservoirs *(kund, talao ou johra)*. Pour les premiers, on forait le sol pour atteindre la nappe phréatique ; les seconds, temporaires, recueillaient les eaux de pluie. Mais à la nécessité de capter et retenir l'eau précieuse s'est aussi mêlé un souci esthétique dotant l'O. de l'Inde d'une véritable architecture hydraulique.

▲ Au N.-O. de Jaipur et des monts Arawalli, le Shekhawati est une terre de steppe herbeuse et de dunes de sable où les pluies sont rares. C'est aussi le berceau des marchands marwari qui, au faîte de leur puissance, ne manquaient pas d'accomplir cinq vœux à l'occasion du mariage de leurs fils : construire un temple, des kiosques, un caravansérail, une école et un puits.

▲ Nombre de ces réservoirs monumentaux sont asséchés durant les mois d'été, qui précèdent l'arrivée des pluies. Des ghats permettent de descendre vers l'eau et d'élégants chhatri procurent des points d'ombre.

▲ Construits au Moyen Âge, sous le règne des Solanki, les vav du Gujarat sont des puits à degrés ; une suite de marches monumentales, ponctuées de kiosques et d'oratoires, ornées de niches et de bas-reliefs, descend vers le puits proprement dit. Autrefois dédié à Vayu, dieu du vent et des pluies, ou encore à une manifestation de la déesse, les vav sont animés d'une profusion de divinités sculptées.

Le neuvième guru ayant été décapité sur l'ordre d'Aurangzeb parce qu'il refusait de se convertir à l'islam, son successeur Govind fonde en 1699 le Khalsa Panth, la « communauté des purs », et oriente ses disciples vers la guerre de libération. Les sikhs deviennent une communauté martiale ; chacun d'eux prendra le surnom de Singh (« lion »), ne se coupera ni les cheveux ni la barbe, s'abstiendra de tabac, portera un bracelet de fer et gardera toujours sur lui une arme tranchante. Sauf une infime minorité, ils portent encore un turban qui cache leur chignon et une barbe non taillée (mais bien entretenue), souvent enserrée dans une résille.

D'autres religions venues d'ailleurs

Le christianisme

De très basse naissance pour la plupart, les chrétiens vivent en majorité dans le Sud. Il faut rappeler que chrétien ne signifie pas catholique. La moitié au moins sont protestants, appartenant à une soixantaine de sectes. S'ils forment une infime minorité (un peu plus de 2 %), ils ont néanmoins joué un rôle hors de proportion avec leur nombre. Outre des hôpitaux, dispensaires, orphelinats, dirigés par des congrégations (où l'on ne trouve pratiquement plus de missionnaires étrangers), ils dirigent plus de 2 000 écoles secondaires et quelque 150 collèges universitaires, comptant parmi les meilleurs du pays. Une partie de l'élite hindoue y a été formée, notamment dans les collèges de jésuites portant le nom de l'« apôtre des Indes », saint François Xavier.

Aujourd'hui, la montée des intégrismes cause quelques difficultés aux communautés chrétiennes. Pour échapper à la recrudescence d'incidents brutaux et de crimes, bon nombre de harijans se sont convertis au christianisme, depuis 1981, par groupes entiers, mais en moins grand nombre, cependant, qu'à l'islam et au « néo-bouddhisme ». Les « intégristes » hindous crient leur indignation et stigmatisent le danger représenté par les congrégations chrétiennes, considérées comme des foyers de révolte dans les zones rurales les plus pauvres (à noter, pourtant, que ces congrégations sont aujourd'hui composées, en majorité, de religieux indiens d'origine). Certains propos du pape Jean-Paul II concernant le système des castes ont été reçus par d'aucuns comme une ingérence intolérable. Déjà le prix Nobel de la paix attribué à mère Teresa avait été considéré par bon nombre d'hindous comme une leçon qui leur était donnée. Mais on doit dire, à la vérité, qu'il n'y a pas d'incidents notables.

La religion des parsis

Les premiers parsis (*Parasika*, « gens de Perse ») qui abordèrent le Nord-Ouest de l'Inde étaient sans doute des marchands. Mais l'invasion musulmane de la Perse (716) en chassa les zoroastriens qui affluèrent au Gujarat, où ils s'installèrent. De religion mazdéiste, adorateurs du feu, leur foi se fonde sur l'opposition entre la lumière du Bien *(Ormuzd)* et les forces obscures du Mal *(Ahriman)*. Afin de ne pas souiller la terre, l'eau ou le feu, ils sont, après leur mort, placés au sommet de « tours du silence » et livrés aux vautours. Leur nombre ne dépasse guère aujourd'hui 200 000, dont plus de la moitié vit à Bombay.

N'étant pas soumis au système des castes et ne pratiquant aucune restriction alimentaire, les parsis ont, très tôt, entretenu des relations avec les Britanniques de Bombay et leur communauté est la plus européanisée de l'Inde. Tous les hommes s'habillent à l'occidentale et ils sont nombreux à avoir appris le français. Ils jouent dans le monde des affaires un rôle disproportionné avec leur nombre. En particulier, la famille de Jamshed Tata, qui est à la tête d'un des complexes industriels les plus importants de l'Inde.

L'art en Inde

Les origines de la civilisation indienne sont évidemment obscures : comment connaître le moment où une culture préexistante a été fécondée par une autre culture, pour donner naissance à une civilisation originale, qui sera elle-même enrichie par d'autres, et ainsi pendant des millénaires ? C'est bien une caractéristique de la civilisation indienne que d'avoir assimilé la culture de ses envahisseurs successifs selon un processus d'actions, de réactions, d'interactions incessantes, pour en faire une création originale continuellement renouvelée, sans que, pour autant, elle perde ses caractères propres. Les découvertes archéologiques font remonter de plus en plus haut dans le temps la naissance de cette civilisation de l'Inde du Nord, peuplée dès l'origine de l'humanité et touchée par toutes les migrations qui ont, au long des âges, sillonné l'Asie et le pourtour de l'océan Indien. La civilisation de l'Indus, l'arrivée des Arya (ou Aryens), la naissance du bouddhisme, l'épanouissement d'un empire cimenté par « la non-violence et la compassion », celui d'une puissance qui doit son pouvoir à l'industrie du fer, les invasions barbares, les incursions arabes, les invasions afghanes, turques ou mongoles, l'exploitation du pays par les Portugais, les Anglais, les Français et autres Européens…, autant d'étapes historiques dont la fécondité culturelle s'est manifestée, au cours des siècles, dans la création artistique, projection continue des à-coups de cette civilisation. « L'art pour l'art » n'y a pas sa place, mais on retrouve, dans le sourire d'un Bouddha, dans le dôme d'une mosquée, dans un poème, un raga ou une danse, la certitude sous-jacente que l'artiste accomplit un rite, qui intègre son œuvre et lui-même à l'univers.

Le yoga de l'art

Il était une fois un roi qui demanda à un miniaturiste qui faisait son portrait de lui apprendre à peindre : « Sire, comment vous apprendrais-je la peinture, qui est l'art de mettre les figures à plat, si vous ne connaissez déjà l'art de créer des figures dans l'espace – ce qui est le propre de la sculpture ?

— Commence donc par m'enseigner la sculpture !

— Pourrais-je, Sire, vous enseigner l'art de créer des figures dans l'espace, si vous ignorez les lois de l'architecture, dont le propre est précisément d'organiser l'espace ? Et l'on ne peut comprendre l'ordonnance de l'espace sans connaître les lois de la musique, qui sait ordonner le temps, dont les rythmes régissent l'harmonie de l'Univers. »Ainsi peinture, sculpture, architecture, musique, danse s'ordonnent et s'intègrent pour saisir, sous des aspects divers, la totalité cosmique. L'art est une sorte de yoga, une voie d'accès à la connaissance absolue, une voie spirituelle que l'on suit auprès d'un gourou. Ce n'est pas un métier que l'on apprend dans une école ou un conservatoire. La danseuse n'est pas « accompagnée » par une flûte, des percussions et un chanteur, mais se sent partie intégrante d'un ensemble indissociable. Elle est « traversée » par la musique, les rythmes, le chant qu'elle exprime par son corps, s'oubliant elle-même dans une véritable offrande, atteignant ainsi, ne serait-ce qu'un instant, cet état de détachement où cet instant devient un fragment d'éternité. On peut en dire autant du musicien qui choisit le raga qu'il va développer en accord avec la « couleur » de son état d'âme, qui reflète l'ambiance où il se trouve, laquelle fait écho à l'ensemble de l'univers. Dans sa création de tous les instants, soumis néanmoins à des règles strictes, faisant abstraction de lui-même, il va, par la musique, communier avec la totalité, sortir de la durée pour vivre un instant éternel.

Réaliser une œuvre d'art, en Inde, est un rite. Avant de l'accomplir, l'artiste se purifie, prononce les *mantras* appropriés, médite. Il « entre en religion », en quelque sorte, comme les candidats au Prix de Rome « entrent en loge ». Dans et par sa création, il se transforme, cherchant à atteindre, par les formes qu'il crée, ce qui est au-delà de toutes les formes. C'est que, traditionnellement, le but ultime de la vie, pour l'hindou, est la délivrance *(moksha)*, l'éclatement de tous les conditionnements de la pensée, qui permet la fusion en l'Absolu.

L'artisanat

Vishvakarma, l'« artisan de l'Univers », est le dieu qu'invoque l'artisan avant de commencer sa journée pour le prier de bénir ses outils et son ouvrage. Il n'y a pas de différence de nature en Inde entre l'artisan et l'artiste, entre l'artisanat et l'art. L'artisan trouve son inspiration, toujours renouvelée, dans une somme inépuisable de croyances religieuses anciennes toujours vivaces, et sa technique lui vient d'une tradition vivante liée à sa « naissance » – à sa « caste » – qui se perfectionne de génération en génération. C'est pourquoi on ne retrouvera pas, de région en région, de village en village, d'année en année, exactement les mêmes objets, avec les mêmes dessins, les mêmes couleurs. La créativité est infinie dans les tissus de coton ou de soie, imprimés au tampon ou brodés, les brocarts, les innombrables poteries, l'imagerie populaire, les paniers d'osier ou de rotin, le papier mâché, les jouets de bois, de bronze ou de laiton, les instruments de musique, les bijoux d'argent ou d'or…

Les origines

Bien que l'on ait connu de longue date des vestiges de la culture des habitants du sous-continent indien à l'âge de pierre (paléolithique), il a fallu attendre jusqu'au début du XXe s. pour que soit découverte l'une des grandes civilisations les plus anciennes du monde, connaissant à la fois l'agriculture, l'élevage, la vie urbaine, les échanges commerciaux avec des pays lointains. C'est en effet en 1921 que John Marshall et R. D. Banerji ont mis au jour l'ancienne ville de Mohenjo-Daro.

La civilisation de l'Indus

La grande civilisation urbaine de la vallée de l'Indus florissait déjà au IIIe millénaire à Mohenjo-Daro dans le Sind et au Panjab à Harappa – dont l'influence s'est fait sentir sur un territoire immense à plus de 1 000 km de distance, jusqu'au Rajasthan et au Gujarat –, et plus avant vers le sud. Mais il n'en est guère resté d'œuvres d'art à proprement parler : poteries, sceaux gravés, figurines de stéatite ou de terre cuite représentant en particulier la Déesse-Mère, ou même, à Mohenjo-Daro, une tête d'homme (prêtre, roi ?) sculptée dans du calcaire. Mais quelques figurines de laiton ou de bronze nous sont parvenues, telle la célèbre danseuse (exposée au Musée national de New Delhi) où apparaît déjà la grâce du mouvement. Mohenjo-Daro fut détruite et abandonnée vers 2100 av. J.-C. sans qu'on en connaisse la cause avec certitude et la civilisation harappéenne disparut vers 1800 av. J.-C.

L'autel védique

Pour la même raison, sans doute, qu'ils brûlaient leurs morts, les Arya, populations vivant essentiellement de l'élevage, arrivées au cours du IIe millénaire avant notre ère, ne construisaient pas de temples. L'autel du sacrifice, fait de briques étagées formant un rectangle aux proportions rigoureusement calculées selon des normes précises, était dressé en plein air sur une aire rituellement orientée, mesurée et consacrée, surmontée d'un pilier symbolique – que l'on le retrouvera tout au long des siècles, dans le stupa bouddhique comme dans les temples, où il symbolisera, sous la forme d'une tour-sanctuaire, le mont Mérou, axe et pivot du monde. Faite de terre, d'eau, d'air, de feu et d'espace – le 5e élément de la tradition indienne, sans lequel il n'y aurait pas de forme –, la brique est, en quelque sorte, une synthèse de la nature.

Cet autel védique de briques fabriqué rituellement a traversé les millénaires, et on le construit encore de nos jours dans des circonstances bien définies, par exemple pour la célébration des mariages ou pour la récitation propitiatoire de textes védiques. On y allume le feu sacrificiel dans lequel les prêtres brahmanes jettent du *ghî* (quintessence de beurre fondu) en prononçant les formules sanskrites rituelles.

Naissance de l'art indien

La naissance de la civilisation indienne date véritablement de l'installation des Arya dans la plaine gangétique entre 1500 et 1000 av. J.-C. Or, entre la disparition de la civilisation harappéenne et l'époque maurya qui nous a donné, semble-t-il, les premières œuvres de l'Inde « classique », aucune ruine archéologique ne nous est connue. On peut dire, bien sûr, que le plus ancien « monument » de cette époque est un livre, le Veda, préservé pendant des siècles uniquement dans la mémoire des hommes. Mais il paraît difficile de nier l'existence d'un art du bronze, du bois, de la terre cuite, même si aucun vestige n'en est, apparemment, parvenu jusqu'à nous.

Pendant près de deux siècles et jusqu'à la campagne d'Alexandre (329-326), le Panjab fut occupé par les Perses achéménides qui y gouvernèrent les deux plus riches satrapies de leur empire. Cela explique que l'influence perse ait marqué l'art de l'Empire maurya (321-185 av. J.-C.), fondé par Chandragupta. Son palais de Pataliputra (actuelle Patna, Bihar), dont il ne reste que des ruines archéologiques, en témoigne, de même que les colonnes dressées par son neveu, l'empereur Ashoka, pour glorifier la « Bonne Loi » après sa conversion au bouddhisme (262 av. J.-C.). Mais, si le poli de la pierre et les chapiteaux en forme de corolle de lotus renversée rappellent la Perse achéménide, les bas-reliefs, au bas de ces colonnes, représentant des animaux pleins de vie témoignent de la naissance d'un art typiquement indien.

Naissance des temples

Les temples constituent une part immense du patrimoine artistique de l'Inde. Comment en serait-il autrement dans cette civilisation où l'on vit à chaque instant sa « religion », c'est-à-dire que grâce à l'accomplissement de rites appropriés, chacun se sent à chaque instant « relié » à l'univers tout entier. La divinité sert d'intermédiaire entre le microcosme qu'est l'homme et le macrocosme qu'est l'univers. C'est elle qui « relie » l'un à l'autre. Le temple est le lieu où elle réside, où elle s'insère sur la terre, et il deviendra au cours des siècles symbole du macrocosme.

Rayonnement de l'art bouddhique

La conversion de l'empereur Ashoka au bouddhisme et sa volonté – exprimée sur les stèles qu'il fit dresser à toutes les frontières et à l'intérieur de son empire *(p. 244)*– que son règne fût celui « de la non-violence et de la compassion », permit sans doute à un amour foisonnant de la vie de s'exprimer dans l'art. Cet amour de la vie animale et végétale est l'une des caractéristiques des débuts de l'art bouddhique. Stupas, monastères et sanctuaires rupestres, dont certains abritent eux-mêmes des stupas, en constituent l'architecture. Portiques monumentaux et parois sont sculptés à profusion, tandis que des peintures couvrent plafonds et murs. C'est de là que sont nés les arts classiques de l'Inde.

L'art bouddhique, précurseur des arts

Pendant plusieurs siècles, l'art fut dominé par le bouddhisme, aussi bien dans l'architecture que dans la sculpture ou la peinture *(p. 140-141)*. Le stupa de Sanchi (Madhya Pradesh), qui date du début de notre ère, est une des merveilles de l'Inde. Piliers et linteaux des portiques sont entièrement décorés de bas-reliefs qui débordent de vitalité et de fraîcheur. La coexistence des différents plans d'une même scène pour traduire la perspective ou la profondeur pourrait donner une impression de désordre ; mais la science de la composition que maîtrise l'artiste évite ce danger. Tout empreint de sa religion, il semble qu'il ait « ciselé » la pierre comme de l'ivoire, dans la joie créatrice de décrire, pour l'édification des pèlerins, des scènes des vies antérieures du Bouddha ou de sa dernière vie : villes, palais, guerres, personnes, animaux (éléphants, singes, biches ou paons) et plantes. Les figures féminines en ronde-bosse – en particulier les nymphes –, à l'abondante poitrine, à la taille fine, aux hanches accentuées, ont une grâce souple et sensuelle que l'on retrouvera désormais dans la statuaire indienne.

Les écoles de l'art bouddhique

C'est à cette époque que se produisit un changement dans la représentation du Bouddha. Jusque-là, sa présence était seulement suggérée par des symboles variant selon les circonstances de sa vie : une empreinte de pied suffisait à évoquer sa présence ; l'arbre de Bodhgaya évoquait « l'Éveil » ; la roue du *dharma*, sa prédication ; le stupa symbolisait sa mort. Or, voici que le Bouddha prend une forme humaine, sort des bas-reliefs et devient statue. Ce changement s'est produit en premier lieu, semble-t-il, au Gandhara (aujourd'hui le nord-ouest du Pakistan et du Kaboul), conquis par Alexandre en 327 et devenu le royaume grec de Bactriane (nord de l'Afghanistan) en 250 av. J.-C. C'est par là que l'influence hellénistique se propagea dans le nord-ouest de l'Inde. Les dieux de la Grèce étaient vénérés sous la forme de statues. On comprend que, sous l'influence grecque, on ait sculpté des statues du Bouddha. On le représenta dans un style et selon un type hellénistique et presque apollinien, drapé dans une robe qui lui couvrait les deux épaules, aux plis lourds, soigneusement marqués. Sa tête portait les « signes particuliers » qui sont ceux du Bouddha : bosse en chignon au sommet du crâne, touffe de poils entre les sourcils. Debout ou assis, il a les yeux mi-clos, tournés vers la vision intérieure de l'ineffable.

C'est à la même époque et peut-être, selon certains, sous l'influence du Gandhara que l'on représente le Bouddha à Mathura, la splendide capitale de l'Empire Kushana (IIe-IIIe s. apr. J.-C.), détruite par des invasions musulmanes successives du XIe au XVIIe s. Les Bouddha de Mathura sont beaucoup plus indiens que ceux du Gandhara, avec leur visage rond et leur crâne rasé. Le vêtement laisse

Bouddha de grès rose du musée de Sarnath (IV-Ve s.). On remarquera, outre la pureté générale des lignes et la transparence du vêtement, le modelé des épaules, caractéristique canonique des représentations du Bouddha. Le geste de la main droite signifie « la crainte est une illusion ». La tête se trouve au centre d'une fleur épanouie de lotus, entourée d'un grand nimbe circulaire, tendant à montrer la personnalité suprahumaine de ce moine enseignant la voie de la délivrance par l'abandon de tous les attachements.

La représentation humaine, par des statues de pierre, du Bouddha, des tirthankara jaïns, puis des divinités hindoues, allait entraîner une révolution dans l'art de l'Inde. Il fallait bien construire des demeures pérennes pour ces sculptures de pierre, à la façon de ce qui se faisait en Grèce. Ce n'est sans doute pas un hasard si les plus anciens temples ressemblent à de petits temples grecs : une cella couverte d'un toit plat et précédée d'un portique à colonnes. Ainsi apparurent de petits temples brahmaniques, construits en matériaux durables, bien que l'architecture rupestre demeurât vivante jusque vers le IXe s.

découverte l'épaule droite et les plis des drapés, plus fins et plus souples, donnent l'impression que le vêtement est mouillé, laissant apparaître le corps nu par transparence. L'école de Mathura a utilisé le grès rose de la région, au grain très fin permettant d'exprimer la délicatesse des détails. Elle a assimilé les influences hellénistiques et perses et ne s'est pas limitée aux représentations bouddhiques. Elle a produit des sculptures jaïnes et brahmaniques, et aussi des statues profanes d'empereurs et de dignitaires portant les vêtements des nomades des steppes de l'Asie centrale, d'où ils étaient originaires.

L'âge d'or : l'équilibre gupta

Durant le règne de la dynastie gupta (IVe-Ve s.) et les trois siècles qui suivirent, la statuaire indienne, aussi bien bouddhique qu'hindoue, atteint un équilibre qu'on peut qualifier de « classique », avec un sens très grand de la composition. À la même époque, Ajanta marque l'apogée de la peinture murale.

Une statuaire classique

C'est dans la statuaire que l'art gupta, en continuité avec l'école de Mathura, atteignit les sommets inégalés qui demeurent la référence classique dans toute l'Inde du Nord. L'art gupta se caractérise en effet par l'harmonie des proportions, la pureté des lignes, le raffinement et l'élégance avec lesquels l'artiste stylise et épure les formes, sans perdre pour autant la vigueur de sa création. Bien que les décors en bas-reliefs envahissent désormais les murs, les piliers, les frises supérieures, perdant quelque peu le charme et la fraîcheur de l'époque précédente, les sanctuaires rupestres bouddhiques ou brahmaniques témoignent de ce même goût classique mettant en valeur les qualités propres de chaque religion. Le Bouddha au corps généralement élancé, parfaitement équilibré, a un visage empreint de concentration intérieure, de détachement et de sérénité *(voir les statues du Bouddha du musée de Delhi)*. C'est ce type qui inspira les Bouddha khmers du Cambodge et ceux du bouddhisme qui s'est propagé par la voie maritime, celui dit « du Petit Véhicule ». Les divinités brahmaniques, de leur côté, ont une majesté suprahumaine et, même lorsque leur omniprésence cosmique se manifeste par de multiples têtes ou bras, leurs formes dynamiques conservent l'élégant équilibre caractéristique de l'art gupta.

Naissance d'une architecture construite

De même que le Bouddha était sorti des bas-reliefs pour devenir statue, de même le temple va sortir de la falaise pour devenir montagne. Cela ne s'est pas fait en un jour. Déjà, il avait fallu plusieurs siècles pour que le temple rupestre cessât d'être une imitation de la maison de bois. Il fallut désormais inventer les techniques de la construction de pierre, assumer des risques nouveaux et faire face à des contraintes que l'architecture rupestre avait éludées. L'évolution des techniques permit à des concepts nouveaux de s'exprimer dans l'espace et d'élever jusqu'au ciel le temple, demeure du dieu, avant de le transformer en symbole cosmique.

Les premiers temples hindous

Bien avant l'époque gupta avaient été construits des temples en matériaux périssables. L'architecture rupestre les avait pérennisés en les reproduisant et les agrandissant. Les premiers temples de pierre, datant probablement de l'époque gupta, ressemblaient à de petits temples grecs. De même que les moines bouddhistes, en excavant le roc pour « construire » leurs sanctuaires, reproduisaient sans raison technique l'architecture de bois, de même les *sthapati* bâtisseurs pensaient encore en termes d'architecture rupestre : les pierres, assemblées sans mortier, étaient d'une masse bien supérieure à ce qu'exigeaient les dimensions du temple.

Sur une plate-forme faite de blocs de pierre posés à même le sol et servant de fondations, on construisait d'abord la cella, de dimension réduite, que l'on couvrait avec des dalles de pierre d'une seule portée. Une porte étroite s'ouvrait sur le *mandapa,* le vestibule où se tenaient les fidèles, que l'on construisait ensuite. Comme il était plus vaste et que la portée des dalles ne pouvait guère excéder trois mètres, on intercalait, comme dans les charpentes en bois, des piliers intermédiaires sur lesquels reposaient les dalles. Celles-ci formaient un faux plafond – le toit, à deux versants légèrement inclinés pour permettre l'écoulement de l'eau, étant lui-même constitué par des dalles jointives.

Le temple à toit pyramidal

Une remarquable innovation apparut vers le VIe s. dans le royaume Chalukya au Mysore, à Aihole (Karnakata), sur le temple dit « de Durgâ » : c'est un temple à abside comme, dans l'art rupestre, la grotte de Sudama ou les *chaitya* bouddhiques. Mais un toit pyramidal surmonte la cella. Cette pyramide quadrangulaire est constituée par une superposition de petits sanctuaires, chacun rappelant la structure de l'ensemble et chaque étage étant en retrait par rapport au précédent. Or, cette innovation va se répandre dans le Sud d'abord, puis dans toute l'Inde en moins de trois siècles. Tous les temples seront désormais construits selon ce modèle. Sans doute cette innovation correspond-elle à l'apparition, dans les mentalités, du symbolisme de la montagne sacrée, demeure des dieux, symbolisme qui se répandra aussi dans l'Asie du Sud-Est indianisée. Au cœur même de la montagne se trouvait le sanctuaire (*garba-griha,* « maison-matrice »), caverne cubique à peine éclairée à l'heure du culte par la lueur vacillante d'une lampe à huile. Cette tour-pyramide était construite à l'aide d'un amoncellement de blocs grossiers dont seule était taillée et sculptée la face extérieure. Si l'on voulait faire une tour plus haute, on augmentait l'épaisseur des murs qui la supportaient, les principes de construction demeurant les mêmes.

Certes, les architectes-sculpteurs avaient « construit » des temples en sculptant et évidant d'énormes rochers ou même des falaises, mais ces œuvres, parfois titanesques et géniales (le Kailasha d'Ellora, par exemple), évitaient les problèmes techniques que pose l'architecture de pierre, en particulier pour la construction des plafonds. La solution élégante de l'arc en plein cintre a été utilisée très tôt dans d'autres civilisations. Mais les *shilpa-shastra*, traités d'architecture sacrée, prescrivent que l'architecture du temple doit être en équilibre « statique ». Demeure pérenne des dieux, le temple doit être robuste et stable comme une montagne. Or, le principe même de l'arc en plein cintre est la clef de voûte, le claveau, sur lequel s'exercent de fortes poussées dynamiques de sens contraires. Une telle tension permanente, contraire à la norme, se répercuterait dans tout l'espace de la cella et du temple. Certes, le plein cintre existait dans les temples rupestres. Mais il était taillé dans la masse du roc, et sa stabilité ne dépendait donc pas d'une clef de voûte soumise à des forces opposées.

Une révolution architectonique

C'est une révolution architectonique qui mit fin à la technique de l'empilage de pierres. Rompant avec la tradition des constructions en bois, depuis longtemps périmées, les architectes vont, pour résoudre les contraintes inhérentes à la construction en pierre, utiliser ces mêmes contraintes pour en triompher. Ils imaginent en effet d'utiliser le poids de la pierre comme un contrepoids pour bâtir des *mandapa* de plus en plus vastes et des toitures pyramidales de plus en plus hautes. Cette invention révolutionnaire consiste à superposer, sur des piliers opposés, des assises de dalles en porte à faux vers l'intérieur (pour réduire la surface à couvrir) par encorbellements successifs ; les dalles se font ainsi contrepoids les unes par rapport aux autres et la dalle de couverture équilibre l'ensemble par sa seule masse, d'une façon « statique », conformément à la norme. L'encorbellement a aussi été utilisé pour construire des voûtes ou des dômes par un entrecroisement de briques ou de dalles que l'on travaillait sur leur face extérieure afin de leur donner le profil voulu.

C'est suivant cette technique révolutionnaire en son temps qu'ont été construits sans mortier les plus grands temples : le temple du Lingaraja (XIe s.) à Bhubaneshwar est cinq fois plus haut et trois fois plus large que le temple « de Durgâ » d'Aihole, et celui de Konarak du XIIIe s. était dix fois plus haut (130 m) avant la chute de son shikhara.

La permanence d'une vision de l'univers

L'architecture des temples, dont le plan général s'est maintenu depuis le VIe s., est d'une remarquable uniformité à travers toute l'Inde, malgré l'existence de deux styles principaux, le style nagara dit « des temples du Nord » *(p. 140-141)* et le style dravidien, auxquels s'ajoutent diverses variantes locales. Des milliers de temples, les uns modestes, les autres gigantesques, comportant à l'intérieur d'une même enceinte des dizaines de temples et des édifices variés dans leur forme comme dans leur destination, ont été construits du VIe au XIXe s. Rois et

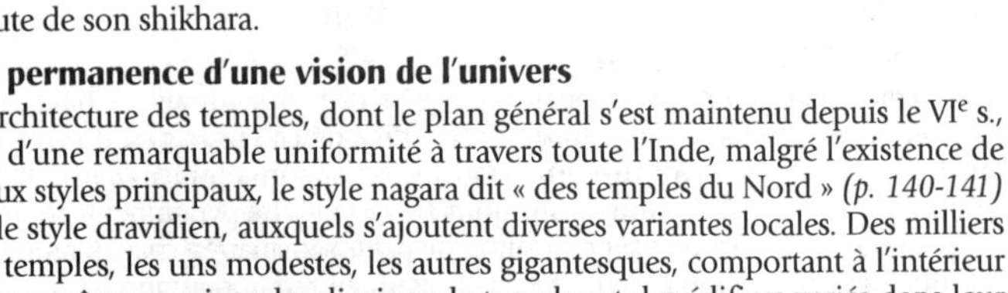

1. Temple du VIIe s. : la salle hypostyle *(mandapa)* comporte trois nefs, dont la largeur ne peut excéder la taille d'une dalle.
2. Temple du VIIIe s. : l'encorbellement permet l'élargissement du mandapa et l'exhaussement équilibré de la toiture en pyramide.

princes qui les finançaient rivalisaient à l'envi. Mais on y retrouve toujours les mêmes éléments : sanctuaire *(garba-griha)* au toit surélevé, salle hypostyle *(mandapa)* pour les fidèles, et porche. S'il en est ainsi, c'est que cette structure correspond à une réalité religieuse et culturelle. Le temple est le point d'insertion de la divinité sur terre, le lieu de rencontre entre le monde des hommes et celui des dieux. Le prêtre, intermédiaire entre les deux, franchit dans les deux sens le seuil (toujours nettement marqué) qui sépare le sanctuaire du *mandapa* où se tiennent les fidèles.

Le plan même du temple obéit à des règles complexes très strictes. L'astrologue intervient d'abord pour le choix du moment propice, du site et de son orientation. Le sol et la qualité de la terre sont examinés, car ils doivent répondre à des spécifications précises. Afin que le temple, microcosme, soit parfaitement intégré au macrocosme qu'est l'univers, le *sthapati*, prêtre-architecte, brahmane lui aussi, intervient alors. En accord avec la conception indienne de l'Ordre du monde, le temple est organisé selon des schémas géométriques ésotériques *(yantra)* qui se combinent pour reproduire symboliquement l'ordonnance de l'univers. Le mont Mérou, pivot du monde, sera symbolisé par la tour-sanctuaire, au centre de laquelle réside la divinité. Le *sthapati* trace sur le sol le *yantra* correspondant aux divinités qui y seront vénérées ; chacun de ces diagrammes est considéré comme la projection géométrique des forces combinées qui expriment la nature de la divinité qu'il représente. Les différents autels seront disposés en accord avec les lignes de force des différents *yantra* qui s'intègrent les uns aux autres. Les proportions, horizontales et verticales, seront rigoureusement calculées, obéissant à des normes précises, comme c'était déjà le cas pour l'autel védique *(encadré, p. 132)*. Les architectes exécutants, les sculpteurs, les peintres étaient de différentes castes (souvent des *shudra*) et appartenaient généralement à une sorte de guildes, qui se louaient à différents souverains bâtisseurs. Ils étaient rétribués par le donateur, qui se réservait ainsi la totalité des mérites que lui valait son offrande aux dieux.

L'art en Inde

Les arts de l'Inde médiévale

Dès le IXe s., le corps du temple tend à devenir une gigantesque masse sculptée dressée dans l'espace. C'est le cas par exemple à Khajuraho, où l'architecture devient une sculpture monumentale rehaussée d'autres sculptures, qui ne sont pas conçues comme une décoration murale : elles font corps avec le mur et, si l'architecture est l'art d'organiser l'espace, la sculpture en est partie intégrante. Ce sont d'ailleurs en grande partie des éléments récupérés de temples hindous qui servent à bâtir, à partir du XIIe s., les premières mosquées, et des sculpteurs hindous sont engagés en raison de la qualité de leur travail.

Les racines du ciel

Qui connaît la luxuriance de la nature pendant la mousson ne peut s'étonner de l'exubérance des bas-reliefs, qui s'animent sous les jeux de la lumière. Qui a vu les lianes d'un banyan, le tronc d'un pipal, les branches d'un tamarinier, retrouve ce foisonnement à la vue des multiples bras d'une divinité. Qui a traversé au mois de mai les forêts dénudées aux troncs d'arbres pétrifiés par la chaleur et la sécheresse, les retrouvera dans les « salles aux mille colonnes » des temples du Sud. L'homme est tellement intégré à la nature qu'il la projette et la transmue dans l'art.

Après l'élégant équilibre de l'art gupta – bouddhique et brahmanique –, la nature humaine semble reprendre ses droits. C'est la victoire de la vie sans cesse renouvelée sur le nirvana. Le souffle *(prana)* est le principe de toute forme vivante et les statues semblent modelées par le souffle qui les anime. La pulsation de la vie est sensible dans leur buste, dans leurs membres et jusqu'au bout de leurs doigts, qui traduisent le langage des *mudra*. Leurs visages stylisés aux lèvres charnues, au nez large et aux yeux étirés jusqu'aux tempes, rayonnent de sensibilité. Mais ce ne sont pas des êtres humains qui sont représentés dans les temples, où tout n'est que symbole. Ce sont des divinités avec leurs montures ou leurs cours de serviteurs, des démons ou des génies, des nymphes, des musiciens célestes…

L'union du dieu avec son énergie vitale

À partir du IXe s., l'érotisme, né avec le tantrisme *(encadré, p. 124)*, s'étale sur les façades, en des points bien déterminés. Les couples *(mithuna)* s'étreignent en d'inlassables enlacements sans aucune pudeur ; on n'éprouve, en Inde, aucune culpabilité dans l'acte charnel. Certes, leurs positions surprennent parfois, quand on en ignore la clef symbolique. La fusion du dieu et de son énergie vitale *(shakti)* est, dans le shivaïsme, symbole de l'unité primordiale retrouvée, après la séparation que provoque la création. Dans le krishnaïsme, l'amour charnel est symbole de l'union mystique de l'âme innombrable avec son dieu unique. Cette vitalité de l'art et sa variété sont d'autant plus étonnantes que des règles canoniques sont imposées aux artistes pour la représentation des divinités, fixant leurs attributs spécifiques, les proportions de leur corps et de leur visage, ainsi que leurs attitudes et leurs gestes. Car la statue est avant tout le réceptacle du divin.

Mais des signes de décadence apparaissent bientôt. Les bas-reliefs sont de plus en plus envahissants. Les parures des divinités féminines se multiplient et sont sculptées dans le moindre détail. Le déhanchement gracieux appelé *tribhanga* (« triple flexion ») s'accentue jusqu'à devenir maniérisme. Les temples jaïns du Gujarat et du Rajasthan, souvent groupés dans de magnifiques villes saintes de pèlerinages, s'enorgueillissent à juste titre de l'incroyable profusion de détails qui ornent leurs parois et de la minutie du travail effectué. Là encore, c'est toute une culture qui s'exprime dans l'art : ces temples sont financés par de riches marchands ; ils sont en marbre, plus facile à ciseler que le grès, et leurs sculpteurs étaient payées, dit-on, au poids de la poudre de marbre que leurs ciselures avaient produites dans la journée. Seules les représentations de Jina ou des tirthankaras, par refus de la sensualité, paraissent figées au sein de ces chefs-d'œuvre de dentellière. Ainsi, du XIIe au XVe s., s'accélère une certaine perte de vigueur. Mais il faut bien dire que la décadence de l'art hindou est due, en grande partie, aux invasions musulmanes.

Les premiers arts musulmans

Les bandes armées musulmanes qui, entre le XIe et le XVe s., firent des incursions ou des expéditions en Inde du Nord, démolirent les temples des « infidèles idolâtres », et sur leurs ruines, avec les pierres des monuments détruits et l'aide d'équipes indiennes habituées à construire en pierre, les envahisseurs construisirent mausolées, mosquées, portes solennelles ou tours de victoire, marquant ainsi leurs conquêtes. Ainsi fut bâtie au XIIe s. la plus ancienne mosquée de Delhi, Quwat-ul-Islam (« puissance de l'islam »), avec des pierres de remploi provenant d'une vingtaine de temples hindous et jaïns de la région. Auprès d'elle, le fameux Qutb Minar est évidemment un monument islamique. Il est pourtant construit selon les normes hindoues, par répétition et superposition des mêmes éléments. Sur les trois premiers étages courent des bandes horizontales en bas-reliefs délicatement sculptés par des artistes indiens, représentant les uns des calligraphies de sourates du Coran et les autres des motifs floraux hindous.

L'Inde moghole

Ainsi se créa par la force des choses une sorte de symbiose entre les styles et les techniques propres aux deux cultures. Il fallut attendre le Grand Moghol Akbar pour qu'apparaisse délibérément, dans la création artistique, un syncrétisme entre les deux grandes civilisations. L'architecture influença le style de nombreux palais, en particulier au Rajasthan, et l'art de la miniature, venu de Perse, se répandit dans tout l'empire pour illustrer tout aussi bien la vie des cours que des sujets religieux hindous.

Akbar ou la volonté d'un art nouveau

Après deux siècles de troubles, l'invasion turco-mongole de Tamerlan (1398) mit pratiquement fin au sultanat de Delhi. Les dernières dynasties des Sayyid et des Lodi – dont Delhi conserve encore quelques tombes monumentales – n'eurent qu'un pouvoir nominal. Avec Akbar, le premier des grands empereurs moghols, pour que l'Inde retrouve la stabilité et qu'apparaisse véritablement un art nouveau.

C'est au Fort Rouge d'Agra, dont il commença la construction, que les caractéristiques de cet art se dessinent : les formes massives de l'architecture hindoue de pierre s'allient à la grâce de l'architecture persane. L'utilisation du grès rouge, les entablements à corniche, les chapiteaux à console, les kiosques sur

Né en exil, héritier du trône à 13 ans (1556), Akbar eut un précepteur persan qui enseigna le « principe de tolérance universelle » à son élève, lequel manifestait déjà une extrême curiosité des problèmes humains et un intérêt passionné pour les cultures de la Perse, de l'Europe et de l'Inde. Plus tard, de même qu'il fit traduire en persan les chefs-d'œuvre de la littérature indienne, qu'il eut plusieurs épouses hindoues, qu'il supprima la taxe *(jiziya)* que devaient payer les non-musulmans, qu'il donna aux sikhs la ville d'Amritsar comme capitale religieuse, qu'il eut à sa cour des jésuites portugais, qu'il organisa des « tables rondes » sur les religions avec des oulémas, des pandits, des chrétiens, des jaïns, des parsis, de même il fut à l'origine de l'art indo-musulman.

Porte du tombeau d'Akbar à Sikandra ; vue de l'Inde par Daniell (fin du XVIIIe s.).

L'architecture des

On les appelle « temples du Nord », « indo-aryens » ou *nagara* (c'est-à-dire « de villes royales »). C'est le type de temples que l'on trouve à foison en Orissa (Bhubaneshwar, Konarak, Puri) ou à Khajuraho (Madhya Pradesh). Aujourd'hui encore, lors de processions dans les campagnes, on transporte les statues de bois ou d'argile des divinités locales sur des sortes de palanquins : une plate-forme surmontée de quatre bambous incurvés attachés à leur sommet, sur lesquels on a tendu un dais de tissu, ouvert face à la divinité. C'est là, sans doute, l'origine des temples nagara.

■ La tour-sanctuaire ou *shikhara*

Lorsque vers le VIIIe s. les *sthapati*, ou prêtres-architectes, eurent maîtrisé les techniques de construction en pierre grâce au porte-à-faux et à l'encorbellement, ils voulurent exhausser « jusqu'au ciel » le sanctuaire, demeure de la divinité. Le symbolisme de la montagne – demeure des dieux – est constant en Inde et en Asie du Sud-Est. Ainsi est né le *shikhara*, tour-sanctuaire avec, au sommet, une pierre bombée cannelée, l'*amalaka* (« sans tache »), surmontée d'une urne destinée à recueillir l'élixir d'immortalité *(amrita)*, nourriture divine qui descend jusqu'au centre de la cella par un canal « secret ».

Temple nagara
1. shikhara
2. jagamohan
3. pavillon des offrandes ou de la danse

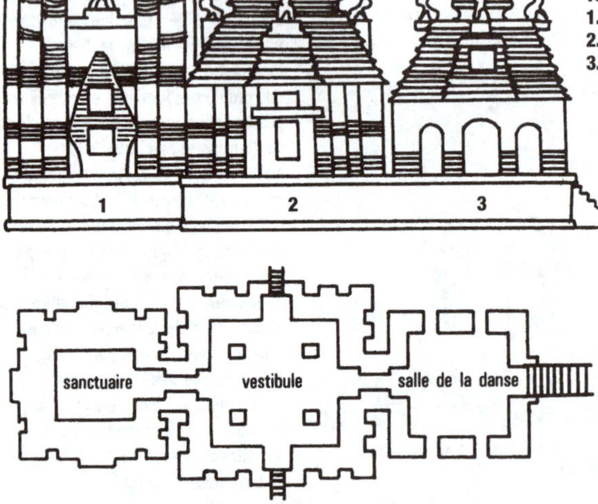

temples du Nord

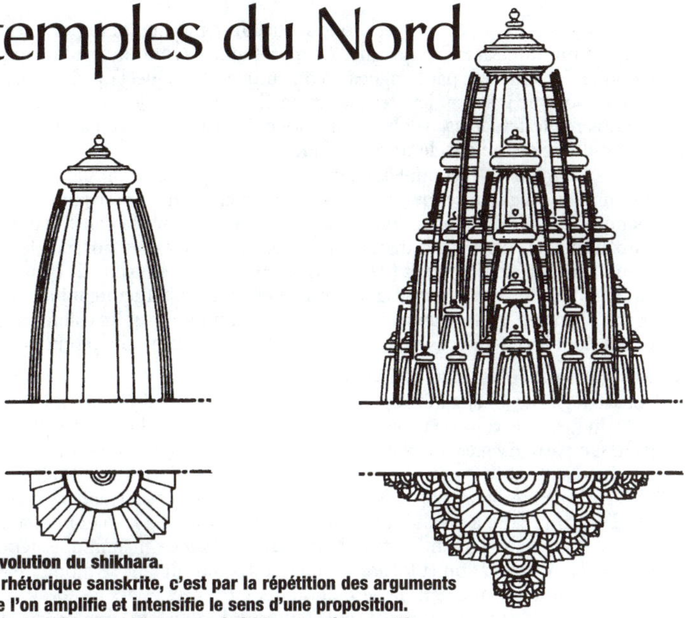

L'évolution du shikhara.
En rhétorique sanskrite, c'est par la répétition des arguments que l'on amplifie et intensifie le sens d'une proposition. Selon la même technique – la répétition du même motif –, la tour-sanctuaire va s'élever et s'amplifier par une accumulation de shikhara en réduction, rigoureusement étagés et serrés les uns contre les autres, de façon à s'intégrer dans la courbure générale du monument.

■ La cella ou *garbagriha* (« maison-matrice »)

Cubique, secrète comme une caverne de montagne ou comme la cavité du cœur, elle demeurera petite et sombre, sans fenêtre, ouverte étroitement sur le vestibule. Au centre se trouve le trou carré, point d'insertion du dieu sur la terre, dans lequel est fixée la représentation de la divinité – lingam ou statue. Le plan lui-même de la cella, projection au sol de la tour-sanctuaire, se compliquera de redans, comme la tour se compliquera de *shikhara* adventices.

■ Le vestibule ou *jagamohan*

C'est le développement du simple porche abritant les fidèles. Séparé de la cella par un seuil (que franchit dans les deux sens le prêtre, intermédiaire entre les deux mondes), il est aussi vaste que la technique le permet. Le toit en encorbellement a la forme d'une pyramide à étages, surmontée d'une urne ou d'un pinacle.

■ Les pavillons

D'autres « vestibules » peuvent être construits selon le même plan dans l'alignement du premier sur la même plate-forme ou à quelque distance. Ils ont chacun leur fonction propre : pavillon de la danse et de la musique *(natmandir)*, des offrandes, etc.

P. A.

les toits – et aussi les techniques de construction – montrent l'importance de l'apport hindou. Mais l'exubérance de cet art qui, à l'époque, tendait vers le baroque, est tempérée par la rigueur géométrique islamique, laquelle échappe à la monotonie grâce au jeu des pierres de différentes couleurs. Alors que les prêtres-architectes *(sthapati)* obéissent à des normes sacrées, l'architecte musulman est libre de toute règle cosmologique.

Il en est de même à Fatehpur Sikri, capitale entièrement créée par Akbar – où les monuments en grès rose sont dans un exceptionnel état de conservation car, par manque d'eau, elle fut abandonnée quelques années après sa construction. Si l'urbanisme ne doit rien à la tradition hindoue, les consoles, les kiosques, les éléments décoratifs traditionnels (y compris la reproduction en pierre de bâtiments en bois) ainsi que les techniques de construction lui appartiennent bien. L'arc ogival islamique, parfois enrichi de feuillages, s'harmonise avec les colonnes hindoues dont les chapiteaux ou les consoles sont ornés de motifs géométriques.

Jahangir ou l'élégance de l'art moghol

Sous le règne de Jahangir (1605-1627), poète, buveur et opiomane, qui avait le goût du luxe et le culte de la beauté, se développe un style plus léger et plus élégant. On passe du grès rouge au marbre blanc et les motifs sculptés font place aux incrustations géométriques, dans le marbre, de pierres semi-précieuses (agate, cornaline, lapis-lazuli...), selon la technique de la *pietra dura*. Le mausolée d'Akbar (1613 ; à Sikandra près d'Agra) ou la tombe d'Itimad-ud-Daulah (1628 ; Agra) entièrement en marbre incrusté en sont de magnifiques témoignages. La collaboration entre artistes hindous et musulmans se montra particulièrement fructueuse dans la décoration des mosquées et des tombeaux : les dessins géométriques, pourtant seuls autorisés par l'islam, firent place aux motifs de feuillages et de fleurs ; les boutons de lotus ornèrent chapiteaux, consoles et corbeaux ; les artistes hindous sculptèrent les colonnes, ciselèrent dans le marbre et le grès des calligraphies de sourates coraniques ; en guise de fenêtres, ils réalisèrent de splendides claires-voies. En échange, les architectes hindous apprirent à construire des palais.

Shah Jahan ou l'apogée

Monté sur le trône en 1628, Shah Jahan fit construire à Agra, de 1632 à 1648, le Taj Mahal *(p. 332-333)*. À cet ensemble monumental, qui contient le mausolée de son épouse préférée, ont participé, avec des architectes indiens musulmans, un célèbre architecte turc, un paysagiste vénitien et un artiste français. Le grand portail d'entrée ainsi que les deux mosquées adjacentes au mausolée, construits en grès rouge et marbre blanc, sont plus élégants, moins massifs que les monuments des règnes précédents. Sur le mausolée lui-même – tout de marbre blanc légèrement veiné, orné de bandeaux noirs calligraphiés, ou bien décoré à foison de fleurs « vivantes » en *pietra dura* aux couleurs diaphanes étonnamment nuancées, ou encore délicatement sculpté en bas relief – tout a été dit. Destiné à être vu de face, depuis le sol, il est une merveille d'harmonie ; sa trop parfaite symétrie est subtilement brisée par un étroit plan d'eau qui donne du monument une image inversée, génialement incomplète. Le dôme est d'un parfait équilibre. Plus élégant que celui d'Humayun à Delhi *(p. 366)*, légèrement étranglé à la base, il s'affine au sommet en bouton de lotus – surmonté du croissant de l'islam – et semble s'élancer vers le ciel. La dureté du marbre poli ôte toute mièvrerie à sa blancheur laiteuse.

Alors qu'il faisait édifier le Taj Mahal à Agra, Shah Jahan installait sa capitale à Delhi en 1638 et commençait la construction du Fort Rouge. Comme celui d'Agra, c'est d'abord une forteresse. Mais à mesure que l'on traverse les enceintes successives, on découvre de magnifiques jardins (le Paradis d'Allah est un merveilleux jardin céleste) ornés de bassins à jets d'eau et à cascades, au milieu desquels se dressent pavillons de musique et de danse et somptueux palais. Dépassant l'élégance de ceux de Jahangir, le palais aérien de Shah Jahan est un rêve des Mille et Une Nuits. Il n'a guère de murs : de lourdes tentures brodées en tenaient lieu, suspendues à de longues arcades de marbre blanc à ogives multilobées, incrustées de motifs floraux aussi délicats que ceux du Taj Mahal. Et l'eau y ruisselait en légères cascades sur le sol de marbre finement sculpté. Tout a été conçu et réalisé pour la beauté et le confort – en fonction du climat et du site. Quelques décennies avant le Roi-Soleil à Versailles, le « Roi du Monde » *(Shah Jahan)* déployait à Delhi une incomparable magnificence.

Alors que, de l'architecture hindoue, il ne reste presque uniquement que des temples, l'architecture moghole nous a aussi légué des palais construits pour le plus grand éclat du souverain, en même temps que des mosquées.

C'est encore Shah Jahan qui fit construire (1650-1656) la Jama Masjid, la « mosquée du Vendredi », la plus vaste de l'Inde, qui, édifiée sur un terre-plein artificiel, dominait sa capitale. Bâtie en grès rouge, auquel se mêle harmonieusement le marbre blanc, c'est un magnifique monument dont l'architecture répond au rôle : il est tout entier conçu en fonction de la salle de prière qui s'élève à l'ouest, surmontée de trois coupoles de marbre blanc à cannelures noires, équilibrées par deux hauts minarets adjacents *(p. 358-359)*.

Aurangzeb ou la décadence

Dévot fanatique par foi ou par calcul, Aurangzeb détestait les arts qu'il tenait pour dangereux. Il interdit la musique, fit badigeonner à la chaux ou défigurer les peintures murales – y compris celles du mausolée d'Akbar. Seules étaient autorisées les calligraphies décoratives, en particulier celles des sourates coraniques. Quant à l'architecture, elle perdit son équilibre : les monuments s'élevèrent à la verticale et devinrent plus mièvres. En témoigne le Bibi-ka-Maqbara (1678) à Aurangabad (Maharashtra), mausolée de la première épouse d'Aurangzeb, caricature déséquilibrée du Taj Mahal. La Mosquée de la Perle (Moti Masjid) à l'intérieur du Fort Rouge de Delhi, toute de marbre blanc, est un modèle de baroque (1699).

Les miniatures mogholes

Lorsque Humayun, réfugié en Perse pendant cinq ans, reconquit son trône en 1545, il amena quelques artistes de l'école de Shiraz, dont un peintre célèbre. Avec lui, Akbar créa un atelier où travaillaient en équipes des artistes persans et indiens, et des peintres d'origines diverses. Il leur fit exécuter, entre autres, un *Livre des Guerres,* traduction persane de l'épopée indienne du Mahâbhârata, les Annales de Babur et celles d'Akbar, albums de grandes dimensions, dont les pages ont malheureusement été dispersées. De cette symbiose des styles persan et indien naquit l'école moghole, profane et mondaine, où l'influence de l'Europe se fit également sentir, notamment par l'utilisation de la perspective, grâce à la copie d'œuvres européennes – généralement religieuses – apportées par des jésuites portugais. Ainsi, Akbar fit même illustrer la Bible et de nombreuses miniatures de l'époque représentent la Vierge et l'Enfant, motif très prisé par l'empereur. Les sujets des miniatures échappaient de plus en plus aux interdits islamiques. Bientôt les peintures existèrent pour elles-mêmes, décrivant des scènes de cour, de chasse à courre ou au faucon, de guerre – mais aussi des fables où figuraient des animaux. Jahangir aima faire peindre des fleurs, des oiseaux ou d'autres animaux occupant une feuille entière comme unique sujet. Sous Shah Jahan, le goût indien pour les portraits au dessin très fin – goût que Jahangir avait déjà développé – s'accentua encore avec une tendance à l'idéalisation. Les princes et les nobles – et même leurs amours – furent représentés

Le mariage des styles

Ce n'est assurément pas pour admirer l'architecture de ces cent cinquante dernières années que les voyageurs se rendent en Inde. Pourtant, à côté d'une architecture copie conforme de ce qui se faisait en Occident, un style hybride s'y est développé, qui, tout en étant l'écho de la vogue orientaliste européenne, répondait, sur place, à des motivations plus nettement politiques.

Des tendances éclectiques

Durant le dernier tiers du XIXe s., sans renoncer le moins du monde à la certitude de leur supériorité, les Anglais crurent néanmoins qu'il était bon de se rapprocher davantage de la culture locale, tant par souci de se concilier les populations, que pour bien souligner l'enracinement de leur présence dans la continuité de l'histoire de l'Inde. Ils se mirent alors à agrémenter leurs édifices de tout un décor emprunté aux architectures moghole et rajpoute : kiosques à coupole rappelant les *chattri*, dômes plus ou moins bulbeux, balcons à auvent arqué, écrans de pierre ajourés, etc. Le Mayo College d'Ajmer est un bon exemple de ce compromis.

De leur côté, certains maharajas et nababs, encouragés par l'exemple britannique, commandèrent à des architectes venus d'Europe des palais mi-classiques mi-orientaux, assez souvent extravagants. Tel est le cas du gigantesque et tapageur Lakshmi Vilas de Baroda, dessiné par le même architecte que le Mayo College, ou encore du mausolée du nabab Mahabad Khan de Junagadh, où une profusion de clochetons moghols coiffent un bâtiment néo-gothique. Ce style composite est souvent appelé *indosaracenic* en anglais, encore qu'il n'eût rien de spécialement « sarrasin »...

Le respect du passé

Toutefois, quelques princes rajpoutes, de lignée très anciennes, férus de leur glorieux passé, ne voulurent pas se contenter de ces références généralement superficielles, et cherchèrent à remettre à l'honneur ce que les artisans indiens pouvaient produire de mieux, sans cacophonie stylistique. Il ne s'agis-

Achevé en 1890, le Lakshmi Vilas de Baroda, époustouflante demonstration du style dit « indo-sarrasin ».

Le maharaja Umaid Singh veilla personnellement à la construction du palais qui porte son nom. Les motifs, tous empruntés à l'Inde pré-islamique, sont traités à la mode stylisée des années 30.

sait pas pour eux de renoncer aux facilités de la vie moderne, mais de les fondre dans un moule respectueux de la tradition.

Le meilleur représentant de ce courant fut sans doute l'architecte britannique Samuel Swinton Jacob, qui construisit pour le maharaja de Jaipur l'Albert Hall et le Rambagh Palace, et pour celui de Bikaner le Lalgarh Palace. C'est un de ses disciples indiens qui est l'auteur du très réussi Mubarak Mahal dans le palais de Jaipur.

L'« Indo-déco »

Peu de temps après l'achèvement de la Gateway of India de Bombay, et alors que les grands travaux de la capitale touchaient à leur fin, le maharaja de Jodhpur décida de construire l'immense Umaid Bhavan (1929-1944), synthèse monumentale, certes plutôt glacée, mais de grande allure, mélange du style Art déco, en vogue à cette époque-là en Europe, et de la tradition rajpoute, avec des rappels pré-islamiques. Ce fut le dernier grand palais princier de l'Inde, devenu à présent un hôtel de luxe.

L'aigle, monture du dieu Vishnou, est l'emblème des dynasties solaires.

Il faut noter que tous ces palais, même ceux dont l'architecture paraît le plus occidentale, respectent la division traditionnelle de l'habitat princier indien : la partie qui accueille les hôtes, les appartements du prince, enfin les logements réservés aux femmes. Le mobilier et la décoration intérieure, en revanche, sont calqués sur les modes européennes du moment. Ainsi, l'Umaid Bhavan est entièrement meublé dans un style Art déco. Y. B.

Les miniatures ont, de longue date, été appréciées en Inde et leurs supports ont été très variés : palme, tissu, cuir, bois. Le papier, dont on sait qu'il est d'origine chinoise, a été importé de Perse vers le XIIe s. On l'a fabriqué avec de la soie, du coton, du lin, du bambou, du jute. On en polissait longuement la surface avec une bille d'agate. À l'aide d'un pinceau fin, l'artiste esquissait, en brun, le dessin, qu'il recouvrait ensuite d'une mince couche de blanc sur laquelle il reprenait les contours au trait noir. Les couleurs, minérales ou végétales, et l'or étaient appliqués ensuite. Les pinceaux utilisés pour les détails pouvaient n'être constitués que par un seul poil.

sans que l'artiste recherchât la ressemblance et l'expression. Ces œuvres témoignent, pour la plupart, de talents exceptionnels, tant dans la finesse du dessin que dans la composition ou le raffinement dans les couleurs. L'art de la miniature moghole disparut avec Aurangzeb qui persécuta les peintres et leurs familles et, pourtant, fit peindre de nombreux portraits de lui-même...

... et leur rayonnement sur l'art hindou

Dès le règne d'Akbar, à l'imitation de la cour impériale, des ateliers de peinture furent créés dans les cours princières. C'est ainsi qu'apparut au Deccan (à Ahmednagar), au XVIe s., un genre particulier de miniatures spécialement poétiques, destinées à illustrer les *raga*, ou « modes musicaux », et les *ragini* (féminin de *raga*, modes secondaires développés à l'intérieur d'un *raga*). Ce genre fut, par la suite, particulièrement fécond dans les petits royaumes hindous du Rajasthan (au Mewar, à Udaipur, par exemple). Au XVIIe s., on illustra aussi de nombreux ouvrages de littérature religieuse et légendaire, principalement la vie de Krishna et ses amours avec les bergères. Comme celles des peintres illustrant les *raga*, ces miniatures poétiques aux couleurs chantantes cherchent surtout à évoquer sentiments et états d'âme.

Au XVIIIe s., la miniature rajpoute est florissante dans les collines du Panjab (style pahari, « des montagnes ») et des proches vallées himalayennes. Elle a été fécondée par les artistes moghols chassés par Aurangzeb, puis, après le sac de Delhi, par le Persan Nadir Shah en 1739. Les meilleures parmi ces écoles « des montagnes » sont celles de Basholi, de Guler, de Kangra.

Les différentes écoles de miniatures indiennes ont été extrêmement fécondes et ont fait preuve d'une exceptionnelle variété dans les techniques d'expression : techniques des fonds, des paysages ; perspectives variées et complexes ; représentations schématiques des visages, compositions très diverses ; couleurs vives correspondant à l'intensité des passions ou couleurs douces et fraîches en harmonie avec la retenue des sentiments.

À partir du XIXe s. la qualité baissa. Récemment, des écoles se sont développées, en particulier dans les régions de Jaipur et d'Udaipur, reprenant avec beaucoup de talent et de rigueur les anciens procédés et les anciennes traditions. Mais le propre d'une tradition vivante n'est-il pas de se renouveler et de s'enrichir d'inventions inattendues ?

L'art colonial

Deux tendances opposées apparaissent dans les monuments que les Européens firent construire en Inde. L'une manifeste leur sentiment de supériorité vis-à-vis des natives (« indigènes ») à qui il faut enseigner la « vraie » religion et « la » civilisation. L'autre correspond à la curiosité manifestée, dès la fin du XVIIIe s., par des intellectuels et des fonctionnaires britanniques, ainsi que par certains artistes, comme les Daniell, pour la culture et les monuments de l'Inde. Au XVIIIe s. se développe en Europe un mouvement orientaliste, qui se répercutera sur place par des choix architecturaux.

Un art qui se veut édifiant

La première tendance s'exprime d'abord dans la construction des églises. Celles qu'édifièrent les jésuites portugais sont des églises portugaises – comme elles le sont au Brésil ; la basilique du Bom Jesus, à Velha Goa, est un bel exemple de jésuite baroque. Les églises anglicanes sont écossaises ou anglaises, reproduisant parfois un modèle, telle la cathédrale Saint-George de Calcutta, copie de celle de Walbrook. De leur côté, les églises de Pondichéry sont bien des monuments français, et la synagogue hollandaise de Cochin ne cache pas son origine. On retrouve la même tendance dans les bâtiments civils. Le Sanskrit College de Bénarès, de style gothique anglais, pourrait bien être un collège d'Oxford. Au néo-classicisme mâtiné de georgien des bâtiments administratifs et des palais de gouverneurs (ancien hôtel de ville de Bombay ; palais du gouverneur à Calcutta) succède le style victorien, qui n'est guère adapté au climat. Là aussi apparaissent des anachronismes incongrus : le Palais de justice de Calcutta, par exemple, est une imitation de la Halle aux draps d'Ypres. De même, la gare Victoria ou le Palais de justice de Bombay sont des chefs-d'œuvre du style néo-gothique.

Le Victoria Memorial de Calcutta mérite une mention particulière ; le vice-roi Lord Curzon l'avait conçu en 1900 pour en faire une sorte de Taj Mahal à la gloire de la Grande-Bretagne. Cet édifice en marbre blanc, avec un dôme à galerie, évoque la cathédrale Saint-Paul de Londres. Néanmoins, son style, qualifié parfois de « néo-italien », est difficile à définir. Mais ce n'est pas seulement par l'architecture que les Britanniques imposent leur marque. Les villes furent planifiées d'une façon radicalement nouvelle par rapport à ce qui existait. Là où il n'y avait rien, comme à Calcutta ou Bombay, ils purent réaliser un urbanisme à la hauteur de leurs ambitions, en traçant de vastes artères, bordées de bâtiments officiels majestueux, et en répartissant les services publics (gares, collèges, hôpitaux, marchés couverts, etc.) sans ménager l'espace et selon des critères rationnels. Là où se dressait déjà une cité ancienne, grouillante et resserrée, ils s'établirent à bonne distance, vivant dans de larges bungalows entourés de jardins, reconstituant leur propre ville, aérée et spacieuse, les *Civil Lines* et les *Cantonments.* Le couple New Delhi/ancienne Delhi reproduit parfaitement, sur une grande échelle, cette bipolarité.

Vers une prise en compte de la tradition

La deuxième tendance, celle qui respecte l'art traditionnel et tente de l'adapter, eut plus de difficulté à s'exprimer, mais elle le fit magistralement. C'est en 1911 que George V, en visite en Inde, avait décidé la création de la nouvelle capitale à côté de l'ancienne Delhi. Les travaux ayant été interrompus pendant la guerre de 1914-1918, la nouvelle Delhi fut officiellement inaugurée en 1931 seulement. Magnifiquement conçue comme une capitale impériale par Sir Edwin Lutyens et Herbert Baker, elle fut réalisée en grès rose et marbre blanc dans un style

« euro-moghol » qui ne manque pas de grandeur. Dans un style analogue moins réussi, il faut citer des monuments tels que la gare de chemin de fer de Lucknow, par exemple. Cette tendance s'exprima aussi, plus tardivement, dans la construction d'églises, dont certaines ressemblent à s'y méprendre à de petits temples indiens du Sud, tandis que d'autres, comme la cathédrale Saint-John au Kérala, résolument moderne, comportent un toit typique de leur région et ont été construites en matériaux traditionnels : pierres, briques, bois, tuiles.

Ahmedabad

Rien ne semblait prédisposer Ahmedabad, au passé certes glorieux, mais devenue une populeuse cité industrielle, à devenir, au milieu du XXe s., un grand foyer de renouveau architectural. Or, quelques grands patrons du textile, apprenant la présence en Inde de Le Corbusier, qui travaillait alors à Chandigarh, l'invitèrent à réaliser quelques édifices pour leur ville. On lui doit le siège de l'Association des Filateurs (1952-1956), le Centre culturel Sanskar Kendra et deux villas privées.

B. V. Doshi (né en 1927), qui faisait partie de l'équipe de Chandigarh, édifiera un peu plus tard le Tagore Memorial Hall (1960) et l'Institut d'Indologie (1962), et fondera sur place une école d'architecture. Il se situe à cette époque-là dans la lignée des principes du maître : architecture fonctionnaliste, formes épurées, utilisation du béton brut. Louis Kahn prend ses distances avec ce modèle lorsqu'il dessine l'Indian Institute of Management, où la brique est à l'honneur et les formes peut-être plus évocatrices de l'Inde (1962-1972). Quant à Charles Correa, il prend une direction différente avec le musée du Gandhi Memorial (1963), dont la disposition par modules rappelle l'idéal villageois du mahatma.

Plus récemment, on constate que Doshi reste à la pointe des innovations. L'agence qu'il a fondée a pour principe de favoriser l'harmonie entre l'homme et la nature. On pourra en admirer la Gufa, galerie d'art consacrée aux œuvres du peintre Hussain, dont les bulbes blancs collés au sol ont pour tout dire un air un peu « martien » (1993).

L'art indien après l'indépendance

L'indépendance politique de 1947 n'a pas entraîné l'indépendance dans le domaine artistique. Il n'y eut pas, à proprement parler, de querelle des anciens et des modernes. Mais la tentation d'imiter l'Occident s'est affrontée à la volonté de ne pas perdre ses racines. Et l'on savait bien que c'était l'Occident qui avait donné à l'élite les moyens d'être consciente de ses valeurs...

L'architecture

Elle est encore à la recherche de son identité. L'influence de Le Corbusier et de Pierre Jeanneret a été importante. Chandigarh, la capitale que Le Corbusier a construite pour le Panjab, avait séduit Nehru qui la voyait comme « symbolique de la liberté de l'Inde libérée des traditions du passé, expression de la foi de la nation dans son avenir ». Des architectes indiens de talent ont travaillé avec lui et se sont formés à son école. Mais la plupart sont diplômés de Bombay, Londres ou Boston. Est-ce à dire qu'ils ont inventé une architecture indienne contemporaine ? La plupart ont emprunté les aspects extérieurs du « fonctionnalisme » résidentiel, que l'on retrouve dans d'innombrables immeubles stéréotypés des grandes villes.

Il faut néanmoins reconnaître la créativité et le talent d'un certain nombre d'entre eux, en particulier : Charles Correa (Musée mémorial de Gandhi à l'ashram du Mahatma à Ahmedabad) ; V. B. Doshi qui, après avoir subi l'influence de Le Corbusier, s'en est libéré (Institut indien de gestion, à Bangalore) ; Uttam Jain, de Bombay ; Ram Sharma et Raj Rewal, de Delhi ; Nami Bose, de Calcutta. Il faut réserver une place spéciale aux innovations « futuristes » – et anti-fonctionnalistes – de Kuldip Singh à Delhi, pour qui « le béton est une matière plastique ».

L'architecture religieuse est restée traditionnelle, pour ne pas dire traditionaliste. À Delhi, le temple de Lakshmi-Narayan (appelé souvent Birla Temple, du nom de son donateur, l'un des plus riches industriels du pays), construit après l'indépendance, en témoigne. Mais on en trouve des milliers d'autres exemples, de toutes tailles, à travers l'Inde. Une exception : à Delhi, le temple Baha'i en marbre blanc évoquant une fleur de lotus en train de s'épanouir, magnifique réalisation qui rappelle Brasilia. Il est vrai que ce n'est pas un temple hindou.

La sculpture

Les artistes qui travaillent pour les temples ou exécutent des commandes privées appliquent rigoureusement les canons prescrits. Nombreux sont ceux qui ont un véritable talent. Beaucoup de sculpteurs habiles travaillent dans le domaine « profane ». À côté des bronziers traditionnels, qui utilisent la technique de la cire fondue et qui travaillent dans le domaine religieux, il faut mentionner spécialement Meera Mukherjee, de Calcutta, qui a transfiguré la tradition populaire de la cire fondue, ainsi que le génial Amarnath Seghal, qui demeure à la limite du figuratif.

La peinture

Situé à la charnière des anciens et des modernes, Jamini Roy (†), au Bengale, grand admirateur des impressionnistes, s'est toutefois résolument inscrit dans la tradition bengali de Kalighat, florissante au XIXe s., qu'il a renouvelée. Résolument « modernes », au contraire, de nombreux peintres créatifs ont été marqués, en début de carrière, par leur séjour à Paris. Tels sont Amrita Sher Gil (1913-1941) et, plus tard, Akbar Padamsee, Nirode Majumdar ou Paritosh Sen. Mais il faut citer aussi d'autres peintres, renommés à juste titre, tels Hussain, Kishen Khanna, Bhupen Khakkar, Jogen Chowdhuri, Sudhir Patwardhan, qui ont chacun une personnalité très marquée, ou encore, dans la génération suivante, Chittravanu Majumdar.

Tout l'art en Inde manifeste que la civilisation indienne est une civilisation traditionnelle où la vérité, censée avoir été révélée une fois pour toutes, est admise et transmise comme telle de génération en génération. On comprend alors que des règles de conduite strictes aient été édictées dans tous les domaines pour permettre aux hommes de vivre en accord avec cette vérité révélée. Il était normal (c'est-à-dire « dans la norme ») que la construction des temples fût soumise à des règles canoniques, qui ne laissaient guère de place à la fantaisie. Et pourtant, les contraintes qui s'imposaient aux artisans-artistes, loin de nuire à l'épanouissement de leur talent, les ont obligés à être plus exigeants et, en définitive, plus profondément libres. On trouve dans leurs œuvres l'aisance, la plénitude, l'équilibre auxquels on reconnaît les véritables chefs-d'œuvre. Sans doute parce que cette soif d'absolu qui est inhérente à leur tradition les brûle et les force à révéler dans les formes ce qui n'a pas de forme.

L'art de l'Inde commençait sa décadence à l'arrivée de l'islam qui a interrompu son évolution. Mais un art nouveau est né de cette rencontre brutale. Un choc plus grave encore s'est produit au contact des civilisations occidentales qui ont précisément pour tradition de refuser les traditions. La tentation de l'Occident paraît irrésistible et pourtant on aperçoit dans l'art de l'Inde contemporaine, une fois de plus, les signes d'une véritable fécondation qui libérera de l'imitation.

La musique de l'Inde

L'histoire de la musique indienne remonte à l'Antiquité. Son origine mythique liée au concept d'un son primordial (Nâda Brahma) qui anima l'univers régi par les dieux hindous est illustrée d'anecdotes fabuleuses. Le statut prestigieux de la musique dans l'antique tradition des *Veda* (premiers textes sacrés attestés de l'Inde), puis sa codification théorique lors de son épanouissement dans les cours princières, parallèlement à son rôle dans la vie religieuse, sont attestés par des documents écrits en sanskrit (depuis le *Nâtya Shâstra* attribué à Bharata, concernant à la fois l'art vocal et instrumental, la danse et le théâtre), en persan et en langues vernaculaires, par une riche iconographie et grâce à une tradition orale deux fois millénaire. Parmi les traditions musicales vivantes dans l'Inde d'aujourd'hui, on distingue la musique savante, qui comprend de nombreux genres lyriques et instrumentaux, et les musiques populaires, dans leurs innombrables formes régionales.

La musique savante

La gamme indienne

Elle compte sept notes naturelles, sâ, re, ga, ma, pa, dha, ni, abréviations de mots symboliques. Elle est proche de la gamme de do majeur dans la musique occidentale. Cinq notes peuvent être altérées : re, ga, dha, ni peuvent être abaissées d'un demi-ton et ma peut être élevée d'un demi-ton. Elle est également divisée en vingt-deux degrés inégaux, souvent dits « micro-tons », ou plus exactement « micro-intervalles ».

Mode musical et rythme

Commodément traduit par « mode musical », le *râga* qui signifie en sanskrit « ce qui colore (l'esprit) », est le concept fondamental de la musique indienne. Il indique une entité musicale, faite d'un nombre défini de degrés ordonnés systématiquement, dont certains sont privilégiés.

Les notes spécifiques d'un *râga* forment une « échelle modale », une façon d'ordonner les intervalles, qui fournit le cadre à l'intérieur duquel le musicien fera preuve de son talent d'improvisation. Outre la tonique, chaque mode est caractérisé par des degrés privilégiés : la sonante ou note dominante et la consonante ou sous-dominante. Une troisième note « dissonante » produit un effet particulier lorsqu'elle est jouée à bon escient. Chaque *râga* comprend aussi certaines phrases musicales spécifiques qui permettent de le reconnaître immédiatement. L'élaboration d'un mode se fait à partir de ce noyau de base enjolivé d'ornements choisis et de parties improvisées, qui concourent également à la « saveur » émotionnelle et esthétique *(rasa)* « goûtée » par l'auditeur averti. Par ses particularités techniques et ses connotations esthétiques, chaque *râga* se rattache à certaines heures du jour et de la nuit et à une saison spécifique. Certains *râga* évoquent un personnage dans un état psychologique particulier dont l'image inspire le musicien.

La musique savante se caractérise par deux grands concepts : le mode musical *(râga)* et le cycle rythmique *(tâla).*

Le tâla

Outre le cadre mélodique, le musicien choisit le *tâla* (« cycle rythmique ») qui consiste en un nombre défini d'unités de temps, organisées en sections égales ou inégales et répétées d'une manière cyclique. Un système de syllabes mnémotechniques symbolise chaque type de frappe et permet de mémoriser ces figures rythmiques complexes, dont la structure et le nom varient dans le nord et le sud de l'Inde.

Un autre élément rythmique important est le tempo, défini pour chaque partie de l'élaboration d'un *râga*. Il y a trois tempi principaux, lent, moyen et rapide.

Les *râga* sont eux-mêmes personnifiés, voire déifiés et illustrés dans des séries de miniatures appelées *râgamâlâ* ou « guirlande de *râga* », qui ne représentent pas forcément des scènes musicales. Le Musée national de New Delhi et la galerie de peintures du City Palace, à Jaipur, possèdent un grand nombre de *râgamâlâ*.

L'art de l'improvisation

Le caractère improvisé de la musique indienne, modale, monodique et de transmission essentiellement orale, frappe souvent l'auditeur occidental, qui en imagine mal la complexité théorique. La maîtrise de la grammaire musicale et l'art d'improviser nécessitent un apprentissage ardu auprès d'un maître ou plus récemment au sein d'académies universitaires ou privées, pendant de longues années. Avant les concerts, les musiciens ne répètent pas, au sens occidental du terme ; ils pratiquent ensemble, habituellement ou à l'occasion d'un récital. Sur scène, leur approbation mutuelle s'exprime par des hochements de tête ou des commentaires qui déroutent le spectateur peu familier de manifestations bruyantes de la part des artistes et du public.

Le mécénat à l'épreuve de la modernité

Chantant la gloire divine au service d'un temple hindou célèbre ou commandités par un mécène princier mélomane, les musiciens ont longtemps été proches du pouvoir. Les titres honorifiques (« Ustâd » et « Pandit » dans le nord, « Bhâgavatar » dans le sud) qui les distinguent encore, sont les dernières traces des privilèges dont ils bénéficiaient jusqu'au milieu du XXe siècle. Aujourd'hui, beaucoup d'artistes doivent lutter pour être invités dans les festivals. Cette compétition farouche est un phénomène nouveau pour les musiciens, jadis employés par des patrons connaisseurs et sans doute habitués à une émulation plus artistique dans les cours princières de Jaipur, Gwalior, Lucknow, Bénarès, Tanjore, Mysore, Hyderabad, etc. (l'excellent film de

Une multitude de combinaisons

Les théoriciens ont proposé plusieurs systèmes de classification des centaines de modes nés de combinaisons théoriquement possibles. Au cours des siècles, les poètes compositeurs ont créé des poèmes lyriques conçus pour être chantés dans un mode spécifique. Mémorisés par les auditeurs mélomanes et les disciples, ces chants ont parfois été compilés ultérieurement dans des anthologies, sans notation musicale. Des centaines de compositions poétiques ont ainsi été transmises depuis l'époque médiévale dans leur *râga* original ou chantées dans un autre mode jugé mieux assorti au thème littéraire par un artiste novateur. Aujourd'hui les musiciens possèdent une centaine de *râga* ; mais le répertoire lyrique mémorisé par les chanteurs est immense, du fait que plusieurs poèmes peuvent être chantés dans le même *râga*.

Depuis le XVIe s., la musique savante se divise en deux traditions voisines nées d'un système conceptuel commun, la musique hindustânî dans le Nord et la musique carnatique dans le Sud.

Satyajit Ray, Le Salon de musique [1958], témoigne de cet âge d'or). Le renom de certaines de ces villes survit aujourd'hui dans les traditions stylistiques dont se réclament descendants et disciples des musiciens de cour.

La musique hindustânî

Dans le Nord, la musique persane, également modale, a influencé certaines « formes », mais aussi « l'esprit » de la musique indienne dont le caractère traditionnellement religieux s'est sécularisé grâce au mécénat des souverains hindous et musulmans, et plus particulièrement à la cour des Grands Moghols aux XVIe et XVIIe s.

Les formes vocales

La musique indienne est essentiellement vocale, soulignant ainsi l'importance accordée au texte lyrique. Les nombreux types de compositions en sanskrit de jadis ont fait place peu à peu à des poèmes lyriques composés dans les langues régionales et chantés dans des genres musicaux nouveaux. Parmi les principaux types de musique que l'on peut écouter en concert (pour cela, il suffit de lire les annonces de concerts et de festivals dans la presse locale), le *dhrupad* représente la forme vocale médiévale la plus prestigieuse encore chantée aujourd'hui. Il exige de ses interprètes une grande rigueur technique. Dans un lent prélude, le chanteur (soliste ou en duo) expose savamment les particularités du *râga*, en chantant des syllabes dénuées de sens ou de courtes phrases stéréotypées. Ce prélude se divise en sections marquées d'une pulsation qui s'accélère, sans accompagnement rythmique. Dans la deuxième partie, le texte poétique chanté en quatre sections ajoute à l'émotion esthétique créée par le prélude, et la participation d'un percussionniste sollicite d'autres qualités techniques du chanteur.

La *thumrî* est un bref poème d'inspiration voisine évoquant la douleur de la séparation du bien-aimé, chantée dans des modes plus légers.

Dans le *khayâl*, genre de musique vocale le plus prisé aujourd'hui, le chanteur– dont la voix peut s'étendre sur deux octaves et demie à trois octaves– doit faire preuve d'une vive imagination et d'une maîtrise technique parfaite pour présenter le *râga* dans un court prélude et poursuivre l'élaboration du mode sur un poème lyrique de deux vers d'inspiration religieuse ou romantique. Un *bhajan*, poème dévotionnel habituellement chanté dans les temples hindous, conclut souvent un récital de khayâl.

La musique instrumentale

La musique indienne privilégiant la voix, les instrumentistes apprennent la théorie musicale par le chant, avant d'étudier une technique instrumentale particulière.
Comme dans la musique vocale, un récital instrumental commence par un prélude lent auquel succèdent deux parties marquées par une pulsation rythmique de plus en plus rapide. La composition jouée en divers cycles rythmiques et sur des tempi variés, est accompagnée du percussionniste, dans un dialogue soutenu d'une grande virtuosité.

Les musiques populaires

D'une facture parfois proche de la musique savante, les musiques populaires, aux racines rurales encore perceptibles, offrent une grande variété régionale. Chants de travail ou de réjouissances sociales et familiales, musiques rituelles et religieuses, musique instrumentale ou accompagnant la danse, les musiques villageoises sont exécutées par des amateurs ou des musiciens professionnels, héritiers des bardes d'anciennes familles princières, chantres des grandes épopées hindoues ou chanteurs acteurs jouant les légendes courtoises médiévales.
Les profonds changements survenus depuis l'indépendance dans le mécénat artistique, le regain d'intérêt d'un public plus large, le plus grand niveau d'éducation, voire d'érudition des artistes, de nouvelles méthodes d'enseignement de la musique, la modernisation de la lutherie, l'amplification d'instruments de musique de chambre et l'agrandissement des salles de concert sonorisées contribuent à une intense activité musicale créatrice. Art millénaire qui a traditionnellement adapté ou intégré des sonorités nouvelles, des instruments importés, des techniques et des conceptions esthétiques étrangères, la musique indienne reflète bien cette remarquable capacité d'absorption et de renouvellement créateur de la civilisation indienne.

Les instruments de la

Les musiciens du nord de l'Inde jouent des instruments à cordes (luths, vielles et cithares) et à vent, dont certains témoignent d'une influence arabo-persane, accompagnés de divers tambours.

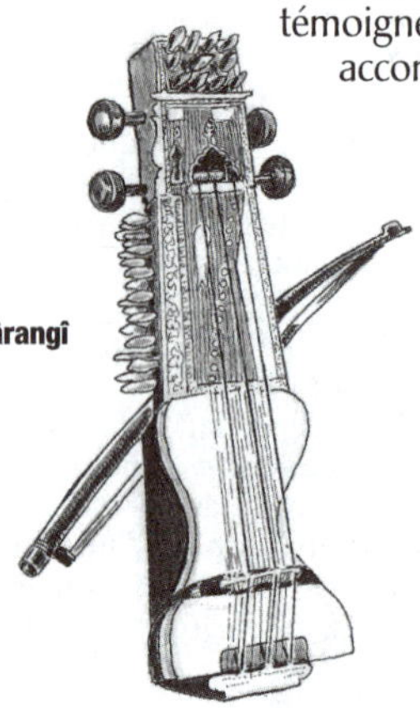

Le sârangî

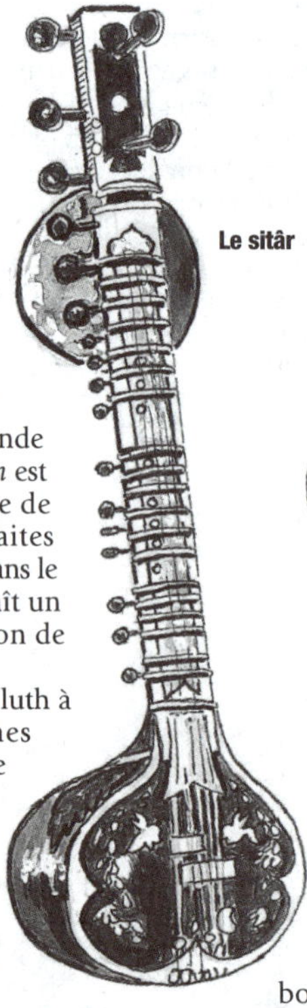

Le sitâr

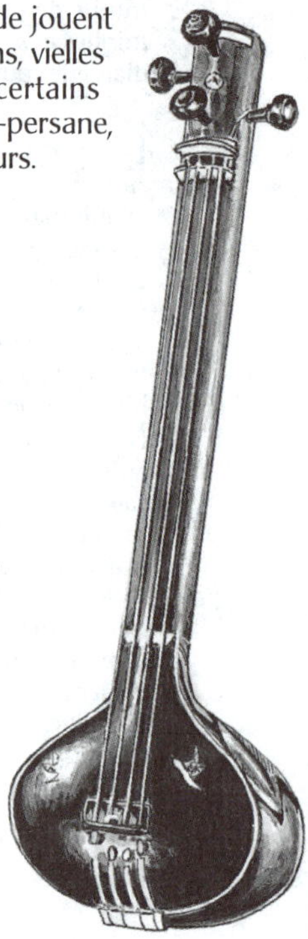

Le tampûrâ

Les instruments à cordes

Instrument privilégié dans l'Inde médiévale, la *rudra-vînâ* ou *bîn* est une cithare sur bâton, dotée de deux caisses de résonance faites d'énormes calebasses ; jouée dans le « style Dhrupad », elle connaît un renouveau lié à l'amélioration de son acoustique.

Né au XVIIIe s., le *sitâr* est un luth à manche long doté de touches métalliques amovibles et d'une (parfois deux) caisse de résonance faite de courge séchée. Il a six ou sept cordes principales jouées avec l'index de la main droite surmonté d'un onglet métallique et onze (ou plus) cordes sympathiques.

Le *sarod* est un luth en bois, sa table d'harmonie, sans touches, est métallique, prolongée d'une caisse de résonance recouverte d'une peau ; il a six cordes principales jouées avec un plectre en noix de coco et une quinzaine de cordes sympathiques.

Le *tampûrâ,* indispensable à l'accompagnement du chant, est un luth à manche long en bois sans touches, dont la caisse de résonance est une citrouille. Ses quatre cordes jouées à vide donnent la tonique, la quinte (parfois la quarte ou la septième) et la subtonique.

musique hindustânî

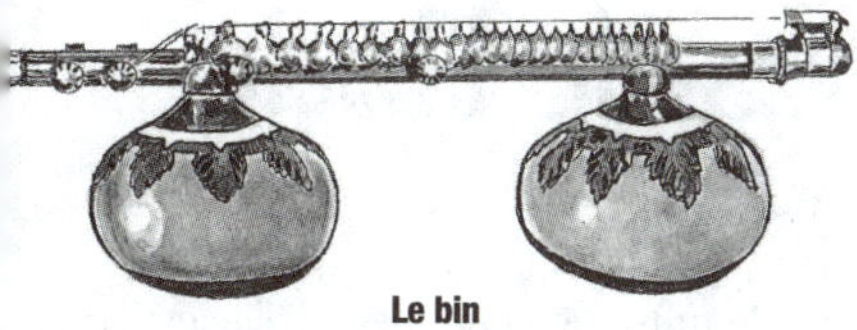

Le bin

Accompagnant le chant ou joué en solo, la *sârangî* est une vielle jouée verticalement, dont la caisse massive légèrement évasée vers le bas est en teck recouverte de peau de chèvre. Le manche, trapézoïdal, sans touches, comporte trois cordes principales jouées avec un archet de crin de cheval peu tendu et trente-cinq cordes sympathiques.

Le *santûr,* type de cithare traditionnelle dans la musique du Cachemire, est devenu un instrument de concert. Il est joué avec de très fines baguettes de bois aux extrémités recourbées qui frôlent les dizaines de cordes tendues sur sa caisse en bois trapézoïdale.

- L'harmonium, importé par les missionnaires européens, accompagne souvent aujourd'hui les chanteurs, en dépit des limites de sa gamme diatonique.
- Pour une découverte plus approfondie, voir les galeries d'instruments de musique du Musée national de New Delhi.

Les instruments à vent

La *bânsurî,* flûte traversière en bambou percée de six à huit trous, aux remarquables possibilités de legato, est un instrument ancien très apprécié, associé au dieu Krishna.

La *shehnâî,* hautbois dont le son de bon augure est associé aux événements heureux, a été récemment introduit dans la musique savante.

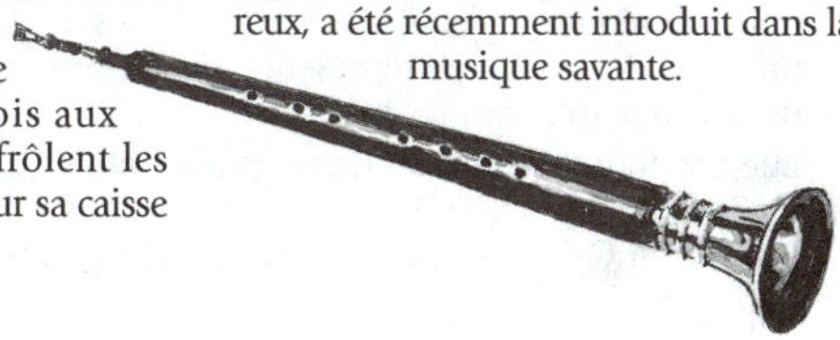

Le shehnâî

Les instruments de percussion

Ils comprennent des tambours à double face joués horizontalement, comme le *pakhâvaj*, ou doubles comme le *tablâ* constitué de deux petits tambours, l'un en bois joué de la main droite et l'autre plus volumineux, en métal, joué de la main gauche ; ces deux tambours verticaux sont recouverts de peau de chèvre fixée par des lanières de cuir à tension variable ; des cals en bois dont la hauteur est ajustable permettent d'accorder l'instrument sur la tonique.

Le bâyân

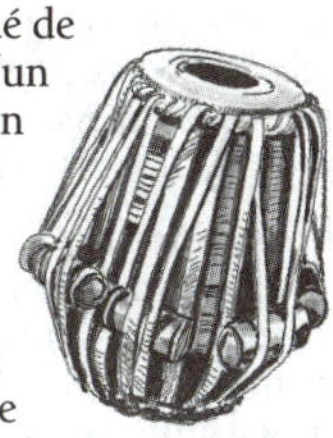

Le dâhinâ

Les danses de l'Inde

La danse est intimement liée à la musique et au théâtre. Elle est en effet issue des mêmes principes théoriques énoncés par Bharata et commentée par des auteurs médiévaux et modernes. Traditionnellement tenue pour sacrée, elle concourt à se rendre propice les dieux qui la révélèrent au monde. Art de scène sophistiquée ou danse spontanée de réjouissance, cette riche tradition artistique demeure aujourd'hui très vivante dans ses multiples manifestations savantes et populaires.

Une origine mythique

Sous sa forme de *Natarâjâ*, « roi de la danse », le dieu Shiva anima l'univers créé par Brahma. Du tambour sablier tenu dans l'une de ses multiples mains, résonne le son primordial qui accompagne sa danse cosmique. Cette scène cosmogonique, coulée dans le bronze ou sculptée dans la pierre, fournit un thème chorégraphique représenté dans divers styles issus de l'antique tradition dansée des temples hindous.

Elle apparaît notamment dans les admirables bronzes de la dynastie Chola du Tamil Nadu (X^e^-XIIe s.), conservés dans les musées de Tanjore, Delhi, Bombay et Calcutta, et dans la grotte d'Elephanta (VIIe s.), sur l'île du même nom, près de Bombay.

Une tradition millénaire...

Les représentations de danse les plus anciennes sont attestées par des peintures rupestres préhistoriques dans l'Inde centrale, puis dans la « civilisation de l'Indus » – dont provient l'étonnante statuette de danseuse en bronze trouvée à Mohenjo-Daro (2200-1500 av. J.-C.), conservée au Musée national de New Delhi. Toutefois les danses de tradition savante, révélant quelques éléments populaires, sont connues depuis les débuts du premier millénaire. Les danses sacrées jadis interprétées pour une divinité par les danseuses de temple *(devadâsî)* fascinèrent les voyageurs européens.

Aujourd'hui les représentations plus séculières témoignent encore du contexte religieux qui les inspirait autrefois. Les genres de danse classique vivants sont issus d'une longue tradition chorégraphique, codifiée dans de savants traités de dramaturgie composés en sanskrit, comme le *Nâtya Shâstra* attribué à Bharata. Les représentations de danse sculptées dans de nombreux temples *(voir notamment la danseuse accompagnée de ses musiciennes dans la grotte n° 7 d'Aurangabad, VIe-VIIe s.)* témoignent également de son importance dans la vie religieuse de l'Inde médiévale. Ces sculptures illustrent parfois très précisément les descriptions des traités théoriques (comme les cent huit postures traditionnelles sculptées de part et d'autre du porche de la tour ouest de l'ensemble shivaïte de Chidambaram, au Tamil Nadu) ou soulignent la beauté idéalisée de nymphes célestes ou de jeunes femmes parées d'ornements somptueux.

... récemment redécouverte

Les formes de danse et de théâtre dansé vivantes aujourd'hui ont souvent joui d'un mécénat aristocratique, avant de connaître une période de rejet et de déclin, et d'être « redécouvertes » au XXe s. En effet la plupart des styles de danse classique présentés aujourd'hui sur scène sont le fruit de longues recherches à partir de documents textuels et iconographiques mis en regard et animés par la tradition survivante des artistes de temples et de cour.

Les éléments communs aux différentes danses indiennes

Le fruit d'un long apprentissage

Les principales formes de danse classique indienne présentent certains éléments communs. L'enseignement traditionnel de la danse se fait auprès d'un maître, chorégraphe et musicien, dont l'expérience et la personnalité façonnent l'étudiant au cours de nombreuses années d'apprentissage des techniques chorégraphiques et musicales.

Danse pure et danse mimée

Une représentation comprend des séquences de danse pure *(nritta)* dans laquelle les aspects chorégraphiques et rythmiques dominent, alternant avec des passages de danse mimée *(nritya)*. Dans ce second aspect, qui concerne aussi le drame dansé, l'habile combinaison d'une gestuelle complexe, d'un jeu de physionomie expressif (yeux, sourcils, lèvres, etc.), des gestes d'une ou des deux mains et d'éléments plus extérieurs (maquillage, costumes, bijoux, ornements et décors) permet de créer l'illusion d'actions réelles et de divers états émotionnels. Les danseurs représentent tantôt des gestes quotidiens stylisés et des épisodes narratifs, tantôt des concepts abstraits codifiés. Par la maîtrise de ces éléments dramatiques, ils font partager au spectateur l'émotion du texte poétique chanté et mimé.

Les styles régionaux de l'Inde du Nord

Si la source d'inspiration reste souvent commune – la geste de Krishna fournit un thème privilégié au kathak, à l'odissi et au manipuri –, la diversité des genres chorégraphiques prévaut, dans la danse du nord comme dans le sud de l'Inde.

Le kathak

Héritier d'une tradition médiévale de théâtre populaire célébrant Krishna, le kathak, jadis dansé dans les temples, devint l'une des danses de cour les plus prisées des souverains hindous et musulmans dans l'Inde du Nord. Apprécié pour sa grande virtuosité, ses frappements de pieds extrêmement rapides, amplifiés par le son des clochettes et ses pirouettes éblouissantes, le kathak comprend trois « écoles » : de Lucknow, de Jaipur et de Bénarès. Ces styles privilégient diversement la virtuosité technique et rythmique ou la danse mimant les facéties de Krishna ou les états d'âme d'héroïnes esseulées que chante la poésie lyrique médiévale. La tradition de Lucknow se perpétue

Les danseuses de kathak revêtent un corselet à manches longues et une ample jupe froncée plus ou moins longue, portée sur des pantalons étroits ; un voile en mousseline recouvre parfois la tête et les épaules ou se porte comme le pan d'un sari, comme l'illustrent les miniatures. Les danseurs portent généralement une tunique fendue sur les côtés, sur un pantalon étroit, agrémenté d'une longue ceinture en mousseline. De larges bracelets de grelots sont attachés aux chevilles des femmes et des hommes.

brillamment à New Delhi, grâce à l'enseignement donné au « Kathak Kendra », académie de danse qui forme les meilleurs danseurs (jeunes gens et jeunes filles) du genre.

La séquence de danse du film de Satyajit Ray, *Le Salon de musique*, offre une étonnante démonstration de kathak.

L'odissi

L'État d'Orissa est célèbre pour une tradition dansée, directement liée au culte de Vishnou, vénéré à Puri sous sa forme de Jagannath. L'odissi est une danse du temple très stylisée, dans laquelle prime la posture sculpturale à triple courbe (que l'on peut voir dans le temple du soleil de Konarak sur les nombreuses sculptures représentant des scènes de danse et de musique). Le *Gîtâ Govinda* de Jayadeva, poème en sanskrit du XIIe s. chantant les amours de Krishna et de sa bien-aimée Radha, fournit le thème principal des récitals d'odissi.

Le manipuri

Cette forme de danse évoquant Krishna est vivante dans la région de Manipur, petit État himalayen au nord-est de l'Inde. Les gestes gracieux illustrent la poésie lyrique qui inspire les danses de femmes, dont les expressions du visage sont simplifiées. Certaines séquences très sportives du manipuri sont exécutées par des hommes, accompagnés de tambours aux rythmes soutenus.

L'accompagnement musical de la danse

Les danseurs (hommes et femmes) solistes, en couples ou en groupe, sont accompagnés d'une petite formation orchestrale assise par terre à leur droite, qui se compose d'un chanteur ou d'une chanteuse et de quelques musiciens : un flûtiste, un joueur de luth (*sitâr* ou *sarod*) ou de violon selon le style, et des percussionnistes.

Les danseuses d'odissi portent un corselet et un sari de soie artistiquement drapé, enveloppant les cuisses et le haut des jambes sans les entraver, ceignant la poitrine et le dos en passant sur l'épaule gauche ; un pan plissé, orné d'une riche bordure rehaussée d'or, se déploie en éventail de la taille à mi-jambe. La chevelure tressée ou relevée en chignon est décorée de fleurs et d'ornements qui embellissent également le cou, les oreilles, la ceinture, les poignets et les bras. Les chevilles sont marquées de bracelets dont les grelots soulignent le rythme de chaque battement et de chaque frappe des pieds. Le costume et les ornements des danseurs, torse nu, sont assez semblables.

Théâtre populaire chanté et dansé

Il présente une grande diversité d'une région à l'autre. À titre d'exemple, dans l'Inde du Nord-Ouest, la *ras-lila,* interprétée par de jeunes garçons, représente la geste pastorale du dieu Krishna dont sont énamourées les bouvières de la région de Mathura.

Outre des formes semi-classiques comme les divers styles, masqués ou non, de danses *chau,* aux confins du Bihar, du Bengale et de l'Orissa, il existe de nombreuses danses populaires régionales. Elles sont exécutées à l'occasion de fêtes agraires, de cérémonies religieuses ou de rituels privés, par les villageois eux-mêmes ou par des troupes professionnelles, hommes ou femmes seuls ou en groupe. Par exemple, le *bhangra,* joyeuse danse du Panjab, ou le *lakutiras,* danse des bâtons du Gujarat ou du Bengale.

Aujourd'hui, les traditions s'enrichissent grâce aux recherches chorégraphiques et historiques et à l'exploration de nouveaux modes d'expression où chorégraphes et danseurs manifestent une plus grande créativité. On peut regretter que les spectacles de musique et de danse dits « classiques » proposés aux touristes ne rendent guère compte du raffinement sophistiqué des formes savantes et de la vitalité de formes plus populaires.

Le cinéma indien

Il existe en Inde une longue tradition du théâtre où s'intègrent paroles, chants, musique et danse, et sans doute le cinéma a-t-il été si facilement adopté parce qu'il permettait cette fusion traditionnelle. Il a toujours existé aussi un goût immodéré pour les images, qui se manifestait déjà dans les bas-reliefs anciens (en couleurs à l'origine) mettant en scène la vie des dieux et des héros. Ce goût s'est perpétué jusqu'aujourd'hui : une série populaire de bandes dessinées ayant pour sujet la « mythologie », la « légende dorée » des dieux et des héros, compte déjà plusieurs centaines de titres. On comprend donc comment le cinéma, art des images en mouvement, s'est incorporé si facilement à la tradition. Car la tradition en Inde n'est pas un poids mort : essentiellement adaptable, elle demeure vivante dans tous les arts, de la sculpture au cinéma, capable d'intégrer le passé dans le présent et de les transcender tous deux en une création originale.

Omniprésence des images

Le cinéma est partout présent en Inde. Plus de 13 000 salles à travers tout le pays, qui sont signalées par d'immenses affiches aux couleurs vives peintes à la main, où le public reconnaît ses vedettes préférées dans les attitudes outrées et conventionnelles de tableaux vivants. Il y trouve tout ce qu'il aime ou qu'il attend : yeux langoureux ou irradiant la colère, scène de violence ou coucher de soleil romantique, la mère héroïque, le justicier invincible, l'humble épouse éplorée, l'orgueilleux méchant terrassé. Dans les petites villes et les villages, le cinéma est un véritable monument, richement décoré de guirlandes de lumières multicolores. Dans les grandes villes, le spectacle est permanent de 11 h du matin à 11 h du soir. Certaines productions ont tenu l'écran près de deux ans. Des milliers de spectateurs vont voir plusieurs fois le même film et le connaissent par cœur. Oui, le cinéma occupe une place importante dans la vie de l'Inde d'aujourd'hui !

Les films mythologiques

Le premier long métrage, en 1913, est dû à D.G. Phalke qui, enthousiasmé par une Vie du Christ, rêvait de porter à l'écran la geste de Krishna. Mais c'est un épisode du Mahâbhârata qu'il réalisa, la vie du roi légendaire Harish-Chandra. C'était le premier film « mythologique » ; ce ne devait pas être le dernier. Les récits édifiants empruntés au patrimoine légendaire constituaient un filon inépuisable. Expression des notions de *dharma* (loi du bon ordre et de la bonne conduite) et du *karma* (accumulation des mérites et des démérites), ils correspondaient à la morale ancestrale. Chacun reconnaissait les personnages et puisait force, patience et réconfort, avec respect et enthousiasme, dans le jeu des dieux somptueusement vêtus, évoluant dans des décors de carton-pâte. Nul ne s'en étonnait : rien n'est plus naturel en Inde que le surnaturel.

La télévision produit, à son tour, des séries « mythologiques » à grand spectacle (Râmâyana, Mahâbhârata et même La Bible), qui passent sur le petit écran en hindi.

C'est en juillet 1896 qu'eut lieu à Bombay, six mois seulement après Paris, la première projection du Cinématographe Lumière qui éveilla aussitôt un grand intérêt technique et commercial. Des projecteurs et des films furent importés, puis des caméras, et la première bande d'actualités fut réalisée en 1903.

Lorsque le cinéma parlant fit son apparition en 1931 – quatre ans après son exploitation en Amérique –, le problème des langues se posa. Il était impossible de réaliser quinze versions d'un même film. Comme le premier long métrage, le premier film parlant fut donc un film mythologique. Parlé en hindi, il pouvait néanmoins être compris dans tout le pays.

Les Massala Movies

Le cinéma commercial est encore influencé dans ses thèmes et dans sa forme par la tradition du théâtre populaire, dont les innombrables troupes sillonnent tout le pays, donnant des spectacles tragi-comiques farcis de danses et de chants folkloriques ou religieux.

C'est à Bombay qu'ont été fondées, dans les années 1930, les plus grosses sociétés de production. Aujourd'hui, on y trouve *Film City*. C'est à Bombay également que sont produits, en hindi, une grande partie des films populaires.

Adulées du public, plusieurs vedettes se sont lancées dans la politique et sont devenues Premiers ministres de leurs États.

Ces grandes productions, qui durent de deux à trois heures, sont entrecoupées, sans aucune nécessité logique, de danses et de chants repris plusieurs fois au cours du même film (6 fois en moyenne, mais *Haum Aapke Hain Kaun* en comprend 14).

Deux cents de ces films sont des superproductions dont le budget dépasse le million de dollars chacune. Car l'« argent noir » s'investit facilement dans le cinéma, où la fraude fiscale est courante.

Les chants sont en *play-back* et certains chanteurs sont aussi célèbres que les acteurs vedettes. La plus célèbre, Lata Mangeshwar, a chanté 25 000 chansons de films hindis au cours de sa carrière ! C'est devenu la musique populaire de l'Inde moderne.

Si la violence est souvent présente, elle est « jouée » plutôt que réelle et le public voit bien que « c'est du cinéma ». Qu'il s'agisse d'aventures historiques, héroïques ou mélodramatiques, ou encore de drames bourgeois, les acteurs – peu soucieux de reproduire la réalité – continuent presque toujours à jouer et à déclamer de façon théâtrale, dans des décors souvent somptueux de palais de maharaja ou d'appartements ultramodernes. Il s'agit là d'une convention acceptée du public, qui se régale de ces spectacles où les bons triomphent toujours des méchants, devant une salle complice qui participe en manifestant sa joie ou sa réprobation.

Ces films représentent aujourd'hui 30 % de la production nationale et 85 % des exportations – vers l'Asie du Sud et du Sud-Est, mais aussi vers l'Afrique du Nord et le Moyen-Orient.

Le « nouveau cinéma »

Madras produit les films en tamoul, telougou, hannada et malayalam ; Bombay, ceux en marathi et panjabi ; Calcutta, enfin, ceux en oriya et en assami.

La production dans les langues régionales autres que le bengali ne cesse d'augmenter et représente aujourd'hui plus de la moitié du total.

En 1937, un film de Bombay, *Sant Tukaram* – la vie d'un ascète du XVIIe s. –, avait été primé à Venise. En 1954, à Cannes, le prix international avait été décerné à *Dobigha Zamin* (« Deux arpents de terre »), sous le titre *Calcutta, ville cruelle*, du Bengali Bimal Roy, décrivant la vie d'un tireur de rickshaw.

Le cinéma indien en chiffres

Premier producteur mondial : l'Inde.
Production : plus de 1200 films de long métrage en 2002 (2 h 30 en moyenne).
Plus grand succès de toute l'histoire du cinéma indien : *Haum Aapke Hain Kaun* (1994), qui réalisa 100 millions d'entrées en un an !
14 000 salles.
Plus de 550 ciné-clubs.
3 milliards de tickets vendus chaque année ;
prix moyen d'une place : 5 Rs (soit env. 20 à 25 % du salaire minimum journalier).
3 millions de personnes employées directement ou indirectement par l'industrie cinématographique.
Une grande star touche l'équivalent de 1 à 2 millions de francs par film ; il n'est pas rare qu'elle tourne plus de 20 films en même temps.
750 journaux et magazines consacrés au cinéma totalisent un tirage supérieur à 2,5 millions d'exemplaires.

L'émergence d'un cinéma régional

La création des États de l'Union indienne sur des bases linguistiques au milieu des années 50, la mise en place, en 1960, de la *Film Finance Corporation*, organisme national d'aide à la production, et, en 1961, de l'école de cinéma de Poona (Pûne), enfin, en 1993, du *Satyajit Ray Film and TV Institute* de Calcutta, ont donné un nouvel essor aux cinémas régionaux, en dehors de la tutelle artistique et financière des grandes firmes de Bombay. Certes, au début, on a surtout voulu copier à moindres frais les films à grand spectacle en hindi. Mais des originalités régionales n'ont pas tardé à se faire jour. Si le style de l'école de Bombay, très tôt ouverte aux influences occidentales (particulièrement à celle de Hollywood), est surtout cinématographique, les scénarios étant écrits directement pour les films, à Calcutta, cœur intellectuel de l'Inde, le cinéma vit sous l'égide de la littérature.

L'influence de ce cinéma régional, davantage porté à traiter des thèmes sociaux et à dépeindre la vie quotidienne des gens modestes, sur les grands films commerciaux est évidente, comme elle l'est aussi sur ce qu'on nommera le « nouveau cinéma ».

Un nouveau regard

D'autres cinéastes, également influencés par le néoréalisme, et tournant aussi parfois en extérieurs avec des acteurs non professionnels, ont centré leurs films sur des problèmes sociaux permanents : la dot, l'usurier, l'exploitation des paysans par les gros propriétaires ; le politicien y apparaît souvent comme le méchant. Mais l'amitié entre deux hommes continue d'y être plus importante que l'amour entre un homme et une femme.
Au Bengale, un groupe de cinéastes parmi lesquels Mrinal Sen et Ritwik Ghatak (mort en 1976), tournant le dos délibérément aux normes du cinéma commercial et à ses ingrédients, s'investissent totalement dans leurs films résolument « sociaux », qu'ils réalisent – par force – dans des décors naturels avec un petit budget. Mrinal Sen, critique engagé de la société d'aujourd'hui, s'attaque à la corruption, au chômage, à l'hypocrisie de la société, ou montre – sans emphase mais avec émotion – la dure vie quotidienne à Calcutta d'une jeune femme qui travaille (*Ek din pratidin*, « Un jour comme les autres »), en opposition radicale avec les films d'une vedette masculine des grands films commerciaux, Amita Bhachan, adulé à travers toute l'Inde et seigneur d'un univers purement « macho ».

Affiche d'un *Massala Movie* sorti des studios de Bombay.

Ritwik Ghatak *(voir filmographie)*, quant à lui, commence à tourner en 1951 et témoigne d'une passion dévorante pour la vie et pour ses personnages (*Ajantrik*, « Ce n'est pas une machine », 1958 ; *Suvarnarekha*, « Le Fil d'or », 1962), passion qui ne peut, sans doute, se terminer que par le désespoir.

Satyajit Ray

Satyajit Ray *(mort en 1992 ; voir filmographie)* est l'emblème du « nouveau cinéma », cinéma d'auteur, d'art et d'essai. Humaniste de vaste culture et de grande sensibilité, d'une famille appartenant à l'intelligentsia bengalie et proche de Rabindranath Tagore, c'est un artiste complet et solitaire, qui écrit les adaptations et les dialogues, prépare minutieusement les découpages, compose la musique la plupart du temps, dessine les costumes, cadre et filme lui-même, attachant une grande importance à la lumière et aux gestes naturels, tournant presque toujours en extérieurs utilisant à la fois des acteurs professionnels et des non-professionnels.

En 1955, il atteint d'emblée la notoriété (à l'étranger du moins) avec *Pather Panchali (La Complainte du sentier)*, couronné au festival de Cannes comme « le meilleur document humain ». Il continue la *Trilogie d'Apu* avec *Aparajito* (*L'Invaincu*, 1956) et *Apur Sansar* (*Le Monde d'Apu*, 1959) – où il évoque également Calcutta, ville tellement humaine –, ou décrit, avec dignité et émotion, la grande famine de 1943 au Bengale (*Ashani Sanket*, « Tonnerre lointain », qui est peut-être son chef-d'œuvre). Continuant à puiser dans la littérature bengalie de la première moitié du

Mrinal Sen tourne, en 1955, dans les rues de Calcutta, *Baïsh Shravan* (« Le 22 du mois de Shravan », 1960).
***Genesis* (1986) est un film empreint d'une grande beauté poétique, message du cinéaste vieillissant, imaginant, dans l'épure d'un hameau du désert, la genèse symbolique des éternels problèmes humains.**

Films de Mrinal Sen sortis en France :
***Monsieur Shome* (1969) ;**
***Un jour comme les autres* (1979) ;**
***Genesis* (1986).**

Quelques films

Du Bengale
36, Chowringhee Lane (1980), première réalisation d'une ravissante star du Bengale, Aparna Sen, qui décrit la solitude d'une enseignante anglo-indienne qui a perdu ses amis.
Uttoran (« Le Voyage interrompu »), de Sandip Ray, également présenté à Cannes en 1994 ; beau film, plus classique à tous égards. Un médecin de ville rencontre sur son chemin un paysan malade et découvre à cette occasion la misère.
Du Gujarat
Maya Memsaab (« Madame Maya » ou « Madame Illusion » ; 1993), de Ketan Mehta, inspiré de « Madame Bovary » et présenté à Cannes, peint – audace exceptionnelle – avec une élégance délicate mais sans fard le désir et la sexualité d'une femme indienne.
Du Maharashtra
Salaam Bombay (1992), première réalisation de Mira Nair ; film document sur la vie d'enfants des quartiers chauds de Bombay, sans aucun misérabilisme et non dénué d'humour.

Les boutiques regorgent de cassettes et DVD piratés, à Paris même, dans le quartier du passage Brady, près de la gare de l'Est.

La révolution télévisuelle proprement dite a commencé vers 1983 et l'on comptait déjà 11 millions de téléviseurs en 1991. On en comptait 63 millions en 2001, dont plus de la moitié sont équipés d'un magnétoscope ou d'un lecteur de DVD – les uns et les autres désormais fabriqués en Inde.

siècle, il évoque la nostalgie d'un passé irrémédiablement perdu (*Jalsaghar, Le Salon de musique,* 1958), ou met en scène Tagore (*Charulata,* 1964, *La Maison et le Monde,* 1984), où il attaque avec une cruelle élégance les préjugés de castes, ose faire des femmes ses personnages principaux, traitant, avec beaucoup de délicatesse et de sensibilité, de leurs aspirations secrètes, de leur situation dans une société qui change, de leur psychologie propre – ce qu'il avait déjà fait dès 1963 dans *Mahanagar (La Grande Ville).* Toute son œuvre est une longue quête de l'harmonie entre l'homme et la nature. Un film comme *Des jours et des nuits dans la forêt* (*Aranyer Din Ratri,* 1969) en témoigne amplement. Avec le même humanisme réaliste et poétique, il excelle dans tous les genres, de la comédie musicale au film d'enfants (*Sonar Kella, La Forteresse d'or,* 1974, ou *Pikoo,* 1980, chef-d'œuvre sans paroles réalisé pour la télévision française), en passant par l'humour (*Parash Patar, La Pierre philosophale,* 1957), la critique du monde des affaires *(Company Limited)* ou de la superstition religieuse (*Devi, La Déesse,* 1960). Dans ses dernières années, à la suite de plusieurs crises cardiaques, condamné à garder la chambre, Satyajit Ray décida de faire du « théâtre filmé » et d'adapter une pièce d'Ibsen, *Un ennemi du peuple.* En définitive, il s'en inspira seulement et fit *Ganashatru* (1990), réflexion féroce et désabusée sur un « pur », inéluctablement écrasé par la corruption politique ambiante. Les contraintes du décor n'ont pas empêché ses élégants mouvements de caméra et les superbes panoramiques circulaires que l'on avait déjà admirés dans *Le Salon de musique.* Puis ce sera *Les Branches de l'arbre* (*Shakha Proshakha,* 1990), conflit de générations, où il réussit à s'évader « en extérieur » à l'occasion d'un pique-nique par exemple, et à nous faire à nouveau communier avec la nature de « son » Bengale qu'il porte en son cœur.

Enfin, *Agantuk* (*L'Étranger,* 1991), pourrait bien être son testament, mélancolique et drôle à la fois, qui conte le retour d'un homme âgé qui a passé sa vie en études et en voyages, « Et puis est retourné, plein d'usage et raison/Vivre entre ses parents le reste de son âge ». Ce qu'il a appris ? « Les plus savants des hommes ne savent rien. Profitez de l'air pur. Rien à ajouter. » Satyajit signifie « lumière de la vérité ». Il y a, dans le film, un enfant aux grands yeux qui s'intéresse à tout et qui a un merveilleux sourire. Son nom est Satyaki, « celui de la vérité ». Y a-t-il quelque chose à ajouter ? Si Satyajit Ray a conquis une large audience à l'étranger et s'il est très apprécié de l'élite bengalie, il ne touche encore en Inde qu'un public très réduit, bien que ses films soient projetés avec des sous-titres anglais. C'est pourquoi, sans doute, il a tourné en hindi un de ses derniers films, *Les Joueurs d'échecs*, adapté d'une nouvelle en hindi. L'influence salutaire de Ray sur le cinéma bengali et sur le cinéma national demeure très importante.

Une troisième voie ?

Entre le « nouveau cinéma », qui permet à l'Inde de figurer en bonne place, pas seulement quantitativement, sur la scène internationale, qui remporte des prix dans les festivals, et rassemble, en Inde même, un assez large public de ciné-clubs, mais qu'on ne voit jamais à l'affiche des salles commerciales, et le cinéma populaire, les « filmi » à chansons et à danses, y a-t-il place pour un cinéma grand public mais de qualité ? On se doute bien que certains réalisateurs se seront posé la question.

Il faut tout d'abord dire que les films musicaux sont de qualité inégale. Jusqu'à une certaine époque, en tout cas, disons : la fin des années 1950, et même encore, mais il est vrai beaucoup plus exceptionnellement, aujourd'hui, il en est qui peuvent parfaitement soutenir la comparaison avec de bonnes comédies musicales américaines. Après tout, la production moyenne hollywoodienne fut-elle toujours tellement brillante ? Les films chantés et dansés de Raj Kapoor, *Shree 420* (1955) par exemple, sont de bons spécimens de *all India films* sauvés par beaucoup de talent. On chante et danse également chez Guru Dutt, mais il atteint, dans le mélodrame même, une sorte de perfection (*L'Assoiffé*, 1957).

Bombay (1995), film d'un réalisateur tamoul, Mani Ratman, mais tourné en hindi, est inspiré par les sanglantes émeutes intercommunautaires entre musulmans et hindous, à Bombay, durant l'hiver 1992-1993 ; sujet on ne peut plus brûlant, mais si le film eut un immense succès, ce fut avant tout parce qu'il respectait les lois du genre : distribution de stars, grand spectacle, happy end. Plus récent encore, *Daayra* (1996 ; sorti en France en 1997), d'Amol Palekar, raconte l'éveil à l'amour d'un acteur travesti et d'une villageoise ; certes c'est un mélo, certes c'est plein d'invraisemblances, mais c'est traité avec une grande fraîcheur et beaucoup de tact. Les chansons et les danses y sont on ne peut plus discrètes.

Les efforts de certains réalisateurs du cinéma d'auteur pour toucher un plus large public sont une autre manière de répondre à notre question. L'action de *Dharavi* (« Cité des rêves », 1991) de Sudhir Mishra est située dans l'immense bidonville de Bombay ; mais, violente et tragique, elle est ponctuée de séquences chantées et dansées (les « rêves » du personnage principal). Un autre beau film qu'on a pu voir en France, *C'est loin la mer ?* (1994) de l'Assamais Jahnu Barua, peint l'existence d'un vieux batelier qui veut absolument que son petit-fils fasse des études ; outre l'histoire, très sobrement contée, on a pu admirer la beauté d'une région fort peu connue des voyageurs. Ces tentatives restent certes minoritaires, et elles touchent peu, jusqu'à présent, un public qui, dans l'ensemble, demande surtout à être rassuré et à oublier ses soucis, mais elles n'en sont pas moins un signe.

La mort du cinéma en salle ?

Dans les années 60, la télévision, encore à ses débuts, diffusait bulletins d'informations et programmes culturels. Mais les Indiens sont, par tradition, avides d'images ; sur 400 millions de téléspectateurs déferlent, 24 heures sur 24, des torrents d'images que les satellites, à l'envi, déversent du ciel. D'habiles intermédiaires, à grand renfort d'antennes paraboliques et de câbles, les revendent jusque dans les villages reculés, cependant que, grâce à la libéralisation économique, les magnats des médias se disputent les marchés à coups de milliards. Dans les villes

L'alchimie Bollywood

Longtemps dominé par les studios de Bombay, créateurs des films *massala*, le cinéma indien s'est dès l'origine inspiré d'Hollywood. Le Bollywood (contraction de Bombay et Hollywood) était né. Aujourd'hui, les studios de Madras ont supplanté ceux de Bombay comme producteurs, ceux d'Hyderabad sont les plus vastes du monde et les productions indiennes commencent à susciter l'intérêt du public occidental.

Quelques réalisations récentes sont même à l'origine d'un réel engouement occidental pour le cinéma indien et les danses indiennes :

– *La Famille indienne* (*Kabhi Khushi Kabhie Gham*, 2001) de Karan Johar. Saga sur la force des liens familiaux et l'honneur du clan, servi par une distribution prestigieuse.

– *Lagaan, Once upon a time in India* (2001) d'Ashutosh Gowariker. Fresque historique qui a représenté l'Inde aux Oscars en 2002. En 1883, des villageois épuisés relèvent le défi de l'oppresseur britannique lors d'un match de cricket : s'ils gagnent, leur impôt est annulé, sinon il sera doublé.

– *Devdas* (2002) de Sanjay Leela Bhansali. Énième adaptation d'un roman du début du XXe s., servie par un casting de rêve.

– *Veer-Zaara* (2004) de Yash Chopra. Histoire d'amour entre une Pakistanaise et un Indien sur fond de rivalités politiques. A. B.

et les bourgs foisonnent les échoppes où, pour quelques roupies, on trouve des cassettes et DVD « piratés » sur place pour la plupart. L'Inde peut-elle résister à cette pollution médiatique ?

Dans le domaine du cinéma, les conséquences sont graves : les salles ne sont plus fréquentées que par les plus pauvres, et elles se dégradent rapidement. Les classes moyennes louent des cassettes des meilleurs films indiens et américains et fréquentent les ciné-clubs où sont projetés les quelque 60 films étrangers importés chaque année. Alors, la production indienne baisse et l'on tend à fabriquer uniquement des Massala Movies, films « épicés » de violence et de sexe, et, pourquoi pas, des « films spaghetti » et du « cinéma loukoum ». Cela ne peut durer qu'un temps.

Région par région, les villes et les sites

Visiter

Le Rajasthan

La terre des Seigneurs ou l'Inde romantique. Voici sans doute la plus spectaculaire contrée du sous-continent, l'étape indispensable à tout premier contact avec le monde indien. Il faut dire qu'ici le pittoresque n'a pas ménagé ses effets : perchées sur des sommets inaccessibles, d'imprenables citadelles dont les pierres résonnent encore des terribles combats livrés dans leurs murs ; des palais de rêve sortis tout droit des livres d'images d'une Inde de légende ; un passé de faits d'armes et de gloire dont tirent encore leur fierté les Rajpoutes d'aujourd'hui, des hommes droits comme des lances, dont les turbans sont autant de taches de couleur, jaunes, rouges, mauves, roses, qui dodelinent dans la poussière ocre que soulèvent leurs troupeaux, les jupes des femmes, brodées de fils d'or ou d'argent, leur faisant un écho ondoyant. Le Rajasthan est aussi la première destination touristique en Inde du fait de ses nombreuses possibilités hôtelières, à commencer par ses somptueux palais convertis en hôtels à Jaipur, Udaipur, Jodhpur… Mais il existe également d'autres lieux plus discrets, demeures familiales de petits hobereaux où la traditionnelle hospitalité rajpoute s'exprime de manière plus intime et chaleureuse, comme à Bundi, dans la région du Shekhawati, étapes plus secrètes, que l'itinéraire proposé ici vous invite à découvrir.

Carte d'identité

Superficie : 342 239 km^2.
Population : 56 473 000 hab.
Densité de la population : 165 hab./km^2.
Taux d'alphabétisation : 61,03 % (76,46 % des hommes, 44,34 % des femmes).
Capitale : Jaipur (2 324 000 hab.).
Villes principales : Jodhpur (846 000 hab.), Kota (696 000 hab.), Bikaner (529 000 hab.).
Langues principales : hindi, rajasthani.
Principales ressources : agriculture (mil, maïs, blé, oléagineux, coton, canne à sucre, tabac) ; élevage (laine) ; minéraux (gypse, amiante, argent) ; quelques industries textiles, sucreries, cimenteries ; secteur artisanal (tapis, cuir, poterie, bijoux, broderie).

Lire en début de guide le portrait du Rajasthan p. 97.

Découvrir le Rajasthan

Des peintures murales aux miniatures

La miniature hindoue a trouvé ses accents les plus charmeurs au Rajasthan, qu'il s'agisse de représentations d'épisodes de la geste de Krishna ou de galantes scènes de cour. Peintes sur papier, soie, ivoire, mais aussi décorant les murs des palais et riches demeures, elles évoquent toujours un monde coloré et vivant, d'où le pittoresque n'est jamais absent. Ainsi, par exemple, un panneau mural du palais de Bundi** où l'on découvre la ville d'il y a deux siècles, corsetée de remparts, avec son bazar aux mille métiers ; ou encore les portraits des maîtres de Kota qui ornent un pavillon de leur ancien palais. Les décorations des riches demeures du Shekhawati** sont plus naïves ; là, les innovations du monde occidental – train, bicyclettes ou automobiles – se mêlent librement à la mythologie traditionnelle, voire à des scènes érotiques. Quant aux délicates miniatures proprement dites, il faut les découvrir dans les collections des palais, ou auprès d'artisans qui, depuis trois siècles, génération après génération, en perpétuent la précieuse tradition.

■ La dentelle de marbre des temples jaïns

Les dons des riches marchands jaïns ont permis d'offrir à leur communauté de magnifiques temples décorés à profusion : à Ranakpur**, blotti dans une région de collines ; au mont Abu*** ; ou encore à l'intérieur du fort de Jaisalmer***.

■ À pied, à dos de chameau ou d'éléphant

Au mont Abu, on peut partir à pied, au cours de belles promenades faciles, à la découverte de sanctuaires vénérables, ou gagner le point de vue d'où l'on assiste au coucher du soleil ; mais c'est sur le dos d'un paisible pachyderme, très habitué aux touristes, que l'on monte jusqu'au fort d'Amber*** *(→ Env. de Jaipur)*. Quant au désert autour de Jaisalmer, on le parcourt au pas d'un dromadaire au cours d'un safari de quelques jours ; plusieurs agents de voyages locaux organisent ce type de randonnée.

■ Des forteresses imprenables...

Elles sont l'image même de la fierté et de la bravoure rajpoutes : Chittorgarh***, tragique forteresse naturelle qui domine la plaine alentour ; Jodhpur***, fief des chevaliers Rathore ; Jaigarh*, au-dessus du fort d'Amber *(→ Env. de Jaipur)*, coffre-fort des princes qui y déposaient leur trésor ; Jaisalmer*** et son rempart de 5 km hérissé de 99 bastions ; Kumbhalgarh** *(→ Env. de Ranakpur)*, dont les murailles serpentent sur les pentes des Arawalli.

■ ... et des palais somptueux

Ils évoquent l'Inde des livres d'images : les belles façades d'Udaipur*** dominant son lac ; le château suspendu de Bundi** ; les salles d'audience de Samode**

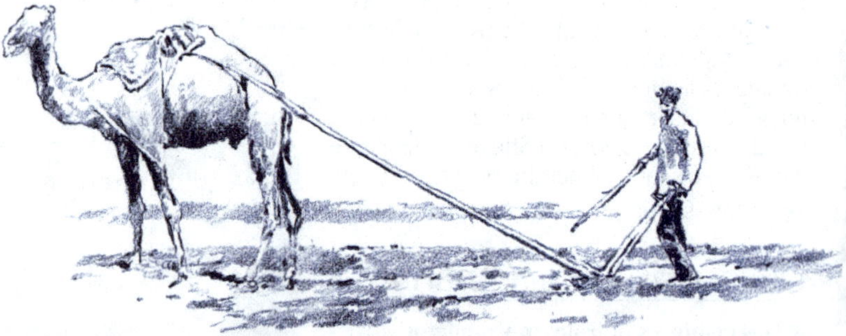

Au Rajasthan, le chameau du désert est en pleine reconversion.
Animal de bât, le voici aujourd'hui animal de trait, tirant la charrue pour labourer le champ de *bajra*, le riz du désert.

(→ *Shekhawati)* ; le palais-pièce montée de Dungarpur** *(→ Env. d'Udaipur)* ou Amber*** et son palais de miroirs *(→ Env. de Jaipur)*. Dans chacun de ces palais resplendit encore le faste dont s'entouraient ces guerriers infatigables.

Le monde sauvage

On retiendra essentiellement Bharatpur* *(Le Matsya)* pour ses oiseaux et Ranthambhore N. P.* *(→ Env. de Bundi)* pour ses tigres, deux des plus célèbres réserves de l'Inde ; au S. de Jodhpur, des troupeaux d'antilopes paissent paisiblement aux abords des villages des Bishnoï, qui les respectent et les protègent.

Des caravanes de chameaux

Animal emblématique du désert de Thar, le chameau est au centre de toutes les ballades populaires des conteurs du Rajasthan. Même son harnais, le gorbhand, tout chamarré de pompons et de floches de laine, a son chant qu'entonnent volontiers les bardes Bhopa. Lors des grandes foires de Nagaur et Pushkar, des milliers de bêtes sont amenées pour être vendues.

La ferveur populaire

Hindous et musulmans participent également de la religiosité indienne, et l'on trouve au Rajasthan des lieux fréquentées par les deux communautés : ainsi le Dargah d'Ajmer où les hindous viennent prier avec la même ferveur sur la tombe d'un pieux derviche, ou le pèlerinage de Baba Ramdeo aux environs de Jaisalmer. Les Rajasthanis hindous ont leur Bénarès : c'est Pushkar et ses 52 ghats qui descendent vers les eaux de son lac. Une passion de nature religieuse réunit également les Rajasthanis autour de leurs grands mythes, celui de Pabuji, dont la geste est chantée par les bardes Bhopa, ou celui de Dhola et Maru, les amoureux du désert.

Le Rajasthan est resté une région largement rurale.

Le Rajasthan mode d'emploi

Quand partir

La mousson survient en juil. et août ; les pluies sont relativement abondantes au centre et dans l'E. de l'État (Jaipur, Udaipur), sans pour cela compromettre absolument un voyage, sauf en année exceptionnelle ; elles sont assez faibles, voire inexistantes, à mesure que l'on avance en direction du désert de Thar, vers le N.-O. de l'État. Jaisalmer ne reçoit que 89 mm de pluie en juil., contre 193 mm à Jaipur et 217 mm à Udaipur. Les mois précédant la mousson (mai-juin) sont torrides partout : les températures

Attention ! Les soirées et les nuits sont très fraîches (7 à 8 °C), voire glaciales (3 à 5 °C dans les franges désertiques) durant les mois d'hiver, qui sont cependant les plus favorables au voyage.

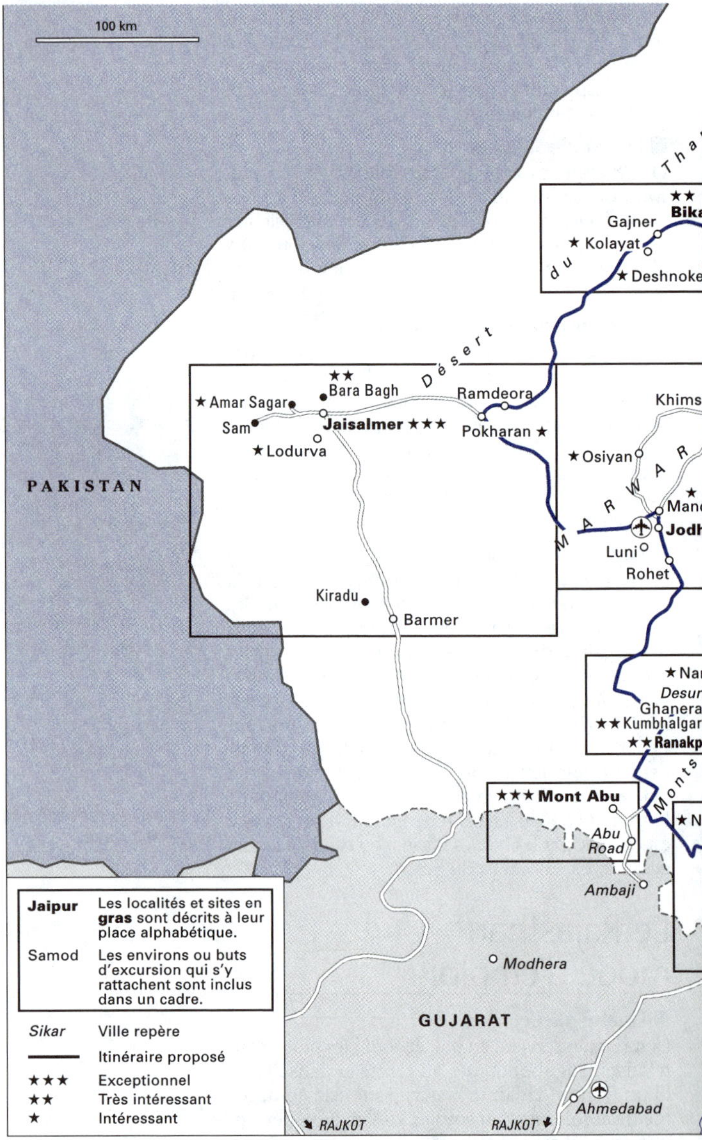
100 km
PAKISTAN
GUJARAT
Désert du Thar
MARWAR
★★ Bika
Gajner
★ Kolayat
★ Deshnoke
★★ Bara Bagh
★ Amar Sagar
Sam
Jaisalmer ★★★
★ Lodurva
Ramdeora
Pokharan ★
Khimsa
★ Osiyan
Mand
Jodh
Luni
Rohet
Kiradu
Barmer
★ Nar
Desuri
Ghanera
★★ Kumbhalgarh
★★ Ranakp
Monts
★★★ Mont Abu
Abu Road
★ Na
Ambaji
Modhera
Ahmedabad
RAJKOT
RAJKOT
Jaipur
Les localités et sites en gras sont décrits à leur place alphabétique.
Samod
Les environs ou buts d'excursion qui s'y rattachent sont inclus dans un cadre.
Sikar
Ville repère
Itinéraire proposé
★★★ Exceptionnel
★★ Très intéressant
★ Intéressant

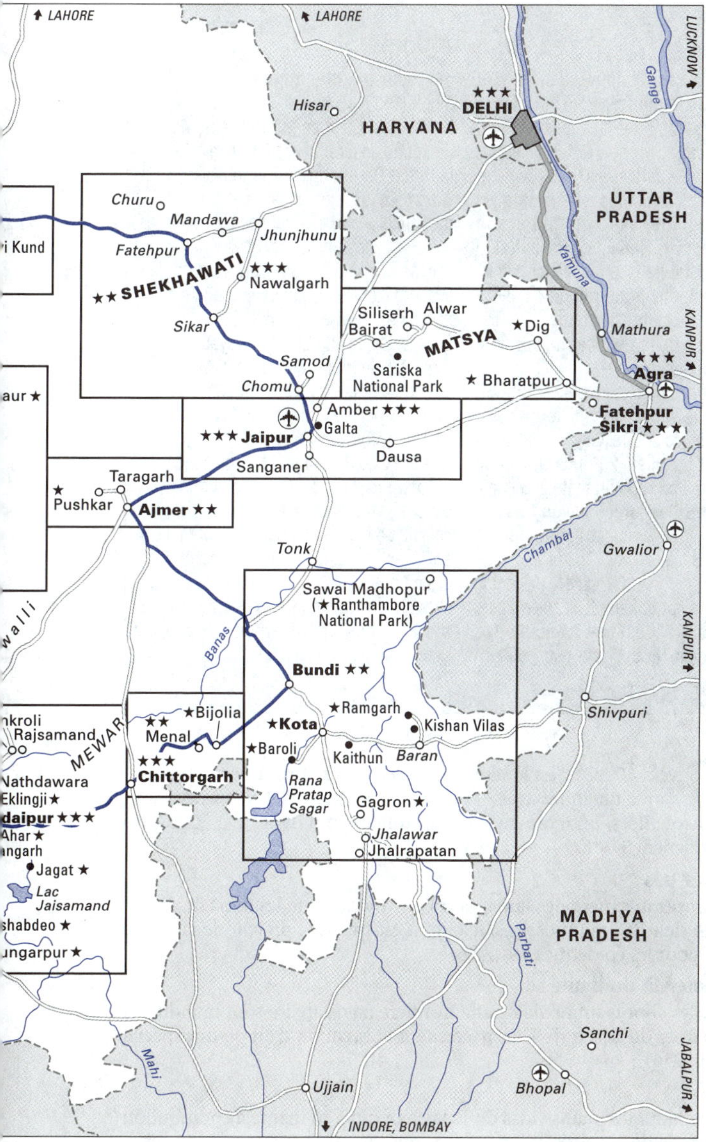

Que voir au Rajasthan.

Les clans rajpoutes

Leur histoire est complexe et se perd dans des légendes. Pourtant, leurs descendants aiment à faire état de leur lignage. On ne confond pas un maharaja de Jaipur, issu des premiers souverains rajpoutes à se soumettre aux Moghols, avec un maharana d'Udaipur, descendant de Rana Pratap qui s'illustra dans la résistance ! Voici les principaux États rajpoutes, leurs familles régnantes et leurs divinités tutélaires, de la période médiévale à l'Indépendance.

Le Mewar : occupé par les Guhilot, puis par leur branche cadette, les Sisodia, de lignée solaire. Leur divinité tutélaire est Lakulisa, 28e incarnation de Siva, à qui on rend un culte à Eklingji. Les capitales successives furent : Nagda, Ahar (dans les faubourgs de l'actuel Udaipur), puis Chittor. Après un premier sac en 1302, Chittor devient le centre de la Confédération rajpoute au début du XVIe s. Mise à sac par les Moghols en 1568, Chittor est abandonnée pour Udaipur, fondée par Udai Singh (1537-1572).

Le Marwar : occupé par les Rathores, de lignée solaire, dont la divinité tutélaire est Camunda, forme terrible de Durga. Les Rathore régnèrent à Mandore, puis à Jodhpur, fondée en 1459.

Jaisalmer : les Bhatti, de lignée lunaire, s'emparent de la région au Xe s. D'abord installés à Lodurva, ils quittent ce site pour Jaisalmer en 1123.

Bikaner est la capitale d'un royaume fondé par le Rathore Bika au XVe s.

Ajmer est le centre d'un État constitué au XIIe s. par Ajaypal du clan Chauhan.

Le Dhundhar fut d'abord occupé par une branche de la tribu Mina qui fonda Amber. Puis Amber devint la capitale du clan des Kachwaha, de lignée solaire. La capitale actuelle, Jaipur (qui est aussi la capitale du Rajasthan), a été fondée en 1727.

L'Haraoti, royaume fondé par les Hara, branche des Chauhan, en 1342, a pour capitale Bundi.

dépassent souvent 40 °C ; c'est la seule **période à éviter absolument**. Sept.-oct. sont cléments, avec quelques averses ; de nov. à la mi-avril, les journées sont claires et ensoleillées, les températures minimales vont de 8 °C à 20 °C, les maxima atteignent 37 °C.

N'oubliez pas

Emporter impérativement des lainages si l'on voyage entre les mois de déc. et de mars. En dehors des moussons, le climat est très sec ; prévoir de la crème hydratante pour les épidermes sensibles.

Accès interdit ou limité

Attention ! les abords immédiats de la frontière pakistanaise sont interdits, et certaines parties du désert de Thar nécessitent l'obtention d'un permis spécial *(Jaisalmer, p. 236)*.

Achats

Difficile de rentrer les mains vides du Rajasthan qui a su mettre à contribution toute la gamme de son artisanat pour la proposer aux touristes. Marionnettes (partout...), jolies poteries bleues et blanches (Jaipur, Bikaner), tapis de laine, tissus imprimés, bijoux (Udaipur, Jaipur), miniatures (Udaipur)...

Au chapitre des miniatures, signalons qu'il est rarissime d'en trouver d'anciennes, même si les marchands vous jurent le contraire. Certains d'entre eux vendent des pages de vieux livres décorées de peintures. Seules les pages sont

Les tristes noces de Pabuji

Aux portes de la citadelle de Jaisalmer, ou à l'ombre des chhatri de Mandore, on entend parfois le son de la ravanhatha, petite viole à neuf cordes, dont jouent les Bhopa. À la fois bardes, conteurs, chamans et guérisseurs, ils sillonnent le Rajasthan pour conter la saga du héros rajpoute Pabuji, qui apaise l'âme et guérit la maladie. Déroulant une grande étoffe où figure le récit, ils relatent et commentent chaque scène de l'épopée.

Le prince Pabu était né dans le clan Rathore, des amours d'un seigneur et d'une apsara. Sa valeur et sa prestance lui attirèrent les regards des femmes, en particulier ceux d'une jeune princesse du clan des Sohra. Des fiançailles furent célébrées. Pabuji, valeureux mais fanfaron, se mit en tête de ne se rendre à son mariage qu'avec une monture digne d'un Rathore. Il lui fallait à tout prix la jument Kesar à la robe safran, un cheval aux pouvoirs surnaturels, possession de la fière Deval du clan Charan. Il se rendit auprès de la Charani pour lui exposer sa requête. La jeune femme refusa tout d'abord. Pabuji finit cependant par la fléchir en lui donnant sa parole d'honneur que s'il lui arrivait malheur, il accourrait aussitôt, fût-il au cœur de ses noces. Pabu repartit avec la jument, mais sa destinée allait prendre un tour funeste. Car il avait négligé d'inviter son beau-frère Jindarao. Déjà, sur la route qui le conduisait à la citadelle d'Amarkot où demeurait sa fiancée, en plein désert de Thar, toutes sortes de présages auraient dû l'alerter…

Les Sohra l'accueillirent avec les honneurs dus à son rang, tout en cherchant à le mettre à l'épreuve. Une tradition du Rajasthan veut que le futur époux frappe de son épée une arche de bois, ou *toran*, fixée au-dessus de la porte de la maison de sa promise. Les Sohra compliquèrent l'entreprise en suspendant le *toran* à la plus haute tour du palais. Mais c'était sans compter sur la jument Kesar qui, encouragée par Pabuji, s'enleva d'un bond, permettant à son cavalier d'accomplir cet acte symbolique. Alors commencèrent les rites du mariage. Les fiancés entreprirent de faire sept fois le tour du feu nuptial. Mais une fois le cinquième tour accompli, la jument se mit à hennir. On tenta de la calmer, mais le cheval se mit à crier que les vaches de Deval avaient été enlevées par Jindarao, furieux de n'avoir pas été convié au mariage !

À ces paroles, Pabuji, enfourchant Kesar, partit au galop vers les terres de son beau-frère. Mais Jindarao avait pris soin de rassembler à ses côtés une troupe de guerriers. Ni Pabuji ni la poignée de fidèles qui l'avaient accompagné n'en réchappèrent. La princesse Sohri, abandonnée avant la fin des épousailles, se conduisit pourtant comme l'épouse de tout héros rajpoute : elle s'immola sur le bûcher funéraire de Pabuji. C'est pourquoi aujourd'hui le guerrier Pabu, mort en Rajpoute sur le champ de bataille, et la Sohri sa promise, devenue *sati*, sont adorés à l'égal des dieux.

plus ou moins anciennes ; les peintures sont récentes. De manière générale, attention à la qualité, l'affluence des touristes entraînant une large standardisation de la production.

Fêtes et manifestations

Pour mieux comprendre le calendrier hindou, voir l'encadré p. 50.

Le Rajasthan est une contrée de traditions qui s'expriment dans des fêtes s'égrenant tout au long de l'année. Certaines, telle la foire de Pushkar, ont connu un grand succès touristique ; si la ferveur des pèlerins de Pushkar reste la même, leur foule est considérablement grandie de celle des touristes, venus assister à cette manifestation et installés dans des camps de toile autour du minuscule village. D'autre part, en raison du succès touristique que connaît l'État, on assiste depuis quelques années au développement de festivals ; ce sont des manifestations folkloriques, au cours desquelles sont présentées danses, processions de chameaux ou défilés d'éléphants et démonstrations d'artisanat.

Janv.-fév. Festival du Désert de Jaisalmer. Une course de chameaux est le clou du festival, auquel participent danseurs, chanteurs et musiciens. Les camélidés sont également à l'honneur à **Bikaner**, où se tient un **festival des Chameaux** *(janv.)*. Enfin, on retrouve ces animaux, aux côtés des majestueux bœufs blancs du Marwar, lors de la **foire de Nagaur** *(→ Env. Jodhpur ; 15 j. en fév.)*.

Mars-avr. À Jaipur comme dans les villages, après la fête de **Holi,** commence la période de 18 jours qui précède la fête de Gangaur et pendant lesquels les jeunes filles prient pour leurs bien-aimés ; la fête se clôt par une immense procession à travers la ville, derrière la statue de Gauri (autre appellation de Parvati), accompagnée d'un cortège d'éléphants caparaçonnés et de chameaux.

Durant le mois de *Chaitra*, **fête d'Adinath,** le premier *tirthankara* des Jaïns, célébrée à Rishabdeo *(près d' Udaipur)* par les jaïns, mais aussi les vishnouites et les Bhil, qui voient en lui une incarnation de Vishnou. Autre fête dédiée à **Karni Mata,** incarnation de la déesse, en son temple de Deshnoke *(→ Env. Bikaner)*.

En l'honneur de Ganesh, **festival des Éléphants** à Jaipur, que traverse un cortège d'éléphants caparaçonnés, la veille de la pleine lune de Chaitra. **Festival du Mewar** à Udaipur.

Mai-juin. Urs, à Ajmer. Les musulmans y célèbrent la mémoire de Khaja-ud-Din, fondateur de l'ordre soufi

Les ornements du *mehendi*

Durant Gangaur, la grande fête féminine du Rajasthan, jeunes filles et jeunes mariées se parent les mains et les pieds d'ornements tracés au *mehendi*. Le *mehendi* n'est autre que le henné, très en faveur auprès des communautés marwari. La poudre de henné, mêlée à de l'huile, est appliquée à l'aide d'une douille de plastique ou de papier. Une fois sèche, la pâte s'effrite en poussière, révélant la teinture qui forme des motifs sur l'épiderme. Jugée de bon augure, la couleur rouge du *mehendi* est associée à Gangaur, car elle porte chance en amour et assure une union heureuse. C'est aussi la raison pour laquelle on recourt au henné lors des mariages.

La forteresse de Jaisalmer.

de Chishti. Ils se rendent par milliers sur sa tombe, devant laquelle chanteurs et musiciens modulent d'interminables mélopées.

Juil.-août. Teej, célébrant l'arrivée de la mousson, elle est essentiellement fêtée par les femmes, car, comme Gangaur, elle est dédiée à Parvati. Celle-ci, pour célébrer ses retrouvailles avec le volage Shiva, promit que quiconque l'invoquerait ce jour-là serait béni. Pour rendre propice la venue de la mousson, on accroche des balançoires aux branches des arbres, devant les maisons. À Jaipur, une procession derrière la statue de Parvati, accompagnée de chameaux et d'éléphants, ponctue sa célébration.

Août-sept. Grande Mela de Baba Ramdeo (Bhadra Shukla 4) à Ramdeora *(→ Env. Jaisalmer)* où affluent des centaines de milliers de pèlerins venus de tout le Rajasthan et du Gujarat voisin.

Oct. Festival du Marwar, à Jodhpur. Manifestations folkloriques.

Nov. Foire de Pushkar. Près d'Ajmer se tiennent un grand pèlerinage en l'honneur de Brahma et une foire au bétail traditionnelle, où se produisent chanteurs, danseurs, magiciens… Elle s'achève à la pleine lune *(Kartik Purnima)*, lors du bain des pèlerins dans les eaux du lac de Pushkar.

Le mont Abu★★★

Abu Road, 27 km ; Ahmedabad, 226 km ; Ajmer, 359 km ; Jaipur, 509 km ; Jodhpur, 264 km ; Udaipur, 182 km. Alt. 1 219 m ; 22 045 hab.

Indicatif ☎ 02974.

ⓘ face au Bus Stand, ☎ 243-151.

HÉBERGEMENT : Attention ! tarifs prohibitifs en haute saison (mi-mars/mi-nov.). Deux établissements de charme :
- *Connaught House*, charmant cottage à la britannique, construit pour un ministre anglais du maharaja de Jodhpur, excellent accueil ; Rajendra Marg, ☎ 243.439.
- *Bikaner House*, ancienne résidence d'agrément du maharaja de Bikaner, à la décoration princière ; Delwara Road, ☎ 236.673 ; www.palacehotelbikanerhouse.com

Une rude montée de 20 km conduit de la plaine au mont Abu, la pointe méridionale des Arawalli. Tout le long, la route traverse des forêts de bambous, de manguiers ou de palmiers, peuplées de colonies de singes inoffensifs. Assis en famille au bord de la route, ils observent avec intérêt la circulation de nombreux véhicules qui grimpent à l'assaut du mont ou en redescendent. À bord se trouvent principalement des Gujaratis, venus en villégiature dans cette station d'altitude du Rajasthan ; ils échappent à la prohibition de l'alcool en vigueur dans leur État. Cela suffit à faire le succès du mont. On y observe aussi quelques touristes venus admirer l'un des plus beaux sanctuaires jaïns qui se puissent voir.

Le mont Abu mode d'emploi

S'orienter. Le mont Abu est une station d'altitude établie sur les bords du lac Nakki. Une série de fondations shivaïtes et jaïnes forment une couronne sur les collines au N. du bourg. Une journée permet de visiter l'ensemble. Dans la matinée, vous pourrez accomplir une jolie promenade jusqu'au temple de Gaumukh, au S., et revenir vers les berges du lac Nakki, qui borde la station à l'O. Le temps d'un déjeuner dans une des nombreuses « guinguettes » que l'on trouve près du lac, et il sera l'heure de vous diriger vers l'ensemble du Delwara *(env. 3 h de visite)*, à 5 km au N.-E. du centre de la localité. En fin de journée, gagnez l'un des points de vue (Sunset Point, Honeymoon Point) pour assister au coucher du soleil.

Les visiteurs doivent acquitter un péage à l'entrée du village.

Aéroport. Le plus proche est celui d'Udaipur, à 182 km N.

Liaisons ferroviaires. La gare la plus proche se trouve à Abu Road, à 27 km, au pied de la colline, située sur la ligne Delhi-Ahmedabad. Service de navettes (1 h de trajet). Liaisons quotidiennes avec Ahmedabad (5 h), Jodhpur (5 h 30), Jaipur (8 h), Agra (13 h), Delhi (14 h). ☎ 238.697.

Jusqu'aux années 1960, le mont Abu faisait partie du Gujarat. Il en fut séparé pour doter le Rajasthan d'une station d'altitude.

Autocars. Bus Stand à l'entrée S. de la ville, sur la route d'Abu Road. Services pour toutes les grandes localités des environs. Compter env. 7 h pour gagner Ahmedabad ou Udaipur ; rés. 10 h-17 h, ☎ 243.434.

Sur place. Taxis collectifs pour se rendre à Delwara ; départ au S. du marché.

À ne pas manquer

Complexe de Delwara★★★ 179

Le mont Abu dans l'histoire

L'endroit fut tout d'abord un haut lieu du shivaïsme. Selon la légende, Abu serait la déformation d'Arbuda, nom du serpent qui tira Nandi, la monture de Shiva, d'un gouffre où il était tombé. Par la suite, Vasishtha, l'un des sept sages qui reçurent les Veda, s'y retira après la mort de son fils. D'un sacrifice qu'il offrit aux dieux naquirent les quatre clans rajpoutes du feu. Pour les jaïns, le mont Abu est le lieu de retraite de Mahavira, le dernier des *tirthankara*, les 24 maîtres spirituels vénérés par les jaïns. C'est la raison pour laquelle une importante communauté monastique jaïne réside sur le mont, de même que de nombreux ascètes shivaïtes, dans les collines alentour.

Les temples du mont Abu

Visite. Vous organiserez ces visites en fonction de celle du groupe de Delwara, point d'orgue du site, mais ouvert l'après-midi seulement.

■ **Delwara***** *(5 km N.-E. ; ouv. t.l.j. 12 h-18 h)*. De l'extérieur, un haut mur ne laisse en rien présager la splendeur qu'il protège comme un écrin.

Le **temple de Kharta Vasahi*** *(immédiatement après l'entrée, à g.)* n'est certes pas le plus intéressant du site ; par sa date de construction, il est du reste postérieur aux sanctuaires principaux. Construit en grès, il comporte trois étages *(du sommet, belle vue sur le site)* et conserve quatre statues de marbre blanc représentant Parasvanath, à qui le temple est consacré.

En suivant l'allée qui prolonge l'entrée, on aboutit à un petit sanctuaire, à g. de la façade du temple principal : le **Mahavira Swami**, petit édifice ajouté au XVIe s. en l'honneur du 24e *tirthankara* (peintures murales du XVIIIe s.).

Le **Vimal Vasahi***** *(contigu à l'édifice précédent)* est la fondation la plus ancienne : consacré à Adinath, il fut construit entre 1031 et 1045 par Vimal Shah, ministre de Bhima Deva Ier, roi solanki du Gujarat. En face du porche d'entrée, une statue équestre du fondateur précède un petit pavillon : c'est « l'écurie des éléphants », ou Hashti Shala, à l'intérieur de laquelle, sur trois rangées, le roi et ses proches sont montés sur des pachydermes. Endommagées par les musulmans en 1311, les statues furent restaurées quelques années plus tard.

Certaines niches du Vimal Vasahi illustrent des scènes empruntées à la mythologie hindoue : Krishna avec un corps de serpent figure dans la

Nés du feu

C'est vers le VIIIe s. qu'on entend parler pour la première fois des Rajpoutes, les « fils de rois » qui allaient donner leur nom au pays. Les clans rajpoutes prétendaient descendre des hautes lignées de kshatriya, guerriers et princes dont les épopées *(Ramayana, Mahabharata)* donnent des listes dynastiques impressionnantes.

Un poète du XIIe s. a forgé le mythe d'origine de quatre de ces grands clans dont le mont Abu fut le théâtre. Le sage Vasishtha avait organisé un grand sacrifice. Tandis que s'élevaient les flammes du feu purificateur, quatre guerriers en armes en jaillirent. Ils fondèrent quatre branches qui se réclament de cette lignée du Feu (Agnikula) et régnèrent sur le N.-O. de l'Inde à partir du IXe-Xe s. : les Pratihara dans le S. du Rajasthan actuel, les Solanki au Gujarat, les Parmar au Malwa (actuel Madhya Pradesh) et les Chauhan dans l'E. du Rajasthan.

Poussière de marbre et poudre d'or

L'ensemble de Delwara comporte cinq temples, merveilles de marbre parées d'une débauche de sculptures qui comptent parmi les plus belles réalisations de la statuaire jaïne. Ils furent construits entre le XIe et le XVe s. par des guerriers touchés par la grâce ou des marchands riches et dévots. Pour obtenir ces véritables dentelles de marbre, les mécènes savaient stimuler l'ardeur des artistes : ces derniers étaient rétribués en fonction du poids de poussière qu'ils extrayaient du marbre.

niche n° 32, ou jouant lors de la fête de Holi (n° 41), représentation de Sarasvati (n° 42).

Le **temple** proprement dit se trouve au centre d'une cour dont le mur abrite 57 niches (numérotées) que précède un étroit portique. Chacune d'elles renferme la statue d'un *tirthankara*.

Photographies non autorisées. Laissez au vestiaire vos chaussures et tous vos articles de cuir. Pieds fragiles, attention ! le sol de marbre est brûlant l'après-midi.

Le **sanctuaire,** surmonté d'un *shikhara*, tout en marbre blanc d'un grain très fin, est entouré d'un portique à colonnes. Les deux mandapas, l'un ouvert, l'autre fermé, sont ornés d'une débauche de motifs dont la délicatesse évoque l'ivoire. La **coupole**** octogonale du second mandapa repose sur huit piliers ouvragés, reliés par des guirlandes de pierre ajourées. Elle est formée de 11 anneaux concentriques, remplis d'alvéoles, de fleurs de lotus, de frises de danseurs, de musiciens, de cavaliers, d'oiseaux, etc., jusqu'à la clef où s'épanouit une énorme fleur de lotus ; à la base, 16 consoles supportent chacune une représentation de la déesse du Savoir, Sarasvati.

Au fond du mandapa, un petit escalier mène à un vestibule à quatre piliers ciselés où trône, au fond d'une niche, la statue d'Adinath.

Sortir du temple précédent par la g. et gravir quelques marches qui conduisent jusqu'à l'entrée.

Dédié au *tirthankara* Neminath, le **Luna Vasahi***** fut élevé en 1230 par Tejahpala et Vastupala, deux frères également ministres d'un roi solanki. Il suit la disposition d'ensemble du précédent, mais sur une échelle plus réduite. 52 niches sont ménagées sous un portique autour de la cour. Elles renferment chacune des divinités jaïnes (certaines ont été restaurées dans les années 1950). Le chef-d'œuvre de Delwara se trouve au plafond de la salle hypostyle qui précède le sanctuaire : une énorme **fleur de lotus***** pend à la clef. La statue colossale de pierre noire de Neminath fut refaite après le sac de 1311.

Fergusson compara la fameuse clef de la coupole du Luna Vasahi à « un lustre de gouttes de cristal ».

Sortir par la g. ; l'entrée se trouve en contrebas, en retrait du temple précédent.

Le **temple de Pittalhar****, qui semble inachevé, fut érigé aux XIVe et XVe s. par Bhima Shah, ministre du sultan d'Ahmedabad. Son sanctuaire renferme une statue fameuse qui pèse 4 t, faite d'un alliage de cinq métaux où domine le cuivre *(pittar)*. Elle représente Adinath et fut installée en 1468.

Environ 500 m après Delwara, vous laisserez à g. la route menant au Trevor's Tank, vaste réservoir entouré de collines boisées, puis, un peu plus loin, toujours à g., le chemin menant à Guru-Shikhar, le point culminant du mont Abu (1 772 m), couronné, au-dessus de grottes qu'occupent des sadhu, par un petit temple vishnouite.

■ **Temple d'Achaleshwara Mahadeva** *(11 km N.-E. ; près de l'extrémité de la route carrossable)*. On vénère dans ce temple du IXe s. l'empreinte d'un orteil de Shiva qui fermerait l'accès aux mondes inférieurs s'ouvrant juste au-dessous. Au bord du bassin sacré, un relief représente Adapala, le 1er roi de la dynastie des Parmar *(encadré, p. 203)*, en train de bander son arc pour tuer trois démons-buffles venus s'abreuver (ceux-ci sont sculptés en ronde-bosse, un peu à l'écart).

▶ **Temples jaïns** *(à partir du temple précédent, par un sentier abrupt, entrecoupé de marches ; chaises à porteurs ; comptez 1 h 30 de visite au total)*. Près des ruines d'un fort bâti en 1452-1453, ils sont consacrés à Adinath, Kunthunath et Shantinath. Le chemin d'accès est jalonné de templions hindous. Le **temple d'Adinath**, encore désigné sous le nom de Chaumukh, date du XVIe s. Le deuxième temple, celui de **Kunthunath**, le 17e *tirthankara*, conserve de nombreuses statues de culte en bronze et en laiton. Le **temple de Shantinath** qui, selon la tradition, aurait été construit par un roi du Gujarat, est orné de nombreuses sculptures, statues et reliefs. ◀

Par une route carrossable, vous gagnerez le Hanuman Mandir, très modeste oratoire, à 3 km au S. du village ; de là, un chemin (2 km) gravit une colline qui domine la petite vallée où se trouve le sanctuaire de Gaumukh (pour y parvenir, descendre env. 500 marches rudimentaires).

■ **Temple de Gaumukh**. Dans l'enceinte du sanctuaire, érigé en 1394, on montre une sculpture de Nandi, le taureau de Shiva, sauvé là par le serpent Arbuda. On voit encore Vasishtha statufié entre Rama et Lakshmana, des idoles de Vishnou, de Krishna, de Surya, etc.

Ajmer★

Agra, 365 km ; Bikaner, 230 km ; Bundi, 163 km ; Chittorgarh, 190 km ; Delhi, 390 km ; Jaipur, 140 km ; Jodhpur, 205 km ; Kota, 200 km ; Udaipur, 270 km.
Alt. 320 m ; 500 000 hab.

Indicatif ☎ 0145.

ⓘ RTDC ; Khadim Tourist Bungalow, Savitri Girls College Road, ☎ 2627-426 ; ouv. de 10 h à 17 h ; f. dim. et 2e sam. du mois. Guichet d'informations à la gare.

Au cœur du Rajasthan hindou, Ajmer abrite un sanctuaire vénéré par les musulmans de toute l'Inde : le Dargah d'un sage musulman qui mourut au XIIIe s. La ville commande un passage naturel d'E. en O. à travers les Arawalli. Dès le VIIIe s., une forteresse y fut érigée ; elle fut l'objet d'âpres combats entre musulmans et Rajputes, et changea de maîtres à maintes reprises. On prétend que de tous les forts du Rajasthan, c'est celui d'Ajmer qui subit le plus d'assauts. Sur cette position capitale pour d'éventuelles campagnes contre le S. du Rajpoutana, Akbar fit construire un second fort, aujourd'hui musée. Hormis le Dargah, sa principale curiosité, la ville manque de pittoresque ; en revanche, les abords du lac voisin de Pushkar sont particulièrement animés lors de la célèbre foire du même nom.

Ajmer mode d'emploi

HÉBERGEMENT :

- ***Mansingh Palace*, Vaishali Nagar, ☎ 242.59.56 ; le meilleur hôtel de la ville : 48 chambres confortables, qui mériteraient cependant un sérieux rajeunissement.**
- ***Circuit House*, ☎ 242.57.95 ; ancien palais du Résident britannique, dominant le lac Anasagar, réservé en priorité aux officiels en mission il peut accueillir des voyageurs. Rien de luxueux, mais une belle situation.**

S'organiser. La ville se visite à pied. En une demi-journée, on peut découvrir l'essentiel des centres d'intérêt d'Ajmer.

Liaisons ferroviaires. La gare est située sur Kutchery Road/Station Rd, à la lisière N. d'Ajmer. Liaisons quotidiennes avec Abu Road (6 h), Agra (12 h 30), Ahmedabad (9 h), Alwar (5 h), Delhi (8 h 30), Jaipur (2 h 30), Udaipur (7 h 30). Rens. ☎ 243.19.65.

Autocars. Bus Stand, à 300 m à l'E. de l'OT, à la lisière E. d'Ajmer, sur la route de Jaipur. Services pour Jaipur (2 h 30, départ toutes les 15 mn), Bundi, Kota, Chittorgarh, Jodhpur, Udaipur, Bikaner, Delhi et Agra. La station se trouve en face de l'OT. Bus pour Pushkar à 100 m à dr. en sortant de la gare ferroviaire. Rens. ☎ 242.93.98.

Visiter Ajmer

■ **FORT D'AKBAR**★ *(Government Museum ; au cœur de la vieille ville, ouv. t.l.j. 10 h-17 h ; entrée payante).* Entièrement cerné par les bazars de la vieille ville – on trouve à proximité celui des bijoux et vaisselles en argent – , le vieux fort impose encore ses hauts murs et sa porte monumentale. Il fut construit par Akbar en 1570 et servit durant trois années de résidence à Jahangir, en guerre contre les Rajpoutes du Mewar. Le Grand Moghol y entretenait son harem, établi dans la tour à g. de l'entrée et apparaissait chaque jour au peuple depuis le balcon surmontant le porche. Il y rendait à l'occasion la justice, mais aimait par-dessus tout assister, sur l'esplanade précédant l'entrée, plus vaste alors qu'aujourd'hui, à deux de ses spectacles favoris : les combats d'éléphants et les exécutions capitales. C'est ici qu'il reçut en 1616 les lettres de créance de sir Thomas Roe, le premier ambassadeur britannique auprès du Grand Moghol.

Le fort passa plus tard entre les mains des Marathes puis des Rathores avant d'être occupé par les Britanniques qui y tinrent garnison. Une plaque rappelle que dans la cour furent rassemblés près de 600 soldats rajpoutes avant de partir renforcer les troupes alliées sur les théâtres d'opération de la Première Guerre mondiale.

Le **pavillon central**. Ouvrant par un porche sculpté, il comprend une pièce de réception flanquée de deux salles plus petites qui abritent l'administration du musée. Les *jali* de pierre sont un ajout des Britanniques au début du XXe s. Sous le porche sont exposés deux Chaturmukha Shivalinga d'imposantes dimensions, provenant de la région de Bharatpur (Xe s.). Il s'agit de lingam à quatre faces ornées de divinités : Brahma, Vishnou et Shiva occupent toujours trois d'entre elles, l'iconographie de la quatrième étant variable. Il s'agit ici de Surya, reconnaissable à ses bottes, élément vestimentaire traditionnel du dieu emprunté à l'Asie Centrale. Demandez à vous faire ouvrir la salle principale où eut lieu la rencontre décisive entre Jahangir et sir Thomas Roe : c'est dans cette pièce de modeste dimension que débuta véritablement l'aventure coloniale des Anglais en Inde.

Les **collections** sont présentées dans les galeries aménagées dans le mur du fort *(dans le sens inverse des aiguilles d'une montre)*.

Galerie des sculptures *(1re à g. en entrant)* ; à voir essentiellement dans la première salle, un **Surya botté** du Xe s.

Galerie S. *(mur suivant)*. Deux salles d'épigraphie, hindoue et musulmane ; l'inscription la plus précieuse *(dans la première salle)* est un texte en brahmi remontant au IIe s. av. notre ère (inscription de Barli) ; dans cette même salle, plusieurs panneaux conservent le texte d'un drame en sanskrit rédigé au XIIe s. par le roi chauhan Vigraharaja ; ces inscriptions sont quasi contemporaines de la rédaction de ce chef-d'œuvre de la littérature indienne. Les salles suivantes sont consacrées aux armes, à la préhistoire et à l'artisanat. La dernière présente une modeste collection de miniatures, parmi lesquelles on retiendra un portrait d'Akbar tenant sur ses genoux le jeune prince Salim, le futur Jahangir.

Galerie E. *(côté opposé à l'entrée)* : sculpture jaïne ; voir dans la première salle un buste du Xe s. provenant de Bharatpur et dans la suivante, un splendide *tirthankara* en méditation, une œuvre taillée dans la pierre noire au XIIe s.

■ **Le temple de Soni**★ *(centre-ville, ouv. t.l.j. 8 h-18 h ; entrée payante)*. Ce temple jaïn planté à un des carrefours principaux du centre-ville, possède une curiosité exceptionnelle qui mérite la visite.

À l'étage d'une des tours du complexe, sont présentées deux **gigantesques maquettes** couvrant près de 80 m². L'une représente l'univers selon la cosmologie jaïn ; un disque plat tournant autour d'un axe et divisé en six parties représentant les âges du cosmos. L'autre est un véritable tour de force : on y voit le palais d'Ayodhyâ, autour duquel Indra, descendu du ciel, accomplit une procession pour célébrer la naissance d'Adinath *(→ Rishabadeo)*, le premier des *tirthankara*. Les bâtiments sont représentés avec un luxe de détail tandis que la procession elle-même compte des milliers de figurines multicolores, éléphants, chevaux, soldats, danseuses et musiciens. Une véritable féerie à laquelle ne manquent même pas les êtres célestes qui planent dans leurs barques aériennes.

Le Dargah*

Accès. À pied, par la porte de Delhi, au bout d'une allée de 500 m env., vous verrez la porte d'entrée du Dargah, construite par l'empereur Akbar.

Visite. Ouv. t.l.j. 5 h-21 h ; portes fermées t.l.j. 15 h-16 h ; éviter la visite ven. 13 h-15 h, heures de très grande affluence des fidèles ; attention aux pickpockets. Dans le mausolée, se couvrir la tête est obligatoire, des boutiques dans l'allée vendent des calottes et des mouchoirs à cet effet. Près de l'entrée, de gigantesques corbeilles de fleurs attendent d'être versées sur la tombe du saint.

Le Dargah est une véritable cité religieuse musulmane, avec ses oratoires, ses cours et ses allées bordées de marchands d'offrandes et d'objets pieux. Elle entoure le mausolée de Khaja-ud-Din (1141-1236), un pieux derviche fondateur de l'ordre soufi des Chishti *(→ encadré p. suiv.)*. Depuis sa mort, la mémoire du saint homme fait l'objet d'une intense vénération et les fidèles viennent chaque jour par milliers verser sur sa tombe des monceaux de fleurs, tandis que devant l'entrée du mausolée psalmodient inlassablement des chanteurs de qawwali. Une rencontre avec la piété indienne que partagent ici musulmans et hindous.

Le complexe sacré *(se déchausser à l'entrée)*. On pénètre dans une première cour au fond de laquelle une porte aux vantaux recouverts d'argent donne accès à une seconde, plus vaste. À l'entrée, de part et d'autre du passage, deux énormes chaudrons servent à cuire les tonnes de riz qui sont distribuées aux fidèles chaque vendredi et les jours de grandes fêtes. Vous serez conviés par les khadims – les desservants du temple – à grimper les quelques marches qui se hissent au niveau des chaudrons et à jeter votre obole au fond de la marmite. L'oratoire du côté dr. de la cour est un don d'Akbar. Au fond de la cour, un bassin sert aux ablutions des fidèles ; c'est là également que les serviteurs du sanctuaire chargés de la propreté du lieu viennent remplir leur outre de cuir, d'un modèle qui n'a pas changé depuis le Moyen Âge.
Le **mausolée** du saint se trouve dans la cour suivante : on attendra que la foule se fasse un peu moins dense pour se faufiler à l'intérieur et approcher le monument funéraire couvert de fleurs et d'étoffes colorés. L'**oratoire** en arrière du mausolée fut construit par Shah Jahan : un bel édifice de marbre blanc, comprenant un double portique et une vaste cour qui n'est pas sans rappeler la Moti Masjid du fort d'Agra. Alors qu'il n'était que le prince héritier, Shah Jahan avait fait le vœu de doter le Dargah d'une mosquée étincelante sitôt monté sur le trône. En 1628, l'année de son couronnement, il entreprit un pèlerinage à Ajmer et posa lui-même la première pierre de l'édifice dont la construction allait durer neuf ans.

Après avoir repris vos chaussures, vous suivrez la ruelle à g., où les boutiques d'articles de piété ont laissé place aux marchands de viande et de poisson. À 300 m environ, une allée à dr. conduit au second édifice digne d'intérêt du quartier.

Mosquée Adhai-din-ka-Jhonpra *(ouv. 8 h-18 h ; entrée libre)*. L'imposante façade à sept arches, encadrées de versets coraniques qui se déploient autour d'entrelacs géométriques, fut construite au XIIIe s. par les sultans de Delhi qui venaient d'enlever la ville au dernier roi chauhan. À l'intérieur, se dresse une surprenante forêt de colonnes, décorées de figures de dieux et de déesses consciencieusement martelées par les musulmans, qui soutiennent cinq coupoles caractéristiques de l'art hindou (volutes, courbes, et motifs végétaux ciselés dans la pierre). Avant de devenir une mosquée – beau mihrab de marbre au centre du mur –, l'édifice abritait un collège de sanskrit, à l'intérieur d'un mur d'enceinte qui subsiste en partie, de même que les portes d'entrée surmontées de coupoles. Ses matériaux servirent à la construction de la mosquée. La galerie de part et d'autre de l'entrée abrite des fragments architecturaux, ainsi que des sculptures, découverts sur le site.

■ **Lac Anasagar** *(à la limite N. de la vieille ville)*. Ce lac artificiel aménagé au XIIe s. fut agrémenté, côté S., de cinq gracieux pavillons de marbre blanc sous le règne de Shah Jahan. L'un d'entre eux était un petit oratoire à l'usage du souverain, les autres des salles d'agrément ouvertes, soutenues par des piliers. Lorsque la mousson a été bonne, des barques se proposent d'emmener les promeneurs vers une île où se trouve un petit restaurant. En regardant vers le N., on verra sur une colline, un édifice blanc qui abrita la Résidence au temps de l'Empire britannique. C'est aujourd'hui le Circuit House.

■ **Mayo College** *(2 km S.-E. du centre-ville)*. Cette célèbre institution fondée par le vice-roi des Indes (1869-1872), lord Richard Mayo, fut le Eton des Indes Britanniques. La plupart des fils de prince venaient y faire leurs humanités au temps du Raj. Même si les riches indiens lui préfèrent aujourd'hui les écoles de commerce et les universités étrangères, le campus accueille encore environ 3 000 étudiants, garçons et filles. Son petit musée *(ouv. lun.-sam. 10 h-17 h)*, s'il intéresse peu les visiteurs étrangers, donne l'occasion de pénétrer dans le bâtiment caractéristique de l'architecture coloniale britannique en Inde.

Environs d'Ajmer

1 Fort de Taragarh *(par la route, il faut contourner par le S. la colline où est juché le fort, le sommet se trouvant ainsi à 5 km du centre. Finir à pied par l'O. vers l'unique porte subsistante.)*. Pendant qu'elle gardait la passe au milieu des Arawalli (depuis le VIIIe s.), la forteresse subit bien des assauts, entre clans rajpoutes, puis entre Rajpoutes et musulmans jusqu'à la victoire des sultans de Delhi au XIIIe s. Il en subsiste d'imposants pans de murs qui, avec la vue que l'on découvre sur les environs, méritent le détour. De la porte, bel ouvrage d'architecture hindoue, un chemin empierré descend vers la vallée jusqu'à une porte sur la muraille extérieure que l'on distingue en contrebas. On peut également suivre du regard le

Une stèle d'une valeur inestimable pour les indianistes, trouvée lors des fouilles de la mosquée Adhai-din-ka-Jhonpra, est exposée au musée d'Ajmer. Elle représente, sur deux registres, des divinités secondaires très rarement figurées dans la plastique indienne, telles les divinités de l'aube, du matin, de midi, de l'après-midi et du soir, désignées par leur nom.

Des ascètes vêtus de laine

Islam mystique, né en Perse au IXe s., en réaction à une religion trop hiérarchisée contrôlée par l'État, le soufisme trouva dans les pratiques dévotionnelles indiennes, la *bhakti*, un écho favorable. Son nom dérive de *sûf*, la laine, dont se vêtaient ses ascètes, les derviches, qui quêtaient l'extase divine dans le chant et la danse. L'ordre soufi de Chishti, fondé à Ajmer au XIIIe s., exerça une influence déterminante sur les règnes des Grands Moghols, et l'on sait que l'eux d'entre eux fut le maître spirituel d'Akbar qui choisit d'établir sa ville nouvelle de Fatehpur Sikri près de son tombeau.

tracé du mur d'enceinte, qui épouse les crêtes des collines alentour. Le fort abrite un dargah, un autre lieu saint *(entrée pieds nus et tête couverte)* où, autour de son tombeau, on vénère la mémoire de Miran Sahib, le premier gouverneur musulman de la place au XIIIe s. Face à l'entrée du mausolée, la tombe de Khing, le cheval préféré du gouverneur, est perpétuellement recouverte d'un drap vert. Le fort servit à l'époque du Raj de lieu de repos pour les fonctionnaires britanniques. En témoignent de nombreux bungalows de pierre laissés à l'abandon.

HÉBERGEMENT À PUSHKAR :
• *Pushkar Palace*, ☎ 277.30.01 ; www.hotelpushkarpalace.com L'ancien palais construit par le maharaja de Jaisalmer sur la rive du lac est devenu un hôtel de charme. Vue inoubliable depuis certaines chambres. Jolie terrasse en surplomb du lac où est servi le petit-déjeuner.

2 Pushkar* *(11 km N.-O. ; bus réguliers depuis Ajmer ; consommation d'alcool et de viande interdite dans toute la ville.)*. Pushkar a acquis une renommée internationale avec sa célèbre foire de **Kartika Purnima** qui attire chaque année des dizaines de milliers de visiteurs étrangers. Le jour de la pleine lune du mois de Kartika (oct.-nov.) est célébré par une fête religieuse et une grande foire, surtout des chameaux. Pendant toute la semaine qui précède la pleine lune, les festivités (danses, drames sacrés, courses de chameaux,...) se multiplient dans l'amphithéâtre moderne construit à cet effet à la lisière de la ville.

L'hébergement étant insuffisant pour faire face à l'affluence des visiteurs, les grandes compagnies hôtelières dressent des campements de tentes, certains de grands luxes, dans la steppe aux alentours.

En dépit de cette animation un peu factice (la rue principale du bazar, qui longe les ghats à distance, ne propose plus que des articles destinés aux touristes), le site conserve encore un charme certain. Pour les hindous, c'est un lieu sacré grâce à son bassin qui ne désemplit pas de l'année et dont l'origine est considérée comme miraculeuse : il fut crée par un pétale de lotus avec lequel Brahma avait occis une créature malfaisante. Sur les rives du lac dans lequel se reflètent palais princiers et temples, 52 ghats accueillent les pèlerins. La plus jolie vue, au lever et au coucher du soleil, se découvre depuis les ghats situés à l'E. du lac, au pied de l'hôtel *Pushkar Palace*. De là, on pourra poursuivre à pied en suivant la rue du bazar, jusqu'au temple de Brahma, le seul en Inde dédié à ce dieu et toujours en activité. Trois heures suffisent pour découvrir la ville.

Les ghats du lac de Pushkar.

Bikaner★★

Bikaner fut fondée au XVe s. par Rao Bikaji, un cadet de la maison de Jodhpur décidé à se tailler un fief dans ces confins désertiques du Thar. Cinq siècles plus tard, son lointain descendant, Ganga Singh (1887-1943) régnait sur le plus puissant des États princiers du Rajasthan et représenta l'Inde au congrès de Versailles, en 1918. Bikaner était alors le plus puissant, le plus prospère et le plus moderne des États princiers du Rajasthan. Témoins de cette richesse passée, les quelque 1 500 *haveli*, altières demeures des riches commerçants du royaume, dont les somptueuses façades sculptées dans le grès rouge sont un des étonnements de la promenade dans la vieille ville. Le fort Junagarh est l'autre attrait de la ville : une véritable cité princière, avec ses palais, ses jardins, ses écuries, et jusqu'à sa prison, que les maharajas eurent à cœur d'agrandir génération après génération. Bikaner fut également le centre d'une école de miniatures renommées : on en verra de beaux exemples au cour de la visite du fort.

Bikaner mode d'emploi

S'orienter. La ville s'étend au S. de la route Jaipur-Jaisalmer. On y pénètre par un vaste rond-point où donne également le palais de Junagarh. Dans le prolongement, Kem Rd permet de rejoindre le bazar et la vieille ville. Lallgarh Palace, plus récent, se trouve à 3 km au N.

S'organiser. Une journée suffit pour faire le tour de cette ville cernée par le désert de Thar ; vous pourrez même prendre le temps de vous rendre jusqu'au célèbre temple de Deshnoke *(Env.)*, dont le succès touristique est dû aux milliers de rats sacrés qui en ont pris possession. À Bikaner même, voyez le fort de Junagárh, les bazars de la vieille ville, où il est conseillé de se faire accompagner par un guide qui vous conduira jusqu'aux temples jaïns de Bhandasar et de Neminath. Ne manquez pas d'aller jeter un coup d'œil, dans un quartier périphérique, sur les belles *haveli* (Rampuria et Daga) de riches marchands *marwaris*. Le Ganga Jubilee Museum possède une intéressante section archéologique et une importante collection de miniatures

Ajmer, 229 km ; Jaipur, 316 km ; Jaisalmer, 328 km ; Jodhpur, 246 km. Alt. 237 m ; 529 000 hab.

Indicatif ☏ 0151.

ⓘ Tourist Bureau, à l'entrée du Junagarh Fort, ouv. t.l.j. sf dim. 10 h-17 h.

ⓘ Tourist Reception Center, hôtel Dhola Maru Campus, ouv. lun.-ven. 10 h-17 h, ☏ 2544-125.

HÉBERGEMENT :

- ***Lallgarh Palace Hotel*, ☏ 254-0201, www.lallgarhpalace.com Étape prestige de Bikaner dans l'ancien palais royal de Ganga Singh. Excellente cuisine, service attentionné dans un environnement agréable.**
- ***Bhanwar Niwas*, ☏ 252-9323, www.bhanwarniwas.com Ancienne *haveli* du début du siècle, convertie en hôtel. Décoration d'origine, salons années 1930 dans le goût européen. Le soir, au restaurant, menu végétarien exclusivement.**

À ne pas manquer

rajpoutes. Enfin, si vous n'y logez pas, faites un saut au Lallgarh Palace, le palais de Ganga Singh, construit au début du siècle dernier à la lisière de la ville.

Aéroport. Le plus proche est à Jodhpur (246 km).

Liaisons ferroviaires. Gare ferroviaire dans le centre, à la lisière E. de la vieille ville. Liaisons régulières avec Delhi (11 h), Jaipur (10 h), Jodhpur (6 h). Rés. t.l.j. 8 h-20 h, le dim. 8 h-14 h. ☎ 252-3132.

Autocars. Bus Stand au N. de la ville, face au Lallgarh Palace. Services pour Ajmer (7 h), Jaipur (7 h), Jaisalmer (8 h), Jodhpur (6 h) et Udaipur (13 h). ☎ 252-3800.

Sur place. Vous trouverez de nombreux rickshaws, nécessaires pour la visite de la vieille ville.

Visiter Bikaner

■ **Vieille ville.** Le matin, la promenade est plus aisée. Pour visiter la vieille ville, le mieux est de se faire conduire en rickshaw au temple de Bhandasar et de continuer à pied.

Le temple de Bhandasar *(ouv. du lever au coucher du soleil ; droit à acquitter pour photos et vidéos)*. Ce sanctuaire jaïn, fondé par un riche marchand en 1468, se dresse à l'entrée E. de la ville, à proximité du lieu où Rao Bikaji, érigea le premier fort de Bikaner à la fin du XVe s. Pour témoigner de sa piété, le marchand aurait fait remplir de *ghee* les fondations de l'édifice, certains fidèles assurent que l'été, les murs sentent encore le beurre.

Le temple originel entoure la cella qui abrite la statue du cinquième *tirthankara*. Un mandapa lui fut ajouté à une période plus tardive ; il est couvert de **peintures** (fin XIXe s.) donnant une idée de la beauté de Bikaner avant que ses rues ne soient envahies de détritus et d'animaux : elles représentent une procession du départ de la cella à travers les ruelles de la ville, bordées d'échoppes de marchands et artisans, et de belles *haveli*. Les murs extérieurs de la cella sont ornées de gracieuses statues de danseuses et de musiciennes, peintes de couleurs vives à la manière des poupées du Rajasthan. Le temple est desservi par un brahmane qui exécute une *puja*, dans un grand fracas de tambour, au lever et au coucher du soleil. La communauté jaïn, bien qu'extrêmement minoritaire, est encore très active à Bikaner avec une cinquantaine de lieux de culte.

Empruntez l'artère qui descend en face du temple en direction de KEM Road.

Les bazars de la ville. Depuis le temple, la rue traverse d'abord le **marché aux épices** avant d'aboutir à la place du **marché aux fruits et légumes**. Au fond, prenez à dr. Vous découvrirez, à l'entrée de la ruelle du côté g., en levant les yeux, les façades ajourées de deux splendides *haveli*. Au long de votre promenade vous remarquerez des estrades de bois placées au coin des rues ; ce sont les *pata*, typiques de Bikaner, installés et entretenus pour les habitants du quartier qui viennent s'y détendre et bavarder. Vient ensuite le **marché du mawa**, du lait solidifié par une longue cuisson, qui sert à confectionner les confiseries de Bikaner. La pâtisserie *Rishan*, une des plus renommées de la ville *(env. 10 mn à pied, côté g. de KEM Road)* propose, joliment rangées sur leurs étals, de petites bouchées de *mawa*, fourrées de fruits confits ou d'amandes et parfois ornées d'une fine feuille d'argent, ainsi que des bouchées salées typiques de Bikaner, les *namkins*, vermicelles frits et épicés.

Prenez ensuite un rickshaw sur KEM Road pour gagner l'entrée du fort.

■ **Fort Junagarh**** *(ouv. t.l.j. 10 h-16 h 30 ; accès limité, entrée payante, vis. guidée obligatoire, par guides du fort ou personnels – préférez cette solution, voir à l'OT ; droit à acquitter pour photos et vidéos ; prévoir au moins 1 h 30)*. Les hauts murs rouges abritent les anciens palais des maharajas de Bikaner, toujours propriété de la famille royale. Édifiée en 1589 par Rai Singh (1571-1611), général des armées d'Akbar, la citadelle subit une suite d'agrandissements qui ne s'acheva qu'en 1937 avec le nouveau Durbar Hall. Une série de portes fortifiées, qui empêcha la conquête du fort, mène à l'entrée. La seconde de ces portes est flanquée d'empreintes de mains de *sati* du temps jadis, toujours vénérées.

La cour de Holi. C'est le cœur du palais. Durant la fête de Holi, le souverain s'installait sur l'estrade, et les courtisans pouvaient l'asperger, respectueusement, avec de l'eau colorée contenue dans le bassin. Sur le mur de dr., des peintures évoquent le règne de Ganga Singh *(→ encadré)*. Du côté g. ouvre le **Karan Mahal** (XVIIe s.), salle dédiée aux audiences publiques, décorée d'or ; les épouses royales pouvaient assister aux réceptions derrière les *jali* des balcons.

La cour des audiences privées. Une somptueuse porte d'argent massif, aujourd'hui déposée à g. du passage, donnait accès à la cour suivante. **Anup Mahal,** la salle des audiences privées et du couronnement (XVIIe s.), couverte de dorures et de miroirs, occupe le fond de la cour. Côté dr. de la cour, **Sadar Mahal** est une salle de fraîcheur, ornée de peintures réprésentant un ciel d'orage. Pour que l'illusion soit encore plus rafraichissante, les murs étaient autrefois dotés d'un système de ruissellement d'eau. Du côté opposé, ouvre la partie la plus ancienne du palais (XVIe s.) : splendides panneaux de portes laquées, ornées de scènes mythologiques et, aux murs, de délicates miniatures.

Revenir dans la cour de Holi et prendre l'escalier qui conduit à l'étage.

Les appartements royaux. La première salle, consacrée à une caste de fakirs locaux, vivant à Katariasar *(45 km de Bikaner)*, présente quelques planches à clous et matelas hérissés de pointes. Suit la chambre de la *maharani* principale, somptueux écrin près duquel une chambre était aménagée pour le souverain. De là, on grimpe au **Chhatra Mahal**, pavillon bleu décoré de faïences de Hollande et du Portugal, ainsi que de fresques évoquant les amours de Krishna. C'est ici que venait se reposer le souverain, au point le plus haut de sa capitale, (jolie vue sur la citadelle et les environs).

À l'O. de la ville, la Rampuria *Haveli*, de la fin du XIXe s., présente une remarquable façade de pierre, ciselée comme un ouvrage d'orfèvrerie. La Daga *Haveli*, de la même époque, est remarquable par ses peintures murales.

La quasi-totalité des *haveli* sont aujourd'hui inoccupées, leurs propriétaires étant, comme dans le Shekhawati, partis exercer leur activité à Bombay ou Calcutta.

Le Tigre et le chasseur

Dans l'une des salles du musée du Lallgarh Palace, quelques photos jaunies montrent Georges Clemenceau, hôte du maharaja de Bikaner, de retour d'une chasse au… tigre. Il était l'invité de Ganga Singh Bahadur, l'avant-dernier souverain, qui régna ici de 1887 à 1934 et mourut en 1943. Soldat avant tout, Ganga Singh combattit avec son régiment en Chine, puis sur le front français lors de la Première Guerre mondiale. Il fut aussi diplomate, représentant de l'empire à la conférence de la paix en 1919, puis délégué de l'Inde à la Société des Nations. Dans le fort Junagarh, sur le mur dominant à dr. la cour de Holi, en hauteur, trois peintures rappellent ses principales modernisations de l'État : le train, le canal d'irrigation Ganga et l'électrification. Son portrait s'affiche partout dans ses palais : au-dessous d'un turban crânement posé sur la tête, un regard pénétrant, souligné d'une sévère moustache.

Le Camel Festival, en janvier, permet parfois de voir les fakirs de Katariasar pratiquer leurs exercices.

Dungar Niwas. Appartements, longs couloirs et galeries conduisent à cette salle des audiences publiques, construite en 1937. Trésor le plus précieux du palais, le **trône de couronnement des Rathore**, la lignée des rois de Bikaner, sculpté en 1212 dans du bois de santal, est exposé ici. Les pièces suivantes exposent meubles, photographies et souvenirs du prestigieux maharaja Ganga Singh. Remarquez la cuillère dotée d'un fil d'argent, réalisée à sa demande, pour éviter de salir son imposante moustache avec du potage. Une collection de *howdah* et de palanquins, disposés autour d'un avion français offert à Ganga Singh par les Britanniques après la Première Guerre Mondiale, termine la visite.

Prachina Bikaner Cultural Center and Museum *(devant le guichet d'entrée du fort ; ouv. t.l.j. 9 h-18 h ; billet d'entrée distinct)*. Cette petite collection complètera la visite du palais. Vaisselles et verreries d'apparat (fin XIXe-début XXe s), menus rédigés en français et reconstitution de salons du palais témoignent du goût européen de la cour de l'époque. Une section est consacrée aux costumes d'apparat.

■ **Lallgarh Palace** *(à 3 km au N.-E. du fort)*. Construit de 1902 à 1926 par sir Samuel Swinton Jacob dans le style typiquement rajpoute, pour le compte de Ganga Singh, c'est un bel édifice de grès rouge, qui sert de résidence au maharaja actuel. Vous verrez sans doute, stationnée à l'entrée, sa voiture ornée d'un fanion. Une aile du bâtiment a été transformée en hôtel, – le mobilier et les tuyauteries n'ont pas été renouvelés. Le charme de l'endroit tient surtout à ses longs couloirs silencieux qui conduisent aux chambres ou à la piscine intérieure (vide). On dit que, la nuit, ils sont hantés par quelques fantômes. Ne manquez pas de visiter le petit musée **Maharaja Sadul** *(ouv. 10 h-17 h, f. dim.)*, consacré à la vie princière d'entre les deux guerres (galerie de tableaux et collections de photographies, notamment de l'époque de Ganga Singh).

► À la sortie de la ville par la route de Jodhpur se trouve le **Bikaji-ki-Tekri**, le vieux fort de Bikaji, où furent aménagés les plus anciens palais de Bikaner. On y voit les cénotaphes des quatre premiers princes de Bikaner, de Rao Bikaji (1465-1504) à Rao Jetsi (1526-1542). ◄

■ **Ganga Jubilee Museum** *(à l'entrée E. de la ville, sur la route de Jaipur ; ouv. 10 h-16 h 30)*. Ce musée, construit en 1937 pour le jubilé de Ganga Singh, possède notamment des terres cuites de l'époque préhistorique jusqu'à la période des Gupta, des **sculptures**, dont une belle image en métal d'un *tirthankara*, et surtout une statue en marbre représentant Sarasvati (XIe ou XIIe s.) ; on peut également voir des **miniatures** des différentes écoles rajpoutes, des manuscrits, des armes, des produits de l'artisanat local, avec des *kuppi*, récipients laqués en peau de chameau, des objets en bois laqué, en métal, en verre, etc. Remarquez aussi des reliefs qui ornaient quelques-unes des plus riches demeures de Bikaner, du temps que ses marchands affrétaient des caravanes de chameaux qui traversaient le désert de Thar pour se rendre dans le Sindh.

Environs de Bikaner

1 Devi Kund *(8 km E. par la route de Jaipur ; après 6,5 km, à dr. vers Napasar ; ouv. 9 h-17 h)*. Ce lieu abrite les cénotaphes des maharajas de Bikaner, des *chhatri* dont certains sont décorés de peintures sur la calotte des coupoles. Le mausolée de Surat Singh (1787-1828), entièrement construit en marbre blanc, conserve les plus belles peintures rajpoutes.

2 Deshnoke* *(33 km S. par la route de Jodhpur)*. Le temple de Karni Mata, une mystique qui passe pour une incarnation de Durga, est peuplé de rats sacrés qui errent en liberté jusque dans le saint des saints. Sa façade de marbre blanc sculpté, comme les portes en argent massif enrichies de reliefs, date du règne de Ganga Singh. Les bâtiments, sans grands mérites architecturaux, sont du XVIIe s. Devant la statue de Karni Mata un grand plat métallique, le plus souvent rempli de grain, attire de nombreux rongeurs. Devenus familiers, ils grimpent à l'occasion jusque sur les épaules du prêtre pour être nourris de sa main ; en dépit de la voracité légendaire de l'espèce, les rats de Deshnoke, parfaitement inoffensifs, se désintéressent parfois de leur mangeoire pour se faufiler entre les jambes des visiteurs et des dévots.

3 Gajner *(23 km S.-O., par la route de Jaisalmer)*. Au bord d'un lac artificiel qui a donné naissance à une belle oasis se trouve le palais d'été des maharajas de Bikaner *(visite payante, incluant un rafraîchissement servi sur une terrasse dominant le lac)*. Une partie est réservée à un relais de tourisme. Des safaris en jeep sont organisés à travers le Gajner Wildlife Sanctuary, vaste réserve d'animaux (antilopes blackbucks et blue bulls, gazelles chinkaras, sangliers,...) par le *Lallgarh Palace Hotel* et le *Gajner Palace Hotel*.

4 Kolayat *(48 km S.-O., par la route de Jaisalmer)*. Durant le mois de Kartika (oct.-nov.), cette petite ville ancienne attire de nombreux pèlerins qui viennent se purifier dans les eaux de son lac. Un temple y a été érigé à la mémoire de Kapil Muni, un saint homme qui passa toute sa vie à cet endroit. Les autres temples qui s'élèvent le long des ghats sont maintenant abandonnés.

Un défi au dieu de la Mort

Les rats de Deshnoke seraient la réincarnation des membres de la caste des Charan, à laquelle appartenait Karni Mata. Cette sainte femme, qui vécut au XVe s. et serait morte à l'âge de 151 ans, se rendit un jour au royaume de Yama, le premier homme et, par conséquent, le premier mort, pour y ressusciter un enfant. Arrivée trop tard, car il était déjà réincarné en un gros rat blanc, elle en conçut un vif ressentiment contre le dieu de la Mort. Elle décréta que les membres de sa caste négligeraient dorénavant de transiter par le royaume de Yama pour y être jugés avant de commencer une nouvelle naissance : ils se réincarneraient directement dans le corps d'un rat. C'est pourquoi les rats de Deshnoke sont entourés de tant de sollicitude.

HÉBERGEMENT À GAJNER

***Gajner Palace Hotel*, ☎ (1534)-255-061, www.hrhindia.com**

Magnifiques chambres avec vue sur le lac.

Bundi et Kota★★

Bundi : Ajmer, 163 km ; Chittorgarh, 164 km ; Jaipur, 212 km ; Udaipur, 279 km ; Ujjain, 256 km.
Alt. 300 m ; 88 300 hab.

Indicatif Bundi ☎ 0747

ⓘ Circuit House, room n° 3 au r.d.c., près du Bus Stand, ☎ 2443-697, ouv. en principe lun.-sam. 10 h-17 h.

HÉBERGEMENT :
• *Haveli Braj Bhushanjee*, ☎ 442-322 ; www.kiplingsbundi.com. Dans la rue principale de la vieille ville, à deux pas de l'entrée du palais ; 23 ch. Propriété d'une vieille famille de la ville, aménagée en hôtel de charme, avec cours intérieures et peintures murales. Les chambres de la partie ancienne, agréables, sont assez exiguës ; celles de l'annexe, un peu plus grandes et plus lumineuses. Restaurant végétarien.
• *Haveli Katkoun*, ☎ 244-311 ; raghunandansingh@yahoo.com ; 6 ch. En dessous du palais, sur la rue principale. Pension sympathique et familiale, chambres modernes et très propres ; celles de l'étage offrent une jolie vue sur le palais. Bon restaurant.

Le bassin de la Chambal, où est située Bundi, est l'une des deux régions en Inde (l'autre se trouvant aux environs de Dehra Dun, en Uttar Pradesh) où l'on cultive le fameux riz basmati.

À ne pas manquer

L'abondance de la végétation frappe quiconque approche de Bundi. Vergers, champs, tout est vert. Grâce à des conditions climatiques plus favorables qu'ailleurs, mais aussi à l'aménagement du bassin de la Chambal, la région est la plus fertile du Rajasthan. Mais de la plaine, la vieille ville reste invisible ; il faut gravir une ceinture de collines avant de découvrir, blottie au fond d'une vallée, la pittoresque cité, comme oubliée par le temps, surmontée d'une gigantesque antenne de télécommunication que les autorités ont cru bon de construire là. Sur la crête, une puissante forteresse est placée en sentinelle, veillant sur des ruelles étroites, bordées d'échoppes et d'anciennes demeures seigneuriales. Bundi est indissociable de Kota, sa voisine, qui fut son fief jusqu'à ce que l'habile jeu diplomatique des Moghols en fasse des ennemis. Aujourd'hui, l'une a conservé tout son pittoresque d'antan ; l'autre est une populeuse ville industrielle.

Bundi et Kota mode d'emploi

S'organiser. Une journée complète ne sera pas de trop pour découvrir Bundi : le palais, le fort de Taragarh (accessible à pied ou en voiture) ; la vieille ville ensuite, petite cité tranquille où il fait bon se promener (on pourra faire un petit détour par le musée) ou à la découverte du bazar : le marché aux fruits et légumes, près des *baoli*, est particulièrement coloré. En voiture ou rickshaw vous pourrez pousser jusqu'au Jait Sagar le splendide lac artificiel encadré de collines au N. de la ville avec ses pavillons de plaisance et les *chhatri* des souverains de Bundi. On peut ainsi prévoir deux nuits à Bundi sans risque de se tromper.

Liaisons aériennes. Jaipur est l'aéroport le plus proche.

Liaisons ferroviaires. La gare la plus proche est à Kota. Située sur la ligne Delhi-Bombay, elle permet de nombreuses liaisons avec Agra (7 h 30), Baroda (9 h), Bénarès (18 h), Bombay (11 h), Delhi (5 h), Lucknow (16 h). La gare de Sawai Madhopur (2 h) est desservie par la même ligne.

Les Rajpoutes

L'origine des Rajpoutes, « les Fils de Rois », est auréolée de mystère. Cette société aristocratique et guerrière se manifeste sur la scène de l'histoire au moment où l'islam fait son apparition en Inde. Du XIIe au XVe s., les Rajpoutes défendent farouchement leur indépendance contre les Turcs de Delhi, du Gujarat ou du Malwa, qui cherchent à les dominer. C'est durant cette période que la saga rajpoute va se forger autour de héros fameux et d'un indéfectible code de l'honneur.

◀ À l'entrée du fort de Jodhpur, ces empreintes de mains sont régulièrement ointes et ornées de fleurs. Elles forment la chronique des *sati*, veuves de Rajpoutes qui ont apposé ici la marque de leur main, avant de s'immoler sur le bûcher de leur époux.

▶ Un cheval, une épée et une épouse : c'était, selon les conteurs du désert, toute la richesse des guerriers rajpoutes. Les Rajpoutes continuent d'être un pivot de la société rajasthani dont ils représentent le dixième.

Dans l'ombre des gloires militaires de leur époux, auquel elles étaient parfois unies dès l'enfance, les femmes rajpoutes devaient se plier aux devoirs prescrits pour les Indiennes de haute caste. Traditionnellement, elles ne portaient pas le sari, mais, comme le montre cette peinture, un corsage court *(kurti)*, sur une jupe froncée à la taille *(ghaghara)*, et s'enveloppaient dans le grand voile de coton *odhni*. ▶

▼ Rompant avec la tradition hindoue, les Rajpoutes se firent élever des cénotaphes. Leur forme a varié dans le temps, jusqu'à subir l'influence de l'architecture musulmane, dans la forme du dôme porté par des piliers. À l'intérieur, une stèle, représentant un cavalier ou une femme debout, rappelle la mémoire du défunt ou de sa *sati*.

Forteresses et palais

Junagadh, Kumbalgarh, Chittor : ce sont les noms d'autant de forteresses réputées imprenables. Mais, avec l'arrivée des Moghols, les Rajpoutes vont peu à peu abandonner leur rôle de guerriers pour celui de souverains mécènes. Ce bouleversement est surtout dû à l'empereur Akbar (1556-1603), qui inaugura une habile politique de rapprochement et d'alliance matrimoniale : il fit successivement de tous les clans rajpoutes ses alliés. Dès lors commence l'âge d'or de la culture courtoise rajpoute. Jouissant de la sécurité que leur procure l'alliance avec l'Empire moghol, les Rajpoutes partent guerroyer pour leur compte dans le Deccan, ou ailleurs, et reviennent chargés de trésors. Ils puisent dans cette nouvelle fortune pour embellir leur palais, synthèse de traditions islamiques et hindoues.

▲ Dans le fort d'Amber, les Rajpoutes Kachwaha reproduisent le faste des *durbar*, grandes audiences royales des empereurs moghols. On y retrouve, comme dans les forts rouges des souverains musulmans, un *diwan-i-am*, salle des audiences publiques, destinée à la réception des ambassades et aux séances de justice, ainsi qu'un *diwan-i-khas*, hall où le prince réunissait ses ministres.

Bâti au milieu du XVe s. par le roi Jodha, fondateur de Jodhpur, le fort de Mehrangarh domine les vieux quartiers de « la ville bleue ». Symbole de l'orgueil du clan des Rathore, il ne tomba aux mains de l'Afghan Sher Shah qu'en 1544. ▶

▲ Antithèse du vieux fort d'Amber, le City Palace de Jaipur est bien un « palais urbain », qui occupe deux des neuf quartiers de la ville de Jaipur, conçue à l'image ordonnée de l'univers, avec ses neuf divisions. L'intérieur décline les fonctions palatiales en une succession de salles et pavillons. Dans le Chandra Mahal, palais de la Lune, les décorateurs ont fait appel à la couleur bleue, rehaussée de stucs. Couleur apaisante, le bleu était utilisé dans les salles de fraîcheur, évoquant le ciel et les pluies de mousson bienfaisantes.

◀ La citadelle de Chittor, capitale médiévale du Mewar, est le symbole de l'orgueil et de la valeur des Rajpoutes. Durant les nombreux sièges dont elle fit l'objet, elle fut le théâtre du sacrifice du jauhar. Tandis que la place forte se vidait de ses hommes, leurs épouses se jetaient vivantes sur un bûcher, plutôt que de se livrer à l'ennemi. Cette tour fut élevée par le maharana Kumba (1433-1468), grand guerrier et fin stratège, qui s'illustra dans la lutte contre les puissances musulmanes du Gujarat et du Malwa.

▲ Le grès tendre du Marwar a permis de ciseler à l'infini fenêtres et balcons des palais du fort de Mehrangarh, à Jodhpur.

Désignées sous le nom de Shish Mahal, palais des glaces, les salles aux parois ornées de mosaïques de miroirs sont un emprunt à l'architecture moghole. Cette pièce du *diwan-i-khas* d'Amber trahit cette influence, en recourant au répertoire décoratif, d'origine persane, de vases, de coupes et de bouquets. ▶

Un art de cour

Moins spectaculaires que les puissantes forteresses, les miniatures traduisent pourtant aussi bien qu'elles l'éclat que les Rajpoutes entendaient donner à leurs cours : ne voulaient-ils pas rivaliser avec celle du Grand Moghol ? Que la miniature rajpoute ait subi l'influence de la peinture moghole, cela n'est pas douteux ; mais là où les ateliers impériaux, fiers de leur culture persane, s'épanouissaient dans une palette adoucie et des contours lisses, la peinture rajpoute, quant à elle, resta près de ses traditions.

▲ **Les jeux de Krishna et des *gopi* sont pretexte à dépeindre une nature merveilleuse pour les ateliers de Kota.**

L'art de la miniature

L'introduction du papier en Inde du N., au XIVe s., permit l'essor de la miniature. Brossée à traits vigoureux dans un foisonnement de couleurs vives, elle envahit peu à peu l'espace de la page, illustrant les nouvelles formes culturelles : poésie, musique et chants dévotionnels.

▲ **Alanguie sur des coussins, une belle attend son amant. (École de Bikaner.)**

Après la création d'un atelier de peinture à la cour moghole, la peinture d'album rajpoute va affiner sa technique à son contact et intégrer certains éléments du vocabulaire persan. Des écoles naquirent dès le XVIe s. : celle du Mewar, puis celles de Bundi et de Kota. Leurs thèmes puisent dans la tradition hindoue : ainsi l'illustration de la Gita Govinda, qui conte l'enfance de Krishna et ses ébats avec les *gopi*, ou encore les Purana, autour de Shiva et de Parvati. Les peintres explorent aussi le champ de la littérature amoureuse, campant ses héros, le nayak et la nayika, dans les costumes et le décor typique des cours rajpoutes, ou encore les thèmes fournis par le ragamala, la guirlande des raga, dépeints à travers de courts poèmes. Ce dernier genre connut un grand succès au XVIIe s.

À l'instar de la cour d'Agra, la vie du souverain constitue une inépuisable matière pour les peintres : scènes de bataille ou de chasse où le souverain domine par sa stature la foule de ses sujets, intimité du gynécée ou portraits des dignitaires.

Bus. Liaisons très fréquentes avec Kota. La gare routière se trouve au S. de la ville, à proximité du marché aux fruits et légumes. Si vous arrivez par le bus, prenez un rickshaw jusqu'au centre de la vieille ville (à plus de 20 mn à pied de la gare routière) ; demandez l'entrée du palais ; c'est dans ce quartier que sont situés la plupart des hôtels et guesthouses.

Achats. Voyez la boutique de la *Haveli Braj Bhushanjee* : belle collection de casse-noix d'arec anciens et autres souvenirs.

1 Bundi

Un lignage irrédentiste

Le royaume de Bundi fut fondé au XIVe s. par les Hara, descendants des Chauhan, un des quatre clans rajpoutes apparus lors du sacrifice du feu sur le mont Abu (→ *encadré, p. 203*). Les rajas de Bundi, avec les rois du Mewar, furent les derniers à se soumettre aux Moghols. Ce farouche désir d'indépendance se manifesta jusqu'en 1911 ; lors du célèbre *durbar* de Delhi, auquel furent conviés les plus grands princes de l'Inde, seuls les rajas d'Udaipur et de Bundi, bien que présents en ville, n'assistèrent pas au défilé officiel, prétextant une opportune indisposition…

L'école de Bundi

C'est sous le patronage de ces seigneurs indociles que se développa l'une des plus attachantes écoles de miniatures du Rajasthan. L'école de Bundi atteint sa maturité au XVIIe s. pour s'épanouir encore au siècle suivant. Héritage sans doute de la peinture persane, elle mêle la plus grande grâce, qui se lit par exemple dans les visages pleins et frais des jeunes filles, aux tons chauds et brillants et à un foisonnant décor de fleurs, d'oiseaux, de forêts, plus typiquement indien. Au XVIIIe s., l'école évolue vers un plus grand dépouillement des fonds, sur lesquels se détache par exemple le corps gracieux d'une jeune fille. On pourra voir sur les murs du palais de merveilleux exemples de cette riche école de Bundi.

À l'entrée de la ville, des guides attendent pour vous conduire, contre une somme modique, à travers le palais. Il vous feront pénétrer dans des zones encore non ouvertes aux visiteurs individuels. Depuis la rue principale de la vieille ville, une longue esplanade monte vers l'entrée du palais, Harazi Gate, la porte fermant jadis l'enceinte extérieure du palais.

■ **Garh Palace***** (*ouv. t.l.j. 8 h-17 h ; entrée payante, droit pour photos et vidéos, flash interdit pour les peintures*). Fermé depuis de longues années, le palais des maharajas de Bundi s'entrouvre à la visite. Déjà, il est possible de parcourir les salles d'apparat de cette construction considérable, et dans quelques années l'ensemble devrait être entièrement accessible aux visiteurs. Ce que l'on découvre aujourd'hui mérite déjà amplement le voyage : des salles grandioses, des terrasses ouvrant vertigineusement sur la ville en contrebas et un ensemble de miniatures et de fresques qui comptent parmi ce que la délicieuse école de Bundi nous a laissé de meilleur. Pour l'essentiel, le palais date du début du XVIIe s. ; une grande partie de la décoration peinte est contemporaine de la construction.

Depuis **Harazi Gate** (*billetterie*), un chemin empierré monte rudement vers l'entrée du palais proprement dit ; on l'atteint en cinq minutes, après un coude à g. **Hathi Pol,** « la porte des Éléphants » ainsi nommée en raison des deux pachydermes de pierre qui en gardent l'entrée, donne accès à la première cour. Une plate-forme à g. permettait au roi de descendre de son éléphant, tandis que face à l'entrée étaient aménagées les écuries pour les chevaux. Au-dessus de Hathi Pol, des musiciens sur leur balcon saluaient de leurs instruments l'arrivée du souverain ou des invités de marque.

Diwan-i-Am *(face à l'entrée à l'étage, accès depuis la cour par un escalier à dr.)*. Ce vaste hall servait aux audiences publiques ; on y voit encore le **trône** de marbre du souverain, entouré d'une délicate balustrade également en marbre. À l'autre extrémité du Diwan-i-Am, un passage donne accès à une terrasse agrémentée d'un bassin remplis jadis de poissons multicolores.

Chhatra Mahal**. Du côté g. de la terrasse, sous un vaste portique, ouvraient les appartements privés du roi, gardés par une splendide **porte de teck** incrustée d'ivoire. La grande salle était entièrement décorée de peintures exécutées sur marbre ce qui, malheureusement, ne leur a pas permis de franchir l'épreuve du temps. Les véritables merveilles se trouvent dans la petite salle de dr., dont les murs sont entièrement couverts de **fresques**** remontant à la construction du palais : une explosion de couleurs rehaussées d'or, de détails et de grâce, qui mérite d'être admirée en détail, chaque peinture étant un véritable chef-d'œuvre de la célèbre école de peinture locale. Côté dr. on pourra découvrir Krishna et Radha dansant sous l'orage, tendrement enlacés à l'abri d'une cape, sous un ciel que les Occidentaux qualifieraient de menaçant mais qui pour les habitants de l'Inde, hommes comme animaux, est une promesse de vie et de renouveau. On sent dans cette œuvre d'une grande sensibilité toute la joie et l'exubérance qu'apportent les touffeurs de la mousson. Au-dessus de la porte, en bas d'une scène d'adoration dont l'image a disparu, éléphants et chevaux témoignent de la maîtrise des artistes de Bundi. On en retrouve de splendides exemples dans l'encadrement de la fenêtre à g. avec un magistral combat d'éléphants. Face à l'entrée se déploie une foisonnante procession de mariage qui conduit vers l'élue le roi monté sur son éléphant.

Diwan-i-Khas. À dr. de la terrasse, la salle des audiences privées est remarquable par les **consoles**** de ses piliers, de splendides éléphants en bois sculpté. À l'angle g., une pièce protégée de grillage de pierre était destinée aux femmes, qui pouvaient, sans être vues, assister aux audiences. Dans le fond de la salle, côté g., un **passage secret** obstrué par une dalle de pierre – aujourd'hui scellée – permettait au souverain de rejoindre directement le harem. Du Diwan-i-Khas, un escalier donne accès au niveau supérieur.

Phool Mahal. Dans cette salle datant comme le reste de cette partie du palais du tout début du XVIIe s., on remarquera une scène de procession célébrant la mousson : les images de Krishna et de Radha sont hissées dans un palanquin que le souverain porte en personne. De là, un autre escalier permet de monter plus haut.

Badal Mahal. Ce « palais des nuages » jouxtant le harem, était destiné aux plaisirs royaux. Ici, les **peintures** remontent au XVIIIe s. En raison de la destination des lieux, elles représentent principalement (au plafond) des couples divins : Rama et Sita portés par les anges à leur retour d'exil, Krishna et Radha autour desquels les *gopi* forment une joyeuse ronde, entraînée par l'image démultipliée de Krishna, épousailles de Radha et Krishna. Sur les murs, apparaissent également (côté g.) quelques scènes amoureuses. Le style de ces peintures a suscité beaucoup d'interrogation : on y trouve en effet de nombreux éléments qui semblent emprunter à des civilisations étrangères à l'Inde ; les anges qui soutiennent la nacelle de Radha et Krishna semblent sortir tout droit d'une miniature persane ; les représentations d'animaux – aigles et poules notamment autour de la scène à la nacelle – dénotent une influence plus occidentale, tandis qu'apparaissent, du côté g. de la salle, les motifs du dragon et du phénix, inconnus dans l'art indien, mais répandus dans le monde chinois.

Du Badal Mahal, regagner Hathi Pol par le même chemin.

Chitrasala*** *(après avoir franchi Hathi Pol, prendre à g. le chemin empierré qui grimpe vers la citadelle ; puis à moins de 200 m, passer une porte à g.).* On accède à ce qui fut un des plus somptueux jardins d'agrément du complexe palatial ; dominé par les hautes façades du *zenana*, il jouxtait le Diwan-i-Am. Du jardin, belle vue sur la ville en contrebas et à g. sur la première cour du palais. Mais ce qui retiendra ici, c'est l'extraordinaire ensemble de **peintures***** qui anime les murs : elles remontent à la seconde moitié du XVIIIe s., époque de la construction du jardin. Sur le mur de g., belle représentation de Shiva, Parvati et leur enfant Ganesh, montés sur le taureau Nandi. Notez dans la chevelure de Shiva le visage de Ganga, la déesse Gange, dont les eaux tumultueuses sont apaisées en glissant dans la chevelure du dieu *(sur le mythe → p. 91)*. La famille divine part à la rencontre de la déesse Annapurna, qui dispense la nourriture aux hommes, montée sur son éléphant. Un peu plus loin, sur le même mur, on peut assister à une audience royale : elle se tient dans le Diwan-i-Khas du palais, dont on reconnaît les consoles en forme d'éléphants.

Sur le mur du fond, côté g., autre réception, mais dans le Diwan-i-Am cette fois, flanqué à dr. du Chitrasala dont on peut identifier les jardins. Cette partie du portique conserve (sur le mur et contre la face interne des piliers) de splendides représentations de jeunes femmes, toutes indiennes comme en témoignent leurs traits, mais représentées pour les unes à la mode persane avec leur coiffe surmontée d'une aigrette, les autres vêtues en princesses rajpoutes. Sur la face arrière du pilier central, une des jeunes femmes se retire une épine du pied, un thème traditionnel de l'iconographie hindoue. On y admirera le rendu de ses vêtements, tuniques et écharpes de mousseline transparente qui se superposent en mêlant leurs couleurs d'une manière particulièrement séduisante.

Sur le dernier mur, un petit **oratoire** a été aménagé en mémoire d'Umaid Singh, autour des sandales de bois du maharaja qui fit construire le Chitrasala.

Du Chitrasala, le chemin monte en 20 mn env. au fort de Taragarh *(ci-dessous)*. Avant de l'atteindre, le pavillon de **Balwan Singh**, à mi-hauteur de la colline, offre de belles vues sur l'ensemble palatial.

Du Badal Mahal, un couloir donne accès au *zenana* ; il s'agit d'un vaste ensemble de bâtiments, dressés autour d'une cour centrale dotée d'une monumentale escarpolette de pierre qui servait à la distraction des épouses royales. Cette partie – encore fermée au public en 2006, devrait être accessible à la visite dans un avenir plus ou moins proche.

L'escarpolette d'or

Le thème de la balançoire *(jhula dola)* a son origine dans un rite védique. Il était exécuté au solstice d'été, alors que le soleil était assimilé à « l'escarpolette d'or qui se balance dans le ciel », pour aider l'astre à redresser sa course vers son apogée et assurer à la terre fécondité et prospérité. Ce thème de la balançoire est également étroitement associé à la geste de Krishna ; on le retrouve dans de nombreuses miniatures ou dans la fête de Dolayatra, propre à l'Orissa, au cours de laquelle on balance les effigies de Radha et de Krishna sur des escarpolettes. Aujourd'hui, lors du mariage de certains brahmanes, une balançoire est encore placée dans une tente, symbole de la voûte céleste. Vous en verrez également dans les chambres nuptiales de certains palais convertis en hôtels.

Après la visite du Chitrasala, quitter le complexe des palais par le même chemin jusqu'à l'esplanade qui précède l'entrée. Vous pourrez poursuivre votre visite de Bundi par la découverte des bazars de la vieille ville qui vous conduiront vers les bassins de Nagar et Sagar et vers le puits de la Rani, deux spectaculaires réalisations des rois de Bundi. Au bas de l'esplanade, suivre la rue à g. C'est la rue principale du bazar.

■ **Bazar de la vieille ville.** C'est une bien agréable promenade d'une vingtaine de minutes, où l'on ne sera pas gêné par le trafic incessant des motos et autres deux-roues pétaradant et klaxonnant comme c'est le cas dans la plupart des villes de l'Inde. Les marchands s'y tiennent accroupis sur de petites plateformes au-dessus de la chaussée. Le vendeur de lait, qui a reçu le matin même ses produits des villageois des alentours, y côtoie le vendeur d'épices, le marchand de bobines et de fil – il est assiégé par les enfants lorsqu'approche la fête des cerfs-volants du mois de janvier.
On parvient rapidement à un carrefour où de dignes vendeurs attendent le client, assis sur un drap blanc, devant le monumental coffre-fort qui trône au fond de leur boutique : c'est le quartier des bijoutiers. Au carrefour, suivre la rue à dr. ; à une centaine de mètres à dr. se dresse l'imposante façade de l'ancien pavillon réservé aux invités du roi. Il abrite aujourd'hui une banque, la bibliothèque municipale et une école. On peut entrer dans la cour pour juger des dimensions de l'édifice.

La rue sort ensuite de la vieille ville par la porte de Chogan pour déboucher sur le vaste marché aux fruits et légumes.

■ **Nagar et Sagar Kung** *(à la lisière S. de la vieille ville, face à la porte de Chogan).* Il s'agit de deux puits jumeaux monumentaux. Ces fondations pieuses étaient destinées à abreuver les voyageurs et leurs bêtes.

Continuer tout droit à travers le marché.

■ **Puits de la Rani**** *(Raniji-ki Baori ; ouv. t.l.j. de 10 h à 17 h ; entrée libre).* C'est une réalisation impressionnante, aménagée sur l'ordre d'une reine au XVIIe s. Comme ses homologues au Gujarat *(env. Modhera, Patan)*, il présente une longue volée de marches qui descendent jusqu'à l'eau et qu'encadrent des murs abondamment décorés de sculptures où l'on reconnaît Vishnou et ses avatars.

■ **Late Maharaja Bahadur Singh Museum** *(en descendant l'esplanade d'entrée du Palais, prendre à dr. puis immédiatement à g. ; ouv. t.l.j. de 10 h à 17 h ; entrée payante).* Ce petit musée s'est ouvert en 2006 dans une des nombreuses propriétés royales de la ville. On peut y voir une galerie de trophées de chasse, dont un malheureux tigre abattu par lord Mountbatten en 1968. Également collections d'armes et de costumes royaux.

■ **Jait Sagar** *(à 3 km du centre, il est indispensable d'être motorisé).* Ce beau lac, où se reflètent les collines alentour et où fleurissent des tapis de lotus à partir du mois de décembre, fut creusé par les rois de Bundi au XVIIe s. À l'extrémité du lac, en venant de la ville, le **Sukh Mahal** est un joli pavillon d'agrément où résida Rudyard Kipling lorsqu'il rédigeait son roman *Kim*. L'auteur du *Livre de la jungle* habita l'appartement situé du côté g. de la terrasse. Beau point de vue sur le lac.
Les Chhatri *(2 km environ en suivant la rive du lac, du côté dr. de la route ; entrée libre ; demander le gardien qui réside dans l'une des maisons voisines).* L'enclos renferme environ 80 monuments commémoratifs, *chhatri* monumentaux pour les rois, simple plateforme pour les reines, ou petits monuments à coupoles pour les princes et princesses.
À g. de l'entrée, dominé par un imposant pittosporum, le **cénotaphe de Bishnou Singh** (1re moitié du XVIIIe s.) présente un élégant ensemble de sculptures

sur marbre parmi lesquelles l'éléphant, animal emblème du pouvoir royal, tient une bonne place. En face, le **monument de Bishan Singh** (1re moitié du XVIIIe s.) rappelle la mémoire du roi et des 64 épouses qui périrent sur son bûcher funéraire. Sous la coupole, une stèle représente le roi en compagnie de son épouse principale. Face à l'entrée, une **plateforme** servait aux astrologues à déterminer l'orientation dans laquelle devait être placée la dépouille sur le bûcher. Au centre de la plateforme, une dalle indique les huit points cardinaux de l'astronomie indienne : ces huit points cardinaux expliquent la forme octogonale de toutes les plateformes des cénotaphes.
Vous pourrez poursuivre votre promenade dans ce parc romantique à la découverte des autres monuments funéraires qui se dressent au milieu d'une végétation exubérante.

■ **Fort de Taragarh** (*accès par le sentier qui part du palais ou en voiture par la route ; accès libre*). Le vieux fort dresse son imposante couronne de murailles au-dessus de la vallée depuis le XIVe s. L'intérieur largement ruiné présente des vestiges de palais ainsi qu'un magasin à poudre. Des remparts, **vue spectaculaire** sur la ville en contrebas.

▶ À la sortie de la ville, à dr. de la route de Kota, le « **cénotaphe aux 84 piliers** » *(Dhabai Deva chhatri)* fut édifié à la fin du XVIIe s. pour l'un des souverains de Bundi. Le pavillon, encadré de quatre petits kiosques, repose sur une plate-forme portée par une triple frise de chevaux et d'éléphants. Au 1er niveau se trouve un lingam. De là, on découvre une jolie vue sur la campagne environnante et, au loin, sur les collines qui entourent la ville. ◀

2 Kota

Situation : 36 km de Bundi.

Grande cité industrielle de la région (pneumatiques, textiles synthétiques…) établie sur la rive g. de la rivière Chambal, Kota est loin de posséder le charme de Bundi. Fondée au XIIIe s., elle fut à partir du XVIIe s. la capitale d'un État princier donné en fief à l'un de ses fils par le maharaja de Bundi. Elle en conserve de formidables remparts en surplomb de la rivière, ainsi qu'un vaste palais dont une partie est ouverte à la visite. Quelques belles demeures ruinées, dans la vieille ville, témoignent également de ce passé.

Indicatif à Kota ☎ 0744

ⓘ Tourist reception center, *Hôtel Chambal*, ☎ 2327-695 ; ouv. t.l.j. sf dim. 10 h-17 h.

À ne pas manquer

HÉBERGEMENT À KOTA :
• ***Brijraj Bhawan Palace*****, Civil Lines ☎ 2450-529. www.fhraindia.com/hotel/kota/brijraj ; 7 ch. Ancienne Résidence britannique, cette belle demeure est la propriété de la famille royale qui en occupe une partie. L'hôtel offre un confort de premier ordre. Bon restaurant.**
• ***Sunkhdam Kothi*****, Civil Lines, ☎ 2320-081, 14 ch. Au milieu d'un vaste jardin cette bâtisse de grès fut construite en 1870 pour un officiel britannique. La disposition intérieure avec sa grande salle à manger et ses salons, adopte le style victorien tandis que l'extérieur, avec ses dentelures de pierre et ses terrasses, porte la marque de l'influence indienne. Les chambres sont confortables, certaines donnant sur une terrasse. Personnel d'une grande gentillesse.**

Au centre de la cité, le Kishore Sagar est un lac artificiel aménagé au XVe s., au milieu duquel, sur une île, se tient le Jag Mandir, petit pavillon de plaisance, d'où jaillissent des bouquets de palmiers. Il ne se visite pas.

Liaisons aériennes. L'aéroport le plus proche est celui de Jaipur à 246 km.

Liaisons ferroviaires. La gare se trouve à la lisière N. de la ville ; Kota est reliée à Bombay, Delhi, Agra, Bénarès, ainsi qu'à Sawai Madhopur, la porte d'entrée du parc de Ranthambore. Rens. ☎ 131

Gare routière. Bus Stand à l'entrée du pont sur la Chambal. Liaisons avec les principales villes du Rajasthan ; rens. ☎ 2451-020.

■ **Maharao Madho Singh Museum**** *(ouv. t.l.j. sf ven. 10 h-16 h 30 ; entrée payante : deux billets distincts sont nécessaires pour visiter l'ensemble des salles ouvertes au public. Droit pour photos et vidéos. Prévoir 1 h 30).* L'héritier de la famille royale, toujours propriétaire, n'a consenti à ouvrir qu'une partie du formidable complexe construit à partir du XVIIe s. en surplomb de la rivière Chambal. On y accède par Hathi Pol, la porte des Éléphants (XVIIIe s.). Une rampe conduit ensuite à la vaste esplanade précédant le palais, où se déroulaient jadis les grandes manifestations royales.

Une terrasse domine la cour par laquelle vous êtes entré dans le palais. Sur celle-ci, un gracieux pavillon, l'Arjun Mahal, porte également de charmantes décorations peintes.**

La visite comprend deux parties distinctes : les salles d'audience transformées en musée, et une portion des appartements privés, de loin la plus intéressante avec ses miniatures et les vues qu'elle offre sur la ville en contrebas.

Le **Darbar hall** *(dans la cour dans le prolongement de l'entrée)* abrite principalement des *howdahs* royaux, disposés au centre de la salle. Parmi la collection d'objets hétéroclites, on s'amusera à dénicher quelques instruments ménagers du tout début du XXe s. (une machine à laver, une autre à fabriquer des crèmes glacées, un ventilateur à kérosène...).

À dr. de la cour, le **Shish Mahal*** est joliment orné de **verres colorés** et de **fresques**, comme celle évoquant la vie du jeune Krishna à Mathura *(salle du fond)*. Entre ces deux salles, un couloir donne accès à une autre section où sont présentées des collections d'armes et de photographies anciennes ainsi que quelques miniatures sans grand intérêt.

Depuis le Barah Dari, s'offre une vue sur la Chambal et le complexe des palais toute aussi royale que les appartements.

Les **appartements privés** *(accès par le Shish Mahal sous la conduite d'un gardien)* sont la plus jolie partie du palais. Vous serez conduit sur la terrasse, le **Barah Dari**, sur laquelle ouvre la chambre à coucher royale. La première salle est entièrement ornée de miniatures, essentiellement du début du XIXe s., des portraits royaux principalement, mais aussi *(côté g.)* des représentations d'Occidentaux. Une porte donne accès à la chambre royale. Votre guide se fera un devoir d'en soulever les draps, histoire de vous montrer les pieds du lit en argent. Un balcon donne sur la ville.

■ **Rampura Bazar** *(en sortant du palais, prendre au premier carrefour à g.)*. En passant devant quelques anciennes *haveli* toujours occupées, on trouvera sur Rampura Bazar, principale artère commerçante de la ville, toute l'animation et tous les produits des quartiers marchands des villes indiennes. Behru Gali, une ruelle à dr. *(après 20 mn env. de marche ; demandez votre chemin, la rue est connue de tous les habitants)*, gardée par le petit oratoire consacré à Behru, la divinité locale *(au début de la rue à g.)* est bordée de boutiques proposant les célèbres saris au fil d'argent et d'or confectionnés à Kaithoun.

Au bout de la rue, prenez à dr. Puis la première rue à g. pour retrouver le lac de Kishore Sagar.

■ **Government Museum**★ *(Brij Vilas Palace Museum ; ouv. 10 h-16 h 30 ; f. ven. ; sur la rive N.-E. du Kishore Sagar)*. Le musée comprend une section archéologique, avec une collection de sculptures des IXe et Xe s. provenant principalement du centre religieux hindou et jaïn de Kishan Vilas *(90 km E.)* et de Baroli (sculpture de Vishnou★★ étendu sur le serpent Ananta avec sa parèdre Lakshmi, à ses pieds, VIIIe s.). Une salle du musée abrite quelques miniatures et manuscrits enluminés de l'école locale de peinture. Voyez surtout les quelques feuillets d'un exemplaire du *Bhagavata-Purana*★, ouvrage édifiant sur la vie de Krishna exécuté vers 1640.

Les saris de Kaithoun (20 km S. de la ville) sont renommés dans tout le Rajasthan. Ils sont confectionnés uniquement par les familles musulmanes, dans leurs ateliers à domicile. Les négociants de Behru Gali leur passent commande et fournissent la matière première. Deux boutiques sur place permettent de découvrir cette production locale.

Pour en savoir plus sur la confection des étoffes, reportez-vous à la page couleur XII.

Environs de Kota

1 Baroli★ *(48 km S.O.)*. Joliment établi au bord de la Chambal, le site de Baroli comprend un groupe de temples du VIIIe au Xe s.

Le plus étonnant est le temple central, ou **Ghateshwar**★★ (IXe-Xe s.). À l'assaut de l'élégant *shikhara* semble grimper une foule de singes saisis dans les postures les plus diverses. À l'entrée veillent les déesses Ganga et Yamuna, tandis qu'un Shiva★ dansant, de grande taille, a été sculpté au-dessus du linteau. Le *mandapa* est soutenu par des piliers ronds remarquablement ouvragés avec, à la partie supérieure, des couples d'amoureux *(mithuna)* dans des positions très expressives.

À 5 km, le Rana Pratap Sagar est l'un des trois barrages aménagés sur la Chambal, fournissant de l'énergie et irriguant plus de 500 000 ha de terres.

Lui fait suite une construction carrée, supportée par une double colonnade travaillée en haut-relief. Hors de l'enclos, une fontaine est ornée d'un temple miniature.

HÉBERGEMENT À JHALAWAR :
• *Prithvi Vilas Palace* ; ☎ (7432) 231-347. 18 ch. Les héritiers des maharajas de Jhalawar ont aménagé leur palais en hôtel de luxe. Un cadre magnifique pour une nuit princière.

Le célèbre musicien Ravi Shankar a passé quelques années de sa jeunesse à Jhalawar, où son père était ministre du maharaja.

2 Jhalawar *(85 km S.E. sur la route de Bhopal ; bus réguliers depuis Kota ; peut être visité sur la route du Madhya Pradesh).* Capitale d'un État princier au XIXe s., ce gros bourg est le point de départ pour se rendre aux sites plus anciens de Jhalrapatan et Gagron (véhicule 4x4 conseillé).

▶ *À 6 km S. (quittez la route de Bhopal pour celle d'Ujjain)*, Jhalrapatan* possède une enceinte crénelée parfaitement conservée. À l'intérieur, ruines d'un imposant temple de Surya (Xe s.), l'un des rares en Inde à avoir conservé la statue du dieu dans le sanctuaire. À l'extérieur du rempart, sur le site de Chandravati *(à 2,5 km)*, groupe de temples assez abîmés dont un seul mérite d'être vu : celui de Sittaneshwar Mahadeva, construit au VIIe s. et dédié à Shiva.

À 10 km N. (embranchement à g. sur la route venant de Kota), la **forteresse de Gagron*** est construite sur un promontoire, entouré d'une rivière sur trois côtés. Cette place forte, élevée au XIIe s., changea plusieurs fois de mains, avant de devenir possession des souverains de Kota. ◀

Indicatif à Ranthambore ☎ 07462

ⓘ RTDC gare de Sawai Madhopur, ☎ 220-808 ; ouv. t.l.j. sf dim. 10 h-17 h. Dans une jolie gare d'architecture coloniale (début XXe s.), accueil rudimentaire en anglais. Dépliant du parc à disposition.

3 Ranthambore National Park* *(ouv. d'oct. à juin, 7 h-10 h et 14 h 30-17 h 30 ; meilleure saison de nov. à mars. Entrée payante. Visites exclusivement guidées en bus découvert à 20 places ou jeep à cinq places. Réservation impérative par votre hôtel, moyennant une modeste commission qui vous évite la queue, ou au guichet RTDC Tourist complex Vinyaka, à 5 km env. avant l'entrée du parc.).* Créé en 1973 dans une région forestière, pour garantir la survie du tigre et, bien entendu, de toutes les espèces qui assurent la subsistance de ce grand prédateur : chinkaras, chitals, sambars (cervidés locaux), il abrite aujourd'hui une trentaine de tigres, mais également des léopards, des ours, des hyènes, des chacals et des sangliers.

Au billet d'entrée (200 Rs par personne en 2006) s'ajoute la location du véhicule avec chauffeur et guide (90 Rs pour une place en bus, ou 1 625 Rs pour une jeep pendant une 1/2 journée). La jeep, à peine plus onéreuse si l'on est quatre, est préférable. Elle se faufile partout, peut s'enfoncer dans la jungle si la présence d'un tigre est signalée et votre chauffeur peut s'arrêter à votre convenance.

Le fort de Ranthambore *(accès libre ; accessible aux voitures de tourisme par la route qui file au-delà de l'entrée du parc).* Cette place forte d'origine très ancienne aux murs vertigineux – on ne connaît pas la date de sa fondation –, fut au XIIIe s la capitale de la dynastie des Chauhan (Ajmer). Son apogée se situa à la fin du siècle sous le règne du roi Hamir. C'était alors une ville splendide, couverte de temples et de palais, alimentée en eau par d'immenses réservoirs. C'est la seconde citadelle du Rajasthan en superficie après celle de Chittorgarh. En 1301, elle fut prise d'assaut par Ala-ud-din Khalji le sultan de Delhi. Mise à sac et quasi abandonnée, elle fut de nouveau occupée au XVIe s. lorsqu'un clan rajpoute du Malwar s'y fortifia. Par la suite, les Moghols en confièrent la garde aux souverains de Jaipur.

Une montée d'environ 15 mn, par des escaliers construits avec des matériaux provenant d'édifices ruinés, conduit à l'entrée de la citadelle. On aura alors passé quatre portes fortifiées : la deuxième Hathi Pol, flanquée d'un buste colossal de l'époque de Rao Hamir, la troisième, celle de Ganesh, coudée pour renforcer la sécurité. La dernière porte débouche sur un pittoresque passage voûté que l'on suivra à dr.

Au cœur de la nature sauvage de Ranthambore, la citadelle pourrait être un amas de ruines envahies par la jungle. Il n'en est rien. On découvre, au sommet, des pelouses fraîchement entretenues, avec l'aide, il est vrai, de quelques vaches, des sentiers joliment aménagés qui conduisent vers les nombreux monuments encore debout et bien dégagés par les services archéologiques. Le lieu est très fréquenté par les habitants à cause du temple dédié à Ganesh, particulièrement vénéré.

En suivant les panneaux indiquant la direction du temple de Ganesh, vous découvrirez les principaux monuments de cette partie de la ville – l'autre partie du plateau reste encore envahie par la jungle : le *chhatri* aux 32 colonnes, dressé au point le plus haut de la citadelle ; plus avant, au-delà d'une esplanade qui servait probablement aux cavalcades royales, s'étire la longue masse sombre du **palais du roi Hamir** *(fermé pour restauration)*, flanqué du *zenana* dont ne subsistent que quelques pans de murs. Laissant à g. le palais pour continuer tout droit, (restes, à dr. du sentier, d'un palais au portique joliment orné de piliers ouvragés) on parvient bientôt au plus vaste des réservoirs de la ville, là où selon la légende se jeta la fille du roi Hamir en compagnie de centaines de femmes rajpoutes, alors que tout était perdu et que les troupes musulmanes avançaient à travers la ville.

Contourner le bassin par la dr., pour rejoindre le **temple de Ganesh**, autour duquel s'ébat tout un peuple de singes malicieux. Hommage rendu au dieu éléphant, à qui une souris dans une cage tient compagnie, vous reviendrez par le même chemin pour prendre à g. en direction du **temple de Kali** (panneau indicateur). Arrivé à ce petit oratoire, prendre à dr. un petit chemin puis à g. à la première intersection : le sentier suit une rue de la vieille ville et l'on peut voir de part et d'autre les pans de murs

HÉBERGEMENT À RANTHAMBORE :
Le long de la route qui conduit de Sawai Madhopur à l'entrée du parc se sont multipliés hôtels et guest houses, des plus luxueux aux plus modestes.

• *Tiger Den* (au bout de la route, au plus près de l'entrée du parc), ☎ 252-070 ; www.tigerdenresort.com Une adresse simple et sympathique : 40 ch., des bungalows ouvrant sur des pelouses, une piscine et une splendide roseraie. On fera tout ici pour vous faciliter la découverte du parc. Cuisine convenable.

des maisons et des boutiques, ou encore le départ de rues perpendiculaires. Avant la bifurcation à g., un petit temple toujours en activité s'abrite dans un édifice construit à la manière d'une maison avec sa cour centrale entourée d'un portique.

Le chemin aboutit à un carrefour à dr. duquel se dresse le *chhatri* aux 32 colonnes *(ci-dessus)*. Prendre à dr. En surplomb d'un bassin, agrémenté de gracieux pavillons, un **mausolée à coupole** abrite la dépouille du général musulman qui enleva sa ville. Il repose en compagnie de ses six frères à en croire la légende. Au-delà, un chemin s'aventure jusqu'au bord de la forteresse où subsistent les restes d'une mosquée. Revenir par le même chemin et continuer tout droit au-delà du mausolée musulman.

Le Badra Mahal. C'est un ensemble de pavillons d'agrément aménagés en bordure du rempart ; de la terrasse, splendide vue sur le parc, et ses lacs, piqueté de petits pavillons et de postes de guet sur les crêtes des collines. Le Badra Mahal, portique ouvrant largement sur le paysage, conserve encore quelques traces de sa décoration peinte. Au-delà du palais, le sentier retrouve la porte d'entrée de la citadelle.

Chittorgarh★★★

« On ne fait pas Chittor le guide à la main », écrivait Rudyard Kipling au XIXᵉ s. Il est vrai que l'on ne verra pas ici de palais délicieux, de jardins apaisants ou de temples finement ciselés. L'intérêt exceptionnel est ailleurs, dans le site même : une plaine interminable au beau milieu de laquelle, visible depuis des kilomètres, se dresse une imposante plate-forme ovale dominant les environs du haut de ses 150 m. Cette terrible masse sombre, c'est Chittorgarh, dont on devine que l'histoire fut tragique. Plus qu'une forteresse, c'est une véritable cité fortifiée, dont les pans de murs écroulés disent la bravoure et la mort. Les chevaliers rajpoutes s'accrochèrent en effet à ces murailles, résistant aux plus terribles assauts. Par trois fois, alors que la ville allait succomber, ils s'élancèrent, l'épée à la main, dans une dernière sortie sans espoir, au milieu de la masse des assaillants qui devait les engloutir. Pendant ce temps, leurs épouses, leurs mères et leurs filles, restées dans la citadelle, se jetaient vives dans un immense bûcher pour échapper à la souillure de la servitude.

Ajmer, 189 km ; Bundi, 164 km ; Jaipur, 321 km ; Udaipur, 116 km ; Ujjain, 263 km.
Alt. 408 m ; 96 000 hab.

Indicatif ☎ 01472.

ⓘ RTDC, face à la gare, ☎ 241-089.

HÉBERGEMENT :

- **Le *Pratap* (☎ 240-099) et le *Meera* (☎ 240-266) disposent d'une dizaine de ch. au confort très simple (demander à en voir plusieurs) et se trouvent à proximité de la gare : le *Meera*, devant, le *Pratap*, à l'arrière au-delà de la voie ferrée.**
- **Pour un hébergement de meilleure qualité et infiniment plus pittoresque, le *Castle Bijaipur* (38 km en direction de Kota, embranchement à dr. à Bassi), ☎ (01472) 240-099. À l'intérieur de la forteresse du XVIᵉ s. dominant le petit village de Bijaipur, un palais du XVIIIᵉ s. aménagé en hôtel (20 chambres de bon confort). Cadre splendide et accueil chaleureux. De quoi faire une excellente étape que rendra encore plus agréable la présence d'une piscine.**

Chittorgarh mode d'emploi

S'organiser. L'excursion à Chittorgarh peut être envisagée en une journée depuis Udaipur *(116 km)*, grâce à une route rapide, ou comme une étape entre Udaipur et Pushkar *(à 5 h de route de Chittor)* ou Kota *(4 h de route)*. Dans ce cas, prévoir un départ matinal, la visite de Chittor demande un minimum de 3 h.

S'orienter. La citadelle s'élève sur un promontoire rocheux, étiré sur 5 km du N. au S., dominant la ville moderne qui s'étend à l'O., le long de la voie ferrée. À l'extrémité E. de la ville, une seule route permet d'entrer dans l'acropole. À la gare se trouvent des taxis et des rickshaws qui vous y conduiront *(env. 6 km depuis la gare)*. Il est impératif de disposer d'un moyen de locomotion pour visiter le site, très étendu, et aussi profiter de la vue impressionnante sur la plaine en contrebas depuis le flanc E. du rempart.

À ne pas manquer

Liaisons ferroviaires. Gare dans la ville basse. Située sur la ligne Delhi-Ahmedabad : liaisons avec ces deux villes et Ajmer (4 h 30), Jaipur (7 h 30), Indore (8 h ; Madhya Pradesh), Udaipur (3 h 30).

Autocars. Bus Stand dans la ville basse, à 4 km de l'entrée de la forteresse. Services pour Ajmer, Bundi, Jaipur, Jodhpur, Kota et Udaipur.

Chittorgarh dans l'histoire

Les bûchers du *jauhar*

Probablement fortifié dès le VIIe s., le site de Chittorgarh, enjeu de maints combats, passa au début du XIIIe s. aux Rajpoutes du Mewar, qui en firent leur capitale. Cette place forte naturelle était un nœud stratégique vital ; elle commandait l'accès vers le S., vers le Malwa et le Deccan. Aussi, tous les grands conquérants qui ravagèrent l'Inde du Nord n'eurent-ils qu'une hâte : prendre Chittor. Ala-ud-din Khalji, sultan de Delhi, fut, au début du XIVe s., le premier d'entre eux. La légende prétend qu'il fut attiré là par la beauté d'une femme (→ *encadré*). Et pour la première fois, les défenseurs rajpoutes de Chittor se sacrifièrent dans un dernier assaut, tandis que leurs épouses se jetaient sur le bûcher, pratiquant le rite du *jauhar*. La conquête fut éphémère : vingt ans plus tard, les Rajpoutes reprenaient leur capitale.

La convoitise de tous les voisins

L'histoire de ce royaume, dont Kumbha fut, au XVe s., le plus illustre souverain, sera dès lors une longue suite de guerres incessantes contre de trop ambitieux voisins, musulmans, hindous ou moghols. En 1534, Chittor tomba une deuxième fois, sous les coups du sultan du Gujarat, Bahadur Shah, assisté d'artilleurs portugais. Cette fois, 13 000 femmes périrent dans le terrible sacrifice du *jauhar*. Opiniâtrement, les Rajpoutes reprirent leur ville quelques années plus tard. Pour bien peu de temps : en 1568, c'est Akbar lui-même qui vint mettre le siège devant la ville. Les 8 000 défenseurs moururent derrière leurs chefs, Jai Mal et Patta. Seul un prince de la lignée parvint à s'échapper. Réfugié dans un repli des monts Arawalli, il allait y fonder une nouvelle capitale, Udaipur. Le silence retomba alors sur Chittor.

Pour l'amour d'une reine

La beauté de la reine Padmini était si célèbre que sa renommée parvint jusqu'aux oreilles d'Ala-ud-din Khalji, le maître de Delhi. Brûlant de s'emparer de la belle, celui-ci leva une armée et s'en fut assiéger Chittorgarh. Devant la résistance farouche des défenseurs de la citadelle, le sultan consentit à lever le siège à condition de voir la célèbre beauté. Le raja accéda à sa requête, mais aux conditions suivantes : la reine se tiendrait sur la terrasse de l'un des deux pavillons du palais, tandis que le musulman, installé en face sur l'autre terrasse, lui tournerait le dos et n'apercevrait son image que dans un miroir. Ce qui fut dit fut fait. Mais alors que le raja raccompagnait le sultan à la porte de la citadelle, ce dernier se saisit du prince par traîtrise et envahit la citadelle. La belle Padmini préféra se jeter sur le bûcher plutôt que de tomber vivante entre les mains du sultan.

Le plateau de Chittorgarh est loin d'être un désert semé de ruines. L'extrémité N. est occupée par un village qui compte environ 5 000 habitants. La partie centrale, la plus importante, est la zone monumentale. Quant à la pointe S., elle devrait accueillir en 2007 un parc animalier dont les reines seront les antilopes. Dans la zone monumentale, un rest house du RTDC propose sa jolie terrasse face à la tour de la Victoire, pour y prendre quelques instants de repos devant un thé ou une boisson fraîche. Le dimanche est particulièrement animé ; des centaines de familles prennent possession des pelouses pour y pique-niquer dans la joie.

Visiter Chittorgarh

Visite. La rampe d'accès, monumentale, grimpe en lacet sur le plateau. Aménagée par le maharana Kumbha au XVe s., elle franchit sept portes sur env. 1 km.

■ **Sept portes.** La 1re, **Padal Pol,** fut le théâtre des combats les plus acharnés lors des sièges successifs. Entre la 2e (Bhairava Pol) et la 3e (Hanuman Pol), se trouvent, à dr., les *chhatri* de Jai Mal et Patta, deux héroïques défenseurs de la ville lors du siège d'Akbar. Les 3e, 4e et 6e portes abritent respectivement une petite chapelle de Hanuman, Ganesh et Lakshmana. La dernière, **Rama Pol★**, est la plus remarquable de toutes, avec ses deux puissantes tours octogonales et son décor sculpté (images de Ganesh et de Bhairava, une forme terrible de Shiva ; éléphants) ; elle n'est pas sans rappeler celle de la ville de Dabhoi (*→ Env. de Baroda, Gujarat*). À dr., à l'intérieur, petit temple de Rama.

Passée la dernière porte, tourner à g. pour gagner la zone monumentale (ouv. de 8 h à 18 h 30 ; entrée payante). L'embranchement de dr. donne accès au village.

■ **Temple de Shanthinath★★**. Dédié au 16e *tirthankara*, ce petit sanctuaire jaïn (milieu du XVe s) est minutieusement décoré de sculptures qui lui ont valu le surnom de Shringar Chauri, le « coffret de bois de santal ».

Derrière, se trouve un autre oratoire jaïn légèrement postérieur. Pris au XVIe s. dans un mur de défense construit avec des matériaux provenant de temples détruits, il fut dégagé après l'indépendance.

■ **Palais de Kumbha★** (*côté dr. de la route, en face du temple précédent*). C'est ici que se déroulèrent quelques-uns des épisodes les plus tragiques de l'histoire de la ville. Ce complexe palatial remonte aux premiers temps de l'occupation du site. Agrandi au XIIIe s., il abrita la célèbre reine Padmini puis fut reconstruit au XVe s. par le roi Kumbha.

On pénètre dans l'enceinte par une rampe jadis destinée aux chevaux ; au-delà de la porte, immédiatement à g. on voit encore les stalles des montures royales. Côté dr. s'étend le ***zenana***, dominé par deux hautes tours dont les étages intérieurs ont disparus. Au pied de la première tour, parmi les salles du palais dont ne subsistent que les bases de mur, on remarquera le départ d'un escalier ; il conduit à un **passage souterrain** aujourd'hui muré qui menait au bassin de Gaumukh (voir ci-dessous). C'est dans ce tunnel que Padmini se sacrifia par le feu. Face au *zenana*, une tour abritait les appartements royaux. De la terrasse, on découvre une large vue sur les cours – la plus vaste, à l'O., est dotée d'une plate-forme servant aux cérémonies religieuses – et l'ensemble des dépendances du palais.

Au fond se dressent la **tour de la Victoire** et deux édifices, une tour et un temple, liés au souvenir de

À g. de la route qui conduit vers le complexe palatial du maharana Kumbha, vous remarquerez successivement les ruines du temple de Tulaja Bhavani (XVIe s.) et Naulakha Bhandar, un bâtiment à chambres voûtées qui servit de trésor.

De nombreux édifices de Chittorgarh ont été restaurés en 1905 par les soins du maharana d'Udaipur. Il y fit également construire un palais d'agrément, haute construction que l'on voit à g. en arrivant sur le site. Donné à l'État au moment de l'indépendance, il abrite aujourd'hui l'école du village.

La princesse Mira Bai, adepte de Krishna malgré l'opposition de son entourage, vécut dans le palais de Kumbha. Elle y composa de nombreux poèmes dévotionnels qui restent encore très populaires aujourd'hui.

Un sultan malchanceux

Mahmud Khalji, sultan du Malwa (1436-1469), n'eut guère de chance avec les constructions qu'il fit édifier à Mandu (Madhya Pradesh), sa capitale. Il engagea en effet d'énormes travaux de terrassement en vue de transformer une ancienne école coranique en une plate-forme monumentale. Celle-ci devait mettre en valeur son propre mausolée ; mais la terrasse ne put supporter l'énorme masse du tombeau, qui s'écroula. Sur cette même terrasse, il fit dresser une tour de la Victoire, contestant celle du maharana Kumbha. Fatalité d'une gloire usurpée : la tour connut le même sort que le tombeau et il n'en reste plus qu'un étage aujourd'hui.

Au pied de la tour s'étend l'esplanade de Mahasati Shtal où fut pratiqué, en 1534, le sacrifice du *jauhar*, au moment de la prise de la ville par le sultan Bahadur Shah. Le site est marqué par une double porte* ornée de sculptures.

Au S. de l'esplanade, une porte ouvre sur des escaliers qui descendent vers le Gaumukh Kund. Il s'agit d'un bassin sacré où l'eau d'une source pérenne se déverse par des chéneaux en forme de tête de vache.

Mira Bai, la princesse poétesse et dévote de Krishna. Elle habitait la tour *(à dr., presqu'à l'aplomb de la muraille)*, et se rendait chaque jour au temple de Krishna dont le gracieux *shikhara* s'élève à g. En butte à l'hostilité de sa famille à cause de sa dévotion, elle s'enfuit au Gujarat où elle disparut à l'intérieur d'une statue de Krishna. Ses hymnes dévotionnels sont toujours chantés.

En suivant la route toujours vers le S., on parvient à une vaste esplanade dominée par une tour imposante. Vous laisserez ici votre véhicule (au niveau du rest house du RTDC) pour partir à la découverte des monuments.

■ **Tour de la victoire***** *(Jaya Stambha ; possibilité d'y monter : 157 marches, accès payant)*. Ce monument, élevé de 1448 à 1458, perpétue le souvenir d'une victoire remportée en 1440 par le maharana Kumbha sur Mahmud Khalji, sultan du Malwa. Haute de 37 m, composée de neuf étages accessibles par des escaliers, la tour apparaît comme une colonne colossale, sculptée avec raffinement. De nombreuses divinités du panthéon hindou animent les murs extérieurs et intérieurs, mais c'est à Vishnou que l'ensemble est dédié.

Au pied de la tour s'étend une vaste esplanade à laquelle deux portes monumentales donnaient accès, l'une à l'E., que vous avez empruntée, l'autre au N. C'était le lieu de crémation des membres de la famille royale, la plus grande des plateformes étant réservée aux souverains, l'autre aux épouses royales. C'est là également que fut pratiqué le sacrifice du *jauhar* au moment de la prise de la ville par Bahadur Shah en 1534.

Au S. de l'esplanade se dressait une véritable cité de temples, tous détruits par les Moghols. Seul le **temple de Samiddeshwara,** remarquable à son élégant *shikhara* a été redressé (1909).

■ **Temple de Samiddheshwara***. Ce sanctuaire shivaïte, redressé par le maharana d'Udaipur en 1905, fut construit en 1428 par le maharana Mokal (1421-1433) à l'emplacement d'un temple plus ancien, probablement du XIe s., auquel appartenait l'idole placée dans la cella *(accessible aux visiteurs)* : une monumentale **statue de Shiva**, taillée dans un unique bloc de roche, présentant la triple effigie du Créateur, du Conservateur et du Destructeur. Une représentation rare que l'on peut voir également dans les grottes d'Eléphanta à Bombay.

La décoration extérieure mérite également l'attention, en dépit des destructions iconoclastes des musulmans. On y découvre la succession traditionnelle de registres présentant au-dessus de fleurs de lotus, des frises d'éléphants, de danseuses et de musiciens, puis de divinités dans les parties supérieures. Vous remarquerez sur le flanc N. *(le mieux conservé)*, au niveau de la cella, un curieux attelage tiré par des bœufs qui semblent peiner sous le poids de la charge tandis que le cocher s'est endormi. À l'arrière de la cella *(côté E.)* voyez également sur la frise des danseuses *(extrémité S.)*, la représentation d'une *sati*, allongée sur sa couche au-dessus de jarres contenant de l'eau du Gange, tandis qu'en arrière-plan, Ganesh, dont la trompe a disparu, apparaît pour lui prêter secours dans ses derniers instants.

■ **Gaumukh Kund.** Au S. de l'esplanade, quelques marches donnent accès à ce bassin sacré alimenté par une source pérenne, la seule de la citadelle, qui se déverse par des chéneaux en forme de tête de vache. L'approvisionnement en eau était, lui, assuré par plus de 80 bassins artificiels retenant les eaux de pluie. L'endroit, sacré, attire de nombreux visiteurs qui se faufilent sous la plate-forme, où jaillit la source, pour recueillir et boire l'eau purificatrice.

Reprendre la route en continuant vers le S. Avant un virage, elle grimpe brutalement, permettant d'embrasser la vue (en arrière) sur la tour de la Victoire et le palais de Kumbha. Au sommet, vous atteindrez (à dr.) un imposant sanctuaire.

■ **Temple de Kalika Mata**⋆. Ce sanctuaire à l'aspect massif fut érigé au Xe s. Une image du dieu Surya, sculptée au-dessus de la porte, atteste qu'il fut consacré au dieu Soleil avant d'être converti au culte de la déesse Kali, après une restauration consécutive aux destructions entraînées par la prise de la ville en 1568. Il est surtout intéressant par la qualité de ses sculptures dans le *mandapa* et le corridor de circumambulation autour de la cella.

■ **Palais de Padmini** *(plus loin, à g.)*. La reine Padmini, originaire du Cachemire, craignait les fortes chaleurs estivales du Rajasthan. Son roi lui fit construire un élégant pavillon d'été au milieu d'un étang. C'est de là qu'elle fit admirer sa beauté à Ala-ud-din Khalji, le sultan se tenant dans un pavillon sur la rive. Les autorités y ont aujourd'hui placé des miroirs pour rappeler l'événement. Ce pavillon et ses dépendances ont fait l'objet de restaurations considérables en 1905 qui ne rendent guère compte de la disposition des lieux au XIVe s.

Le chemin se poursuit vers le S., et coupe vers l'O. avant d'atteindre l'extrémité S. de la forteresse, défendue par un bastion que l'on aperçoit au loin. La route revient ensuite vers le N., en suivant cette fois (à dr.) le versant oriental de la muraille. Vous remarquerez quelques vestiges sur la route des remparts, ceux d'un petit temple de Vishnou, construit au bord d'un bassin. 500 m plus loin, à g., un temple shivaïte de la fin du XVe s., dont la tour est en partie écroulée, puis, à 300 m, à dr., la Suraj Pol, une porte récemment reconstruite près d'un oratoire shivaïte, avant d'apercevoir une seconde tour.

■ **Tour de la Renommée**⋆⋆ *(Kirti Stambha)*. Elle fut érigée au XIIIe s. par un riche marchand jaïn près du temple de Mahavira, restauré en 1438. Sur la tour, à cinq étages, vous reconnaîtrez des reliefs représentant des *tirthankara* et quatre grandes sculptures du premier d'entre eux, Adinath.

Chittorgarh

Environs de Chittorgarh

Quittez Chittorgarh par la route de Bundi (164 km N.-E.).

1 Menal⋆⋆ *(99 km N.-E.)* Du centre du petit bourg une allée à dr. conduit (200 m environ) à une porte à pavillon flanquée des statures de Ganesh et de Bhairava. Elle franchit une enceinte protégeant un ensemble religieux, fondé dès le IXe s. mais dont les édifices actuels datent pour l'essentiel du XIIe s. et de la dynastie des Chauhan. Cette petite cité religieuse appartenait à une secte shivaïte dont les membres s'abritaient dans un monastère encore debout, vaste édifice à portiques intérieurs ordonnés autour d'une cour (en cours de restauration en 2006). Le temple principal *(à g. de l'entrée, toujours en activité)* est un bel exemple d'architecture rajpoute du Moyen Âge, avec son *shikara* et son *mandapa* ouvert.

L'extérieur présente une abondante décoration sculptée qui se développe en registres superposés ; au-dessus des lotus des lions et des éléphants on verra ainsi une frise de danseuses et de scènes de cavalcades, interrompues par des niches occupées par des danseuses et des divinités ; parmi ces dernières, voir un Brahma à trois faces, au-dessus du *mandapa*, et sur le mur N. un Vishnou et une Chamunda.

Par une brèche dans le mur O. *(à dr. de l'entrée)*, on pourra sortir de l'enceinte pour découvrir le lit de la rivière Menal, juste avant qu'elle ne franchisse une chute spectaculaire, haute de 120 m. La rivière étant à sec une grande partie de l'année, on pourra en traverser le lit formé de gros blocs de pierre, parmi lesquels on peut reconnaître des fragments architecturaux d'édifices médiévaux aujourd'hui disparus. Sur l'autre rive se dresse, sur une petite éminence boisée, un autre temple de même époque, également flanqué d'un monastère. Le cadre naturel charmant justifie cette courte promenade.

2 **Bijolia*** *(116 km N.-E. ; pour atteindre les temples depuis la route principale, traversez la localité dont vous longerez à dr. le mur d'enceinte, puis tournez à dr. au coin de la muraille).* Cette petite cité fortifiée, fondée dit-on par les Huns, fut occupée depuis le Moyen Âge jusqu'aux Marathes du XVIIIe s. Elle contrôlait la vaste plaine fertile qui s'étend alentours. De ce passé ne subsiste plus qu'un mur imposant, et à l'E. de la ville, un groupe de temples du XIIe s. Ils entourent un bassin sacré, le Mandakini Kind, dont la margelle est gravée d'une longue inscription en sanskrit.

Le temple principal, le premier à dr., surmonté d'un *shikhara*, présente dans le passage du *mandapa* extérieur, deux splendides *trimurti* sculptées, malheureusement assez érodées. Le temple du fond, précédé d'un *mandapa* ouvrant par un *torana* ouvragé, possède une cella souterraine, un puits rempli d'eau au fond duquel se trouve le lingam.

Jaipur★★★

Jaipur, la « ville rose », est corsetée par une immense muraille crénelée ; elle endigue avec peine les marées humaines qui animent la partie la plus fascinante de la turbulente métropole du Rajasthan, avec ses bazars bourdonnant d'activité, ses temples, ses palais fastueux, d'étranges instruments d'une taille monumentale conçus par un maharaja astronome pour déchiffrer les secrets du ciel, et cet intriguant paravent aux chimères qu'est le Hawa Mahal, le palais des Vents. Jaipur est une bien curieuse cité, d'un plan inhabituel en Inde avec ses rues rectilignes, larges et à angle droit, qui témoignent d'un passé relativement récent, mais non sans noblesse. À quelques kilomètres du centre, par la route de Delhi, on découvre à Amber l'impressionnant et somptueux repaire fortifié de la dynastie de maharajas rajpoutes, ancêtres de la maison de Jaipur, qui monta au zénith de sa puissance et de sa fortune en liant son sort à celui de l'Empire moghol.

Agra, 233 km ; Ahmedabad, 653 km ; Ajmer, 138 km ; Alwar, 125 km ; Bikaner, 316 km ; Delhi, 258 km ; Jodhpur, 337 km ; Udaipur, 403 km.
Alt. 431 m ; 2324 000 hab.
Capitale du Rajasthan.

Indicatif ☎ 0141.

ⓘ Governement of India Tourist Office, Khasa Khoti Hotel, Jai Sigh Rd *(plan A2)*, ☎ 237-2200 ; ouv. lun.-ven. 9 h-18 h, sam. 9 h-14 h, f. dim.
ⓘ RTDC (rens. touristiques) : Paryatan Bhavan, Mirza Ismail (MI) Rd *(plan A2)*, ☎ 511-0595 ; bureaux à la gare ferroviaire, à la gare routière et à l'aéroport.
ⓘ RTDC (circuits et logement) : *Hotel Swagatam Complex*, Station Rd *(plan A2)*, ☎ 320-2761.

Jaipur mode d'emploi

S'orienter

Construite sur un plan en damier, Jaipur est une ville où l'on se reconnaît facilement. Le carrefour de Badi Chaupar *(plan C2)* servira de point de repère ; il est traversé d'E. en O. par l'avenue principale de la ville qui porte le nom de Tripolia Bazar vers l'O. et de Ramganj Bazar vers l'E. Au N. de Badi Chaupar se trouvent le fameux palais des Vents★ (Hawa Mahal), un des symboles de Jaipur *(à photographier le matin pour bénéficier de la meilleure lumière)*, puis l'entrée des visiteurs du City Palace★★★. C'est à partir de Badi Chaupar que l'on rejoint les principaux bazars : sur Ramganj Bazar s'alignent les boutiques des marchands de chaussures, où l'on peut encore trouver les chaussons traditionnels de Jaipur, noirs et brodés ; Tripolia Bazar est spécialisé dans les ustensiles de cuisine et on y voit également quelques marchands d'épices ; au S., Johari Bazar est le domaine des cotonnades et des bijoux *(ces derniers, dans une rue perpendiculaire à g., Haldion-ka-Rasta)* ; au bout de Johari Bazar, à dr. au pied de la muraille, les

HÉBERGEMENT :
En raison de sa popularité touristique, on trouve à Jaipur toutes les catégories, du grand luxe à la simple guest house, et une quinzaine d'hôtels de charme aménagés dans d'anciens palais (Heritage hotels). La liste agrémentée de photos peut être consultée sur : www.hotelsjaipur.com

GPO, Mirza Ismail Rd *(plan B2 ; ouv. 10 h-20 h ; dim. et j. f. 10 h-18 h)*.

À ne pas manquer

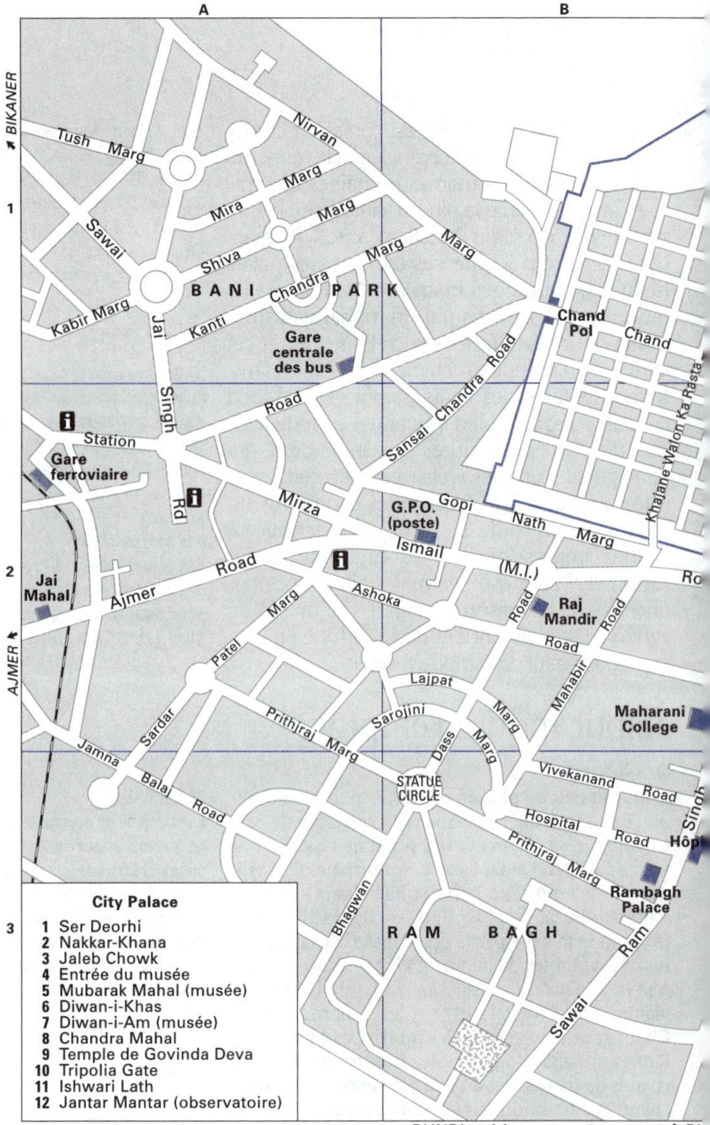
A
B
1
2
3
BIKANER
AJMER
BUNDI
Aéroport
BU
Tush Marg
Nirvan Marg
Mira Marg
Shiva Marg
Sawai
Kabir Marg
Jai Singh Rd
Kanti Chandra Marg
Marg
BANI PARK
Gare centrale des bus
Chand Pol
Chand
Khajane Walon Ka Rasta
Chandra Road
Sansar Chandra Road
Station Road
Gare ferroviaire
Mirza Ismail Road (M.I.)
Gopi Nath Marg
G.P.O. (poste)
Jai Mahal
Ajmer Road
Ashoka Road
Raj Mandir
Road
Ro
Patel Marg
Sardar
Lajpat Marg
Mahabir Marg
Sarojini Marg
Dass
Maharani College
Prithiraj Marg
Jamna Balaj Road
STATUE CIRCLE
Vivekanand Road
Hospital Road
Singh
Hôp
Rambagh Palace
Bhagwan
RAM BAGH
Ram
Sawai
City Palace
1 Ser Deorhi
2 Nakkar-Khana
3 Jaleb Chowk
4 Entrée du musée
5 Mubarak Mahal (musée)
6 Diwan-i-Khas
7 Diwan-i-Am (musée)
8 Chandra Mahal
9 Temple de Govinda Deva
10 Tripolia Gate
11 Ishwari Lath
12 Jantar Mantar (observatoire)

Jaipur.

Jaipur

marchés de Bapu Bazar et de Nehru Bazar *(plan C2)* ont pour spécialité les cotonnades imprimées au tampon. C'est à l'extérieur des murs de la vieille ville, au S. et à l'O., que se trouvent la plupart des hôtels.

Programme

Une journée suffirait pour visiter les principaux centres d'intérêt si Jaipur n'était aussi une ville qui se découvre en flânant. Consacrez-lui au minimum deux journées complètes.

Deux jours. Le premier jour, visite du complexe d'Amber : le palais*** lui-même, puis le fort de Jaigarh* et le palais de Nawalgarh. Au retour, arrêt à Gaitor** où se dressent les cénotaphes des rois de Jaipur. Comptez 6 h environ pour l'ensemble de ces visites. On pourra consacrer le reste de la journée à une flânerie dans la vieille ville, ou à un plongeon dans la piscine de l'hôtel. Pour une découverte plus originale, on peut commencer par le fort de Jaigarh* et de là descendre à pied par un bon chemin empierré *(30 mn environ)* vers le palais d'Amber***. Le second jour, visite du City Palace***, puis découverte de la vieille ville à pied. On pourra aller jeter un coup d'œil à l'Albert Hall, le musée municipal.

Se déplacer

Aéroport. À 15 km de la ville ; bus et taxis. Vols quotidiens pour Delhi, Jodhpur, Udaipur, Bombay et Hyderabad.

Compagnies aériennes. *Indian Airlines*, Nehru Complex Tonk Rd *(hors plan par B1)*, ☎ 274-3500. *Jet Airways*, MI Rd *(plan B1)*, ☎ 236-0763. *Sahara*, à l'aéroport, ☎ 237-7637.

Gare ferroviaire. **Jaipur Railway Station**, bureau de rés. informatisé *(ouv. 8 h-20 h ; dim. 8 h-14 h ; rens. ☎ 131, rés. ☎ 135, horaires ☎ 132)*. Jaipur est très bien desservie par plusieurs trains à grande vitesse. Le Shatabdi Express relie Jaipur à Delhi (4 h 30). Autres liaisons : Agra (Jaipur-Agra Fort Express, 5 h), Ajmer (2 h 30), Abu Road, Ahmedabad, Bharatpur (4 h 30), Bikaner (10 h), Chittorgarh (7 h 30), Jodhpur (Intercity, 5 h), Sawai Madhopur (3 h 30) et Udaipur (Garib Nawar Express, 10 h).

Gare routière. **Central Bus Stand** *(plan B2 ; rens. ☎ 220-5790 ; rés. sur place 8 h-22 h)*. Liaisons quotidiennes avec Delhi (5 h 30, départ toutes les 30 mn), Agra (5 h), Ajmer (2 h 30), Jaisalmer (15 h), Jodhpur (7 h), Kota (5 h) et Udaipur (10 h).

Achats

Bijoux. Jaipur est la ville de toutes les tentations ; depuis les fastes des maharajas, la ville rose est devenue l'une des capitales indiennes de la taille des pierres précieuses et semi-précieuses.

HÉBERGEMENT :

- ***Rambagh Palace***, **Bhawani Singh Rd, ☎ 221-1919 ; www.tajhotels.com Géré par la chaîne Taj, cet ancien pavillon de chasse luxueux, construit en 1835, fut le premier palais de maharaja converti en hôtel (1957). Il possède de somptueux jardins.**
- ***Samode Haveli***, **Ganga Pol, ☎ 263-2370 ; www.samode.com Somptueux palais du XVIIIe s. au cœur de la ville et pourtant à l'écart de l'animation, protégé par les jardins. Magnifique décoration dans le goût rajpoute. L'hôtel de charme par excellence : peu de chambres, service attentionné, piscine.**
- ***Shahpura House***, **Devi Marg, Banipark, ☎ 320-2293 ; www.shahpurahouse.com Petit hôtel de charme dans une rue tranquille, à deux pas de la vieille ville. Décoration soignée, dans le goût local. Petite piscine. Excellent accueil.**

Spectacles : les grands hôtels proposent régulièrement des spectacles de marionnettes et folkloriques.

Sur l'écran noir de la ville rose

Un cinéma aussi fastueux qu'un palais de maharaja : c'est le *Raj Mandir* de Jaipur. Cet établissement unique, luxueusement kitsch, fut ouvert en 1975 par M. Surana, riche héritier d'une famille de joailliers, établis à Jaipur depuis sa création, au XVIIIe s. Atavisme familial : chaque partie du cinéma est baptisée du nom d'une pierre précieuse : les loges sont des émeraudes, les balcons des saphirs, l'orchestre un topaze…

Les boutiques de « bijoutiers » à destination des touristes se comptent aujourd'hui par centaines. C'est dire que, malgré les protestations de bonne foi des marchands, la plus extrême circonspection s'impose. MI Rd regroupe plusieurs bijouteries qui recueillent jusque-là la confiance des habitants de la ville. Parmi eux, une institution, le *Gem Palace*, bijoutiers de la cour depuis cinq générations. C'est ici que sont conduites les personnalités en visite à Jaipur. Si vous avez un doute quant à la qualité de votre achat, vous pouvez théoriquement faire vérifier vos acquisitions auprès du *Gem Testing Laboratory, Minister of Commerce*, Government of India, Rajasthan Chamber Bhavan, MI Rd.

Jaipur dans l'histoire

Une fondation stratégique

C'est le chef d'un clan rajpoute originaire de Gwalior qui, au XIe s., fonda l'État de Jaipur, autrefois connu sous le nom de Dhundar. Sa capitale, Amber, commandait une gorge étroite, position stratégique d'une grande importance sur la route reliant Delhi au Rajasthan. Jusqu'au XVIe s., l'histoire de la principauté est une suite de hauts faits, de combats incessants contre d'autres clans rajpoutes ou les conquérants musulmans, où la légende le dispute à la réalité.

Au service des Grands Moghols

Après la prise de Delhi par Babur en 1526, les princes d'Amber inaugurèrent une politique de collaboration avec les Moghols ; dès 1527, Bhar Mal reçut le commandement d'une troupe au service de l'empereur. Son fils épousa une musulmane et combattit également aux côtés des Moghols. Man Singh Ier (1589-1614) fut l'un des conseillers d'Akbar et mena des opérations dans l'Orissa, en Assam et dans la région de Kaboul pour le compte de l'empire. En récompense de ses bons et loyaux services, Akbar le nomma gouverneur à Kaboul, puis au Bihar et au Bengale. Sous Shah Jahan (1627-1658), Jai Singh Ier fut nommé gouverneur des provinces conquises dans le Deccan. Mais, sans doute jugé trop puissant par Aurangzeb, il fut rappelé par l'empereur et mourut sur le chemin du retour, en 1667, peut-être empoisonné.

Un prince astronome

À l'avènement de Jai Singh II (1699-1743), le royaume de Dhundar était prospère et en paix, grâce à la protection impériale. Le nid d'aigle d'Amber n'avait plus de raison d'être ; aussi le prince décida-t-il, en 1727, la construction d'une nouvelle ville, dans la plaine cette fois : Jaipur, la première cité construite en Inde d'un seul élan, selon un plan raisonné. Un temps gouverneur du Malwa pour le compte de l'empire, Jai Singh II se distingua par son esprit curieux et son érudition. Il attira auprès de lui de nombreux savants et artistes, et sa passion tout indienne pour l'astrologie lui fit construire, dans la plaine du Gange, cinq observatoires, dont il subsiste ceux de Jaipur, de Delhi, d'Ujjain et de Bénarès, celui de Mathura ayant disparu.

Ville nouvelle, urbanisme sacré

Jai Singh II confia les plans de la nouvelle cité à un prêtre bengali, Vydhiadara, qui connaissait tous les secrets de l'architecture sacrée. Ainsi la ville fut-elle divisée en neuf quartiers, soit le nombre traditionnel des planètes dans l'astronomie hindoue. La paix qui régnait dans le royaume favorisait les échanges ; aussi la ville fut-elle conçue pour faciliter la circulation des hommes et des marchandises. On perça de larges avenues se coupant à angle droit, délimitant autant de quartiers dont chacun fut réservé à un commerce ou à un artisanat particuliers. Les travaux furent rondement menés ; en 1733, le prince fit son entrée solennelle dans sa ville, où déjà les premières échoppes avaient ouvert leur porte.

La ville rose

Quarante ans plus tard, la cité suscitait l'admiration des Européens qui la découvraient. « La ville de Jaipur est la plus belle de l'Hindoustan », s'écriait un voyageur français en 1776. Elle n'était pourtant pas encore la ville rose des dépliants touristiques. Elle ne reçut en effet sa fameuse couleur qu'en 1876, lors de la visite en Inde du prince de Galles. Depuis lors, les propriétaires sont tenus d'entretenir régulièrement le revêtement de leurs demeures sous peine de fortes amendes.

Au service des Anglais, puis de l'Inde indépendante

Maintenant leurs positions entre les Moghols sur le déclin, les Jats de Bharatpur (→ *encadré, p. 257*) et les Marathes, alors au faîte de leur puissance, les descendants de Jai Singh II durent néanmoins se placer sous la protection des Anglais, par un traité signé en 1818, et restèrent loyaux pendant la révolte des Cipayes. Deux ans après la proclamation de l'indépendance de l'Inde (1947), l'État princier de Jaipur fut incorporé à l'État du Rajasthan, au sein de l'Union indienne. Les anciens maharajas n'en continuèrent pas moins à servir leur pays, comme Sawai Jai Singh († 1970) qui fut ambassadeur de l'Inde indépendante à Madrid, ou l'actuel maharaja, qui a derrière lui une longue carrière politique.

1 Le centre : la ville rose★★

Départ. Pour suivre cette promenade, faites-vous conduire au Badi Chaupar *(plan C2)*, au cœur de la ville, à proximité du palais des Vents, et continuez à pied.

Durée. La visite du City Palace avec le Jantar Mantar demande environ 3 h.

■ **Hawa Mahal★★** (palais des Vents ; *plan C2*). Séduisante fantaisie architecturale réalisée en 1799, sous le règne de Pratap Singh, le Hawa Mahal dresse du côté du Sireh Deorhi Bazar une élégante façade rose rythmée de loges saillantes, couvertes de demi-dômes et ouvrant sur la rue par des fenêtres à écrans de pierre ajourée. À chacun de ses cinq étages, de petites ouvertures en forme d'alvéoles permettaient de contempler le spectacle de la rue et des manifestations publiques à l'abri des regards indiscrets.

■ **City Palace.** L'ensemble des bâtiments du palais royal occupe deux des neuf quartiers de la ville du XVIIIe s. Une partie est occupée par l'administration de l'État du Rajasthan (Parlement, ministères), une autre abrite toujours les appartements privés du maharaja, une troisième enfin est ouverte à la visite. C'est dans ce périmètre que se trouve également le célèbre observatoire de Jai Singh. **Le secteur public**. Il ouvre du côté du levant par la porte **Ser Deorhi** *(plan : 1, C1)*. À dr., dans la cour après l'entrée, un bâtiment abritait les chariots tirés par des éléphants (dont le passage explique les dimensions imposantes des porches d'accès). Une deuxième porte, **Nakkar-Khana** *(plan : 2, C1)* ouvre dans l'axe ; surmontée d'une galerie, elle servait d'estrade aux musiciens qui accueillaient les invités de marque du souverain. On pénètre ensuite dans l'immense **Jaleb Chowk** *(plan : 3, C1)*, bordée d'édifices où logeaient les serviteurs du palais ; ils abritent aujourd'hui une partie des institutions de l'État du Rajasthan. Cette esplanade servait à la revue des troupes et de lieu de rassemblement pour les grandes processions.

▶ Une allée à dr. conduit au **temple de Govinda Deva** *(plan : 9, C1)* dans lequel Jai Singh II fit déposer une statue de Krishna qu'il avait sauvée de la profanation lors du pillage de Mathura par les troupes d'Aurangzeb. ◀

Pour continuer la visite, passez la porte à g. de Jaleb Chowk ; la rue se poursuit à dr. jusqu'au parc de stationnement qui précède l'entrée du City Palace.

■ **Musée du City Palace***** *(plan C1 ; vis. 9 h 30-17 h ; entrée payante, droit pour photos et vidéos. Il existe une seconde entrée, située sur le Jaleb Chowk – voir ci-dessus –, qui donne directement accès à la cour du Diwan-i-Khas.).* Ce secteur payant du City Palace est une suite de palais et de pavillons, abritant des collections obéissant à une présentation thématique. La porte d'entrée appelée **Gainda-ki-Deorhi** *(plan : 4, C1)*, « porte du Rhinocéros » (l'un de ces animaux fut sans doute gardé dans une cage près de là) s'ouvre sur une cour aménagée par un successeur de Jai Singh II.

Mubarak Mahal*. Ce gracieux pavillon, au centre de la première cour, fut érigé par Madho Singh (1880-1922) dans un style qui conjugue influences indiennes, musulmanes et européennes. Au début du XXe s., il servait à accueillir les hôtes de marque. Au premier étage est présentée une collection de vêtements et de textiles. On y verra la tunique gigantesque de Madho Singh Ier (1750-1767), le fils de la reine Sisodia. Le reste des salles expose une jolie collection de vêtements royaux, parmi lesquelles les tenues de polo de Man Singh II (1922-1970) qui fut un champion de la discipline, ainsi que celle de son ancêtre Ram Singh II (1835-1880), qui introduisit ce sport à Jaipur en 1868.

Au fond de la cour, une **salle d'exposition** abrite une vingtaine d'artistes et d'artisans qui présentent et vendent leurs œuvres au public.

Sileh Khana (Armoury). À g. de la porte qui donne accès au reste du palais *(ci-dessous)*, un escalier conduit à l'étage où est présentée une importante collection d'armes ; poignards et coutelas, épées (certaines ayant appartenu à Jai Singh ou à Shah Jahan), boucliers et armures retiennent l'attention d'une foule essentiellement masculine tandis que les dames préfèrent s'abîmer dans la contemplation des plafonds peints où de gracieuses danseuses évoluent parmi des entrelacs de fleurs.

Rajendra Pol. Gardée par deux éléphants monolithes, placés ici pour célébrer la naissance de l'actuel maharaja en 1922, cette porte monumentale donne accès au reste du palais. Des gardiens en livrée et en turban se tiennent généralement devant la porte pour le plus grand bonheur des photographes.

Sarvatobhadra*. Au centre de la cour suivant Rajendra Pol, cet imposant pavillon servait de salle d'audience (Diwan-i-Khas) aux souverains. Ce pavillon de grès rose, rehaussé d'incrustations de marbres blanc et noir, fut construit au XVIIIe s. puis redécoré à la fin du XIXe s., avec notamment l'adjonction de lustre en cristal de Bohême. On y remarque deux énormes jarres d'argent. Elles furent fabriquées en prévision du voyage qu'accomplit Madho Singh II à Londres en 1902. Ce pieux souverain tenait en effet à emporter avec lui de l'eau sacrée du Gange. Chacune de ces jarres, d'un poids de 354 kg, a une contenance de 900 l.

Art Gallery* *(à dr de la cour lorsqu'on vient de Rajendra Pol).* C'est l'ancienne salle des audiences publiques du roi (Diwan-i-Am) : une ample construction au centre de laquelle se dresse un portique rectangulaire, où se tenait le souverain. La salle abrite aujourd'hui une collection de miniatures et de manuscrits *(vitrines opposées à l'entrée)*. Contre le mur de g. sont tendus de somptueux tapis moghols à fond rouge, tissés dans les ateliers de Lahore et d'Agra au XVIIe s. Plus près de l'entrée, on verra enfin les œuvres photographiques de Ral Singh II (1835-1880), un esprit moderne à qui la ville doit de nombreuses réalisations.

Sous le portique de la cour du Diwan-i-Am *(accès par la cour du Sarvatobhadra)* est exposée une collection de voitures à cheval du XIXe s.

De retour dans la cour du Diwan-i-Khas, traversez-la pour gagner les appartements privés, une suite de pièces ouvrant à l'opposé du Diwan-i-Am.

Pitam Niwas *(accès par la cour du Sarvatobhadra, côté opposé à l'Art Gallery)*. Cette cour, est dominée par le **Chandra Mahal**★★, la palais de la Lune, résidence privée de la famille royale. C'est un élégant ensemble de sept étages rythmés de galeries et de clochetons. La cour est percée de quatre portes finement ouvragées, symbolisant chacune une saison de l'année : le paon pour l'automne, le rose pour l'hiver, le vert pour le printemps et le lotus pour l'été.

De là, vous reviendrez sur vos pas jusqu'à l'entrée du palais. Sortir par la dr., l'entrée du Jantar Mantar se trouve à une centaine de mètres.

■ **JANTAR MANTAR**★★ *(plan : 12, C2 ; vis. 9 h-16 h 30)*. Le maharaja Jai Singh II, qui avait entrepris de réviser le calendrier hindou, fit bâtir (1728-1733) cet observatoire astronomique composé d'instruments colossaux, pour la plupart élevés en appareils maçonnés recouverts de stuc, comme il l'avait fait en 1724 à Delhi et le fit plus tard à Mathura (cet observatoire a disparu), Bénarès et Ujjain. Ces instruments, dont l'usage reste mystérieux pour les profanes (mais des panneaux permettent de les identifier), dessinent d'étranges formes géométriques que l'on croirait l'œuvre de sculpteurs contemporains.

Principaux instruments d'observation

Le **Ram Yantra** *(dans le prolongement de l'entrée)* est une double structure circulaire composée de 12 piliers et de 12 dalles horizontales gradués. Il permet de calculer les distances.des azimuts et des planètes par rapport à la Terre, par lecture directe.

Le **Kapali Yantra** *(de l'entrée, à dr. de l'allée)* est composé de deux hémisphères de marbre placées sur une plateforme. Celle de l'O. *(la plus proche de l'entrée)* ne sert qu'à vérifier les calculs, l'instrument d'observation étant celui de l'E. Son rebord gradué représente l'horizon et le fond la sphère céleste. L'instrument permet de définir l'heure solaire, ainsi que l'ascendant des planètes (déterminé par l'heure de lever à l'horizon des signes du zodiaque).

Le **Laghu Samrat Yantra** *(à g.)* est un cadran solaire constitué d'un gnomon à escalier (l'inclinaison de 27° correspond à la latitude de Jaipur) qui projette son ombre sur les deux cadrans qui le flanquent.

Le **Narivalaya Yantra** *(à g.)* est un double cadran solaire, l'un au N., utilisé entre mars et sept., l'autre au S., l'autre moitié de l'année. Les graduations donnent une précision à la minute.

Le **Yantra Raj** *(en arrière du précédent)* est un astrolabe monumental. L'orifice central marque l'emplacement de l'étoile polaire.

L'**Unnatansha Yantra** *(en arrière du précédent)* est un gigantesque disque de métal de 5 m de diamètre, gradué sur 360°, suspendu à un cadre maçonné, et susceptible de tourner sur lui-même. Il permet de calculer la position des astres.

Le **Jai Prakash Yantra** se compose de deux hémisphères en marbre de 5,50 m de diamètre, représentant la voûte céleste inversée. À l'intérieur, des dalles graduées servent chacune pour une heure de temps d'observation. Elles sont disposées en alternance d'une hémisphère à l'autre. L'instrument peut également être utilisé de nuit. Pour cela, l'observateur doit se coucher sur une des dalles graduées, repérer un astre à travers l'anneau suspendu au-dessus du dispositif par un fil de fer, la ligne passant par l'astre, l'anneau et son œil donnant la position de l'astre sur les graduations de la dalle.

Les **Rashi Yantras** *(en arrière du précédent)* forment un ensemble de douze structures représentant chacune un signe du zodiaque.

Le **Bhrihat Samrat Yantra** *(au fond du complexe)* domine l'ensemble. C'est un gigantesque cadran solaire dont le gnomon, incliné à 27°, culmine à 27 m. En projetant son ombre sur les cadrans latéraux, il permet de déterminer l'heure à deux secondes près.

■ **Vieille ville.** Vous pourrez commencer votre promenade dans le Vieux Jaipur en suivant à dr. Tripolia Bazar, qui longe l'enceinte du City Palace. À 400 m à dr. s'élève **Tripolia Gate** *(plan : 10, C2)*, l'entrée réservée au maharaja et à ses invités de marque. En poursuivant dans la même direction, vous aboutirez au **Chhoti Chaupar** *(plan C2)*, l'autre principal carrefour de la vieille ville. Il est dominé par une haute tour octogonale, **Ishwari Lath** *(plan : 11, C1)*, qui commémore l'accession au trône d'Ishwari Singh, fils aîné de Jai Singh. Là, vous pourrez commencer votre périple à travers les bazars en prenant, par exemple, à g., **Kishan Pol Bazar,** puis en tournant à g. dans l'une des ruelles qui rejoint Chaura Rasta, que vous traverserez pour rejoindre, par d'autres petites ruelles, **Johari Bazar** *(plan C2)*.

■ **Albert Hall** *(plan C2 ; ouv. 10 h-17 h, f. ven. ; accès payant)*. C'est une fantaisie architecturale au bout d'une majestueuse avenue qui descend de la vieille ville à travers les vastes jardins de Ram Niwas dont les parterres et l'ombre accueillent la sieste des habitants. L'imposant édifice mêle les styles hindou et musulman, avec quelques emprunts à la période victorienne, avec notamment les lampadaires de fer, au bout desquels subsistent encore quelques globes de verre. La construction en fut décidée par Ram Singh II, et la première pierre posée en 1876 par le prince de Galles, le futur Edouard VII. Il fut inauguré en 1885 pour abriter une collection d'art réunie par un administrateur britannique. Destiné à témoigner des beautés du monde, l'édifice fut par la suite orné sur ses murs extérieurs de reproductions de chefs-d'œuvre des grandes civilisations, archers de Suse (exposés au Louvre et découverts en 1885), reproduction de fresques égyptiennes, de peintures chinoises et japonaises, ainsi que d'une reproduction d'un panneau exécuté à Assise par Giotto. L'intérieur est moins prestigieux ; dans des vitrines poussiéreuses sont exposés quelques tissus et objets d'artisanat mis en scène grâce à des mannequins évoquant les grandes fêtes ou les populations tribales (les Bhils, par exemple). Au bout de la galerie latérale à g., on peut voir quelques sculptures et terres cuites, retraçant la longue histoire de l'art indien (du Ier au XVe s.).

■ **Museum of Indology** *(Gangwal Park ; ouv. t.l.j. 8 h-18 h ; entrée payante)*. Un intitulé bien pompeux pour une collection plutôt digne d'un brocanteur éclairé. On y verra sans grand souci de présentation des miniatures et de mystérieux dessins tantriques, des vieux ouvrages – parmi lesquels un Coran ayant appartenu à Aurangzeb, affirme-t-on –, des gravures représentant Jaipur au XIXe s avec ses longues avenues droites pas encore envahies par la foule, des objets de la période britannique comme des céramiques où l'on reconnaîtra un Napoléon III. Ce petit détour permettra aussi de découvrir un quartier de la *upper middle class* indienne.

2 Amber★★★

Visite. Le fort se trouve à 8 km au N. de la ville, sur la route de Delhi *(hors plan par D1)*. Il existe un service régulier de bus entre le palais des Vents *(plan C2)* et le fort d'Amber. Vous pourrez gravir la rampe d'accès à pied *(400 m d'un chemin facile)* ou à dos d'éléphant (la plate-forme d'où on est hissé sur le dos de l'un des pachydermes se trouve au départ de la rampe, sur la g.). La visite terminée, vous avez la possibilité de redescendre à pied par une rampe, située à l'opposé de la première, qui passe par le temple Jagat Shiromani, puis descend à travers le village ; ou de redescendre par l'autre versant de la colline, en suivant un chemin qui part du Jaleb Chowk *(→ ci-dessous, du côté opposé à l'entrée)* ; vous regagnerez ainsi le village en descendant un vallon entre les collines qui supportent le fort d'Amber et celui de Jaigarh. En chemin, vous croiserez quelques temples et les vestiges d'anciennes demeures de riches marchands (comptez 15 mn env. jusqu'au point de départ).

Durée. Compter env. 6 h, si l'on veut en découvrir tous les sites, c'est-à-dire le fort d'Amber, ceux de Jaigarh et de Nawalgarh, ainsi que les cénotaphes de Gaitor. Compter 4 h pour la visite d'Amber.

Route d'Amber. En quittant Jaipur par la route d'Amber *(plan D1)*, vous passerez devant les *chhatri* des maharanis *(1,5 km)*, cénotaphes en forme de kiosques des épouses des maharajas de Jaipur ; plusieurs d'entre elles devinrent des *sati* en se jetant sur un bûcher, allumé en ce lieu, pour ne pas survivre à leur époux. Un peu plus loin, vous découvrirez, à dr., au milieu d'un lac, le Jal Mahal, palais d'été des maharajas de Jaipur, conçu au XVIIIe s. dans le style indo-musulman *(pas de vis.)*.

La route pénètre à l'intérieur de l'immense enceinte urbaine d'Amber en franchissant Ghati Darwaza, la « porte de la Passe ». Juste avant cette porte, vous aurez laissé à g. la route qui grimpe aux forts de Jaigarh et Nawalgarh. Vous découvrirez alors, échelonnés à flanc de colline, le fort de Jaigarh, le palais d'Amber et le village, aujourd'hui modeste agglomération au fond d'une cuvette. Puis la route descend vers le point de départ de la rampe qui monte au fort d'Amber.

■ **Fort d'Amber***** *(ouv. t.l.j. 7 h-18 h, droit photo)*. Les façades du très vaste palais se reflètent dans les eaux du petit lac artificiel qui s'étend à son pied. Un îlot sur le lac est occupé par le **Dalaram**, jardin à la moghole agrémenté de plusieurs pavillons ; il fut construit en 1558 en l'honneur d'une visite d'Akbar. En franchissant, après plusieurs enceintes, la **Suraj Pol** ou « porte du Soleil », on pénètre dans une première cour, **Jaleb Chowk**, esplanade entourée de bâtiments qui servaient autrefois de casernes, d'écuries et de logis au personnel du palais. Côté g. , un escalier monte vers la **Singh Pol** ouvrant sur le complexe du palais.

▶ À dr. de l'escalier, le petit **temple de Kali*** *(se déchausser en entrant, et laisser à l'extérieur tout article de cuir et appareils photo ; brève cérémonie t.l.j. à 10 h ; fermé de 12 h à 16 h)* abrite une statue de la terrible déesse de la Destruction et de la Mort, amenée, dit-on, du Bengale par Man Singh Ier (1589-1614). Ce sanctuaire, temple familial de la dynastie, fut rénové par Man Singh II (1922-1949), le dernier maharaja ayant régné sur l'État de Jaipur. ◀

Diwan-i-Am*. Le hall des audiences publiques est un vaste bâtiment construit sous Jai Singh Ier (1621-1667). Il comporte une salle centrale à piliers de marbre gris entourée de galeries à deux rangées de colonnes de grès rouge, dans le style des premières constructions de la période moghole.

Ganesh Pol*. Cette porte monumentale donne accès à la partie privée du palais. Elle fut bâtie en 1639 par Jai Singh Ier. Du côté de la cour du Diwan-i-Am, elle présente une harmonieuse façade à étages d'arcades, ouvertes au r.-d-ch. mais masquées au premier étage par des écrans de marbre qui permettaient aux femmes du harem de suivre les cérémonies sans être vues. La porte est surmontée d'un pavillon et de deux kiosques. Au centre de la façade, des peintures du XVIIIe s. montrent le dieu Ganesh.

Passé Ganesh Pol, on débouche sur les vestiges d'un jardin à la moghole sur lequel donnent le Diwan-i-Khas (à g.) et le Sukh Mandir ou « palais des Plaisirs » que l'on découvrira à la fin de la visite.

Diwan-i-Khas**. Ce hall des audiences privées fut construit au XVIIe s. par Jai Singh Ier. Il est formé de plusieurs salles et d'une véranda ornées de mosaïques de verres colorés, de miroirs, de motifs en plâtre sculpté, de panneaux d'albâtre avec des incrustations de marbre et de pâte de verre. De véritables compositions apparaissent, comme par exemple celle où Krishna est figuré en compagnie de Radha. L'une des salles, le **Shish Mahal** *(accès interdit)*, est une petite pièce ornée d'une multitude de miroirs.

Dans l'angle à g. lorsqu'on fait face au pavillon, une rampe conduit à l'étage supérieur, celui des femmes. De là, les femmes pouvaient sans être vues assister, à travers les *jali* aménagés au-dessus de Ganesh Pol, aux cérémonies officielles qui se tenaient dans le Diwan-i-Am.

Un chemin au-dessus de la muraille extérieure conduit à g. à une agréable terrasse en surplomb : le pavillon de musique. À dr. s'élève un petit pavillon, le Jas Mandir.

Jas Mandir**. Ce « hall de Gloire » était, lui aussi, un hall de réception et d'audience, plus intime, magnifiquement décoré de mosaïques de verres colorés, de miroirs, de moulures dorées et de pierres de couleur finement polies. On découvre de là une vue très séduisante sur le lac et les jardins qui s'étendent au pied du promontoire occupé par le palais. Vous remarquerez, au-dessus de l'entrée, des canalisations en plomb percées de petits trous par lesquels l'eau humectait les tentures qui fermaient la salle, créant ainsi une sensation de fraîcheur.

Un passage aménagé au-delà du Jas Mandir conduit, à dr., au gynécée ; empruntez ce passage qui longe le mur, puis, arrivé au pavillon qui le termine, descendez la rampe jusqu'à l'ancien quartier des femmes.

Le *zenana*. Au-delà du Jas Mandir, se dressent les hauts murs du *zenana*. Un escalier permet d'atteindre le niveau supérieur pour en découvrir une vue d'ensemble. Autour de la vaste cour étaient disposés les appartements des épouses royales, composés chacun de plusieurs pièces et de logements pour les serviteurs, au-delà d'un couloir de service qui court en arrière des appartements, tout autour de l'édifice. Les appartements du r.-d.-ch. disposaient d'une petit cour fermée d'un mur et d'un étage : celui de l'épouse principale, le plus vaste, se trouvait face à l'entrée *(du côté opposé à celui par lequel vous êtes arrivé)*. Tout autour de l'édifice de nombreux escaliers relient la partie supérieure à la cour centrale. En arrière du *zenana*, derrière les appartements de l'épouse principale, on trouvera également les hammams, un ensemble de petites constructions au pied du mur extérieur. Ce bâtiment, aujourd'hui assez sinistre dans son abandon, fut construit par Man Singh Ier (1589-1614).

Un passage situé au r.d.ch. ramène à la cour du Diwan-i-Am en laissant à dr. un ensemble de pièces donnant sur une cour qui abritaient jadis les cuisines du lieu. Un escalier permet de redescendre jusqu'à la cour du Diwan-i-Khas.

Sukh Mandir*. Face au Diwan-i-Khas, cette élégante construction était un salon d'agrément où le maître

Cuir et broderies pour la version rajasthani de la galoche.

Pour en savoir plus sur l'architecture indo-musulmane, voyez la page couleur XVI.

des lieux venait prendre le frais. Le hall principal est traversé par un petit canal, dont l'eau dévalait en chantant une rampe de pierre au fond de la pièce, avant de s'écouler dans le jardin. Ce canal était alimenté en eau par un bassin placé sur le toit. Sur les côtés subsistent de beaux vantaux de portes en bois de santal incrustés d'ivoire.

■ **Forteresse de Jaigarh*** *(par un embranchement de 5 km qui prend à g. peu avant la porte Ghati Darwaza, gardant l'enceinte d'Amber ; à la première bifurcation, suivre la route de dr. ; vis. 9 h-16h 30 ; droit photo)*. Fondée dès l'arrivée du clan rajpoute des Kachwaha dans la région au XIe s., la formidable forteresse doit son aspect actuel aux règnes de Man Singh Ier (1589-1614) et Mirja Raja Jai Singh (1621-1667) : une citadelle coiffant une colline longue de 3 km pour 1 km de large. À l'intérieur, c'est une succession de cours d'apparat qui précède l'ensemble des palais. De place en place, des tours de guet défendaient l'accès du site. La région pacifiée au XVIe s., le fort perdit son rôle de résidence royale au profit du fort d'Amber construit en contrebas et sur lequel on découvre des vues splendides depuis les remparts. Il continua cependant d'être occupé par une troupe importante : c'est que les maîtres d'Amber, puis de Jaipur, y conservaient leurs fabuleuses richesses. On pénètre dans l'enceinte par Doondar Gate, un ouvrage construit en 1942. Cette porte donne accès à une vaste esplanade où se trouve le plus grand des cinq réservoirs couverts que compte la citadelle, d'une contenance de 25 000 hl. À dr., un passage conduit au « clou » de la visite du fort, le Jaivan, le plus grand canon sur roue du monde *(ci-dessous)*.
Jaleb Chowk. C'était la cour d'honneur du palais, utilisée aujourd'hui pour les cérémonies de Dussehra en présence du maharaja. Du côté g., l'armurerie présente une collection des différents types de canons fondus dans la citadelle à partir du XVIIe s. À côté, deux petits temples, restaurés au XXe s. occupent l'emplacement de sanctuaires fondés au XIIIe s.

Prendre un passage à dr. immédiatement avant la cour suivante. Immédiatement à dr., un passage conduit vers Awani Gate : de là descend un chemin empierré, facile, vers le fort d'Amber (30 mn environ).

Gun foundry (fonderie de canons). À g. ouvre une cour où est conservé sous un auvent un canon fondu à la fin du XVIIe s. : 16 paires de bœufs étaient nécessaires pour tirer cette pièce monumentale. Plus loin encore, à g. en suivant le rempart, un bâtiment abrite l'ancienne fonderie de canons : on y voit la fosse où était placé le moule et en arrière un édifice octogonal pourvu de roues : le mécanisme permettait de creuser la bouche du canon encore dans son moule. Le maharaja assistait au processus, dont le détail était un secret d'État, depuis l'estrade située en face du dispositif. Dans la cour suivante se trouve le four où était fondu le métal.
La cour qui ouvre à g., le **Surya Mandir**, expose les instruments utilisés dans la fonderie. Depuis les remparts, on découvre des vues splendides sur le fort d'Amber en contrebas.

Revenir par le même chemin jusqu'à Jaleb Chowk et poursuivre vers la cour suivante.

Subhat Niwas. Cette cour est bordée à g. d'un édifice qui abritait la garde du souverain. On y voit aujourd'hui d'énormes tambours de guerre ainsi que des palanquins.
Khilbati Niwas. C'était la cour des audiences privées lors desquelles le souverain trônait sous le petit kiosque sur la g. Il abrite de curieuses machines à soufflet qui servaient à rafraîchir l'eau.
Lakshmi Vilas. Destinée à la détente du souverain, cette cour est dotée d'un gracieux pavillon face auquel les musiciens prenaient place sur une estrade.

De cette cour, un couloir donne accès aux appartements royaux.

Les appartements royaux. À g. du long couloir qui suit l'entrée, un passage conduit à la salle de réception du souverain, un élégant pavillon ouvert au centre d'une cour, où une scène de repas a été reconstituée. Immédiatement avant celle-ci, ouvre à dr. le **petit théâtre de marionnettes** (XVIIe s.) du complexe royal. En poursuivant tout droit dans le couloir principal, on débouche sur une vaste esplanade.

Vilas mandir. Cette immense cour est celle du *zenana*. Un vaste hall y abritait les réjouissances des femmes du harem.

Alaam Mandir. De la cour précédente, un passage donne accès à cette dernière partie du complexe royal. C'est là peut-être qu'on peut imaginer les splendeurs dont s'entouraient les souverains du temps : un gracieux kiosque en dentelles de pierre y précède un jardin soigneusement entretenu ouvrant par une immense arche sur le paysage des collines alentour. Une promenade au-dessus de cet ensemble permet d'en faire le tour et d'imaginer le véritable paradis qui entourait le repos du maître des lieux.

Revenir par le même chemin jusqu'à l'entrée.

Jaivan Cannon *(accès par la première cour du fort en 5 mn à pied).* Avant de gravir la rampe qui conduit au célèbre canon, on laissera sur la g. un petit fortin rectangulaire qui servait d'armurerie *(entrée interdite)*, dominé par la Diya Burj, une haute tour de guet. Sur une terrasse en surplomb du paysage, le célèbre canon de Jaigarh repose sur son affût. Avec ses 6 m de long et ses 50 tonnes, il passe pour l'une des plus considérables pièces de ce type. Il était capable de tirer des boulets de 50 kg, propulsés grâce à 100 kg de poudre à une distance d'un kilomètre. Fondu en 1720 sur l'ordre de Jai Singh II, il n'a jamais tiré qu'un seul boulet.

■ **Fort de Nahargarh** *(par un embranchement de 5 km qui prend à g. peu avant la porte Ghati Darwaza ; à la première bifurcation, suivre la route de g. ; ouv. 10 h-17 h).* Cette « forteresse du Tigre » n'a de redoutable que le nom. C'est une aimable résidence d'agrément que les majarajahs firent construire au XVIIIe s. au sommet d'une colline dominant la ville de Jaipur. La cour rectangulaire peinte de jaune donne accès de part et d'autre à des appartements, tous semblables, pourvus d'une cour et d'une pièce de réception au r-d-ch., et de chambres à l'étage. La décoration, avec ses cheminées et ses volets à l'européenne, date de 1860.

Depuis le fort, un chemin (pour les marcheurs uniquement) descend au pied de la colline, dans le quartier de Gaitor, où se trouvent les cénotaphes des maharajas. On peut les rejoindre en voiture en regagnant la route qui ramène à Jaipur, puis en tournant à dr. après 5 km.

■ **Gaitor*** *(hors plan par C1 ; ouv. t.l.j. 9 h-16 h 30 ; entrée payante, droit photo).* Peu de visiteurs viennent jusqu'ici pour admirer les *chhattri* des maharajahs. Ils méritent pourtant que l'on y consacre quelques instants, au moins autant que les boutiques de souvenirs vers lesquelles les guides locaux s'empressent d'emmener leur clientèle.

Face à l'entrée se dresse le monument de Madho Singh II (1880-1922). Dans un second enclos au-delà du premier, on verra également le cénotaphe de Jai Singh *(au fond)*, le fondateur de Jaipur : c'est une merveille de marbre, dont les plinthes sont ornées de jolies scènes de chasse et d'éléphants. Sous la coupole apparaissent des statues de divinités. Immédiatement avant ce monument, un second cénotaphe est la copie conforme du précédent : il fut réalisé pour Ram Singh II (1835-1880), en marbre de Carrare cette fois, alors que les pierres de l'original furent taillées dans le marbre local.

Environs de Jaipur

1 Galta *(8 km E. par la route d'Agra ; hors plan par D3)*. Cette petite excursion, d'une heure environ en voiture, pourra être réalisée en fin de visite, lorsque les principales curiosités de la ville n'auront plus de secrets pour vous. Au programme, le joli palais d'une princesse et un ensemble de temples nichés au creux d'un vallon. Avec, en prime, des centaines de singes qui gambadent dans les sous-bois et occupent parfois sans vergogne la chaussée, au plus grand mépris des cyclistes.

Le **palais de Sisodia** *(à 4,5 km de Jaipur, prendre à g. et suivre le panneau, site à 200 m de l'embranchement ; ouv. 8 h-18 h ; entrée payante)* fut construit en 1710 pour la fille du roi d'Udaipur donnée en mariage par son père à Jai Singh, le fondateur de Jaipur. La jeune et fière princesse – descendante de la plus noble des lignées rajpoutes – refusa d'habiter le harem d'Amber en compagnie de l'armée des épouses royales. Son désir exaucé, elle exigea ensuite que son fils, le futur Madho Singh, ait la préséance sur les autres descendants mâles du souverain. À la mort de Jai Singh, il fallut à Madho Singh affronter sept années de guerre civile avant de s'établir définitivement sur le trône. Le palais de la princesse, en parfait état de conservation, est orné à l'extérieur de chatoyantes peintures. C'est le principal intérêt du lieu : l'intérieur est fermé à la visite et les jardins ont été défigurés par des aménagements intempestifs.

Galta *(à 4 km env. du palais)* est une petite cité religieuse blottie au fond d'une vallée. C'est un lieu de pèlerinage pour les habitants des environs, sur les lieux où vécut un sage dont la mémoire est toujours vénérée. Pour l'essentiel, les divers édifices remontent aux XVIIe et XVIIIe s. On rencontre tout d'abord des *dharamsala* où résident quelques *sadhu* en robe safran, et dont les murs extérieurs conservent une partie de leur décoration peinte. Plus loin, un premier bassin, entouré de pavillons, est réservé aux ablutions des femmes. Celui des hommes se trouve plus haut en remontant dans le vallon. Tous deux sont alimentées par une source pérenne qui jaillit de la paroi à travers la gueule d'une vache. Un escalier permet d'accéder au rebord de la falaise, où se trouve *(côté g.)* un temple à Hanuman ; l'image du dieu fut sculptée directement dans la paroi rocheuse.

Au-delà, un chemin conduit à Jaipur *(3 km env.)*, en passant près d'un **temple de Surya,** dieu du Soleil, bâti sous le règne de Jai Singh II (1699-1743) ; sa statue est transportée chaque année à Jaipur sur un chariot tiré par sept chevaux blancs, lors des processions de l'équinoxe de printemps, effectuées pour commémorer la descente sur terre du clan des Kachwaha, la maison de Jaipur, issu du soleil.

2 Sanganer *(12 km S. par la route de Tonk et Bundi, route de l'aéroport ; hors plan par B3)*. Cette petite ville ancienne (temple jaïn du XVIIe s. décoré d'une profusion de sculptures) est un important **centre d'artisanat du textile.** Vous pourrez ainsi visiter, dans le **Chipa Basti,** le quartier des artisans, un des ateliers où l'on imprime les cotonnades à l'aide d'un tampon sculpté enduit de teinture (*block printing* ; on trouve beaucoup de ces tampons dans les magasins de souvenirs en ville). Ce serait à la qualité des eaux de la rivière Dhundnadi, riche en sels minéraux, que les couleurs utilisées pour teindre ces tissus devraient leur éclat. Aujourd'hui, des centaines de familles gagnent leur vie par cette production. Sanganer compte également plusieurs **ateliers de potiers** *(vis. possibles)*, ainsi que les ateliers où l'on taille et sculpte les blocs d'impression. Il y a aussi une fabrique artisanale de papier mâché, qu'il est intéressant de visiter *(pour tout cela, il sera préférable de prendre un enfant pour guide, moyennant rétribution)*.

3 Samode** *(42 km N. ; sur la route du Shekhawati → p. 254)*.

Jaisalmer★★★

Certains soirs, les allées du fort de Jaisalmer prennent des allures d'île grecque. Dans les allées étroites et dallées, entre les étals multicolores, se bouscule la jeunesse du monde, la sandale alanguie, vers les *coffee shops* spécialistes de pizzas ou de *german bakery*. En place des chats voluptueux de l'Égée, des vaches mélancoliques, ce qui, on le concède, fonde une différence de taille. Alors, victime de son succès touristique, Jaisalmer, la fière citadelle aux portes du désert ? Pas si l'on prend quelque recul pour admirer, aux premières heures du jour, depuis le lac de Gadhisar par exemple, celle que les guides francophones baptisent complaisamment pour leur clientèle du nom de Carcassonne de l'Orient. Et puis, une île, Jaisalmer le fut pour des milliers de caravanes, un havre de sécurité avant d'affronter les dangers du désert, un océan inhospitalier où le moindre danger n'était pas l'envoûtant chant des sirènes, mais les bandes de terribles Pathans prêts à fondre sur leurs précieuses marchandises, de soie, d'ivoire et d'épices.

Ajmer, 500 km ; Bikaner, 328 km ; Jodhpur, 295 km.
Alt. 235 m ; 58 300 hab.

☎ 02992.

ℹ Tourist Reception Center, Station Rd (près du lac Gadhisar, ***plan C3***) ☎ 2524-406, et un guichet à la gare. Organisation d'excursions à Sam Dunes, t.l.j. On y trouve aussi des guides et une liste d'agents de voyages proposant des randonnées dans le désert à des prix raisonnables.

HÉBERGEMENT :
On trouvera beaucoup de *haveli* et autres guest houses au confort sommaire mais quelques perles rares existent ; les hôtels de bon confort se trouvent le long de Sam Rd qui file à l'O. de la ville.

• *Heritage Inn*, Sam Rd, ☎ 250-901. Ses 55 chambres, sans caractère particulier, offrent un séjour confortable ; piscine.

• *Killa Bhawan Kotri Para*, ☎ 251-204 ; www.killabhawan.com Véritable petit bijou que cette ancienne maison de maître du XVIIIe s. joliment décorée. Splendide point de vue sur les remparts et la ville en contrebas. Six chambres, la plupart climatisées. Réservation indispensable.

♥ **BONNE ADRESSE**
• *Trio*, Amar Sagar Pol, ☎ 252-733. Excellente cuisine servie sur une très jolie terrasse face aux remparts de la forteresse.

Jaisalmer mode d'emploi

■ La meilleure saison

De novembre à mars, les journées sont douces, mais les nuits peuvent être très froides. Les autres mois sont caniculaires.

■ Manifestation

Fév. Le **Desert Festival** est organisé par le département du Tourisme ; durant trois jours, on peut assister à des représentations folkloriques, des courses de chameaux et diverses compétitions auxquelles sont conviés les touristes (tir à la corde, concours de nœud de turban, et des plus belles moustaches de Jaisalmer…), qui s'achèvent en soirée à Sam Dunes. L'amusement est à son comble. Si l'on souhaite être à Jaisalmer au moment du festival, il est impératif de réserver suffisamment à l'avance.

■ S'organiser

Circuler. Vous le ferez nécessairement à pied à l'intérieur des remparts, et en jeep ou à dos de chameau si vous n'êtes pas pressé pour découvrir les environs.

À ne pas manquer

Chhatri de Bara Bagh**	232
*Haveli*** de la ville basse	231
Temples jaïns** de la citadelle	228

Formalités. La ville elle-même, et la bande de steppes qui s'étend jusqu'à Sam Dunes *(45 km O.)*, est libre d'accès pour les étrangers. Au-delà, la région de Jaisalmer est soumise à des contrôles stricts, et il faut demander une autorisation spéciale auprès du District Collector (Amar Sagar Rd, *plan A2*). Ce permis est accordé pour la visite du Parc naturel qui commence à Sam Dunes *(200 Rps en 2005 ; compter environ une heure pour accomplir les formalités)*, mais ne l'est pas pour les particuliers désireux de s'avancer plus avant vers la frontière pakistanaise toute proche.

Excursions. L'organisation de « safaris » est une des activités touristiques majeures de la ville. À chaque coin de rue, ce type d'excursions est proposé au visiteur, méfiez-vous des rabatteurs ; il est préférable de se renseigner auprès de l'office de tourisme qui possède une liste d'agents agréés, et de comparer les prix et les prestations (jeep ou chameau, durée et type d'hébergement : bivouac, tente ou *Desert resorts*, récentes constructions en dur). Depuis Jaisalmer, les safaris partent invariablement vers l'O. pour se terminer à Sam Dunes ; on n'atteindra les dunes qu'après deux jours à dos de chameaux à travers une vaste région de steppes, ponctuées de villages. Des randonnées sont aussi possibles au départ de Khuri *(45 km S.)*, qui empruntent des pistes pour l'heure moins fréquentées.

■ S'orienter

Dressée sur son éperon rocheux, protégée par de puissantes murailles qui s'imposent à des kilomètres à la ronde, la **citadelle** renferme le palais des *maharawal*, des temples hindous *(fermés à la visite)* et un remarquable ensemble de temples jaïns. Au pied de la colline s'étend la **ville basse**, jadis défendue d'une muraille, en grande partie disparue, percée de quatre portes. La partie la plus animée se trouve dans la partie N.-O. à partir de la porte **Amar Sagar**, un bel ouvrage défensif bien conservé : c'est **Gandhi Chowk**, le marché de la ville, puis plus loin le quartier des *haveli*, trois d'entre elles étant une étape majeure de la visite de la ville.

■ Programme

Une journée suffit pour découvrir l'essentiel. Le mieux est de se faire conduire à la citadelle dès le matin en rickshaw pour visiter les temples jaïns, ouverts seulement à ce moment-là. Après la visite de la citadelle *(prévoir 3 h)*, on descendra vers la ville basse et les *haveli*. On pourra terminer la journée par l'incontournable coucher de soleil sur les dunes de Sam : il suffit de partir à 15 h 30 de la ville, en hiver, pour arriver au bon moment. Inutile de prévoir une jeep pour se rendre à Sam Dunes, reliées à Jaisalmer par une large route asphaltée. On peut également choisir de rester en ville pour en voir les murailles s'embraser au soleil couchant. Les *Vyas chhatri* à l'O. de la ville furent longtemps l'emplacement idéal. Aujourd'hui les brahmanes maîtres des lieux font payer l'entrée pour jouir d'une vue en partie obstruée par les constructions modernes. L'OT a ainsi aménagé un autre « Sunset Point », au N. des remparts *(plan B1)*.

Deux jours. Après la visite de la ville, on pourra consacrer une seconde journée aux environs : Amar Sagar, Bada Bagh, le temple de Lodurva. L'excursion (env. 4 h) ne nécessite pas de jeep. On pourra aussi s'offrir une promenade en chameau en fin de journée depuis le village de Khuri, moins fréquenté que Sam Dunes.

Shopping. Succès touristique oblige, les ruelles de la citadelle abritent désormais un véritable bazar. Les boutiques, toutes aussi médiocres, proposent les mêmes articles (cotonnades brodées, boîtes ouvragées, souvenirs). La ville basse n'échappe pas à cette frénésie marchande. Partout, un marchandage des plus fermes s'impose : on peut commencer sans honte à la moitié du prix demandé. Près des *haveli*, Jain Street *(plan C1)* abrite quelques boutiques moins touristiques, où l'on trouvera les mêmes cotonnades à des prix pour l'instant plus raisonnables.

Se déplacer

Aéroport. Jaisalmer est dotée d'un aéroport militaire ; on parlait en 2005 de l'ouvrir aux lignes civiles.

Liaisons ferroviaires. Gare *(plan D2)* à l'E. de la ville. Rens. ☎ 251-301 *(8 h-20 h)*. Deux trains quotidiens pour Jodhpur : le voyage (env. 9 h) peut s'effectuer de jour ou de nuit. Cette dernière solution est peut-être la meilleure ; le paysage entre les deux villes a peu d'intérêt. Mentionnons l'existence d'un somptueux wagon appartenant au maharaja de Jodhpur que l'on accroche certains jours au convoi ; pour cela, il doit être entièrement affrété, avec wagons-lits, restaurant et personnel. Il est réservé de fait aux groupes organisés.

Autocars. City Bus Stand *(plan B3)* ☎ 251-541. Liaisons avec Bikaner (7 h) et Jodhpur (6 h).

Jaisalmer dans l'histoire

Une prophétie de Krishna

La légende prétend que le divin berger promit au clan des Yadava, auquel lui-même appartenait, une capitale qui vivrait des siècles. Aussi, lorsque, au XIIe s., Jai Singh, chef du clan Yadava qui survivait dans ces contrées inhospitalières, décida de construire une nouvelle capitale, il prit soin de consulter un mage. « Construis au sommet d'une colline triangulaire », lui répondit le saint homme. La première pierre de Jaisalmer fut posée en 1155, et la construction prit sept ans, au terme desquels se dressa une citadelle, défendue par une muraille puissante. Pas assez cependant pour contenir les assauts des sultans de Delhi qui, à deux reprises, réussirent, au XIVe s., à s'emparer de la ville.

Une nouvelle ville hors des murs

Au siècle suivant, une muraille supplémentaire vint renforcer les défenses de la citadelle. Mais au XVIIIe s., la ville haute fut peu à peu délaissée au profit de nouveaux quartiers qui apparurent entre les deux murailles, des pâtés de maisons *(muhalla)*, à l'intérieur desquels chacun se groupait en fonction de son appartenance à un clan ou à un métier. Les plus riches familles se firent construire de somptueuses *haveli*, dont les dernières datent de la fin du XIXe s.

Opium, épices et soieries

Au XVIIIe s., la ville atteint son apogée ; ses princes et ses marchands contrôlent alors le trafic des caravanes. Vers l'Occident, elles transportent l'opium, l'indigo, les épices et la soie ; des régions occidentales, elles rapportent ivoire d'Afrique, dattes et fruits secs d'Arabie et médecine de Perse. Cette soudaine richesse finit par émousser l'énergie des princes plongés dans les délices de leur harem, entre *hookah* bourrés d'opium et lascives concubines. Les Premiers ministres détenaient l'essentiel du pouvoir ; Salim Singh, au début du XIXe s., fut l'un des plus puissants et des plus haïs. Il accabla la population d'impôts et se conduisit en véritable maître de la principauté ; on prétendait ainsi que le *maharawal* devait demander à son ministre la permission de seller son cheval ! Mais déjà Jaisalmer avait perdu sa souveraineté et son importance ; les Anglais s'en étaient assuré le contrôle et, plus grave encore, le commerce vers l'O. passait désormais par Bombay, le grand port créé par la Compagnie des Indes.

Les touristes succèdent aux caravanes

Jaisalmer était désormais condamnée, et les marchands abandonnèrent leurs belles demeures pour exercer leur activité dans les grandes villes de l'empire. La ville perdit définitivement toute importance après l'indépendance, qui ferma hermétiquement la frontière avec le Pakistan. Privée de rôle économique, elle

sembla dès lors flotter dans un manteau devenu trop grand pour elle. Ces dernières années lui ont cependant apporté un regain d'activité, avec l'arrivée des touristes qui viennent à la rencontre de cette fascinante cité, de ses bazars encore animés, de ses murailles ocre qu'embrase le soleil couchant.

1 La citadelle★★★

Rendez-vous directement sur l'esplanade d'où part la rampe d'accès à la citadelle.

■ **Rampe**★ *(plan C2)*. Pour atteindre le plateau supérieur de la citadelle, vous franchirez successivement, en montant à pied, la porte **Akhay Pol** (1740),

Jaisalmer.

puis **Surya Pol,** « la porte du Soleil », la **porte de Ganesh,** surmontée d'une représentation du dieu éléphant, et enfin **Hawa Pol**★, « la porte du Vent », au-dessus de laquelle se dresse l'ensemble des palais royaux. Une fois la porte franchie, on débouche sur une place dominée par les façades ouvragées des palais.

Au fond, du côté dr., une ruelle conduit aux temples jaïns, l'ancien quartier des brahmanes ; on découvrira en chemin de splendides *haveli* dont les rez-de-chaussée abritent des boutiques, tandis que les parties hautes sont transformées en guest houses. Côté g. de la place, une rue conduit à l'ancien quartier des Rajpoutes, fait de maisons basses agrémentées de petites cours. La rue se termine sur une plate-forme où un canon continue de surveiller les environs. De là, on jouit d'une belle vue sur les remparts.

■ **Fort Palace museum**★★ *(plan B1 ; ouv. 8 h-18 h en été, 9 h-18 h en hiver ; entrée payante, droit photos et vidéos)*. L'ensemble des palais des *maharawal* de Jaisalmer mit plus de trois siècles pour devenir le véritable labyrinthe de couloirs, de cours et de terrasses ouvrant sur de **splendides perspectives** sur les remparts de la citadelle. À g. de l'entrée des palais, sur une estrade à degrés, un **trône** de marbre est destiné au souverain lors de la fête de Dussehra. L'héritier de la famille royale ne manque pas d'y prendre encore place. Au pied de celle-ci, par deux fois au XIVe s., les femmes se livrèrent au sacrifice du *jauhar* ; pour ne pas tomber entre les mains des assaillants, en l'occurrence les armées des sultans de Delhi sur le point de prendre la ville, elles préférèrent se jeter vivantes dans un bûcher sacrificiel.
Après une première cour, on entre dans la partie réservée au souverain, dévolue aux audiences d'État et à ses réceptions privées. Après une première salle où est exposée une collection d'armes, on gagne le **Gaj Vilas**, l'aile la plus récente du palais, achevée en 1884, une salle réservée à la danse, ornée de faïences italiennes. La salle suivante présente quelques insignes royaux, dont les plus anciens remonteraient au XIVe s., et également quelques statues du XVe s. provenant de temples disparus de la région : il s'agit essentiellement de danseuses où l'on notera l'influence de l'art populaire dans le traitement des visages et les parures.
Le **Rang Mahal**★, salle de la *maharani*, est construit au-dessus de Hawa Pol, la dernière porte d'accès à la citadelle. Il est orné d'un intéressant cycle de peintures (fin XVIIIe-début XIXe s.) où l'on peut voir quelques paysages urbains des cités du Rajasthan : Bikaner et la procession de Gangaur, ainsi qu'une vue de Jaipur.
Le **Sarvottam Vilas**★★, au plus haut de la forteresse, fut aménagé dans la première moitié du XVIIIe s. C'est l'une des plus séduisantes salles du palais avec ses ornementations de faïences bleues et de miroirs. On y expose une tunique de géant, qui, assure-t-on, appartint à l'un des *maharawal* de Jaisalmer. Le **Ras Dubar**, qui lui fait suite, est une modeste salle où le souverain nouvellement couronné tenait sa première audience.
Le ***zenana***, le quartier des épouses, dans lequel on pénètre ensuite, est une longue succession de couloirs, d'escaliers et de salles vides qui conduisent vers la sortie ; c'est la partie la plus ancienne du palais (XVIe-XVIIe s.).

Revenir sur la place qui fait suite à Hawa Pol, et prendre la dernière ruelle à dr. lorsqu'on tourne le dos aux palais.

■ **Temples jaïns**★★ *(plan B2 ; on entre déchaussé et en principe sans porter aucun objet de cuir ; le contrôle est en réalité assez débonnaire)*. Il s'agit d'un ensemble de sept sanctuaires jaïns, emboîtés les uns dans les autres, une véritable petite cité religieuse qui témoigne de l'importance de cette communauté marchande à l'époque de la plus grande prospérité de la ville. Les plus anciens remontent au XVe s. Face à l'entrée, des temples ouvrent une cour où les Jaïns pratiquent leurs ablutions et se purifient avant d'entrer dans les sanctuaires.
Temple du 8e *tirthankara* *(ouv. 7 h-12 h)*. Il s'annonce par un *torana* splendidement orné, un élément architectural caractéristique des sanctuaires jaïns ; le *mandapa* qui précède le saint des saints est une merveille d'art ornemental, de véritables guirlandes de pierre que l'on appréciera de plus près en grimpant à l'étage, sous la coupole. À ce niveau ouvre un second sanctuaire, dont les murs extérieurs sont parés de danseuses et de divinités hindoues.
Temple d'Adinath *(ouv. 7 h-12 h)*. Passée une cour, on entre dans le *mandapa* qui, ici, n'est pas décoré. Les murs extérieurs de la cella portent en revanche une jolie série de couples divins.
Temple de Parshvanath★ *(ouv. 11 h-12 h seulement)*. Splendide *torana* en avant du temple, orné de danseuses et de musiciens peints de vives couleurs, à la manière des poupées du Rajasthan. Une crypte aménagée sous le temple abrite

La ballade de Dhola et Maru

On voit parfois, parmi les processions et les cortèges peints sur les façades des *haveli* du Shekhawati, un couple monté sur un dromadaire à la robe noire. Lui, c'est Dhola, prince né à Narwar. Elle, c'est Maru, princesse qui vit le jour dans une cité du désert de Thar. Ils furent unis l'un à l'autre, alors que Dhola n'avait que trois ans, Maru, à peine la moitié. Leurs pères s'étaient rencontrés à l'occasion d'un pèlerinage au lac de Pushkar et avaient décidé de lier ainsi les destinées de leurs familles.

Lorsque le père de Dhola jugea qu'il était temps pour son fils de mener sa vie d'homme, il l'unit, oublieux de l'engagement de jadis, à Malwani, une belle du Malwa, la riante contrée d'Udaipur. Maru, elle aussi, avait grandi.

Une nuit, elle fit un rêve qui la bouleversa : celui qu'elle avait vu en songe n'était autre que Dhola. Elle résolut de lui adresser un billet, profitant du passage saisonnier des caravanes. Elle en envoya même plusieurs ainsi, mais jamais ne reçut de réponse. Un caravanier, interrogé un jour, lui donna la raison du silence de Dhola : son épouse était d'une jalousie extrême. Alors, Maru décida de confier sa déclaration d'amour à des ménestrels, en leur recommandant d'attirer l'attention du prince sans éveiller les soupçons de son épouse. Parvenue à Narwar, leur troupe s'installa aux portes du palais et, une nuit durant, chanta la mélancolie d'une princesse du désert esseulée. Dhola, intrigué, les convoqua le lendemain et ils firent connaître enfin le message de Maru et son mariage oublié.

Une nuit, il sella son dromadaire favori et partit vers le Marushtali, pays de la Mort, le désert qui s'étend à l'O. du Rajasthan. Maru eut le pressentiment de l'arrivée prochaine du prince. Et, quand celui-ci se présenta aux portes de la citadelle, il fut reçu en grande pompe. Dhola et Maru goûtèrent enfin aux joies de leurs noces. Au bout de quelques jours, le prince décida de ramener l'épouse retrouvée à Narwar. Une nuit que les amants reposaient à l'abri d'une dune, un serpent du désert s'enroula autour du corps de Maru. En découvrant le corps inerte de Maru, Dhola hurla de désespoir. Ses cris attirèrent l'attention d'un couple de *yogi* itinérants. Émue par la passion de Maru, la *yogini* convainquit son époux d'user de ses pouvoirs pour la ramener à la vie. Il attoucha le corps de la jeune femme avec des plantes dont il avait le secret et, marmonnant des paroles magiques, la ramena à la vie. Le cortège reprit dans la joie le chemin de Narwar. Restait une dernière épreuve : fléchir Malwani. La douce beauté de Maru eut raison de sa jalousie. Aussi tous trois vécurent-ils heureux dans leur cité de Narwar.

La muraille de Jaisalmer

Les murailles s'étagent au flanc de la colline avec leurs bastions galbés comme des termitières. Cela ressemble à un jeu de construction à la mesure de géants, avec, tout en haut, élancés comme des tours, les anciens palais des *maharawal*. Cette énorme muraille de 2 à 3 m d'épaisseur et de 3 à 5 m de hauteur enclôt la ville sur 5 km. De place en place, 99 bastions semi-circulaires et tours d'angle viennent la renforcer. Ce rempart fut construit à l'aide de blocs de calcaire jaune, assemblés sans mortier. Un parapet crénelé, renforcé de mâchicoulis, le couronne.

Près du quart de la population de Jaisalmer habite encore la ville haute, dans des demeures autrefois somptueuses, aujourd'hui très délabrées.

Les balcons ouvragés des *haveli* dominent les ruelles de Jaisalmer.

une importante bibliothèque, dont les plus anciens manuscrits, écrits sur feuille de palme, remontent au Xe s. *(quelques-uns visibles sous vitrine)*.

Une fois remonté, on gagnera l'étage, sur lequel ouvre un autre sanctuaire, pour passer de l'autre côté de la ruelle par une passerelle de pierres.

Deux autres sanctuaires attendent le visiteur, ainsi que, comme on s'en assurera d'un coup d'œil furtif, des centaines de chauve-souris qui sommeillent sous les plafonds. Ces deux temples superposés présentent une remarquable décoration sculptée, avec notamment de nombreux couples divins qui s'enlacent entre des représentations de *tirthankara*, debouts et impassibles.

▶ On pourra poursuivre sa promenade au-delà du complexe des temples. Avant que la ruelle vienne buter contre les remparts, prendre deux fois à dr. pour regagner le secteur des temples. En levant les yeux, on peut découvrir en chemin de belles façades de *haveli*. ◀

La visite de la citadelle terminée, vous en ressortirez par le même chemin en franchissant Hawa Pol. En suivant la rue dans le prolongement de la rampe, vous vous enfoncerez dans la ville basse.

2 La ville basse★★

Deux portes permettent d'entrer dans la ville basse, ceinturée de remparts. Au N.-O., la porte Amar Sagar s'ouvre vers une place d'où part Gandhi Chowk, où se trouve le bazar et où donnent les *haveli* les plus remarquables. Au S.-E., la porte Gadhisar livre passage directement vers l'esplanade qui dessert la citadelle.

Partant du pied de la citadelle, vous atteindrez en cinq minutes environ, la première des célèbres haveli *de la ville.*

■ **Salim Singh-ki-Haveli★★** *(plan C2 ; extérieur seulement)*. Appelée jadis Moti Mahal, cette somptueuse demeure s'annonce par une haute tour du côté g. de la rue. Ses six étages furent élevés au XVIIIe s. et servirent au début du siècle suivant de résidence à Selim Singh, le Premier ministre du *maharawal*, qui réussit à devenir le véritable maître de l'État. Il se posa en véritable rival du souverain, comme en témoigne l'éléphant monolithe, symbole du pouvoir, qui garde encore la porte. Pour accéder plus facilement au palais, il envisagea même de faire construire un pont entre sa demeure et la citadelle ; mais il fut assassiné par des nobles rajpoutes avant d'avoir pu mener à bien son projet. Les deux derniers étages, autrefois décorés de mosaïques, sont surmontés d'une galerie à 38 balcons ornés de motifs en forme de paon, autre symbole du pouvoir *(→ encadré)*.

Prendre la rue à dr.qui longe la haveli, *puis la seconde à g.*

■ **Patwon-ki-Haveli***** *(plan C1)*. Il s'agit d'un ensemble de cinq demeures accolées, de part et d'autre, d'une ruelle qu'enjambe une galerie, construites au début du XIXe s. par un riche marchand, banquier et exportateur d'opium, pour chacun de ces cinq fils. Ces imposantes demeures dressent leurs façades sur quatre étages ornés à profusion de sculptures, balcons et loggias à fines colonnettes. Dispositif rare dans les constructions du Rajasthan, elle dispose également d'un sous-sol. Deux d'entre elles, disposées chacune autour d'une cour centrale, peuvent être visitées. Dans l'une, propriété de l'État du Rajasthan *(ouv. t.l.j. 10 h-17 h ; entrée payante)*, on peut accéder à l'ensemble des étages de l'édifice, entièrement vide. L'autre, une demeure privée *(ouv. t.l.j. jusqu'à 20 h ; entrée payante)*, présente quelques meubles qui tentent de restituer la vie de ces demeures au XIXe s. ; la visite s'achève par la boutique de souvenirs des propriétaires. Les autres *haveli* abritent des magasins au rez-de-chaussée, parmi lesquels celui d'un antiquaire *(Basant Art Emporium)*, où les amateurs de chine pourront passer quelques instants amusants.

En sortant de la ruelle des haveli, *revenir sur ses pas en prenant à g, suivre la première rue à g. puis la seconde.*

■ **Nathmal-ki-Haveli**** *(plan C1; ouv. 9h-18h)*. Cette belle résidence fut édifiée en 1885 pour le compte du Premier ministre du *maharawal* d'alors. La façade est l'œuvre de deux frères, les plus fameux sculpteurs de leur temps, musulmans, comme l'étaient la plupart des membres de leur corporation à l'époque. Après 1947, tous ont émigré au Pakistan. Chacun des frères s'attela à un côté de la façade, et tous deux rivalisèrent de brio. On note ainsi quelques différences de traitement d'un côté à l'autre (notamment dans les fenêtres qui encadrent la porte). Au premier étage court une longue **frise** où sont représentés des éléphants, des soldats, des machines à vapeur et des chevaux. Vous pourrez accéder au premier étage, que les occupants ont transformé en boutique ; les murs sont décorés de délicieuses miniatures dans le style rajpoute.

Pour sortir de la ville basse, dirigez-vous vers la porte d'Amar Sagar.

■ **Badal Vilas Palace** *(ou Mandir Palace, aménagé en hôtel ; à g. avant de franchir la porte)*. Il fut offert au *maharawal* par des artistes musulmans. Avec ses cinq étages orné de balcons richement sculptés, une partie sert encore aujourd'hui de demeure familiale au prince.

Le paon

Dans la mythologie hindoue, le paon serait né d'une aile de Garuda, l'aigle blanc, monture de Vishnou, et, comme lui, il mangerait les reptiles. Son insensibilité au venin des serpents, tant redoutés par la population des campagnes, est sans doute la cause de sa popularité en Inde. Ses plumes multicolores sont utilisées dans les temples hindous pour éventer les statues des dieux. Il est d'ailleurs associé à plusieurs d'entre eux, notamment à Karttik, second fils de Shiva et dieu de la Guerre, dont il est la monture, et à Parvati, qui, selon la légende du temple de Mylapore (à Madras), aurait été changée en paon par Shiva pour la punir de ne pas écouter ce qu'il disait. Au temps des Maurya, c'était un mets impérial ; aujourd'hui, c'est un animal sacré. À la table, il a été supplanté dès le XVIe s. par le dindon sauvage, de la même famille. Le paon est également le symbole de l'amour et de la fertilité ; sa danse représente le réveil de la nature à l'époque de la mousson (période qui coïncide avec le début de la saison des amours chez cet oiseau). Emblème du pouvoir pour les Moghols, ainsi que pour les princes indiens, il est devenu l'oiseau national dans l'Inde indépendante, mais c'est surtout l'emblème du Rajasthan.

3 À l'extérieur des remparts★★

Quittez la ville par la porte Amar Sagar et faites-vous conduire en rickshaw jusqu'à la colline, qui domine la ville au N.-O. Vous passerez, chemin faisant, en vue du Jawahar Vilas (à g. de la route qui conduit aux cénotaphes), *qui fut le palais d'été des* maharawal. *Vous vous déplacerez de préférence en rickshaw entre chacun de ces sites.*

■ **Chhatri des maharawal**★ *(hors plan par B1)*. Depuis les *chhatri,* qui marquent le lieu de crémation des *maharawal* de Jaisalmer, vous découvrirez, au soleil couchant, la **vue**★★ la plus extraordinaire sur la ville. Contentez-vous de vous asseoir et laissez-vous gagner par la magie du lieu, un peu gâtée parfois par quelques marchands ambulants très entreprenants.

■ **Government Museum** *(plan A2 ; ouv. t.l.j. 10 h-16 h 30 ; entrée payante)*. Seuls les mordus d'archéologie oseront réveiller les gardiens du lieu, qui sommeillent dans la pénombre de l'unique et vaste salle du musée local. Ils y découvriront principalement quelques fragments de sculptures provenant des temples de Kiradu *(→ Env.)* certains bustes pouvant être considérés comme de splendides représentants de cet art médiéval des confins du Rajasthan au XIIe s.

■ **Gadhisar Tank**★ *(plan D3 ; env. 1,5 km de l'entrée de la citadelle)*. À bord de pédalos en plastique aux couleurs vives, en forme de canard ou de cygne, les touristes sillonnent ce lac artificiel, creusé en 1369, orné d'un élégant pavillon et d'une porte monumentale dressée au XIXe s. Les promeneurs seront en revanche contraints par les constructions en bordure du lac à une dizaine de minutes de marche, à dr. ou à g. de l'accès principal, pour gagner la rive du réservoir. Un endroit où il faut se rendre aux premières lueurs de l'aube : on découvre de là une des plus belles vues sur les remparts de Jaisalmer caressés par le soleil levant.
Folklore Museum *(plan D3 ; ouv. t.l.j. 8 h-18 h ; entrée payante)*. Le maître des lieux vous fera découvrir sa collection d'art traditionnel de la région : objets usuels des habitants du désert, lampes à huile en terre cuite, autels portatifs *(kavad)* que les brahmanes emmenaient avec eux de village en village, instruments de musique… la visite vaut autant pour les collections que pour les commentaires qui les accompagnent. Un petit théâtre *(à une centaine de mètres)*, où se donnent chaque soir des représentations de spectacles de marionnettes traditionnelles, abrite une seconde section du musée.

Environs de Jaisalmer

1 **Bara Bagh**★★ *(6 km N. ; entrée payante)*. Au-dessus d'une zone d'irrigation aménagée dans une dépression, occupée par des jardins maraîchers, l'ancienne nécropole des souverains de Jaisalmer est très photogénique. Plusieurs *chhatri* ont conservé les stèles représentant les guerriers défunts ou leurs veuves, mortes en *sati.*

2 **Amar Sagar**★ *(6 km N.-O.)*. Au bord d'un bassin, souvent à sec, se dresse un **temple jaïn** récemment restauré. Quelques temples et pavillons se trouvent encore sur la rive la plus proche de la route. Un puits souterrain fournit un peu d'eau aux habitants du village pendant les mois de sécheresse, c'est-à-dire pratiquement toute l'année…

3 **Lodurva**★ *(15 km N.-O. ; ouv. 8 h-20 h)*. Au-delà d'Amar Sagar, la route se prolonge jusqu'au site de cette ancienne capitale du Marwar, mais on chercherait vainement la trace des 12 portes de la ville, qui étaient percées dans son immense muraille d'enceinte. Il est vrai qu'elle fut saccagée en 1178 par un général de Muhammad de Ghor et abandonnée au profit de Jaisalmer, qui venait d'être

Pavillon d'agrément et temples sur les bords du bassin de Gadhisar à Jaisalmer.

fondée. Des anciens temples jaïns des XIe et XIIe s. qui se trouvent parmi les ruines informes, un seul a été restauré jusqu'à présent ; un cobra y aurait élu domicile, selon les prêtres qui le nourrissent chaque soir d'un verre de lait.

4 **Sam Dunes** *(41 km O.)*. Vous découvrirez ici comme un Sahara en miniature, avec des dunes de sable fin. Désignées sous le nom de *dharna*, elles peuvent se développer sur un front d'une dizaine de kilomètres. Cette partie du désert de Thar, transformée en Desert National Park. sur une superficie d'environ 3 000 km^2, est habitée par une faune assez clairsemée de lièvres des sables, de chats sauvages, de renards, de gazelles, etc., et par quelques espèces d'oiseaux, migrateurs ou non, comme les grandes outardes, les grues, etc. L'endroit est envahi chaque soir par les touristes venus assister au coucher du soleil. Des tentes et des constructions en dur les y attendent chaque soir pour un dîner spectacle. On cherchera alors en vain les solitudes du désert.

5 **Khuri** *(45 km S. par la route de Barmer, qui se prolonge vers Radhanpur et Bhuj au Gujarat)*. Ce petit village à la lisière du désert est la dernière découverte du tourisme dans la région. Une petite localité qui ne connaît pas encore l'eau courante mais où une vingtaine de guest houses proposent hébergement, repas et randonnées à dos de chameaux. On n'y sera pas le seul étranger, mais le village est suffisamment étalé pour ne pas avoir le sentiment de la foule et pour profiter pleinement de l'hospitalité des habitants.

5 **Barmer** *(157 km S.)*. Dans la partie S. du désert de Thar, **Barmer** *(accès en bus, hébergement précaire ; de Barmer, vous pouvez également rejoindre Jodhpur, à 220 km E.)*, ancien centre caravanier, peut encore être considéré comme un conservatoire des arts populaires du Marwar (tapis, tentures enrichies de miroirs, sculptures sur bois, broderies, etc.) ; c'est le point de départ pour se rendre à **Kiradu**.

► *À 24 km.* **Kiradu*** est le site de l'ancienne Kiratakupa, où subsistent une douzaine de temples des XIe et XIIe s. Le temple de Someshwara, le plus grand, est consacré à Shiva. Les huit piliers supportant la coupole du grand hall qui précède la cella sont richement ornés. À l'extérieur, la cella, ou saint des saints, est décorée de reliefs illustrant des scènes du *Ramayana*, comme le combat de Sugriva et de Vali, la construction du barrage (Adam's Bridge) entre le continent et Lanka (Ceylan) pour préparer l'invasion de l'île par Rama, etc. Près de ce sanctuaire est situé un petit temple, shivaïte lui aussi, orné de reliefs représentant également des scènes extraites du *Ramayana*. ◄

Jaisalmer

6 **Pokharan*** *(111 km E. par la route de Jodhpur et Bikaner)*. Cette localité au bazar animé a été la capitale d'un petit État princier rajpoute. La forteresse, bien conservée, fut fondée par un *thakur* du Marwar, du nom de Rao Maldeo (1532-1584). Ses descendants entretiennent aujourd'hui avec passion l'héritage familial en l'ayant transformée en charmant hôtel (*Fort Pokharan Hotel,* ☎ 02994-22274). Quelques pièces abritent les collections historiques de la famille : portraits et armes, principalement. L'endroit mérite un arrêt à l'occasion d'un voyage par la route entre Jaisalmer et Bikaner.

▶ *À 11 km N., par la route de Bikaner*. **Ramdeora**. Ce village est l'un des centres de pèlerinage les plus populaires du Rajasthan. Son temple est dédié à Baba Ramdeo, saint personnage d'origine rajpoute qui vécut au XVe s. Connu également sous le nom de « dieu des intouchables », il présente la particularité d'être révéré par les hindous comme par les musulmans. D'ailleurs, dans le saint des saints, en lieu et place de l'effigie de Baba Ramdeo, se trouve son tombeau, édifié sur le modèle des tombes musulmanes, de même que les sépultures des membres de sa famille, dans la cour du temple. ◀

Jodhpur★★★

Les princes de Jodhpur furent si bons cavaliers qu'ils laissèrent au monde... leur pantalon, le fameux jodhpur. Du haut d'une éminence, leur forteresse, défendue par de hauts et puissants murs contre lesquels vinrent buter tant d'assauts, écrase la ville dont les sables du désert de Thar viennent lécher les faubourgs. Là, comme peut-être nulle part ailleurs au Rajasthan, s'exprime l'âme chevaleresque de ces princes, cette geste héroïque mais aussi ce faste qu'immortalisèrent les miniaturistes d'une célèbre école locale. Jodhpur compte également des attraits moins martiaux : son bazar grouillant de vie et l'étonnant Umaid Bhavan, palais princier des années 1930 transformé en hôtel après l'indépendance.

Abu, 264 km ; Ajmer, 205 km ; Bikaner, 246 km ; Jaipur, 337 km ; Jaisalmer, 295 km ; Udaipur, 289 km.
Alt. 226 m ; 972 000 hab.

Indicatif ☎ 0291.

ⓘ Tourist Reception Center, *Hôtel Ghoomar*, High Court Rd *(plan B2)*, ☎ 254-5083 ; ouv. 8 h-19 h d'oct. à mars, 10 h-17 h d'avr. à sept., f. dim.

Jodhpur mode d'emploi

S'orienter. Dominée par la masse du fort Mehrangarh, la vieille ville est corsetée par un mur d'enceinte percé de sept portes, qui fut érigé vers le milieu du XVIe s. sur un périmètre de près de 10 km. Avec ses bazars, ses venelles tortueuses et ses vieux palais, c'est aussi la partie la plus pittoresque de Jodhpur. La vaste place de Sardar Bazar, à l'O. de la tour de l'Horloge *(plan B1)*, avec son marché, est le coin le plus animé de la ville.

S'organiser. Une journée permet de découvrir la ville. La première étape sera le fort Mehrangarh *(comptez 3 h)*. De là, on peut suivre la rampe pour descendre à pied jusqu'au bazar de la vieille ville, qui s'étend au pied de la tour de l'Horloge, que l'on distingue déjà depuis la terrasse du fort. Ne craignez pas de vous égarer ; il se trouvera toujours un habitant du lieu pour vous remettre sur le chemin du Sardar Bazar. Dans l'après-midi, ne manquez pas de vous rendre à Mandore *(à 8 km au N.)* pour y découvrir les cénotaphes de la famille royale. Si vous n'y logez pas, allez voir l'Umaid Bhavan, le palais du dernier maharaja, et profitez de son bar décoré de trophées de chasse.

Excursions et visites. L'office de Tourisme organise des circuits commentés tous les matins et après-midi (fort Mehrangarh, Umaid Bhavan, Mandore et musée), ainsi que des excursions (« village safaris ») dans les villages bishnoï des environs *(→ Env. Rohet)*.

HÉBERGEMENT :

- ***Ajit Bhawan*, petit palais appartenant à la famille royale au cœur de splendides jardins *(plan C2)*, réserv. ☎ 251-0410, www.ajitbhawan.com À la belle saison, dîner en plein air accompagné de musiciens et danseuses. Petite piscine.**
- ***Pal Haveli*, Gulab Sagar, ☎ 309-3328 ; www.palhaveli.com Belle demeure de marchand du XVIIIe s. tout à côté du Sardar Bazar. Chambres au calme, et qui permettent de profiter de l'animation de la ville. Bon restaurant.**

À ne pas manquer

Aéroport. À 6 km au S. de la ville (auto-rickshaws et taxis), ☎ 251-2617.

Compagnies aériennes. *Indian Airlines,* Airport Rd, au S. de la ville en direction de l'aéroport (☎ 251-0757). Cinq vols hebdomadaires pour Delhi, Jaipur, Udaipur, Aurangabad et Bombay. *Jet Airways,* à l'aéroport (☎ 251-5551).

Liaisons ferroviaires. Main Railway Station *(plan B2)*. Bureau de réservation situé à l'extérieur de la gare, près de la porte Sojati. Liaisons avec Ahmedabad (8 h), Barmer, Bikaner (6 h), Delhi (11 h), Jaipur (5 h), Jaisalmer (9 h) et Udaipur. Si vous arrivez en train à Jodhpur en venant de l'E., vous vous arrêterez d'abord dans la gare de Raika Bagh *(plan D2)* : descendez là si vous logez dans cette partie de la ville ou si vous souhaitez continuer en autocar (la gare routière est à côté). Rens. ☎ 131.

Autocars. Bus Stand près de la gare de Raika Bagh *(plan C2)*. Services réguliers pour le mont Abu (6 h), Ajmer (4 h 30), Bikaner (6 h), Jaipur (7 h), Jaisalmer (5 h) et Udaipur (10 h). Rens. ☎ 254-4686.

Jodhpur dans l'histoire

En 1459, le prince du Marwar, Rao Jodha, héritier du clan des Rathore qui, depuis le XIIIe s., régnait à Mandore, décida de fonder une nouvelle capitale qui porterait son nom : Jodhpur. Cette maison des Rathore fut l'un des plus vaillants clans rajputes ; de tous les conquérants qui déferlèrent sur le N. de l'Inde, aucun ne parvint à la soumettre. Pas même le grand Akbar, qui préféra conclure un traité avec ces irréductibles. Comme gage de paix, Akbar prit pour épouse une princesse rathore, Jodh Bai, pour laquelle il fit élever un palais à Fathepur Sikri. Par la suite, les maharajas de Jodhpur demeurèrent les plus fidèles alliés de l'empire.

Visiter Jodhpur

■ **Fort Mehrangarh***** *(plan A1 ; ouv. t.l.j. 8 h30-17 h30 en été, 9h-17h en hiver ; droit vidéo ; le billet, en vente à la 1re porte de la citadelle, comprend un audio guide – en français – pour l'ensemble du parcours)*. Encore propriété du maharaja de Jodhpur, cette citadelle est aujourd'hui un vaste **musée** formé de plusieurs palais, d'un faste parfois un peu déroutant avec leurs sculptures, leurs baies de marbre ajouré ou les étranges perspectives qui s'ouvrent sur des cours secrètes, des corridors sans fin.

► Avant d'atteindre *(en taxi ou en rickshaw)* le sommet du plateau où se dresse la forteresse, arrêtez-vous un instant au **Jaswant Thanda** *(plan B1 ; mêmes horaires ; entrée payante, droit photo ; se déchausser avant d'entrer)*, mausolée blanc construit sur le lieu où fut incinéré le maharaja Jaswant Singh II, en 1889. Son portrait, au centre de l'édifice, est toujours fleuri par les habitants de Jodhpur. ◄

Au-delà de la 1re porte, un ascenseur *(payant)* permet de gagner directement le sommet de la citadelle et ses palais transformés en musée. On peut aussi gravir à pied la rampe *(10 mn d'ascension)* qui offre des vues splendides sur les murs de la citadelle. Après avoir franchi quatre portes *(→ encadré)*, on aboutit à Suraj Pol, la « porte du Soleil », où commence la visite du musée. À l'issue de la visite, vous pourrez gagner directement à pied la vieille ville et Sardar Bazar *(1/2 h env.)*, sans repasser par l'entrée du fort. Si vous disposez de votre propre chauffeur, et si vous comptez entreprendre cette jolie promenade, donnez lui rendez-vous directement à la tour de l'Horloge *(Clock Tower)*.

Shringar Chowk. La façade** en grès rouge du palais est presque entièrement à claire-voie. Dans la cour ouvre une salle où sont exposés des *howdah,* nacelles où prennent place les passagers sur le dos d'un éléphant. Notez un splendide *howdah*** en argent finement travaillé qui fut offert en 1657 au maharaja de Jodhpur par le Grand Moghol Shah Jahan.

Dans une autre salle, dite **Palki Khana,** donnant sur cette même cour, sont exposés les palanquins *(palki)* royaux, dont celui qui était utilisé lors des cérémonies de mariage des maharajas ; l'exposition se poursuit dans une seconde cour où l'on peut voir une monumentale chaise à porteurs, en bois doré, de la première moitié du XVIIIe s., provenant d'Ahmedabad. On y découvre également le Sileh Khana, abritant une collection d'armes : à g. de l'entrée, sabre de Rao Jodha, le fondateur de Jodhpur.

On poursuit vers le premier étage.

Premier étage

La **salle des miniatures**** présente des portraits de souverains et de nobles à cheval, ainsi que des scènes de cour et des récits mythologiques dans le style de l'école de Jodhpur (XVIIIe-XIXe s.) ; le **Shish Mahal**, ou palais des Miroirs, qui lui fait suite, témoigne d'un goût certain des princes rajpoutes pour ce qui brille. D'un balcon, on découvre une vue plongeante sur les remparts de la forteresse.

Deuxième étage

On traverse **Phul Mahal**, salle d'audience privée au plafond de bois doré (XVIIIe s.). Des terrasses, vue quasi panoramique sur la ville en contrebas.

La **chambre à coucher*** du prince est ornée de peintures sur plâtre, parfois protégées par des plaques de verre, et de nombreux panneaux décoratifs. L'ensemble, datant du XVIIIe s., est très chatoyant. Le grand éventail était actionné par une femme se tenant derrière un paravent.

Suite de la visite

On redescend ensuite vers l'étage inférieur pour traverser le *zenana* (collection de portes anciennes d'ivoire et d'or). On y verra la **salle aux berceaux***, dont celui de l'actuel maharaja, né en 1948 *(à g. en entrant)*. Cette partie du gynécée s'ordonne autour d'une **cour**** avec des balcons aux *jali* finement ciselés ; c'est l'une des plus belles du palais.

Par Holi Chowk, utilisée lors de la fête la plus colorée du calendrier hindou, on gagne le **Moti Mahal**, palais de la Perle, qui servait de salle d'audience *(Durbar Hall)*. Y sont présentés des reconstitutions des sièges des seigneurs feudataires, ainsi que le trône du maharaja. On y voit encore les insignes honorifiques offerts par les Grands Moghols aux souverains de Jodhpur : le chasse-mouches, l'ombrelle, le trident, le sceptre et la hampe au tigre, etc.

Le sacrifice de la veuve resta longtemps considéré comme une quasi-divinisation dont l'honneur rejaillissait sur la famille ou le village. Cette pratique fut interdite par le gouvernement colonial en 1829. Pourtant, le 14 septembre 1987, Roop Kanwar, jeune femme de 18 ans mariée depuis sept mois, pratiqua le *sati* lors des funérailles de son mari à Deorala, devant plus de 200 000 personnes. À la suite du sacrifice de Roop Kanwar, l'État du Rajasthan a instauré la peine de mort pour quiconque serait complice de l'organisation d'un *sati*.

Pour en savoir plus, reportez-vous également à la page couleur v.

Le secret des portes

Pour atteindre le cœur de la citadelle, il faut gravir une longue rampe coudée, ponctuée de quatre portes. La première, Jai Pol, fut bâtie au début du XIXe s. pour commémorer une victoire sur le roi de Jaipur. La deuxième, Lakhna Pol (XVIe s.), garde encore les traces des boulets qu'envoyèrent les troupes de Jaipur, au XIXe s. La rampe tourne ensuite en épingle à cheveux. Amrit Pol, la troisième porte, remonte elle aussi au XVIe s. Quant à la dernière, Loha Pol, elle fut construite par le fondateur de la citadelle, Rao Jodha, au XVe s. Les empreintes de mains rappellent les *sati* qui s'immolèrent sur le bûcher de leur époux.

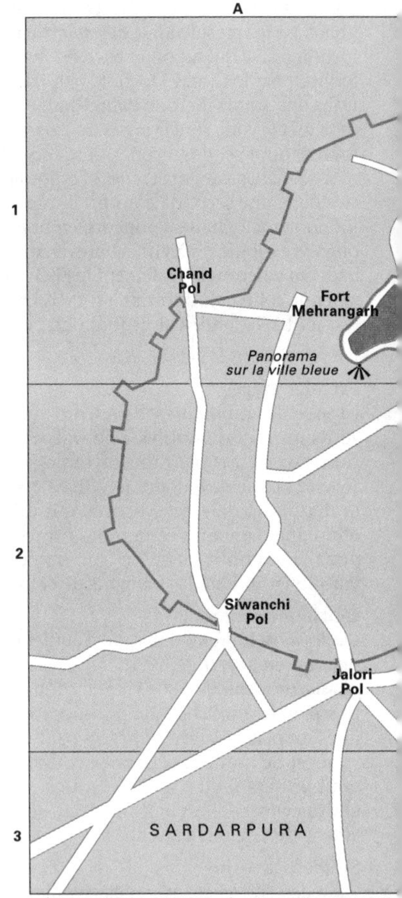

Jodhpur.

Les remparts

De la **terrasse aux canons,** vous découvrirez une grande partie de la ville murée avec, au loin, sur la g., Nagauri Pol *(plan B1)*, près d'une colline hérissée de fortifications. Plus à dr. apparaît Mertia Pol *(plan B2)*, dans la direction de la tour de l'Horloge qui signale le Sardar Bazar *(plan B1)*, bordé de nombreuses maisons badigeonnées de bleu. En suivant le chemin de ronde à l'opposé de la terrasse aux canons, vous arriverez au temple dynastique.

Pour gagner le centre ville à pied, redescendre par la rampe, passer Lakhna Pol puis continuer tout droit par le chemin qui descend vers la ville. Au-delà d'une porte d'enceinte, Fateh Pol, prendre à g. : la rue traverse Brahmani Puri, un quartier brahmane dont les maisons peintes de bleu s'accrochent à la colline. Après une dizaine de minutes, au premier carrefour important, prendre à g. et continuer tout droit. À mesure que l'on

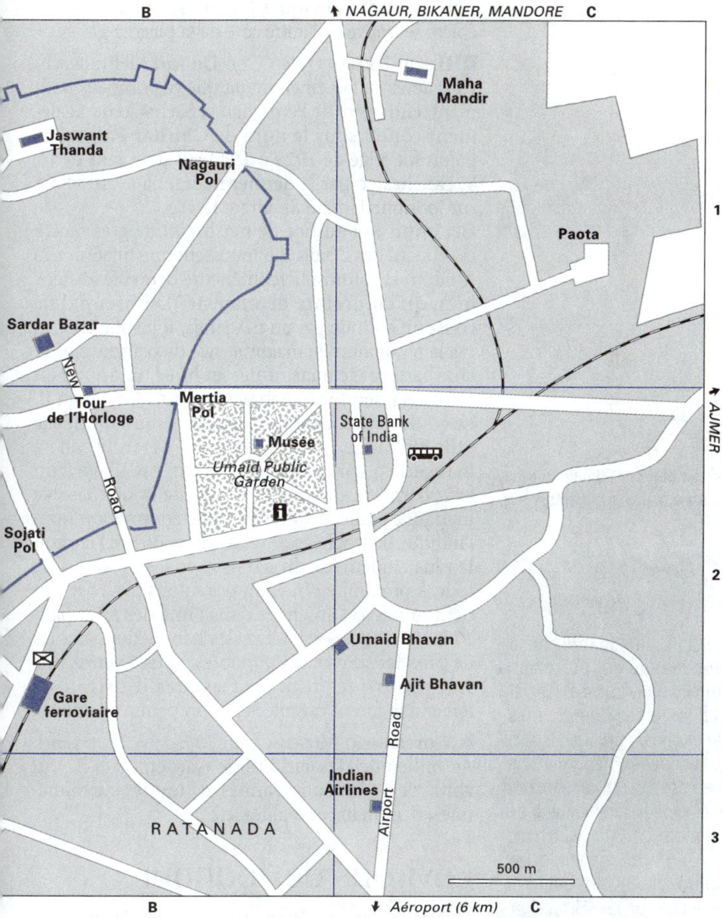

s'approche de Sardar Bazar, la circulation et l'animation se font plus denses : on rencontrera en chemin une placette où s'affairent les pâtissiers de la ville, occupés à confectionner dans leurs grandes marmites une spécialité locale, le ghevar*, un mélange de farine de blé et de sirop ; plus loin ce sont les orfèvres, puis les marchands d'épices.*

■ **Sardar Bazar*** *(plan B1)*. Ne négligez pas de parcourir ce marché aux mille activités artisanales, dont la sourde rumeur s'entend depuis les hauteurs de la forteresse. Pour y parvenir, faites-vous déposer à la **tour de l'Horloge** *(Clock Tower)*, point de repère des habitants. Sous le porche, une échoppe vend, selon les amateurs, l'un des meilleurs *lassi* de la ville *(à g. à la sortie de la place vers la tour, Shri Mishrilal)* ; à ne pas manquer non plus, les délicieux samossas de Shahi, en direction de la tour, côté dr. de l'avenue. Dans le périmètre du marché s'exercent tous les petits métiers de l'Inde : fripiers, dentistes ambulants, paysans venus en ville pour y vendre quelques légumes. Le marché aux épices se trouve de l'autre côté de la place, à g.

■ **Umaid Bhavan*** *(plan C2)*. Du fort Mehrangarh, vous aurez certainement remarqué ce pompeux bâtiment, entre gare de Perpignan et Sacré-Cœur. Également connu sous le nom de **Chhitar Palace,** ce palais fut érigé de 1929 à 1944 sur des plans de H. V. Lanchester, par le dernier maharaja ayant régné sur Jodhpur, Umaid Singh († 1947).

Cet imposant édifice de marbre et de grès recèle cependant des détails qui trahissent une filiation très Art déco et l'atmosphère intérieure demeure austère, bien qu'empreinte de majesté. Dernier palais construit en Inde par un maharaja, il justifie en tout cas la réputation de magnificence de ces souverains. Une partie a été transformée en hôtel, une autre est toujours réservée au maharaja en titre, Gaj Singh II. Le couloir face à l'entrée conduit à une immense salle circulaire, sous la coupole ; c'était la salle à manger. En continuant tout droit, on arrive à un long corridor, aujourd'hui bordé de boutiques. Ne manquez pas le **Trophy Bar,** orné comme son nom l'indique de trophées de chasse et peut-être l'endroit le plus chaleureux du palais avec ses boiseries de teck. À proximité s'ouvrent des salons très cosy. Un petit musée est aménagé dans l'une des ailes *(ouv. 10 h-16 h 30, f. ven.)*. Outre les habituelles babioles de prix des souverains rajpoutes, vous y verrez une salle du trône, dont les fresques illustrant le *Ramayana* furent exécutées par un peintre polonais.

Pour en savoir plus sur l'Umaid Bhavan, reportez-vous aux pages illustrées VI-VII.

Un palais contre la famine

Umaid Singh, l'instigateur de la basilique mauve qui porte son nom, l'Umaid Bhavan, fut, à l'instar de certains de ses homologues royaux, homme de progrès. Il dota Jodhpur d'hôpitaux, désenclava la région en créant un aéroport et une voie ferrée – son sleeping de luxe, le *Palace-on-Wheels,* circule encore *(→ p. 46)* – et favorisa l'agriculture en encourageant le creusement de canaux d'irrigation. Aussi, lorsqu'une famine succéda à une terrible sécheresse dans les années 1920, ce maharaja philanthrope chercha comment venir en aide à son peuple. Alors, pour nourrir quelque 3 000 hommes et leurs foyers, Umaid Singh décida de faire construire un palais de 347 pièces, l'Umaid Bhavan. Le chantier dura quinze ans, mais le généreux souverain n'eut guère le temps d'en profiter : un accident de chasse l'emporta, trois ans après la fin des travaux.

■ **Government Museum** *(ouv. 10 h-16 h 30, f. ven.)*. Au milieu de l'**Umaid Public Garden** *(plan B2)*, il abrite des collections d'armes, de textiles, de miniatures, d'animaux empaillés, etc.

Environs de Jodhpur

Quittez Jodhpur par la route de Bikaner (hors plan par C1). Vous passerez près du Balsamand Palace, résidence royale édifiée en 1936 sur la rive d'un lac artificiel qui fut creusé en 1159, près de jardins que l'on peut visiter (8 h-18 h).

1 Mandore* *(8 km N.)*. Mandore fut la capitale du Marwar du VIe au XIIe s., jusqu'à la fondation de Jodhpur. Elle conserve de ce passé la nécropole des maharajas, au milieu de jardins. Des *chhatri* élevés sur l'emplacement des bûchers voisinent avec des monuments plus imposants, en forme de temple hindou, tel le mausolée qui abrite le cénotaphe d'Ajit Singh († 1731).

Près du palais d'Abhai Singh (XVIIIe s.), dans la partie g. du parc, s'ouvre la galerie des héros* : seize grandes effigies taillées dans un seul bloc de rocher. D'aspect plutôt fruste, elles sont néanmoins l'occasion de se familiariser avec le panthéon du Rajasthan *(des inscriptions au bas des représentations permettent de les identifier)*. Vous y verrez Chamunda, forme terrible de la grande déesse, vénérée par le clan Rathore, ainsi que Durga terrassant le démon-buffle. Parmi les saints populaires se trouvent Baba Ramdeo, dieu des parias, à qui on rend toujours un culte à son temple de Ramdeora *(→ Env. Jaisalmer)* ou encore le héros Pabuji, dont les bardes Bhopa célèbrent toujours la geste, s'accompagnant de leur viole, la *ravannatha*.

2 **Osiyan**★ *(65 km N.-O. ; quittez la route de Bikaner en prenant à g. à Daijar ; possibilité de rejoindre la route Bikaner-Jaisalmer)*. Ce modeste village fut, entre le VIIIe et le XIIe s., une capitale d'État florissante. Les invasions musulmanes des XIIe et XIIIe s. n'en laissèrent rien, excepté une douzaine de temples qui survécurent à la destruction. La plupart se hissent sur une plateforme, ajoutent quatre sanctuaires secondaires à la cella principale, formant le plan caractéristique *(panchayatana)* des temples de la ville, et sont coiffés par un *shikhara*. Maillon important de l'histoire de l'art indien, ils perpétuent dans leur décoration sculptée le grand art des Guptas tandis que par leur architecture, ils s'inscrivent dans le Moyen Âge de l'Inde du Nord. Une jolie excursion d'une demi-journée.

De la rue principale du village, suivre à g. un chemin menant au pied d'un escalier monumental, où vous pourrez trouver de jeunes guides improvisés qui vous conduiront à la découverte des temples du village.

Juché sur sa colline, le **temple de Sachiya Mata**★ – une forme locale de Durga – *(ouv. 6 h-8 h et 18 h-21 h ; puja à 20 h)* est un célèbre lieu de pèlerinage en Inde pour les couples désireux d'accroître leur postérité. C'est une véritable petite cité religieuse avec ses neuf sanctuaires annexes (fin XIIe s.). Le **temple de Mahavira**★ *(ouv. 7 h-20 h ; entrée payante)* est le mieux conservé. Toujours en activité, ce sanctuaire jaïn date dans son ensemble du XIe s. mais intègre quelques éléments (dans le mur extérieur de la cella) d'un édifice précédent du VIIIe s. Les deux **temples de Surya** *(400 m du précédent ; revenir sur ses pas, prendre la première rue à dr. puis au bout à g)*, dédiés au dieu Soleil (VIIIe s.), sont aujourd'hui abandonnés. Le **premier**★, le mieux conservé, présente sur les murs extérieurs de la cella de belles sculptures de divinités dont la vigueur est un des derniers échos du style gupta.

En traversant le bosquet d'acacias en arrière du temple, on rejoint l'entrée du village. De l'autre côté, un second groupe de temples mérite l'attention.

Lors de grandes *mela*, des milliers de chameaux sont conduits à Nagaur pour être vendus.

Les écologistes du désert

Dans un rayon de 50 km, au S. de Jodhpur, sont dispersées les maisons des Bishnoï. À l'intérieur d'une enceinte de terre séchée, les familles de cette communauté ont leurs maisons et leurs granges, également en terre, sur un modèle très voisin du *bungo* du Gujarat *(→ encadré, p. 314)*. Dans la boue encore fraîche, les femmes ont tracé des motifs végétaux, car ce qui caractérise les Bishnoï c'est le respect de toute forme de vie, y compris les plantes et les arbres, attitude qui leur vaut d'être en harmonie parfaite avec leur environnement. S'ils sont cultivateurs pour la plupart, le fondement de la communauté bishnoï ne repose pas sur cette activité, mais sur le respect de 29 règles de vie (*bishnoï* veut dire vingt-neuf). Celles-ci furent consignées dans un livre par leur maître spirituel, Jambhoji, au XVIe s. L'existence de ce livre saint, unique parmi les communautés hindoues de l'Inde, semble trahir l'origine musulmane du mouvement bishnoï. L'ensemble de ces règles met en avant la protection de la nature, et il n'est pas rare de voir un troupeau d'antilopes brouter paisiblement aux abords d'une maison bishnoï.
Pour visiter le domaine des Bishnoï, adressez-vous aux palais de Luni ou Rohet, ou encore à l'OT de Jodhpur.

Les trois **temples de Hari Hara**, divinité à deux faces, Shiva et Vishnou, (VIIIe s.-début IXe s.) présentent une décoration séduisante. Le dernier sanctuaire, à 200 m plus loin, serait le plus ancien temple d'Osiyan (début VIIIe s.).

3 Khimsar *(90 km N.)*. Plantée sur les confins du désert du Thar, cette forteresse fut érigée en 1523 par l'héritier d'une branche cadette de la dynastie de Jodhpur. Elle est restée jusqu'à nos jours propriété de cette lignée de rajas locaux : le palais a été restauré dans les années 1990 pour abriter un luxueux hôtel qui offre la possibilité d'une étape très agréable sur la route de Jodhpur à Bikaner *(Khimsar Fort, ☎ 01585-262-345 ; www.khimsarfort.com ; l'hôtel organise des promenades en jeeps dans les villages des environs et à travers les premières dunes du désert)*.

4 Nagaur⋆ *(131 km N.)*. Aux portes du Marushtali, ou pays de la Mort, le désert qui forme les franges du Marwar, le bourg fortifié de Nagaur fut âprement disputé entre les différents clans rajpoutes et les musulmans. Son grand fort fut reconstruit au temps du Moghol Akbar. L'empereur y fit aménager des jardins d'eau, Shah Jahan y fit construire une mosquée. Palais et pavillons ont aujourd'hui un air d'abandon, mais on peut y voir d'intéressants vestiges de peintures murales⋆, en particulier dans le Badal Mahal du *zenana*. Le plafond y est orné de *peri*, créatures chères à la peinture persane, illustrant la vision du prophète Mahomet.
En février, lors de la fête dédiée au saint Baba Ramdeo *(→ Env. Jaisalmer)*, a lieu une extraordinaire foire aux bestiaux⋆.

5 Luni *(35 km S.-E.)*. Le fort Chanwa⋆ de Luni fut bâti au XIXe s. dans le style des palais du fort Mehrangarh de Jodhpur. C'est un immense complexe de portes, cours, puits, écuries, pavillons, le tout relié par un dédale d'escaliers. Partiellement aménagé en hôtel de charme *(réserv. ☎ 02931-284-216, www.fortchanwa.com)*.

6 Rohet *(39 km S.)*. Le fort de Rohet est de dimensions modestes, mais, restauré dans la tradition locale avec, en particulier, des peintures murales représentant des processions de cavaliers, éléphants, chameaux, etc., c'est aujourd'hui un palais-hôtel plein de charme *(réserv. ☎ 02936-268-531, www.rohetgarh.com)*. Les villages des environs ne manquent pas d'intérêt *(des excursions en jeeps sont organisées, sur demande, par la famille propriétaire du fort)*.

Le Matsya

À la lisière du domaine moghol et de ses cités d'Agra et de Fatehpur Sikri, l'E. du Rajasthan ne s'émancipa que tardivement. À la faveur du déclin de l'Empire moghol, les Jats, communauté d'agriculteurs et de chameliers, vont s'y tailler un fief au XVIIIe s. Ils établissent leur capitale à Bharatpur et occupent Alwar, au détriment des Marathes. Divisant pour mieux régner, les Britanniques jouèrent habilement des querelles intestines de l'éphémère royaume des Jats, au début du XIXe s. Ils favorisèrent ainsi la naissance d'un nouvel État rajpoute à Alwar et s'assurèrent de son soutien sans condition. Au moment de l'indépendance, les principautés d'Alwar et de Bharatpur, associées à celles de Karauli et Dholpur, tentèrent d'affirmer leur identité en constituant une Union du Matsya. Elles seront finalement rattachées au Rajasthan en 1949. Cette région boisée des contreforts orientaux des Arawalli abrite aujourd'hui deux grandes réserves naturelles, anciens terrains de chasse des souverains d'Alwar et de Bharatpur : Sariska, inscrite au Tiger Project en 1979, et la réserve ornithologique de Keoladeo Ghana. Un itinéraire pour varier les plaisirs entre Jaipur et Agra.

Situation : E. du Rajasthan, entre les routes nationales Jaipur-Delhi et Jaipur-Agra.
Itinéraire de 258 km au départ de Jaipur : Bairat-Sariska-Siliserh-Alwar-Dig-Bharatpur.

Le Matsya mode d'emploi

Alwar et Bharatpur sont les deux villes principales de cet itinéraire. Elles sont reliées entre elles par des bus fréquents et par chemin de fer.

Liaisons aériennes. Aéroports les plus proches à Jaipur et à Agra.

Liaisons ferroviaires. Bharatpur, gare ferroviaire à 7 km de l'entrée du parc (réseau de Western Railways, sur les lignes Delhi-Agra-Jaipur-Ahmedabad et Delhi-Bombay) : liaisons avec Agra (2 h), Bombay (19 h), Delhi (3 h), Jaipur (4 h 30), Kota (4 h 30), Mathura (45 mn).

Liaisons terrestres. Bharatpur : Bus Stand, à l'entrée O. de la ville, sur la route nationale Jaipur-Agra. Services réguliers pour ces deux villes et Fatehpur Sikri.

Indicatif Alwar ☎ 0144 ; à Bharatpur ☎ 05644.

ⓘ à Alwar : Tourist Information Bureau, face à la gare, ☎ 21-868.

ⓘ à Bharatpur : Tourist Information Bureau, hôtel *Saras*, à la sortie de la ville, sur la route de la réserve, ☎ 22-542.

HÉBERGEMENT :

À Siliserh : *Lake Palace*, ancien palais princier situé en bord de lac, ☎ (0144) 22-991.

À Sariska : *Sariska Palace*, à 1 km de l'entrée de la réserve, ancien relais de chasse du raja d'Alwar, ☎ (0146) 524-247.

À Dig : *Kesroli Fort*, à 6 km N. d'Alwar sur la route de Delhi, ☎ (01468) 289-352. Luxuriant jardin de paradis caché derrière d'austères murailles du XIVe s. Création de Fr. Wacziarg, comme le *Neemrana Palace* (→ enc. p. 268).

À Bharatpur : *Ashok Forest Lodge*, à l'intérieur de la réserve ornithologique.
Laxmi Vilas Palace, ☎ (05644) 231-199 ; www.laxmivilas.com Hôtel de charme à l'écart du centre-ville, en direction de la réserve ornithologique.

Visiter le Matsya

Quitter Jaipur par la route d'Amber, puis prendre la direction d'Alwar, en tournant à dr., 4 km après Shahpura.

59 km N. : **Bairat**. Cette pauvre bourgade agricole recouvre le site d'une des plus anciennes localités du Rajasthan. Selon le *Mahabharata*, elle servit de refuge aux cinq Pandava en exil. Des fouilles ont mis au jour des vestiges datant de l'époque maurya (IIe s. av. J.-C.-Ier s. apr. J.-C.) ; la ville était alors un important centre bouddhique, avec de nombreux temples et monastères, dont il ne reste aujourd'hui que des soubassements informes. Deux **édits d'Ashoka** ont été trouvés sur les lieux *(au pied de la colline de Bhimji-ki-Dungari)*. Le site semble avoir été brutalement abandonné au IIe s., et ce, jusqu'à l'époque moghole, au XVIe s. Les empereurs s'intéressaient en effet de près aux mines de cuivre des collines alentour et y installèrent un gouverneur ; il était jaïn et on lui doit l'édification de temples dans la localité (sans grand intérêt architectural).

À l'O. de la colline, en lisière du village, on verra un haut **pavillon moghol** construit à l'époque d'Akbar, qui lui servait, dit-on, lors de ses parties de chasse dans la région. Les salles intérieures *(accès libre)* conservent d'étonnantes peintures murales, de facture assez naïve et en bon état de conservation. On y découvre côte à côte des divinités hindoues, Shiva, Krishna, des *sadhu*, ou encore des scènes de lutte où figure l'empereur en personne. À proximité, un haut porche, d'origine moghole également, donne accès à un jardin où se dresse un **ensemble de *chhatri*** du XVIe s. Le jardin appartient aujourd'hui à une communauté jaïne qui y a aménagé un temple.

86 km : **Sariska National Park** *(ouv. d'oct. à mai de 6 h, 7 h en hiver, à 16 h ; vis. en jeep, à louer à l'entrée du parc à la journée ou en forfait 3 j. ; points de pique-nique dans la réserve)*. Cette région de collines, parcourues par un bon réseau de pistes, est l'ancienne réserve de chasse des princes d'Alwar. La fin du printemps, bien que très chaude, est la meilleure période pour découvrir les animaux (léopards, chats sauvages et antilopes à quatre cornes) qui descendent alors des collines pour rejoindre les rares points d'eau. Dans le périmètre de la réserve, **ruines de Rajorgarh**, ancienne ville fortifiée, avec un temple de Nilkantha Mahadeva (Xe s.) et, à 100 m de celui-ci, celles d'un temple jaïn où se dresse la statue d'un *tirthankara*.

98 km : **Siliserh** *(à l'écart de la route d'Alwar)*. Ce lac alimentait autrefois la ville voisine d'Alwar. Leur ancien palais du XIXe s. a été transformé en hôtel ;

Le *Fort Palace*

À 50 km au N. d'Alwar, sur la route de Delhi, le *Fort Palace* de Neemrana est un des plus extraordinaires hôtels du pays. Il s'agit d'un ancien fort du XVe s. restauré avec goût par un Français amoureux de l'Inde, Francis Wacziarg. Chacune des chambres possède son caractère propre : suite coloniale française, palais des Nuages, de Shiva ou de Krishna. Depuis les terrasses, superbes vues sur les campagnes environnantes. Service raffiné, excellente table (tradition française oblige). Le charme à l'état pur. Idéal pour un ou deux jours de repos au cours d'un long périple en Inde. (Réserv. indispensable : ☎ 01494-260-05). Rens. sur tous les hôtels ouverts par Fr. Wacziarg sur le site : www.neemranahotels.com

de la terrasse, jolie vue sur le lac et les *chhatri* des princes d'Alwar.

125 km : **Alwar.** Cette capitale d'un ancien État princier, fondé à la fin du XVIIIe s. par un Rajpoute de la maison d'Amber *(→ encadré, p. 199)*, s'étend au pied d'un piton rocheux que couronne une imprenable citadelle. Le **palais royal** *(Vinay Vilas)* abrite l'administration de la ville et un **musée** *(au dernier étage ; ouv. t.l.j. 10 h-16 h 30)*. C'est un immense complexe dont la construction fut entreprise à partir de 1793 ; ses hauts bâtiments à coupoles, pinacles et balcons entourent un vaste espace intérieur où les jeunes gens de la ville viennent aujourd'hui s'exercer au cricket.

On peut y voir des armes, notamment des épées mogholes et des meubles de cour. Pour les amateurs, son importante **collection de manuscrits**** (près de 7 000, pour la plupart persans) mérite la visite : les plus anciens remontent au début du XVIIe s. À voir notamment un exemplaire enluminé (XIXe s.) d'une œuvre de Saadi, poète persan du XIIIe s., le *Gulistan* ou *Jardin des roses* et un précieux *Mahabharata*, écrit sur une seule feuille, longue de 73 m, traduit du persan au XIXe s. On verra aussi une belle **collection de miniatures** (écoles moghole et rajpoute), parmi lesquelles on remarquera un jeu complet des *raga* et *ragini* des heures de la journée et des saisons.

224 km : **Dig***. L'ancienne capitale d'été des Jats de Bharatpur conserve une grande partie de son puissant mur d'enceinte. Mais on voit surtout ici un ensemble de palais et de pavillons d'agrément du XVIIIe s. On pénètre dans le complexe par Singh Pol situé côté N. Les différents pavillons composant le **palais royal*** *(ouv. t.l.j. 9 h 30-17 h 30 ; musée f. ven.)* s'ordonnent autour d'un jardin bordé à l'O. et à l'E. de deux bassins. Le pavillon principal, le **Gopal Bhavan** s'élève du côté dr. au-delà de l'entrée, en surplomb du bassin nommé **Gopal Sagar**. C'était le lieu de résidence des souverains dont le dernier régna jusqu'en 1951. Il abrite aujourd'hui un petit **musée** où l'on verra une collection de meubles du début du XXe s. parmi lesquels, à l'étage, un lit à sept places. On continuera la promenade en s'avançant dans le jardin. Côté dr. se dresse une suite de pavillons ; à l'angle du premier s'avance une cage suspendue destinée à abriter un lion. On pourra grimper sur les **terrasses** pour y découvrir un vaste réservoir et le système de canalisations : ils alimentaient les quelques 500 fontaines et jets d'eau qui agrémentaient le jardin central. Le second pavillon abritait la salle du trône, on y voit encore une partie du mobilier et sur le sol d'immenses tapis persans. À l'extrémité du jardin, surplombant le second bassin, le **Kesav Bhavan** est un

L'épopée des Jats

Certains historiens veulent voir dans cette communauté d'agriculteurs des descendants des Scythes et rapprochent même leur nom de celui des Gètes de l'Antiquité. Ces rudes paysans demeuraient dans de petites bourgades, dont certaines étaient fortifiées, qui s'éparpillaient dans tout le N.-O. de l'Inde. Paysans, ils le restèrent, même au temps de leur splendeur ; les voyageurs européens qui les découvrirent au XVIIIe s. s'accordent pour déplorer la rudesse de leurs mœurs. Avec le déclin de l'Empire moghol, les Jats commencèrent à se livrer au brigandage, puis, fédérant leurs forces jusque-là divisées, s'enhardirent à piller Agra, l'ancienne capitale abandonnée au profit de Delhi ; la puissance jat était née. Ils se taillèrent dans le centre et le N. de l'Inde un immense empire qui défia pendant près d'un siècle les forces du temps. Défaits en 1772, ils retournèrent à l'anonymat d'un peuple d'agriculteurs. Une éphémère dynastie survécut à Bharatpur, leur capitale, et soutint de longs sièges contre les Anglais, avant de succomber, en 1826, devant les forces coloniales. De nos jours, 6 millions de Jats vivent en Inde et 4 millions au Pakistan.

charmant pavillon d'agrément surplombant le second bassin ; il était équipé d'un système de canalisations qui permettait en pleine saison sèche de faire ruisseler de l'eau à la manière d'un orage : l'illusion était renforcée par la présence de pierres qui, bousculées par la pression, imitaient les grondements du tonnerre. De l'autre côté du jardin, un vaste pavillon servait pour l'entraînement à la lutte.

258 km : **Bharatpur***. Au centre de l'agglomération moderne, une immense **enceinte** d'un périmètre de 8 km signale cette ancienne capitale d'une principauté jat. Son prince s'opposa au Grand Moghol allant même jusqu'à prendre Agra et marcher sur Delhi en 1763. Une première fois les Anglais tentèrent de s'emparer de la ville en 1803 ; sans succès. Ils réussirent néanmoins en 1826 à enlever la place après un mois de siège, mettant fin à cette turbulente dynastie. À l'intérieur des murs qui conservent belle allure on verra plusieurs palais du XVIIIe s. ainsi que l'ancienne **résidence royale*** transformée en **musée** *(ouv. t.l.j. 10 h-16 h 30)*. L'édifice fut construit en 1733 dans un style très marqué par les influences occidentales ; ainsi dans l'angle au fond à g. l'**escalier monumental** (très rare en Inde) qui conduit à l'étage. Les salles abritent des collections archéologiques, sculptures jaïns et hindoues essentiellement. À voir également, dans une cour de l'angle g., le **hammam** du maître des lieux.
En arrière du musée, à g. en sortant, la première ruelle à g. conduit à une petite éminence occupée par un **pavillon de plaisance** construit pour les maîtres de Bharatpur, d'où l'on jouit d'une belle vue sur les remparts.

▶ **Keoladeo Ghana National Park*** *(2 km au S.-O. de la ville ; ouv. d'avr. à sept., 6 h-18 h et d'oct. à mars, 6 h 30-17 h ; vis. en rickshaws ou tongas, disponibles à l'entrée de la réserve, location de vélos également ; meilleure saison : mi-oct. à fin fév.)*. Cette réserve ornithologique s'étend sur 29 km² d'étangs, de marais et de forêts, traversés par des routes et des chemins qu'empruntent les visiteurs. Pour avoir le maximum de chances de découvrir le plus grand nombre d'oiseaux possible, il est indispensable de commencer la visite très tôt, peu après le lever du soleil. À l'entrée, un *tourist lodge* permet de se restaurer ; il dispose également de quelques chambres.
La faune (canards, oies sauvages, grues cendrées, aigrettes, cigognes blanches, etc., pour les espèces migratrices ; marabouts, râles d'eau, calaos dotés d'un bec énorme comme celui des toucans, faisans nobles, etc., pour les espèces sédentaires) est très importante en hiver grâce aux espèces venues d'Afghanistan, d'Asie centrale, de Sibérie et même d'Europe. ◀

314 km : **Agra***** *(→ Uttar Pradesh ;* p. 326*)*.

Ranakpur★★

Dans un vallon de la chaîne des Arawalli se dissimule l'un des plus remarquables sanctuaires jaïns que l'on puisse voir en Inde. Par la complexité de son architecture, par la variété infinie de ses détails sculptés, ainsi que par son cadre de collines paisibles et verdoyantes qui servaient autrefois de refuge aux tigres et aux brigands, Ranakpur est un joyau. L'ensemble des temples de Ranakpur fut édifié au XVe s. à l'initiative d'un riche marchand jaïn pour honorer les dieux de sa foi ; sans doute voulait-il aussi attirer leur protection sur ses caravanes qui traversaient ces régions peu sûres. L'ensemble monastique qui vit ainsi le jour constitua en tout cas un havre de sécurité pour les marchands. Le complexe de Ranakpur abrite aujourd'hui une petite communauté de moines jaïns, que visitent de nombreux pèlerins. Une petite hôtellerie leur offre le gîte et le couvert.

Mont Abu, 199 km ; Jodhpur, 159 km ; Udaipur, 95 km.

Indicatif ☎ 02934.

HÉBERGEMENT :

À Narlai : *Rawla Narlai*, www.narlai.com ; réserv. par l'intermédiaire de l'Ajit Bhawan à Jodhpur : ☎ (0291) 251-0410.

À Ranakpur : *Fateh Bagh*, Ranakpur Rd, ☎ (02934) 286-186, www.fatehbaghranakpur.com Ce palais du XIXe s., reconstruit pierre à pierre au milieu de beaux jardins, constitue une agréable étape.

À Kumbhalgarh : Hôtel *Aodhi*, 2 km avant l'entrée du fort, ☎ (02954) 242-341, www.hrhhotels.com Le service soigné et le cadre enchanteur valent le détour. Restaurant de qualité et piscine.

Ranakpur mode d'emploi

S'organiser. Ranakpur est une étape idéale entre Udaipur *(95 km S., env. 2 h 30)* et Jodhpur *(159 km N., env. 4 h)*. On y trouve plusieurs hôtels de toutes catégories où l'on pourra passer agréablement la nuit après avoir découvert le site dont la visite demande env. 2 h. On peut également choisir de poursuivre l'exploration de cette belle région, en continuant vers Kumbhalgarh (compter env. 1 h 30 de route), sur l'autre versant de la chaîne montagneuse, pour y visiter la splendide citadelle. Là encore, des hôtels d'excellente catégorie, au milieu d'une nature splendide, sont à la disposition des voyageurs. Pour les plus aventureux, on peut enfin, depuis Kumbhalgarh, suivre un sentier à travers la jungle, qui conduit à Ranakpur : une marche de 6 h env., sans difficulté majeure (le chemin descend tout du long) au cours de laquelle vous croiserez peut-être un des habitants de cette région classée en parc naturel : léopard, ours ou loup. Il est toutefois impératif d'être accompagné d'un guide local ; s'adresser au Forest Department dans le village ou à votre hôtel.

Liaisons ferroviaires. Ranakpur est situé à 39 km au S.-E. de Palna, dont la gare est desservie par certains trains circulant sur la ligne Delhi-Jaipur-Abu Road-Ahmedabad.

À ne pas manquer

Forêt de piliers du temple d'Adinath, ou Chaumukh★★★	**248**
Fort de Kumbhalgarh★★	**250**

À l'image de la cosmogonie jaïne

Le plan rituel du temple d'Adinath est d'une très grande complexité. Reposant sur une haute plate-forme, cette énorme cristallisation de lignes courbes, droites et brisées, hérissée de dômes et de *sikhara*, apparaît comme la transposition dans la pierre des conceptions cosmologiques jaïnes. Le bâtiment est centré sur la cella, qui abrite l'image d'Adinath, dont les quatre visages font face aux quatre points cardinaux. Devant chacun d'eux se trouve un sanctuaire secondaire, séparé de la cella par un hall fermé et un hall ouvert. Ce dispositif se retrouve sur chacun des quatre axes. Mais le plan cruciforme ainsi obtenu est compliqué par quatre sanctuaires d'angle. Des cellules ouvertes vers l'intérieur occupent encore les côtés du quadrilatère. De l'extérieur, les superstructures de l'édifice apparaissent comme une forêt de dômes et de *sikhara*. Le plus élevé de ces derniers se dresse au-dessus de la chapelle centrale ; autour, les petites tours à arêtes curvilignes correspondent aux rangées de cellules. Les autres *sikhara* et dômes, plus ou moins importants, coiffent les halls autour de la cella principale.

Pour en savoir plus sur le jaïnisme, reportez-vous aux pages couleur XIV-XV.

Il est désormais interdit de monter sur les toits-terrasses du temple d'Adinath. Vous pouvez en revanche embrasser du regard cet ensemble complexe depuis le temple de Neminath.

Liaisons terrestres. Plusieurs bus s'y arrêtent chaque jour, sur le trajet Jodhpur-Udaipur (dans les deux sens).

Visite de Ranakpur

Le complexe comprend le temple d'Adinath, le sanctuaire principal, deux autres temples jaïns ainsi qu'un dharamsala, une hôtellerie pour pèlerins. Du parc de stationnement, se diriger vers le temple d'Adinath, en laissant à dr. le temple de Neminath. Les temples sont ouverts à la visite de 11 h à 17 h. Dans chacun d'entre eux, il est obligatoire de se déchausser et de laisser à l'extérieur tout objet en cuir.

■ **Temple d'Adinath★★★**, ou **Chaumukh**. Étourdissant labyrinthe de marbre, ce vaste sanctuaire (1433-1434) renferme dans sa cella principale une image à quatre faces *(chaumukh)* du 1er *tirthankara*.

Sous l'apparente complexité de ce foisonnement de colonnes et de piliers (l'édifice en comprend 420), de volutes ouvragées, peuplé d'une monde de divinités et de danseuses sacrées, se dissimule un plan d'une grande rigueur géométrique *(→ encadré)*. Depuis la formulation simple d'une enceinte carrée centrée sur la cella principale, la démultiplication des porches, des *mandapa*, des alignements de colonnes, la présence de sanctuaires annexes à chacun des angles intérieurs, proposent d'autres logiques géométriques qui semblent se recomposer à l'infini. Au vertige suscité par cette mise en abyme architecturale, le foisonnement de la **décoration sculptée★★★** offre au regard une planche de salut. Il s'accroche ici aux courbes voluptueuses d'une gracieuse danseuse, au regard intérieur d'un sage en méditation, aux volutes des arcs festonnés qui relient les colonnes devant le sanctuaire principal, aux pendentifs ouvragés suspendus sous les coupoles. Les artistes du temps ont laissé là le meilleur de leur art, travaillant le marbre comme s'il s'agissait d'ivoire.

Passée l'entrée, l'axe principal conduit à la cella, sous une succession de coupoles ornées de splendides **pendentifs★**. Les colonnes du *mandapa* en avant de la cella sont reliées par des arcs en S surgissant de la gueule d'animaux fantastiques. À voir également, dans l'axe à g. de la cella principale, un **éléphant monumental** conservant une inscription dédicatoire. Dans l'axe opposé, on peut voir un des plus somptueux pendentifs de l'ensemble ainsi que de gracieuses danseuses servant de consoles.

Dans l'allée face au temple d'Adinath.

■ **Temple de Suparshvanath★**. Ce sanctuaire consacré au 7e *tirthankara* fut bâti au XVe s. ; il est lui aussi doté d'un portique moderne et localement connu sous le nom de Paturiyom-ka-Mandira, « temple des Prostituées », en raison des sculptures qui ornent les murs extérieurs de la cella. Élevé un peu plus tardivement que le temple, le *sikhara* qui surmonte celle-ci est de type gujarati.

■ **Temple de Surya***. De taille modeste, il se compose simplement d'un vestibule, d'un petit hall hypostyle et d'une cella surmontée d'un *sikhara* aux lignes caractéristiques de l'architecture du N. de l'Inde. Le vestibule et le hall sont aujourd'hui dépourvus de toiture. La décoration extérieure ne laisse aucun doute sur l'attribution à Surya, le dieu du Soleil de la mythologie védique, plusieurs fois représenté, un lotus dans chaque main, assis sur un char tiré par sept chevaux cabrés. Notez encore, à l'entrée de la cella, les gardiens de porte qui sont censés écarter ceux dont les intentions sont impures. Des quatre temples de Ranakpur, celui-ci est le seul qui soit consacré au culte hindou.

Vers la sortie.

■ **Temple de Neminath***. Dédié au 22e *tirthankara*, ce temple, précédé d'un hall moderne, fut érigé au XVe s. Ses murs extérieurs sont animés par de sages beautés célestes, parées de joyaux, et de joyeuses apsaras, nymphes qui naquirent du barattage de la mer de lait. La terrasse offre une belle vue sur le temple d'Adinath ; à distance, on découvre notamment les lignes courbes qui soutiennent les *sikhara*, contrepoints à la rigueur géométrique de l'ensemble.

La visite de ces temples donne l'occasion de juger de la ferveur religieuse qui anime ces lieux de prière. Dès l'entrée, des laïcs font l'acquisition de fleurs d'*amherstia* en longues grappes écarlates, qu'ils déposeront devant les idoles en même temps que des fruits et des grains de riz. Ailleurs, un moine s'applique inlassablement à composer et à décomposer sur une marche du temple des figures porte-bonheur à l'aide d'une poignée de grains de riz. D'autres fidèles récitent des mantras, certains venus du fond des âges.

Environs de Ranakpur

Quittez Ranakpur vers le carrefour de Sadri, où vous suivrez la direction de Desuri (à dr.).

1 Ghanerao *(16 km N.)* est un petit bourg, dominé par un fort qui ne manque pas de cachet. Dans le village, un *baori*, ou puits à degrés, sur le modèle de ceux du Gujarat, est toujours utilisé par les habitants.

2 Narlai* *(50 km N.-O., par un embranchement sur la g. à Desuri).* Outre de très agréables possibilités de villégiature dans son pavillon de chasse du XVIIe s., Narlai est un curieux site. Le village est dominé de place en place par de colossaux monolithes de granit, qui semblent être tombés du ciel. Leur âpreté les a désignés comme lieux de retraite pour des anachorètes ; leur étrangeté les a fait élire comme lieux de culte : des dizaines de sanctuaires y sont dispersés. Le plus facile d'accès, près du pavillon de chasse

Le barbier de Narlai.

aménagé en hôtel, est niché dans un énorme bloc rocheux et desservi par des marches taillées dans la pierre.

Quittez Ranakpur en suivant la direction de Kelwara, à l'E.

3 **Kumbhalgarh**** *(40 km E., 80 km N. d'Udaipur)*. C'est avec celle de Ranthambore, la plus impressionnante citadelle du Mewar. C'est du reste dans ce nid d'aigle que le raja Hamir *(→ Ranthambore, p. 200)* passa son enfance après avoir échappé aux razzias musulmanes au début du XIIe s. et qu'il fut couronné roi. Le lieu est associé à la geste de rana Kumbha, le puissant maître de Chittorgarh qui lui laissa son nom *(→ Chittorgarh dans l'histoire)*. Le fort était protégé par une **enceinte**, longue de 36 km et que l'on voit suivre les crêtes des collines alentour. Cette région splendide mérite le détour, tant pour la visite du fort que pour son environnement naturel, en partie classé parc national. La présence d'hôtels en fait une escale des plus agréables, et encore peu fréquentée par les touristes étrangers.

Le **fort de Kumbhalgarh** *(ouv. t.l.j. 8 h-17 h ; prévoir 3 h de visite ; entrée payante)*. Du village moderne en contrebas, la route grimpe en lacet à travers une végétation luxuriante, franchissant plusieurs portes fortifiées, avant d'atteindre **Ram Pol**, l'entrée de la citadelle, où se trouve le guichet délivrant les billets. Passé cette porte, le chemin tout droit continue de grimper vers la citadelle. À dr., un second chemin conduit vers un ensemble de temples *(ci-dessous)*. On trouve là également un agréable petit restaurant. Laissant à g. un petit **temple** dédié à Ganesh, le chemin devient rapidement une pente assez raide qui conduit au sommet en franchissant plusieurs portes dont les noms sont signalés par des panneaux indicateurs.
En chemin, on découvrira au-delà de **Pagda Pol**, du côté dr., l'ancien **palais du rana Kumbha**, dont ne subsistent que quelques murs ainsi qu'un petit temple toujours en activité. Plus haut ouvre un vaste espace gazonné qui servait jadis à entreposer les canons, quelques-uns sont encore en place. Le sommet de la colline est coiffé par un **palais construit par le rana d'Udaipur**, Fateh Singh (1884-1930), responsable de nombreuses restaurations sur le site de Chittorgarh. C'est un véritable labyrinthe de pièces aujourd'hui vides et dont les terrasses offrent des vues spectaculaires sur la région.

Revenir par le même chemin jusqu'à Ram Pol.

Les **temples**. Une dizaine de temples, hindous et jaïns , sont encore debout, certains au fond du vallon au pied du fort. On pourra pousser jusque-là par un agréable sentier aménagé *(prévoir 1 h 30 supplémentaire)*, autant pour le plaisir de la **promenade**, qui offre les plus belles vues sur le fort (la lumière du matin ravira les photographes), que pour l'intérêt que présentent les temples.
Depuis **Ram Pol**, on rencontrera successivement trois temples avant d'atteindre le début du sentier qui descend dans le vallon : **Yagya Devi**, construit au XVe s par Khumbha pour y allumer des bûchers de sacrifice en l'honneur des dieux. En arrière du précédent, le **temple de Neelkanth** (milieu du XVe s.) se signale par les puissantes colonnes qui soutiennent la toiture ; à l'intérieur, un déambulatoire permettait aux fidèles de tourner autour de l'idole. D'autres temples en grande partie ruinés occupent également cette zone Au-delà, par le sentier qui conduit (1 500 m) au grand complexe jaïn (que l'on aperçoit d'en haut), le **temple des 52 idoles**. De belles sculptures ornent la plinthe du podium sur laquelle il est construit.

Le Shekhawati★★

Au N.-O. de Jaipur s'étend une région aride de steppes herbeuses et de dunes, le Shekhawati. Cette terre ingrate où ne croît guère que le millet réussit à grand-peine à nourrir quelques paysans qui poussent de maigres troupeaux de chèvres et de moutons dont ils utiliseront la laine. Et pourtant, lorsque l'on traverse les bourgades qui émaillent la région, on découvre de somptueuses *haveli,* ces splendides demeures du désert, des palais princiers et d'élégants cénotaphes. Le Shekhawati est en effet le berceau de ces marchands marwaris, qui détiennent l'essentiel du commerce aux quatre coins de l'Inde et dont certains, comme les Birla, sont à la tête de fortunes considérables. C'est à ces commerçants que l'on doit les surprenantes décorations peintes qui ornent l'intérieur et l'extérieur de leurs demeures familiales. Si les scènes empruntées à la mythologie traditionnelle sont loin d'être absentes, figurent également les images d'un monde occidental que découvraient les Marwaris dans leur exil à Bombay ou à Calcutta : des parades de soldats en tunique rouge, des trains, puis des automobiles et des bicyclettes, le portrait des souverains britanniques ou les dernières inventions européennes. C'est ce bonheur naïf de parvenu qui s'étale dans chacune de ces bourgades, oubliées par le temps, qui s'égrènent en chapelet parmi les dunes arides. Traverser le Shekhawati, c'est aussi partir à la rencontre d'un monde rural, de communautés villageoises sur lesquelles le temps semble n'avoir pas de prise et où s'exercent, en pleine rue, les mille et un petits métiers de l'artisanat ancestral. Avec pour gîte d'étape, un palais ou une *haveli* transformé en hôtel, où l'on trouvera l'hospitalité propre à toutes les régions où la vie est difficile.

Pour trouver rapidement un nom de lieu ou de personnage ou encore un mot-clé, consultez l'index en fin de volume.

De Mandawa : Ajmer, 249 km ; Alwar, 160 km ; Bikaner, 217 km ; Delhi, 241 km (par Narnaul) ; Jaipur, 172 km.

HÉBERGEMENT

À Mahensar : Narayan Niwas Castle, ☎ (01595) 264-322. Dans une aile du vieux palais, à l'orée du désert.. Accueil sympathique de pension de famille. Une des étapes les plus agréables de la région.

À Mandawa : *Castle Mandawa*, www.mandawahotels.com, ☎ (01597) 223-124. Quoique très fréquenté, l'hôtel conserve un certain charme. Le soir, dîner-spectacle (on regrettera la participation d'enfants qui tendent la main après la représentation).

À Nawalgarh : *Roop Niwas Kothi*, à 1 km au S. du bourg, ☎ (01594) 222-008. Ancien palais de style mi-occidental, mi-rajpoute, logé au milieu d'un joli jardin ; service d'une grande gentillesse. L'hôtel loue des chevaux.
• *Apani Dhani*, ☎ (01594) 222-239. Le propriétaire francophone de cet éco-lodge, Ramesh Jangid, vous fera découvrir l'artisanat local et la région comme personne. Les chambres, toutes décorées avec des matériaux locaux, ouvRent sur le jardin central.

À Samode : *Samode Palace*, réserv. indispensable : ☎ (01423) 240-014, www.samode.com Un palais de rêve, niché dans des collines. Parties communes magnifiques : peintures traditionnelles, jeux de miroirs, *jali* ouvragés.

En ce qui concerne l'influence des thèmes européens dans la décoration des *haveli*, voyez les pages couleur X-XI.

À ne pas manquer

Silhouette du matin et du soir : femmes et fillettes collectent l'eau précieuse au puits.

Découvrir le Shekhawati

L'eau, rare et précieuse

À 4 h de voiture au N.-O. de Jaipur et des monts Arawalli, la région du Shekhawati s'inscrit à l'intérieur d'un triangle dont les pointes seraient les localités de Surajgarh, Churu et Sikar. C'est une terre de steppe herbeuse et de dunes où les pluies sont fort rares ; le climat est semi-désertique, d'où l'importance de l'irrigation et des puits dont les riches marchands dotèrent leurs villages. Le climat est donc très contrasté : l'été *(mai-juin)* est torride (les habitants de Churu se targuent d'un record de plus de 50 °C), tandis que l'hiver *(déc.-janv.)* le mercure descend parfois au-dessous de 0 °C.

Une poussière de principautés

Le Shekhawati doit son nom à un chef de clan rajpoute, Rao Shekha, qui, au XVe s., s'affranchit du lien de vassalité qui l'attachait au souverain d'Amber et s'empara de ces contrées arides et inhospitalières. Au cœur de son royaume, de minuscules principautés musulmanes (à Jhunjhunu ou à Fatehpur), fortes du soutien actif des sultans de Delhi et plus tard des Moghols, réussirent à conserver leur indépendance. Les successions sont fatales à toute fortune ; très vite le royaume de Shekha fut morcelé en une poussière de principautés microscopiques, dirigées par des *thakur,* des hobereaux qui ne régnaient souvent que sur un gros bourg (où ils avaient néanmoins soin de bâtir une citadelle) et quelques arpents de désert. Ils survécurent en attirant auprès d'eux quelques marchands qui organisaient le trafic des nombreuses caravanes traversant cette partie du Marwar. D'autres *thakur* (parfois les mêmes), aux mœurs plus expéditives, se livraient tout simplement au brigandage et pillaient les caravanes. Las de cette insécurité grandissante, Jai Singh II, le fondateur de Jaipur, imposa en 1738 sa tutelle à cette théorie de roitelets. Au début du siècle suivant, ce fut au tour des Anglais de dicter leur loi.

Le berceau des Marwaris

L'expansion de l'Empire britannique entraîna la disparition des routes commerciales traditionnelles, mais fit la fortune des marchands marwaris. Désormais, c'était à Bombay, à Calcutta ou à Madras que se traitait l'essentiel des affaires. Quittant leurs terres ancestrales, les Marwaris s'y ruèrent. Quelques années plus tard, ils y détenaient le quasi-monopole du commerce. Ils n'oublièrent pourtant pas leurs villages où demeurait une grande partie de leurs familles ; ils y construisirent de splendides demeures ou *haveli,* qui font le charme du Shekhawati.

Les *haveli*

La plupart des *haveli* du Shekhawati datent du XIXe ou du début du XXe s. Ces « hôtels particuliers » du désert sont toujours construits autour de cours intérieures. Elles s'ouvrent généralement par une double porte… qui reste le plus souvent fermée. Pour les allées et venues quotidiennes, une petite ouverture est ménagée dans un des battants. On pénètre alors dans une première cour ; la principale pièce de réception, le *baithak,* ouvre sur cet espace ; c'est là que le maître de maison accueille ses hôtes et là aussi que se traitent les affaires. Pas de meubles, mais un matelas tendu d'un drap blanc qui couvre entièrement le sol. En haut de quelques marches, une seconde porte protège l'accès à la partie privée de la demeure ; c'est là le domaine, et souvent l'unique univers, des femmes. Les chambres sont au premier étage, certaines étant ouvertes du côté du

Au temps de la splendeur des *haveli*, c'est la caste des potiers, les Khumar, qui fut chargée de décorer ces demeures *a fresco*.

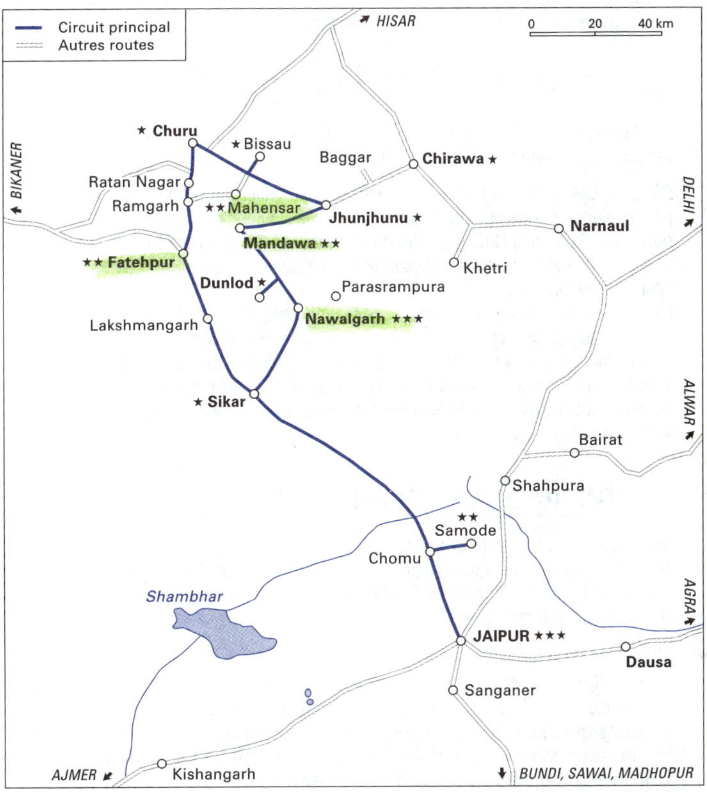

Le Shekhawati.

ciel ; elles sont utilisées lors des grandes chaleurs. Le maître couche dans une chambre, souvent richement peinte, située au-dessus du porche d'entrée.
En plus des *haveli*, les Marwaris édifièrent dans leurs villages des *dharamsala* (qui correspondent aux caravansérails du Proche-Orient), des puits monumentaux, indispensables dans ces contrées désertiques, des temples et des *chhatri*.

Les peintures
L'extérieur et l'intérieur des *haveli* sont décorés de peintures, passées selon des techniques diverses sur enduit humide ou sec. Plusieurs équipes d'artisans travaillaient en fait sur une même *haveli*. L'une, composée de maîtres, œuvrait sur les parties les plus nobles de la demeure, tandis que l'autre, composée de maçons locaux, se chargeait des décorations mineures. Les maîtres étaient de véritables artistes itinérants qui louaient leurs talents de ville en ville. Jusqu'en 1860, la couleur ocre (un pigment naturel), associée au vert, prédomina. Grâce à l'introduction des couleurs chimiques, la palette s'enrichit, avec une nette prédilection pour le bleu outremer. Les thèmes sont extrêmement divers : des épisodes empruntés à la mythologie ou à la vie des grands personnages de la région ; des scènes érotiques (qui disparaissent vers 1900 au contact du puritanisme britannique) ; des représentations des objets et mode de vie du modernisme à l'occidentale, que les marchands découvraient dans les grandes villes de l'empire ou que les peintres copiaient sur des gravures.

Le Shekhawati mode d'emploi

Meilleure période. D'oct. à mars. Évitez absolument la période entre avr. et juil. : les températures, écrasantes, frôlent parfois les 50 °C.

Circuler. Les distances entre les localités sont en général très courtes, et celles-ci sont pour la plupart reliées entre elles par des services d'autobus. Toutefois, ce mode de transport peut s'avérer fort long du fait des attentes et des horaires très élastiques. Il est presque impératif de disposer de son propre véhicule afin de pouvoir quitter une localité sitôt la visite terminée.
La route qui relie Jaipur à Bikaner longe la région et permet de traverser les localités de Sikar, Lakshmangarh et Fatehpur (Mandawa représente un détour de 40 km aller-retour depuis Fatehpur) qui constituent une bonne introduction à la région. On peut également envisager à travers le Shekhawati un circuit plus complet qui prendra un minimum de 2 j. ; on pourra loger très agréablement dans les palais et *haveli* transformés en hôtels (réserv. indispensable de nov. à mars).

Visiter le Shekhawati

Itinéraire. Il demande 2 j. de voyage par la route *(env. 300 km, sans les extensions à partir de Jhunjhunu)*. Les étapes possibles sont Mandawa, Dundlod, Nawalgarh, Mahensar, Baggar et Samode. À partir de Fatehpur, vous aurez le choix entre rejoindre Jaipur *(161 km)* ou Bikaner *(194 km)*.

Quitter Jaipur par la route de Bikaner.

41 km : **Samode★★** *(à la sortie de Chomu, prendre à dr.)* est un gros bourg niché au creux d'un vallon dominé par une forteresse au sommet d'une colline. Dans le bourg, quelques maisons conservent des restes de peintures bien défraîchies. Le plus intéressant est le **palais★★**, à g. à la sortie du village. Construit au XVIIIe s., il a été soigneusement rénové et transformé en hôtel *(→ p. 268)*. C'est une magnifique première étape sur la route du Shekhawati. Dans ce château de conte de fées, avec ses successions de cours, de galeries décorées de peintures, on admire le Durbar Hall, ou salle des audiences, à l'étage, dont les murs sont ornés d'un fin travail de miroiterie. Montez à la terrasse supérieure, d'où l'on découvre un joli **panorama** des collines environnantes et le bourg en contrebas.

102 km : à g., **cénotaphes** des rajas de Sikar.

111 km : **Sikar*** *(la route qui conduit dans le bourg prend à g. de la route principale)*. Fondée à la fin du XVIIe s., la principauté de Sikar fut l'une des plus florissantes du Shekhawati. Toutefois, les vestiges de sa splendeur passée sont en triste état. Contentez-vous de visiter l'***haveli* des Biyani,** principale famille de marchands de la ville ; dans la cour, Gajalakshmi est répétée en quatre grandes compositions, où domine le bleu outremer.

Quitter Sikar par la route de Nawalgarh.

142 km : **Nawalgarh***** *(la route qui conduit au centre prend à dr. de la route principale ; prévoir 2 h ; étape possible)*. Quelques tours de défense et des pans de murs témoignent des **fortifications** qui défendaient la ville, construites dans la première moitié du XVIIIe s., de même que le **fort** qui occupe le centre de la bourgade. Dans sa cour se tient aujourd'hui un marché et c'est en enjambant veaux et poulets que l'on pourra gagner une pièce à l'étage *(indiquée Shish Mahal)* qui conserve une séduisante décoration de miroirs. On y voit également quelques peintures parmi lesquelles un plan de Nawalgarh. La ville compte une trentaine d'*haveli* décorées ; on pourra se limiter aux deux principales situées à proximité de Poddar Pol, à l'E. de la ville ou se faire accompagner d'un guide *(vous pourrez en trouver dans les hôtels cités p. 268)* pour approfondir sa visite de la localité.

Poddar Haveli *(ouv. t.l.j. 8 h-20 h ; illuminée en soirée ; entrée payante)*. Cette demeure porte le nom d'un important membre du Congrès qui en fut le propriétaire et la légua à l'État pour la transformer en école. Ses peintures, cas rare dans la région, ont fait l'objet de restaurations (parfois abusives) et un petit musée a été aménagé dans quelques salles (collection d'instruments de musique, évocation des coutumes de mariage...). Quant aux peintures, on verra des séries de portraits, des défilés militaires, un train, des scènes de jeux...

Morarka Haveli *(ouv. t.l.j. 8 h-19 h ; entrée payante)*. Belle demeure de 1900 restaurée minutieusement sous la conduite d'un spécialiste venu de Jaipur. Dans la première cour, on découvre une représentation de la légende de Dhola et Maru ainsi que celle de Jésus, visible entre deux consoles. Les pièces conservent également une grande partie de la décoration peinte. La demeure était dotée d'une aile réservée aux invités, qui possédait sa propre entrée et sa propre cour.

À la lisière de la ville de Nawalgarh, on pourra également visiter le quartier des Khumars, caste de potiers qui continuent depuis des générations à façonner leur production sur des tours rudimentaires.

▶ À 8 km S.-E, **Parasrampura** conserve le ***chhatri**** de Sardul Singh (1681-1742), principal *thakur* de son temps au Shekhawati. Érigé en 1750 au-dessus du lieu de sa crémation, il est décoré, à la coupole, de peintures illustrant des scènes de la vie du seigneur, à sa cour ou à la tête de son armée. Ce sont les plus anciennes conservées au Shekhawati. ◀

151 km : route à g. pour **Dundlod*** *(1 km)*, un bourg du bout du monde, envahi par le sable. Le **Dundlod Castle***, construit en 1750, a été partiellement aménagé en hôtel. Les plus belles *haveli* furent construites par la famille Goenka, l'une des plus riches de l'Inde d'aujourd'hui, qui quitta sa région pour Calcutta, où ses membres firent fortune. Ils construisirent ici le **Satyanarayan Temple*** (portraits des fondateurs), ainsi que quatre maisons autour de la place qui jouxte le temple ; la plus au S. présente quelques scènes érotiques sur le mur E.

155 km : **Churi**. Dans cette minuscule bourgade, la *haveli* **Nagarmal Nemani** conserve en façade la curieuse représentation, bien conservée, d'un soldat français.

172 km : **Mandawa**** *(2 h de visite)*. Depuis le début des années 1980, Mandawa ambitionne d'occuper le rang de petite capitale régionale. Au plan touristique, l'objectif est atteint. L'ancienne famille royale fut l'une des premières à transformer une partie de son palais en hôtel, suivi par quelques propriétaires de *haveli* devenues autant de *guest houses*. On voit même se construire de nouvelles maisons imitées des demeures traditionnelles jusque dans les peintures extérieures. C'est dire que l'on trouvera ici boutiques et cafés pour les touristes, dans une ambiance générale assez commerciale. Néanmoins, le Castle Mandawa *(→ p. @@)* reste une des meilleures étapes sur les routes du Shekhawati à partir de laquelle il est facile de rayonner dans la région. Le bourg compte une trentaine de *haveli*, plus ou moins bien conservées. L'itinéraire suivant vous fera découvrir l'essentiel.
Sonthliya Gate marque la limite orientale du centre-ville. Passée cette porte construite dans les années 1930, on suit la rue principale bordée de magasins d'artisanat et de souvenirs. À 200 m env. à g., une rue monte vers le palais royal.
Le fort. De hautes murailles protègent l'ancienne résidence royale dont les palais furent construits à partir du tout début du XIXe s. À g. de la cour, la partie transformée en hôtel offre une jolie terrasse où l'on pourra s'arrêter prendre un rafraîchissement.
Newatia Haveli *(continuer dans la rue principale et repérer à dr. la State Bank of Baroda qui occupe une partie de cette haveli)*. Sur le mur latéral, on peut voir d'amusantes peintures où les riches marchands propriétaires de la demeure représentèrent les symboles de leur réussite : vélo, voiture, avion…

Continuez tout droit jusqu'au niveau de la station de bus que vous laisserez à g. pour prendre la rue à dr. puis à g. à la première intersection. À 200 m env. le premier carrefour est entouré par un ensemble de haveli.

Nand Lal Murmuria Haveli* *(côté dr. ; entrer dans la cour)*. Ici, les peintures datent de 1935 : des vues de villes européennes (dont Venise) voisinent avec les portraits des grands hommes du temps : George V, Gandhi, Chandra Bose à cheval.

Gulab Rai Ladia Haveli** *(à g. au carrefour suivant, puis tout droit et à g.)*. Ses hautes façades présentent un important cycle de peintures : chevaux et éléphants, portraits, Européens, train… De là, on regagne la rue principale à 200 m au N. Voyez également le **puits Harlalka**, dont la coupole porte de belles scènes ; chaque matin au lever du jour, les paysans viennent y puiser de l'eau pour irriguer les champs alentour.

Quitter Mandawa par la route de Jhunjhunu, tracée dans une steppe aride et sablonneuse.

197 km : **Jhunjhunu*** fut la capitale d'un État musulman fondé au XVe s. et qui resta indépendant jusqu'en 1730, où Sardul Singh (1681-1742), descendant du fameux Rao Shekha, s'en empara et en fit la capitale de ses États. Cette petite localité ne compte pas moins d'une vingtaine de *haveli*, c'est aussi une petite cité bouillonnante d'animation où l'on prendre plaisir à se promener à la découverte. Laisser sa voiture à la limite E. du bazar et poursuivre à pied.
Modi Haveli *(200 m à g.)*. La façade présente des portraits de souverains britanniques. À l'intérieur, la salle de réception à g. conserve l'esquisse d'une

Marchands et caravanes

Un très ancien trafic portuaire sur les côtes du Saurashtra, le passage des caravanes venues de la vallée de l'Indus, à travers le désert de Thar, ont fait la prospérité de la caste commerçante de l'O. de l'Inde. Leur puissance économique s'est bâtie dans le temps où s'affirmait la primauté militaire des clans rajpoutes. Et, tandis que ceux-ci étendaient leur influence le long de la chaîne des Arawalli jusqu'à la péninsule du Kathiawar, ces marchands habiles assuraient le contrôle du transit des marchandises : défenses d'éléphants, objets de cuivre, dattes et gomme arabique, noix de coco et bois de santal, camphre et épices, cumin et pistils de safran, sucre et opium, soie et étoffes de laine, sel et armes, tout ce qui venait de la vallée de l'Indus, du Pendjab, de l'Asie centrale et même de la Chine.

▲ **L'expansion de l'Empire britannique entraîna la disparition des routes commerciales traditionnelles, mais fit la fortune des marchands. Les plus entreprenants s'établirent dans les nouveaux centres d'affaires de Bombay, Calcutta ou Madras. Commerçants hindous du Marwar, Bohra musulmans du Gujarat ou négociants jaïns, ils dépensèrent des fortunes pour le confort de leurs familles, restées au pays. Leurs demeures, les *haveli*, véritables petits palais, sont la vitrine de cette ascension sociale.**

► **Derrière la façade ostentatoire, la *haveli* s'ordonne autour de deux cours, symboles d'une société prônant la séparation des sexes. Le *zenana*, domaine des femmes, occupe les bâtiments de la deuxième cour. Le *mardana*, monde des hommes, a pour théâtre les deux ailes ouvrant sur la première cour. Dans ces pièces, appelées *baithak* (lieu où l'on s'assoit) ou *tibari* (à triple baie), le maître de maison recevait ses hôtes et traitait les affaires. Les locataires d'aujourd'hui on parfois organisé les *tibari* en pièces pour vivre, en y disposant des lits de cordes *(charpoi).***

L'art de vivre des

À l'instar des palais rajpoutes, les *haveli* explorent toutes les possibilités décoratives. De grès à Jaisalmer, de bois au Gujarat, chaulées et peintes dans le Shekhawati, elles traduisent la personnalité de leurs commanditaires ; l'Occident, côtoyé par les marchands dans les métropoles du British Raj, paraît çà et là, dans une ligne architecturale, ou un clin d'œil décoratif, dans un espace traditionnel. Un *chowkidar,* gardien, veille parfois encore aujourd'hui sur l'entrée de la demeure, signe que le propriétaire des lieux n'a pas oublié la maison de ses ancêtres ou qu'il vient pour de rares visites. Chronique de temps révolus, les *haveli* sont un riche patrimoine que de récentes initiatives tentent de sauver et de faire découvrir.

► Les *haveli* de bois du Gujarat ne sont pas antérieures au siècle dernier. Elles doivent pour la plupart la longévité de leurs sculptures au bois de teck. Cette essence, imputrescible et insectifuge, pousse dans l'État du Gujarat, notamment dans la forêt de Gir au Saurashtra. Mais les riches négociants gujarati lui ont préféré le teck de Birmanie, jugé de meilleure qualité. La construction de ces résidences était commandée à une corporation de charpentiers-sculpteurs itinérants, originaires du Kutch.

▼ Dans les bourgs où subsistent des *haveli* de marchands, il est rare qu'elles soient isolées. Elles formaient plutôt des quartiers – appelés *pol* au Gujarat, *muhalla* au Rajasthan –, où se regroupaient les membres d'une même corporation ou d'un même clan familial. On trouve ainsi à Jaisalmer les cinq demeures accolées de frères de la guilde des Patwa, marchands de bijoux d'or et d'argent ; à Nawalgarh, la puissante famille des Goenka occupe un large secteur, avec quatre *haveli*. À Sidhpur (ci-contre), la vieille ville est formée des rangs de maisons de la communauté marchande des Bohra.

Marchands et caravanes

Un très ancien trafic portuaire sur les côtes du Saurashtra, le passage des caravanes venues de la vallée de l'Indus, à travers le désert de Thar, ont fait la prospérité de la caste commerçante de l'O. de l'Inde. Leur puissance économique s'est bâtie dans le temps où s'affirmait la primauté militaire des clans rajpoutes. Et, tandis que ceux-ci étendaient leur influence le long de la chaîne des Arawalli jusqu'à la péninsule du Kathiawar, ces marchands habiles assuraient le contrôle du transit des marchandises : défenses d'éléphants, objets de cuivre, dattes et gomme arabique, noix de coco et bois de santal, camphre et épices, cumin et pistils de safran, sucre et opium, soie et étoffes de laine, sel et armes, tout ce qui venait de la vallée de l'Indus, du Pendjab, de l'Asie centrale et même de la Chine.

▲ L'expansion de l'Empire britannique entraîna la disparition des routes commerciales traditionnelles, mais fit la fortune des marchands. Les plus entreprenants s'établirent dans les nouveaux centres d'affaires de Bombay, Calcutta ou Madras. Commerçants hindous du Marwar, Bohra musulmans du Gujarat ou négociants jaïns, ils dépensèrent des fortunes pour le confort de leurs familles, restées au pays. Leurs demeures, les *haveli*, véritables petits palais, sont la vitrine de cette ascension sociale.

► Derrière la façade ostentatoire, la *haveli* s'ordonne autour de deux cours, symboles d'une société prônant la séparation des sexes. Le *zenana*, domaine des femmes, occupe les bâtiments de la deuxième cour. Le *mardana*, monde des hommes, a pour théâtre les deux ailes ouvrant sur la première cour. Dans ces pièces, appelées *baithak* (lieu où l'on s'assoit) ou *tibari* (à triple baie), le maître de maison recevait ses hôtes et traitait les affaires. Les locataires d'aujourd'hui on parfois organisé les *tibari* en pièces pour vivre, en y disposant des lits de cordes *(charpoï)*.

ARRÊT SUR IMAGES

L'art de vivre des

À l'instar des palais rajpoutes, les *haveli* explorent toutes les possibilités décoratives. De grès à Jaisalmer, de bois au Gujarat, chaulées et peintes dans le Shekhawati, elles traduisent la personnalité de leurs commanditaires ; l'Occident, côtoyé par les marchands dans les métropoles du British Raj, paraît çà et là, dans une ligne architecturale, ou un clin d'œil décoratif, dans un espace traditionnel. Un *chowkidar*, gardien, veille parfois encore aujourd'hui sur l'entrée de la demeure, signe que le propriétaire des lieux n'a pas oublié la maison de ses ancêtres ou qu'il vient pour de rares visites. Chronique de temps révolus, les *haveli* sont un riche patrimoine que de récentes initiatives tentent de sauver et de faire découvrir.

► Les *haveli* de bois du Gujarat ne sont pas antérieures au siècle dernier. Elles doivent pour la plupart la longévité de leurs sculptures au bois de teck. Cette essence, imputrescible et insectifuge, pousse dans l'État du Gujarat, notamment dans la forêt de Gir au Saurashtra. Mais les riches négociants gujarati lui ont préféré le teck de Birmanie, jugé de meilleure qualité. La construction de ces résidences était commandée à une corporation de charpentiers-sculpteurs itinérants, originaires du Kutch.

▼ Dans les bourgs où subsistent des *haveli* de marchands, il est rare qu'elles soient isolées. Elles formaient plutôt des quartiers – appelés *pol* au Gujarat, *muhalla* au Rajasthan –, où se regroupaient les membres d'une même corporation ou d'un même clan familial. On trouve ainsi à Jaisalmer les cinq demeures accolées de frères de la guilde des Patwa, marchands de bijoux d'or et d'argent ; à Nawalgarh, la puissante famille des Goenka occupe un large secteur, avec quatre *haveli*. À Sidhpur (ci-contre), la vieille ville est formée des rangs de maisons de la communauté marchande des Bohra.

haveli

► La très égalitaire communauté des marchands Bohra de Siddhpur a élevé les façades de ses *haveli* sur le même modèle et délibérément emprunté leur décor à l'Angleterre victorienne. Le stuc y dessine de sages lignes de couleurs pastel, parfois ponctuées de médaillons, peints d'un paysage ou d'une ville célèbre, tout droit sortis d'un vieil almanach européen.

► Les demeures des marchands marwari du Shekhawati étaient ornés de fresques par la guilde des Chitera. L'exécution des peintures *a fresco* réclamait en effet une grande rapidité, prolongement du travail de préparation de la paroi. Le programme peint débute dès la façade, avec des convois de dromadaires et d'éléphants. Il se poursuit dans la première cour où paraissent des compositions empruntées à la mythologie hindoue. Parfois, place est faite au quotidien des Marwari. Les peintures les plus délicates, parfois érotiques, étaient réservées aux chambres de l'étage.

◄ De tous les sujets européens, symboles de la réussite des marchands marwari dans les métropoles du Raj, c'est le train qui a le plus fasciné les peintres. Avant même l'ouverture d'une ligne de chemin de fer au Rajasthan (1916), ils ont fait rouler des convois multicolores, parfois présentés en coupe pour le seul plaisir de montrer un négociant, en habit et haut-de-forme, partageant le compartiment des sahibs.

La passion des étoffes

Est-ce une réaction à la sourde gamme de gris et d'ocre des paysages désertiques ? Les étoffes sont une explosion de couleurs. Le coton, cultivé dans la plaine du Gujarat, sert de support à des alchimies colorées. Les caravanes du Thar ont apporté la soie, venant de Chine, par la vallée de l'Indus. De savantes techniques de tissage, l'usage d'innombrables procédés de teinture, transforment ces matières premières en merveilles textiles qui contribuèrent à la fortune des marchands. Témoin ces cotonnades du Kathiawar, échangées au VIIIe s. dans les comptoirs de la mer Rouge ; ou encore, ces soies aériennes, colorées fil à fil, les *patola*, dont raffolaient les cours princières d'Indonésie au XVIIe s.

▲► L'impression en réserve consiste à appliquer au bloc des motifs « réservés » grâce à un mélange de glaise et de cire, avant de tremper la toile dans le bain de teinture. Les parties protégées sont ensuite débarrassées de la couche protectrice en plongeant l'étoffe dans l'eau bouillante. Elles apparaissent en clair sur le fond teint. Les principaux imprimés exécutés selon cette technique sont l'*ajrak* du Kutch et le *sodagiri* de Paithapur.

***Patola* désigne un procédé de teinture en réserve, par ligature des fils utilisés pour le tissage. L'écheveau est tendu sur un cadre. Les fils sont noués par groupes, de manière à réserver des motifs géométriques. L'écheveau est ensuite plongé dans un bain de teinture. Lorsqu'il est sec, on retire les ligatures ; les parties réservées apparaissent en écru sur le fond coloré. Les fils sont ensuite tendus sur le métier. Les réserves serviront de point d'appui au tissage des motifs, qui revêtent un aspect « filé » typique des *patola*.**

▲ Le *tie and dye* est une savante combinaison de pliages et de nœuds avant teinture qui donne à l'étoffe un aspect gaufré, constellé de petits points. D'abord plié, le textile est en effet ligaturé par endroits d'un fil très serré qui empêchera la teinture de passer. La combinaison du pliage et du nœud est destinée à obtenir des motifs géométriques en frise. L'étoffe n'est débarrassée de ses ligatures qu'une fois sèche ; c'est ce qui permet d'obtenir l'aspect gaufré, aux endroits où elle a été serrée par le fil.

voiture. Dans la cour, on découvrira des portraits d'Européens fumant la pipe, voisinant avec des scènes empruntées à la mythologie hindoue.

Tibrewala Haveli *(à l'extrémité du bazar, fin XIXe s.).* En façade, on découvrira le portrait du maître des lieux admirant sa moustache dans une glace ; à l'intérieur deux cours se succèdent, la seconde particulièrement ornée de représentations de légendes populaires.

Nuruddin Farooqi Haveli *(tout droit, puis à g. à l'embranchement en patte d'oie ; côté g. de la rue).* Bel exemple de demeure musulmane, sans figuration humaine donc, avec une profusion de motifs floraux et géométriques.

Khetri Mahal *(tout droit, puis la 2e à dr. ; côté g. de la rue).* C'est le « palais des Vents » de Jhunjhunu, probablement construit à la fin du XVIIIe s. ; une haute façade ouvrant par des colonnes de marbre. Par une large rampe, on peut accéder aux terrasses qui offrent de belles vues sur la ville.

Sri Bihariji Temple *(tout droit, puis à dr. et la 2e rue à dr. ; côté dr. de la rue).* C'est le plus joli temple de la ville construit vers 1776 par une riche famille de marchands. À l'intérieur, les peintures montrent de gracieuses représentations de Krishna et Radha, de *gopi* ainsi que du chef de cette dynastie de marchands de la ville accompagné de ses cinq fils ; scènes de jeux, de lutte, de combat au sabre.

En poursuivant tout droit on rejoint rapidement l'extrémité du bazar.

▶ *28 km* : **Chirawa*** garde deux puits traditionnels *(baori)*, accompagnés des *chhatri* de leurs fondateurs, élégamment décorés de peintures (puits Poddar, construit vers 1820, et puits Seksaria, creusé à peu près à la même époque). Le parti ornemental adopté, avec des pinacles en forme de minaret, témoigne de l'influence musulmane.

96 km : **Khetri** fut la capitale d'une principauté ; on atteint sa formidable citadelle aujourd'hui abandonnée, le Bhopalgarh, en jeep *(seul véhicule capable de s'engager sur la rampe qui y conduit, frissons garantis ; à louer sur la place du village).* Construite à la fin du XVIIIe s. par un raja local (dont les descendants envisagent de restaurer les palais pour en faire un hôtel), c'est aujourd'hui une immense coquille vide, habitée seulement par quelques villageois et leurs troupeaux. Passée la porte d'entrée, on s'engagera à dr. dans le sentier qui conduit aux palais. Envahis par la végétation, ils conservent néanmoins une partie de leur décoration. On verra notamment l'ancien Durbar Hall, et au-dessus, le Shish Mahal avec ses décorations de verroteries, ses fragments de peintures parmi lesquels on peut reconnaître le plan à damier caractéristique de la ville de Jaipur. ◀

Depuis Khetri, reprendre la route principale pour regagner Jhunjhunu. Là, suivre la direction de Churu.

245 km : à dr., route pour **Bissau*** *(1 km)*, capitale à partir du milieu du XVIIIe s. d'une lignée de *thakur*, les plus grands brigands de la région. Ils entretenaient une petite troupe commandée au début du XIXe s. par deux aventuriers français. On pourra visiter la ville à partir du Bus Stand, à l'extrémité S.

Sarkari Chhatri *(à 100 m à dr. en entrant dans la ville)* est le joli monument funéraire de Hammir Singh, qui régna à partir de 1833 : piliers et coupoles conservent de pimpantes couleurs, qui font écho aux saris chatoyants des jeunes collégiennes qui ont choisi le lieu pour salle d'études. En arrière du monument, une tombe anonyme abrite la dépouille d'un des deux Français au service des *thakur*.

En suivant la première rue à dr. on découvrira quelques-unes des plus belles *haveli* de la localité, toutes construites et décorées à la fin du XIXe s. *(ces maisons sont habitées, les occupants laissent volontiers entrer les visiteurs moyennant une petite rétribution)* : **Sigtia Haveli*** *(à dr.)* avec des scènes représentant Krishna et les *gopi*, **Mertia**

Le Shekhawati

Haveli *(au-delà de la précédente)* avec une représentation de Dhola et Maru et en face l'imposante **Tibrewala Haveli*** dont la cour intérieure est richement ornée. Le **fort** *(tout droit par la rue principale)*. Construit en 1746, il est habité aujourd'hui par une famille de riches marchands qui font volontiers l'honneur de leur demeure aux visiteurs de passage. En poursuivant au-delà du fort sur la rue principale, on pourra visiter la **Ram Lila Society** *(à 200 m env. à dr.)* où sont confectionnés chaque année, puis conservés, les masques de papier mâché utilisés lors de la représentation du *Ramayana*, donnée par les enfants de la ville au mois d'octobre, 10 jours avant la fête de Dussehra. Cette tradition remonte à la fin du XIXe s.

▶ **Mahensar**** *(6 km S.-O. en direction de Mandawa)*. Une jolie étape dans la région : une petite bourgade endormie cernée par la steppe et que domine un imposant palais ; les descendants des seigneurs locaux l'habitent toujours et ont ouvert quelques chambres aux visiteurs. Dans le village, on ira visiter la **Sona Chaandi-ki-Haveli***** construite et peinte vers 1850 et surnommée *Golden Shop* en raison de la profusion de peinture dorée qui orne son salon intérieur *(un gardien se tient en principe sur place ; sinon s'adresser au palais)* : on y voit des scènes du *Ramayana* et de la vie de Krishna où l'on découvre une vue de la ville de Mathura où le jeune dieu passa son enfance. Sous le plafond central décoré à la manière d'un tapis persan figurent les incarnations de Vishnou. ◀

267 km : **Churu***, l'une des plus importantes villes du Shekhawati, assiégée par les sables, fut un grand centre caravanier jusqu'au début du XIXe s. Forteresse du XVIIIe s. Parmi une vingtaine de *haveli* et de temples, on pourra découvrir deux ensembles monumentaux voisins : les **Kothari Haveli**, trois demeures construites pour une famille de marchands jaïns, deux au milieu du XIXe s, l'autre au début du XXe s. ; cette dernière laissée à l'abandon *(un gardien se trouve sur place)* conserve une grande partie de la décoration de ses salles qu'il faut parfois disputer aux chauves-souris. En face, la **Surana Haveli** (2e moitié du XIXe s.) est un vaste complexe comprenant deux demeures ; depuis la *haveli* précédente *(continuer au-delà puis prendre la ruelle à g.)* on longera tout d'abord une haute façade dont les 1111 fenêtres lui ont valu le surnom de **Hawa Mahal****, « palais des Vents » *(belle vue* sur la ville depuis le toit)*. En contournant l'édifice on gagne la seconde partie du complexe qui abrite une partie de l'administration locale ainsi qu'une fabrique de glace. Çà et là subsiste une partie de la décoration peinte d'origine.

280 km : **Ratan Nagar**, avec quelques demeures peintes *(principalement à l'E.)*, dont **Behari Lal Chamaria**, bâtie vers 1880 (sur le mur de la façade, grande fresque de la légende de Dhola et Maru, peut-être la plus populaire au Rajasthan).

301 km : **Fatehpur****, ancienne capitale d'un petit État musulman fondé au début du XVe s. par un Rajpoute qui s'était converti à l'islam et avait adopté le nom de Fateh Khan, qu'il laissa à la ville. Ce petit royaume fut rattaché en 1730 aux possessions de Sardul Singh. La ville compte une vingtaine d'*haveli*, souvent dans un état de délabrement avancé *(s'annonçer à l'avance pour se faire conduire à travers la ville)*. Mais elle abrite surtout la *haveli* vedette du Shekhawati, unanimement appelée par les habitants du cru « **Nadine Haveli** » *(ouv. t.l.j. 11 h-18 h, ☎ (01571) 231-479)*. Cette vaste demeure du XIXe s. a en effet été achetée par l'artiste française Nadine Le Prince qui l'a rénovée de fond en comble. L'occasion de découvrir une des riches demeures de marchands telles qu'elles se présentaient du temps de leur construction. Organisés autour de deux cours, les bâtiments conservent un merveilleux ensemble de peintures où domine le bleu, une couleur privilégiée à Fatehpur Sikri. Mme Le Prince a voulu faire du lieu un centre culturel où sont exposées des œuvres d'artistes indiens au côté de sa propre production. On peut également y voir une petite collection d'art tribal. Une visite à ne pas manquer.

Udaipur★★★

Udaipur, la « cité de l'Aurore », est peut-être la ville la plus romantique du Rajasthan, province pourtant sans rivale en Inde à cet égard. Ici, pas de puissante citadelle pour évoquer un passé guerrier, mais, dans une lumière pure, les plus raffinés et les plus gracieux des palais, dont les silhouettes se reflètent dans les eaux turquoise ou émeraude des lacs, avec pour toile de fond les hautes collines de la chaîne des Arawalli. L'altitude explique le climat, particulièrement agréable en été, et l'atmosphère limpide rend inoubliable la vue sur le lac Pichola au coucher du soleil.

Mont Abu, 182 km ; Agra, 632 km
Ahmedabad, 250 km ; Ajmer, 271 km ;
Bombay, 739 km ; Bundi, 279 km ;
Chittorgarh, 116 km ; Delhi, 661 km
Jaipur, 403 km ; Jodhpur, 289 km ;
Kota, 270 km ; Ranakpur, 95 km.
Alt. 577 m ; 389 000 hab.

Udaipur mode d'emploi

S'organiser. Une journée suffit pour découvrir l'essentiel de la ville. Commencez le matin par le City Palace (des balcons on découvre le lac Pichola et le *Taj Lake Palace* sous leur meilleur éclairage), puis poursuivez vers la vieille ville et le merveilleux jardin Sahelion-ki-Bari. Réservez la fin de l'après-midi pour la promenade en bateau (2 h) sur le lac Pichola ; le soleil couchant embrase alors la façade du palais.

S'orienter. Le City Palace domine la rive orientale du lac Pichola. Derrière lui (au N. et à l'E.) s'étend la vieille ville corsetée jadis d'une enceinte de 9 km et percée de 11 portes. Il en reste d'importants vestiges. Au N., au bord du lac Fateh Sagar, se trouvent les plus beaux jardins.

Aéroport. Celui de Dabok est situé à 21 km du centre *(hors plan par B3)*.

Compagnies aériennes. *Indian Airlines*, LIC Building, Delhi Gate, ☎ 241-09-999 ; ouv. du lun. au sam. 10 h-17 h ; à l'aéroport, ☎ 265-5453 ; vols quotidiens pour Bombay, Jodhpur, Jaipur et Delhi. *Jet Airways*, Blue Circle Business Center, 1C Madhuban (près de la poste centrale, *plan B2*), ☎ 256-1105 ; ouv. du lun. au sam. 9 h 30-18 h, dim. 9 h 30-15 h ; à l'aéroport, ☎ 265-6192 ; vols quotidiens pour Bombay, Jaipur et Delhi.

Liaisons ferroviaires. Udaipur City Railway Station *(plan B3)*, ☎ 131 ou 248-3979. Liaisons quotidiennes avec Chittorgarh, Kota, Sawai Madhopur (parc de Ranthambore), Jaipur et Delhi (12 h) ; les voies empruntées pour gagner Ahmedabad, encore étroites, rendent le trajet particulièrement long. Mieux vaut emprunter la route (ci-dessous).

Indicatif ☎ 0294.

ⓘ Tourist Reception Centre, Fateh Memorial, Surya Pol, ☎ 241-1535 et 252-1971 ; ouv. du lun. au sam. 1 h-17 h ; f. dim., j. fériés et 2e sam. du mois. Le département du Tourisme publie un magazine, *Out & about Udaipur* (4 parutions par an), où l'on peut trouver tous les renseignements utiles pour un séjour dans la ville.

HÉBERGEMENT :

- ***Taj Lake Palace (plan A3)*, ☎ 252-8800, www.tajhotels.com Un hôtel mythique dans un ancien palais du XVIIIe s. sur une île du lac Pichola, mais qui manque un peu d'âme. Très cher.**
- ***Udai Kothi (plan A3)*, Hanuman Ghat, ☎ 243-2810, www.udaikothi.com Hôtel moderne situé sur une île face au lac Pichola et aux palais. Suites ouvrant sur le lac, restaurant en terrasse, piscine.**
- ***Sarovar (plan A3)*, Hanuman Ghat, ☎ 243-2801, www.hotelsarovar.com Très bien situé, choisir de préférence les chambres ouvrant sur le lac. Bon restaurant.**

À ne pas manquer

City Palace★★	261
Promenade en bateau sur le lac Pichola★★★	265
Panorama★★★ depuis le fort de Sajjangarh	266
Temple de Sas Bahu★★	267
Palais★★ de Dungarpur	266

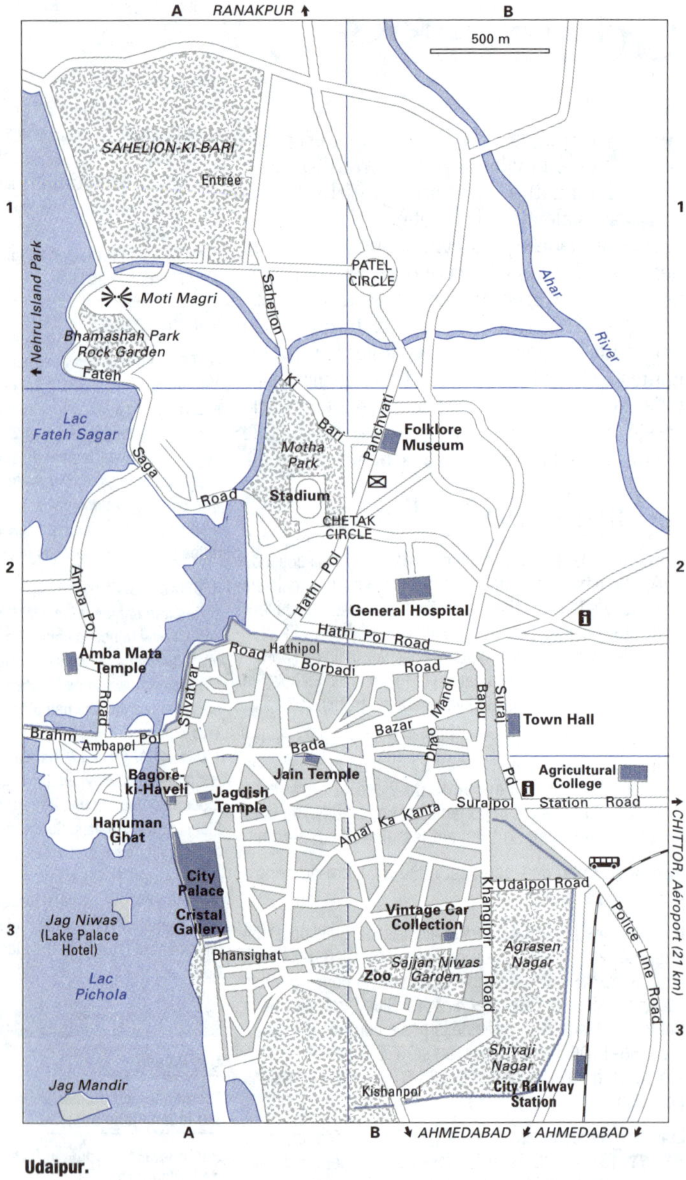
A
RANAKPUR
B
500 m
SAHELION-KI-BARI
Entrée
1
Nehru Island Park
PATEL CIRCLE
Moti Magri
Sahelion
Ahar River
Bhamashah Park Rock Garden
Fateh
Ki
Lac Fateh Sagar
Bari
Folklore Museum
Panchvati
Motha Park
Saga
Road
Stadium
CHETAK CIRCLE
2
Amba Pol
Hathi Pol
General Hospital
Hathi Pol Road
Road
Hathipol
Amba Mata Temple
Borbadi
Road
Silvatvar
Road
Mandi
Bapu
Suraj
Town Hall
Bazar
Brahm
Ambapol
Pol
Bada
Dhao
Bagore-ki-Haveli
Jain Temple
Pd
Agricultural College
Jagdish Temple
Surajpol
Station Road
Amal Ka Kanta
CHITTOR, Aéroport (21 km)
Hanuman Ghat
City Palace
Udaipol Road
Khangipir
Jag Niwas (Lake Palace Hotel)
Cristal Gallery
Vintage Car Collection
Agrasen Nagar
Police Line Road
3
Bhansighat
Sajjan Niwas Garden
Zoo
Road
Lac Pichola
Shivaji Nagar
Jag Mandir
Kishanpol
City Railway Station
AHMEDABAD
AHMEDABAD

Udaipur.

Par la route. Udaipur est désormais desservie par l'embryon de réseau autoroutier qui relie les quatre grandes villes de l'Inde : Bombay, Delhi, Calcutta et Madras. Pour certaines destinations, la route est une solution préférable au train et même dans certains cas à l'avion ; ainsi d'Ahmedabad à un peu plus de trois heures de route (6 h en bus), et même de Jaipur (6 h env. ; 9 h en bus). Entre Udaipur et Jaipur, si vous circulez avec votre propre véhicule, vous pourrez prévoir une halte à Ajmer.

Autocars. Bus Stand *(plan B3)* : services quotidiens pour les principales localités du Rajasthan et du Gujarat : Jaipur (9 h) ; Chittorgarh (2 h 30), Jodhpur (7 h), mont Abu (6 h), Ranakpur (3 h), ☎ 248-4191.

Sur place. À pied dans la vieille ville, en rickshaw jusqu'aux jardins du N., en bateau sur le lac Pichola (devant le City Palace).

Udaipur dans l'histoire

La ville des fils du Soleil

Udaipur est une ville relativement récente, mais la vallée où elle s'étend fut, au Moyen Âge, le fief du clan rajpoute des Guhilot. Le fondateur de la ville actuelle, Udai Singh (1537-1572), prince du Mewar, était parvenu à s'échapper avant l'assaut final des Moghols qui submergea Chittorgarh, en 1568-1569 ; il trouva refuge dans ces collines et fut séduit par leur beauté. Il ajouta encore au charme des lieux en édifiant un barrage qui provoqua la formation de petits lacs où se mirent aujourd'hui les palais de la ville. Ses 21 successeurs, héritiers de la lignée solaire des Sisodia, régnèrent jusqu'en 1947, défendant farouchement leur indépendance, contre les Moghols d'abord – la statue du héros Rana Pratap orne l'un des jardins de la ville –, puis contre les Marathes. C'est pour échapper à leur emprise que les maharanas, titre des princes d'Udaipur, acceptèrent la tutelle britannique en 1818.

Udaipur aujourd'hui

Généreuse barbe poivre et sel, stature royale, le portrait d'Arvind Singh s'affiche partout à chaque détour des palais, des restaurants des hôtels et des propriétés que le maharana possède dans la ville et ses environs. S'il porte volontiers le turban plat de ses ancêtres et la longue robe de soie brodée, sa majesté est un homme d'affaires avisé. En l'espace de 20 ans , il a réussi à faire de sa ville l'une des destinations majeures du Rajasthan Le complexe des palais apparaît aujourd'hui comme une véritable cité interdite où il faut à chaque pas acquérir son ticket. Le lac Pichola est sillonné par ses bateaux de promenade, on y voit même depuis quelques années croiser deux *shikhara* venus du Cachemire, tandis que sur le lac Fateh voisin, les bateaux de promenade de la municipalité attendent désespérément le mécanicien qui rendra souffle à leur moteur. Il s'est même entiché d'énergies renouvelables et présente des prototypes de rickshaws solaires. C'est dire que la cité, qui resta longtemps en dehors du mouvement moderniste que connurent de nombreux États princiers, a aujourd'hui rattrapé son retard. Trop peut-être au goût de certains qui regrettent la multiplication des commerces touristiques dans le bazar et le grignotage progressif des rives du lac par des constructions modernes.

Visiter Udaipur

■ **City Palace**** *(plan A3 ; ouv. t.l.j. 9 h 30-16 h 30 ; env. 2 h de vis.; entrée payante, droit pour photos et vidéos)*. Étiré le long du lac Pichola, l'ensemble des palais fut érigé à partir du règne d'Udai Singh puis agrandi par ses successeurs jusqu'à l'orée du XXe s. Une partie des intérieurs est ouverte à la visite (City Palace Museum),

Le forfait du maharana

Trois sites appartenant au maharana sont ouverts à la visite : le palais proprement dit, City Palace Museum, la collection de vieilles voitures, Vintage Cars, et la Crystal Gallery, située à l'intérieur du Fateh Prakash Palace, chacun nécessitant un billet. Pour accéder à la partie privée de la propriété – où se trouve la Crystal Gallery – ainsi qu'au ponton des promenades en bateau sur le lac Pichola, organisées également par la Société de gestion du patrimoine royal, un autre ticket est nécessaire. C'est dire qu'à la fin de la journée, l'addition est assez lourde. Un forfait (« package ») est proposé pour l'ensemble des sites : il est valable deux jours pour un coût moindre. Signalons cependant que le forfait n'est réellement intéressant que si l'on projette de visiter la Crystal Gallery, tarifée à 300 Rps et dont l'intérêt est très limité.

une autre est occupée par l'ancienne famille royale, une troisième abrite deux hôtels de grand luxe (*Fateh Prakash* et *Shiv Niwas*). Un billet donne accès au City Palace Museum, un autre à la partie privée et à la rive du lac Pichola *(→ encadré)*.

On entre dans le **complexe des palais** en franchissant successivement deux portes. Au-delà de **Badi Pol**, la première, les anciennes écuries à g. abritent aujourd'hui une école huppée ; on voit également les *toranas* sous lesquels le souverain avait coutume de se faire peser, le jour de son anniversaire, avec des pièces d'or et d'argent qu'il distribuait ensuite aux pauvres. La porte suivante, **Tripolia Gate**, ouvre sur Manek Chowk, l'esplanade face à l'entrée du palais.
Manek Chowk ; c'est ici qu'a lieu chaque soir un son et lumière en anglais. La porte d'entrée, surmontée des armes de la famille royale, est précédée de deux estrades : le souverain les utilisait pour monter à cheval ou, par la plus haute, sur son éléphant. C'est de là que partait la grande procession rituelle de Dussehra. On pénètre dans un vaste vestibule à dr. duquel ouvre une salle présentant une collection d'armes. On y verra notamment les bannières du corps des Bhils, une unité militaire fondée par le maharana en 1841, afin de placer définitivement les valeureux mais turbulents membres de cette tribu sous son autorité. Les Bhils continuèrent à servir leur maître jusqu'en 1971, année de la suppression des privilèges des familles royales.
Ganesh Chowk fait suite au vestibule, une vaste cour dans laquelle *(à g.)* une grande cage était utilisée jadis pour piéger les tigres. De là, on entre à dr. dans la partie des palais réservée aux maharanas. Au-delà de l'entrée, un passage donne accès au Governement Museum *(→ ci-dessous)*. Passé un petit templion dédié à Ganesh, comme il se doit à l'entrée de toute demeure hindoue, un escalier bordé de faïences victoriennes conduit à la cour des couronnements.
Rai Angan, la « cour royale », est la partie la plus ancienne des palais, construite en 1559 (les parties supérieures sont des ajouts postérieurs). Sur cette cour où les souverains étaient intronisés ouvre à dr. un pavillon du XVIe s. également, consacré aujourd'hui à la mémoire de Pratap Singh, le fils d'Udai Singh, le fondateur de la cité, chevalier Bayard des Indes, dont tous les écoliers du pays connaissent les faits d'armes contre les Moghols. Côté opposé, un temple est consacré à la mémoire du *sadhu* qui vivait ici dans son ermitage avant la construction du palais. Il fut le gourou d'Udai Singh.

Un escalier grimpe ensuite vers le **Chandi Mahal**, le « palais de la Lune », où un bassin était rempli jadis des milliers de pièces d'or levées par les impôts. Plus haut, on débouche dans la partie la plus séduisante du palais.

Bodi Mahal, ce « palais du Jardin », la partie la plus haute du palais, est planté d'arbres d'un âge vénérable (figuier sauvage, tamarinier, santal) qui prennent racine directement dans la colline sur laquelle est édifié le palais. Un pavillon ouvre sur de larges vues sur la ville : à l'entrée de celui-ci, on verra du côté g. une peinture de 1835 représentant le jardin à cette époque. Dans le pavillon est également présenté le fauteuil du maharana d'Udaipur au début du XXe s. Le meuble a une histoire : destiné au souverain lors du grand Durbar qu'organisèrent les Britanniques pour l'inauguration de leur nouvelle capitale à Delhi en présence de tous les souverains de l'Inde, celui-ci, outragé de ne figurer qu'à la quatrième place dans l'ordre protocolaire, regagna sa capitale le laissant vide.

La visite se poursuit en descendant l'escalier depuis Bodi Mahal.

Dilkhush Mahal (XVIIe s.) est une belle galerie ouvrant sur la cour du couronnement en contrebas ; elle donne accès à un pavillon présentant une collection de miniatures commémorant les grandes heures des règnes des maharanas des temps jadis. À voir, les deux splendides portes d'ivoire d'une salle entièrement ornée de verres colorés au XIXe s.

Chini-ki-Chita Mahal, le « palais des Merveilles de la Chine » est un autre pavillon fastueux du palais aménagé au XVIIIe s. orné de carreaux de faïences chinoises et hollandaises (Delft). Du balcon en surplomb, belles vues sur la ville.

Après avoir traversé le **Moti Mahal** (palais de la Perle, XVIIe s., beaux vantaux de porte en ivoire) et les appartements du dernier souverain ayant effectivement régné jusqu'à l'indépendance, une suite d'escaliers étroits conduit vers une des plus prestigieuses cour du palais, **Mor Chowk***, la « cour des Paons », quatre de ses animaux, symbole du pouvoir, constituant l'essentiel de la décoration (début XIXe s.). Ces merveilles de l'artisanat local réalisées en verre coloré ont retrouvé toute leur ancienne splendeur grâce à une récente restauration. C'est là que le souverain aimait à recevoir ses invités de marque, Britanniques notamment.

Quelques couloirs plus tard, on pénètre dans le *zenana*, après avoir passé une pièce où est conservée une figure monumentale du soleil, l'astre tutélaire de la dynastie, recouverte de plus d'un kilo d'or. Le ***zenana*** offre moins d'intérêt que les parties précédentes. On y verra tout d'abord les appartements de la grand-mère du souverain actuel, laissés tels qu'ils se présentaient à sa mort en 1973. D'autres couloirs ramènent vers la sortie (Ganesh Chowk) d'où vous pourrez, si le cœur vous en dit, jeter un rapide coup d'œil sur les collections du Gouvernement Museum.

▶ Des étages supérieurs, vous découvrirez, le matin de préférence pour bénéficier de la meilleure lumière, une splendide **vue**** sur le lac Pichola et sur ses îles, qui portent des palais de rêve. Au premier plan, le **Jag Niwas** *(plan A3)*, construit en 1746, en marbre blanc, par le maharana Jagat Singh II, est aujourd'hui un hôtel. Plus loin, vers la g., on aperçoit le **Jag Mandir** *(plan A3)*, principalement formé d'une énorme tour ronde, élevée de 1615 à 1622, en grès ocre jaune et coiffée d'un dôme. Le futur empereur Shah Jahan trouva un moment refuge dans ses appartements, aux murs décorés d'arabesques de pierres de couleur, alors qu'il fuyait la colère de son père Jahangir. Ce palais doit son nom au maharana Jagat Singh Ier (1628-1652) qui le fit agrandir. Quant au **lac Pichola**, il résulte de la construction au XVe s. d'un barrage qu'Udai Singh fit surélever lorsqu'il fonda sa nouvelle capitale. ◀

Government Museum *(mêmes horaires ; f. le ven.)*. Le contraste est saisissant entre les restaurations entreprises dans les parties du palais ouvertes à la visite, et l'état de délabrement de la cour sur laquelle ouvre le musée. La vétusté se poursuit à l'intérieur ; faute de moyens, le musée ne peut présenter la riche collection de miniatures qu'il possède. On se contentera donc de quelques belles statues provenant des sites des environs, notamment un Vishnou reposant sur le serpent Ananta, sculpté dans le marbre noir au XIe-XIIe s. Un des objets possédant une grande valeur historique est le turban que le prince Khurram, le futur Shah Jahan, le constructeur du Taj Mahal, offrit au maharana Karna Singh en signe d'amitié. On verra également une jolie série de miniatures de la fin du XVIIe s. (celles présentées dans le palais sont moins anciennes) représentant des épisodes de la légende de Krishna.

Crystal Gallery *(plan A3 ; ouv. t.l.j. 9 h 30-20 h ; entrée payante)*. Cette collection, présentée dans une partie du Fateh Prakash Palace, expose une interminable litanie des vaisselles et verreries de l'ancienne famille royale : un regard sur le luxe d'antan. La visite permet également de découvrir le gigantesque Durbar Hall construit en 1909 pour les réceptions officielles du souverain. Le billet d'entrée donne droit à une consommation servie sous les gigantesques lustres de cette imposante salle.

■ **VIEILLE VILLE.** Elle s'étend du palais jusqu'à Hathi Pol, la porte N. *(compter env. 1 h à pied)*.

Jagdish Temple *(plan A3)*. Non loin de l'entrée du palais, ce temple vishnouite fut érigé en 1651 dans le style des sanctuaires de Chittorgarh par le maharana Jagat Singh Ier (1628-1652). Sur une haute terrasse, il se compose d'un porche d'entrée, d'un hall à colonnes et d'une cella surmontée d'un *sikhara*. Sur la base qui supporte l'édifice, beaux reliefs sculptés.

Bagore-ki-Haveli* *(plan A3 ; à g au coin du Jagdish Temple ; ouv. t.l.j. de 10 h à 18 h ; entrée payante)* Construite au XVIIIe s. pour un Premier ministre du souverain, cette vaste et belle demeure servit au début du XXe s. de résidence pour les hôtes officiels, avant d'être cédée à l'État du Rajasthan en 1947. Après des années d'abandon, elle a fait l'objet de restaurations soignées et est ouverte aujourd'hui à la visite. Ses 138 pièces sont disposées autour de plusieurs cours et ouvrent pour certaines sur de somptueuses vues sur le lac Pichola, que l'on découvre également depuis les terrasses. Dans cette demeure ont été reconstitués des intérieurs traditionnels, de la salle de réception à la salle de bains. Jolie visite, que l'on peut prolonger le soir, en assistant au spectacle de marionnettes donné dans son enceinte de 19 h à 20 h *(pas de réserv.)*.

Temple d'Adinath *(Jain Temple, plan A3 ; revenir sur ses pas)*. En suivant vers l'E. **Bada Bazar,** vous parviendrez, après 200 m, à ce sanctuaire construit au XVIe s. par la secte des *digambara* ; il renferme la reproduction au 1/100, enrichie de pierres semi-précieuses, de la colline de Parasnath (Bihar), l'une des montagnes sacrées du jaïnisme, avec ses temples.

Hathi Pol *(plan A2)*. C'est par cette « porte de l'Éléphant » que vous franchirez la muraille du XVIIe s. pour sortir de la ville.

■ **NORD DE LA VILLE.** Devant Hathi Pol, vous trouverez un rickshaw pour vous conduire vers les jardins qui agrémentent le N. de la ville *(1 h 30 de promenade)*.

Sahelion-ki-Bari* *(plan A1 ; ouv. t.l.j. 8 h-18 h 30 ; entrée payante ; pour quelques roupies vous pourrez demander au gardien de faire fonctionner les jeux d'eau)*. Ce délicieux ensemble de jardins et de pavillons fut construit au XVIIIe s par le maharana Sangram Singh pour le plaisir des femmes de son harem. Échappant à l'enfermement et à l'étiquette du *zenana*, elles passaient là les mois précédant la mousson, les plus chauds de l'année, au milieu d'une végétation luxuriante rafraîchie de ruisselets et de jets d'eau. Au-delà d'une première cour, on pénètre à l'intérieur du pavillon principal, le « **palais de la Pluie sans nuage** » planté de majestueux manguiers : dans le kiosque central, l'eau tombait en rideau depuis la corniche, tandis qu'au sommet un pigeon tournait sous l'effet de la pression. Pour découvrir les autres jardins du site, on tournera autour de ce pavillon central dans le sens des aiguilles d'une montre. Le **Sawon Bhado**, sur le flanc g. du palais, est le plus touffu de ces jardins, rafraîchi par une fontaine ; on y remarque des palmiers dattiers, espèce inconnue dans le Rajasthan. En arrière du palais, le bassin au Lotus est orné d'éléphants monolithes ; une estrade y était réservée au souverain. Le dernier jardin, aux espaces plus dégagés, servait de scène aux danseuses et aux musiciens qu'observaient les femmes du harem depuis les balcons du palais.

Moti Magri *(plan A1 ; ouv. t.l.j. 7 h 30-19 h 30 ; entrée libre, payante pour les véhicules)*. Cette « colline de la Perle » se dresse au-dessus du **lac Fateh Sagar** et offre des vues splendides sur le lac et le **Nehru Island Park**, autre jardin aménagé sur un îlot, accessible par des bateaux qui partent du pied de la colline.

Folklore Museum *(plan B2 ; ouv. t.l.j. 9 h-18 h ; spectacle de marionnettes t.l.j. 18 h-19 h)*. Les collections présentent un panorama très complet sur les riches traditions de danses et de chants du Rajasthan. On peut notamment y voir les grandes tentures où sont peints les épisodes de la geste de Pabuji *(→ p. 175)* et utilisés par les bardes Bhopas pour illustrer leurs chants en l'honneur du héros. Une section est consacrée aux *kavad*, des autels portatifs utilisés par la caste des Bhats : la dernière porte s'ouvre sur l'image de Rama et Sita. D'autres sections sont consacrées aux fêtes des tribus, aux marionnettes et aux instruments de musique.

■ **Lac Pichola***** *(plan A3)*. Les promenades en bateau sur le lac partent de Bhansi Ghat, au pied du City Palace. Des promenades en groupe de 30 ou 45 mn sont proposées tous les jours de 10 h à 17 h ; la plus longue inclut la possibilité de débarquer quelques instants sur l'îlot du Jag Mandir, un pavillon de plaisance des maharana de Jaipur. Le *Taj Lake Palace*, le célèbre hôtel qui occupe l'île au centre du lac, n'est pas ouvert à la visite ; on peut en revanche venir y déjeuner ou dîner *(réserv. obligatoire)*. On peut également louer pour une heure un bateau mû par l'énergie solaire, à usage privatif (8 personnes maximum).

À voir encore

■ **Vintage Car Collection** *(ouv. t.l.j. 9 h 30-17 h ; entrée payante donnant droit à une boisson)*. Une visite incontournable pour les amoureux des vieilles voitures. On présente ici, chacune soigneusement rangée dans son box particulier, les automobiles de la collection royale : une Cadillac 1938 dans laquelle prit place la reine Elisabeth lors de son voyage en Inde de 1960, une MG de 1944, une Rolls Royce Phantom de 1938, une autre de 1930 spécialement équipée pour les safaris. Un hangar annexe présente les dernières marottes de l'actuel maharana, des véhicules à énergie solaire parmi lesquels un étonnant rickshaw.

Environs d'Udaipur

Les deux plus belles excursions à entreprendre depuis Udaipur conduisent à Chittorgarh *(116 km E.)* et Ranakpur *(95 km)* ; toutes deux peuvent être réalisées dans la journée.

1 Shilpgram* *(hors plan par A2 ; 6 km N.O. ; ouv. t.l.j. 11 h-19 h ; entrée payante)*. À la lisière de la ville, ce **parc** de 70 ha a été inauguré en 1989. Créé à l'initiative du gouvernement indien dans le cadre d'un programme culturel regroupant les États de l'Ouest indien (West Zone Cultural Center), il présente habitat, outillages, modes de vie traditionnels des villages du Rajasthan, Gujarat, Maharastra et Goa. Dans un cadre très agréable au pied des monts Arawalli, on partira ainsi à la découverte de 26 maisons de village construites selon les procédés et avec les matériaux traditionnels par des maîtres artisans venus de ces régions. À l'intérieur sont présentés objets usuels, parures et décorations. La visite s'agrémente de représentations de danses (des troupes villageoises se succèdent sur les lieux), et d'expositions d'artisans. Une visite agréable et reposante à entreprendre en fin de journée. Nombre de chauffeurs de taxis et de guides locaux répugnent à emmener leurs clients dans cet endroit où ils ne perçoivent pas de commission et prétextent que le parc est fermé, passez outre. Chaque année le parc abrite une grande foire entre le 25 décembre et le 1er janvier.

2 **Sajjangarh** *(hors plan par A2 ; 5 km O. ; ouv. t.l.j. 7 h-20 h ; entrée payante pour les véhicules et les passagers ; il est impératif d'être motorisé pour gravir la rampe de 5 km qui conduit au sommet de la colline, accessible aux rickshaws)*. Au sommet de la colline se dresse un palais construit à la fin du XIXe s. par le maharana Sajjan Singh (1874-1884), **Monsoon Palace**. Il abrite aujourd'hui une petite exposition consacrée à la réserve naturelle qui s'étend alentours. Mais si les touristes sont nombreux à grimper jusque-là (surtout en fin de journée), c'est pour assister depuis ce nid d'aigle au coucher de soleil sur Udaipur et ses lacs, en contrebas.

3 **Dungarpur**** *(110 km S. ; possibilité de poursuivre vers Ahmedabad, à 180 km de Dungarpur ; bonne route)*. Dungarpur est une petite ville au pied d'une forteresse, au bord d'un lac, qui possède un élégant palais. Pour y parvenir, prenez à dr. au premier rond-point. Vous suivrez les ghats le long du lac, puis vous tournerez à g., pour continuer près du rivage. À env. 1 km de la ville, vous atteindrez **Udai Bilas Palace****, petite merveille d'architecture rajpoute du début du XIXe s. Sa fantaisie baroque éclatera à vos yeux dès que vous aurez franchi le portail d'accès, du côté du lac. L'ensemble offre le contraste du noir et du blanc, dans les placages de pierre du haut pavillon central ou des quatre ailes à galeries aériennes, avec leurs balcons en saillie et leurs *chhatri,* tous très délicatement sculptés. Vous pourrez y passer la nuit : ce palais a été partiellement aménagé en hôtel *(réserv. indispensable : ☎ 0296-423-0808, www.udaibilaspalace.com)*.

Si vous séjournez à Dungarpur, demandez l'autorisation à l'Udai Bilas Palace de visiter le **vieux palais royal**** (Juna Mahal) qui toise la cité du haut de ses neuf étages de balcons sculptés. L'intérieur est un éblouissement et un morceau d'anthologie du décor des palais du Rajasthan. Toutes les techniques de décoration y sont présentes : mosaïques de miroirs, de verre ou de céramiques chinoises, sculptures, dorures. Les peintures sont d'une fraîcheur incomparable : elles furent restaurées en 1944, à l'occasion du mariage des deux tantes du maharaja actuel.

4 **Eklingji*** *(plan B1; 25 km N. ; ouv. t.l.j. 10 h 30-13 h 30 et 17 h 15-19 h 45)*. Chaque lundi, le rituel se perpétue : l'ancien souverain d'Udaipur, lorsqu'il réside en ville, vient rendre hommage aux divinités tutélaires de sa lignée. Un pavillon d'entrée lui est réservé, d'où il pénètre dans l'enclos sacré qui ne compte pas moins de 108 sanctuaires. Le plus important est le **temple de Lakulisha***, fondé en 972 sous les Guhilot puis rebâti au XVe s. par le maharana Raimal. Tout de marbre blanc, il est dominé par un *shikhara* tandis que le *mandapa* qui en précède l'entrée s'orne de charmantes statues de danseuses sous la coupole. À g., un **temple dédié à Vishnou** présente également un *mandapa* ouvragé ; l'extérieur est orné de frises de sculptures superposées (lions, cavaliers, danseuses, couples d'amoureux divins). Au fond de l'enclos, un sanctuaire shivaïte particulièrement vénéré possède un *lingam* constamment immergé. La fête de Shivaratri *(jan.-fév.)* est l'occasion d'une nuit de chants religieux.

▶ *À 2 km au S. d'Eklingji, à g. en venant d'Udaipur :* le site de **Nagda★**, joliment situé en bordure d'un lac, est celui de la troisième capitale des Guhilot du Mewar à partir du Xe s. Çà et là, on peut voir des restes de constructions en partie recouvertes par la végétation ; on verra surtout le **temple de Sas Bahu★★** *(entrée libre)* magnifiquement conservé avec ses murs extérieurs et son *mandapa* richement ornés de sculptures et de motifs ornementaux (XIe s.). À l'intérieur, le plafond est décoré de deux scènes de bataille empruntées au *Ramayana*, ainsi que de l'épisode du barattage de l'océan de lait. ◀

5 **Nathdwara** *(53 km N.)*. C'est la ville sainte des vishnouites de la région. Chaque jour des milliers de fidèles viennent vénérer une **statue de marbre noir de Krishna**, apportée de Mathura en 1669 par Raja Singh Ier (1652-1680) pour la soustraire à la fureur iconoclaste d'Aurangzeb. Avant d'atteindre le temple principal, il faut laisser son véhicule dans le parc de stationnement à l'entrée du bourg et poursuivre à pied, en suivant le flot des pèlerins à travers les ruelles animées et bordées de boutiques d'offrande et d'articles religieux. Dans ces derniers, on vendait jadis les *pichwai*, tentures peintes de l'image de Krishna : ils sont remplacés aujourd'hui par des images imprimées kitsch comme les affectionne l'Inde d'aujourd'hui. L'entrée du temple est précédée d'une placette où l'on vend les friandises destinées aux offrandes, des galettes de blé agrémentées de fruits secs et de pois chiches. Les fidèles sont admis à contempler l'image de leur dieu trois fois par jour : à 5 h, 9 h et 11 h 30. Après une longue attente, ils se ruent à l'intérieur du temple dans la plus grande bousculade, vite étouffante pour les visiteurs étrangers qui ne sont pas soutenus par la foi. On peut néanmoins attendre en compagnie des pèlerins et entrer dans la première salle du temple.

Balcons et clochetons au fort de Deogarh.

La vie de château

L'un des grands agréments du voyage au Gujarat et au Rajasthan est la possibilité de loger dans d'anciennes demeures familiales – forts, manoirs et palais – peu à peu converties en hôtels. La famille royale de Jaipur fut pionnière en ce domaine en ouvrant aux voyageurs les portes du luxueux *Rambagh Palace* en 1952. Depuis, la liste s'est considérablement allongée et compte une centaine d'établissements princiers rien qu'au Rajasthan.

Palais de charme

Les familles rajpoutes du Gujarat se sont lancées plus récemment dans ce genre d'initiatives, et cet État propose désormais une dizaine d'adresses de palais-hôtels. L'ensemble est regroupé en association, la Heritage Hotels Association, basée à Jaipur. Tous ont beaucoup de cachet, et souvent du charme, mais un palais n'est pas forcément un palace. Certaines demeures seigneuriales et châteaux de campagne ont parfois été ouverts aux touristes sans grand sens du confort sanitaire : des chambres immenses, avec meubles victoriens bancals ou Art déco, collections d'armes rouillées et photos jaunies immortalisant des parties de chasse, donnent sur des salles de bains où l'eau ne coule pas toujours au robinet. Et le cuisinier personnel du maharaja peut laisser brûler les *chapatis* ! Certaines familles ont montré un remarquable sens du tourisme, en imaginant toute une série d'activités (excursion en jeep dans les anciennes réserves de chasse, visite des villages environnants, découverte de leur artisanat et de leurs traditions, spectacles folkloriques) à partir des possibilités locales.

La salle d'audience du palais de Samode sert de cadre à de fabuleux dîners.

Fraîcheur des patios de Narlai.

D'un château l'autre

Il est possible d'envisager tout un voyage avec étapes dans ces demeures familiales. Cependant, il est indispensable de réserver. En effet, certains établissements disposent d'à peine dix chambres. D'autre part, les propriétaires résident parfois ailleurs que dans leur vieux manoir de famille et vous pourriez trouver porte close si vous n'aviez pas avisé de votre passage.

La gamme des prix est à l'image de la variété du confort : de 800 Rs pour une chambre dans un fort de campagne à 320 $ pour une double standard ou 500 $ pour une suite au *Rambagh Palace*.

Le Gujarat

Un pasteur Bharwad, paré d'énormes boucles d'oreilles d'argent, sa dhoti immaculée claquant sur ses cuisses, file à scooter au pied des architectures de béton ultramodernes d'Ahmedabad. Un chamelier Rabari, appuyé sur sa houlette dans l'attitude de tous les bergers du monde, guette le chakra – fantastique tricycle à moteur – pour regagner son village. Dans le sanctuaire immaculé d'un temple jaïn, où des pierres précieuses luisent çà et là, des femmes habillées de blanc enduisent des images de beurre, glissant entre leurs mains des fleurs d'hibiscus. Dans le lointain Kutch, les brodeuses Meghwal, arborant des plastrons éclatants de couleurs et de miroirs, devisent en tirant l'aiguille. Le Gujarat, c'est d'abord une séquence d'images fugaces captées au fil de ses routes, qui sont parmi les meilleures de l'Inde. Des images où cohabitent tradition et modernité, à l'instar des marchands de ce balcon sur l'Arabie, qui n'oublient pas leur terre natale même lorsqu'ils s'expatrient. L'exemple de Gandhi est éloquent : ce Gujarati puisa dans l'atmosphère d'intense piété dont fut baignée son enfance un des fondements de sa pensée et reçut, au moment de l'action, le soutien sans faille des grandes fortunes de son pays. Sa foi sincère et œcuménique est à l'image de l'art indo-musulman qui s'épanouit au Gujarat : les mêmes sculpteurs œuvrèrent pour les temples hindous, les sanctuaires jaïns et les mosquées, qu'ils signèrent d'un sens ineffable de la vie.

En fin de volume, le Petit Dictionnaire regroupe, dans l'ordre alphabétique, les définitions des noms propres ou communs spécifiques au Gujarat.

Carte d'identité

Superficie : 196 024 km².
Population : 50 600 000 hab.
Densité de la population : 258 hab./km².
Langues officielles : hindi et gujarati.
Taux d'alphabétisation : 69,97 % (80,5 % des hommes, 58,6 % des femmes).
Capitale : Gandhinagar (196 000 hab.).
Villes principales :
Ahmedabad (3,5 millions hab.),
Surat (2,4 millions hab.),
Baroda (1,3 million hab.),
Rajkot (966 000 hab.).
Principales ressources : mil, maïs, riz, blé, coton et arachide (1er producteur en Inde) ; tabac (2e producteur en Inde) ; industries textile, pétrochimique et pharmaceutique.

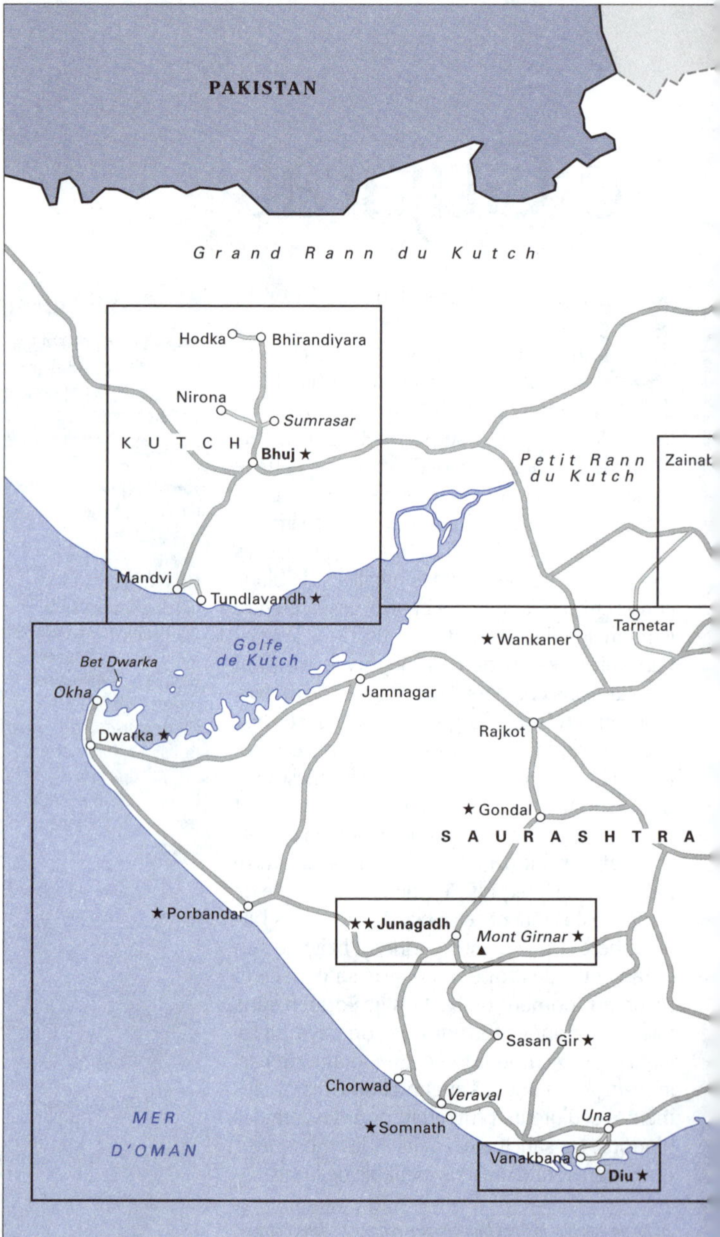
PAKISTAN
Grand Rann du Kutch
Hodka
Bhirandiyara
Nirona
Sumrasar
KUTCH
Bhuj ★
Petit Rann du Kutch
Zainab
Mandvi
Tundlavandh ★
Golfe de Kutch
Bet Dwarka
Okha
Dwarka ★
Jamnagar
★ Wankaner
Tarnetar
Rajkot
★ Gondal
SAURASHTRA
★ Porbandar
★★ Junagadh
Mont Girnar ★
Sasan Gir ★
Chorwad
Veraval
★ Somnath
Una
Vanakbana
Diu ★
MER D'OMAN

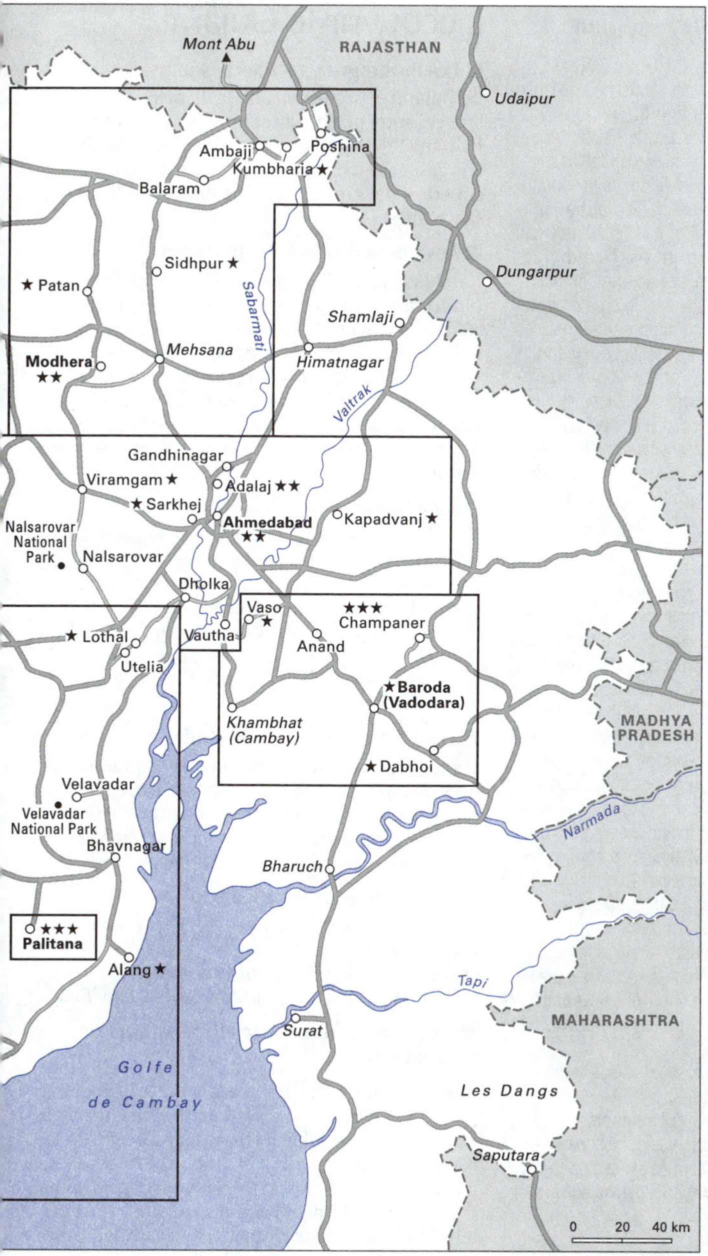

Que voir au Gujarat.

Découvrir le Gujarat

Les montagnes sacrées des jaïns

Le Gujarat possède deux lieux de pèlerinage jaïns, l'un et l'autre perchés au sommet d'une montagne : Palitana*** et le mont Girnar**. Au terme d'une longue ascension, on est récompensé par de superbes paysages et la riche parure sculptée des sanctuaires.

Les noces de l'Inde et de l'islam

L'architecture musulmane du Gujarat est l'une des plus originales de l'Inde. Née de la commande des sultans et de leur cour, elle fut façonnée par le ciseau des maçons-sculpteurs hindous. Autant de lieux à découvrir : mosquées d'Ahmedabad, prises dans les mailles des rues de la vieille ville, Champaner, capitale abandonnée et petite Fatehpur Sikri du Gujarat, ou les mausolées de Sarkhej édifiés autour d'un grand bassin.

La passion des étoffes

L'industrie textile a fait la richesse du Gujarat. Outre les cotonnades bon marché, on trouve de somptueuses pièces comme les saris tissés de fils d'or, spécialité de Surat (vendus dans les magasins de luxe d'Ahmedabad). Les villages des environs de Bhuj permettent d'observer la dextérité des brodeuses, la visite de Patan est l'occasion de s'initier au savant travail des sari patola.

Les plus vieilles cités de l'Inde

Les fouilles archéologiques ont mis au jour les vestiges de ports et de cités des plus anciennes civilisations du sous-continent, notamment celle de l'Indus. Les passionnés d'histoire ancienne iront à leur découverte à Lothal ou à Dwarka *(Saurashtra)*.

Farniente sous les cocotiers

Le Gujarat compte quelques très belles plages équipées d'hôtels ou de bungalows. Signalons surtout celles de l'île de Diu et, sur le continent, celles de Chorwad *(Saurashtra)* et Mandvi *(→ Env. Bhuj)*.

La terre du lion d'Asie et les amours du flamant rose

Plus petit que son cousin africain, le lion d'Asie prospère aujourd'hui dans la forêt de Gir. Quant aux flamants, ils s'assemblent l'hiver sur les berges du lac Nal *(→ Env. Ahmedabad)*, avant de s'envoler vers les marais du Rann du Kutch *(→ Env. Ahmedabad)* pour s'y reproduire. Le petit Rann du Kutch est aussi une terre d'élection pour l'onagre, âne sauvage, autre espèce menacée.

Avertissement

En février 2002, le Gujarat, et notamment sa capitale Ahmedabad ont connu une flambée de violences intercommunautaires qui s'est soldée par de véritables massacres perpétrés contre la communauté musulmane. Tout a commencé le 27 février par l'incendie criminel d'un train ramenant d'Ayodhya des pèlerins hindous ; les circonstances du drame restent obscures : toujours est il que les wagons du train furent incendiés de façon criminelle et que 58 personnes périrent dans les flammes. Les organisations hindouistes attribuèrent sur le champ cette attaque aux intégristes musulmans. Dès le 27 au soir, des villages et le quartier musulman d'Ahmedabad furent investis par des fanatiques hindous, amenés sur place par camions entier, et dont beaucoup portaient l'uniforme du RSS (Rashtriya Swayamsevak Sangh), une organisation paramilitaire qui revendique 2 millions de militants et s'affiche comme le bras armée du BJP. Devant la passivité –certains observateurs ont parlé de complaisance- de la police locale, il fallut faire appel à l'armée fédérale pour venir à bout du progrom qui a fait 2000 victimes, nombre d'entre elles brûlés vives. Depuis les commerces et les habitations mises à sac dans le quartier musulman d'Ahmedabad ont été réparés, mais la tension reste toujours palpable et les hindous évitent de pénétrer dans ce qu'ils nomment Little Pakistan.

Bien que la situation soit stabilisée, il est nécessaire de se tenir à l'écart des mouvements de foule ; certains temples et mosquées peuvent être fermés ; renseignez-vous sur place auprès des guides locaux ou dans votre hôtel sur les tensions éventuelles.

Programme

Le Gujarat dispose d'un excellent réseau aérien et de nombreux aéroports. Il est donc facile de concevoir un itinéraire exclusivement consacré à cet État en gagnant directement l'un de ses nombreux ports d'entrée depuis Bombay. Par la route, vous combinerez aisément ce voyage avec la visite des États voisins. Depuis le Rajasthan (Dungarpur ou le mont Abu), vous avez la possibilité de rejoindre le N. du Gujarat en filant directement sur Ahmedabad ou en faisant étape à Poshina ou Balaram. Il existe également une route entre Jaisalmer et Bhuj. Depuis Mandu ou Dhar *(Madhya Pradesh)*, vous gagnerez Baroda par la route de Jhabua et les belles mosquées de Champaner ou par celle, plus difficile, des grottes de Bagh. Les distances peuvent paraître importantes, mais, dans l'ensemble, les routes du Gujarat sont assez bonnes et permettent d'atteindre des moyennes d'env. 60 km/h. Attention toutefois aux abords des grandes villes et à la circulation sur la route Udaipur-Ahmedabad-Baroda-Bombay : le trafic des poids lourds y est très dense et peut créer des embouteillages impressionnants.

Toute la région de Bhuj a subi, en janvier 2001, un tremblement de terre qui fut particulièrement meurtrier. Les bâtiments, souvent fragiles, furent en grande partie détruits dans une zone qui couvre toute la partie de l'État comprise entre le golfe de Kuch et la frontière pakistanaise et s'étend sur 45 km à l'intérieur des terres. La situation s'est réorganisée, mais vous pouvez y trouver encore des routes coupées, des hôtels fermés et des monuments partiellement détruits ou impraticables pour la visite.

1er-2e j. Bhuj** que vous gagnerez par avion depuis Bombay. Prévoir deux nuits sur place ; vous disposerez du temps nécessaire pour obtenir le permis de visiter les zones sous contrôle *(restricted areas)*, près de la frontière pakistanaise. Ne fixez pas ce séjour un week-end : vous trouveriez porte close auprès des services administratifs.

3e j. Bhuj-**Gondal*** *(264 km)*. Route pour le Saurashtra et visite du vieux palais de Gondal à l'arrivée.

4e j. Gondal-**Junagadh**** *(101 km)*. Départ matinal si vous souhaitez faire l'ascension du **mont Girnar****, haut lieu de pèlerinage qui domine la ville. Nuit à Junagadh. Vous pourrez prolonger le séjour pour visiter Jamnagar *(138 km)* ou Porbandar *(108 km)*. Cette ancienne capitale est une pittoresque cité qui conserve de curieux mausolées, un fort et, pour les amateurs d'archéologie, une inscription d'Ashoka.
Variante : depuis Gondal, on peut raccourcir l'itinéraire en filant vers Bhavnagar, à l'autre bout du Saurashtra *(177 km, voir 7e j.)*.

5e j. Junagadh-**Chorwad** *(66 km)* ou Junagadh-**Sasan Gir*** *(54 km)*. Selon la période de l'année (la réserve de Sasan Gir est fermée pendant la saison des pluies), vous irez voir le lion d'Asie ou partirez directement vers Chorwad, bordé d'une des plus belles plages du Gujarat. Une magnifique demeure abrite l'hôtel du lieu.

6e j. Chorwad-**Diu*** *(95 km)*. D'une plage à l'autre, cette courte étape vous conduira chemin faisant au temple de **Somnath*** *(Saurashtra)*, un des lieux les plus saints pour les hindous, avant d'arriver à Diu où vous visiterez quelques églises du temps des Portugais, irez flâner à la criée au poisson et prolongerez le farniente autant qu'il vous plaira (dernière étape au bord de la mer).

7e j. Diu-**Bhavnagar** *(246 km)*. En chemin, allez visiter le fantastique cimetière de bateau d'**Alang*** *(50 km au S. de Bhavnagar)*. Si vous n'êtes pas à cheval sur le confort, continuez directement vers **Palitana***** *(51 km de Bhavnagar)* afin d'être à pied d'œuvre pour faire l'ascension de la colline sainte de Shatrunjaya le lendemain matin.

8e j. Bhavnagar-**Ahmedabad**** *(201 km)*. Partez très tôt pour être dès l'aube au pied de la colline de **Palitana***** *(51 km)*, qu'il vous faudra gravir en 2 h pendant qu'il fait encore frais. En route vers Ahmedabad, vous pourrez visiter le site archéologique de **Lothal*** et l'ensemble architectural de **Sarkhej*** dans la banlieue d'Ahmedabad. Si vous souhaitez profiter de la campagne, faites étape au manoir d'**Utelia** *(7 km de Lothal)* pour la nuit.

9e j. Ahmedabad**. Une journée permettra de visiter quelques-uns des témoins de l'architecture indo-musulmane gujarati et, selon vos centres d'intérêt, au moins l'un des musées de la ville.

Depuis Ahmedabad, vous pourrez poursuivre le voyage vers l'un des États voisins *(distances données depuis Ahmedabad)* :

Deux itinéraires possibles

■ D'Ahmedabad au Rajasthan

Cette route du N. conduit successivement au puits d'Adalaj** *(16 km N.)*, au temple du soleil de Modhera** *(102 km)*, à Patan*, ancienne capitale des Solanki *(133 km N.)* et aux *haveli** des Bohra de Sidhpur* *(116 km N.)*. De là, vous pourrez poursuivre vers le mont Abu*** *(226 km N.)* au Rajasthan, ou bien faire une dernière étape au Gujarat à Balaram ou Poshina *(225 km N.)*.

Une autre possibilité consiste, après la visite de Modehra, à gagner le Rajasthan par Himatnagar en faisant étape à Dungarpur** *(→ Env. Udaipur, 175 km d'Ahmedabad)*. Vous êtes ensuite sur la route d'Udaipur***.

■ D'Ahmedabad au Madhya Pradesh

Quittez Ahmedabad par la route de Baroda et faites un crochet pour aller admirer les façades de bois sculpté des *haveli* de Vaso* *(55 km S.-O.)*. Poursuivez au delà de Baroda *(115 km S.)* jusqu'à la bourgade de Dabhoï* *(à 29 km S.-E. de Baroda)* et ses fameuses portes**. Consacrez la fin de la journée à la visite de Baroda*. Le lendemain, empruntez la route de Jhabua au Madhya Pradesh : elle vous permettra de visiter la ville fantôme de Champaner*** *(à 47 km N.-E. de Baroda)*, joyau de l'art indo-musulman du Gujarat.

Le Gujarat mode d'emploi

■ Quand partir

Contrairement au Rajasthan voisin, qui connaît en hiver une forte amplitude thermique dans les régions désertiques, le climat est chaud toute l'année : à Ahmedabad on enregistre en hiver *(déc.-janv.)* des minima de 15 °C et des maxima de 30 °C. Les mois qui précèdent les pluies *(avr.-juin)* sont caniculaires avec des températures dépassant les 43 °C à Ahmedabad. Dans l'O., notamment la région de Bhuj, elles sont encore plus élevées. La pluviométrie est modérée, mais les pluies de mousson peuvent être abondantes en juil.-août dans l'E. de l'État et la péninsule du Saurashtra. Les zones désertiques du Kutch, elles, demeurent largement épargnées. Attention, si vous souhaitez orienter votre voyage vers les parcs naturels de l'État, sachez qu'ils sont fermés entre mi-juin et mi-octobre.

Qu'emporter
Toute l'année des vêtements légers en coton ; des jumelles si l'on envisage de visiter l'un des parcs naturels.

S'organiser
La prospérité économique du Gujarat l'a longtemps fait dédaigner le tourisme en tant que source de devises. Mais, depuis le milieu des années 1990, l'État a tiré les leçons du succès touristique du Rajasthan voisin : les maharajas du Gujarat ouvrent peu à peu leurs palais aux voyageurs et Archeological Survey of India a entrepris plusieurs campagnes de restauration sur les sites archéologiques.

Il y a beaucoup à voir au Gujarat et les routes sont excellentes. Cependant, il est bon de savoir qu'il y a peu d'étapes concentrant de nombreux points d'intérêt, occasion d'un séjour prolongé, comme Udaipur, Jodhpur ou Jaisalmer au Rajasthan. D'autre part, les villes les mieux desservies par les différents types de transport ne sont pas forcément les plus intéressantes.

Le meilleur moyen de découvrir le Gujarat est d'y organiser un itinéraire en voiture avec chauffeur, ce qui présente le double avantage d'éviter les casse-tête des difficultés d'accès et de réserver des étapes dans les palais, propriétés des maharajas.

Prohibition
La prohibition de l'alcool est en vigueur dans tout l'État. Pour les inconditionnels, l'hôtel Cama Park Plaza d'Ahmedabad dispose d'une *Liquor shop* autorisée à vendre de l'alcool aux étrangers sur présentation du passeport. Sinon, pour boire une bière fraîche, il faut se rendre à Daman ou à Diu, deux territoires enclavés qui ne font pas partie du Gujarat et où ne s'exerce pas sa loi.

Une prohibition démagogique. Le Gujarat et l'Haryana sont les deux États « dry » de l'Union. À première vue, cette décision semble reposer sur le respect de la tradition végétarienne des hindous et des jaïns. Réflexion à laquelle des Gujarati goguenards vous rétorqueront que le gouvernement de l'État a interdit l'alcool uniquement dans le but de se concilier l'électorat féminin.

Accès interdit ou limité
Attention ! les abords immédiats de la frontière pakistanaise sont interdits, et certaines excursions au-delà de Bhuj nécessitent l'obtention d'un permis spécial.

Que rapporter
L'artisanat du Gujarat est très riche, en particulier dans le domaine des textiles. Dans le Kutch, vous trouverez les broderies meghwal, avec leurs fameuses

Pour en savoir plus sur l'art indo-musulman, reportez-vous à la page couleur XVI.

Les liaisons aériennes
Ahmedabad : Bangalore (Karnataka, Inde du S.), Baroda, Bombay, Chennai (Madras, Tamil Nadu, Inde du S, Delhi).
Baroda : Ahmedabad, Bombay, Delhi.
Bhavnagar, Porbandar, Jamnagar, Rajkot et Bhuj ont des liaisons régulières avec Bombay.

Des légumes à toutes les sauces
Ne manquez pas de goûter l'un de ces succulents thali, spécialité de la région. On vous servira sur un plateau un assortiment de légumes accommodés de différentes et savoureuses façons, accompagné de riz et de condiments.

Sur les routes du Gujarat
Avec le *chakra*, le Gujarat remporte la palme du tricycle à moteur le plus original. C'est une cabine attelée à une moto, le tout peint de couleurs vives, hérissé de klaxons, réflecteurs et phares.
Si vous faites étape dans un *dhaba* (routier), on vous versera le *chaï* (thé indien bouilli dans du lait) dans une tasse, posée sur une soucoupe. Un usage exceptionnel en Inde où ce breuvage est d'ordinaire servi dans un verre. Vous en comprendrez très vite la raison à observer les Gujarati : le thé est versé et bu à même la soucoupe pour éviter de se brûler la langue.

applications de miroirs, ou *soof* aux motifs géométriques, mais aussi des cotonnades imprimées au bloc, des tapis tissés en laine de mouton et de chameau, ainsi que les fabuleux bijoux d'argent des Rabari. Le Saurashtra est plutôt spécialisé dans le travail du métal (cuivre et application de laiton) et les broderies de perles. Le Gujarat proprement dit, c'est-à-dire l'E. de l'État, propose des textiles plus raffinés, tels que les saris de Surat, les soies gaufrées et imprimées en *tie and dye*, les doubles *ikat* sur fils de soie et les jacquards mashru de Patan.

Fêtes et manifestations

Traditionaliste sans être rigoriste, le Gujarat célèbre avec ferveur les grandes fêtes religieuses de l'Inde. Elles sont l'occasion de rassemblements hauts en couleur, en particulier au sein des communautés pastorales du Saurashtra et des confins N.-E. où vivent les Garasia et les Bhil.

Janv. Makar Sankranti célèbre la fin de l'hiver. Les fidèles se rendent au temple et font des offrandes aux vaches. Cette fête coïncide avec le **Festival international du cerf-volant** qui a lieu chaque année à date fixe à Ahmedabad *(le 14)*. Le ciel est pavoisé, pendant trois jours, de cerfs-volants multicolores, pendant trois nuits de lanternes de papier, objets de concours et de compétition.
Festival de danse classique dans le temple du Soleil de **Modhera**.

Fév.-mars. Fête du temple de **Bhavnath Mahadev.** Au pied du mont Girnar à Junagadh. C'est une grande *puja* dédiée à Shiva. Précédée de la procession des *naga bava* (sages nus), qui vont à dos d'éléphant, soufflant dans une conque et chantant les louanges du dieu, elle se déroule durant trois jours.

Mars. Darbar des Dangs. Grand rassemblement aborigène dans les forêts du district des Dangs, à Ahwa *(420 km au S.-E. d'Ahmedabad, près de la station d'altitude de Saputara, sur la frontière avec le Maharashtra)*, quelques jours avant la fête hindoue de Holi. Des milliers de villageois s'y réunissent, parés de leurs vêtements de fête, pour danser au son du *shennai* et des tambours.

Mars-avr. Chitra-Vichitra. Fête en l'honneur des princes thaumaturges Chitravirya et Vichitravirya rassemblant les Bhil et les Garasia des confins du Gujarat et du Rajasthan dans le village de Gunbhakari, près de Poshina *(→ Env. de Modhera ;149 km au N. d'Ahmedabad ;)*.

Août. Janmashtami. Les dévots de Krishna, venus de tout le pays, célèbrent à Dwarka, en musique et en chants, la naissance de leur dieu.

Août-sept. Foire de **Tarnetar** *(Saurashtra)*. C'est le plus grand rassemblement des différentes communautés du Saurashtra (Koli, Bharwad, Rabari, Kathi, Charan...) et un extraordinaire concours de parures.

Sept. Bhadra Purnima à Ambaji *(→ Env. de Modhera)*. C'est l'un des grands sites du culte de la déesse, sous le vocable d'Amba. Durant la pleine lune de septembre, les pèlerins s'y rendent par milliers pour le *darshan*. Des représentations de théâtre rituel Bhavai ont lieu à cette occasion.

Sept.-oct. Navrati (Dussehra). Les neuf nuits *(navrati)* de la fête de Dussera, en l'honneur de la déesse, sont l'occasion de spectacles de danse, en particulier à Ahmedabad et à Baroda. Ces danses traditionnelles sont basées sur des rythmes allant crescendo. Le *garba* est une ronde de femmes, tournant sur elles-mêmes de plus en plus vite, autour d'un pot de terre rempli d'eau. Dans le *dandia ras*, hommes et femmes font cercle en chantant et en percutant de plus en plus rapidement des bâtons.

Nov. Kartik Purnima, Shamlaji. Shamlaji *(à 80 km d'Ahmedabad, sur la route d'Udaipur)* est le site d'un temple dédié à Vishnou, sous le nom de Shamlaji. Particulièrement révéré par les Bhil et les Garasia de la région, il est le théâtre d'une importante *mela* en nov. Les pèlerins chantent des chants dévotionnels, puis se baignent dans la rivière Meshwo.

Mela de Vautha. C'est un petit village situé au confluent de la Sabarmati et de la Vatrak *(→ Env. d'Ahmedabad)*. Sa *mela* qui a lieu durant le mois de Kartikeya est la plus importante du Gujarat. Elle est l'occasion, comme Pushkar et Nagaur au Rajasthan, d'une grande foire aux bestiaux.

Le Gujarat dans l'histoire

Les plus anciens ports de l'Inde

Avec ses 1600 km de côtes (le plus long littoral indien), la région a toujours eu les yeux tournés vers le large. Cette vocation fut précoce, car le Gujarat s'inscrit, avec le Rajasthan voisin, dans les prolongements les plus orientaux et les plus tardifs de la civilisation harapéenne. Cette culture, dont le site éponyme se trouve au Pakistan, s'est développée au cours du IIIe millénaire av. J.-C. Ses sites trahissent un urbanisme planifié sur plusieurs siècles et un extraordinaire sens du confort matériel. Les cités harapéennes commerçaient avec Sumer et on a vu dans le grand bassin du site de Lothal *(Saurashtra)*, au Gujarat, l'ancêtre des docks du sous-continent. Durant l'Antiquité et le Moyen Âge, les ports de Bharuch et Cambay firent à leur tour la prospérité de la région. Bharuch fut le port le plus important de l'Inde antique. Au VIe s. av. J.-C., il était en relation avec la Babylonie, puis, plus tard, avec le monde gréco-romain qui s'y approvisionnait en épices et en articles de luxe (parfums, pierres précieuses, indigo…).

Au VIIIe s., les Parsis, fuyant l'avancée de l'islam en Iran, trouvèrent refuge sur le littoral du golfe de Cambay. Ils portaient avec eux le feu sacré de leur temple ; il brûle toujours à Udvada *(10 km de Daman)*. Cette communauté jouera un rôle décisif dans le développement économique de la région, et ce, jusqu'à nos jours. À la pointe occidentale de la péninsule du Saurashtra, l'histoire du port de Dwarka *(Saurashtra)* se confond avec la légende de Krishna, dieu et roi. Mais on y a retrouvé les vestiges d'un port du XVe s. av. J.-C. attestant l'existence d'une civilisation qui succéda à celle de Harappa.

Des Gujar aux Rajpoutes

Après avoir fait partie des grands empires de l'Inde du Nord, maurya et gupta, la région fut envahie par les Gujar qui apparurent entre le Ve et le VIIe s., lors du déferlement des Huns Hephthalites sur le N.-E. de l'Inde. Cette tribu se maintint sur place et laissa son nom à la région.

Au IXe s., un des grands clans rajpoutes fondateurs prend pied dans la région : il se nomme Chalukya, règne jusqu'au XIIIe s. sous le nom de Solanki. Les souverains Solanki patronnèrent de grandes fondations hindoues dont subsiste le temple de Modhera. Leurs ministres furent protecteurs du jaïnisme et on leur doit les plus beaux de ses temples, du mont Abu *(Rajasthan)* aux plus anciens temples de Palitana, en passant par les sanctuaires de Khumbariya. Le nom de leurs reines est, lui, associé à de singuliers ouvrages : des bassins *(kund)*, cachant sous des dehors religieux la fonction stratégique de ravitailler les troupes en eau, comme celui de Viramgam, et des puits (*baori* ou *vav*), placés sous le double signe d'un culte de la fertilité et du refuge contre la chaleur. Le Gujarat des Solanki se montra assez puissant pour supporter l'effroyable campagne de destructions lancée par Mahmud de Ghazni en 1025-1026.

Les indiennes de Fostat

Au début du XXe s., les antiquaires du Caire vendaient des fragments de textile, imprimés en réserve de motifs de lotus et d'oies sauvages. La plupart provenaient de la nécropole de Fostat dans les faubourgs du Caire. L'étude des méthodes d'application des colorants et des motifs des cotonnades de Fostat a permis d'identifier l'Inde, en particulier le Gujarat, comme leur lieu d'origine. Fostat fut un important centre de commerce au VIIIe s. Il semble que ces toiles furent introduites par des marchands yéménites commerçant avec les Gujarati. Ceux-ci acheminaient ces étoffes des villages du Gujarat vers les ports, d'où elles étaient expédiées vers la péninsule Arabique. De là, les Yéménites les vendaient en mer Rouge, principalement en Égypte, qui, depuis l'Antiquité, importait du coton brut et manufacturé de l'Inde. Retour des choses : le coton tissé aujourd'hui en Égypte est du coton indien dont les plants ont été introduits par les Britanniques.

En ce qui concerne le désert, les puits et le rôle de l'eau, reportez-vous à la page couleur IV.

C'est pour célébrer son triomphe sur les sultans du Gujarat que le Grand Moghol Akbar fit élever la Sublime Porte de la Grande Mosquée *(→ p. 378)*, dans sa nouvelle capitale de Sikri, qu'il rebaptisa à cette occasion Fatehpur (« Ville de la Victoire »).

Le puissant sultanat des Ahmed Shahi

Les musulmans du sultanat de Delhi mirent fin à la dynastie des Solanki en 1297 et annexèrent le pays. Des mosquées furent alors élevées et des temples hindous démolis. Lorsque Tamerlan, en 1398, eut ébranlé l'autorité du sultanat de Delhi, le gouverneur du Gujarat en profita pour se déclarer indépendant et fonder une dynastie qui devait régner environ 200 ans sur la province. L'un de ses souverains, Ahmed Shah (1411-1441), transféra sa capitale à Ahmedabad. Son petit-fils Mahmud Begarha (1459-1511) l'établit à Champaner *(→ Env. Baroda)*, dans le S. de l'État. L'un et l'autre firent appel, pour bâtir leurs mosquées, à la guilde des sculpteurs Sompura, qui avait travaillé pour le compte des Solanki. Ils se plièrent sans difficultés aux prescriptions de l'islam, développant leur sens de la lumière et de l'espace dans le volume des salles de prière et dotant ces nouveaux types d'édifices de sculptures foisonnantes. La puissance des Ahmed Shahi reposait sur les armes, mais aussi sur le commerce dont le port de Cambay était la tête de pont. En 1526, Baz Bahadur conquiert le Malwa voisin et Mandu, sa belle capitale. Mais le sultanat du Gujarat vivait ses dernières années : en 1572, il passa aux mains des Moghols.

Les premiers comptoirs européens

Tout naturellement, c'est par ses côtes occidentales que les Européens abordèrent l'Inde. Les golfes de Kutch et de Cambay virent peu à peu s'installer ces nouveaux arrivants. Si les Portugais au XVIe s., suivis des Hollandais et des Anglais au XVIIe s., établirent des factoreries à Cambay ou à Bharuch, ils choisirent aussi des sites à l'écart de la sphère d'influence des marins omanais. Ainsi les Portugais s'installèrent-ils à Daman et sur l'île de Diu dès 1535. Implantés également à Surat, ils en furent évincés par les Anglais en 1612, à la suite d'une bataille navale. Demeuré un important centre textile, Surat fut le principal comptoir de la côte occidentale de l'Inde au XVIIe s., au temps de l'Empire moghol. Les Anglais y implantèrent leur compagnie de commerce, imités par les Hollandais en 1616, puis par les Français. C'est en effet à Surat que la Compagnie française des Indes fit ses débuts en 1667. Surat comptait alors 800 000 hab. et était réputée pour ses tissus qui, avec l'indigo, les épices, les porcelaines et les laques chinois, faisaient la fortune des intermédiaires européens. Pourtant, dès la fin du XVIIe s., Surat passa le flambeau à un nouveau port créé par les Anglais avec l'appui financier des marchands gujarati et des Parsis : Bombay.

Princes et nababs

La décadence de l'Empire moghol et l'ascension de la puissance marathe, qui contrôle une partie du Gujarat dès 1758, encouragèrent les luttes d'influences entre nababs musulmans et princes rajpoutes. Une poussière d'États virent le jour. Ce n'est qu'en 1818, à l'issue de la dernière guerre anglo-marathe, que les Britanniques établirent un traité, abolissant les frontières entre les quelque 200 royaumes de la région pour les placer sous la juridiction unique d'un gouverneur installé à Rajkot *(Saurashtra)*. Malgré cette tutelle, le Gujarat resta marqué par un régionalisme extrême dû principalement aux divisions entre les clans rajpoutes (on en comptait pas moins de 103 en 1891). Rattaché à la présidence de Bombay durant l a période coloniale, le Gujarat ne devint un État indépendant que le 1er mai 1960.

Le Gujarat aujourd'hui

Borné au N. par les déserts du Sind et de Thar, et à l'E. par la chaîne des Ghats occidentaux fortement arrosée par la mousson, le Gujarat est une terre brûlante à la pluviométrie modérée (assez forte cependant en juil. et août). Elle se compose de trois régions distinctes : la péninsule du Saurashtra, la plaine orientale du Gujarat et la frange désertique du Kutch.

Le cœur industriel

Dans sa partie continentale, le Gujarat est une vaste plaine fertile qui s'étend du N. d'Ahmedabad jusqu'à Bharuch et à Surat en déployant un tapis de rizières, de champs de mil, de coton, de tabac et d'arachides. Rattachée à l'État de Bombay jusqu'en 1960, la région était d'ailleurs essentiellement agricole ; le port de Bombay prospérait depuis le XIXe s. grâce au coton du Gujarat. Elle est aujourd'hui le 2e État industrialisé de l'Inde après le Maharashtra. Un essor que n'explique pas seulement le fameux sens des affaires des *baniya* gujarati. L'État a su se doter d'excellentes infrastructures (routes, important trafic aérien). En 1995, dans le cadre de la libéralisation de l'économie, le Gujarat a battu tous les records d'investissements. Ahmedabad, Baroda, Bharuch et Surat détiennent la presque totalité des ressources industrielles. Réputées – comme autrefois pour leurs cotonnades, brocarts et soieries –, elles ont diversifié leurs activités, qui embrassent aujourd'hui les domaines de la chimie et de la pétrochimie (le pétrole jaillit presque aux portes de Baroda), sans compter les salines de Dandi, près de Surat, fameuses en Inde depuis que le Mahatma Gandhi entreprit la marche du sel, en 1930.

Contrefaçons

Au XVIIIe s., tout ce qui venait d'Asie était à la mode. Lorsque fut créée la première manufacture d'impression sur étoffe en France à Mulhouse, en 1746, les imprimeurs textiles commencèrent par copier les cotonnades indiennes. C'est ainsi qu'au XVIIIe s. existaient dans la langue française les termes « indienneurs » et « indiennage ».

Malgré une implantation des marchands européens depuis le XVIIe s., peu de traces ont survécu de leurs anciens comptoirs sur les côtes du Gujarat. Les Portugais demeurèrent jusqu'en 1961 à Daman et à Diu, où les belles demeures coloniales et les églises baroques sont encore très évocatrices. Des présences française, anglaise ou hollandaise, à Surat et à Bharuch, il ne reste presque rien, sinon des tombes envahies par les herbes et quelques pans de murs d'anciennes factoreries.

Dans l'ombre de Nehru

Jusqu'à l'indépendance de l'Inde, le Gujarati Vallabhai Patel (1875-1950) fut l'un des piliers du Congrès aux côtés de Nehru. Moins connu que son homologue, il n'était pas pour autant une personnalité effacée et occupa des fonctions élevées au sein de la nouvelle Union. Surnommé l'homme de fer, il s'illustra successivement dans l'organisation d'insurrections paysannes contre l'augmentation de la taxe foncière, puis dans celle de la marche du sel aux côtés de Gandhi. Après 1947, il cumula les affaires intérieures, avec son portefeuille de vice-Premier ministre et c'est lui qui négocia l'intégration des États princiers dans l'Union indienne.

Le jeu des communautés

Le Gujarat est à bien des égards un État commerçant. Il y eut les marchands jaïns qui prospérèrent dès la période des Solanki, grâce au commerce caravanier et au trafic portuaire. Il y eut encore les Parsis, arrivés sur le golfe de Cambay au VIIIe s., qui stimulèrent l'essor commercial de la région. Les Bohra musulmans, dont les communautés sont fortement structurées, comptent parmi les familles les plus riches. Aujourd'hui, de nombreuses compagnies portent le nom de Patel. C'est un nom de famille et aussi une entité sociale. Les Patel, agriculteurs à l'origine, se sont tournés peu à peu vers les cultures de rapport, qui leur ont permis d'entrer dans le monde de la finance. Ils composent une forte majorité de la diaspora gujarati, à tel point que Patel est devenu un nom commun pour désigner les immigrés indiens dans certaines villes des États-Unis. Au Gujarat, on dit qu'ils ne laissent que leur petit doigt dans leur pays natal. C'est sans doute ce dosage subtil entre diaspora entreprenante et sens très fort d'une identité communautaire qui explique le paradoxe apparent du Gujarat : tourné vers l'avenir et les techniques de pointe, c'est également un État traditionaliste.

Le Saradar Sarovar Project

La construction d'un barrage haut de 110 m sur la Narmada, envisagée dès 1961 sous Nehru, a rencontré, depuis sa mise en œuvre en 1987, l'opposition résolue des mouvements écologistes indiens, soutenus notamment par l'écrivain Arundathi Roy. Face aux critiques déplorant le déplacement de milliers de villageois, pour l'essentiel des paysans de très basses castes, le gouvernement indien a vu dans la construction du barrage le symbole même d'un modèle de développement national, à l'instar des essais nucléaires. Le barrage, qui concerne le Gujarat, le Madhya Pradesh, le Rajasthan et le Maharashtra, alimentera en eau potable 8 000 villages et 135 centres urbains, d'irriguer 18 millions d'ha, et de produire de l'électricité à hauteur de 1 450 mégawatts. En mars 2004, la NCA (Narmada Control Authority) a autorisé la mise en eau du barrage jusqu'à la cote prévue de 110 m Les populations riveraines ont depuis intensifié leur lutte.

Un talent pour les *thali*

Le régime strictement végétarien suivi par la majorité de la population du Gujarat a suscité la création d'innombrables spécialités de légumes, de laitages et de céréales, toutes plus savoureuses les unes que les autres. Servies sur un grand plateau *(thali)*, elles sont accompagnées de riz, de *pickles*, de *chutneys* et de *chapati* à base de millet. Mentionnons le *kadhi*, curry à base de yogourt, de légumes finement hachés, de gingembre et de piments ; l'*undhyoo* (du nom d'un pot de terre que l'on enfouit dans le sol sous un feu), préparation à base de pommes de terre, de patates douces, d'aubergines et de piments verts, que l'on déguste plutôt l'hiver. Au chapitre des douceurs, on peut essayer le *srikhand*, mélange de yogourt, de noisettes et de fruits confits, parfumé à la cardamome et au safran.

Ahmedabad★★

Le premier contact avec la grande métropole du Gujarat est assez déconcertant ; il s'apparente à une véritable plongée dans le maelström des voitures, des camions et des rickshaws qui nimbent la vieille ville du halo bleuté de leurs gaz d'échappement dans un vacarme assourdissant. C'est pourtant une expérience obligée si l'on veut partir à la découverte des vestiges laissés par les sultans du Gujarat. On ne sera pas déçu. Mosquées et tombeaux témoignent en effet d'une des premières tentatives de marier les architectures hindoue et musulmane – une très heureuse réussite. La vieille ville ne se limite pas à cet aspect monumental, elle s'entortille en vieux quartiers, les *pols*, qui vivent repliés sur eux-mêmes avec leurs traditions, leurs commerces et leurs petits métiers. Voilà pour la rive gauche de la Sabarmati. Rive droite, la ville respire en larges avenues desservant des musées formidables, aménagés dans des jardins. En somme, bien des attraits qui feront oublier une première approche quelque peu pénible.

Mont Abu, 245 km ; Baroda, 115 km ; Bombay, 543 km ; Delhi, 911 km ; Palitana, 217 km ; Udaipur, 250 km. Alt. 52 m ; 3 516 000 hab.

Indicatif ☎ 079.

ⓘ Gujarat Tourism, H.K. House, Ashram Rd *(plan B1)*, ☎ 644-0606.

Internet : www.gujarattourism.com

HÉBERGEMENT :

- **L'hôtel Cama Park Plaza, Khanpur Rd, ☎ 550-5281, possède 50 chambres, confortables et modernes, à deux pas du centre-ville, de beaux jardins et une piscine.**

Poste : GPO, Salapose Rd *(plan C2)* ; ouv. 8 h-20 h, dim. 10 h 30-16 h.

Alliance française : Kinariwala Marg, face au Gujarat College, Ellis Bridge, *(plan A2)*.

Ahmedabad mode d'emploi

S'orienter. La rivière Sabarmati sépare nettement les deux parties de la ville. La vieille ville s'étend sur la rive g., à l'E. ; une bonne partie de la muraille est encore visible du côté de la rivière et le long des avenues Kasturba G. Rd *(plan C2)* et Sardar Patel Rd *(plan C3)* qui enserrent l'ancienne cité. La partie moderne s'étire sur l'autre rive.

S'organiser. Se déplacer est un gros problème dans le quartier de Jama Masjid et Manek Chowk *(plan C3)*, les rues étroites étant en permanence bloquées par un trafic dantesque. La meilleure solution consiste à aller à pied. Sinon préférez absolument un rickshaw, seul véhicule capable de se faufiler dans les embouteillages. Prenez en revanche un taxi pour visiter les autres mosquées, en couronne autour de la vieille ville. La partie moderne d'Ahmedabad, nettement moins engorgée, nécessite également le recours au taxi, les musées étant fort éloignés les uns des autres.

Pour en savoir plus sur les étoffes, reportez-vous à la page couleur XII.

À Ahmedabad, le Gujarat State Handicrafts Emporium, Ashram Rd (près de l'OT), dispose d'un excellent choix vendu à des prix raisonnables.

Nous conseillons également : *Sanskruti*, Panchvati Circle (dans une rue donnant sur C.G. Rd) ; *Self-employed Women's Association* (SEWA), C.G. Rd ; *Bandej*, Crossword Mithakhali.

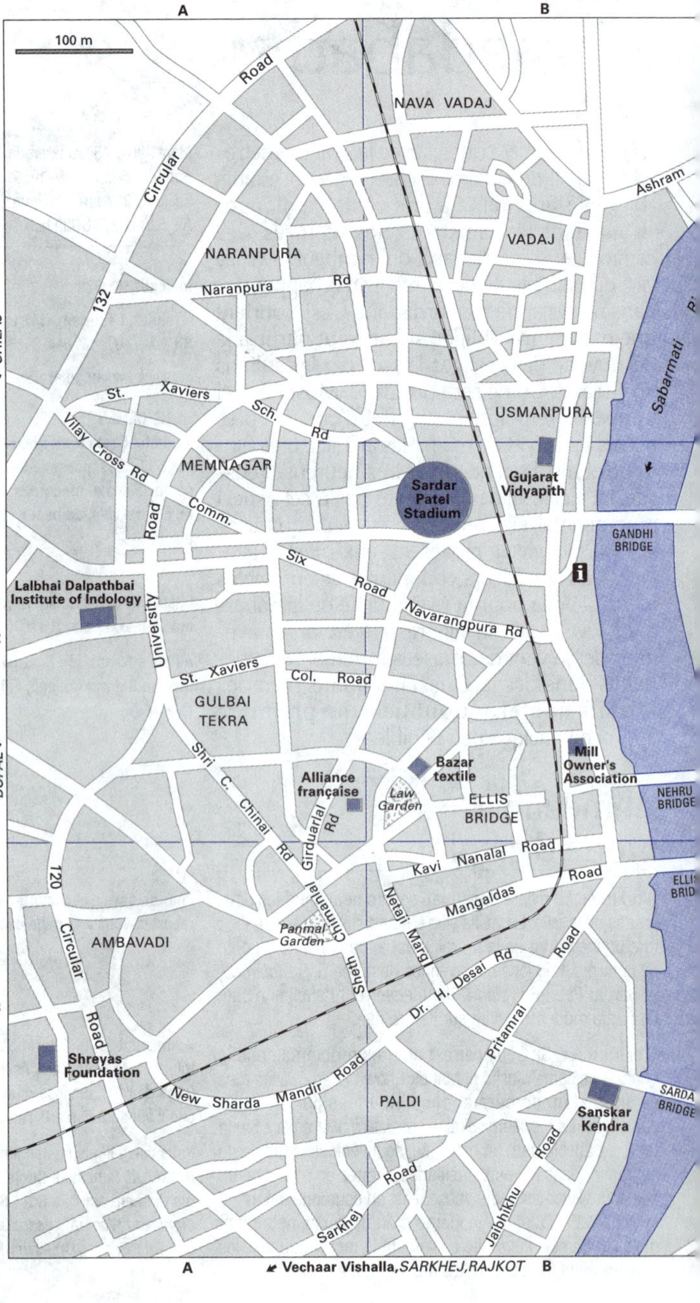

A
B
100 m
NAVA VADAJ
Circular Road
Ashram
NARANPURA
VADAJ
Naranpura Rd
132
SHILAJ
St. Xaviers Sch. Rd
USMANPURA
Sabarmati
Vijay Cross Rd
MEMNAGAR
Sardar Patel Stadium
Gujarat Vidyapith
Comm.
Road
GANDHI BRIDGE
Six Road
Lalbhai Dalpathbai Institute of Indology
Navarangpura Rd
University
St. Xaviers Col. Road
GULBAI TEKRA
BOPAL
Shri C. Chinai Rd
Mill Owner's Association
Bazar textile
Alliance française
Law Garden
ELLIS BRIDGE
NEHRU BRIDGE
Girduarlal Rd
Kavi Nanalal Road
Road
120
Mangaldas
Netaji Marg
Panmal Garden
Chimanlal
AMBAVADI
Circular Road
Sheth
Dr. H. Desai Rd
Road
Pritamrai
Shreyas Foundation
New Sharda Mandir Road
PALDI
SARDA BRIDGE
Sanskar Kendra
Road
Sarkhej Road
Jaibhikhu
1
2
3
Vechaar Vishalla, SARKHEJ, RAJKOT

ADALAJ MODHERA, Mont Abu
C
D
Aéroport international, Cantonment
Ashram de Gandhi
SUBHASH BRIDGE
Raj Bhavan
Shahibag Road
SHAHIBAG
Calico Museum
City Road
Civic
ASARWA
Dudheshwar Road
Road
Hospital Rd
Temple Swami Narayan
DHESHWAR
UDAIPUR
Temple de Hathi Singh
Dada Hari Vav
Naroda Road
Kasturba G. Road
Porte de Delhi
DARIAPUR
SHAHPUR
Rani Rupmati Masjid
Temple de Swami Narayan
KALUPUR
Relief Road
Gare
Sayyad Masjid
Fort Bhadra
M. Gandhi Rd
Jama Masjid
SHER KOTDA
Tin Darwaza
Manek Chowk
Sardar Patel Rd
Magan Bhai Ni Haveli
Odhav Rd
KAPADVANJ, GOMTIPUR
Dastur Khan Masjid
Rani Sipri Masjid
Porte de Rajpur
Sidi Bashir Masjid
Vivekanand Rd
RAJPUR HIRPUR
Raj Bidi Masjid
Porte d'Astodia
VIEILLE VILLE
Hebat Khan Masjid
Jagannathji Road
1
2
3
Zoo
Lac de Kankaria
Marg
Bhakta V. Dhola
RAMPURA
BARODA

Ahmedabad.

Programme. Une journée sera suffisante si vous limitez vos visites aux principaux monuments de la vieille ville, en gardant l'après-midi pour l'un des musées. Commencez la visite à pied de la vieille ville *(prom. 1)* assez tôt le matin, vers 7 h, pour éviter la grande chaleur de midi. Les *pols*, quartiers traditionnels où se tiennent les bazars, s'étendent autour de Jama Masjid ; si vous souhaitez vous y promener, faites-vous accompagner par un guide : ruelles et cours constituent un labyrinthe inextricable... Vous pourrez passer la soirée à l'écomusée Vishalla *(prom. 2)* qui fait également office de restaurant. Prévoyez une demi-journée supplémentaire si vous souhaitez visiter d'autres collections en fonction de vos centres d'intérêt : les musées d'Ahmedabad *(prom. 2)*, tous remarquables, sont organisés de manière thématique. Dans les environs immédiats, vous pourrez faire étape à Adalaj sur la route de Modhera, à Sarkhej sur la route du Saurashtra.

Visites guidées. L'OT organise des visites de la ville *(t.l.j. 8 h-14 h, sf lun.)*, ainsi que des excursions de plusieurs jours à travers le Gujarat. Avec le concours de diverses associations, la municipalité d'Ahmedabad organise également une promenade guidée à travers la ville : « Heritage Walk », d'une durée de 2 h et demie et précédée d'une projection de dispositives. Le point de départ est le temple de Swami Narayan dans le quartier de Kalupur (se rens. au ☎ 5392-1811 [poste 509]).

Aéroport. Au N.-E. du centre-ville, sur la rive g. de la Sabarmati. Vols quotidiens pour Baroda, Bombay et Delhi. Liaisons hebd. pour Bangalore-Madras et Jodhpur-Jaipur.

Compagnies aériennes. *Indian Airlines*, Airline House, Lal Darwaja, ☎ 550-3061. *Jet Airways*, Madhuvan complex Ellisbridge, ☎ 754-3304.

Liaisons ferroviaires. Kalupur Railway Station *(plan D2)*. Liaisons quotidiennes avec Delhi (25 h), Bombay (8 h 30), Udaipur (9 h), Bhopal (15 h 30), Jaipur (16 h).

Liaisons terrestres. Central Bus Station, Geeta Mandir, Astodia Darwaza *(plan C3 ; ☎ 2142-4764)*. Services pour Bhavnagar, Bhuj, Palitana, Rajkot et Somnath. Liaisons avec le Rajasthan : Abu, Ajmer, Jaipur et Udaipur.

Ahmedabad dans l'histoire

D'or, de soie et d'argent

Ahmedabad doit son existence et son nom à Ahmed Shah, souverain de ce sultanat émancipé de la tutelle de Delhi, qui fonda la ville en 1411. Elle devint la capitale d'un des plus puissants sultanats de l'Inde, dont la richesse était, disait-on, tissée de trois fils, d'or, de soie et d'argent. Les sultans du Gujarat étaient en effet les maîtres du port de Cambay où l'on embarquait soieries, brocarts et cotonnades pour l'Arabie et l'Europe. À l'image de ces étoffes de prix, la cité fut parée de somptueux édifices – mosquées, tombeaux et puits d'agrément –, témoins d'une des premières rencontres entre l'art musulman épuré et l'exubérance des formes hindoues.

La lune de miel de Shah Jahan

À peine installés sur le trône de Delhi, les Moghols commencèrent à lancer des regards intéressés vers le riche Gujarat, une des clés du fructueux commerce avec l'Occident. Ce fut Akbar qui, en 1572, ajouta la ville à ses possessions. Son fils Jahangir passa de délicieux moments sur le lac de Kankaria *(plan D3)* avec Nur Jahan, son épouse bien-aimée. C'est là également que Shah Jahan vécut les premiers temps de son mariage avec la belle Mumtaz Mahal.

Ces années de délices princières s'achevèrent avec le déclin de l'Empire moghol. Les Marathes tenaient déjà les campagnes, entravant le commerce ou le détournant à leur profit, et finirent par s'emparer d'Ahmedabad en 1755. Selon un visiteur anglais qui la traversa en 1781, la ville n'offrait plus qu'« une image de solitude, de pauvreté et de désolation ».

Le Manchester indien

À partir de 1817, la ville connut, sous la domination britannique, un essor, économique cette fois, grâce à l'industrie textile. Mais la production industrielle des grandes cités de l'Angleterre, qui envahissait le marché indien de cotonnades bon marché, remit en cause cette nouvelle prospérité. Il fallut toute la persévérance d'hommes d'affaires indiens, qui trouvèrent un appui décisif dans les campagnes de boycottage des produits britanniques lancées par le mouvement nationaliste, pour faire d'Ahmedabad un centre textile de première importance. La grande métropole du Gujarat est aujourd'hui le deuxième centre industriel du pays. Le textile – filage, tissage et commerce international – est toujours l'activité principale malgré le développement fulgurant des secteurs de l'informatique et des technologies de pointe ; ses cotons imprimés, ses satins et ses brocarts sont connus dans le monde entier. Par ailleurs, ses artisans perpétuent des traditions séculaires qui, elles aussi, ont fait la réputation de la ville : orfèvrerie, travail du cuivre et de l'ébène. C'est enfin un centre culturel important depuis la création d'une université en 1950.

Sur les timbres et étiquettes imprimés lors de la campagne du boycott britannique figurait un portrait de Gandhi, accompagné du grand symbole de ce mouvement, le rouet *(encadré, → p. 292)*, sur fond d'architectures indo-musulmanes.

Le textile en chiffres : deuxième centre après Bombay, Ahmedabad produit aujourd'hui presque le quart du textile indien.

Un foyer du nationalisme

C'est à Ahmedabad que Gandhi fonda en 1915 son premier ashram en terre indienne. Il entendait y mettre en pratique ses thèses sur les moyens de parvenir au *Hind Swaraj* (« l'autonomie de l'Inde »). « Comme Ahmedabad était un ancien centre de tissage à la main, écrit-il dans son autobiographie, il était probable que j'y trouverais le champ favorable par excellence à la renaissance de l'industrie artisanale du filage à la main. » Il fondait également ses espoirs sur le soutien de ses compatriotes : Vallabhai Patel, « l'homme de fer », grand animateur des mouvements sociaux au Gujarat *(→ encadré, p. 279)* et la riche famille des Sarabhai, principaux industriels du textile. C'est de son ashram, baptisé Satyagraha (« La Force de la Vérité »), qu'il entama en 1930 la fameuse « marche du sel ». Après l'Indépendance, le Gujarat fut rattaché à l'État de Bombay jusqu'en 1960.

En 1960, quand l'État de Bombay fut divisé en Maharashtra et Gujarat, il fut décidé de construire une nouvelle capitale pour ce dernier : c'est Gandhinagar, à 32 km au N. d'Ahmedabad.

1 La vieille ville★★

Visite. Elle débute sur la vaste esplanade qui prolonge l'Ellis Bridge : au fond se profile la silhouette du fort Bhadra. Vous pourrez faire à pied la première partie de la visite, jusqu'au bazar de Manek Chowk *(comptez env. 3 h)*. Pour

À ne pas manquer

la suite, empruntez un rickshaw ou un taxi. Cette promenade est construite sur les temps forts de l'architecture de la vieille ville et vous offre échappées et digressions sur des monuments et sites d'importance mineure. Prévoyez une bonne demi-journée pour l'ensemble.

■ **Sidi Sayyad Masjid** *(plan C2)*. Cette petite mosquée fut bâtie en 1572 par un esclave du sultan Ahmed Shah. Elle est célèbre par ses extraordinaires **fenêtres*** de marbre ajouré. Dans l'une d'elles, les frondaisons de l'arbre de vie, traitées avec une grande souplesse, sont devenues le symbole touristique de la ville.

La mosquée Sidi Sayyad se trouvait à l'intérieur du fort Bhadra *(plan C2)*, fondé par Ahmed Shah en 1411. Du côté de la Sabarmati, il s'étendait entre les actuels ponts Nehru et Ellis. Il en subsiste une porte fortifiée près de la mosquée, ainsi que la monumentale Tin Darwaza qui donne sur le quartier des bazars.

■ **Tin Darwaza** *(plan C3 ; marque l'entrée de Mahatma Gandhi Rd qui borde au N. Jama Masjid et les bazars de Manek Chowk)*. Depuis l'époque d'Ahmed Shah, les sultans franchissaient cette triple porte pour se rendre de leurs palais à la mosquée. Elle donne accès à la partie la plus animée du bazar.

■ **Jama Masjid**** *(plan C2 ; accès par MG Rd, escalier sur la dr., env. 100 m au-delà de Teen Darwaza)*. À dr. de la cour entourée de galeries s'ouvre la salle de prière, derrière une façade scandée de panneaux** en haut-relief illustrant l'arbre de vie. Le grand porche central est flanqué de minarets sculptés, aujourd'hui tronqués depuis un séisme (1818). Parmi les *jali* qui filtrent la lumière à l'intérieur, remarquez un motif d'ornementation qui n'est autre que la syllabe mystique hindoue « OM » *(fenêtre d'angle, au fond à g.)*. Plus de 260 piliers, richement ornementés, supportent les 15 dômes de la toiture. À dr., la plate-forme juchée sur des piliers et fermée par des claustras de pierre était réservée aux femmes.

Les mosquées d'Ahmedabad sont toutes accompagnées du mausolée de leur fondateur (le sultan lui-même, une de ses reines, un général ou un ministre). Très différentes du tombeau moghol, ces tombes n'ont jamais recours au dôme, mais à toutes les solutions décoratives disponibles dans l'architecture hindoue locale (salle à colonnes ou fermée par des *jali*).

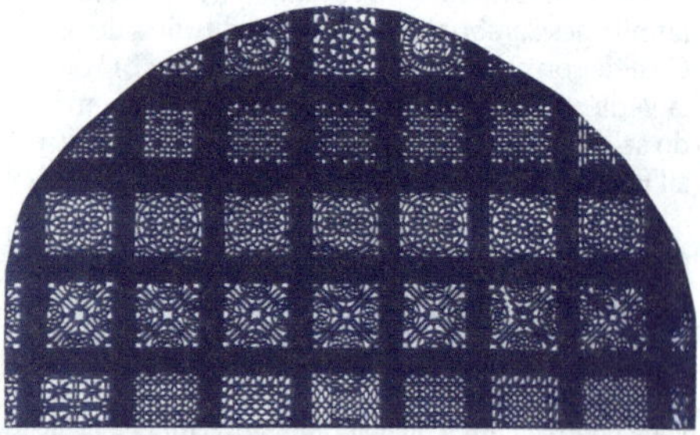

***Jali*, ou claire-voie, d'une mosquée.**

L'ensemble s'étendait à l'E. du fort Bhadra et fut fondé par Ahmed Shah en 1423.

Sortez de la cour par le porche E., à l'opp. de la salle de prière.

Le **mausolée d'Ahmed Shah** s'ouvre par un portique à 18 piliers. Il abrite les cénotaphes du fondateur de la mosquée, d'un de ses fils, Muhammad Shah, et de son petit-fils Qutb Shah. De l'autre côté de la rue, le **Rani-Ka-Hujra,** qui sert de mausolée aux épouses d'Ahmed Shah, est en piètre état.

Ressortez vers M.G. Rd et prenez la première ruelle sur la dr., après la mosquée.

■ **MANEK CHOWK*** et les ***POLS**** *(plan C3)*. Le vieux bazar d'Ahmedabad s'étend au S. de MG Rd, derrière la Grande Mosquée. Vous y trouverez, comme c'est l'usage, les marchandises proposées par secteurs (ferblanc, textiles, papeterie…). La halle de **Dholgarhwadi,** avec ses pyramides de fruits, est particulièrement haute en couleur. Plusieurs *pols* (*→ encadré, p. 288*) s'étendent entre la Jama Masjid et la mosquée de Sidi Bashir *(env. 1,5 km à l'E.)*. Souvent habités par une seule caste, ces quartiers communautaires s'administrent eux-mêmes et résistent tant bien que mal aux promoteurs. Ces labyrinthes abritent encore de vieilles maisons aux balcons en bois sculpté et une multitude d'ateliers en tous genres utilisant des technique de travail séculaires. Si vous souhaitez visiter l'une de leurs plus belles *haveli*, faites-vous conduire au **Magan Bhai Ni Haveli**. Cette demeure appartient à la famille Sarabhai, l'une des plus riches d'Ahmedabad. Vous pourrez au moins admirer sa **façade**** de teck, extraordinairement travaillée. Derrière s'étend une série de bâtiments sur cours, toutes différentes, véritable havre de paix dans le quartier très animé de Manek Chowk.

Revenez vers Tin Darwaza et descendez vers Sardar Patel Rd : trois édifices jalonnent l'avenue et Vivekanand Rd dans son prolongement. Vous poursuivrez l'itinéraire en suivant les fondations disposées en couronne, du S. au N. de la vieille ville.

■ **MOSQUÉE DE DASTUR KHAN** *(plan C3)*. Fondée en 1486 par Dastur Khan, officier des armées d'Ahmed Shah (sa tombe se trouve dans la cour). Les *jali**, ou claires-voies, des galeries qui entourent la cour sont particulièrement remarquables.

▶ **Mosquée de Hebat Khan** *(plan C3)*. Cet oratoire au plan très simple fut bâti au XVe s., en partie avec des matériaux provenant de temples hindous, notamment les piliers de la salle de prière. À l'intérieur, la coupole* principale est ornée de sculptures, comme dans la tradition jaïne. ◀

Dans tous les bazars, l'incontournable secteur des ferblantiers.

Il est préférable de se faire accompagner d'un guide pour circuler dans le labyrinthe des *pols* (rens. à l'OT). Pour visiter l'intérieur de Magan Bhai Ni Haveli, demandez une autorisation préalable au Calico Museum, qui appartient également à la famille Sarabhai.

Les mosquées d'Ahmedabad sont toutes restées en activité ; il convient donc de se déchausser pour la visite (un panneau indique en anglais où retirer ses chaussures).

Les *pols* d'Ahmedabad

Ahmedabad est l'une des rares villes d'Inde du Nord à avoir conservé une structure d'habitation, autrefois partie intégrante du tissu urbain. Appelée *pol*, elle dessert, par un dédale de ruelles, les résidences *(haveli)* de familles au sens élargi. Celles-ci s'articulent en une suite de bâtiments à étages sur cour. La première cour est généralement barrée d'un mur-écran dissimulant le reste de l'habitation aux regards. C'est là que les femmes de la maisonnée se retrouvent pour bavarder, tout en se livrant à des activités domestiques (préparation des légumes…). À g., un oratoire permet d'effectuer la *puja* ; la cuisine se trouve à l'opposé. Les matériaux de construction (brique, terre, chaux et bois) en font des demeures très adaptées aux rigueurs du climat d'Ahmedabad, chaud toute l'année. Un *pol* regroupe plusieurs habitations de ce type. La ruelle qui les dessert est elle-même le centre d'activités collectives. Le matin et le soir en particulier, lors de la distribution de l'eau (les demeures ne sont pas toujours équipées d'eau courante), les habitants du *pol* se retrouvent autour de la toilette et de la lessive. Les ruelles étroites ne permettent pas la circulation des voitures et les enfants peuvent se rendre à l'école du *pol* en toute sécurité. À l'occasion des fêtes traditionnelles (Holi, Diwali, etc.), la ruelle devient le théâtre de leurs célébrations. Au moment de la fête des cerfs-volants, en janv., les habitants montent sur les toits en terrasse, pavoisant le ciel du *pol*. Aujourd'hui, grâce à l'initiative de quelques-uns, des associations se sont constituées pour entretenir, restaurer et protéger les *pols* contre la convoitise des promoteurs.

■ **Mosquée de Rani Sipri**★★ *(plan C3)*. Près de la porte d'Astodia, la mosquée et la tombe de Rani Sipri (1514), veuve de Mahmud Begarha, sont exemplaires de l'art indo-musulman du Gujarat où l'ornementation prend le pas sur l'architecture. La mosquée et la tombe se font face, de part et d'autre d'une minuscule cour. La première s'ouvre, côté rue, par un balcon★ de grès ciselé, la seconde est entièrement entourée de *jali*★. Les modestes dimensions de l'oratoire expliquent sans doute l'absence de porche monumental. Deux minarets★ à la base richement travaillée s'élèvent aux angles de la mosquée.

Devant la niche du mihrab, une dalle noire est creusée d'alvéoles irrégulières. Une légende rapporte que la reine l'avait fait incruster de pierreries qui luisaient la nuit à la lumière de la lune.

► **Lac de Kankaria** *(plan D3)*. Ce lac artificiel fut créé en 1451 pour agrémenter le cadre d'une résidence royale aménagée sur un îlot, au milieu d'un jardin. Ce fut aussi l'un des lieux de séjour favoris de l'empereur moghol Jahangir et de son épouse persane Nur Jahan. Aujourd'hui, ses rives abritent des aménagements divers, dont un zoo, un parc ornithologique et un théâtre de verdure. ◄

■ **Mosquée de Sidi Bashir,** dite *Shaking Minarets (plan D3)*. C'est l'une des curiosités de la ville, grâce à ses deux **minarets**★ oscillants, joliment ornés de sculptures et de balcons circulaires. Ces deux tours sont d'ailleurs, avec le mausolée qui lui fait face *(les femmes ne peuvent y entrer)*, tout ce qui reste de la mosquée, détruite par un tremblement de terre au XIXe s. Les minarets doivent leur qualificatif au fait que, lorsque, du balcon supérieur, on provoque un mouve-

Pyramides de fruits au bazar longeant la Grande Mosquée d'Ahmedabad.

ment de balancier sur l'un, l'autre se met aussitôt en branle. Cette faculté ne peut plus être vérifiée aujourd'hui, l'accès à l'étage étant interdit. On ignore comment fut conçu ce dispositif, mais on peut imaginer qu'il y a là une recherche de protection antisismique. Preuve en est la survie des minarets.

▶ Dans le faubourg de Gomtipur, au-delà de la voie ferrée, la mosquée de Raj Bidi *(plan D3 ; à 1 km env.)* est pourvue de deux minarets qui présentent la même caractéristique, à ceci près que l'une des deux tours fut en partie démolie dans l'espoir d'y découvrir une explication à cette énigme. ◀

Après la visite des minarets oscillants, prenez en direction de la gare, puis Relief Rd et, à dr., Dr Ambedkar Rd qui dessert plusieurs monuments, au N. de la vieille ville.

■ **Mosquée de Rani Rupmati**★★ *(plan C2)*. Bâtie entre 1430 et 1440 par l'épouse de Mahmud Beghara, elle est l'exemple le plus achevé de l'architecture indo-musulmane d'Ahmedabad. La longue façade est percée d'un porche monumental, flanqué de deux minarets, empruntés à la tradition musulmane, mais rythmée aussi par des balcons à l'ornementation exubérante, tout droit sortis de l'esthétique hindoue. Le dôme central de la salle de prière est surélevé pour laisser passer la lumière. Dans une cour à dr., deux tombes, dont celle de la reine, sont abritées sous un *chhatri* à colonnes, également issu de l'architecture locale.

■ **Temple de Hathi Singh**★ *(plan C2)*. Construit en 1848 par un riche marchand jaïn d'Ahmedabad, ce sanctuaire de marbre blanc, ciselé comme un ivoire chinois, est consacré au *tirthankara* Dharmanath. Le

Le signe des Ahmed Shahi

Vous remarquerez, dans l'ornementation des mihrabs et des minarets des mosquées fondées par Ahmed Shah et ses successeurs, un motif récurrent qui semble être l'emblème de cette dynastie. Il est formé de la combinaison d'une fleur de lotus épanouie (vieux symbole solaire que l'on rencontre également dans chacun des écoinçons des porches d'entrée), d'où pend une triple chaîne (motif présent sur les colonnes sculptées des temples hindous et jaïns de la région) terminée par une jarre à couvercle.

Le titre de rani précédant le nom d'une reine trahit son origine hindoue. Plusieurs épouses des sultans de la dynastie Ahmed Shahi d'Ahmedabad furent ainsi des hindoues converties à l'islam.

porche magnifique, flanqué de tours circulaires, dessert une cour envahie par des petits temples. Au centre se trouve le sanctuaire principal, pavé de marbres polychromes.

■ **Temple Swami Narayan** *(plan C1)*. Une vaste esplanade entoure cet édifice bâti en 1850. L'intérieur est haut en couleurs, œcuménique et accueillant comme la plupart des édifices des sectataires de Swami Narayan. Les ruelles alentour s'enfoncent dans quelques *pols*.

Swami Narayan (1781-1830) fut un guru visionnaire à l'origine d'une secte qui compte aujourd'hui un million de membres, en Inde et à l'étranger. L'un de ses grands chevaux de bataille fut le rejet de la discrimination de caste. Ses zélateurs ont fait édifier des temples dans la plupart des grandes villes du Gujarat.

▶ Puits de **Dada Hari** ⋆ *(plan D2)*. Située dans le faubourg d'Asarva, au N.-E. de la vieille ville, cette monumentale construction date de la fin du XVe s. L'originalité de sa structure tient à ce que trois des quatre galeries qui descendent vers la nappe d'eau sont souterraines. Le puits, octogonal, est orné de parements sculptés. Le plan d'eau, tari aujourd'hui, pouvait également être atteint par deux escaliers à vis. Une stèle de fondation, rédigée en sanskrit et en arabe, rapporte que les architectes de ce puits étaient hindous, bien que sa fondatrice fût musulmane. Derrière le puits, la mosquée et le tombeau de Dada Hari sont d'intéressantes réalisations de l'art indo-musulman du Gujarat. À env. 100 m se trouve un autre puits souterrain, plus ancien, le Mata Bhavani (XIe s.). ◀

2 Les musées

Visite. Un seul des musées de cette promenade, le Calico Museum, se trouve sur la rive g. de la Sabarmati. Tous sont fort distants les uns des autres et des principaux monuments de la ville. Le taxi s'impose donc. Ils sont regroupés artificiellement en une même promenade ; à vous de choisir lesquels visiter en fonction de vos centres d'intérêt.

Durée. À l'exception du Calico Museum, leurs collections sont modestes en nombre ; 1 h à 1 h 30 de visite peut suffire pour chacun.

■ **Calico Museum**⋆⋆⋆ *(plan C1 ; ouv. t.l.j. 10 h-12 h 30 et 14 h 30-17 h 30 sf mer. ; vis. guidée uniquement)*. Même si vous n'avez pas la passion des étoffes, ce musée privé vaut la visite, car il est le plus bel hommage rendu à l'art textile dans lequel l'Inde excella. Ce projet remonte aux années 1940. Les collections ont été rassemblées par la famille Sarabhai, propriétaire des filatures Calico. C'est d'ailleurs dans leurs locaux que fut inauguré le premier musée du textile indien par Nehru, en 1949. Aujourd'hui, il est relogé dans la fondation Sarabhai, magnifique ensemble créé il y a près d'un siècle par Surendranath Karr, l'architecte de la villa-phalanstère de Tagore. Le bâtiment principal, construit en teck dans le style des *haveli* gujaratis, est à lui seul une merveille. Les étoffes sont présentées par périodes (certaines pièces remontent à la période moghole des XVIIe-XVIIIe s.), régions et techniques. Il faudrait plusieurs jours pour épuiser la richesse de cette collection, d'où l'intérêt de la visite guidée qui met l'accent sur les pièces les plus importantes.

Vous pouvez demander à axer la visite sur les productions textiles du Gujarat, prolifique en ce domaine : broderies à miroirs des Banni du Kutch, broderie *soof* des Kathi du Saurashtra, cotonnades imprimées selon la technique du *tie and dye* ou au bloc de bois, *mashru* (trame de coton sur chaîne de soie, à armure satin), tentures de coton brodées de soie pour les marchés européens et, bien sûr, fabuleux *patola* de Patan.

Extrait du *Petit Journal illustré* :
l'arrestation des lieutenants de Gandhi.

■ **ASHRAM DE GANDHI*** *(7 km au N. du centre-ville ; plan C1 ; ouv. 8 h 30-18 h 30 du 1er oct. au 31 mars ; jusqu'à 18 h le reste de l'année).* Gandhi s'installa à Ahmedabad à son retour d'Afrique du Sud. Il fonda son premier ashram au S. de la ville, près du centre culturel de Sanskar Kendra *(plan B3)*, puis ce second ashram, en 1917. Son atelier d'artisanat et un centre éducatif pour les déshérités existent toujours. Une partie de l'ashram a été consacrée à la mémoire de son fondateur ; on peut y voir son célèbre rouet *(voir encadré)*, des extraits de sa correspondance et des articles exposant ses idées, ainsi que la hutte *(Hriday Kunj)* où il vivait. Dans cet ashram, Gandhi prôna inlassablement, à partir de 1920, sa campagne de résistance non violente *(satyagraha)* à l'occupant britannique.

■ **MUSÉE ETHNOGRAPHIQUE** *(Gujarat Vidyapith, plan B2 ; ouv. t.l.j. sf dim. 11 h 30-19 h 30 ; 14 h 30 le sam.).* Le Gujarat Vidyapith, université fondée par Gandhi, abrite la **Gujarat Tribal Art Collection,** qui rassemble des objets de la vie domestique, pour la parure ou à vocation religieuse, des costumes, des armes de chasse des tribus du Gujarat.

Le Gujarat continue de pratiquer le procédé plus sophistiqué de l'*ikat* double, ou *patola*. Les réserves par ligatures sont appliquées sur les fils de trame comme sur les fils de chaîne, le tissage croisant ensuite le plus précisément possible les motifs réservés. Pour en savoir plus, reportez-vous à la page couleur XII.

Le musée dispose d'une vaste bibliothèque consacrée aux arts du textile. Dans la boutique, excellent choix d'ouvrages sur le sujet et quelques reproductions d'étoffes.

***Calico* (calicot en français) désigne une étoffe de coton grossière, exécutée à la main. Ce terme dérive du nom de la ville de Calicut, sur la côte de Malabar (Inde du Sud, Kerala), qui exportait ces cotonnades indiennes.**

Un spectacle son et lumière, en anglais, retrace la vie de Gandhi, les dim., mer., jeu. et ven. à 20 h 30 (en hindi les autres soirs).

La voie du *khadi*

Le *khadi*, toile de coton un peu grossière, filée et tissée dans les villages de l'Inde, fut le symbole du combat pour l'indépendance de l'Inde. En 1915, Gandhi, le héros de la *satyagraha* en Afrique du Sud, rentre dans son Gujarat natal et entreprend un périple pour mieux connaître son pays. À l'issue de ce voyage, il abandonna le complet à l'occidentale pour la *dhoti* de *khadi*, qui allait rester associée à jamais à sa frêle silhouette. Ce choix lui rallia la population des campagnes de l'Inde. Il le doubla d'une dimension politique en n'hésitant pas à filer lui même le *khadi*. Le mouvement du rouet, *charkha*, devint le message de Gandhi : de tout temps, les villageois avaient filé le coton pour se vêtir, sans nul besoin des vêtements manufacturés dans les filatures ; l'Inde n'avait nul besoin du coton tissé dans les usines d'Angleterre.

■ **Lalbhai Dalpatbhai Institute of Indology**★★ *(plan A2 ; ouv. t.l.j. sf lun. 11 h 30-17 h)*. L'Institut, installé dans un parc près du campus de l'université du Gujarat, héberge deux galeries remarquablement présentées. Le **L. D. Museum** expose au premier niveau un panorama très sélectif de la statuaire indienne (belle collection de statues de divinités en granit, Inde du Sud, IXe-Xe s., vitrines de bronzes votifs de provenances diverses). Une place particulière est dévolue à la **statuaire jaïne** dont le Gujarat fut une terre d'élection : à l'entrée, les *tirthankara* Shantinath★★ et Parshvanath★★, taillés dans le marbre, sont assis dos à dos (prov. Ladol, 1269) ; au fond à dr., dais de marbre sculpté de Parshvanath. Les rondes-bosses de grès des Solanki de Patan sont illustrées par un Vaikuntha★★ (Vishnou sous la triple forme du sanglier, de l'homme et du lion) de Palanpur (marbre, XIIe s.) et le couple de Vishnou et Lakshmi enlacés★★, pareil à ceux que l'on observe sur les parois des puits à degrés aménagés sous cette dynastie (fin du IXe s.). L'étage fait une large place à des **manuscrits jaïns** illustrés (vie des *tirthankara*, cosmogonies) et permet aussi d'observer l'accoutrement et le nécessaire d'objets rituels des adeptes de cette religion. Au sein d'une petite section de **bois sculptés**, remarquez un encadrement de porte en bois★★ entièrement ciselé, prov. d'un temple jaïn de Patan (XVIIe s.).

Derrière la galerie précédente *(contournez le bâtiment à dr. en sortant)*, la **galerie Nanala C. Mehta** abrite une excellente collection de miniatures★★ des grandes écoles rajpoutes des XVe, XVIe et XVIIe s. (Mewar, Malwa, Bikaner, Marwar, Bundi, Kangra, etc.). Remarquez en particulier une suite d'illustrations de la Gita Govinda (v. 1600) brodant sur le thème des jeux amoureux de Krishna et Radha.

■ **Shreyas Foundation** *(plan A3 ; ouv. 10 h-13 h 30, 14 h-17 h 30, f. lun.)*. Créée à l'origine pour l'aide à l'enfance, la fondation Shreyas a rassemblé des collections d'un grand intérêt, présentées dans des bâtiments modernes, construits dans un jardin.

Gujarat Folk Museum★★. Le musée d'Art populaire du Gujarat permet de se familiariser avec les coutumes et surtout les costumes, toujours portés, des diverses communautés du Kutch et du Saurashtra. Le coton blanc gujarati domine la plupart des costumes masculins, distingués par le jeu des broderies uniquement. Notez le *jodhpur* très bouffant des Kathi, les seigneurs du Saurashtra, le gilet sans manche, très ajusté, des fermiers Bharvad, la tunique à basques plissées des pasteurs Rabari du Rann de

Kutch et le somptueux ensemble – veste et pantalon incrustés de petits miroirs – des Ahir, les Harijans du Kutch. Des intérieurs reconstitués de demeures Kathi et des communautés pastorales du sud de l'État permettent d'observer la diversité des usages du textile : tentures, coussins, dais rehaussent des couleurs de leurs broderies et de leurs appliqués des intérieurs meublés de lourds coffres sculptés, parfois plaqués de laiton. Au sous-sol, chars de bois et harnais multicolores des bœufs, chameaux et chevaux du Kutch et du Kathiawar.

Choisi comme emblème par le Gujarat Tourism, le *toran* est présent dans la plupart des intérieurs gujaratis. C'est une bande d'étoffe découpée et brodée suspendue au-dessus de l'encadrement de la porte d'entrée. Voir également l'histoire de Pabuji à la page 196.

Toys, Crafts and Performing Arts Museum. Il rassemble des jouets, ainsi que des masques et costumes de théâtre provenant de différentes régions de l'Inde.

■ **City museum** *(Sanskar Kendra, plan B3 ; ouv. t.l.j. sf lun. 10 h-18 h)*. Disposées dans un bâtiment construit en 1954 selon des plans de Le Corbusier, les collections du Musée municipal présentent de façon thématique les multiples facettes de la cité : son histoire, de sa fondation à la lutte pour l'indépendance (numismatique, cartes et photographies) ; ses trésors architecturaux, anciennes mosquées ou réalisations contemporaines, œuvres de Le Corbusier et de ses épigones ; la diversité de ses communautés, hindoues et musulmane, mais aussi chrétienne, jaïn, sikh, parsie et juive. Une place importante est également réservée à l'industrie textile, qui fit la fortune de la Manchester indienne, et à l'artisanat populaire. Au rez-de-chaussée, une galerie abrite le **musée du Cerf-Volant**.

Moins connues que celles de Chandigarh (Pendjab), les réalisations de Le Corbusier pour Ahmedabad sont pourtant plus représentatives de son sens du volume et de sa quête de la lumière. Outre le Sanskar Kendra, il conçut également le bâtiment de l'Ahmedabad Mill Owners'Association en 1954 *(plan B2)*, ainsi que deux résidences privées en 1955 : la villa Shoudan et une demeure pour la famille Sarabhai.

■ **Vechaar Vishalla** *(hors plan par A3, par la route de Sarkhej-Rajkot ; ouv. t.l.j.)*. Ce lieu réunit un écomusée, véritable village reconstitué pour abriter la collection d'outils, récipients et autres objets utilitaires, glanés à travers le Gujarat par Surendra C. Patel, et un restaurant où l'on peut savourer les délicieux *thali* gujaratis.

Environs d'Ahmedabad

1 Sarkhej* *(10 km S.-O. ; sortie B3 en direction de Rajkot ; quittez la route de Rajkot pour prendre à dr. un chemin de terre à la hauteur d'un dispensaire, longez la grande citerne sur la g., avant d'atteindre le portail qui donne accès au groupe principal de bâtiments)*. Pavillons, mausolées et mosquées édifiés au XVe s. autour d'un bassin à degrés *(kund)* : Sarkhej est le plus romantique des ensembles indo-musulmans du Gujarat. À g., au bord de la citerne, le **mausolée**

L'heure propice pour visiter les très romantiques sites de Sarkhej et du Mansar Kund de Viramgam est le coucher du soleil.

Pour en savoir plus sur les religions, reportez-vous aux pages couleur XIII-XVI.

Pour en savoir plus sur les étoffes, reportez-vous à la page couleur XII.

de Mahmud Begarha, fondateur de Champaner, et de ses fils, remarquablement décoré, est relié par une galerie au **tombeau de Rajabai,** dont l'élégante coupole se mire dans les eaux de la citerne. À dr. du *kund* le tombeau du guide spirituel du sultan Ahmed Shah donne sur une cour. De plan carré et à claires-voies, il est coiffé de neuf petits dômes reposant sur des piliers. Au-dessus de la porte centrale, une inscription datée de 1473 reproduit un poème en langue persane.

Au fond de la cour, un second porche donne accès à une autre cour. Dans l'axe, la **mosquée** rappelle par son plan celui de la Jama Masjid. Ses coupoles reposent sur des piliers reliés par des poutres de pierre, par conséquent sans arcs, selon une technique typiquement hindoue.

2 **Dholka** *(48 km S.-O. ; sortie par la route de Rajkot, plan A1, à suivre pendant 35 km avant de tourner à g.).* Dans une immense plaine rizicole, Dholka conserve plusieurs mosquées médiévales, dont **Alif Khan Masjid** (1453), austère construction de brique, non dépourvue d'élégance, et **Hilal Khan Qazi Masjid** (XIVe s.), dotée de deux minarets, de part et d'autre du porche d'entrée de la salle de prière. C'est un des berceaux de l'architecture indo-musulmane, déjà marquée par le travail de la lumière à l'intérieur.

▶ **Vautha** *(26 km S.-E.).* Ce petit village au confluent de deux rivières est le théâtre de la plus grande foire** aux bestiaux du Gujarat durant la pleine lune de Kartik Purnama *(→, p. 277).* ◀

3 **Parc national de Nalsarovar.** *(64 km O.).* Dès la fin novembre, des oiseaux migrateurs – ibis, grues, hérons, oies et canards sauvages –, venus de toute l'Eurasie, s'assemblent autour du lac Nal, approvisionné par les pluies de mousson. Les vedettes de ces migrateurs, échassiers pour la plupart, sont les flamants roses qui viennent par centaines de milliers. Plus tard (d'avril à sept.), ils s'envolent vers les zones salines du Rann de Kutch, leur seul terrain de reproduction en Inde. Hébergement possible et sommaire.

4 **Viramgam*** *(62 km N.-O. ; par la route de Rajkot, à suivre pendant 12 km avant de tourner à dr.).* À l'O. de la vieille ville de Viramgam s'étend l'immense bassin **Mansar Kund***. Avant d'être aménagé à des fins religieuses, les *kund* (bassin en gujarati) étaient des retenues d'eau constituées à des fins stratégiques ; elles permettaient notamment le ravitaillement des troupes lors des campagnes militaires. L'histoire attribue son aménagement à un roi Solanki du XIIe s. La légende prête cette construction à la reine Minal, mère de ce souverain, qui, grâce à quelque pouvoir magique et à l'aide d'esprits bâtisseurs, aurait édifié les 360 templions qui l'entourent… en l'espace d'une nuit. Les oratoires sont vides aujourd'hui, mais ont gardé des éléments de leur décor sculpté. Le bassin, en eau en toute saison, est particulièrement beau au coucher du soleil.

Dans la vieille ville, la **mosquée Pathar** fut élevée par Mahmud Beghara ; elle est de style indo-musulman, mais présente aussi quelques remplois provenant des constructions Solanki. Quelques belles *haveli* à proximité.

5 **Zainabad** *(104 km par Viramgam et Dasada ; meilleure période : nov.-fév.).* Ce n'est même pas un village, tout au plus un rendez-vous de chasse. Ce fut pourtant le siège *(durbar)* temporaire d'un sultanat miniature fondé par des musulmans, venus de Multan (Pakistan) au XIIe s. Aujourd'hui, c'est une base idéale pour explorer la réserve naturelle du Petit Rann du Kutch. Cette zone de hauts fonds, aride et salée, devient marécageuse en période de mousson *(juin-sept.).* Quand les pluies arrivent en mai, la mer pénètre dans cette zone déprimée. Lorsqu'elle se retire avec la saison sèche, elle laisse derrière elle un sol gorgé de sel qui se transforme peu à peu en une croûte de boue craquelée. C'est le domaine de l'onagre, âne sauvage, que l'on aperçoit fréquemment, seul ou en troupeau, et d'une grande variété d'oiseaux migrateurs.

6 Adalaj** *(16 km N. ; hors plan par C1).*
En quittant Ahmedabad, avant de franchir le Subash Bridge, vous apercevrez sur la dr., au-delà de la voie ferrée, le Raj Bhavan (plan C1). Ce palais moghol fut bâti sous le règne de l'empereur Shah Jahan (1627-1658). Dans sa jeunesse, le poète Rabindranath Tagore y vécut en compagnie de son frère. C'est aujourd'hui un musée consacré à Vallabhai Patel.

Au N. du village, le **puits Ruda**** est l'un des meilleurs exemples de puits monumentaux à degrés du Gujarat. Il présente trois particularités : il est double (il y a deux puits l'un derrière l'autre, sans doute destinés à des usages différents), orienté N.-S. et desservi par trois porches d'accès. À dr. de l'entrée de la galerie hypostyle qui descend par paliers vers la nappe d'eau, une stèle (en pali et sanskrit) indique qu'il fut fondé en 1499 par une princesse du clan rajpoute des Vaghela. Cette date et l'obédience hindoue de sa fondatrice expliquent la double nature du décor sculpté : le triple motif en vigueur dans les monuments de l'époque des Ahmed Shahi y voisine avec des reliefs figurant des éléphants et des cavaliers.

7 Kapadvanj* *(60 km E. ; hors plan par D3 ; traversée éprouvante des faubourgs industriels d'Ahmedabad ; possibilité de rejoindre la route de Baroda au carrefour de Nadiad).* Ici, la communauté musulmane des Bohra *(Sidhpur, encadré)* a prospéré grâce à une industrie très en vogue au Gujarat : les miroirs, et, plus particulièrement les *abhla*, minuscules miroirs utilisés en appliqués sur étoffes du Kutch au Saurashtra. Il y a donc à Kapadvanj un grand *pol** des Bohra dont la particularité est d'avoir été bâti dans les années 1920-1930 et d'être le reflet fidèle du style Art déco, en vigueur en ce temps-là. Dans la vieille ville, intéressant exemple de puits à degrés, reflet exact, mais de dimensions moindres, de celui de Modhera.

La zone marécageuse du Petit Rann du Kutch correspondrait à un ancien bras de l'Indus qui, il y a plusieurs milliers d'années, se serait jeté dans la mer d'Oman par le golfe de Cambay.

Détail Art déco d'un balcon de *haveli* à Kapadvanj.

Les paludiers du Kutch

Le sel est collecté par les Agaryas qui passent huit mois de l'année à travailler dans les salines du petit Rann du Kutch. L'eau saumâtre est extraite de puits creusés jusqu'à 12 m de profondeur. Elle est mise à évaporer dans des salines, régulièrement ratissées pour contrôler la cristallisation. Près de 35 % du sel en Inde est produit ici.

Baroda (Vadodara) ★

Ahmedabad, 115 km ; Bagh, 203 km ; Bombay, 428 km ; Surat, 143 km. Alt. 35 m ; 1 306 000 hab.

Indicatif ☎ 0265.

ⓘ Narmada Bhawan, C-Block, Indira Av., ☎ 242-7487.

ⓘ Municipal Tourisme Office, face à la gare ferroviaire, ☎ 279-4456.

L'ancienne capitale des Gaekwar, les « Protecteurs des Vaches » est une agréable cité de jardins et de larges avenues. La dynastie qui y régna du XVIIIe s. à l'indépendance appartenait au groupe des cinq États princiers les plus honorés par le protocole britannique ; lors des cérémonies officielles, le monarque était salué par 21 coups de canon. Ce fut également l'une des plus riches ; la passion de ses souverains pour les joyaux était connue dans toute l'Inde et leur fabuleuse collection enflammait les imaginations. Elle comprenait notamment le célèbre diamant « Étoile du Sud », le septième du monde par sa grosseur, et l'« Eugénie », offert par Napoléon III à l'impératrice. Et pourtant, ces seigneurs cultivèrent le paradoxe propre à leur époque : ils furent à la fois traditionalistes et modernes. Traditionalistes par leur goût immodéré du luxe et de l'apparat – les ongles des tisserands étaient taillés en dents de peigne pour parfaire le tissage en fils d'or des habits de cérémonie du prince ! – ils furent aussi résolument modernistes ; le plus célèbre d'entre eux, Sayajirao III (1875-1939), dota ses États d'hôpitaux, d'écoles et de musées. C'est lui qui finança les études d'un jeune intouchable, le futur Dr B. R. Ambedkar, qui prit par la suite la tête du mouvement de défense des *harijans*.

Baroda mode d'emploi

S'orienter. La ville est traversée du N. au S. par la rivière Vishwamitri. Les vieux quartiers se trouvent sur la rive E., autour du bazar de Nyaya Mandir, près de l'hôtel de ville (Townhall). Il est difficile d'y circuler autrement qu'en auto-rickshaw. Les musées se trouvent à la périphérie : Musée et galerie d'art à env. 1 km au N., Lakshmi Vilas à env. 3 km au S.

S'organiser. Une journée suffit pour visiter l'essentiel de la ville, c'est-à-dire le Baroda Museum et le *haveli* de Tambekarwada. Prévoyez une journée pour chacune des excursions dans les environs, à Dhabhoi et à Champaner. Si vous en avez le temps, allez jusqu'à la tombe de Muharrad Khan, à la lisière S. de la ville.

Aéroport. À 6 km au N. Pas de service de bus, mais on trouve de nombreux rickshaws et taxis.

Liaisons aériennes. *Indian Airlines*, University Rd, Fateh Ganj *(au N.)*, ☎ 232-8596. Vols quotidiens pour Ahmedabad, Bombay et Delhi.

Liaisons ferroviaires. Railway Station, Sayaji Ganj *(rive O. de la Vishwamurti)*, rens. ☎ 255-7575. Baroda se trouve sur le réseau de Western Railways (lignes Bombay-Delhi et Bombay-Ahmedabad) : Bombay (6 h), Ahmedabad (2 h).

Liaisons terrestres. Central Bus Station, à 400 m au N. de la gare ferroviaire (☎ 232-7000) ; réserv. ouv. de 7 h à 22 h. Départs réguliers pour Ahmedabad. Autres liaisons avec les villes principales du Gujarat, ainsi que le Madhya Pradesh et le N. du Maharashtra.

Visiter Baroda

■ **Baroda Museum and Picture Gallery*** *(Sayaji Bagh, t.l.j. 10 h-17 h, sf jeu. et j. fériés)*. Fondé par le maharaja Sayajirao III Gaekwar, il a des allures de vieille bibliothèque anglaise, avec sa galerie intérieure à claire-voie. Au milieu d'un fascinant bric-à-brac d'antiquités, d'ivoires, de céramiques chinoises et de peintures européennes, ne manquez pas sa collection de miniatures**. Les textiles tendus en guise de fonds dans certaines vitrines sont ni plus ni moins que les précieux *patola*, les saris de soie toujours tissés à Patan.

Rez-de-chaussée

Souvenirs historiques de la dynastie des Gaekwar *(face à l'entrée)*. **Galerie des miniatures**** *(aile à dr. de l'entrée)* : belle collection de miniatures appartenant aux différentes écoles rajpoutes, portraits et scènes de bataille moghols, manuscrits jaïns et *pichhwaï* (toile peinte représentant le dieu Krishna). La galerie est encadrée par deux salles : dans l'une, collections japonaises ; dans l'autre, objets religieux népalais. **Galerie des sculptures et des bronzes**** *(à g. face à la galerie des miniatures)* : cette longue salle s'ouvre par la reconstitution de la toiture en bois du mandapa d'un temple jaïn du XVIIIe s. Parmi les sculptures, un **yaksha*** *(à g.)*, provenant de la région de Surat, qui remonte au IIe ou IIIe s. ; **Shiva****, du Ve s., représenté près du taureau Nandi : sa nature hermaphrodite est ici symbolisée par un ornement d'oreille masculin et un autre féminin. Parmi les bronzes, **Shiva Nataraja****, œuvre chola du XIe ou XIIe s. La galerie expose également une collection de **bronzes jaïns**.

Premier étage

La **galerie des peintures occidentales** témoigne de l'éclectisme du goût du souverain : au milieu d'œuvres mineures, un Poussin, un Rubens, un Titien et un Zurbarán, ainsi que quelques toiles de l'école de Barbizon, le tout accroché à l'ancienne. Le long de la galerie à claire-voie, les sections ethnologique (costumes des populations tribales ou provenant du Népal, du Tibet, de Chine ou d'Océanie), zoologique et paléontologique (œuf de dinosaure fossile) intéressent surtout les groupes scolaires.

■ **Haveli Tambekarwada**** *(à la limite S. de la vieille ville ; ouv. t.l.j. sf lun. 10 h 30-17 h ; s'adresser au gardien à l'entrée pour faire ouvrir les étages)*. Cette résidence de style marathe fut édifiée par Bhau Thambekar, ministre pour le compte des Marathes, de 1849 à 1854. Derrière ses murs de briques à colombage se cache un bel ensemble de **peintures murales**** sur deux étages. Le cycle

Baroda fut l'un des principaux bastions marathes en pays gujar. C'est en 1730 que les Gaekwar établirent leur pouvoir, refusant de se soumettre au gouverneur d'Ahmedabad. D'abord sous la tutelle des Peshwa, ils forgèrent peu à peu leur autonomie grâce au soutien britannique.

C'est sous le règne de Sayajirao, à l'apogée des Gaekwar, que fut construit le Lakshmi Vilas. En cette fin du XIXe s., son style composite fait écho à l'architecture indo-musulmane, mâtinée de citations européennes, des façades de Bombay. Voir également les pages illustrées 168-169.

En face, de l'autre côté de la route, l'ancien puits alimentait le jardin en eau. Au-dessus du bassin, des guirlandes de vêtements sont accrochées aux branches de l'arbre. La tradition locale veut que les eaux du puits soient souveraines contre les maladies de peau, pour peu que l'on s'y baigne tout habillé et que l'on abandonne ses effets après le bain salvateur. Une façon imagée de faire peau neuve.

traite principalement de sujets hindous en une succession de tableaux (vie de Krishna, Ras Lila, *Ramayana* et Mahabharata). Mais les artistes ont également représenté des couples d'Européens, ainsi qu'une scène de bataille à laquelle participent des soldats britanniques, visiblement copiés d'après des gravures de l'époque.

■ **Fateh Singh Museum** *(ouv. t.l.j. sf lun. 9 h-13 h et 15 h 30-18 h 30, 15 h-18 h de juil. à mars)*. Ce petit musée ouvert en 1961 se trouve à l'intérieur du parc de l'ancien palais royal, le Lakshmi Vilas Palace, qui, lui, ne se visite pas. Il possède une collection de peintures occidentales d'un intérêt très limité, ainsi que du mobilier européen du XIXe s. dernier et les portraits des maharajas. Il offre donc surtout l'occasion de pénétrer dans le parc royal, où la végétation a repris ses droits, et d'apercevoir l'ancien palais.

■ **Tombe de Muharrad Khan★** *(tourner à dr. en sortant du parc royal, puis à g. après avoir franchi la voie de chemin de fer, et enfin à dr. sous le pont routier ; 500 m plus loin se dresse à g. de la route le dôme du mausolée)*. Le mausolée repose sur une plate-forme octogonale, au centre d'un jardin parcouru autrefois de petits canaux. Hormis de beaux *jali* ouvragés, sa sobriété est atypique dans le cadre de l'art indo-musulman du Gujarat. Elle rappelle plutôt les tombes mogholes de Delhi. Muharrad Khan fut le tuteur du prince Sélim, le futur Jahangir, qui fut également gouverneur du Gujarat dans la deuxième moitié du XVIe s.

Environs de Baroda

1 **Dabhoi★** *(29 km S.-E. ; bus toutes les 30 mn depuis la gare routière de Baroda)*. Cette ville conserve quatre remarquables portes du XIIIe s., époque à laquelle Dabhoi servait de garnison aux Rajpoutes Vaghela. La première rencontrée en venant de Baroda est **Barodi Gate,** à l'O. Parmi les thèmes sculptés, essentiellement vishnouites, vous remarquerez le violeur de Draupadi, épouse commune des frères Pandava *(voir le Mahabharata)*, condamné à porter la terre sur ses épaules. Pour découvrir la deuxième, **Hira Gate★★**, (à l'E.), remontez à travers le bazar et prenez à dr. C'est un double ouvrage, très imposant. La première porte, tout en longueur, est entièrement ornée de bas-reliefs disposés en registres (frise de hamsa, procession de personnages, chevaux et éléphants, reliefs narratifs...). Le passage est encadré de deux balcons de pierre ouvragée, ceux-là mêmes qui seront repris dans l'architecture indo-musulmane pour animer les façades des mosquées. À dr., vestiges d'un petit temple. La deuxième porte, disposée en chicane, a été entièrement remontée par l'Archeological Survey of India. Elle est exceptionnellement voûtée sur un arc à claveaux. Pour trouver les deux autres portes, adressez-vous au gardien que vous verrez à la 1re ou à la 2e. **Nadodi Gate** (au S.) présente un intérêt moindre. Le passage de **Maori Gate*** (au N., dans l'une des rues du bazar) est jalonné de huit figures de la déesse sous différents aspects, dominant des images de *yogi* et, peut-être, dans un étrange syncrétisme, des figures de *tirthankara* jaïns.

2 Vaso* *(60 km sur la route d'Ahmedabad, puis embranchement de 12 km à g.)*. Au cœur de ce petit bourg rural, qui échappe encore au développement de la distribution d'électricité dans le Gujarat, s'élèvent deux des plus belles *haveli* du Gujarat. Du fait d'obscures histoires de famille, vous ne pourrez admirer de la **résidence des Vithalbhai** (1872-1876) que la façade*, avec ses ravissantes femmes-oiseaux de bois sculpté en guise de consoles. En retrait à g., le **Darbar Gopal Das Haveli**** est une merveille *(propriété privée : demandez à l'entrée l'autorisation de visiter)*. Derrière une première façade de grès rouge, ciselé dans la grande tradition gujarati, s'étend une cour avec un bassin pour recueillir les eaux de pluie, entourée de galerie de bois sur deux étages. Pas une corniche, pas une balustre, pas une console qui ne soient sculptées d'un ravissant petit monde de musiciennes, fleurs et oiseaux. Cette résidence fut commanditée en 1897 par l'un des percepteurs des Gaekwar de Baroda, chargé de collecter les taxes dans le Saurashtra.

3 Champaner*** *(47 km N.-E.)*. En 1484, Mahmud Beghara, petit-fils et successeur d'Ahmed Shah, choisit d'établir ici la capitale du sultanat ; la ville le demeurera un siècle. Pillée par le Moghol Humayun en 1536, Champaner fut abandonnée au profit d'Ahmedabad. La cité fortifiée s'étend au pied de la colline Pavagadh, visible à des kilomètres à la ronde, où il reste des vestiges d'un ancien fort rajpoute, ainsi qu'un sanctuaire dédié à Amba, forme de la déesse en honneur au Gujarat, toujours en activité. Exemples achevés de l'architecture de synthèse indo-musulmane, les mosquées qui s'élèvent à l'intérieur de l'enceinte sont les plus belles du Gujarat. La mosquée **Saharwali*** *(près de la porte qui donne sur la route de Baroda)* est de dimensions modestes. Sa salle de prière, coiffée de cinq coupoles en enfilade, s'ouvre par un porche flanqué de deux minarets, sculptés à la base dans le styleorganique et prolifique de la tradition hindoue. Les cinq niches indiquant

La Porte de l'Inde dressée en face de l'hôtel Taj de Bombay pour commémorer l'arrivée en terre indienne du roi George V et de la reine Mary, le 17 novembre 1911, fut inspirée par les portes de Dabhoi.

Les *haveli* de bois du Gujarat

Quelque vingt *haveli* de bois ont été recensées au Gujarat, la plupart se trouvant à Ahmedabad. Édifiées par les familles aisées des marchands, ou des lettrés travaillant pour le compte des différentes cours princières, elles ne sont pas antérieures au XIXe s. Elles doivent pour la plupart la longévité de leurs sculptures en bois à l'emploi du teck. Cette essence, imputrescible et insectifuge, pousse dans l'État du Gujarat, notamment dans la forêt de Gir au Saurashtra. Mais les riches négociants gujaratis, toujours tournés vers d'autres mondes, lui ont préféré le teck de Birmanie, jugé de meilleure qualité. La construction de ces résidences était commandée à une corporation de charpentiers-sculpteurs itinérants, originaires du Kutch.

Pour en savoir plus sur les *haveli*, reportez-vous aux pages couleur IX-XI.

Si vous n'avez pas le temps de visiter l'un de ces petits palais de bois au Gujarat, allez au Crafts Museum de Delhi : un ancien *haveli* des Bohra de Patan y est entièrement reconstitué.

À 35 km au N. de Baroda, sur la route d'Ahmedabad, Anand fut le théâtre de la « révolution blanche ». C'est ici, à l'initiative de Vallabhai Patel, qu'en 1946 les fermiers du district de Kaira s'organisèrent pour la première fois en coopérative pour écouler leurs produits laitiers.

Les motifs sculptés au plafond de la Jami Masjid de Champaner, inspirés du règne végétal, sont la copie conforme de ceux qui ornent les coupoles du temple d'Adinath à Ranakpur. Ils indiquent de manière éloquente que la corporation des tailleurs de pierre Sompura travaillait, à la même époque, pour des commanditaires musulmans et jaïns.

Contrairement aux mosquées d'Ahmedabad, celles de Champaner ne sont plus en activité.

la *qibla* sont sculptées du motif qui signe les réalisations des Ahmed Shahi. L'ensemble, dépourvu de cour, s'adosse au rempart.

À l'opposé de la cité fortifiée *(à l'E.)*, on pénètre dans la cour à portique de la **Jama Masjid***** par un porche surélevé où des *jali*, sculptés de motifs floraux disposés en damier, font délicatement jouer la lumière. Dans la cour, une simple tombe fut placée là par Mahmud Beghara pour son maître spirituel, Gevan Shah. Le porche d'accès à la salle de prière mêle harmonieusement, grâce à son décor sculpté, le vocabulaire architectonique de la tradition musulmane (il est encadré par deux minarets) et hindoue (il est surmonté d'un balcon). L'intérieur déploie une maîtrise de l'espace et de la lumière semblable à celle des temples jaïns de Ranakpur (Rajasthan), dont cette mosquée est contemporaine. À l'aplomb du mihrab central, le plafond à coupole est élevé dans la tradition hindoue, grâce à deux niveaux de galeries octogonales, facilitant le passage du plan carré à la base circulaire du dôme et laissant entrer la lumière. Sur le côté dr., conformément à la *purdah*, un oratoire séparé, fermé de claustras de pierre ciselées, a été aménagé pour les femmes. Un escalier ménagé dans le porche d'accès permet d'accéder aux galeries supérieures d'où l'on jouit d'une jolie vue sur la campagne. Un bassin d'ablutions octogonal s'étend en contrebas.

Bhuj★

Bhuj, ancienne capitale d'un petit État rajpoute, est le chef-lieu du district de Kutch (Katchhh), sans doute le plus ingrat de toute l'Inde. Il y sévit une terrible sécheresse, aggravée par des remontées de sel, alors que pendant la mousson, de mai à sept.-oct., la région est inondée et sert de refuge à des milliers de flamants. Devenus marécageux, les bas-fonds du Little Rann of Kutch détachent alors momentanément le district du reste de l'Union indienne. Bhuj a longtemps vécu en marge du temps, et les portes qui gardent la muraille étaient, jusqu'à une date récente, encore fermées la nuit.

Ahmedabad, 411 km ; Rajkot, 226 km.
1 526 000 hab. (district de Kutch).

Indicatif ☎ 02832.

ⓘ Aina Mahal, ☎ 2200-04.

Hébergement correct.

Bhuj mode d'emploi

S'orienter. Bhuj est un bourg qui se parcourt aisément à pied. Le centre est occupé par le vieux fort qui abrite les palais et l'OT. Le bazar se déploie en ruelles tortueuses sur tout le côté E. À l'O. s'étend le bassin d'Hamirsar. Il est possible de louer des bicyclettes.

S'organiser. La disparité des jours de fermeture des musées de Bhuj fait qu'il est difficile de tout voir lors d'un court séjour.

Autorisation. Un permis est nécessaire pour visiter les environs. Il est délivré gratuitement par le bureau du District Magistrate du Kutch (à la sortie S. du bourg, sur la route de Mandvi ; ouv. 10 h 30-13 h et 14 h-17 h 30 ; f. sam., dim. et jours fériés). Vous devrez présenter votre passeport et remplir un formulaire donnant une liste précise et définitive les villages que vous souhaitez connaître, vous ne pourrez modifier ni les dates ni les heures de visite. Il est conseillé de prendre un guide local qui saura vous indiquer quels villages sont accessibles au moment de votre voyage. Prévoyez de 1 à 2 h pour ces formalités.

Aéroport. À 4 km au N., à l'intérieur d'une zone militaire (contrôle particulièrement strict des bagages). Navette et rickshaws.

Compagnie aérienne. *Indian Airlines*, ☎ 2214-33. Plusieurs vols hebdomadaires pour Bombay. *Jet Airways*, Station Rd, W 253-673.

Liaisons ferroviaires. Gare ferroviaire sur la route de l'aéroport *(1 km au N. de la ville)*. Liaisons quotidiennes avec Ahmedabad via Palanpur (16 h).

Avertissement

Le 26 janvier 2001, à l'aube, un effroyable tremblement de terre dont l'épicentre était situé à 22 km à l'E du centre de Bhuj a causé des dizaines sinon des centaines de milliers de morts.
De nombreux villages et bourgades furent anéantis et la ville de Bhuj sinistrée dans sa quasi totalité. La vie a repris son cours, mais attendez-vous à rencontrer encore des camps de réfugiés et un paysage de ruines dans certaines parties de la ville. Certains bâtiments ne se visitent plus, rasés ou trop dangereux d'approche.

Liaisons terrestres. Bus Stand au S. du bazar. Services pour Ahmedabad, Bombay, Jaisalmer, Palanpur et Rajkot.

Visiter Bhuj

■ **Citadelle★**. Au cœur des bazars, elle renferme deux palais princiers *(ouv t.l.j. 9 h-12 h et 15 h-18 h, sf sam.)*. À l'entrée, l'ancien palais **Aina Mahal** abrite l'OT et le musée Maharao Sinh Madansinhji, dont les collections mêlent l'artisanat du Kutch, les objets de cour (*howdah* et portraits d'ancêtres) et des objets d'art européens (verres de Venise et cristaux de Belgique). L'une des ailes, le **palais des Miroirs★★**, fut décorée en 1752 par Ram Singh Mallam, artisan génial et prolifique. Le résultat est magique : grands miroirs de Venise et bassin décoratif à la moghole. De l'autre côté de la place, le **Rao Pragmalji Palace**, aux portes de bois incrustées d'ivoire, fut construit à la fin du siècle dernier dans un style italianisant, en marbre et en grès. Il abrite aujourd'hui des bureaux officiels. Une petite partie est néanmoins accessible : le Durbar Hall, salle des audiences officielles données par le raja, et la tour de l'horloge (Clock Tower), du sommet de laquelle on découvre une belle vue sur la cité.

Artiste au service des maharajas de Bhuj, Ram Singh Mallam passa 18 ans aux Pays-Bas à l'époque de l'Europe des Lumières. C'est là qu'il s'initia aux secrets du verre soufflé, de l'émail, de l'horlogerie et de la céramique.

Les raos du Kutch sont issus d'une branche du clan rajpoute des Jadeja du Sindh, venus s'établir au moment des premières incursions arabes du XIe s. (Bhanbore).

■ **Kutch Museum★** *(t.l.j. sf mer. et 2e et 4e sam. du mois, 9 h-12 h et 15 h-18 h 30)*. Il fut fondé en 1877 par James Fergusson, gouverneur de Bombay, dont il porta longtemps le nom. C'est le plus ancien musée du Gujarat. Il présente de belles collections ethnologiques (textile, armes, instruments de musique de la région) ; sa section archéologique est d'un intérêt moindre.

■ **Sarad Bagh Palace** *(t.l.j. 9 h-12 h et 15 h-18 h sf ven.)*. Situé sur la berge O. du bassin Hamirsar, c'est la résidence du dernier maharaja de Bhuj, mort en 1991. Un petit musée expose quelques-uns de ses objets personnels.

On croise parfois des *sadhus* avec un équipage curieux mendiant quelque argent à dos d'éléphant.

Environs de Bhuj

Rien de spectaculaire dans les étendues mornes du Rann du Kutch. L'intérêt principal de l'exploration des environs est de caractère ethnologique. Elle permet d'abord d'observer l'étonnante entente entre les différentes communautés vivant dans cette région hostile. Les propriétaires des terres sont rajpoutes. Ceux du clan Jadeja sont implantés dans la région depuis la création de la principauté du Kutch au XIe s. Ils ont été rejoints par les Sodha, réfugiés du Sind voisin au moment des guerres anglo-pakistanaises.

Les Rabari, toujours semi-nomades, constituent l'une des communautés pastorales dont les Maldhari représentent la majorité. Maldhari veut dire propriétaire de bétail ; on nomme ainsi les pasteurs musulmans du Gujarat. Contrairement aux Rabari, ou aux Bharwad du Saurashtra, ils n'élèvent pas seulement le bétail pour la production laitière, mais aussi pour la viande. C'est pourquoi leur est attachée la corporation des Meghwal qui travaillent le cuir, de même que les charpentiers Vedha qui leur fournissent mobilier et vaisselle de bois. Toutes ces communautés ont en partage la passion des travaux d'aiguille et le Kutch est probablement l'un des plus importants centres de broderie au monde. Tout sert de support à l'expression des travaux d'aiguille : costumes de mariages, tentures murales, couvertures, jusqu'au harnais du bœuf, du cheval ou du chameau. La broderie est l'expression d'une identité et joue un rôle important dans les coutumes de mariage. Dans le cadre de la dot, outre les bijoux et la vaisselle utilitaire, la famille de la mariée fournit une grande quantité de textiles richement brodés par les femmes de la maisonnée.

Autorisation. Pour visiter les environs de Bhuj, il est obligatoire de détenir un permis établi par le District Magistrate du Kutch *(→ Bhuj, mode d'emploi p. 301).*

1 Hodka *(59 km N.). Prévoyez une demi-journée pour cet itinéraire à travers le Banni, aux franges du Grand Rann du Kutch, au N. de Bhuj. À effectuer en voiture avec chauffeur.*

30 km N. : **Sumrasar** est un village où se sont établis des Rajpoutes Sodha, dont les femmes pratiquent la broderie *soof*. Basée sur un jeu de motifs géométriques, où prédomine le triangle, elle est exécutée sur l'envers de l'étoffe.

▶ **Nirona** *(28 km O.)* est le dernier village du sous-continent à perpétuer la technique du *roghan*, utilisée pour orner des cotonnades bon marché. Le *roghan* est une pâte à base d'huile de lin ou de moutarde, de pigments colorés, de craie et d'un mordant. Elle est appliquée sur l'étoffe à l'aide d'un stylet de métal. Mise à sécher au soleil, la pâte partira en poussière, tandis que la couleur mord sur le tissu. Une corporation de menuisiers, originaires du Sind, produit un mobilier dont les différentes pièces sont en bois tourné et laqué de couleurs vives. ◀

43 km N. : **Bhirandiyara** est le plus grand village du Banni. Il est exemplaire de la cohabitation des Maldhari et des Meghwal. Originaires du Marwar au Rajasthan, les Meghwal sont cordonniers ; travaillant

Pour en savoir plus sur les différentes communautés, reportez-vous aux pages couleur II-III.

Photographes et visiteurs, attention ! N'insistez pas si quelqu'un refuse d'être photographié et ne pénétrez dans une habitation que si vous y êtes invités.

Ce sont les studios de cinéma de Bombay qui ont fait connaître les textiles du Kutch. Ils sont à l'origine d'une véritable mode de ce style « ethnique », dans lequel les créateurs indiens puisent toujours largement leur inspiration.

le cuir, ils sont considérés comme *harijans*. Ils façonnent les élégantes babouches que portent la plupart des communautés rurales du Gujarat et du Rajasthan. Elles sont ornées de broderies par les femmes, qui portent un costume haut en couleur, également exécuté de leurs mains : un plastron entièrement brodé et appliqué de miroirs couvre la poitrine en soulignant les seins, laissant le dos nu. L'essentiel du village est constitué de maisons modernes, en ciment, mais quelques huttes de terre circulaires *(bungo)*, caractéristiques de l'habitat du Kutch, subsistent.

59 km N. : **Hodka** est devenu un conservatoire et un centre d'apprentissage des techniques de broderies locales et d'appliqués.

2 Mandvi *(60 km S.). Prévoyez une demi-journée pour cet itinéraire qui vous conduira vers le littoral du golfe de Kutch, dans un territoire où vivent les pasteurs Rabari, établis ici depuis le XVI*[e] *s. À effectuer en voiture avec chauffeur.*

Mandvi est un port réputé pour ses chantiers navals. Le Gujarat a très judicieusement entrepris d'y développer une station balnéaire ; les plages sont désertes et la baignade possible dans une mer peu agitée. Hébergement convenable.

Au large de la côte du golfe de Kutch, d'Okha à Jodiya, quelque 40 îles, bordées de mangrove, sont le domaine élu par les grands oiseaux migrateurs pour la reproduction, d'avril à septembre.

Le golfe est également connu pour ses récifs de corail, les seuls vivants entre le golfe d'Oman et les îles Laquedives.

▶ **Tundlavandh*** *(env. 25 km E., par Bidada)* est un rare exemple d'établissement Rabari. Ces pasteurs sont restés semi-nomades et entretiennent peu de villages. C'est aussi l'occasion de visiter de très beaux *bungo*, huttes de terre séchée qui forment l'habitat traditionnel du Kutch et de la région de Jaisalmer au Rajasthan. Le costume féminin des Rabari est remarquable dans une région où l'on privilégie le coton clair ou les broderies bariolées. Elles s'enveloppent dans un grand châle de laine noire, le *ludi*, orné de points rouges selon la technique du *bhandini*. Fillettes et garçons ont tout le tour du lobe de l'oreille perforé d'ornements en forme de clefs. Lorsque de toutes jeunes filles portent en sautoir un minuscule coffret, c'est le signe qu'elles sont déjà promises. Contrairement aux autres communautés qui vivent dans des quartiers distincts mais au sein d'un même village, les Rabari s'établissent à l'écart. ◀

Sous la voûte de terre du *bungo*

L'intérieur des huttes de terre est impeccablement entretenu. La literie pliée est empilée dans un coin contre le mur. La seule ouverture de la porte laisse passer la lumière et c'est un scintillement de palais des glaces : la surface murale, ornée de lignes ondoyantes exécutées au doigt dans la boue fraîche, est incrustée de petits miroirs. L'agencement du mobilier intégré, également en terre, est toujours le même. Une banquette court le long du mur. Dans l'axe de la porte, deux coffres sur pied avec une petite porte de bois servent à serrer réserves de nourriture et vêtements. Une étagère circulaire fixée au mur reçoit la vaisselle de métal.

Diu★

En 1961, le gouvernement indien lance l'opération Vijay sur cette île minuscule – détachements de fantassins, bombardement de l'aéroport. Objectif : intimider Lisbonne qui possède toujours cette enclave, avec Goa et Daman, ses anciens comptoirs. Le Portugal n'insista pas et les trois possessions furent évacuées. Aujourd'hui, l'île de Diu constitue avec Daman, de l'autre côté du golfe de Cambay, un territoire de l'Union (Union Territory) administré par des fonctionnaires nommés par Delhi. Ses belles plages de sable, peu fréquentées et ombragées de palmiers, apportés d'Afrique par les Portugais, sont son principal atout. Car Diu n'est pas Goa ; de piètres vestiges ont survécu dans l'ancien comptoir lusitanien. C'est avant tout l'occasion d'une très agréable halte lors d'un périple dans le Saurashtra.

Ahmedabad, 424 km ; Junagadh,156 km ; Palitana, 190 km.
Env. 44100 hab sur l'île.

Indicatif ☎ 02-875.

ⓘ Tourist Office, Bunder Rd, ☎ 252-653.

Hébergement correct.

Diu mode d'emploi

S'orienter. L'île de Diu s'étire sur près de 11 km d'O. en E. Le territoire possède sur le continent deux minuscules enclaves, les villages de Goghla, devant la pointe E., et celui de Kotla, à l'O. Ils sont reliés à l'île par des ferries. Il existe également deux ponts, l'un situé à peu près au centre de la côte N., le second face à Diu Town. La ville de Diu se trouve à la pointe orientale de l'île. Son lacis de ruelles se déploie entre le fort, face au continent, et une puissante muraille à l'O. Les plages s'étendent le long de la côte S., d'E. en O. : Jallandhar, Chakratirth, Sunset Point et Nagoa.

S'organiser. L'île est parfaite pour 2 ou 3 j. de repos. La ville est petite et ses ruelles ont gardé le cachet de l'architecture coloniale portugaise. L'idéal est d'alterner promenades, flâneries et découverte des plages. L'essentiel des moyens d'hébergement se trouve sur la plage de Nagoa (hôtels et location de bungalows non meublés). On peut louer des vélos pour se déplacer à travers l'île ; les distances ne sont pas grandes et la circulation est pratiquement inexistante. Quelques bus roulent pourtant.

Bon à savoir. L'importation de boissons alcoolisées dans le Gujarat est interdite. À chaque sortie du territoire de Diu, où l'alcool est en vente libre, se trouve un poste de contrôle ; les fonctionnaires sont en droit de fouiller vos bagages.

Liaisons aériennes. La compagnie Jet Airways assure des liaisons régulières avec mumbai. *Jet Airways*, à l'aéroport, ☎ 253-542.

Liaisons ferroviaires. Gare ferroviaire, sur le continent, à Delwada *(8 km de Diu)*. Liaisons quotidiennes avec Veraval et Junagadh *(Saurashtra)*.

Liaisons terrestres. Sur l'île, gare routière dans la ville de Diu, près du pont de Diu Town. Services réguliers pour Ahmedabad, Bhavnagar, Bombay, Junagadh, Porbandar, Rajkot et Veraval. Sur le continent, important Bus Stand à Una *(env. 10 km de Diu)*.

Diu dans l'histoire

Quatre siècles de présence portugaise

L'île fut occupée par les Portugais à partir de 1535, année où fut entreprise la construction du fort. Diu était en effet une base stratégique de première importance pour contrôler la navigation dans la mer d'Arabie, sillonnée par les bateaux des sultans d'Oman. À l'exception d'un intermède entre 1670 et 1717, pendant lequel elle fut sous la domination des Arabes de Mascate, l'île de Diu demeura portugaise jusqu'en 1961. Après la démonstration de force de l'armée indienne, l'île fut évacuée en même temps que Daman et Goa. Ces trois anciennes possessions portugaises furent regroupées au sein d'un même Territoire de l'Union *(Union Territory)*. Depuis, Goa a accédé au rang d'État en 1987. Quant à Daman et à Diu, leur statut d'entité administrative particulière favorise de fructueuses affaires grâce à la vente de boissons alcoolisées aux habitants du Gujarat...

Depuis le continent, vous gagnerez l'île par l'enclave de Goghla et le pont qui aboutit au N. de Diu-ville.

Visiter Diu

■ **Fort de Diu.** Le site est impressionnant de puissance, mais l'intérieur ne présente aucun intérêt. Du côté de la mer, les défenses ont été particulièrement soignées ; un double fossé, dont le niveau d'eau monte périodiquement avec les marées, a été creusé.
Près du fort, à env. 200 m du rivage, l'**église Saint-Paul***, construite à partir de 1600 par la Compagnie de Jésus pour servir de sanctuaire à un séminaire, fut transformée en cathédrale. Elle présente une belle **façade** d'un style baroque marqué par la majesté de ses colonnes, de ses pilastres corinthiens et de son fronton.

En prenant la ruelle à g. de cette façade, puis en tournant à dr. dans la première ruelle suivante, vous arriverez à l'église Saint-Thomas.

L'**église Saint-Thomas,** rebaptisée **musée de Diu,** conserve à une curieuse **collection de saints***.

En revenant sur vos pas et en continuant tout droit en laissant la ruelle qui vous ramènerait à Saint-Paul, vous trouverez Saint-François-d'Assise, la troisième église de Diu, convertie en hôpital.

Environs de Diu

1 *2 km O.* : **Fudam.** L'église N.-D. des Remèdes détient un retable en bois sculpté.

2 *11 km* : **Vanakbana.** Situé à l'extrémité O. de l'île, le bourg dispose d'un **marché aux poissons*** qui mérite le détour le matin. Le village possède une autre église désaffectée. Un service de ferries relie Vanakbana à l'enclave de Kotla sur le continent.

Junagadh★★

Le site de Junagadh est très ancien puisque l'on y a découvert une inscription d'Ashoka et des grottes d'ascètes remontant probablement au IIIe s. av. J.-C. Bien plus tard, des princes rajpoutes firent bâtir la citadelle d'Uparkot, toujours impressionnante. Les sultans d'Ahmedabad s'en emparent pourtant au XVe s. et y établissent un gouverneur. Ses descendants fonderont au XVIIIe s. l'État de Junagadh (8 500 km²), l'un des innombrables et microscopiques royaumes du Saurashtra. Les nababs de Junagadh maintinrent leur pouvoir jusqu'en 1947, date à laquelle ils tentèrent vainement de rattacher leur État au Pakistan, en dépit de l'écrasante majorité de la population de confession hindoue. Du règne des princes, Junagadh a gardé de stupéfiants mausolées à l'ornementation foisonnante. Cette ville plaisante s'étend au pied du mont Girnar, point culminant du Gujarat (1 117 m) et but de pèlerinage pour les jaïns.

Ahmedabad, 327 km ; Palitana, 213 km ; Rajkot, 102 km.
Env. 200 000 hab. (ville) ; 169 000 hab.

Indicatif ☏ 0285.

HÉBERGEMENT :
- **Hôtel *National* près de Kalma Chowk ☏ 262-7891.**

Junagadh mode d'emploi

S'organiser. Prévoyez une journée si vous souhaitez faire l'ascension du mont Girnar qui vous occupera une bonne matinée.

S'orienter. La citadelle d'Uparkot se dresse à la lisière orientale de la ville, au pied du mont Girnar. Dans le centre-ville, voir le Durbar Hall, ancienne salle d'audience transformée en musée, et, à la lisière O. de la ville, près de la gare de chemin de fer, la nécropole des nababs du Saurashtra.

Liaisons ferroviaires. Gare au N.-O. de la ville, sur la route de Rajkot. Junagadh est situé sur le réseau Western Railways, le long de la ligne Viramgam-Veraval : Ahmedabad (9 h), Veraval (2 h). Outre ces localités, liaisons quotidiennes avec Sasan Gir (2 h 30) et Rajkot (4 h).

Liaisons terrestres. Bus Stand à 500 m au S. de la gare ferroviaire. Liaisons fréquentes (départs toutes les heures) pour Rajkot et Sasan Gir, liaisons régulières avec les autres villes du Saurashtra, ainsi que Ahmedabad et Bhuj.

Tombeau des nababs du Saurashtra.

Si vous n'avez pas l'occasion d'aller observer les lions d'Afrique qui vivent dans la réserve de Sasan Gir (60 km S.-O., Saurashtra), vous pourrez néanmoins voir quelques-uns de leurs congénères dans le zoo de Sakar Bagh (3 km au N. de la ville).

Au-delà du Damodar Tank, un peu plus loin dans un vallon, le temple de Bhavanath est un sanctuaire shivaïte dont les abords sont animés par des bandes de singes. Ce sont les habitants du lieu, au même titre que les aigles qui planent au-dessus des temples du mont Girnar.

Visiter Junagadh

■ **Nécropole des nababs du Saurashtra**★. Les mausolées des nababs, qui régnèrent de 1758 à 1947, semblent être le fruit de la vision hallucinée d'un architecte opiomane qui aurait librement brodé autour du thème indo-musulman. Le plus étonnant est le **Mahabat Maqbara**★, hérissé de coupoles et de pinacles, surchargé de colonnettes tarabiscotées et de minarets à escalier hélicoïdal enroulé autour de son axe comme une plante grimpante. Les autres tombeaux, des XVIIIe et XIXe s., ne sont pas moins chargés. L'ensemble laisse toutefois une impression certaine d'abandon.

■ **Durbar Hall Museum** *(ouv. 9 h-12 h et 15 h-18 h, f mer. et les 2e et 4e samedis du mois)*. Dans cette ancienne salle d'audience *(durbar)* des nababs, vous verrez des collections d'armes et des armures princières du Saurashtra, des palanquins, des vêtements, des *howdah*, nacelles que l'on fixe sur l'échine des éléphants lors des parades, etc.

■ **Citadelle d'Uparkot**★. On entre dans la citadelle par une triple porte fortifiée percée dans une haute courtine du XVe s. La porte intérieure est constituée d'un portique hindou, intégré dans le système défensif musulman. Env. 100 m après la porte gît un canon turc de 5 m de long, fondu en 1531 dans l'Égypte ottomane ; tout près se trouvent le tombeau de Nuri Shah et les ruines de la Jama Masjid, mosquée édifiée au XVe s. avec des matériaux de temples hindous. À g. de la mosquée s'ouvrent des grottes★ creusées de main d'homme, au IIe-IVe s., pour une communauté d'ascètes ; elles comportent deux étages avec un hall à piliers sculptés. À l'intérieur de cette enceinte, vous verrez encore deux puits dont l'un est accessible par un escalier en spirale.

■ **Inscription d'Ashoka** *(à l'E. de la citadelle, à env. 1 km de l'entrée du fort sur le chemin du mont Girnar ; faites-vous conduire en rickshaw)*. L'inscription rupestre d'Ashoka se trouve à dr. de la route, peu après avoir laissé un temple jaïn sur la dr. Ces quatorze édits furent gravés dans un bloc de granit vers 250 av. J.-C. L'édit du grand Maurya fut surchargé à deux reprises par d'autres souverains : un roi scythe, en 150 de notre ère, puis un monarque de la dynastie des Gupta, au Ve s., y firent graver des inscriptions en sanscrit.

Environs de Junagadh

■ **Le mont Girnar**★★.

Visite. Le mont Girnar s'élève à 3 km à l'E. de Junagadh. Dix mille marches ont été aménagées pour en faciliter l'ascension, que la route « raccourcit » aujourd'hui ; elle s'arrête au niveau de la 3 000e marche et… il n'y a donc plus que 7 000 degrés à gravir. Les puristes peuvent cependant toujours effectuer l'intégralité de l'ascension en partant du Damodar Tank, bassin qui se trouve 1 km au-delà des édits d'Ashoka. Les moins téméraires y trouveront des doli, ou chaises à porteurs. Le prix de la course sera fixé en fonction de votre poids. Il faut prévoir 2 h 30 au moins pour monter à pied. Parfois très étroit et vertigineux, le chemin pavé de granit est jalonné de reposoirs, de temples et de grottes occupées par des ascètes, et offre une vue** fantastique sur les environs de Junagadh. N'oubliez pas que si une telle montée (7 000 marches pour un dénivelé de près de 900 m) est rude pour le cœur et le souffle, la descente, tout aussi raide, est pernicieuse pour les genoux.

Achat. Dans les kiosques servant de reposoirs, on propose aux pèlerins des craies de couleur ; elles serviront à inscrire leur nom sur les marches, en souvenir de ce pèlerinage méritoire.

À env. 710 m d'altitude, on atteint la Deva Kota, une porte donnant accès à une vaste enceinte de granit qui ressemble à une forteresse (à g.).

La **Deva Kota** renferme seize temples jaïns, dont le plus important est le **temple de Neminath****, le 22e *tirthankara*. Construit en 1159 à l'intérieur d'une enceinte rectangulaire entourée de 70 cellules, il est composé de deux halls qui précèdent le sanctuaire proprement dit. Dans le premier hall, deux petites plates-formes sont dallées de pierre jaune où sont reproduites les empreintes de 2 452 pieds des premiers fidèles du jaïnisme. Le second mandapa, coiffé d'une coupole comme le premier, est conçu sur plan central et largement ouvert sur le sanctuaire où se dresse une statue de pierre noire de Neminath, enrichie d'or et de pierres précieuses. La cella est enveloppée par un corridor de circumambulation, dont les piliers de marbre blanc sont ornés de reliefs illustrant la mythologie jaïne.

Le **temple** de Tejahpala et de Vastupala,** derrière le précédent, fut érigé en 1230 par deux frères qui furent ministres d'un roi solanki et financèrent la construction d'un temple sur le mont Abu. Il s'agit d'un triple sanctuaire dont chaque cella s'ouvre sur un grand hall à colonnes. Dans la cella principale, celle du centre, on vénère une statue de Mellinath, le 19e *tirthankara*. Les deux autres sont censées représenter les monts Parasnath et Mérou.

Parmi les autres sanctuaires, on peut encore citer les **temples de Samprati Raja,** érigé en 1158, et d'**Amba Devi,** hors de l'enceinte, à près de 1 000 m d'alt., accessible par un escalier très raide. Ce temple est plus particulièrement fréquenté par les jeunes couples de la caste des brahmanes, qui viennent présenter des offrandes de fleurs et de noix de coco à la déesse pour obtenir une longue vie de bonheur conjugal. Amba est le nom de la déesse le plus usité au Gujarat.

Encore plus haut, le point culminant du mont Girnar (1 117 m) est occupé par le temple de Gaumukh, entouré de tridents, emblèmes shivaïtes plantés dans le roc.

Modhera★★

Mont Abu, 184 km ; Ahmedabad, 102 km ; Udaipur, 189 km.

Ces vestiges, aujourd'hui isolés dans une steppe désolée, sont les principaux témoins de l'art monumental des Solanki de Patan et l'un des plus beaux temples du Gujarat. Il fut édifié au XIe s., peut-être par le roi Bhima Deva, pour commémorer sa victoire sur Mahmud de Ghazni, à la tête d'une coalition de princes indiens. Il fut consacré au soleil et, à ce titre, il est l'un des rares sanctuaires dédiés à Surya subsistant en Inde. On peut visiter Modhera, en excursion depuis Ahmedabad, ou sur la route du mont Abu au Rajasthan. Mais de nouvelles possibilités d'hébergement dans le N. du Gujarat permettent désormais d'explorer la région à loisir.

Les marchands Bohra

Gens de négoce, les musulmans Bohra (ou Vohra) jouissent d'un prestige que ne leur confère pas leur seul richesse. Ils sont majoritairement shiites, parfois sunnites. Dans tous les cas, leur tradition veut que les ancêtres de cette communauté aient été rien moins que des membres de hautes castes, brahmanes et *baniyas*, convertis à l'islam par des missionnaires yéménites au XIe s. Comme beaucoup de marchands gujarati, ils ont essaimé non seulement en Inde, mais aussi à l'étranger. Même en dehors de l'Inde, vous reconnaîtrez les dames Bohra à la tenue qu'elles arborent dès qu'elles quittent leur foyer. Leur voile de femme musulmane rappelle la barbette des religieuses et descend sur une jupe froncée, empruntée, elle, au costume féminin gujarati.

Modhera mode d'emploi

S'organiser. Modhera est à 102 km et 3 h de route au N. d'Ahmedabad où vous pouvez emprunter un bus direct *(rens. à l'OT, qui organise également des excursions dans l'ensemble de la région N.)*. Si vous souhaitez visiter les environs, mieux vaut disposer d'un véhicule. Pour l'hébergement, outre les facilités offertes par Ahmedabad et le mont Abu, deux palais aménagés en hôtels permettent d'organiser un itinéraire *(réserv. indispensable)*, l'un à Balaram *(112 km N.)*, l'autre à Poshina *(187 km N.-E.)*.

Hébergement. *Balaram* : luxueux palais, bâti par un nabab local pour sa favorite anglaise dans les années 1930 (réserv. à Ahmedabad, ☎ 657-8412). Poshina : le Darbargadh est un palais massif, dans le style rajpoute, au pied des Arawalli. Rustique et confortable (réserv. à Ahmedabad, ☎ 630-2019).

Visiter Modhera

■ **Temple** *(accès : au km 78 depuis Ahmedabad sur la route qui conduit au mont Abu, tournez à g. [pancarte Sun Temple] juste avant Mehsana ; ouv. t. l. j. 8 h-18 h)*. Les vestiges sont protégés aujourd'hui dans l'enceinte d'un parc archéologique.

■ **Ramakunda★★**. Le bassin de Rama est une vaste citerne précédant le temple. Elle est profondément encaissée dans une sorte de théâtre à l'antique, à gradins droits, doté de petites chapelles aux angles et au milieu de trois côtés, dédiées à Vishnou.

De l'autre côté du bassin, le temple était précédé d'un *torana* (portique), dont il ne reste plus que les deux jambages. Ils donnent sur un grand hall à colonnes *(sabhamandapa)*, conçu sur un plan en étoile. Ce magnifique monument, tout en dentelle de pierre, a perdu ses superstructures, tout comme le sanctuaire principal, mais il garde de fort belles coupoles que coiffait autrefois un *shikhara* (tour). Les piliers portent un minutieux décor figurant divers personnages, dans de petits panneaux. Il s'ouvre vers chacun des quatre points cardinaux par une porte autrefois précédée d'un *torana* délicatement sculpté ; aujourd'hui, seul celui de la porte S. *(côté latéral dr.)* est encore en place.

Le **temple** proprement dit se compose d'un hall orné dans le même style que le précédent, avec une multitude de reliefs et d'une cella entourée d'un corridor de circumambulation. La statue de culte a aujourd'hui disparu. La coupole du hall est soutenue par huit piliers composites. Extérieurement, les murs sont décorés de niches abritant une statue, en alternance avec une suite de fins reliefs sur trois registres. La plupart des statues dans les niches représentent Surya, le dieu du Soleil, debout au-dessus d'un char miniature tiré par sept chevaux. À la base se développent de belles moulures à nervures verticales. Les trois registres de frises représentent, de bas en haut, des têtes cornues, des éléphants et des personnages en pied.

Le temple était conçu de telle sorte que les jours d'équinoxe, les premiers rayons du soleil venaient éclairer l'image du dieu dans la cella.

Il n'existe en Inde que deux autres temples dédiés au Soleil de l'envergure de celui de Modhera : Martand au Cachemire et Konarak en Orissa.

Environs de Modhera

1 Patan *(37 km N.)*. Les vestiges de l'ancienne capitale de la dynastie des Solanki s'étendent au-delà d'un reste de fortification, au N.-O. de la ville actuelle, sur la rive S. de la Sarasvati. Il en reste bien peu de chose, hormis le plus imposant des *baori* du Gujarat, le **puits de la Rani***** *(Rani ki vav ; ouv. t.l.j. 9 h-17 h ; pour les photos : le puits fait face à l'E., les sculptures ornant les parois N. et S.)*. Il fallut dix ans (1963-1973) à l'Archeological Survey of India pour rétablir ses degrés qui descendent vers la nappe d'eau sur 65 m, en une succession de pavillons à colonnes. La structure elle-même est en briques, mais elle a été entièrement revêtue d'un parement de grès où figurent les dieux du panthéon hindou, encadré d'élégantes colonnettes, assistés de gracieuses *apsaras* et de *rishis* barbus. La qualité des sculptures s'explique par la nature royale de cette fondation ; elle fut commanditée

L'apogée du pouvoir des Solanki de Patan se place sous le règne de Bhimadeva (1022-1063). Ce souverain est contemporain des grandes réalisations des Chandella dans leur capitale désormais célèbre, Khajuraho. Mais les temples des Solanki n'ont pas survécu au siège et à l'abandon de leur capitale. Aussi, le puits de la Rani est-il aujourd'hui, dans cette région de l'O., avec le temple d'Adinath au mont Abu, le seul brillant contrepoint de la grande sculpture médiévale de Khajuraho.

Si la technique complexe de ces doubles *ikats* défie votre compréhension, voici en tout cas ce qui vous permettra de juger de ce travail de patience et du prix astronomique des saris *patola* (entre 1 000 et 2 000 €) : un sari de 120 x 550 cm nécessite le travail de quatre personnes pendant quatre à six mois.

Pour en savoir plus sur les textiles, reportez-vous à la page couleur XII.

Stucs victoriens : façade d'une *haveli* des Bohra de Sidhpur.

Pour en savoir plus sur les marchands, reportez-vous aux pages couleur IX-XII.

par la reine Udaimati, épouse de Bhima Deva, le grand roi solanki. L'ensemble du panthéon est représenté ; toutefois, l'iconographie vishnouite est en bonne place avec une série complète des dix avatars (de part et d'autre du 2e niveau) et un grand bas relief de Sheshasayi★★, disposé dans l'axe du puits, au-dessus de ses eaux.

En ville, ne manquez pas de visiter un des ateliers tissant les étoffes qui font la gloire de Patan aujourd'hui : les *patola (quartier des Patolawala, demandez l'atelier des frères Salvi,* ☎ *238-4265).*

2 Sidhpur★ *(70 km de Modhera via Mehsana ; 68 km via Patan).* Cette petite ville prospère grandit autour d'un temple dédié à Shiva, fondé sur la berge O. de la rivière Sarasvati, sous la dynastie des Solanki : le **Rudra Mahalaya★**. Saccagé lors de l'invasion des Khilji de Delhi au XIIIe s., puis par Ahmed Shah, fondateur d'Ahmedabad, en 1415, ce temple a cependant conservé d'imposantes structures du XIe s., dont un torana géant★★, aux sculptures remarquables, et les portes E. et N. du mandapa qui précédait le sanctuaire. Celui-ci a été converti en mosquée.

Au centre du bourg, le long de la rue du bazar, s'ouvrent des ruelles qui semblent autant d'échappées sur des quartiers londoniens ; les façades des maisons s'y succèdent rigoureusement identiques, avec leurs pâtisseries victoriennes aux couleurs de bonbons anglais. Ce sont les *haveli* de la communauté des marchands musulmans Bohra, construites pour la plupart dans les années 1910-1920. La tradition communautaire des Bohra, mêlée d'un profond sentiment égalitaire, justifie la similitude de leurs demeures dans les moindres détails. Leurs dimensions sont toujours les mêmes et l'intérieur se distribue toujours sur un même plan : trois pièces en enfilade, dont la première accueille la cuisine sur un côté, et se terminant sur une courette ; les chambres se trouvent à l'étage *(toutes ces habitations sont privées ; si vous souhaitez visiter, adressez-vous à M. Calcuttawala, quartier de Dawoodpura,* ☎ *2219-05).*

3 Ambaji *(157 km N.-E.).* Situé au départ de la chaîne des Arawalli, Ambaji est un important site de pèlerinage ; un temple y fut édifié en l'honneur d'Amba Devi. L'édifice lui-même ne présente aucun intérêt architectural, mais, dans le sanctuaire, à la place de l'image habituelle de Durga sur son tigre, figure une simple pierre triangulaire, gravée de différentes figures et de la syllabe « SRI » au centre. Il est le théâtre d'une importante manifestation en l'honneur de la déesse en sept.

Les Gharasia, dans l'ombre des Rajpoutes

Avec leur tunique très ajustée descendant sur leur grande jupe à fleurs, leur grand voile de coton leur tombant sur les reins, les filles des Gharasia sont belles et fières. Car ces fermiers, établis aux confins du Gujarat et du Rajasthan, se réclament d'origines prestigieuses, au rang des guerriers rajpoutes. Comme ceux des Bhil, leurs ancêtres choisirent la résistance héroïque au moment de la terrible poussée du Grand Moghol Akbar. Au XVIe s., il avait arraché aux Rajpoutes la forteresse de Chittor, que Pratap, le rana de la nouvelle ville d'Udaipur, fondée après cette lourde perte, tenta de reprendre jusqu'à sa mort en 1597. Peu de Rajpoutes soutinrent la résistance du rana Pratap. En revanche, les Bhil et les Gharasia le rejoignirent dans sa lutte, restée le symbole de l'ultime résistance rajpoute à la poussée moghole.

Ce sont sans doute ces origines guerrières qui expliquent pourquoi les Gharasia, contrairement aux autres communautés rurales du Gujarat, consomment de la viande tout comme les Rajpoutes. Cependant, au lieu de rendre un culte à la déesse comme la plupart des fils de roi, leur dévotion va au dieu Krishna. S'ils sont endogames, leurs codes sont beaucoup plus souples et, fait exceptionnel en Inde, c'est la famille du futur époux qui est chargée de constituer la dot.

▶ **Kumbharia*** *(10 km N.-E.)* est un groupe de cinq temples jaïns en marbre, chacun dédié à un *tirthankara*. On les attribue au très prolifique ministre des Solanki, Vimal Shah *(mont Abu)*, qui, selon la tradition, est à l'origine de 360 fondations dans toute l'Inde. L'ensemble fut saccagé au XIVe s. lors de l'invasion des Khilji de Delhi qui firent main basse sur les pierres précieuses ornant les effigies des *tirthankara*. Le plus remarquable est celui de Neminath (une peinture, à l'entrée, représente l'invasion des Khilji) qui a conservé ses registres de sculptures de marbre, autour du sanctuaire. ◀

4 **Poshina** *(187 km N.-E.)*. Les fortifications de ce gros bourg, au piémont de la chaîne des Arawalli, remonteraient au XVe s., à l'époque où les Rajpoutes Vaghela conquirent ce royaume de 64 villages. Le village conserve d'ailleurs deux fondations de ces vassaux des Solanki : un temple jaïn taillé dans le marbre en 1225 et un sanctuaire édifié en grès en l'honneur de Shiva. Poshina sert de marché aux populations dont les maisons sont dispersées alentour : les Gharasia et les Bhil. À env. 10 km au N. de Poshina se trouve d'ailleurs un impressionnant lieu de culte des Bhil ; sur un énorme bloc de granit, à l'ombre de quelques arbres, ils ont déposé des centaines de chevaux d'argile, dédiés aux mânes de leurs ancêtres. Toujours dans les environs immédiats, le village de Gunbhakari est le théâtre de la grande *mela* de Chitra-Vichitra, chaque année en mars-avr.

Palitana★★★

Ahmedabad, 217 km ; Diu, 190 km ; Junagadh, 213 km ; Rajkot, 172 km. Alt. 593 m. ; 52 000 hab.

Indicatif ☎ 02848.

HÉBERGEMENT :

• *Nilambagh Palace*, Bhavnagar (Saurashtra), ☎ (0278) 42-4241. Agréable étape de charme avec piscine, dans un ancien palais royal d'une lignée locale.

La colline de Shatrunjaya est un lieu de silence et de recueillement, consacré à la prière et à la contemplation. Elle est l'un des cinq monts que tout jaïn espère visiter au moins une fois dans sa vie. C'est donc en compagnie des pèlerins à la ferveur bon enfant que vous grimperez dès l'aube, pour éviter la chaleur du jour. L'ascension, qui ménage un magnifique panorama à mesure que l'on monte, prendra près d'une heure et demie, mais on peut aussi de faire conduire en chaise à porteurs. Parvenu au sommet, on demeure stupéfait devant cette véritable cité de temples hérissée de *shikhara,* ces gracieuses tours qui surmontent les chapelles, au plus profond desquelles luisent les yeux des idoles. On ne compte pas moins de 863 sanctuaires, certains réduits à la taille d'un modeste édicule, d'autres imposants, parés de cette étonnante richesse ornementale qui caractérise les sanctuaires jaïns.

Une communauté fort ancienne

On ignore à quelle époque précise des communautés jaïnes s'installèrent sur la presqu'île de Kathiawar. On sait qu'un concile se tint dans la ville proche de Vallabhi en 980 ou 993, au temps des rois solanki. L'arrivée des musulmans à la fin du XIIIe s. ne semble pas avoir été trop désastreuse pour les jaïns, car le Gujarat eut, du XIVe au XVIIe s., une fort brillante école de miniaturistes qui illustrèrent de très nombreux manuscrits. Au XVIe s., un *acharya* (maître à penser) fut même convié à la cour de l'empereur moghol Akbar (1542-1605) pour l'initier au jaïnisme. Cet enseignement s'intégrait à la vaste enquête impériale qui préludait à l'instauration de la Foi Divine *(Din al Illahi)*, nouvelle religion que le souverain voulut imposer.

Palitana mode d'emploi

Accès. La petite bourgade au pied de la colline possède des hostelleries pour pèlerins, mais pas de véritables possibilités de logement pour les touristes. Bhavnagar *(à 51 km N.-E., Saurashtra)* est le point d'accès le plus commode ; des bus réguliers assurent la liaison entre les deux localités.

S'orienter. Le site s'étend entre deux sommets jumeaux, distants d'env. 300 m. Les temples sont répartis dans 11 enceintes appelées *tuk*. Les sanctuaires les plus importants sont le temple d'Adinath ou d'Adishvara et celui de Chaumukh. Le temple d'Adinath est le plus ancien du site, car les sanctuaires de Palitana souffrirent beaucoup du fanatisme des souverains musulmans aux XIVe et XVe s. Nombre de constructions sont relativement récentes.

Organiser son temps. Prévoyez environ 6 h pour l'ensemble de l'excursion. Le périmètre sacré, perché à 593 m en haut de la colline, est ouvert de 5 h à 17 h. Il est recommandé de partir très tôt le matin, dès avant l'aube si possible, pour éviter le soleil qui tape fort, même en hiver. Le chemin est loin d'être ombragé sur tout le parcours.

Comptez env. 1 h 30 de marche pour les 4 km de montée (possibilité de monter en chaise à porteurs, ou *doli*). Les cérémonies qui animent le temple principal ont lieu à 9 h (cérémonie de l'*angi* ; la statue du *tirthankara* est parée de fleurs), de 9 h 45 à 10 h 45 (bain de la statue), à 10 h 45 (*puja* ou adoration de la statue) et à 15 h (la statue est ornée de joyaux).

Fêtes et manifestations. Jour de pèlerinage le plus important : durant Kartik Purnima, en nov.

Recommandations. À l'intérieur du périmètre des temples, vous ne devrez porter aucun article de cuir (vous pourrez les déposer à l'entrée et donc les conserver pendant toute la montée). Si vous avez prévu un en-cas, veillez à ce qu'il ne soit pas incompatible avec un strict régime végétarien.

Visiter Palitana

L'ascension est jalonnée d'oratoires contenant les *paduka*, empreintes de pieds des *tirthankara*.

■ **Temple d'Adinath**** (ou d'Adishvara). Il fut construit en l'honneur du premier *tirthankara* dans la seconde moitié du Xe s. et restauré en 1530. Cet édifice, orné d'une profusion de sculptures d'une grande délicatesse, est dominé par une importante tour et entouré d'une multitude de petits sanctuaires annexes. Dans le hall principal, vous observerez la somptueuse décoration du plafond, d'une finesse arachnéenne.

Dans le sanctuaire musulman d'**Angar Pir**, tout à côté, vous remarquerez les nombreux petits ex-voto en forme de berceau qui ont été déposés par des femmes stériles dans l'espoir d'accéder à la une maternité.

Véritable cité des dieux, Palitana est déserte la nuit ; nul mortel, même prêtre, ne peut y séjourner quand les dieux reposent.

■ **Temple de Chaumukh****. Bâti en 1618, il doit son nom (« Quatre Faces ») au fait qu'il s'ouvre vers les quatre points cardinaux et qu'il comporte sur un socle de marbre blanc une statue d'Adinath à quatre têtes, ornée de pierres précieuses. Vous remarquerez les sculptures sur les piliers supportant la véranda, avec des chapiteaux à consoles figurant des danseuses et des musiciens.

Parmi les autres sanctuaires, on peut signaler les **temples de Vimala Shah,** du nom d'un ministre de Bhimadeva Ier, un roi solanki du Gujarat au XIe s., ainsi que les **temples de Kumar Pol, de Sampriti Raja** et **de Nandivaradwipa,** érigé en 1840.

Au pied de la colline, vous pourrez encore visiter, après la descente, les **temples de Bahu, des Miroirs** (à la coupole couverte de verres colorés et de miroirs), et l'**Agam Mandir.**

Le Saurashtra★

Situation : péninsule du Gujarat, bordée à l'O. par le golfe de Kutch, à l'E. par le golfe de Cambay.
Itinéraire de 688 km au départ d'Ahmedabad : Utelia-Bhavnagar-Palitana-Diu-Veraval-Sasan Gir-Junagadh-Gondal-Rajkot.

Indicatifs : à Bhavnagar ☎ 027 ; à Chorvad ☎ 0287688 ; à Gondal ☎ 0282 ; à Rajkot ☎ 028 ; à Wankaner ☎ 0228.

ⓘ à Rajkot : Bhavnagar House, Jawahar Rd, ☎ 31-616.

HÉBERGEMENT :

À Bhavnagar : *(→ Palitana p. 314)* ***Palais Nilambagh*****, réserv. ☎ 42-4241.**

À Chorvad: ***Palace Beach Resort*****, réserv. ☎ 557.**

À Diu *(→ p. 305)*

À Gondal : aile de la résidence royale (*Orchard Palace*) et pavillon de style colonial (*Riverside Palace*) convertis en hôtels, ☎ 20-002.

À Junagadh *(→ p. 307)*.

À Palitana *(→ p. 314)*.

À Sasan Gir : deux adresses correctes : ***Sinh Sadan Forest Lodge*** **et Lion Safari Lodge.**

À Utelia : manoir de style gujarati converti en hôtel très agréable ; réserv. à Ahmedabad, ☎ (02714)-62-22

À Wankaner : Ranjit Vilas Palace, réserv. ☎ 220-000, www.wankanerheritagehotels.com Hôtel de charme confortable avec piscine, dans un ancien palais royal. Excursions organisées dans les environs.

Délimitée par les golfes de Cambay et de Kutch, la péninsule du Saurashtra, appelée également Kathiawar, est une terre plutôt aride, au relief modéré (1 117 m au mont Girnar). De courts chaînons montagneux, érodés et dénudés ou couverts de brousses et de forêts clairsemées d'arbustes épineux, encadrent des vallées, souvent ensablées, et des plaines où l'on cultive le blé et le coton lorsque les sources d'eau sont suffisantes. L'intérieur est le pays des Kathi, le Kathiawar, propriétaires terriens fortement influencés par les traditions guerrières rajpoutes et cavaliers émérites, réputés pour leur amour des chevaux. Ils sont à l'origine, aux côtés des nababs musulmans et des princes rajpoutes, de la poussière d'États qui apparurent dans le Saurashtra avec le déclin de l'empire moghol. C'est pourquoi la région est jalonnée de palais, de pavillons de chasse, de villas, datant pour la plupart du XIXe s. et ouvrant peu à peu leurs portes aux touristes. La côte, très peuplée, présente, grâce aux pluies de la mousson, un aspect moins sévère avec ses rizières et ses bosquets de palmiers dattiers ou de manguiers ; on y trouve aussi de nombreuses salines. Ce balcon sur l'Arabie a toujours entretenu des rapports fructueux avec le Proche-Orient et l'Occident.

Le Saurashtra mode d'emploi

Liaisons aériennes. Aéroports à Bhavnagar (liaisons quotidiennes avec Bombay et Surat), Keshod, Porbandar (fréquence hebdomadaire pour Bombay et Keshod), Jamnagar (fréquence hebdomadaire pour Bombay) et Rajkot (liaisons quotidiennes avec Bombay).

Liaisons ferroviaires. Principales gares :

Bhavnagar (réseau de Western Railways, sur la ligne Bombay-Ahmedabad ; trains rapides pour Ahmedabad, 5 h 30 ; et Palitana, 2 h) ;

Jamnagar (trains pour Ahmedabad, Dwarka et Rajkot) ;

Junagadh (→ p. 307) ;

Porbandar (trains pour Ahmedabad à 10 h 30 et Rajkot à 4 h 30) ;

Rajkot Railway Station, ☎ 2233-02, liaisons avec Ahmedabad (5 h), Bombay (14 h), Baroda (8 h 30) ;

Veraval (trains pour Ahmedabad, Sasan Gir, Diu et Rajkot).

Liaisons terrestres. Desservi par Gujarat State Transport, Gujarat Tourism et de nombreuses compagnies privées. Principales gares routières :

Bhavnagar (nombreuses liaisons avec Ahmedabad, Diu et Palitana) ;

Jamnagar (services fréquents pour Rajkot, réguliers pour Ahmedabad, Bhuj, Dwarka, Junagadh et Porbandar) ;

Junagadh (→ p. 307) ;

Porbandar (services réguliers pour Dwarka, Diu, Jamnagar, Junagadh, Rajkot et Veraval) ;

Veraval (services réguliers pour Bhavnagar, Sasan Gir, Diu, Junagadh, Porbandar et Rajkot).

Visiter le Saurashtra

■ *75 km S.-O.* : **Utelia** *(suivre la route de Rajkot pendant 63 km, puis la route de Bhavnagar et tourner à g. au km 75)*. Pas de monument à visiter dans ce village, mais une occasion de faire étape, le temps d'un repas ou d'une nuit dans son manoir construit dans le style gujarati, à la fin du siècle dernier. Profitez-en pour visiter le village, véritable microcosme des différentes communautés établies au Saurashtra : pasteurs Bharwad, agriculteurs Patel, propriétaires Rajputes et même des nomades Vaghri qui ont fini par se fixer ici. À l'orée du village, un oratoire a été construit sur les lieux du *samadhi* de Chaturbai Patel. Cet homme était adepte de Baba Ramdeo, le dieu des intouchables de Ramdeora. Sa dévotion était telle qu'il passa la fin de sa vie abîmé en prières, jusqu'à ce que la terre s'ouvre sous lui pour l'accueillir. La chapelle a été bâtie à cet emplacement. Elle est toujours desservie par son fils.

▶ **Lothal*** *(7 km O. ; ouv. 10 h-17 h, f. sam.-dim.)*. À l'entrée de la plaine de Bhal qui vient mourir sur le golfe de Cambay, ont été mis au jour les restes d'une cité et d'un port florissant au temps de la civilisation de l'Indus (IIIe et IIe millénaires avant notre

Intérieurs du Saurashtra

Quelles que soient la communauté et la richesse de ses propriétaires, la maison de Saurashtra présente les mêmes caractéristiques communes. C'est une bâtisse longue, de une à trois pièces ouvrant sur une véranda. La pièce principale, généralement la chambre des parents, contient les biens mobiliers les plus importants : d'immenses coffres en bois, montés sur roue, sculptés ou rehaussés de plaques de laiton, et de grands buffets décorés de sous-verre. Les premiers servent de grenier, les seconds à serrer vêtements et bijoux. La porte, à deux vantaux de bois, est toujours surmontée du toran, une pièce d'étoffe garnie d'appliqués, de broderies et de miroirs.

Sur les chantiers, les femmes travaillent, portant de lourdes charges de sable ou de ciment et pourtant parées comme des princesses.

ère). Malgré l'intérêt du site, les vestiges aujourd'hui visibles ne sont guère évocateurs et ne devraient intéresser que les passionnés d'archéologie.

Vous remarquerez un bassin de brique de dimensions importantes (213 m de long sur 35 m de large). À proximité, un entrepôt, également d'une taille considérable (42 m sur 40 m), édifié en briques séchées au soleil, fut détruit au cours d'un incendie vers le milieu du IIe millénaire av. J.-C. On y a découvert des sceaux portant des inscriptions rédigées selon le système d'écriture (non déchiffré) en usage dans la vallée de l'Indus et des poids d'un type courant sur les sites de cette civilisation. La présence du bassin et de l'entrepôt a permis de penser que Lothal fut une place commerciale importante et entretenait des échanges jusqu'en pays sumérien, dans la lointaine Mésopotamie. Le bassin aurait servi de dock de déchargement pour les bateaux entrant dans le port à marée haute (la mer est aujourd'hui à 15 km). Cette interprétation reste sujette à caution. Cependant, le reste du site correspond parfaitement aux normes de la civilisation urbaine harapéenne : rues larges et droites, système de canalisations souterraines, installation de bains dans les maisons. Au IIe millénaire, Lothal semble connaître une phase de déclin comme la plupart des grandes villes de l'Indus. Les caractères urbains disparaissent progressivement et le site se transforme en gros village. Les sceaux et des perles de stéatite, caractéristiques des cités de l'Indus, sont visibles dans le petit musée du site. ◂

■ *201 km* : **Bhavnagar.** À faible distance de l'entrée du golfe de Cambay, cette ville industrielle connaît un grand essor (511 000 hab.), grâce à l'exploitation de gisements pétroliers off-shore. Fondée en 1723, elle fut la capitale d'un clan rajpoute, venu du Marwar (Rajasthan) au XIIe s. Mais elle ne conserve rien de remarquable. À noter que Gandhi poursuivit ses études au Shamladas College de Bhavnagar en 1888. En ville, vous pourrez visiter le **Barton Museum** (armes, armures, monnaies) et le **temple de Takhteshwara** (panorama de la ville et du golfe de Cambay), et faire un tour dans le **bazar** (dans la vieille ville, près de la poste). Grâce à son aéroport et ses possibilités d'hébergement, Bhavanagar est une étape commode pour visiter la colline sainte de Palitana.

▸ **Palitana***** *(51 km S.-O., → p. 314).*

Parc National de Velavadar *(65 km N.-O. ; ouv. 15 oct.-15 juin, 8 h-12 h et 14 h-18 h).* Le plus grand troupeau d'antilopes noires de l'Inde y est protégé,

La punition de la lune

Lorsque Soma, dieu de la lune, épousa les vingt-sept filles du roi Prajapati, il eut le malheur de porter plus d'attention à la belle Rohini. Exaspéré par les plaintes de ses vingt-six sœurs, Prajapati jeta un sort à Soma : la lune commença à décroître, semant la désolation sur terre. Ce n'est qu'au prix d'une longue pénitence, d'une dévotion absolue à Shiva et de la construction du temple de Somnath que l'astre put retrouver sa splendeur. On dit que le temple original construit par Soma était en or. Plus tard, il fut rebâti en argent par le roi-démon Ravana. Krishna le remplaça par un sanctuaire de bois. Enfin, le roi solanki Bhima Deva le fit réédifier en pierre après la destruction de Mahmud de Ghazni.

ainsi que le buffle bleu nilgai, malgré la présence de prédateurs tels que le chat sauvage et le loup gris *(meilleure période d'oct. à juin)*. Les palais-hôtels d'Utelia et Bhavanagar peuvent organiser des safaris dans le parc.

Alang* *(50 km S.)* est sans doute l'un des plus grands cimetières de bateaux du monde. Pour échouer ces monstres marins, on tire parti de la forte amplitude de la marée haute, qui a lieu deux fois par mois et permet de rejeter les navires sur le rivage. Deux ou trois bateaux sont détruits chaque année, objet d'un lucratif commerce de pièces détachées et de ferraille. ◀

■ *401 km* : **Diu*** *(→ p. 305)*.

■ *490 km* : **Veraval.** Jadis port d'embarcation des pèlerins pour La Mecque, c'est aujourd'hui un port de pêche avec près d'un millier de bateaux.

▶ **Somnath*** *(25 km E.)*. Près du rivage s'élève un temple *(ouv. t. l. j. 6 h-21 h 30)* abritant l'un des 12 *jyotirlinga* de l'Inde. L'édifice actuel fut relevé de ses ruines par Vallabhai Patel, en 1950. Il occupe le site d'un fameux sanctuaire détruit en 1026 par Mahmud de Ghazni. Cette destruction inaugurait une longue suite de reconstructions et de pillages, dont le dernier, perpétré par le Moghol Aurangzeb, en 1706, fut particulièrement implacable ; le sanctuaire de Shiva fut rasé les choses restèrent en l'état jusqu'à la restauration de 1950.

Somnath est aussi le lieu où Krishna *(page couleur XIII)*, roi de Dwarka trouva la mort ; une flèche décochée par un chasseur Bhil, qui croyait viser une biche, le blessa mortellement au talon, son unique point faible.

Chorwad *(23 km O.)*. Une des plus belles plages du Gujarat, où les nababs de Junagadh se firent bâtir une résidence, seul exemple de palais royal en Inde au bord de la mer. Il fut construit en 1928, dans le style des palaces européens. ◀

■ *533 km* : **Parc National de Sasan Gir*** *(Gir Forest ; ouv. 15 oct-15 juin)*. C'est la seule réserve où l'on trouve encore le lion indien, plus petit (2,75 m de long) que son homologue africain et à la crinière moins abondante. On évalue à moins de 300 le nombre de ces fauves vivant dans cette réserve de 1 300 km², qu'ils partagent avec des panthères, des cervidés, des sangliers, etc. La population des lions de Gir s'est stabilisée aujourd'hui… mais la forêt, elle, est devenue trop petite et il est prévu de transférer des félins, notamment au Madhya Pradesh et dans les collines de Barda, près de Porbandar. Gir est une forêt où domine le teck et le babul, l'acacia du désert *(réserve f. pendant la mousson, juin-mi-oct.)*.

■ *587 km* : **Junagadh**** *(→ p. 307)*.

Le sanctuaire proprement dit est inaccessible aux non-hindous. Près du temple, un musée *(ouv. 10 h 30-17 h 30, f. mer., 2e et 4e sam. du mois et j. fériés)* renferme des sculptures et des fragments d'architecture du temple détruit par Aurangzeb. En nov.-déc., pèlerinage à la pleine lune.

Partie de chasse

Une partie de chasse, ou *shikar*, est à l'origine de la réserve de Sasan Gir. En 1900, le nabab de Junagadh avait convié le vice-roi des Indes, Lord Curzon, à une chasse au lion sur ses terres de Gir. Cette invitation déclencha la parution dans la presse d'une lettre anonyme mettant en question le droit des grands à détruire des espèces en danger. Du coup, non seulement Lord Curzon rejeta l'invitation, mais il enjoignit au nabab de protéger les lions survivants. Il était temps ; les lions d'Asie, autrefois répandus de la Turquie au Bengale, n'étaient plus que cent. Cependant, de réelles mesures de protection ne débutèrent que longtemps après : la réserve fut constituée en 1969. L'application ne se fit pas sans heurts ; les pasteurs Maldhari vivant dans la région étant peu enclins à protéger ces fauves qui égorgeaient leurs troupeaux, on déplaça 20 000 hommes pour sauver les lions.

▶ **Porbandar** *(108 km O.)*. Porbandar est aujourd'hui un centre industriel (cimenterie, manufactures de textiles, salines) en même temps qu'une station balnéaire réputée pour la salubrité de son climat. Toutefois, la pollution industrielle et l'odeur assez particulière des sécheries de poissons risquent de décourager les désirs de baignade… Pour les Indiens, c'est surtout la cité natale de Gandhi et de son épouse Kasturba. Le musée Kirti Mandir est consacré à la mémoire du Mahatma. Dans le joli jardin irrigué du Bharat Mandir, face au Nehru Planetarium, à la lisière N. de la ville : intéressante carte en relief de l'Inde* et bas-reliefs très colorés de la saga hindouiste.

Une *swastika* tracée sur le sol du Kirti Mandir marque le lieu où Gandhi vit le jour en 1869.

Dwarka* *(217 km O.)*. Le port de Dwarka, sur la mer d'Oman, est l'une des sept villes sacrées de l'hindouisme en raison de ses liens avec Krishna. Après avoir tué son oncle usurpateur, Krishna quitta Mathura pour se rendre au Saurashtra et fonder une cité qu'il nomma Swarnadwarika, la Porte d'Or. Dwarka est donc un lieu de pèlerinage krishnaïte très fréquenté. Le temple de Dwarkadish, temple du Seigneur de Dwarka, dédié à Krishna (ou Jagat Mandir, le temple du Monde), aurait été construit en une nuit par le petit-fils de Krishna, voilà 1 400 ans ; il est doté d'un beau *sikhara***, véritable stalagmite sculptée. Vous vous rendrez sur les ghats, bâtis le long d'une plage au bord d'une lagune et occupés par de nombreux pèlerins. Ils se rendent également au Rukmini Mandir, dédié à l'épouse du dieu, où des bas-reliefs aujourd'hui très frustes leur remettent en mémoire des épisodes de la geste de Krishna. *(De Dwarka, vous pouvez aussi rejoindre Jamnagar, à 145 km N.)*.

248 km O. : **Okha.** Du port d'Okha, à la pointe de la presqu'île formant l'entrée S. du golfe de Kutch, vous gagnerez en barque à 5 km l'îlot de **Bet Dwarka** (Shankhoddar), où un temple moderne marque le lieu où Krishna, seigneur de Dwarka, vivait avec les siens. ◀

■ *650 km* : **Gondal***. La cité fut enlevée aux musulmans au milieu du XVIIe s. par le clan rajpoute des Jadeja. Proclamant une ascendance lunaire remontant à Krishna, les Rajpoutes Jadeja régnèrent sur le Sindh (Pakistan) jusqu'au XVIe s. C'est alors qu'ils entreprirent la conquête du Kutch, puis des cités du Saurashtra : Jamnagar, Rajkot, Gondal et Morbi. C'est

Le Dwarkadish, ainsi que les petits temples shivaïtes de la vieille ville, sont inaccessibles aux non-hindous.

Le chaînon manquant

Selon la légende, Dwarka fut engloutie par la mer sept jours après la fin de la vie terrestre du dieu, avatar de Vishnou. La légende serait-elle fondée ? De récentes investigations sous-marines entreprises jusqu'à 1 500 m au large du rivage ont mis au jour des restes importants de murailles, des sceaux, des fragments de poteries qui remontent au milieu du IIe millénaire av. J.-C. (les guerres du Mahabharata sont communément datées de la même période). Les plongeurs ont également remonté des ancres de pierre semblables à celles utilisées au Proche-Orient à cette époque. Ces découvertes sont particulièrement importantes, car elles comblent le vide historique qui s'étend de la fin de la civilisation de l'Indus (v. 1900 av. J.-C.) au Ve s. av. J.-C. Elles s'inscrivent dans les bouleversements observés à la « fin » de la culture harapéenne (domestication du cheval et du dromadaire, aristocratie guerrière, vers 1000 av. J.-C.). Pour l'heure, le produit des fouilles n'est pas encore exposé.

Krishna, enfant dieu

Krishna fit l'objet d'une dévotion particulière dans les marches occidentales de l'Inde. C'est là qu'il acheva sa vie terrestre, roi de Dwarka, dans le Gujarat, avant de périr à Somnath (Saurashtra). La princesse Mira, qui vécut à Chittor, lui consacra sa vie et chanta son amour dans d'admirables poèmes. Il est aussi la divinité tutélaire des Shekhavat, seigneurs du Shekhawati, qui lui rendent un culte sous la forme de Gopinathji, seigneur des vaches, en mémoire de son adolescence parmi les pasteurs. Le XVIIe s. vit au Rajasthan un essor sans précédent de la *bhakti*, dévotion à Krishna, dont les hauts faits envahissent la littérature et l'image, la peinture.

▲ **De tous les dieux de l'Inde, Krishna est celui qui se rapproche le plus des hommes et le seul dont on narre l'enfance. Le temple de Nathdwara, près d'Udaipur, est d'ailleurs consacré à Krishna enfant. Sauvé des noirs desseins de son oncle Kamsa, qui voulait l'éliminer, Krishna fut élevé par le bouvier Nanda, sur les berges de la Yamuna.**

▶ **L'un des textes majeurs consacré à Krishna est la Bhagavad Gita. Son cadre est la grande bataille finale qui opposa les cousins ennemis du Mahabarata. Krishna s'est incarné dans la personne du cocher d'Arjuna et répond à ses incertitudes. Il lui expose la nécessité de faire la guerre et de tuer des personnes qu'il admire et qu'il aime, en lui opposant son devoir de caste et le nécessaire détachement de l'esprit quant à la rétribution des actes. Finalement, face au doute qui envahit Arjuna, il se révèle à lui comme étant Dieu, l'Absolu.**

▶ **Les Purana consacrés à Krishna insistent sur sa jeunesse et ses aventures amoureuses avec les bouvières, les *gopi*. Jayadeva, poète du XIIIe s., consacra un long poème en sanscrit, la Gitagovinda, à ses amours avec l'une d'elles, Radha.**

Terres des jaïns

Né à la même époque que le bouddhisme (VIe-Ve s. av. J.-C.), le jaïnisme repose sur les mêmes principes, le même idéal de vie et le même cadre géographique, mais avec une évolution différente. Car le bouddhisme est devenu une religion universelle, tandis que le jaïnisme s'est limité à son pays d'origine, l'Inde. La communauté jaïne compte à peine 3 millions d'individus, vivant pour la plupart dans l'O. de l'Inde. Là, les jaïns ont édifié quelques-uns de leurs plus beaux sanctuaires, taillés et ciselés dans le marbre blanc des Arawalli. Les temples jaïns sont les mieux entretenus du pays, car de riches mécènes pourvoient à leur entretien et à leur décoration. En effet, éloignés par les principes de leur religion des activités rurales (les travaux des champs entraîneraient la disparition d'êtres vivants), les jaïns, lorsqu'ils ne se consacrent pas à la vie monastique, exercent surtout des professions libérales, s'adonnent à certains commerces, notamment celui des pierres et des métaux précieux, à la finance, ou détiennent des fonctions assez élevées dans les affaires publiques.

▲ **Temple jaïn à Jaisalmer.**

◄ **Moines et religieuses jaïns ont prononcé les cinq « grands vœux » : épargner toute vie, être chaste, ne rien posséder, ne rien acquérir, dire la vérité. Le respect de la vie est poussé à l'extrême. Ainsi les plus dévots portent sur la bouche un voile et à la main une balayette ; le premier évitera d'absorber des insectes et la seconde servira à les écarter du chemin. Les jaïns s'abstiennent également de consommer de l'eau qui n'aurait pas été filtrée plusieurs fois et de prendre toute nourriture dans l'obscurité, toujours pour ne pas avaler par mégarde un animalcule.**

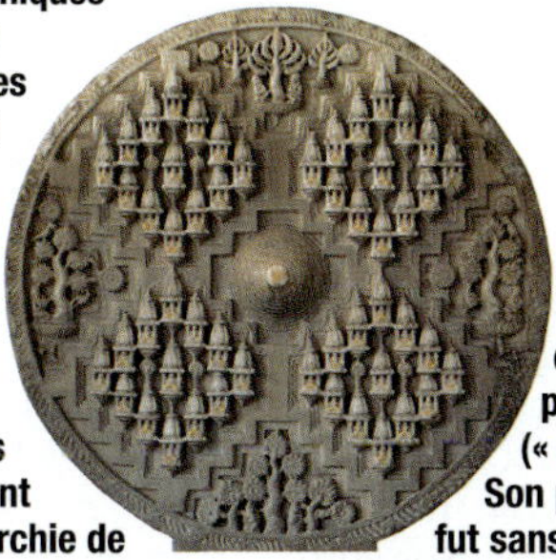

▶ Les théories cosmogoniques jaïnes sont illustrées par des *mandala,* diagrammes où se combinent le carré et le cercle formant un emboîtement d'enceintes concentriques. Le monde, entouré par un « non-monde » illimité, est le théâtre des réincarnations qui peuvent avoir lieu dans une hiérarchie de quatre domaines : enfers, animaux, hommes et dieux. Ce monde a la forme d'un 8 en trois dimensions dont l'étranglement représente la surface de la terre, les sphères les mondes inférieur et supérieur. Comme toujours, les habitants des enfers, d'apparence repoussante, vivent dans le tourment et la peur. À l'opposé, les dieux, splendides et lumineux, gouvernent des États.

Mahavira, le prédicateur du jaïnisme, descend d'une lignée de 23 prophètes, les *tirthankara* (« passeurs de gué »). Son prédécesseur Parshva fut sans doute également un personnage historique malgré une biographie légendaire. Rattaché au culte des serpents, Parshva est l'un des *tirthankara* les plus représentés ; assis ou debout, sa tête est surmontée d'un capuchon de cobra polycéphale. ▶

À partir de l'époque médiévale, les temples jaïns forment de véritables villes à Palitana (ci-dessous), Junagadh et mont Abu. Isolés, ils peuvent indifféremment être édifiés à l'écart ou au sein d'une agglomération. Ce sont les riches laïcs qui se chargent de les décorer selon la tradition locale. Le culte des images est également leur affaire. Dans ce cadre, ils apportent fruits et grains de riz qui seront disposés en symboles de bon augure. ▼

L'architecture indo-musulmane

L'arrivée de l'islam en Inde n'eut pas seulement un impact sur la culture et la société. Elle donna également naissance à un art nouveau, particulièrement dans le domaine de l'architecture, issu de la combinaison entre la tradition des bâtisseurs de l'Inde et les besoins de la religion musulmane. Pour créer l'espace de la salle de prière, les architectes s'inspirent de la seule partie du temple hindou capable d'accueillir une vaste assemblée, le mandapa. Ils composent ainsi de grands halls hypostyles où pénètre la lumière, non seulement par la façade, mais aussi par les coupoles, montées sur architraves.

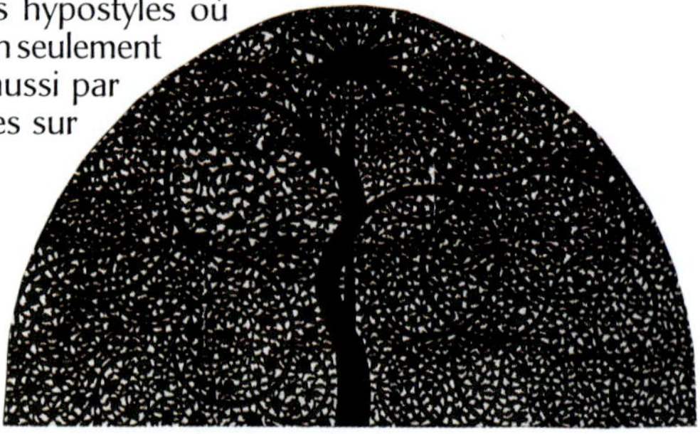

▲ La caractéristique du style indo-musulman du Gujarat est le jeu avec la lumière ; elle pénètre en faisceaux par l'ouverture de fenêtres à la base des dômes, ou se diffuse à travers les écrans de grès ajourés qui rythment les parois. Mosquées et mausolées présentent une extraordinaire collection de ces *jali*. Si les motifs en damiers dominent largement, on reconnaît parfois le ciseau d'un sculpteur hindou, comme dans cette composition où un arbre de vie déploie ses rameaux en éventail, se jouant de la contrainte du cadre.

▲ L'architecture indo-musulmane offre de nouvelles surfaces au ciseau du sculpteur. Les innombrables piliers (colonnes des salles hypostyles, base des minarets) font l'objet de compositions inédites ; creusés de niches désertées par les images de divinités, ils déploient un vocabulaire décoratif mêlant le monde végétal, les formes géométriques et les éléments symboliques.

▲ Le mausolée de Rani Sipri d'Ahmedabad.

à cette époque que fut bâti le palais Naulakha** dont la façade ouvragée domine la rivière *(pour visiter, s'adresser au palais-hôtel Orchard Palace)*. Sa cour avec sa colonnade et ses balcons ouvragés est un fleuron de la sculpture gujarati. L'intérieur présente peu d'intérêt, hormis les cadeaux somptueux offerts au maharaja à l'occasion du 25e anniversaire de son règne. Deux autres palais des anciens souverains de Gondal s'élèvent dans la ville : le palais Huzoor, résidence actuelle de la famille royale, et la villa coloniale Riverside, tous deux transformés en hôtels. Les amateurs pourront visiter dans une cour située derrière le premier une extraordinaire collection de voitures anciennes* (Packard 1935, Mercedes 1935, voitures de sport des années 1950-60, voitures américaines des années 1940-50, Cadillac 1955, Delage, Daimler des années 20…).

■ *688 km* : **Rajkot.** De fondation relativement récente, Rajkot fut le siège du gouvernement britannique du Saurashtra, où Gandhi passa une partie de son enfance alors que son père était le Premier ministre du raja. Les lieux où il vécut, comme sa maison familiale et son école (Alfred High School), sont devenus autant de mémoriaux que de nombreux Indiens visitent avec dévotion. Le **Watson Museum,** dans les Jubilee Gardens, possède des collections de sculptures du Saurashtra du Xe au XIVe s., des fragments d'architecture provenant de Ghumali (XIIIe s.), des terres cuites d'époque gupta, des textiles, etc. *(De Rajkot, vous pouvez poursuivre vers Bhuj, à 226 km O., ou revenir sur Ahmedabad, à 216 km E.)*

▶ **Jamnagar** *(88 km O.)*. Ancienne capitale, fondée en 1540 par un chef Jadeja, Jamnagar est aujourd'hui un port assez actif et un centre industriel (450 000 hab.). Au centre de la ville, au milieu d'un lac mais relié à la terre par une digue, le bastion Kotha est doté d'un puits où l'eau monte lorsqu'on souffle dans un orifice percé dans le plancher. Juste à côté, le fort de Lakhota, transformé en musée, possède des collections de sculptures (brahmaniques et jaïnes), des miniatures rajpoutes et mogholes, des peintures illustrant la fête du Ras Lila en l'honneur de Krishna, des manuscrits, etc. Jamnagar est un des principaux centres de production des *bandhini,* étoffes de coton teintes en réserve par ligature.

Wankaner *(à 55 km N.)*. Autre fief rajpoute dans le Saurashtra, Wankaner garde son dernier palais royal, le Ranjit Vilas, bâti à la fin du siècle dernier et en partie transformé en hôtel. C'est un curieux château écossais, dressé derrière une imposante

Un maharaja philanthrope

Gondal connut ses plus belles heures au tournant du XXe s., sous le règne du maharaja Shri Bhagvat Singh. Représentant de ces souverains éclairés qui engagèrent leur État dans la modernité, il dota le royaume de Gondal d'un important réseau de communications (électricité, téléphone, télégraphe, système de canalisation et d'irrigation). D'excellentes routes reliaient les 171 villages et les quatre villes du royaume, où des écoles dispensaient un enseignement gratuit aux garçons comme aux filles. La mesure la plus populaire appliquée par ce maharaja philanthrope fut la suppression des impôts et taxes, le revenu du chemin de fer de l'État de Gondal étant suffisant. Plutôt que de se faire bâtir un palais, il préféra doter la ville d'un collège et d'un hôpital de style néo-gothique. Dans le privé, il abolit la pratique de la *purdah* que les princes rajpoutes avaient empruntée aux musulmans, refusant de confiner les femmes dans le *zenana.*

Le Rajkumar College de Rajkot qui remonte à la seconde moitié du XIXe s. est considéré comme la meilleure école privée de l'Inde. C'était à l'origine l'un des cinq établissements ouverts par les Anglais dans le pays pour assurer l'éducation des fils de princes.

grille, sur la plaine herbeuse du Kathiawar. Un petit musée privé a été aménagé par le maharaja actuel. Parmi les dépendances, plusieurs curiosités : un haras des fameux chevaux kathiawari, une collection de voitures anciennes, une superbe piscine des années 1930 et, surtout, un puits à degrés★, semi-souterrain comme celui de Dada Hari à Ahmedabad.

Tarnetar *(84 km N.-E.)*. Le temple de ce village, consacré à Shiva aux Trois Yeux (Trineteshwar), est le théâtre d'une grande fête★★ chaque année en août-sept.

L'origine du grand rassemblement annuel de Tarnetar est liée à un épisode du Mahabharata. C'est là que Arjuna obtint la main de la belle Draupadi après une extraordinaire prouesse d'archer. Un mât avait été érigé au centre d'un bassin, servant de pivot à une girouette en forme de poisson fixée au sommet. Les concurrents devaient grimper au mât, se tenir en équilibre sur les plateaux d'une balance qui y était assujettie et décocher une flèche dans l'œil du poisson en n'ayant le droit de n'observer que son reflet.

Aujourd'hui à Tarnetar, on perpétue le choix de Draupadi : les dames célibataires y choisissent leur futur mari parmi les hommes, parés comme des princes, sagement assis sous des parapluies décorés d'appliqués, de miroirs, de broderies et de floches. ◀

Les capitales mogholes★★★

Lorsque Babur, guerrier intrépide venu d'Afghanistan et descendant de Tamerlan, entra en 1526 dans la plaine du Gange pour vaincre Ibrahim Lodi, le dernier sultan de Delhi, il n'aima guère ce pays. La touffeur estivale de l'Hindoustan lui était insupportable, il regrettait les lacs aux eaux turquoise des environs de Kaboul. Pourtant, il ne revint pas en Asie centrale et, se fixant à Agra, l'ultime capitale des Lodi, il jeta les bases de l'empire moghol. L'un de ses premiers soucis dans l'aménagement d'Agra fut d'y faire bâtir un de ces jardins à la mode persane, où la pierre canalise et distribue les eaux vives en cascades murmurantes et en bassins rafraîchissants.

Ses successeurs, les Grands Moghols, maîtres de l'Hindoustan, y édifièrent, en trois capitales, l'un des plus beaux patrimoines architecturaux de l'Inde musulmane. Akbar, ayant brisé l'orgueil rajpoute en s'emparant de la forteresse de Chittor et anéanti la puissance économique du Gujarat en prenant Surat et Ahmedabad, se fit élever une capitale toute neuve, qu'il baptisa Fatehpur, « la ville de la Victoire ». Il abandonna pourtant cette cité de grès rouge quand la menace du front afghan l'appela à installer le pouvoir à Lahore, aujourd'hui au Pakistan. Son fils Jahangir fut plus amateur de portraits et de miniatures que de belles architectures. Mais lorsque Shah Jahan monte sur le trône, c'est une débauche de constructions où triomphe le marbre blanc. À Delhi, il crée Shajahanabad, une

En fin de volume, le Petit Dictionnaire regroupe, dans l'ordre alphabétique, les définitions des noms propres ou communs spécifiques à l'Inde.

ville à son nom, dotée d'un puissant fort rouge et d'une immense mosquée. À Agra, la première capitale des Moghols, il pare la vieille forteresse de délicats kiosques et pavillons, d'où il veille sur le chantier du plus beau mausolée du monde : le Taj Mahal.

Découvrir les capitales mogholes

Des demeures pour l'éternité

Dès le règne d'Akbar, les Grands Moghols placent leurs fondations architecturales sous le signe de la monumentalité, dont le manifeste est le tombeau d'Humayun*** *(p. 367)*, coiffé d'une double coupole persane ; l'apogée est le Taj Mahal*** d'Agra, bâti par Shah Jahan en hommage à son épouse adorée, Mumtaz Mahal. Les mausolées moghols sont autant de glorifications, matérialisées dans le grès et le marbre : mausolée pyramidal**, dressé pour Akbar aux portes d'Agra, monument marqueté de marbres polychromes de l'Itimad-ud-Daulah**, sur les rives de la Yamuna *(p. 341)* ; tombeau aux parois ajourées de délicats *jali* du Sheikh Salim Chisti**.

L'ordre des bazars

De la Perse, qui fut leur source d'inspiration en bien des domaines, les Moghols importèrent la tradition de ces grands marchés permanents, appelés bazars en langue persane. La grande rue de Chandni Chowk**, tracée dans l'axe du fort Rouge de Delhi, en demeure une version extraordinaire de vitalité. Le Mina Bazar, aménagé à Agra par Akbar, est, lui, déserté depuis longtemps par les favorites et les courtisanes qui s'y pressaient pour choisir des étoffes. En revanche, si vous parcourez Mathura Rd et Balanjanj Rd, deux artères qui mènent au fleuve, bordées de boutiques vétustes et d'échoppes, vous retrouverez le tumulte des bazars (Agra).

Saveurs mogholes

Les nouveaux maîtres de l'Inde du Nord vont allier tout l'arôme des épices aux traditions culinaires des peuples d'Asie centrale : riz *pulao* (riz sauté à la mode persane), *biryani* (riz frit avec des épices et des légumes, brochettes de chèvre ou de mouton, *kabab*), boulettes de viande *kefta*, ou encore sorbets *kulfi*, délicieusement parfumés à la pistache. Tout cela est le fruit du mariage entre gastronomie persane, science indienne des aromates et régime carné des peuples turcs. Les viandes *tandoori* en sont le symbole : les morceaux d'agneau, ou de poulet, sont mis à mariner dans un mélange de yaourt et d'épices, avant d'être cuits dans un four en argile cylindrique, importé d'Asie centrale, le *tandoor*. Contre les parois brûlantes de ce four, on applique des galettes de blé levées, les *nan*.

La chasse au *vark*

Le *vark* est cette feuille d'argent extrêmement fine dont on décore les pâtisseries et certains plats de la cuisine moghole. On en trouve à Chandni Chowk *(p. 356)*, dans Gali Batasha. On ne doit jamais prendre le *vark* avec les doigts car il s'effriterait. Il faut le déposer sur une feuille de papier et le faire ensuite glisser sur les plats. On prétend que certains *vark* ne sont pas d'argent pur et contiennent également du plomb ou de l'aluminium. Le moyen de distinguer les faux des vrais est d'approcher une flamme : si le *vark* crépite, c'est qu'il s'agit d'un alliage.

Les riches heures des cours mogholes et rajpoutes

Le **Musée national***** de Delhi abrite un magnifique panorama de l'art de la miniature : celles des Moghols, empruntant leurs coloris délicats et leurs cadres de verdure aux ateliers persans ; ou celles, aux couleurs plus franches, illustrant la mythologie hindoue ou les parties de chasse des souverains, dont les Rajpoutes furent les mécènes.

Les jeux de couleurs de la pierre dure

Les Moghols raffolaient des diamants, des émeraudes et des perles. Shah Jahan n'hésita d'ailleurs pas à commander une treille faite de ces pierres précieuses pour orner son jardin des Raisins, dans l'enceinte du fort Rouge*** d'Agra. Les rubis et les émeraudes ont disparu du fait des pillages, mais il reste, dans nombre d'édifices moghols d'Agra, de superbes témoignages des marqueteries de pierres dures : délicats bouquets de fleurs, incrustés à la base des colonnes du Khas Mahal**, dans le fort ; motifs de coupes et d'aiguières, taillés dans le jaspe et la cornaline, sur les parois du tombeau de l'Itimad-ud-Daulah** ; arabesques florales, de corail et de malachite, insérées dans le marbre blanc du Taj Mahal***. Agra s'est d'ailleurs fait aujourd'hui une spécialité d'objets de marbre blanc, incrustés de pierres dures - mais ce travail, destiné aux touristes, cherche en vain à égaler les œuvres de jadis.

Agra★★★

Delhi, 200 km ; Gwalior, 119 km ; Jaipur, 233 km ; Udaipur, 636 km. Alt. 169 m ; 1 558 000 hab.

Indicatif ☎ 0562.

ⓘ Government of India Tourist Office, 191 The Mall *(plan B4)*, ☎ 222-63-68 ; ouv. lun.-ven. 9 h 30-17 h 30.

ⓘ Uttar Pradesh Government Tourist Office, 64 Taj Rd *(plan B4)*, ☎ 222-64-31 ; ouv. lun.-sam. 9 h 30-17 h 30, f. dim. et 2e sam. du mois.

« Agra est une ville immense qui compte une population de huit cent mille âmes. Une foule d'étrangers la fréquente toute l'année ; ils sont attirés par le commerce et la commodité des hôtels magnifiques, élevés par les princes pour accueillir les étrangers et les voyageurs. » Rien à changer à cette description laissée par un voyageur français qui découvrait la ville au début du XIXe s. Une chose diffère cependant. Ce n'est plus le commerce qui attire les étrangers, mais le Taj Mahal. Car Agra est maintenant la « ville du Taj ». Curieux paradoxe : ce chef-d'œuvre de l'architecture moghole est devenu l'un des symboles universels de l'Inde. Il est pourtant si cher aux musulmans qu'il fut un temps envisagé, lors de la partition de 1947, de le démonter pierre à pierre pour le reconstruire au Pakistan…

Agra mode d'emploi

Poste : GPO, The Mall *(plan B4)*.

Combien de temps. Une journée suffit pour voir l'essentiel. Ajoutez une autre journée si vous envisagez d'effectuer l'excursion de Fatehpur Sikri depuis Agra.

Organiser son temps. Allez deux fois voir le Taj Mahal : une première fois le matin et une autre fois en fin de journée, pour découvrir les nuances successives que prend le marbre aux différentes heures du jour. Consacrez plutôt l'après-midi à la visite du fort Rouge ; les photographes bénéficieront d'un meilleur éclairage sur les palais et le Taj Mahal que l'on découvre de là. Ne manquez pas le splendide mausolée d'Itimad-ud-Daulah *(plan C2)*, de l'autre côté de la Yamuna. C'est, du reste, de la rive g. que l'on prend les photos les plus originales du Taj Mahal (l'accès aux berges n'est pas commode, mais une belle photo se mérite). Si 1 j. suffit pour voir l'essentiel (Taj Mahal, fort Rouge et mausolée d'Itimad-ud-Daulah), on ne peut visiter Agra sans faire une excursion à la ville morte de Fatehpur Sikri *(37 km à l'O.)*. Le site se trouve sur la route de Jaipur *(233 km)* et peut fort bien se visiter en chemin si vous avez choisi de rejoindre cette ville par la route.

S'orienter. Agra présente deux facettes : le Cantonment *(plan A-C4)* – l'ancienne ville britannique avec ses larges artères bordées de demeures coloniales blanches au milieu

À ne pas manquer

de jardins, où l'on trouve aujourd'hui la plupart des services publics (comme l'OT) et quelques hôtels – et la cité ancienne, au N.-O. du fort Rouge *(plan B3)*, dont les rues encombrées débordent de vie. Vous pourrez prendre le pouls de cette partie de la ville en parcourant en rickshaw pour environ 50 Rs Mathura Rd et Balanjanj Rd *(plan A-B2)*, deux artères au trafic tumultueux, bordées de boutiques vétustes et d'échoppes, qui mènent au fleuve. Vous y verrez de nombreux temples hindous, un temple sikh *(plan Gurdwara C3)* et, plus près du fort Rouge, la Jama Masjid *(plan B2)* qui vous rappellera qu'Agra compte une importante minorité musulmane. Les grands hôtels se trouvent pour la plupart à l'E. du Taj Mahal.

Se déplacer. Les distances sont assez importantes entre les principaux centres d'intérêt (Taj Mahal, fort Rouge et mausolée d'Itimad-ud-Daulah). Déplacez-vous en cyclo-rickshaw ou en auto-rickshaw.

Aéroport. L'aéroport de Kheria se trouve à 6 km à l'O. de la ville. Il est situé à l'intérieur d'une zone militaire *(photos interdites)*. Rens. ☎ 230-22-74.

Compagnie aérienne. *Indian Airlines,* Hotel Clarks Shiraz, 54 Taj Rd, ☎ 226-68-21. Liaisons quotidiennes avec Delhi, Khajuraho, Bénarès.

Gare ferroviaire. Agra Cantonment Railway Station *(plan A4)*. Liaisons quotidiennes avec Ahmedabad (33 h), Bhopal (6 h), Bombay (26 h), Delhi (2 h), Calcutta (30 h), Gwalior (1 h 30), Indore (14 h), Jabalpur (15 h), Jaipur (5 h), Jhansi (2 h), Jodhpur (22 h), Lucknow (8 h), Patna (18 h), Pune (24 h), Ujjain (12 h). Rens. ☎ 131 ou 242-10-39.

Gare routière. Bus Stand, Idgah, *(plan A4)* ; rens. ☎ 242-03-24 ; liaisons avec le Nord et l'Ouest (Delhi, Jaipur...). Il existe une seconde gare près du fort Rouge, rens. ☎ 236-45-57 (Bus Stand, Agra Fort Power Station, *plan B3*). Dans les gares routières, on trouvera des bus à destination de Mathura.

Santé. S. N. Hospita *(plan B2)*, ☎ 236-13-18.

Agra dans l'histoire

La résidence de Sikandar Lodi

La cité du Taj Mahal n'est pas de fondation moghole. Elle est mentionnée dans le *Mahabharata* ainsi que dans la *Géographie* du Grec Ptolémée, signalant l'existence sur les rives de la Yamuna d'une ville qu'il nomme Agrabana. Mais c'est pourtant bien sous l'hégémonie musulmane qu'elle devint capitale. Grâce tout d'abord à Sikandar Lodi (1488-1516), cet héritier d'une dynastie afghane qui avait

Rapporter un morceau du Taj Mahal

Du fait de l'affluence touristique, l'industrie du souvenir est devenue l'une des activités majeures de la ville. Ce n'est pas forcément un gage de qualité, encore moins d'authenticité. Vous rencontrerez ainsi une foule d'artisans qui fabriquent des objets de marbre incrusté de pierres. Tous vous assureront que leurs aïeux participèrent à la décoration du Taj et transmirent leur technique à leurs descendants. Attention ! ces objets (sous-verre, assiettes, boîtes, voire plateaux de table) chatoyants à l'œil sont souvent très lourds à transporter.
Par ailleurs, cette manne touristique a engendré des pratiques commerciales parfois très douteuses ; une méfiance absolue est de rigueur si vous vous laissez tenter par des bijoux. De manière générale, évitez d'acheter des pierres à Agra.

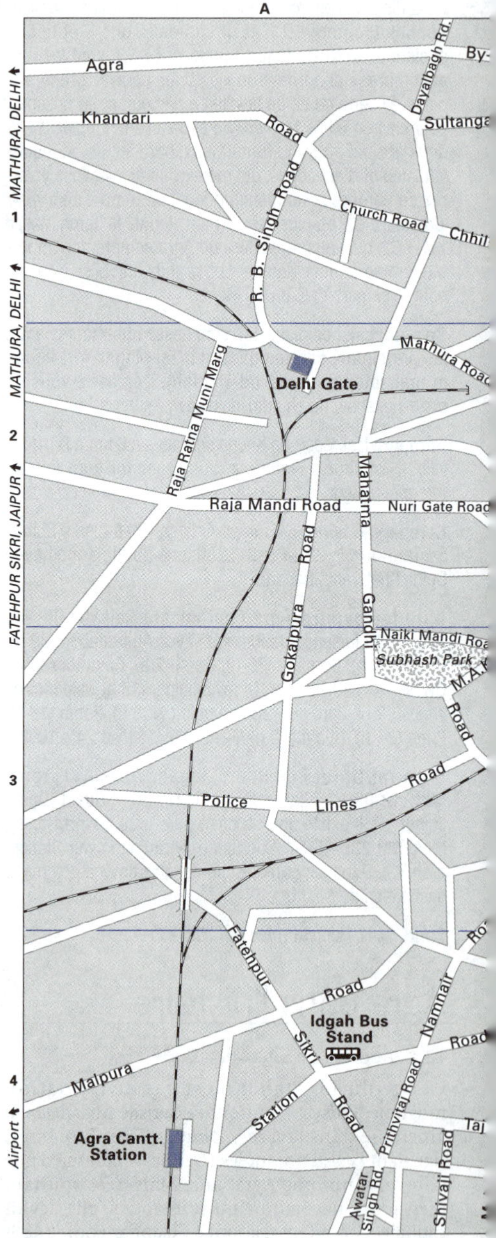

Plan d'ensemble d'Agra.

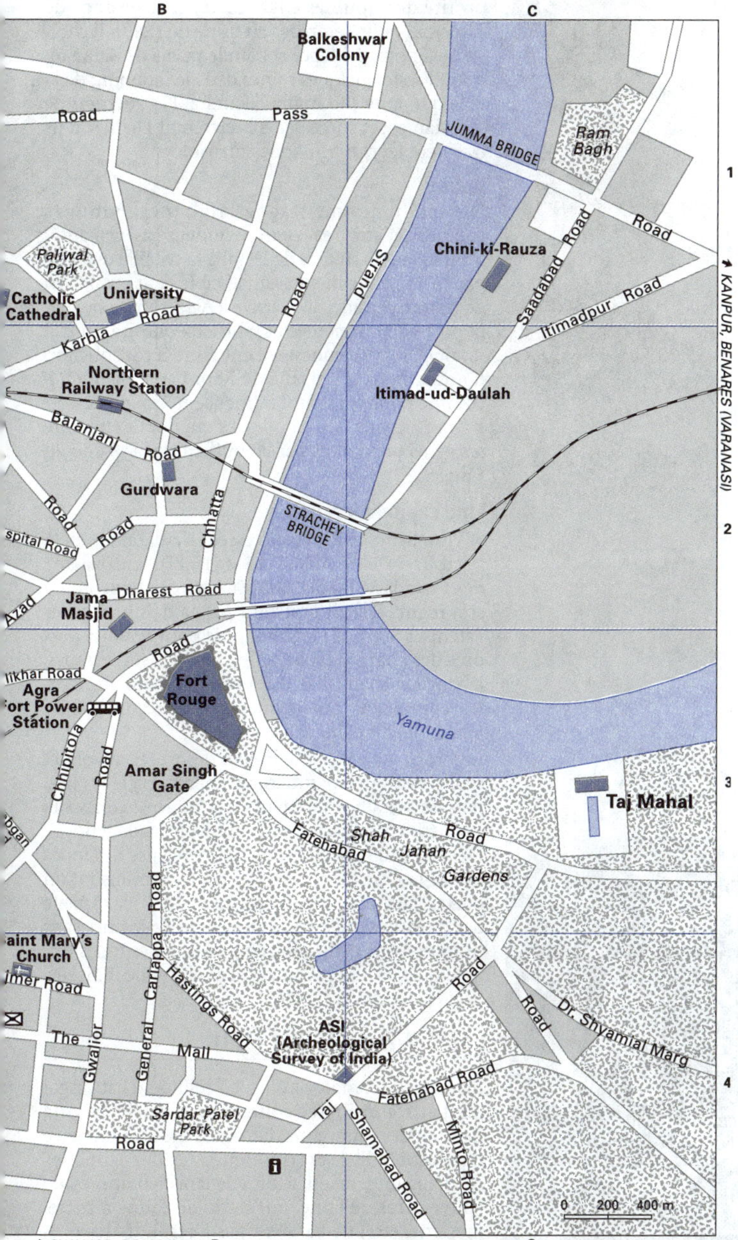
B
C
Balkeshwar Colony
Road
Pass
JUMMA BRIDGE
Ram Bagh
1
Road
Chini-ki-Rauza
Saadabad Road
Strand
Road
Paliwal Park
University
Catholic Cathedral
Karbla Road
Itimadpur Road
KANPUR, BENARES (VARANASI)
Northern Railway Station
Itimad-ud-Daulah
Balanjanj Road
Gurdwara
Chhatta
Road
Road
spital Road
STRACHEY BRIDGE
2
Jama Masjid
Dharest Road
Azad
Road
likhar Road
Agra Fort Power Station
Fort Rouge
Yamuna
Chhipitola
Road
Amar Singh Gate
3
Taj Mahal
Shah Jahan Gardens
Fatehabad Road
Road
Gardens
Saint Mary's Church
Imer Road
General Cariappa Road
Hastings Road
Road
Road
Dr. Shyamlal Marg
The Mall
Gwalior
ASI (Archeological Survey of India)
4
Fatehabad Road
Taj
Shamabad Road
Minto Road
Sardar Patel Park
Road
0 200 400 m
GWALIOR, BOMBAY
B
C
Agra

profité des troubles engendrés par le passage de Tamerlan pour s'emparer du trône de Delhi. Il choisit Agra pour résidence et bâtit le palais de Baradari, dont il reste quelques ruines dans le faubourg de la ville qui porte son nom : Sikandra. Les guerriers de son clan et ses successeurs préférèrent Delhi, où ils élevèrent leurs magnifiques mausolées.

Babur

Descendu des montagnes afghanes, Babur le conquérant arrêta sa course victorieuse à Agra, après avoir défait les sultans de Delhi à la bataille de Panipat en 1526. Ce bretteur infatigable était aussi pétri de culture persane. Sitôt arrivé à Agra, qui lui ouvrait la porte de l'immense et fabuleux empire dont il rêvait depuis sa jeunesse, il entreprit la construction d'un jardin à la persane, le Ram Bagh *(plan C1)*, comme pour contenir l'immense nostalgie de l'air frais et limpide des montagnes qui devait étreindre ses généraux écrasés par la touffeur de la plaine du Gange.

Une capitale à éclipses

Si Humayun, le fils et successeur de Babur, préféra s'établir à Delhi, Akbar (1556-1605), le troisième des Grands Moghols, choisit Agra dès le début de son règne. Il finit pourtant par la délaisser pour Fatehpur Sikri, sa création, puis pour Lahore, plus près des champs de bataille. Sous ses successeurs, Jahangir et Shah Jahan, Agra ne fut plus qu'une capitale épisodique ; c'est pourtant sous le règne de Shah Jahan que fut édifié le Taj Mahal.

Le temps de la splendeur était désormais révolu et seule restait une parure monumentale que les Jats, puis les Marathes, profitant de la faiblesse croissante des héritiers de Babur, pillèrent à plusieurs reprises. C'est en 1803 que la Compagnie anglaise des Indes fit passer Agra et sa région sous son administration directe. Elle fut un temps (jusqu'en 1877) la capitale des Provinces du N.-O., puis connut l'existence sans histoire d'une petite ville de province des Indes britanniques, avec son Cantonment et sa ville indigène.

Le Taj, victime de la pollution

Depuis quelques années, la blancheur immaculée du célèbre monument prenait une sinistre teinte jaunâtre. La cause : le dioxyde de soufre émis par les industries de la ville. Il a fallu attendre 1993 et remonter jusqu'à la Cour suprême de Delhi pour ordonner la fermeture de quelque 212 usines et ateliers d'Agra (usines chimiques, mais aussi verreries ou tanneries) dont les émanations menaçaient le marbre du monument.

Agra aujourd'hui

Bien qu'elle compte plus de 1,5 million d'hab., Agra peut être considérée comme un modèle de ville d'importance moyenne du N. de l'Inde. La présence d'industries diverses (chimiques, textiles, fabriques de chaussures, manufactures de tapis renommés, de couvertures de laine, raffinerie de canne à sucre, tannerie, etc.) ne parvient pas à résoudre les problèmes d'emploi provoqués par une explosion démographique qui, en une vingtaine d'années, a fait augmenter la population urbaine de plus de 50 %. Ne vous étonnez donc pas de croiser dans la rue de nombreux oisifs, d'être harcelé par les conducteurs de rickshaw ou, dans les bazars et près des hôtels, par des gagne-petit ambulants ou autres charmeurs de serpents.

1 Le Taj Mahal★★★

Ce noble et tragique chant d'amour à l'être disparu est bien davantage qu'un extraordinaire mausolée de marbre blanc. Il ne suffisait pas à l'empereur Shah Jahan d'imaginer son épouse au paradis : il lui fallait la voir. Dans sa blancheur immaculée au milieu d'un riche jardin, c'est une âme pure dans les jardins d'Allah qui se donne à admirer.

Quand. Visitez le Taj tôt le matin ou tard dans l'après-midi. En hiver, c'est au lever du soleil, lorsque la brume monte de la Yamuna, que le Taj est le plus féerique.

Visite : t.l.j. sf ven., de 6 h à 19 h ; musée t.l.j. sf ven., de 10 h à 17 h ; site ouv. jusqu'au coucher du soleil. Billet d'entrée (prix élevé incluant une bouteille d'eau et des couvre-chaussures pour le mausolée) à retirer au guichet de l'une des trois entrées (O., S. et E., la plus fréquentée dès le matin) ; nourriture, téléphones portables, caméras vidéo et pieds d'appareils photo interdits à l'intérieur de l'enceinte (fouille minutieuse à l'entrée). Quartier interdit à la circulation automobile ; des bus, des rickshaws électriques, ou encore des cyclo-rickshaws assurent la liaison depuis le parking Shilpgram à l'E.
Le Taj Mahal est également ouv. à la visite cinq soirs par mois, à la pleine lune (de 20 h 30 à 0 h 30). Billets à retirer à l'*Archeological Survey of India* (22 Mall Road, ☎ 222-72-63, *plan C4*) ; nombre de visiteurs limité à 400 par soir, admis à l'intérieur par groupes de 50.

■ **Taj Ganj.** Cette porte donne accès à une vaste cour limitée d'un côté par le mur d'enceinte des jardins du Taj Mahal et de l'autre par divers bâtiments de grès rouge. Ces derniers faisaient partie d'un sérail érigé par Shah Jahan.

Portail d'entrée. Un monumental portail de grès rouge incrusté d'arabesques et d'inscriptions coraniques en marbre blanc (1648) donne accès aux jardins qui entourent le célèbre mausolée. Flanqué de tours, il est surmonté de kiosques à coupoles de marbre blanc. Vous découvrirez alors le Taj Mahal, cette lumineuse perle de l'Inde, selon la plus belle perspective, au fond du jardin, sur un immense

L'Élue du Harem

Mumtaz Mahal (l'Élue du Harem), de son vrai nom Arjmand Banu, était la nièce de Nur Jahan, épouse de Jahangir, et la petite-fille de Mirza Ghiyas, un noble d'origine persane qui, au temps de Jahangir, exerça le pouvoir et reçut le titre d'Itimad-ud-Daulah (Pilier de l'État). Elle épousa le prince Khurram (fils de Jahangir et futur empereur Shah Jahan) en 1612. Celui-ci entra en conflit avec son père et le clan persan à propos de la succession au trône. En dépit des liens du sang, Arjmand Banu soutint la cause de son époux et le suivit dans ses errances à travers l'Inde. Avant la mort de Jahangir (1627), la réconciliation eut lieu et, grâce à son beau-père Asaf Khan, le prince fut reconnu comme souverain. Il prit le titre de Shah Jahan (Roi du Monde) et son épouse celui de Mumtaz Mahal. Elle accompagna l'empereur au cours d'une campagne contre Khan Jahan Lodi, gouverneur du Deccan, qui était entré en rébellion, et mourut en 1631, en donnant naissance à son neuvième enfant (le quatorzième selon certains auteurs). L'empereur, âgé de 39 ans, éprouva une immense affliction et résolut d'élever un magnifique tombeau pour immortaliser le souvenir de son amour pour Mumtaz Mahal.

Le Taj Mahal

Tandis que, jusqu'ici, les nobles musulmans (mamelouks, persans ou timourides) édifiaient des tombeaux pour leurs morts au cœur des villes ou à l'intérieur de nécropoles, les mausolées moghols, érigés sur un socle comme pour s'offrir au regard, se donnaient pour la première fois à admirer pour leur beauté intrinsèque. Leur prototype fut le tombeau d'Humayun à Delhi, leur chef-d'œuvre, le Taj Mahal d'Agra.

Une âme au paradis

Plus que nulle part ailleurs, c'est à Agra que se lit le plus aisément l'idée qui prévalut à ce type de construction : le tombeau n'est plus la dernière demeure d'un corps privé de vie, c'est une âme que l'on voit reposer en paix – pure comme le marbre blanc du Taj Mahal – au milieu du paradis d'Allah évoqué par les magnifiques jardins qui l'entourent. De même, le mausolée n'est plus considéré comme un lieu froid et solitaire : dans les pièces qui encadrent la salle centrale, séparés d'elle par une délicate cloison de pierre, des poètes chantent inlassablement la grandeur d'Allah ou célèbrent l'éternité de l'amour qui unissait l'empereur et son épouse disparue. Dans les jardins, Shah Jahan avait coutume de recevoir sa cour et ses dignitaires.

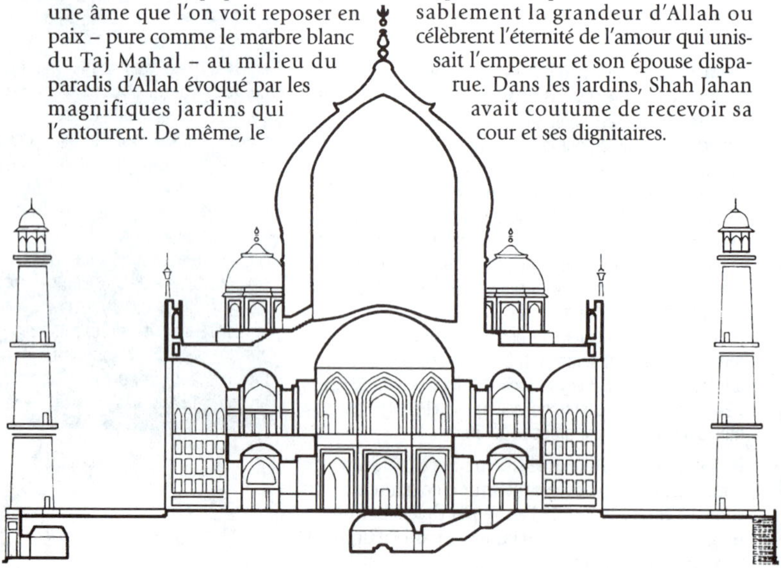

Tout musulman doit reposer à même la terre : une crypte au niveau du jardin abrite donc la dépouille du défunt. Au-dessus, la chambre funéraire octogonale où se trouve le cénotaphe est recouverte d'une première coupole plate. Entre celle-ci et la coupole supérieure, un immense espace aveugle (le plus vaste en fait de l'édifice) reste vide et inutilisé : c'est le principe de la double coupole inauguré en Perse et promis à un long avenir dans l'Inde musulmane.

■ Un bûcher symbolique

Les lignes de l'édifice répondent à une géométrie très stricte. L'ensemble repose sur un double carré : celui de la plate-forme, puis celui de la base de la salle centrale. Du carré on passe ensuite à l'octogone pour aboutir au cercle sur lequel repose la coupole. Lorsque l'on fait face à l'édifice, celui-ci s'inscrit dans un triangle isocèle dont les pointes seraient le sommet de la coupole extérieure et les angles de la plate-forme. Selon la tradition antique, qui survécut dans les cultures arabe et persane, le triangle est associé à la forme parfaite pour Platon et (par l'intermédiaire de la pyramide) à l'image du feu pour Pythagore. Les Moghols placèrent ainsi le cénotaphe de leurs morts au centre d'un feu symbolique, qui n'est pas sans évoquer le bûcher funéraire des hindous. Le rapprochement n'est pas si hasardeux lorsque l'on garde en mémoire l'intérêt que porta Akbar à toutes les religions de ses États.

Un détail de la décoration intérieure du Taj Mahal.

Le célèbre mausolée s'élève au milieu de jardins fleuris et odorants. Sa blancheur immaculée évoque la pureté de l'âme qui a trouvé sa place dans les jardins d'Allah.

La construction du Taj Mahal

On ignore à quel architecte fut confiée la direction des travaux qui débutèrent en 1632 pour être achevés en 1648, car les documents et les récits des voyageurs et des chroniqueurs qui visitèrent l'Inde au XVIIe s. sont contradictoires. Il se peut que plusieurs maîtres d'œuvre collaborèrent pour mener à bien cette tâche. Sont cités les noms d'Ustad Ahmad (ou Ustad Isa) qui, assisté de son frère, Ustad Hamid, aurait dressé les plans de l'édifice ; de Geronimo Veroneo, un Vénitien à qui l'on devrait le dessin directeur de l'implantation de l'édifice en relation étroite avec son environnement de jardins à la moghole ; d'un architecte turc, disciple du grand Sinan, le plus célèbre maître d'œuvre de l'Empire ottoman ; ou encore d'Augustin de Bordeaux, qui avait reçu de Jahangir le titre d'« inventeur des arts ». Il est certain qu'il fallut plusieurs directeurs de travaux pour coordonner cette véritable armée de maçons, carriers, marbriers et décorateurs, plus de 20 000, dit-on, qui furent employés sur le chantier.

Pour accéder au mausolée, il faut recouvrir ses chaussures des babouches en papier qui vous ont été remises à l'entrée avec votre ticket.

socle de marbre. À cette distance, il apparaît davantage comme une sculpture d'un marbre diaphane, irréel, mais, au fur et à mesure de votre progression à travers le jardin, il se révèle enfin comme un monument aux proportions grandioses et harmonieuses.

■ **Jardin.** Dans l'axe du mausolée, une voie triomphale conduit l'œil vers l'illustre monument. Le regard est comme soutenu par la chaussée dallée de grès rouge de part et d'autre d'un étroit canal, bordé de deux rangées de cyprès. En chemin, le canal est coupé d'une plate-forme de marbre blanc, creusée d'un bassin à jets d'eau. Bien que soigneusement entretenu, le jardin offre aujourd'hui une physionomie bien différente de celle du temps de sa splendeur. Tout n'était alors que bosquets d'arbres précieux et parterres de fleurs multicolores et odorantes, un paysage qui préfigurait le paradis d'Allah dans lequel l'âme immaculée de l'épouse bien-aimée occupait une place centrale *(→ encadré, p. 331)*.

■ **Mausolée.** Dressé sur une terrasse haute de 7 m et revêtue de marbre, le bâtiment, conçu sur un plan central, typiquement persan, repose sur un octogone irrégulier, ou plutôt sur un carré aux angles coupés, de 57 m de côté. La partie centrale de l'octogone est coiffée d'un dôme bulbeux de 26 m de hauteur (sans compter le pinacle) et 18 m de diamètre, et flanqué de quatre kiosques à dôme, aux arcs polylobés. Quatre minarets isolés, dans l'axe des angles coupés, complètent cette structure. Mais ici, les minarets ne s'élèvent pas au-dessus de l'édifice ; point n'est besoin de lancer sa prière vers le ciel, nous y sommes déjà. Sur chacune des quatre façades (de 33 m de hauteur) s'ouvre un large et haut porche *(iwan)* décrivant l'arcade ogivale propre à l'architecture islamique *(→ p.358-359)*.

L'ornementation, assez sobre mais raffinée, est composée de bandeaux reproduisant des versets du Coran, œuvre du calligraphe persan Amanat Khan Shirazi, qui encadrent les porches, tandis que les tympans des arcs et les bandeaux sous la corniche sont décorés d'arabesques florales et de motifs géométriques exécutés en pierres semi-précieuses polychromes – turquoise, corail, malachite, lapis-lazuli... –, insérées dans le marbre blanc. Niches et porches sont parés, aux voûtes, de motifs en forme de géodes éclatées. Sur les plinthes, le marbre a été sculpté en léger relief pour composer des décors floraux. Le dôme, lui aussi plaqué de marbre, est sobrement orné d'une guirlande de fleurs très stylisée et de moulures à décor géométrique, à la base. Il est coiffé d'un calice côtelé, renversé au sommet, sous le pinacle à boules dorées. Passé le porche principal, un escalier très raide conduit à la crypte où se trouvent les sépultures de Mumtaz Mahal et de Shah Jahan *(f. à la visite)*.

L'intérieur du mausolée comprend une chambre centrale, une crypte immédiatement au-dessous et quatre pièces octogonales originellement destinées à abriter les tombes d'autres membres de la famille. Au centre de la chambre funéraire, sous une coupole intérieure de 24 m de hauteur à la clef et d'un diamètre de 17,50 m, se trouve le cénotaphe de Mumtaz Mahal. Peu désireux d'assumer les frais de construction du mausolée dont son père avait entrepris l'édification de l'autre côté de la Yamuna, en face du Taj Mahal, Aurangzeb fit placer le cénotaphe de Shah Jahan à côté de celui de son épouse bien-aimée. Les deux pierres tumulaires (les deux tombes réelles étant dans la crypte sous la salle octogonale) sont isolées par une balustrade de marbre, reproduction des grilles d'or qui avaient primitivement été dressées. Aurangzeb, pressé par des ennuis financiers lors de la rébellion de plusieurs provinces de son empire, monnaya ces précieuses clôtures enrichies de saphirs et de diamants. Le substitut, datant du règne d'Aurangzeb, reste une œuvre admirable ; ses claires-voies finement filigranées et ses incrustations de pierres semi-précieuses reproduisent des arabesques florales où se combinent le plus exquis naturalisme dans le dessin des fleurs (certaines ne possèdent pas moins de 64 pétales composés d'autant d'éclats de pierres précieuses) et la stylisation géométrique dans le traitement des tiges.

■ **La mosquée et son jawab.** À l'E. et à l'O. du tombeau, deux édifices en grès rouge se font face avec une symétrie parfaite. Ce dispositif en miroir était courant en Perse. Le bâtiment de l'O. est une mosquée qui reçut le corps de Mumtaz Mahal en attendant l'achèvement du mausolée.

Derrière le Taj Mahal, la terrasse domine la Yamuna. De l'autre côté, un mur de soutènement correspond peut-être aux premiers travaux que Shah Jahan fit entreprendre en prélude à la construction du mausolée que, selon Jean-Baptiste Tavernier, voyageur français du XVIIe s., l'empereur projetait. Ce tombeau, qui devait être semblable au Taj Mahal, mais en marbre noir, aurait été relié à celui-ci par un pont de marbre blanc du côté du mausolée de l'impératrice et de marbre noir de l'autre côté.

■ **Musée du Taj Mahal.** De retour à la plate-forme de marbre blanc, entre le mausolée et le porche d'entrée, prenez à dr. et longez le canal qui se dirige vers le bâtiment abritant le musée. Vous y verrez quelques miniatures mogholes, notamment des portraits de Mumtaz Mahal et de Shah Jahan. Vous verrez également dans la salle centrale un dessin représentant les appartements de Shah Jahan dans le fort Rouge et dans celle de droite un plan du Taj Mahal réalisé au XIXe s.

2 Fort Rouge★★★

Si le Taj Mahal est l'admirable témoignage du raffinement qui prévalut au XVIIe s. à la cour des Grands Moghols, le fort Rouge ***(Red Fort, plan B3)*** sera pour vous la révélation, avec celui de Delhi, de la puissance atteinte par cet empire ; il s'étendait sur la majeure partie de l'Inde et disposait de ressources humaines et financières pour ainsi dire inépuisables au temps de sa splendeur. Avec Akbar, qui fonda cette impressionnante forteresse, naîtra le style moghol impérial, que ses successeurs, Jahangir et Shah Jahan, portèrent à son apogée.

Visite : du lever au coucher du soleil ; comptez env. 2 h.

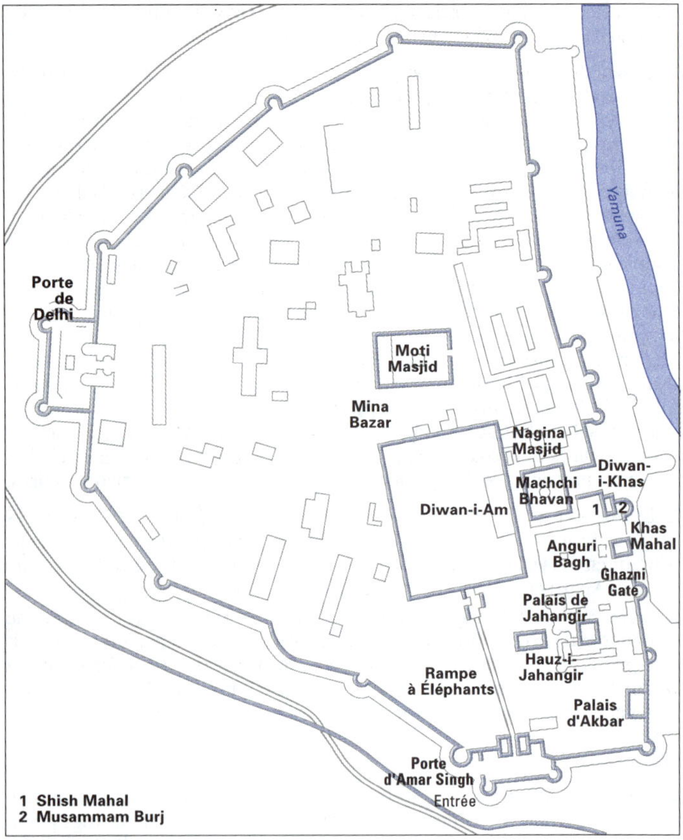

Fort Rouge d'Agra.

Entrée. Porte d'Amar Singh ; entrée payante.

■ **Enceinte.** Avant de vous faire déposer à l'entrée du fort Rouge, demandez à votre chauffeur de faire le tour du tertre, à l'extérieur de l'enceinte. Vous découvrirez ainsi la puissante enceinte de grès rouge qui, avec 2,4 km de périmètre, défendait la citadelle impériale. Hauts de 21 m, renforcés de tours et de bastions et précédés d'un large et profond fossé, les remparts comportent deux murs crénelés distants de 12 m. La façade, surmontée des pavillons des palais impériaux, est particulièrement séduisante. Des quatre portes que comportait la forteresse, il ne reste plus que la porte de Delhi et la porte d'Amar Singh ; les deux autres ont été murées.

Porte de Delhi* *(Delhi Gate, plan Fort Rouge)*. Chemin faisant, faites-vous arrêter quelques instants en face de la porte, qui s'ouvre entre deux énormes tours octogonales. Devant, s'étendait une cour, démolie en 1857 pendant la révolte des Cipayes, où se trouvait le Nakkar Khana (« maison des Tambours ») ; des musiciens s'y tenaient pour accueillir les souverains et ceux que les empereurs voulaient honorer à leur entrée dans la forteresse.

Porte d'Amar Singh* *(plan B3)*. Percée dans un puissant bastion renforcé par des tours, cette porte doit son nom à Amar Singh, frère d'un maharaja de Jodhpur, qui y fut exécuté en 1644, en présence de Shah Jahan. Une première porte, fermée par de lourds vantaux bardés de métal, donne accès à une cour intérieure où une seconde porte, entre deux tours rondes qui conservent quelques restes d'un décor de faïence émaillée, mène à une rampe à éléphants, aux dalles striées.

Hauz-i-Jahangir *(plan Fort Rouge)*. À dr., en haut de la rampe à éléphants, ce « bassin de Jahangir », devant le palais du même nom, à la croisée d'un jardin divisé en quatre secteurs, est une citerne formée d'un énorme monolithe, de 2,40 m de diamètre et de 1,20 m de profondeur, où une inscription en persan, aujourd'hui très fruste, cite le nom de Jahangir. Un double escalier ménagé à l'intérieur et à l'extérieur laisse penser qu'il s'agissait là d'une sorte de baignoire.

■ **Palais de Jahangir**** *(plan Fort Rouge)*. Ce vaste palais développe une élégante façade ocre rouge, typiquement hindoue avec sa longue véranda au-dessus de hautes arcades aveugles aux moulures soulignées de marbre blanc. Au centre, un haut porche en forme d'*iwan* à la persane mène à un vestibule surmonté d'une salle à coupole délicatement ornée ; de là, vous passerez dans un corridor qui conduit à une cour centrale entourée de bâtiments à deux étages, avec des auvents de pierre supportés par des corbeaux délicatement ciselés empruntés à l'architecture hindoue.

À g., une grande salle hypostyle, dite « salon de Jodh Bai » (du nom de la première épouse de Jahangir), possède un plafond sculpté et des arcatures au dessin complexe, caractéristiques de l'architecture rajpoute ; remarquez les chapiteaux qui dessinent volutes et festons ciselés. À droite de l'entrée dans la cour, l'aile S. abrite une seconde salle, en vis-à-vis de la précédente, entourée d'une cloison de pierre percée de *jali* derrière lequel court un long corridor. Ce dispositif devait donner de la fraîcheur à cette salle qui, orientée au N., était utilisée à la saison chaude.

Sur l'aile E. ouvre un vestibule qui conduit à une seconde cour, en surplomb de la muraille, et dotée de deux petits *iwan* donnant sur le fleuve.

Ce vaste ensemble fut probablement construit sous le règne d'Akbar en même temps que le palais qui

Une puissante forteresse

Sur une éminence commandant la rive dr. de la Yamuna et qui avait peut-être été fortifiée dès le temps d'Ashoka (IIIe s. av. J.-C.), puis au Moyen Âge, Akbar fit ériger une énorme et puissante forteresse de 1565 à 1574. Ce fort renfermait un palais qui fut démoli en majeure partie par Shah Jahan. C'est à lui en effet que l'on doit la plupart des monuments que vous visiterez à l'intérieur : véritable labyrinthe de palais, corridors, halls servant aux réceptions officielles, pavillons et kiosques. Le malheureux empereur, déposé par son fils Aurangzeb en 1658, y fut incarcéré et y mourut en 1666. En 1761, les Jats de Bharatpur (Rajasthan) pillèrent les palais qui, trois ans plus tard, tombèrent entre les mains des Marathes de Gwalior. Ceux-ci en furent délogés par les Anglais en 1803. Lors de la révolte des Cipayes, en 1857, le fort Rouge soutint son dernier siège, victorieusement, car les Anglais résistèrent quatre mois, jusqu'à l'arrivée des secours envoyés après la reprise de Delhi.

le jouxte à dr. et qui est aujourd'hui réduit à l'état de ruines informes.

En poursuivant la visite par la g., on traverse quelques salles dépourvues de décoration qui appartenaient à un premier palais construit par Shah Jahan entre 1628 et 1636. En débouchant sur la cour du Khas Mahal, on peut voir du côté g., grâce à des brèches dans le vitrage rendu opaque par les années, des vantaux qui passent pour être les fameuses portes en bois de santal du temple de Somnath, pillé par Mahmud de Ghazni en 1024. Ces portes, en bois de deodar (cèdre de l'Himalaya), qui portent une inscription en caractères coufiques au nom de Mahmud de Ghazni, fermaient le tombeau de ce sultan et furent apportées en Inde par un général anglais au retour de l'expédition de 1842 en Afghanistan.

■ **Khas Mahal**** *(plan Fort Rouge)*. Palais privé de Shah Jahan, le Khas Mahal (1636) regroupe trois élégants pavillons, posés sur un socle de marbre blanc. Du côté du fleuve, on découvre une somptueuse perspective sur le Taj Mahal. Le pavillon central, de marbre blanc, est précédé d'une cour dallée de marbre, également pourvue d'un bassin à jets d'eau *(ils ne fonctionnent pas)*. Les deux pavillons adjacents, l'un en marbre, l'autre en grès rouge revêtu d'un mince placage de stuc, étaient destinés, dit-on, aux filles de l'empereur. Notez la finesse des *jali* (un par pièce) du pavillon de dr.

Leur toiture de cuivre doré porte de gracieux ornements en forme d'enseignes militaires orientales. Face aux pavillons s'ouvre une cour agrémentée d'un jardin à la moghole, l'Anguri Bagh. Ce « jardin des Raisins », limité sur trois côtés par des galeries, combine des éléments décoratifs rajpoutes et indo-musulmans. Du temps de Shah Jahan, son ornementation intérieure était splendide : profusion de détails sculptés à thèmes naturalistes et motifs en marqueterie de pierres colorées. Tout cela a disparu aujourd'hui. On ne voit plus, hélas ! « la treille de rubis et d'émeraudes qui auraient représenté au naturel les raisins verts et ceux qui commencent à rougir », dont Jean-Baptiste Tavernier affirme avoir contemplé quelque « deux ou trois ceps d'or avec leurs feuilles, des émeraudes et des rubis faisant des grappes ». Les Jats de Bharatpur *(→ encadré, p. 337)* qui saccagèrent les palais en 1761 durent les emporter.

■ **Shish Mahal** *(plan Fort Rouge)*. Du fond de la cour du Khas Mahal, descendez l'escalier qui mène à l'Anguri Bagh. À dr., le Shish Mahal,

Ce bain aménagé par Shah Jahan comportait un petit hall à colonnes aujourd'hui disparu. Il fut démoli par le marquis de Hastings, gouverneur général des Indes (1813-1823), pour être expédié à George IV d'Angleterre, alors prince régent. Cette colonnade, avec ses ornements de marbre à incrustations d'une extraordinaire délicatesse, fait depuis partie des collections du Victoria and Albert Museum, à Londres.

À la base du podium qui soutient l'ensemble du Khas Mahal, ainsi qu'en d'autres parties du palais, on peut voir des départs d'escaliers qui conduisent vers les parties souterraines du fort Rouge : un labyrinthe de salles et de galeries sur plusieurs étages qui reste encore aujourd'hui largement inexploré. C'est là qu'était conservé le trésor du Grand Moghol ; on y trouvait également des prisons et une salle d'exécution, à quelques mètres en dessous du luxueux décor où trônait l'empereur.

« palais du Verre », appartenait à un hammam attaché au palais privé ; les murs et les plafonds étaient constellés de petites lentilles de verre serties dans des stucages dorés et polychromes. En collant le nez à la vitre de cette salle qui reste fermée à la visite, on peut apercevoir sa décoration de verreries provenant de la ville d'Alep, en Syrie.

■ **Musammam Burj**** *(plan Fort Rouge)*. Au N. de la cour du Khas Mahal, près du pavillon latéral N., un passage mène au splendide vestibule décoré d'incrustations de pierre qui dessert la Musammam Burj, tour octogonale élevée en surplomb de la muraille peut-être construite par Jahangir pour son épouse Nur Jahan. Elle servit ensuite d'appartement à Mumtaz Mahal, l'épouse de Shah Jahan, puis de prison à ce dernier après sa déposition par son propre fils Aurangzeb, en 1658. Il y rendit le dernier soupir en 1666 ; pendant près de huit ans il avait pu contempler l'admirable Taj Mahal sous lequel reposait son épouse bien-aimée. L'accès à ce pavillon est interdit, mais on peut du vestibule en apprécier la splendide décoration de marbres polychromes.

A dr. du passage conduisant à la Musammam Burj se trouvait, dit-on, la chaîne de justice installée par Jahangir vers 1605. Cette chaîne, constituée de 100 kg d'or pur et d'une soixantaine de cloches, descendait depuis le palais jusqu'au pied de la muraille. Quiconque s'estimait victime d'une injustice de la part de l'administration impériale, pouvait en l'actionnant attirer l'attention de l'empereur.

■ **Diwan-i-Khas**** *(plan Fort Rouge)*. Du vestibule précédant la Musammam Burj, un étroit escalier monte au Diwan-i-Khas. Avant de l'atteindre, un passage donne accès à un modeste oratoire *(f. à la visite)* utilisé par Shah Jahan durant sa captivité. Le Diwan-i-Khas (1637) est un élégant bâtiment de grès rouge plaqué de marbre blanc, où Shah Jahan recevait les ministres et dignitaires auxquels il accordait audience. La base et le sommet des piliers à doubles chapiteaux sculptés sont ornés d'incrustations de pierres semi-précieuses qui forment des dessins floraux à la manière de miniatures persanes. Remarquez également, au-dessus des porches, les cinq panneaux de marbre magistralement ajourés. Dans cette salle rutilait, au temps de Shah Jahan, un trône paré de pierreries. Sur la terrasse, un trône de marbre noir, monolithique, fut placé en 1605 sur l'ordre de Jahangir près du rebord de la plate-forme, du côté du fleuve. Le trône de marbre blanc, également sur la terrasse, fut celui de Shah Jahan.

■ **Machchi Bhavan*** *(plan Fort Rouge)*. Le Diwan-i-Khas domine cette vaste cour entourée de galeries de grès rouge. Elle doit son nom de « palais des Poissons » aux bassins qui en étaient remplis et l'agrémentaient jadis. Il abritait les services du Trésor. On peut en faire le tour en suivant la galerie supérieure.

■ **Nagina Masjid*** *(plan Fort Rouge ; se déchausser)*. À l'angle du Machchi Bhavan opposé au Diwan-i-Khas, un passage donne accès à la cour éclatante de blancheur de la Nagina Masjid, un bijou de mosquée entièrement construite en marbre.

En sortant de la mosquée, continuer tout droit dans la galerie, puis descendre l'escalier prenant sous la 7e arcade.

■ **Diwan-i-Am*** *(plan Fort Rouge)*. Érigé par Shah Jahan, ce vaste édifice en grès rouge revêtu de stuc blanc servait de lieu de réception des ambassades et de cour impériale de justice. Ouvert sur trois côtés, il comporte trois nefs de neuf travées formées par des colonnes en grès rouge stuqué. L'empereur prenait place dans la **loge**** surélevée, en marbre blanc, décorée d'une mosaïque de pierres semi-précieuses à motifs floraux. Au pied de celle-ci, une plate-forme de marbre était réservée au grand vizir et aux plus hauts dignitaires de l'empire, ou aux ambassadeurs admis en audience. De part et d'autre de la loge, des chambres se dissimulent derrière des claires-voies en marbre qui permettaient aux dames de la cour d'assister aux audiences sans être vues. C'est encore dans cette salle que le Grand Moghol recevait les pétitions et les doléances de ses sujets.

Prenez à dr. pour traverser le jardin et dirigez-vous vers le porche monumental de grès rouge sur le côté dr. de la cour précédant le Diwan-i-Am. C'est le porche du bazar.

■ **Mina Bazar** *(plan Fort Rouge)*. Ce bazar fut construit par Akbar, à l'intérieur de la zone des palais. Il était tenu par des marchands de soieries, de brocarts et de bijoux qui offraient tous ces articles aux convoitises des courtisans. On raconte que l'empereur lui-même aimait à venir s'y distraire en menant avec esprit des marchandages très serrés face aux jolies épouses et filles des nobles qui, pour la circonstance, tenaient l'emploi des négociants.

■ **Moti Masjid★★** *(plan Fort Rouge ; se déchausser en entrant)*. La « mosquée de la Perle » fut bâtie de 1646 à 1653 par Shah Jahan, ainsi que le précise une inscription en persan. Cette merveille de marbre blanc, bleu et gris, d'une extrême finesse, est enserrée à l'intérieur de son enceinte de grès rouge, qui délimite une grande cour avec un vaste bassin de marbre, un cadran solaire sur un petit pilier et des portiques sur trois côtés. La salle de prière, à trois nefs, est surmontée de trois dômes bulbeux en marbre ; le pavement de marbre blanc est enrichi d'incrustations de marbre jaune du plus bel effet.

À une lieue d'Agra est le mausolée de l'empereur Akbar. Ce tombeau est d'une grande magnificence. C'est le plus beau monument d'architecture que j'aie vu en Inde. Il n'y a que le mausolée de la reine Tadjemahal (sic) *qui le lui dispute. Celui-ci est plus riche, il est tout en marbre ; mais l'autre a plus l'air de grandeur. Ces bâtiments feraient honneur à un architecte européen.*

Law de Lauriston. *Mémoire sur quelques affaires de l'Empire mogol*, 1758.

Revenez ensuite vers la porte d'Amar Singh et remarquez, à dr. de l'immense cour gazonnée qui précède le Diwan-i-Am, le Salim Garh, ou fort de Salim, en réalité un pavillon à deux étages où se tenaient les musiciens qui annonçaient, à midi, l'arrivée du Grand Moghol en son durbar public.

► **Jama Masjid** *(plan B/C4 ; en face du fort Rouge, au-delà de la voie ferrée)*. La « mosquée du Vendredi » d'Agra, contemporaine de son homonyme de Delhi, fut érigée entre 1644 et 1649 par la fille aînée de Shah Jahan, au pied du fort Rouge. Beaucoup moins imposante que celle de Delhi, elle s'élève sur une plate-forme et comporte une cour sur laquelle s'ouvre, par une arcade, la salle de prière. Les trois dômes bulbeux qui la coiffent, sans tambour, en grès rouge, sont sobrement ornés de bandeaux de chevrons en marbre blanc. ◄

Les Séfévides régnèrent sur la Perse de 1501 à 1736. Ils créèrent une brillante civilisation dont la magnificence faisait l'admiration de l'Occident ; les *Lettres persanes* de Montesquieu témoignent de cette fascination. Les plus brillants vestiges architecturaux de cette dynastie se trouvent aujourd'hui à Ispahan.

À voir encore

■ **Mausolée d'Itimad-ud-Daulah**** (*plan C2 ; vis. t.l.j. du lever au coucher du soleil, gratuit le ven. ; comptez 30 mn de vis.*). De l'autre côté de la Yamuna se trouve, au centre d'un beau jardin, le tombeau que Nur Jahan, épouse de Jahangir, fit élever en 1626 pour son père Mirza Ghiyas Beg. D'origine persane, il prit le titre d'Itimad-ud-Daulah (Pilier de l'État) lorsqu'il assuma les réalités du pouvoir que son gendre lui avait abandonné. Les murs portent une belle ornementation en marqueterie de marbres polychromes sur un fond de marbre blanc, tandis que de délicates claires-voies de marbre tamisent la lumière, en harmonie avec la préciosité des peintures qui revêtent les murs et le plafond. Ce monument du temps de Jahangir apparaît comme une transition entre la robuste fantaisie architecturale de grès rouge des monuments datant du règne d'Akbar, que ce soit à Sikandra ou à Fatehpur Sikri, et l'irréelle beauté des monuments de marbre blanc du temps de Shah Jahan, dont le Taj Mahal est le chef-d'œuvre. Le tombeau se dresse sur une plate-forme à degrés dont le plus élevé est orné d'un bandeau de mosaïque. Autour de la chambre funéraire, au centre, où se trouvent les cénotaphes de l'Itimad-ud-Daulah et de son épouse, s'ordonnent des pièces aux murs parés de peintures dont les motifs, identiques aux marqueteries de pierres semi-précieuses (lapis-lazuli, cornaline, topaze, jaspe, onyx, etc.) incrustées dans le marbre, représentent des cyprès, des aiguières, des vases remplis de fleurs, et attestent l'influence de la Perse séfévide sur l'art moghol. À chaque angle, une tour-belvédère se dresse comme un minaret au-dessus de la toiture en terrasse, aux balustrades d'une finesse de dentelle, dont le centre est occupé par un pavillon à large auvent et dôme aplati à pinacles.

Environs d'Agra

■ **Chini-Ki-Rauza*** (*plan C1 ; ouv t.l.j. du lever au coucher du soleil ; entrée payante*). Au milieu des beaux jardins des pépiniéristes du quartier, ce « mausolée de faïence » est un pur exemple d'architecture persane. On n'y trouve en effet aucun élément emprunté à l'architecture hindoue (coupoles, *chhatri*...) comme dans les édifices d'époque moghole. Il fut construit entre 1628 et 1639 pour abriter la tombe d'un noble iranien, Mulla Shukrullah Shirazi, vizir de Shah Jahan, poète, frère du calligraphe qui composa les bandeaux épigraphiques qui ornent le Taj Mahal. L'édifice, coiffé d'une coupole, présente un large *iwan* sur chacune de ses quatre faces. L'extérieur conserve une grande partie de sa décoration de faïences multicolores, qui composent de splendides mosaïques. Le côté N. (le mieux conservé) est le plus séduisant. L'intérieur vide est dépourvu de décoration.

■ **Ram Bagh** (*plan C1 ; ouv t.l.j. du lever au coucher du soleil ; entrée payante*). Premier jardin moghol, aujourd'hui troublé par le voisinage bruyant d'un pont routier, il fut imaginé par Babur lui-même, sitôt l'Inde conquise, et accueillit, pendant six mois, sa dépouille mortelle († 1530) avant son transfert à Kaboul. Avec sa folle végétation et ses deux pavillons au bord de l'eau ajoutés à l'époque de Jahangir (entre 1615 et 1619), le Ram Bagh forme un cadre romantique le long de la Yamuna. Il fait actuellement l'objet de travaux de réhabilitation qui devraient lui rendre un peu de son aspect originel.

■ **Sikandra**** (*10 km N.-O. par la route de Delhi ; plan A1 ; vis. du lever au coucher du soleil ; entrée payante*). Dès la sortie de la ville, la route traverse une zone de vergers et de jardins où sont disséminées quelques vénérables mais

croulantes demeures, aujourd'hui occupées par des squatters. Elles appartenaient jadis à des membres de la cour des Grands Moghols. Le colossal mausolée de l'empereur Akbar (1556-1605) se trouve au milieu d'un parc de près de 50 ha, à dr. de la route. Fondée en 1492 par Sikandar Lodi (1488-1516), deuxième sultan de la dynastie afghane des Lodi, Sikandra a gardé le nom de son fondateur. Les travaux de construction du mausolée furent entrepris par l'empereur Akbar lui-même, mais ce fut son fils Jahangir qui l'acheva en 1613. Les Jats de Bharatpur, qui pillèrent le tombeau en 1761, dispersèrent les ossements de l'empereur.

Tombeau d'Akbar. Pour pénétrer dans le jardin, vous franchirez l'un des quatre portails monumentaux en grès rouge (celui du S.). Il porte, comme les trois autres, des incrustations de marbre blanc formant des motifs géométriques ; au sommet de l'édifice se dresse, à chaque angle, un petit minaret à trois étages, plaqué de marbre.

Le grandiose mausolée pyramidal (22 m de hauteur) est en grès rouge pour les trois premiers étages et en marbre blanc pour le quatrième. Par son plan, il diffère des monuments moghols d'Agra ; il doit autant à l'architecture hindoue et à celle des monastères bouddhiques qu'à l'architecture indo-musulmane, ce qui ne doit pas surprendre de la part d'un souverain qui tenta d'imposer un syncrétisme religieux pour réunir ses sujets dans une même foi. Ainsi, la pierre fut employée selon les techniques hindoues, c'est-à-dire découpée en « planches » et sculptée comme s'il s'agissait de bois. Parmi les motifs décoratifs, le lotus (un des symboles du bouddhisme) fut amplement utilisé. On prétend même qu'à l'intérieur, un mur portait une fresque représentant la Vierge et le Christ. (Ces peintures auraient été effacées par le pieux Aurangzeb.) Au rez-de-chaussée, au centre de chacun des côtés du mausolée, un haut portail s'ouvre sur une galerie qui entoure cet étage. Celui du S. donne accès au corridor qui débouche dans la chambre funéraire, voûtée, autrefois décorée de fresques. Des escaliers très raides conduisent aux étages supérieurs *(accès non autorisé)*, d'où l'on découvre, sur le monument lui-même, d'étonnantes perspectives géométriques. La terrasse supérieure, dallée de noir et de blanc, est entourée d'une galerie de *jali* en marbre blanc, d'une grande variété de dessins. On y trouve un pavillon de marbre, coiffé de trois dômes, abritant le cénotaphe fait d'un seul bloc de marbre blanc, sur lequel sont gravés les 99 noms d'Allah, ceux-là mêmes que les fidèles récitent en égrenant les 99 grains de leur chapelet. Près du cénotaphe, un petit pilier de marbre aurait été, selon la tradition, couvert de feuilles d'or et aurait supporté le Koh-i-Nur (Montagne de lumière), le fameux diamant qui fait aujourd'hui partie du trésor de la couronne d'Angleterre.

Tombeau de Mariyam. De l'autre côté de la route de Delhi se dresse, dans la propriété de la Church Missionary Society, un bâtiment de grès rouge à deux étages. Construit en 1495 par Sikandar Lodi, ce palais aux angles surmontés d'un kiosque octogonal fut transformé en mausolée pour abriter la dépouille de l'épouse rajpoute d'Akbar.

Delhi et New Delhi★★★

Baignée par les eaux saintes de la Yamuna, Delhi ne possède pourtant ni ghats ni temples vénérables. Ce n'est pas en effet une ville de tradition hindoue, mais plutôt le fruit des créations successives des conquérants, turcs ou afghans, toujours musulmans, qui voulurent y imprimer leurs titres de gloire. À deux reprises, elle fut capitale d'empire, sous les Moghols tout d'abord, à partir du XVIIe s., puis sous la domination britannique, après 1911. Deux villes s'ignoraient alors : la cité victorienne, aux orgueilleuses avenues rectilignes, et la ville désormais « indigène », aux bazars débordant de vie et de misère serrés au pied de sa Grande Mosquée. Les empires ont croulé, mais Delhi n'a rien perdu de son importance, bien au contraire. C'est aujourd'hui la capitale d'un État de plus d'un milliard d'habitants et les deux cités de naguère sont désormais réunies dans une immense métropole résolument tournée vers l'avenir.

Agra, 200 km ; Ahmedabad, 911 km ; Amritsar, 446 km ; Aurangabad, 1 241 km ; Bénarès, 780 km ; Bombay, 1 404 km ; Calcutta, 1 465 km ; Gwalior, 319 km ; Jaipur, 258 km ; Khajuraho, 596 km ; Lucknow, 494 km ; Patna, 939 km ; Srinagar, 873 km.
Alt. 293 m.
Mousson (très atténuée) : juil.-sept.
13 850 000 hab. Capitale de l'Inde, siège du gouvernement et du Parlement.

Delhi mode d'emploi

La meilleure période

De nov. à avr., le climat est sec et la température agréable sans être excessive ; les mois de janv. et fév. sont les plus froids avec des températures matinales qui peuvent tomber à 5 °C. Mai et juin sont véritablement torrides, avec des températures atteignant 44 °C ; ce sont les deux mois à éviter. Les pluies tombent de juil. à sept.

L'organisation de vos promenades dépendra de la saison de votre visite. En hiver, lorsque les températures restent fraîches, on peut envisager des départs pas trop matinaux et passer toute la journée en promenade. C'est en revanche impossible à la saison chaude, lorsque le thermomètre dépasse souvent les 40 °C. Consacrez alors l'après-midi à une sieste réparatrice ou à des lectures profitables dans la fraîcheur de votre chambre climatisée.

Programme

On vient rarement à Delhi pour Delhi et l'organisation du séjour reste largement conditionnée par l'arrivée des vols internationaux et la suite du voyage

Indicatif ☎ 011.

ⓘ Government of India Tourist Office, 88 Jan Path ☎ 2332-00-05, ouv. lun.-ven. 9 h-18 h, sam. 9 h-13 h, f. dim. ; bureaux également aux aéroports national ☎ 2567-52-96 et international ☎ 2569-11-71.

Poste : Eastern Court Post Office, Jan Path, ouv. 10 h-22 h en sem., 10 h-17 h dim. et jours fériés.

Attention ! Le 15 août, fête de l'Indépendance, le Premier ministre prononce un discours devant les remparts du fort Rouge. La ville est quadrillée par la police et l'armée ; il est alors extrêmement difficile de circuler.

À ne pas manquer

La population de Delhi

Groupes religieux : hindous 84 %, musulmans 10 %, , sikhs 5 %, jaïns 1 %, chrétiens 1 %.
Populations : intouchables 19 %, population urbaine 90 %.
Langues : hindi 76 %, pendjabi 13 %, ourdou 6 %, bengali 1 %, tamoul 1 %.

(ou l'inverse si vous quittez l'Inde depuis la capitale). Le programme classique, proposé dans le cadre des visites organisées, est généralement un tour dit de « Old et New Delhi », pour en découvrir les principaux monuments : parcours en voiture des perspectives de Raj Path *(prom. 2)*, visites du fort Rouge et de la Jama Masjid *(prom. 1)*, puis du tombeau d'Humayun et du site de Qutb Minar *(prom. 3)*. Il faut prévoir une journée entière ou deux demi-journées pour effectuer ce circuit.

Quelques idées cependant, si vous connaissez déjà Delhi, ou souhaitez simplement vous écarter de cette trame classique. Combinez la découverte en taxi de Raj Path et India Gate avec la visite du Musée national, véritable voyage à travers les cinq millénaires d'histoire du sous-continent, ou du Crafts Museum, qui explore les richesses de l'artisanat de l'Inde aujourd'hui *(prom. 2)*. Ou prenez le temps de flâner dans Chandni Chowk et les bazars de la Delhi moghole *(prom. 1)*. Ou encore, promenez-vous dans les ruelles de Nizam-ud-Din *(prom. 3)*, une enclave musulmane autour de la tombe d'un saint soufi. Prévoyez env. 2 h pour chacune de ces suggestions de promenades et de visites.

■ Visites guidées

Vous pourrez entrer en contact avec un guide local par l'intermédiaire de votre hôtel ou de l'office du tourisme de Jan Path. Ce dernier organise également des visites guidées de groupes en anglais.

■ S'orienter

Connaught Place constitue le pivot entre New Delhi, au S., avec ses larges avenues, ses nombreux hôtels et ses majestueux bâtiments, et Delhi, au N., aux ruelles encombrées et populeuses. Autour de cette place, qui est le centre commerçant de la ville, sont regroupées les principales agences de voyages et compagnies aériennes. C'est ici que se trouve le bureau du tourisme.

■ Se déplacer

Aéroport. Indira Gandhi International Airport, Palam, à 20 km S.-O. du centre-ville : bureau de change ouv. 24 h sur 24 ; services de taxis ; réservations hôtelières ; navettes pour le centre-ville : terminus à Connaught Circus, face au bureau d'*Indian Airlines,* départs toutes les heures ; rens. sur les vols : ☎ 2569-11-77. Indira Gandhi Domestic Airport (vols nationaux), trois terminaux : départs des vols *Indian Airlines,* départs des autres compagnies, arrivées ; rens. sur les vols : ☎ 2567-52-96.

Compagnies aériennes. *Air France,* Scindia House, Jan Path, ☎ 2346-62-62. *Air India,* Jeevan Bharati

Building, ☎ 2373-12-25. *Indian Airlines*, Malhotra Building, Jan Path, ☎ 2462-05-66 et 1407 (réserv.). La capitale est reliée à toutes les grandes villes de l'Inde.

Gare ferroviaire. La capitale est dotée de deux gares : Old Delhi Railway Station et New Delhi Railway Station. Certains trains arrivent à la première, d'autres à la seconde, d'autres encore s'arrêtent aux deux (il en est de même pour les départs) ; lors d'un voyage en train, faites-vous bien préciser la gare de départ (si le train passe par les deux gares, mieux vaut embarquer dès la première) ou celle d'arrivée, si un représentant de votre agence de voyages doit venir vous accueillir. Dans les deux gares, service de *pre-paid taxis* ; des porteurs y sont toujours disponibles. Rens. et réservations : *International Tourist Bureau*, New Delhi Railway Station (1er étage), ☎ 2340-51-56. Delhi est reliée à toutes les grandes agglomérations du pays.

Gare routière. Inter State Bus Terminal, Kashmiri Gate, ☎ 2386-88-36. Lignes régulières vers le Rajasthan, le Jammu-Cachemire, l'Himachal Pradesh, l'Haryana, le Pendjab, l'Uttar Pradesh.

Taxis et rickshaws. Vous en trouverez en maraude aux quatre coins de la ville. Mieux vaut convenir à l'avance du montant de la course (environ 50 Rs à l'intérieur du centre-ville). En cas de litige, appelez ☎ 2337-88-88 (heures de bureau). Évitez les transports en commun, toujours bondés.

Métro. Delhi possède désormais son métro ultramoderne ; trois lignes sont en fonction. Elles permettent essentiellement de relier les quartiers résidentiels des périphéries au centre et ne sont pas d'un grand intérêt pour les touristes partis à la découverte de la ville.

■ Santé

Urgences médicales. CATS (Centralised Accident and Trauma Services), ☎ 2616-59-03 ou 1099.

■ Ambassades et consulats

France : 2/50-E, Shantipath ; ☎ 2419-61-00.
Belgique : 50-N Shantipath ; ☎ 2688-98-51.
Canada : 7/8 Shantipath ; ☎ 5178-20-00.
Suisse : Nyaya Marg ; ☎ 2687-83-72.

Delhi dans l'histoire

La cité des Esclaves

La première occupation du site fut hindoue ; le clan rajpoute des Tomara y établit sa capitale au XIe s., suivi par celui des Chauhan. De cette cité, il ne reste rien si ce n'est un nom, Dilli, celui d'un raja légendaire à l'origine du nom actuel, et quelques pierres de l'ancienne capitale, Lal Kot, utilisées pour la construction des premiers édifices musulmans. Car c'est aux fidèles de Mahomet que l'on doit les Delhi successives. Les vestiges de la première d'entre elles se trouvent autour du Qutb Minar. Le Turc Muhammad de Ghor, venu d'Afghanistan, enleva Lal Kot, la capitale de Prithviraj, le dernier des Chauhan, vaincu à la bataille de Tarain en 1192. Mais c'est à l'un de ses généraux, Qutb-ud-Din Aibak, laissé sur place pour administrer ses conquêtes, que l'on doit la construction de la première cité musulmane. À la mort de son maître, Qutb-ud-Din (le « Pôle de la Foi ») se proclama sultan et fonda la dynastie dite des Esclaves en souvenir de son ancienne condition.

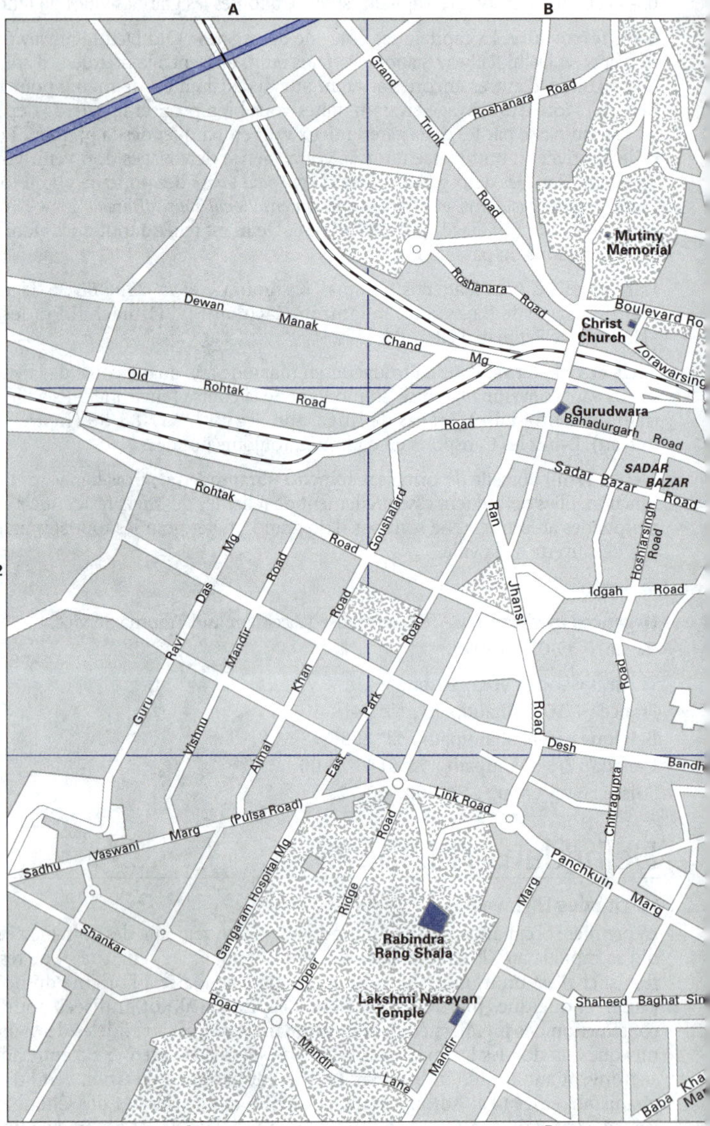
A
B
1
2
3
Grand Trunk Road
Roshanara Road
Mutiny Memorial
Roshanara Road
Boulevard Ro
Christ Church
Zorawarsing
Dewan Manak Chand Mg
Old Rohtak Road
Gurudwara
Road
Bahadurgarh Road
Sadar Bazar Road
SADAR BAZAR
Rohtak Road
Goushalard
Ran Jhansi Road
Hoshiarsingh Road
Idgah Road
Guru Ravi Das Mg
Mandir Road
Khan Road
Vishnu
Ajmal
Park Road
East
Road
Desh
Bandh
Chitragupta
Link Road
Sadhu Vaswani Marg (Pulsa Road)
Gangaram Hospital Mg
Road
Ridge
Upper
Rabindra Rang Shala
Lakshmi Narayan Temple
Marg
Panchkuin Marg
Shankar Road
Shaheed Baghat Sin
Mandir Lane
Mandir
Baba Kha

Delhi, plan I

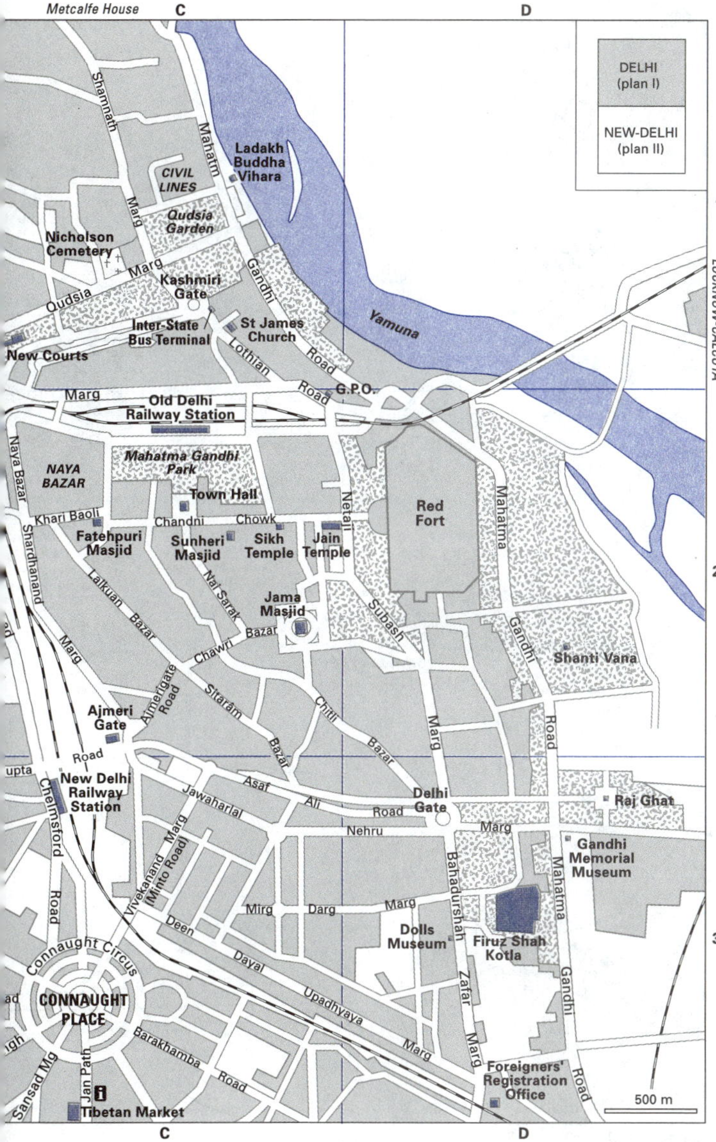
Metcalfe House
C
D
DELHI (plan I)
NEW-DELHI (plan II)
1
2
3
LUCKNOW-CALCUTTA
Ladakh Buddha Vihara
CIVIL LINES
Qudsia Garden
Nicholson Cemetery
Kashmiri Gate
Inter-State Bus Terminal
St James Church
New Courts
Yamuna
G.P.O.
Old Delhi Railway Station
Mahatma Gandhi Park
NAYA BAZAR
Town Hall
Red Fort
Fatehpuri Masjid
Sunheri Masjid
Sikh Temple
Jain Temple
Jama Masjid
Shanti Vana
Ajmeri Gate
New Delhi Railway Station
Delhi Gate
Raj Ghat
Gandhi Memorial Museum
Dolls Museum
Firuz Shah Kotla
CONNAUGHT PLACE
Connaught Circus
Foreigners' Registration Office
Tibetan Market
500 m

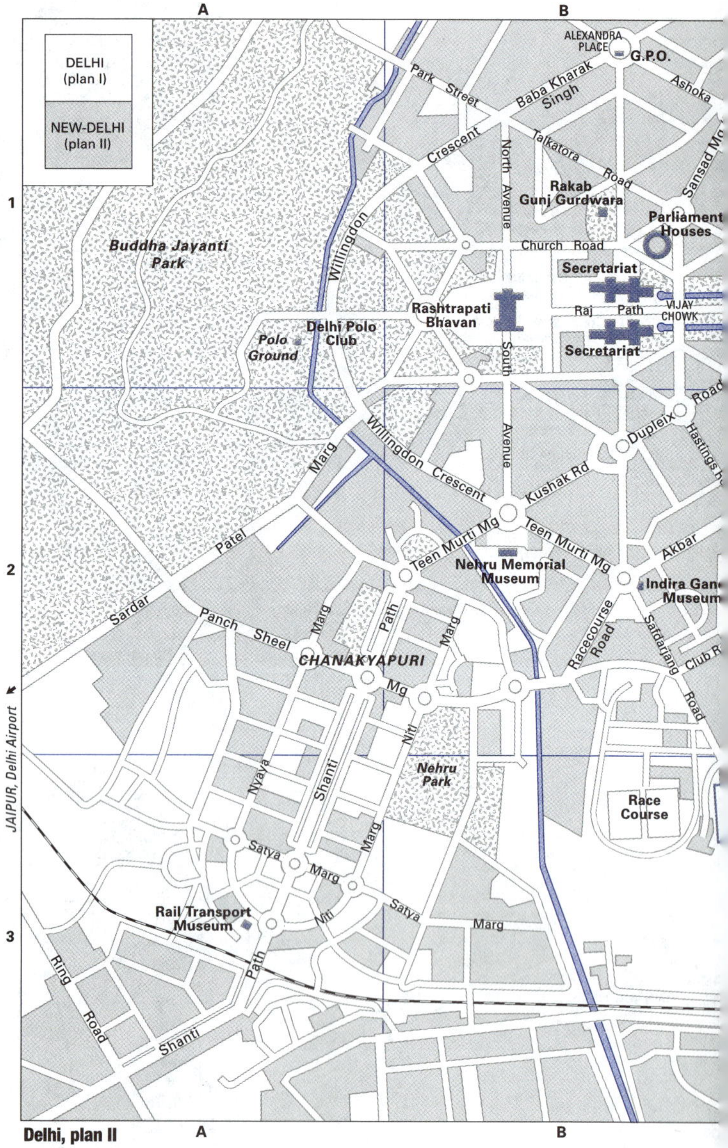

Delhi, plan II

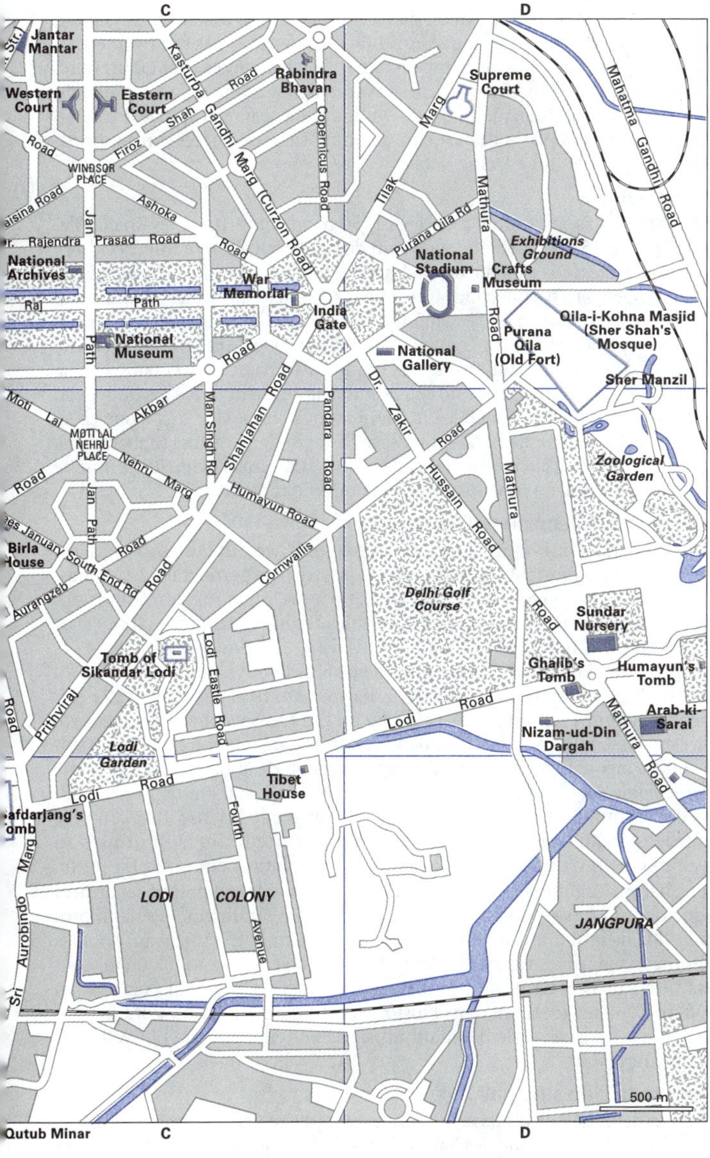
C
D
C
D
1
2
3
Jantar Mantar
Western Court
Eastern Court
Rabindra Bhavan
Supreme Court
Kasturba Gandhi Marg (Curzon Road)
Firoz Shah Road
Copernicus Road
Tilak Marg
Mathura Road
Mahatma Gandhi Road
WINDSOR PLACE
Ashoka Road
Jan Path
Rajendra Prasad Road
Purana Qila Rd
National Stadium
Exhibitions Ground
Crafts Museum
National Archives
War Memorial
India Gate
Raj Path
National Museum
National Gallery
Purana Qila (Old Fort)
Qila-i-Kohna Masjid (Sher Shah's Mosque)
Sher Manzil
Moti Lal Nehru Marg
Akbar Road
MOTI LAL NEHRU PLACE
Man Singh Rd
Shahjahan Road
Pandara Road
Dr. Zakir Hussain Road
Zoological Garden
Humayun Road
Birla House
South End Rd
Aurangzeb Road
Cornwallis Road
Delhi Golf Course
Sundar Nursery
Tomb of Sikandar Lodi
Lodi Estate Road
Ghalib's Tomb
Humayun's Tomb
Prithviraj Road
Lodi Road
Arab-ki-Sarai
Nizam-ud-Din Dargah
Lodi Garden
Tibet House
Safdarjang's Tomb
Fourth Avenue
Sri Aurobindo Marg
LODI COLONY
JANGPURA
AGRA
500 m
Qutub Minar

Pour un souverain qui conservait des relations avec l'Asie centrale, le choix de Delhi s'imposait pour des raisons stratégiques ; au cœur de la vaste plaine du Gange, c'était aussi le premier point d'eau important pour désaltérer de grandes armées venues du N.-O. Les souverains hindous, déchirés par des rivalités stériles, ne réagirent pas à l'arrivée musulmane. Ce n'était après tout qu'un roitelet parmi d'autres. La première menace vint d'Afghanistan, en la personne du sultan Mahmud de Ghazni. Qutb-ud-Din transféra alors sa capitale à Lahore, mais, à sa mort (1211), la noblesse turque imposa à son successeur Iltutmish (1211-1227) de rentrer à Delhi.

L'or des Yadava

La dynastie des Esclaves fut renversée en 1290 par d'autres Turcs, les Khalji. Ala-ud-Din (1296-1316), deuxième souverain de cette nouvelle dynastie, décida de déplacer le siège de sa capitale de quelques kilomètres au N.-E. Cette deuxième cité, localisée à Siri, fut une ville fameuse par son palais aux mille colonnes, ses mosquées et ses bazars ; elle est aujourd'hui tombée en poussière et la postérité ne retient plus guère de l'œuvre d'Ala-ud-Din que l'Ala-i-Minar, ébauche inachevée d'un monument prodigieux destiné à surpasser par la taille le déjà gigantesque Qutb Minar. Et pourtant, le sultanat de Delhi doit sans doute son apogée à Ala-ud-Din, qui batailla dans tout le sous-continent. Lors d'une expédition dans le Deccan, il enleva au passage Devagiri dans l'actuel Maharashtra, la capitale du royaume hindou des Yadava. L'or saisi dans la ville lui permit de financer les travaux de construction de la nouvelle capitale.

Le nomadisme démentiel d'un sultan

Le rêve impérial entrevu par Ala-ud-Din s'évanouit avec lui. Après sa mort, ses dignitaires se déchirèrent les lambeaux du pouvoir, ne permettant à la dynastie de survivre que quatre années. En 1320, un autre Turco-Afghan, Ghiyas-ud-Din (1320-1325), fondateur de la dynastie des Tughluq, s'empressa de créer sa propre capitale, Tughluqabad, la troisième Delhi, à quelques kilomètres à l'E. de la première. Elle fut abandonnée cinq ans plus tard, peut-être en raison du manque d'eau. Une quatrième cité, Jahanpanah, fut fondée en 1325 par Muhammad-bin-Tughluq (1325-1351) sur un site se trouvant entre la première et la deuxième ville. À peine commençait-elle à se peupler qu'en 1327 le sultan intima aux habitants l'ordre d'émigrer dans un délai de 40 jours vers une autre capitale, Daulatabad (Maharashtra), à plus de 1 200 km de là. Des milliers d'êtres humains moururent au cours de cet exode insensé, d'autant plus absurde que, au bout de trois ans, le nouveau site fut jugé impropre au développement d'une grande ville et que la population dut revenir à Delhi. Firuz Shah III Tughluq (1351-1388), guerrier redoutable qui poussa ses armées jusque dans l'Orissa, où il mit à sac le sanctuaire de Jagannath à Puri, rapprocha la ville de la Yamuna en faisant bâtir la cinquième cité, Firuzabad, dont les somptueux palais, les vastes et splendides mosquées ne sont plus qu'un souvenir littéraire. Le passage de Timur Leng, ou Tamerlan, qui ravagea la ville en 1398, marqua un tournant dans l'histoire du sultanat de Delhi, dont le prestige fut fortement ébranlé. Pendant un siècle et demi, aucune nouvelle cité n'allait voir le jour.

Le crépuscule du sultanat

Le gouverneur, laissé en place par Timur, finit par se déclarer indépendant et fonda l'éphémère dynastie des Sayyid (1414-1450), qui édifia de magnifiques mausolées, comme d'ailleurs la dynastie suivante, celle des Lodi (1451-1526). Ces conquérants originaires d'Afghanistan transportèrent en Inde leurs rivalités de clans. Ce fut la cause de leur perte, car, pour se débarrasser d'Ibrahim Lodi, la noblesse afghane fit appel à Babur. Ce guerrier intrépide, descendant de Genghis Khan et de Tamerlan, conquérant de Samarcande à l'âge de quinze ans, ferraillait sans relâche en Asie centrale et en Afghanistan pour se tailler un fief à sa mesure. Trop heureux de l'aubaine, Babur accourut, vainquit Ibrahim à la bataille de Panipat (1526), puis défit une immense armée rajpoute à Khanua (1527). Ayant songé un moment à se retirer, il resta finalement sur place et installa sa capitale à Agra, comme l'avait fait avant lui le sultan Sikandar Lodi, en 1504. C'était le premier des Grands Moghols qui allaient marquer l'Inde.

Vers un destin impérial

Les Grands Moghols accordèrent leur préférence à Agra et ses environs pendant plus d'un siècle. Ce fut pourtant pendant cette période que la sixième cité, Shergarh, fut fondée à l'occasion d'un revers de fortune de l'empereur Humayun (1530-1540 et 1555-1556). Ce fils de Babur, prince lettré et poète, au caractère fantasque, fut chassé de l'Hindoustan par l'Afghan Sher Shah qui, pendant cinq années de règne à Delhi (1540-1545), construisit une nouvelle ville entre le Purana Qila (le Vieux Fort établi par Humayun) et Firuzabad. Humayun revint en 1555 reprendre possession de son héritage, mais mourut l'année suivante à Delhi.

En 1638, Shah Jahan (1628-1658) décida du retour de la capitale des Grands Moghols à Delhi. Pour marquer l'événement, une septième cité, Shahjahanabad (l'actuelle Delhi), fut bâtie en 1638, avec un fort Rouge, dont le faste rappelle celui du palais d'Agra, une imposante mosquée, la Jama Masjid, une enceinte percée de portes monumentales, magistrales constructions que l'on admire encore aujourd'hui.

L'envol du paon

Aurangzeb (1658-1707), préoccupé par la conquête du Deccan et de multiples révoltes, dut passer assez peu de temps dans sa capitale. Avec le déclin de la puissance moghole, dès le début du XVIIIe s., les empereurs ne régnèrent plus que sur leur capitale. Mais, auparavant, Delhi avait vu ses faubourgs ravagés par les Marathes en 1738, avant d'être prise d'assaut et pillée par le roi de Perse, Nadir Shah, en 1739. Le conquérant repartit chargé d'un immense butin, dont le diamant Koh-i-Nur et le fameux trône du Paon, couvert de pierreries, qui est toujours visible à Téhéran.

La révolte des Cipayes

De nouveau pillée en 1756-1757 par les Afghans d'Ahmad Shah, puis occupée par celui-ci après l'écrasement d'une armée marathe à Panipat, en 1761, Delhi n'était plus qu'une capitale dérisoire et le règne des derniers Moghols une longue suite d'humiliations. L'histoire s'écrivait désormais ailleurs, entre Calcutta et Bombay, et de tous ses puissants protecteurs, tour à tour Marathes, Scindia de Gwalior ou Anglais, aucun n'osait mettre à bas l'ancienne capitale impériale. Ce furent les Anglais qui franchirent le pas décisif en installant un résident à Delhi et en pensionnant celui que l'on n'osait plus appeler l'empereur. La révolte des Cipayes (1857) sonna officiellement le glas de l'Empire moghol. L'empereur Bahadur Shah II, compromis avec les insurgés qui s'emparèrent de la ville et du fort Rouge, le 11 mai, fut déposé après la reprise de Delhi, du 14 au 20 septembre 1857.

Le British Raj

Pendant un siècle environ, sous la domination anglaise, Delhi fut éclipsée par Calcutta, la capitale des Indes britanniques. En 1877, elle servit pourtant de cadre à un somptueux *durbar*, au cours duquel la reine Victoria fut proclamée impératrice des Indes, puis reçut à nouveau les honneurs impériaux de la cour

Le titre de Bahadur – « courageux » – était décerné, tant en Inde qu'en Perse, aux guerriers qui s'étaient illustrés au combat. À partir du XIXe s., il perdit toute signification militaire pour distinguer les personnages éminents des Indes. La Compagnie des Indes orientales fut même surnommée la Compagnie Bahadur par les Britanniques.

à l'occasion de l'accession au trône du roi Édouard VII (1901). C'est lors de la visite en Inde de George V, en 1911, que fut annoncée la décision du gouvernement britannique de transférer de nouveau la capitale des Indes à Delhi. Un architecte anglais, sir Edward Lutyens, eut la tâche de tracer les plans d'une nouvelle cité, au S. de la Delhi moghole. Durant de longues années, il avait parcouru l'Inde pour en étudier l'architecture et l'enthousiasme né de ses découvertes (Sanchi ou les forts Rouges) s'exprime dans ce style impérial où survit également l'Angleterre victorienne. Les travaux de construction, retardés par la Première Guerre mondiale, traînèrent jusqu'en 1931, date de l'inauguration officielle.

La révolte des Cipayes

L'épisode est resté célèbre : en découvrant le nouveau fusil Enfield, les Cipayes (troupes indigènes) découvrirent en même temps les cartouches qui les équipaient. Elles étaient enduites de graisse animale : vache ? porc ? De quoi en tout cas les rendre odieuses aux hindous comme aux musulmans. Le 10 mai 1857, les Cipayes de Meerut se soulevèrent ; ils massacrèrent leurs officiers avant de fondre sur Delhi. Au fort Rouge, ils portèrent à leur tête Bahadur Shah qui n'en demandait pas tant. De là, la révolte se répandit à travers toute l'Inde du Nord. Il fallut aux Britanniques le renfort de troupes venues du S. et de régiments sikhs restés loyaux pour venir à bout du soulèvement qu'appuyaient de nombreux princes dépouillés de leurs prérogatives. Après de terribles massacres de part et d'autre, la prise de Gwalior (le 10 juin 1858), où s'étaient réfugiés la rani de Jhansi et le dernier carré d'insoumis, mit un point final à la révolte. La même année, le gouvernement de Londres se substituait à la Compagnie des Indes pour administrer les possessions britanniques dans le sous-continent. Les historiographes indiens voient dans cet épisode la première manifestation du combat anticolonialiste.

Delhi aujourd'hui

La capitale de l'Inde

La partition de 1947 fut durement ressentie à Delhi, comme dans toute l'Inde. Elle se traduisit par l'arrivée massive de réfugiés et l'éclosion de troubles. En octobre, le Mahatma Gandhi parvint à calmer les esprits et à éviter le pire, non sans rencontrer de sérieux obstacles au sein de la communauté hindoue. Le 30 janvier 1948, il fut assassiné à Delhi par un jeune brahmane fanatique.

Delhi appartient au Territoire *(Union Territory)* du même nom, une enclave de 1 483 km² serrée entre l'Haryana, à l'O., et l'Uttar Pradesh, à l'E. Depuis 1947, la ville a connu une profonde métamorphose, passant d'à peine 1 million d'habitants à près de 14 millions au début du XXIe s. Elle déborde largement de ses anciennes limites, avec la création de nouveaux quartiers d'habitation (colonies), dont les plus éloignés se trouvent à plusieurs dizaines de kilomètres du centre-ville. Ainsi la ville nouvelle de Gurgaon, au-delà de l'aéroport, avec ses hautes tours d'habitation, ses supermarchés et ses clubs destinés aux nouvelles classes moyennes indiennes. Delhi se veut aussi une capitale internationale. Elle le fut notamment à l'époque de Nehru, un des initiateurs du mouvement des non-alignés, pour qui elle resta longtemps un lieu de rencontres. Salles de conférences, nouvel aéroport, centres d'affaires et stades enrichirent la physionomie de la ville grâce aux créations de jeunes architectes indiens.

Une industrie qui monte

Longtemps vouée au secteur tertiaire, la capitale a pourtant développé une industrie à sa périphérie éloignée : sidérurgie, industries chimique et pharmaceutique, électronique. Les bureaux continuent

Un réseau de canaux permettait d'approvisionner les bassins des appartements privés du fort Rouge et de les rafraîchir.

cependant d'employer deux travailleurs sur trois, comme l'on peut s'en convaincre facilement en voyant chaque après-midi se déverser dans les rues du centre-ville les centaines de milliers de *clerks* en chemise blanche.

1 Delhi moghole★★★

Cette promenade vous permettra de découvrir la ville moghole, édifiée à partir du XVIIe s. Ses rues convergent vers le fort Rouge, symbole de la puissance impériale. Face à lui, l'imposante Jama Masjid peut accueillir 20 000 fidèles. Ne manquez pas ensuite de plonger au cœur de la vieille Delhi, en prenant un bain de foule dans le quartier commerçant de Chandni Chowk.

Durée. Comptez 4 h à pied depuis le fort Rouge jusqu'à la Jama Masjid, après avoir traversé le bazar de Chandni Chowk.

■ **Porte de Delhi** (*Delhi Gate, plan I, D3*). Cet ouvrage, aujourd'hui isolé, est l'une des quatorze

Il est interdit de fumer dans tous les lieux publics de la capitale, y compris restaurants et bars, où il n'est pas même prévu de zone « fumeurs ».

portes de la ville de Shah Jahan. Elle était entourée d'un mur d'enceinte en brique, de 8,8 km de périmètre ; il en subsiste de longs tronçons, notamment du côté du fleuve.

■ Fort Rouge** (Red Fort).

(plan I, D2 ; vis. t.l.j. du lever au coucher du soleil ; Red Fort Museum ouv. t.l.j. sf lun. 9 h-17 h ; Indian War Memorial Museum ouv. 10 h-17 h sf ven. Entrée payante. Spectacle son et lumière : deux représentations en anglais tous les soirs, sf lun. ; rens. auprès de l'office du tourisme pour les horaires).

L'enceinte, longue de près de 2 200 m, est doublée d'un fossé ; deux portes principales y donnent accès ; la porte de Delhi, et celle de Lahore, par où entrent les visiteurs. À l'intérieur ne subsistent que les pavillons principaux. Palais secondaires, ateliers, entrepôts ont été détruits par les Anglais après 1857 et remplacés par de sinistres casernes qu'a occupées l'armée indienne jusqu'en 2003. La vaste esplanade devant Lahore Gate est noire de monde chaque année le 15 août, lors de la commémoration de l'indépendance, au cours de laquelle le Premier ministre prononce un discours.

C'est par la volonté de l'empereur Shah Jahan que Delhi renoua avec un destin de capitale. Abandonnant Agra, l'ancienne capitale des Moghols, il installa ici le siège de son pouvoir, à l'abri de cette massive forteresse de grès, plantée au bord de la même Yamuna. À l'intérieur, les délicats pavillons de marbre résonnaient ainsi du faste d'une cour brillante où poètes, musiciens et philosophes se disputaient la faveur du maître des lieux. Des fastes proprement éblouissants, puisque murs et plafonds étaient couverts d'or, d'argent et de pierres précieuses. Mais le fort Rouge connut également la décadence lorsque les Moghols ne furent plus que des marionnettes entre les mains des nouveaux conquérants, Persans, Marathes, puis Anglais. Au fond de leurs palais, dont la parure d'or avait depuis longtemps été fondue pour satisfaire leurs débauches, les successeurs de Babur et d'Akbar s'étourdissaient de plaisir pour oublier leur impuissance. Le dernier d'entre eux, Bahadur Shah II, qui laissa d'aimables poèmes, y passa de longues années avant d'être proclamé empereur par les Cipayes révoltés. Il eut ainsi l'honneur de s'asseoir de nouveau dans le Diwan-i-Am et de jouer pour la dernière fois la comédie du pouvoir devant un parterre d'officiers de fortune. Après l'échec de la révolte, il fut déporté à Rangoon par les Anglais, nouveaux maîtres de l'Inde.

Porte de Lahore** (Main Gate). On entre dans le fort en traversant une barbacane ajoutée au temps d'Aurangzeb pour renforcer les défenses de la muraille. Elle entoure une petite cour sur laquelle s'ouvre la porte originelle, magnifique ouvrage du temps de Shah Jahan.

Chatta Chowk. La porte de Lahore se prolonge par une longue galerie couverte. De part et d'autre, des boutiques tentaient de séduire les occupants de la citadelle en proposant tout ce que l'Inde produisait de mieux en fait de joyaux, de bijoux, de soieries, de brocarts, de miniatures peintes ou émaillées. Ces loges sont encore occupées par des marchands de souvenirs.

Nakkar Khana*. À l'extrémité de la rampe, vous découvrirez un portail massif. C'est là que se tenaient les musiciens qui, cinq fois par jour, rythmaient la vie du fort Rouge, d'où son nom de « maison des Tambours » ; arrivés à ce point, tous les visiteurs devaient abandonner leur monture et mettre pied à terre.

Le Nakkar Khana abrite l'**Indian War Memorial Museum** *(ouv. 10 h-17 h sf lun.)* : on y verra essentiellement des souvenirs de la participation des unités indiennes aux combats de la Première Guerre mondiale.

Au-delà du Nakkar Khana, la première allée à g. conduit au **Swatantrata Sangrama Sanghralaya**, un petit musée consacré à la lutte pour l'indépendance *(ouv. 10 h-17 h sf lun.)* ; cette rétrospective commence en 1857 avec la révolte des Cipayes (sont présentés notamment quelques objets ayant appartenu à Bahadur Shah, le dernier empereur moghol) et s'achève à l'indépendance.

Diwan-i-Am**. Au fond du jardin qui fait suite au Nakkar Khana, un imposant bâtiment de grès rouge, le « hall des quarante colonnes », servait aux audiences publiques. L'« ombre de Dieu » y siégeait sur des coussins moelleux, depuis une estrade placée au centre du mur du fond, sous un dais de marbre au plafond recouvert d'or et aux murs incrustés de pierres précieuses. À ses côtés se tenaient les princes, tandis que, derrière lui, des eunuques de confiance agitaient sans cesse chasse-mouches et éventails. Son vizir était assis devant lui, à ses pieds, sur une plate-forme. À certaines occasions, le fameux trône du Paon y était même apporté. Notez la beauté du travail des incrustations du mur du fond (attribué à un artiste français) où Orphée, jouant de la flûte, charme oiseaux et fleurs.

Derrière le Diwan-i-Am s'alignent, le long du front E. de l'enceinte, du côté de la Yamuna, les appartements privés de l'empereur. Vous vous dirigerez tout d'abord vers le dernier pavillon à dr.

Mumtaz Mahal*. Ce pavillon à l'intérieur délicatement sculpté servait de résidence aux princesses. Il abrite aujourd'hui des collections de miniatures mogholes, de tapis, de tissus et de porcelaines. On y verra également les portraits des Grands Moghols, d'Akbar à Aurangzeb.

Rang Mahal**. Pourvu d'un bassin de marbre en forme de lotus épanoui, ce pavillon était le plus richement orné des appartements privés : son plafond était entièrement revêtu d'argent incrusté de fleurs d'or. Pour satisfaire les exigences de leurs sens alanguis, les derniers Moghols monnayèrent le somptueux revêtement.

Khas Mahal. Ce triple pavillon de marbre formait les appartements de l'empereur. Adjacente à la chambre à coucher du souverain, une tour, la Musammam Burj, lui permettait chaque matin d'apparaître à la foule en contrebas.

Diwan-i-Khas**. C'est dans ce hall des audiences privées que se tissait l'essentiel de la politique impériale. Dans cet écrin de marbre au plafond d'argent enrichi de pierres précieuses était placé, sous un dais, le fameux trône du Paon, enlevé par Nadir Shah en 1739. L'histoire a retenu qu'il fut aussi le lieu de bien des drames : l'empereur Shah Alam y eut les yeux crevés en 1788. C'est là que Bahadur Shah II fut proclamé empereur par les révoltés de 1857. Sur l'arche centrale court une inscription en persan, véritable cri de bonheur de souverains comblés, mais qui dut résonner comme l'écho amer d'une gloire fanée aux oreilles de Bahadur, vieillard octogénaire, à la veille de perdre le pouvoir : « S'il est un paradis sur terre, il se trouve ici. »

Hammam. À la suite du Diwan-i-Khas se trouvent les bains à l'intérieur desquels la lumière était filtrée à travers des lentilles de verre coloré : ils comptent parmi les plus beaux de la période moghole. Des trois salles qu'ils comportaient, celle qui était aménagée du côté du fleuve abritait une petite fontaine qui déversait de l'eau de rose.

Moti Masjid*. Face au hammam, la mosquée de la Perle est un bijou de marbre où se lit une influence italianisante, notamment dans les vantaux des portes. Elle ne manque pas de charme avec ses trois dômes en forme de poire, autrefois en cuivre doré, et ses minarets en miniature. Elle fut érigée par Aurangzeb, empereur pieux mais prudent qui craignait de se rendre quotidiennement à la Grande Mosquée pour y accomplir ses dévotions.

Hayat Baksh Bagh. Le passage entre le hammam et la mosquée donne accès à un jardin à la moghole, à la géométrie autrefois poétisée par de savantes combinaisons de fleurs couleur de safran, pourpres ou écarlates. Deux pavillons de marbre se font face. Entre les deux, un troisième édicule, en grès, fut ajouté par le dernier empereur, Bahadur Shah.

Shah Burj. Au fond du jardin, cette « tour impériale », saillant du rempart au-dessus du fleuve, abritait dans sa partie inférieure le mécanisme qui élevait l'eau amenée au palais par un aqueduc de 80 km de longueur. L'étage supérieur servait de belvédère à l'empereur et à la cour, qui suivaient les combats d'éléphants livrés sous les murs du fort Rouge. C'est là également qu'il tenait ses conversations les plus secrètes avec ses ministres.

Quitter le fort par le même chemin. En face, les imposants minarets de la Jama Masjid constituent un point de repère commode pour se diriger vers la vieille ville qu'ils dominent.

■ **MOSQUÉE JAMA MASJID***** *(plan I, C2)*. En plein cœur du bazar du vieux Delhi, cette immense mosquée (1650-1656) est la plus vaste de l'Inde. Érigée sur l'ordre de Shah Jahan, elle demanda six années et 5 000 ouvriers pour être achevée. Des galeries bordent une immense cour sur laquelle s'ouvre la salle de prière. Au-dessus, trois énormes dômes bulbeux en marbre blanc, côtelés de rainures noires, offrent un saisissant contraste avec le grès rouge, incrusté de marbre blanc, du reste de l'édifice.

■ **CHANDNI CHOWK**** *(plan I, C2)*. Cette longue rue rectiligne fut l'axe principal de la ville moghole. Elle traverse le grand bazar qui fut établi en 1648 par Jahanara Bégum, la fille préférée de Shah Jahan. Populeuse, vibrante, avec cette invraisemblable mêlée de voitures, de charrettes et de piétons, elle est restée la plus importante artère commerciale du vieux Delhi. Attention ! les bazars ferment le dimanche.

Digambara Jain Mandir *(Jain Temple, 10 h-17 h ; plan I, C2)*. À l'entrée de la rue, à l'angle de g., ce temple jaïn de la secte des digambara (« Ceux qui sont vêtus d'espace », c'est-à-dire nus) abrite un hospice qui recueille les oiseaux malades et infirmes. Déchaussé, on peut y entrer pour visiter à l'étage les salles où sont recueillis les oiseaux. Dans la cour stationne une amusante cyclo-ambulance pour volatiles blessés.

Entrer dans Chandni Chowk et continuer jusqu'à la troisième rue à g., Dariba Kalan, la « rue de la Perle-Incomparable », est depuis la création de la ville la rue des bijoutiers et des orfèvres.

▶ Juste avant Dariba Kalan, sur le côté dr. de Chandni Chowk, s'ouvre une ruelle qui conduit à un bel édifice, précédé de colonnes corinthiennes, qu'occupe aujourd'hui une banque : ce fut le **palais de la « bégum Sombre »** *(→ encadré p. suiv.)*. ◀

Temple sikh *(plan I, C2)*. On arrive au temple en laissant à dr. Dariban Kalan et en continuant dans Chandni Chowk. Il fut élevé à l'endroit où l'avant-dernier gourou de la secte, Tegh Bahadur, fut décapité en 1675 sur l'ordre d'Aurangzeb. À l'intérieur, des peintures décrivent la vie des maîtres spirituels du sikhisme.

Sunheri Masjid (Mosquée d'Or ; 1772). En poursuivant dans Chandni Chowk sur le même trottoir que le temple sikh, on arrive à cette mosquée qui doit son nom à ses dômes dorés. On prétend que c'est du balcon qui donne sur le bazar que Nadir Shah, le conquérant de la ville en 1739, contempla le massacre perpétré par ses soldats : plusieurs dizaines de milliers d'habitants périrent ainsi sous les coups des Persans.

Plus loin sur la dr., le **Town Hall** ou Municipal Corporation *(plan I, C2)* est un édifice de style colonial, érigé en 1886.

Fatehpuri Masjid *(plan I, C2)*. À l'extrémité de Chandni Chowk, dont elle ferme la perspective, cette mosquée fut bâtie en 1650 par Fatehpuri Bégum, l'une des épouses de Shah Jahan.

Khari Baoli. Cette rue pittoresque longe la face N. de la mosquée Fatehpuri. C'est le **marché aux épices** et aux fruits secs. (Parfums garantis.)

Gadodia Market. Ce bazar couvert commence à g. de la rue précédente (Khari Baoli). C'est le marché en gros des épices. L'animation y est à son comble le matin entre 10 h et midi, lorsque des centaines de porteurs se bousculent dans les allées étroites.

Gali Batasha. La prochaine rue à g. est celle des sucres, mais aussi des chutneys et des pickles ; les premiers sont acides et sucrés, les seconds, acides et piquants (les pickles de mangue sont parmi les plus relevés). Attention ! il n'est pas d'usage de goûter les produits exposés pour la vente. La rue se termine à l'emplacement de la porte de Lahore, aujourd'hui disparue. C'était l'une des 14 portes qui fermaient la ville de Shah Jahan.

Sur le même trottoir, quelques dizaines de mètres plus loin, la confiserie *Ghantewala* est la plus ancienne et l'une des plus fameuses de la ville. Elle date de 1790. Entre le temple et cet établissement, de l'autre côté de la rue, il y a une petite place autour d'une fontaine : c'est là que se trouvent les « nettoyeurs d'oreilles ».

2 New Delhi★★★

L'Inde indépendante a investi les palais victoriens, et l'exubérance des marchands indiens anime l'architecture un peu contrainte de Connaught Circus. Dans l'esprit de Lutyens, le Raj Path *(plan II, B/C1)* devait constituer l'axe central de la nouvelle capitale. De part et d'autre de cette artère allaient s'étendre deux quartiers conçus sur un plan triangulaire. Au N. celui des affaires, au S. celui de la culture. Seul le premier fut achevé selon les plans de son concepteur. Connaught Place en constitue la pointe supérieure. De là partent deux avenues : Sansad Marg (Parliament Street) et Kasturba Gandhi Marg (Curzon Rd) qui rejoignent Raj Path, le tout dessinant un triangle isocèle. Du quartier S., seul le Musée national rappelle les intentions premières de Lutyens.

Se déplacer. L'ensemble de cette promenade couvre des distances assez importantes qui imposent de recourir à un moyen de transport. Vous pourrez commencer à pied par la découverte de Connaught Circus et de ses environs, puis

La bégum Sombre

En 1765, l'aventurier alsacien Walter Reinhard épousait Farzana, une musulmane du Cachemire. Il avait tout d'abord servi les Français à Pondichéry, puis les nababs du Bengale contre les Anglais, avant de se ranger sous la bannière impériale des Moghols, dont il obtint un fief. De caractère taciturne, il fut surnommé « le Sombre » par les Européens, surnom que les Indiens traduisirent par le mot « Samru ». À la mort de son époux, la « bégum Sombre », prénommée Johanna depuis sa conversion au catholicisme, géra son héritage : des terres et une troupe fidèle commandée par de nombreux officiers européens. Jusqu'à sa mort (1836), elle donna de somptueuses réceptions dans son palais de Delhi. C'est là également qu'en 1857 le malheureux Bahadur Shah II fut le prisonnier des Anglais avant d'être exilé en Birmanie. Un récit retrace l'histoire de cette femme d'exception : *Roman de la bégum sombre,* de M. Larneuil, Albin Michel, 1981.

À ne pas manquer

L'architecture des

L'architecture islamique en Inde a d'abord été une architecture « improvisée », fondée sur la destruction systématique des temples des « infidèles idolâtres ». Les pierres ainsi récupérées (le symbole est clair) servirent à l'édification de mosquées, jusqu'alors construites en brique. Ce ne fut pas facile : les maçons locaux savaient construire en pierre – selon les règles strictes des prêtres-architectes – des temples qui n'étaient pas des lieux de prière en commun. Les mosquées obéissaient à d'autres normes.

De la maison du Prophète à la mosquée moghole

La mosquée a d'abord pour modèle la maison de Mahomet à Médine, dans laquelle les fidèles venaient prier avec le Prophète, qui refusa toujours qu'un lieu de prière fût un « sanctuaire » (*Masjid* signifie « où l'on se prosterne »). Devant la maison, une simple cour.

Mais, au long des siècles, le plan se compliqua. La maison du Prophète devint une salle de prière de plus en plus vaste. Une coupole remplaça le toit en terrasse abritant la niche du *mihrab* tournée vers la Mecque (donc, vers l'Occident, en Inde).

Lieu de réunion, la cour s'agrandit et devint bientôt si vaste que l'on ajouta deux coupoles aux côtés de la première. Un bassin fut creusé pour les ablutions. Un, deux, voire quatre minarets furent élevés. Le mur d'enceinte, percé de trois portes monumentales à ogives, se doubla d'arcades où furent installés administration et logements.

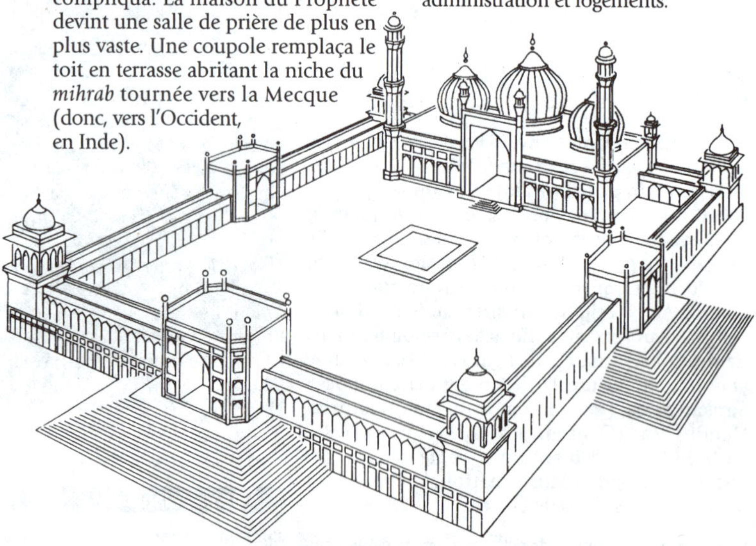

La Jama Masjid, à Delhi.
À la différence des tombeaux, dotés d'une seule coupole, les mosquées mogh°holes en possèdent trois.

mosquées mogholes

La mosquée moghole d'Agra est un autre exemple de cette architecture particulière. Les trois dômes qui surmontent la salle de prière de cette mosquée sont remplacés par trois *chhatri* à la légèreté aérienne.

L'ogive et la coupole

L'ogive est un élément symbolique important de l'art islamique (le seul que l'on trouve sur les tapis de prière). Les constructeurs hindous la réalisèrent grâce à leur technique du porte-à-faux. Ils édifièrent ainsi devant les salles de prière des portes monumentales à ogives. De même, à force de tâtonnements et d'ajustements, ils réussirent à construire des coupoles en utilisant leur technique d'encorbellement. Ils la maîtrisèrent si bien que la coupole devint caractéristique de l'art indo-musulman. Celui-ci allait pleinement s'épanouir après que Humayun eut amené des artistes de Perse en 1555.
La mode de la coupole fut telle qu'on en posa, sous la forme bâtarde de petits kiosques *(chhatri)*, sur les portiques d'entrée puis sur les murs eux-mêmes de tous les bâtiments.

La coupole : du dôme au bulbe. L'évolution de la coupole est significative de l'art moghol. À Delhi, par exemple, la coupole en marbre blanc du tombeau d'Humayun contraste avec la lourdeur des dômes hémisphériques en ciment des monuments Lodi. Par la suite, la coupole s'allégera encore en devenant bulbeuse, comme un bouton de lotus, atteignant le parfait équilibre avec le Taj Mahal. Mais cette forme bulbeuse s'accentuera à l'excès jusqu'à devenir baroque dans les coupoles de la mosquée d'Aurangzeb (Moti Masjid, 1699) ou du tombeau de Safdarjang, à Delhi.

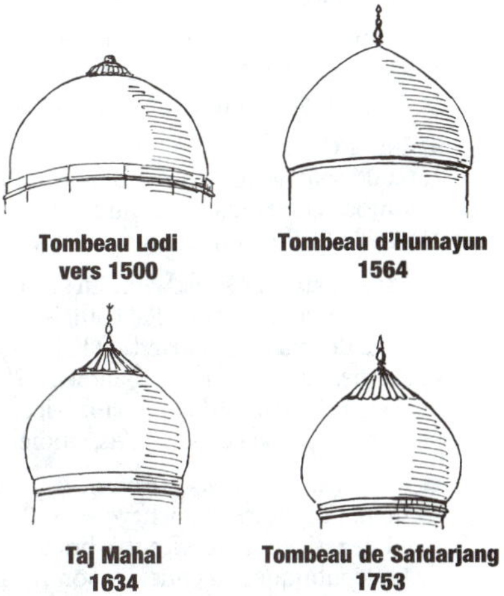

pousser vers le début de Jan Path pour flâner dans le marché tibétain. De là, vous prendrez un rickshaw pour gagner le Musée national. Vous croiserez en chemin les principaux édifices de la Nouvelle Delhi.

■ **Connaught Circus**★★ *(plan I, C3)*. Au point de rencontre de la ville ancienne et de la ville moderne, la place principale de la Nouvelle Delhi devait être, aux yeux de ses architectes, le centre des échanges de la capitale indienne. Il s'agit d'un double cercle concentrique avec un jardin au centre. Le cercle extérieur est appelé Connaught Circus, celui de l'intérieur, Connaught Place. Sur les façades intérieure et extérieure court une colonnade palladienne, qu'on dirait importée d'une station thermale britannique. Derrière les colonnes, une galerie marchande où les pâles Anglaises pouvaient flâner à l'abri du soleil. Aujourd'hui, les teints de lait ont disparu et le stuc des colonnes est depuis longtemps écaillé. Dans cette architecture trop sage, la foule indienne a déployé les mille ressources de sa fièvre commerçante. Investie par les marchands de quatre-saisons, les vendeurs de journaux et de livres, les maîtres joailliers et les boutiques de luxe, Connaught Place voisine désormais avec les hauts buildings de béton et de verre qui marquent l'entrée de l'Inde nouvelle dans le IIIe millénaire. Ce théâtre en rond de la vie publique doit son nom au duc de Connaught, oncle de George V, qui visita l'Empire en 1921.

Parmi les avenues qui rayonnent depuis Connaught Place, mentionnons **Baba Kharak Singh Marg** et ses *emporia* d'États, et **Barakhamba Rd** avec deux hauts lieux de la vie culturelle de Delhi : le Rabindra Bhavan et le Triveni Kala Sangam où sont données des représentations de théâtre ou de danse classique. **Kasturba Gandhi Marg** conduit directement à l'India Gate. **Jan Path** abrite, du côté dr. de l'avenue en se dirigeant vers Raj Path, le Tibetan Market, une suite de boutiques de souvenirs et d'artisanat.

Suivre Jan Path (plan I, C3) *vers le S. pour déboucher sur Raj Path.*

■ **Raj Path** *(plan II, B/C1)*. C'est là que se déroule chaque année, le 26 janv., une formidable parade commémorant l'établissement de la République indienne. L'avenue est close, à l'E., par **l'India Gate** et, à l'O., par le **Rashtrapati Bhavan**★, l'ancien palais des vice-rois des Indes. Deux bons kilomètres séparent les deux monuments.

Republic Day (le 26). Les festivités nationales s'ouvrent par un défilé militaire sur Raj Path (le 26) ; elles s'achèvent avec la cérémonie du Beating Retreat (le 29) où, après un défilé de chevaux et d'éléphants, un feu d'artifice est tiré.

■ **India Gate** *(plan II, C1)*. Cet arc de triomphe fut élevé à la mémoire des 100 000 soldats indiens tombés pendant la Première Guerre mondiale. Il abrite le tombeau du Soldat inconnu et constitue l'un des pôles du plan directeur de la Nouvelle-Delhi tel qu'il fut conçu par sir Edward Lutyens.

■ **Secrétariats et Parlement.** En se dirigeant vers Rashtrapati Bhavan, on aperçoit, de part et d'autre de Raj Path, les **Secrétariats** *(plan II, B1)*, deux immenses édifices dessinés par sir Herbert Baker, qui abritent les principaux ministères du gouvernement central, et le bâtiment circulaire du **Parlement** *(plan II, B1)*, inauguré en 1927 par lord Irwin, alors vice-roi des Indes, où siègent la Chambre des princes, le Conseil d'État et l'Assemblée législative.

■ **Rashtrapati Bhavan**★ *(plan II, B1)*. Élevé sur Raisina Hill, l'immense palais coiffé par un dôme fut achevé en 1929 sur des plans de sir Edward Lutyens. Il servit de résidence aux vice-rois britanniques, avant d'être destiné aux présidents de la République indienne. De somptueux jardins à la moghole *(ouv. fév.-mars)* entourent le palais.

■ Musée national***

Le Musée national *(plan II, C1)* est le plus riche musée de l'Inde par ses remarquables collections d'antiquités qui s'échelonnent depuis la fin de la préhistoire jusqu'à la fin du Moyen Âge. Il présente également une collection foisonnante et somptueuse de miniatures offrant un panorama complet des diverses écoles qui, au cours des siècles, ont fleuri dans le sous-continent.
Signalons également les Central Asian Antiquities, un extraordinaire ensemble d'offrandes funéraires, de fragments d'architecture et de peintures murales découverts dans des sites qui jalonnaient la route de la Soie, entre la Chine et l'Occident, au N. de l'Himalaya.

Visite. T.l.j. sf lun. 10 h-17 h ; accès payant. Les collections sont présentées sur trois niveaux dans des galeries ouvrant sur le patio octogonal autour duquel s'ordonne le bâtiment. Seul le premier niveau, entièrement consacré au monde indien, retiendra l'attention des visiteurs étrangers. Les deux niveaux supérieurs s'adressent plutôt à un public local. Une cafétéria climatisée est à la disposition des visiteurs au dernier niveau.

➤ Rez-de-chaussée

• Galerie de Harappa

La **civilisation de l'Indus** – dont Harappa, au Penjab, est un des trois sites majeurs, avec Mohenjo-Daro (dans le Sind pakistanais) et Lothal dans le Gujarat – s'épanouit entre le IIIe et le IIe millénaire avant notre ère. Elle a livré les vestiges de grandes villes (voir dans cette salle un dessin d'artiste de la ville de Lothal), comprenant maisons et entrepôts. Les hommes de l'Indus eurent l'heureuse idée de représenter dans la pierre, le bronze ou la terre cuite les éléments de leur vie quotidienne : les objets exposés ici ouvrent ainsi une fenêtre passionnante sur cette civilisation vieille de plus de 45 siècles.
Immédiatement à dr. en entrant, une vitrine abrite l'une des œuvres emblématiques de cette période : une petite figurine de bronze, la célèbre **danseuse de Mohenjo-Daro*****, fière et provocante, comme essoufflée par la danse qu'elle vient d'exécuter. En bronze également, vous verrez, vers le milieu de la salle, un **bœuf monté sur des roulettes***, jouet d'enfant ou statue de culte. Côte g. de la salle, les vitrines exposent une remarquable collection de terres cuites (IIIe millénaire), représentant souvent des animaux. La partie dr. de la salle est consacrée au site de **Harappa** : on y découvre une collection d'objets de mesure (plateaux de balance, poids), des

À ne pas manquer

Danseuse de Mohenjo-Daro* (galerie de Harappa)**

Boddhisattva gupta de Sarnath (galerie gupta)**

Parvati gupta du VIe s. (galerie gupta)**

Nataraja* de bronze, de l'époque des Cola (galerie des bronzes)**

Bouddha Maitreya kushana (galerie bouddhique)**

Collection de miniatures : portrait de Jahangir à la Vierge*, scène de chasse au lion*** et maharani à la chasse*** provenant de Kota**

jouets, des échiquiers... On verra également des **sceaux**, dont les plus anciens présentent des similitudes avec ceux de Sumer, témoins muets de relations entre l'Indus et la Mésopotamie (les inscriptions que portent certains n'ont pas encore été déchiffrées).

Au fond de la salle de Harappa, un passage donne accès à la salle suivante.

• Galerie maurya, shunga et shatavahana

Les œuvres de pierre de la dynastie des Maurya (320-285) se distinguent par la perfection de leur poli, illustrée par **deux têtes de grès rouge★★** (côté g. de la salle), provenant de Sarnath. Au centre de la salle, la dynastie des Shunga (v. 185 av. J.-C.-v. 70 de notre ère) est représentée par des fragments de la balustrade du stupa de Barhut, monument bouddhiste situé dans le Madhya Pradesh et probablement fondé par l'empereur Ashoka : **linteau sculpté★** d'une frise d'éléphants ainsi que deux piliers à médaillon. Sur le mur du fond, un médaillon sculpté sur une **dalle de grès rouge★** provenant de Mathura appartient à la même période : on y voit deux personnages juchés sur le dos d'un éléphant. À dr. de l'entrée de la salle, voir également des fragments sculptés de l'époque des Shatavahana (v. 128 av. notre ère-Ier s. apr.) ; ils proviennent du stupa d'Amaravati, la capitale de cette dynastie située dans l'État d'Andhra Pradesh.

• Galerie kushana

La dynastie des Kushana domina toute l'Inde du Nord du Ier au milieu du IIIe s. de notre ère. Originaires d'Asie centrale, ils importèrent en Inde l'art du Gandhara, appelé également gréco-bouddhique, où pour la première fois le Bouddha fut représenté sous des traits humains, sous l'influence des canons esthétiques hellénistiques. Mathura fut un grand centre artistique de cette période. Sur le mur de g. est exposée une série de bustes en stuc des IIe et IIIe s., caractéristiques de la période ; on verra notamment la figure d'une **homme barbu★**, comme un philosophe de l'Antiquité classique. Voir également un **Bouddha★★** de pierre noire de provenance inconnue ainsi que, à l'entrée de la salle, des reliefs représentants des scènes domestiques, des courtisans... (Mathura, IIe s.). Sur le mur de dr. sont exposées quelques œuvres appartenant à la dynastie contemporaine des Ikshavaku, qui régnèrent du IIe au IIIe s. dans l'actuel Andhra Pradesh (Inde du Sud) ; il s'agit de stèles provenant de Nagarjunakonda, grand centre bouddhique établi sur les rives de la rivière Krishna, ainsi que de scènes de la vie du Bouddha.

• Galerie gupta

Les œuvres de cette puissante dynastie, qui régna sur une grande partie du sous-continent du IVe au Ve s., sont exposées sur le mur à dr. du passage venant de la salle précédente, ainsi que dans une salle qui ouvre à l'extrémité de ce mur. Sur le mur, une longue vitrine expose une collection de terres cuites du IVe au VIe s., encadrée de deux statues de Ganga et de **Yamuna★** qui flanquaient l'entrée d'un sanctuaire. Dans la salle, contre le mur de g., voir une remarquable statue de **boddhisattva★★** provenant de Sarnath (Ve s.) et, contre le mur en face, **Parvati★★**, le pied appuyé sur le taureau Nandi et tenant son fils Skanda sur les genoux ; voir également une madone hindoue provenant du Madhya Pradesh (VIe s.), et au fond de la salle, un Vishnou du Ve s. (Mathura).

• Galerie du Moyen Âge *(suite de la première salle des Guptas et salle suivante dans le prolongement).*

Cette section présente un panorama des grandes dynasties médiévales de l'Inde : sur le mur de g., un linteau représentant les *navagraha,* appartient au règne des Pratihara et provient de Chittorgarh. Sur le même mur, voir également Shiva et Parvati, trouvé sur le site d'Aihole (Xe s.), en Inde du Sud. Le mur opposé expose quelques pièces issues des grandes dynasties d'Inde du Sud. Les Cola sont représentés par un *dvarapala* et une déesse Ganga, provenant d'Ellora (dynastie des Rashtrakuta, VIIIe s.). Dans la salle suivante, voir *(mur de dr.)* les délicieuses sculptures provenant de Khajuraho, typiques de la dynastie des Chandella (X^e^-XIe s), ainsi qu'une **déesse chasseresse**★ (XIIe s.) caractéristique de l'art très ouvragé des Hoysala (XIe-XIVe s. ; Inde du Sud).

• **Galerie des bronzes** *(à dr. de la première salle du Moyen Âge).*
Les plus belles pièces, coulées selon le procédé de la cire perdue, appartiennent à la dynastie des Cola (IXe-XIIIe s.) sous laquelle furent produits les plus beaux bronzes indiens : une belle collection de ces œuvres est exposée ici, parmi lesquelles on remarquera, sur le mur de g., un splendide **Nataraja**★★★ (XIIe s.). Dans le fond de la salle sont présentées des bronzes *pala* (Xe s.) provenant de Nalanda (Bihar).

• **Galerie bouddhique** *(à la suite de la seconde salle du Moyen Âge).*
Si le bouddhisme n'est plus pratiqué aujourd'hui en Inde que par une petite communauté de fidèles, le sous-continent fut sa terre natale, où il resta florissant jusqu'à la fin du Ier millénaire. Voir un beau **Bouddha Maitreya**★★ (IIe s.) de la dynastie des Kushana dans le style de l'art du Gandhara. Le bouddhisme s'est ensuite épanoui dans d'autres terres d'Asie, comme en témoignent des bronzes népalais (XVIIIe-XIXe s.), des peintures sur soie rapportées de Dunhuang (Xe s.), une oasis sur la route de la Soie (Chine) où l'archéologue anglais Aurel Stein fit, au début du XXe s., une formidable moisson d'œuvres d'art dissimulées jusque-là dans des grottes.

• **Les collections de miniatures**
Temps fort de la visite du Musée national, les collections de miniatures indiennes – qui se répartissent en cinq groupes majeurs : l'art moghol, le Deccan, l'Inde centrale, le Rajasthan et le groupe pahari, chacun d'entre eux ayant donné naissance à de nombreuses écoles – sont présentées en trois sections : les premières œuvres, des origines médiévales aux miniatures mogholes ; les écoles du Deccan et du centre de l'Inde ; les écoles rajasthani et pahari. L'importante collection que détient le musée (plus de 17 000 pièces), permet un renouvellement régulier de l'accrochage des œuvres.

Les premières œuvres. Les plus anciennes miniatures, appartenant à la dynastie des Pala (XIe s., Inde du Sud), furent réalisées sur feuilles de palmiers. Elles voisinent ici avec des peintures religieuses jaïns du XVe s. L'arrivée des Moghols entraîna une véritable révolution dans l'art de la miniature indienne : l'influence persane devient prépondérante et de nouveaux thèmes iconographiques sont introduits. On verra dans cette salle de véritables chefs-d'œuvre de cette école moghole, avec notamment une **Nativité du Christ**★★★ (XVIIIe s.), une **Nativité de la Vierge**★★★ de même époque, ou encore un **portrait de l'empereur Jahangir**★★★ (XVIIIe s.) tenant une image de la Vierge ; ces représentations de thèmes chrétiens sont loin d'être rares dans l'art des Moghols, fidèles à la tradition musulmane qui considère le Christ comme un prophète. Une des plus anciennes miniatures connues est un **portrait d'Akbar**, exécuté en 1590 *(côté g. de la salle).*

Les écoles du Deccan et de l'Inde centrale. Les écoles du Deccan fleurirent dans les sultanats musulmans qui, à la fin du XVe s., se partageaient cette région étendue. Elles reçurent la double influence de l'art persan et du royaume hindou de Vijayanagar et s'épanouirent sous le patronage de souverains épris d'art, jusqu'à la conquête progressive du Deccan par les Moghols tout au long du XVIIe s. Négligeant les scènes de cour, en vogue à Delhi, les artistes du Deccan privilégièrent les thèmes amoureux ou poétiques, comme l'illustration des *ragini*

Le grand atelier des Moghols

La conquête du N.-O. de l'Inde en 1526 par Babur, profondément marqué par la civilisation persane, se traduisit dans l'art de la miniature par l'apparition d'un nouveau style sous les règnes de ses successeurs, Humayun et Akbar (1556-1605). On assista alors à la fusion des conceptions esthétiques des miniaturistes persans et des traditions picturales locales, telles qu'elles furent développées sous les derniers sultans de Delhi. Selon Abu al-Fadl, historien à la cour d'Akbar, il existait un atelier de peintres créé à l'initiative de l'empereur, où des artistes persans et indiens travaillaient de concert. Ils illustrèrent plusieurs ouvrages de la littérature épique persane et indienne, ainsi que l'*Akbar Nama,* histoire des hauts faits du souverain. Cette école produisit également de nombreux portraits d'Akbar, des princes et des courtisans dans un style d'une noble beauté. Des artistes formés dans les ateliers impériaux émigrèrent dans les États des princes rajpoutes du Rajasthan, du Gujarat et du Malwa, et contribuèrent à la diffusion de ce nouveau langage pictural dont le réalisme est atténué par la tradition indienne.

Sous le règne de Jahangir (1605-1628), l'école moghole délaissa les sujets de la littérature épique. Elle se consacra à la description de la vie de l'empereur et traduisit son engouement pour la nature, en évoluant vers le romantisme dans le traitement des paysages et dans les reproductions de délicates scènes d'amour. L'art de la miniature atteignit son apogée sous l'empereur Shah Jahan (1628-1658). Servis par une technique très élaborée, les miniaturistes s'attachèrent à reproduire le faste de la cour et exécutèrent des portraits des grands personnages de l'empire.

empruntés à la tradition hindoue, les portraits des nobles. Si la rigueur persane reste présente, elle est fortement contrebalancée par un foisonnement des couleurs et des motifs décoratifs, typique de la luxuriance de l'art indien.

Les plus anciennes miniatures proviennent du sultanat d'Ahmadnagar (Maharashtra), royaume fondé en 1494 et enlevé par Akbar en 1599 : on en verra un **portrait de Malik Amber l'Abyssin**★★ (1546-1626), général du dernier sultan d'Ahmadnagar, où brillent encore les derniers feux de cette école, florissante quelques années après la prise de la ville par Akbar. Les sultans de Bijapur (XVIe-XVIIe s.) favorisèrent l'épanouissement d'une école de peinture qui fut une des gloires de leur règne : une illustration des *ragini*★★ (1590) exprime magnifiquement cette rencontre entre la Perse et l'Inde. Golconde, prise par Aurangzeb à la fin du XVIIe s., fut la dernière de ces écoles du Deccan ; elle se caractérise par une palette aux couleurs vives et l'emploi généreux de l'or – voir des *ragini* exécutées au XVIIe s. Les royaumes hindous d'Inde centrale, Malwa, Orchha, Datia, également représentés dans cette salle, possédèrent chacun leur école de peinture, privilégiant les représentations des grands thèmes mythologiques hindous, exécutés dans des tons vifs.

Les écoles du Rajasthan *(section suivante)*. On désigne sous ce nom les différentes écoles qui fleurirent dans les nombreux royaumes qui se partageaient le Rajasthan du XVIe au XVIIIe s. : écoles du Mewar (avec Deogarh ou Shahpura), de Bikaner, de Jaipur, de Jodhpur ou encore celles de Kota et Bundi qui ont sans doute livré les œuvres les plus gracieuses et les plus élégantes. Sous l'influence grandissante du vishnouisme, auquel adhéraient de nombreux princes rajpoutes, et du développement de la doctrine de la *bhakti* (l'amour divin), la geste de Krishna fournit un thème privilégié aux peintres : Krishna et les *gopi*, Krishna enfant, Krishna protégeant du déluge les paysans... La palette des artistes du Rajasthan est riche et vive, particulièrement dans les écoles du Mewar où subsiste, dans des traits parfois imparfaits, l'influence de la peinture populaire. On y relève un goût pour les représentations de la nature (flore et faune), non dans un souci minutieux de réalisme comme dans les miniatures mogholes, mais dans une explosion de couleurs et de formes, comme un paysage indien après la mousson. Les tons s'adoucissent dans les écoles de Jaipur, Bikaner (où travaillèrent de nombreux artistes musulmans venus de la cour de Delhi) ou encore de Kota et Bundi. Ces dernières se firent une spécialité des représentations féminines d'une grâce infinie. Un décor architectural – jardins suspendus, pavillons ornés de *chhatri* – sert souvent d'arrière-plan pour donner de la profondeur à la scène. Les écoles de Kota et Bundi sont ici les mieux représentées : on verra notamment une splendide **chasse au lion★★★** ainsi qu'une **maharani à la chasse★★★** provenant de Kota, toutes deux du XVIIIe s. De l'école de Jaipur, voir également un **portrait de Jai Singh II★★** (1699-1743) et une illustration de l'**histoire de Dhola et Maru★**, une des grandes épopées populaires du Rajasthan.

Les écoles pahari *(même salle)*. Ces écoles montagnardes, apparentées à l'art du Rajasthan, s'épanouirent dans les petits États rajpoutes des contreforts de l'Himalaya. Elles connnurent leur âge d'or au XVIIIe s., lorsque les ateliers furent irrigués par l'arrivée d'artistes musulmans fuyant Delhi, saccagée par le Perse Nadir Shah en 1739. Bahsoli et Kangra furent les plus célèbres de ces écoles, marquées par l'influence moghole et celle des peintres du Cachemire. Ce sont peut-être les œuvres les plus poétiques de la miniature indienne, avec un goût romantique prononcé dans le traitement des amours de Krishna et Radha, un des thèmes ici récurrents.

• **Les Arts décoratifs.**

Deux salles présentent la richesse et la diversité de l'artisanat indien du XVIIIe au XXe s. : verre, bois, marbre, métal, ivoires...

• **Les bijoux.**

Gardée par une porte blindée, cette salle offre une débauche de diamants, rubis, émeraude, ors, perles, qui traduit le goût du monde indien pour l'ornementation, depuis la civilisation de l'Indus jusqu'à nos jours.

➤ Premier étage

On s'attachera surtout à la collection provenant d'Asie centrale, rapportée par Aurel Stein entre 1900 et 1916 au cours de trois expéditions dans le Turkestan chinois. Grande collection de peintures sur soie illustrant des thèmes bouddhiques réalisées aux VIIe et VIIIe s. Voir également un cavalier en stuc peint (Xe s.), emblématique de la route de la Soie et de ses oasis, où furent découvertes ces merveilles ramenées dans la capitale des Indes par l'explorateur britannique. Cet étage présente également une collection numismatique d'un moindre intérêt.

➤ Second étage

Ce niveau rend compte, à destination du public indien, des grandes civilisations étrangères : Sumer, Égypte, monde précolombien. Une section est également consacrée aux cultures tribales de l'Inde.

■ **Crafts Museum**** *(plan II, D1 ; ouv. t.l.j. sf lun. 10 h-17 h).* Le musée de l'Artisanat est l'une des plus séduisantes vitrines de l'artisanat indien, si fécond et original, quel que soit le matériau travaillé (cuivre, laiton, argile ou fibres textiles). Quelques pièces anciennes permettent de situer l'évolution de cette activité que Gandhi encouragea en prônant son maintien et son développement dans les milieux ruraux mais aussi de constater la disparition de certaines techniques. Les collections sont présentées sous la forme d'expositions temporaires. D'octobre à juin, visitez le « village d'artisans » annexé au musée, dans le parc des expositions de la foire adjacente. Pendant deux mois, on peut y voir à l'œuvre une vingtaine de spécialistes, invités par la direction du musée. Ces artisans sont certainement parmi les plus expérimentés, les plus respectueux des traditions et les plus inventifs que l'on puisse trouver en Inde. Vous pourrez leur acheter directement les objets fabriqués dans le « village ».

Face au Crafts Museum s'élève une impressionnante citadelle, dite le Vieux Fort (Purana Qila* *plan II, D1*). Elle fut fondée par Humayun, mais achevée par l'Afghan Sher Shah. À l'intérieur, la Qila-i-Kohna Masjid** fut élevée en 1541 par Sher Shah dans le style noble mais sobre qui caractérise les réalisations de cet aventurier. Le Purana Qila sert de cadre à un spectacle son et lumière retraçant l'histoire de Delhi à travers les siècles. Deux représentations en anglais chaque soir : rens. sur les horaires à l'office du tourisme.

3 Le sud de la ville***

Cette partie de la ville, le long de la Yamuna que l'on devine plutôt qu'on ne la voit, est faite de larges avenues sans grand charme, qui permettent néanmoins de se déplacer rapidement d'un site à l'autre.

Durée. Cet itinéraire qui totalise une quarantaine de kilomètres (aller-retour) exige une demi-journée. Cette longue distance impose de louer les services d'un taxi (et non un rickshaw, trop inconfortable pour un tel trajet).

Prendre Mathura Rd et la suivre jusqu'au rond-point d'où part, à g., la route d'accès au tombeau d'Humayun.

■ **Tombeau d'Humayun***** *(plan II, D2 ; ouv. t.l.j. du lever au coucher du soleil).* Saisis par la splendeur de leur conquête, les nouveaux maîtres de l'Inde voulurent édifier un tombeau à nul autre pareil : pour la première fois l'on choisit de poser l'édifice sur un socle, comme pour l'offrir à l'admiration des regards. Tout autour, un jardin, semé de fleurs disposées en massifs géométriques entre lesquels chantaient des ruisseaux, venait souligner la perfection des volumes. Et pour tout musulman qui pénétrait dans cet enclos de grâce et de sérénité, point de doute : il voyait la préfiguration du paradis, des jardins d'Allah, au centre desquels reposait une âme en paix, sous la gracieuse coupole de pierre.

Le tombeau d'Humayun fut le prototype des tombeaux moghols et servit probablement de modèle au célébrissime Taj Mahal. Humayun, mort en 1556, fut le premier des Moghols à être enterré en Inde (la dépouille de son père, Babur, fut ramenée à Kaboul, sa ville de prédilection).

De son exil persan Humayun avait ramené des soldats mais aussi des artistes et des architectes. Sa veuve s'adressa à l'un d'eux pour édifier le mausolée de l'empereur défunt à partir de 1565. C'est l'une des premières fois en Inde que furent mis en œuvre les procédés de construction chers à la Perse et à l'Asie centrale timouride, comme la double coupole, technique élaborée en Perse depuis le XIIIe s. et promise à un long avenir en Inde. De même, le choix d'ériger un tombeau au milieu d'un jardin selon le goût persan inaugurait en quelque sorte la manière dite moghole, selon laquelle la construction du mausolée et des jardins participe d'un même projet d'ensemble.

Du parc de stationnement situé au N. du tombeau, un chemin conduit à l'entrée du site où sont délivrés les billets. Outre le tombeau du second des empereurs moghols, le complexe comprend d'autres édifices que vous découvrirez de part et d'autre du chemin qui conduit au tombeau principal.

Mausolée d'Isa Khan *(accès à dr. après le guichet).*
Ce tombeau monumental fut construit une vingtaine d'années avant celui d'Humayun pour abriter la dépouille d'Isa Khan, un des fidèles de Sher Shah, un général de Babur qui en 1540 détrôna Humayun et régna à Delhi durant cinq années. Son tombeau à Sasaram est une merveille de l'art indo-musulman. Celui d'Isa Khan, où se révèlent également des influences de l'art hindou, est un édifice octogonal entouré d'un muret haut de 120 cm. Côté O., un oratoire lui est adjoint.

Arab-ki-Sarai *(plus loin en direction du tombeau d'Humayun, toujours du côté dr.).*
Des balcons en encorbellement à la manière hindoue ornent le mur de ce vaste complexe, largement ruiné, où demeuraient, dit-on, les ouvriers venus de Perse employés à la construction du mausolée de l'empereur.

Tombeau d'Humayun.
Le mausolée se dresse au centre d'une vaste plateforme dont la base est percée de chambres abritant les tombes des membres de la famille impériale. Un dôme de marbre blanc entouré de kiosques coiffe la chambre centrale, de plan octogonal, où se trouve le cénotaphe de l'empereur. Son plafond forme une coupole contenue dans le tambour du dôme extérieur : c'est le principe de la double coupole. Quatre énormes tours à pans coupés sont accolées à l'octogone de manière à encadrer les quatre porches monumentaux *(iwans)* qui débouchent sur la chambre sépulcrale. Porches et tours sont ornés d'arcatures aveugles de profondeurs diverses. Les ombres produites, plus ou moins denses, rythment les façades où la lumière met en valeur bandeaux, panneaux et tympans décorés d'incrustations de marbre blanc et noir.

Donnant dans la chambre principale, des salles annexes abritent les cénotaphes de plusieurs membres de la dynastie, notamment l'épouse de l'empereur Humayun, Dara Shikoh, fils aîné de Shah

Face au tombeau d'Humayun, au milieu d'un rond-point se dresse un pavillon octogonal : Sabz Burj, la « tour Verte », construite vers 1530. Mausolée d'un noble moghol inconnu, c'est le plus ancien exemple en Inde du principe de la double coupole. À proximité s'élève le tombeau du poète Ghalib (1796-1869), favori du dernier Moghol, Bahadur Shah II, qui lui-même se piquait de poésie.

À ne pas manquer

Nizam-Ud-Din***	368
Qutb Minar***	369
Tombeau d'Humayun***	365

Renaissance d'un jardin moghol

Grâce au soutien financier de l'Aga Khan Trust, les jardins du tombeau d'Humayun ont retrouvé une partie de leur splendeur passée. Entre 2000 et 2003, pour remettre en état les 3 km de canalisations souterraines alimentant fontaines et bassins, plus de 12 000 m^3 de terre accumulée par les siècles ont été retirés, et les promenades dallées de quartzite provenant de carrières des environs de Delhi. Des milliers d'arbres et de fleurs ont été replantés : manguiers, lilas des Indes, citronniers et orangers, grenadiers, hibiscus... Même si les travaux de restauration se poursuivent dans de nombreux édifices du complexe, le jardin offre déjà un magnifique spectacle. Derrière le haut mur qui le protège des regards, mais aussi des brûlants vents de sable, l'eau circule de nouveau sur les échelles de marbre, ou *chadar*, que l'on trouve de place en place dans tous les jardins moghols.

Dara Shikoh, fils aîné et préféré de Shah Jahan (1615-1659), fut décapité dans le fort Rouge de Delhi, par son frère l'intransigeant Aurangzeb. L'histoire a conservé du prince Dara l'image d'un mystique et d'un lettré, qui fit traduire en persan les grands textes religieux de l'Inde, les *Upanishads* et la *Baghavad Gita*. Il composa lui-même des poésies où il prôna le rapprochement des religions hindoue et musulmane.

Jahan, assassiné par son propre frère Aurangzeb, ou Jahandar Shah, qui ne régna que quelques mois avant de périr sous les coups des conspirateurs.

■ **Dargah de Nizam-ud-Din★★★** *(plan II, D2)*. Ce complexe religieux apparaît comme une survivance d'un monde médiéval, empreint de poésie et de ferveur, au beau milieu de la Delhi moderne. Du flanc S. du tombeau d'Humayun, une allée toujours plus étroite et bordée d'échoppes d'articles pieux – on y trouvera également des cassettes de *qawwali* – conduit à l'entrée du complexe où il faudra se déchausser et entrer la tête couverte (des petites calottes sont vendues aux visiteurs pour quelques roupies). Sous un mausolée de marbre aux belles ouvertures ajourées, le Dargah, repose Nizam-ud-Din Aulia, un maître soufi qui mourut au XIVe s. et dont l'enseignement influença sultans et Grands Moghols. Autour de lui, dans le rayonnement de sa sainteté, sont enterrés d'autres personnages illustres : le poète Amir Khusrau, son contemporain, un fils d'Akbar et une fille de Shah Jahan. Plus que l'architecture de ses

Avr.-mai : Urs Festival. Durant toute une nuit, chanteurs et musiciens célèbrent la mémoire du saint qu'ils vénèrent à Nizam-ud-Din (la même fête se déroule en nov.-déc.).

Le Qutb Minar.

Une colonne porte-bonheur

Dans la cour de la mosquée se dresse une colonne de fer, haute de 7,20 m pour un diamètre de 0,93 m à la base. Elle date probablement de l'époque gupta (IVe s.), mais ne porte aucune trace de rouille malgré son grand âge. Une inscription en sanskrit précise qu'elle fut consacrée à Vishnou. Mais pour les habitants de Delhi, son intérêt aujourd'hui n'est pas archéologique : pour s'attirer la chance, il faut, adossé à la colonne, pouvoir joindre les mains dans son dos autour de celle-ci. Protection du patrimoine oblige, les services des antiquités ont privé les visiteurs de la possibilité de s'attirer la chance, en entourant la colonne d'une balustrade de métal.

tombeaux, c'est l'animation incessante autour du lieu saint qui en fait tout le charme. Tout au long du jour, chanteurs et musiciens égrènent sans relâche de lancinantes mélopées, les *qawwali* ou chants d'amour en urdu ou en arabe, en s'accompagnant de leur *rebab* (sorte de violon), de tambourins, ou plus prosaïquement d'un harmonium, seule concession à la modernité. Lors de l'anniversaire de la mort du saint (Urs Festival), ces chants durent toute la nuit, accompagnés de la déclamation de poèmes, devant une foule frissonnante de ferveur contenue.

■ **Complexe du Qutb Minar***** *(ouv. du lever au coucher du soleil ; env. 1 h de vis. ; entrée payante)*. Sitôt prise l'ancienne capitale hindoue de Lal Kot, les musulmans entreprirent d'édifier, avec les matériaux trouvés sur place, une ville à leur usage et, en tout premier lieu, une mosquée. Et pour symbole du nouveau pouvoir, une tour monumentale : ce fut le Qutb Minar. Depuis huit siècles, cette élégante construction se lance à l'assaut du ciel et constitue, avec l'agréable parc qui l'entoure, une des excursions préférées des habitants de la ville qui viennent en nombre y pique-niquer.

Ce monument fut élevé dès l'arrivée des musulmans comme un symbole de victoire qui devait également servir de minaret à la mosquée adjacente. C'est Qutb-ud-Din (le « Pôle de la Foi ») qui ordonna sa construction dès 1199 et donna son nom à l'édifice. À sa mort, en 1211, seul le premier étage était achevé. Ce fut Iltutmish, son gendre et successeur, qui le compléta, avec quatre étages, tous bâtis d'un même élan. L'ensemble s'élève à 72,55 m avec un diamètre de base de 14,40 m. Par sa conception, il doit tout à l'architecture musulmane (il rappelle les constructions de même type que l'on trouve en Afghanistan d'où venaient les nouveaux conquérants) ; mais ce sont des mains hindoues, rompues depuis des siècles au travail de la pierre, qui accomplirent la tâche. Un séisme, sous le règne de Firuz Shah Tughluq, secoua le minaret qui perdit son étage supérieur. Le sultan le fit reconstruire en 1368, mais en le dédoublant, tandis que Sikandar Lodi fit effectuer une restauration en 1503. Chaque étage est délimité par un balcon supporté par des encorbellements de stalactites. Sur chacun des trois premiers, bâtis en grès rouge et cannelés, sont reproduites des sourates du Coran, dans des bandeaux d'arabesques fleuries. Les deux autres étages sont en marbre avec des anneaux de grès rouge. L'accès à la plate-forme supérieure est interdit au public.

Avant d'atteindre le pied du célèbre minaret, il faudra traverser une vaste esplanade entourée de vestiges de constructions assez délabrées ; il s'agit des restes d'un collège construit par Ala-ud-Din Khalji au XIVe s. Cette institution abritait également son tombeau ; on peut le voir dans une aile donnant sur la cour centrale, du côté opposé à l'entrée des visiteurs.

Ala-i-Darwaza**. Presque au pied du minaret, à l'opposé des ruines de la mosquée, ce magnifique portail fut bâti par Ala-ud-Din Khalji, en 1311, pour servir d'entrée monumentale à la mosquée Quwwat-ul-Islam, au S. Par son architecture, notamment celle de sa coupole qui repose sur quatre pendentifs, ce portail rappelle les monuments seldjoukides de Perse et de Turquie. À l'intérieur et à l'extérieur, il est décoré de bandeaux d'inscriptions, d'arabesques et de panneaux à thèmes géométriques d'une grande délicatesse, avec emploi de marbres blanc et noir, veinés, et de schiste bleu pour rehausser la tonalité dominante du grès, rouge et jaune.

Quwwat-ul-Islam Masjid*. Cette mosquée *(de l'autre côté du Qutb Minar, à l'opposé de l'Ala-i-Darwaza)*, dite de la « Puissance de l'islam », est la plus ancienne qui ait subsisté en Inde. Elle fut érigée à partir de 1193, sur l'emplacement d'un temple hindou, immédiatement après la prise de Lal Kot par Qutb-ud-Din. Les matériaux provenaient d'une vingtaine de sanctuaires brahmaniques et jaïns de la région. Cette origine est la plus manifeste dans les piliers, d'une extrême fantaisie et richement décorés de sculptures, qui furent revêtus de plâtre et de stuc par les bâtisseurs musulmans. On peut encore repérer en de nombreux endroits des figures animées ou de gracieux corps de danseuses (leurs visages ont néanmoins été martelés) qui échappèrent à la fureur iconoclaste des musulmans. Iltutmish agrandit la salle de prière et ajouta une aile hypostyle au S., de manière à englober le minaret.

Tombeau d'Iltutmish* *(derrière la mosquée, du côté opposé au Qutb Minar).* Aujourd'hui dépourvu de dôme, il possède à l'intérieur des motifs géométriques issus de la tradition islamique, mais aussi des éléments décoratifs typiquement hindous. Le sultan Iltutmish se fit bâtir son tombeau en 1235.

Ala-i-Minar *(à l'extérieur du périmètre de la mosquée, à l'opposé du Qutb Minar).* Le sultan Ala-ud-Din voulut surpasser Qutb-ud-Din et son minaret en faisant bâtir une tour de Victoire deux fois plus haute. Cette œuvre mégalomane dut être abandonnée alors que le premier étage n'était même pas encore achevé. Mais, tel qu'il est, cet ouvrage avorté est assez impressionnant, puisqu'il s'élève à une vingtaine de mètres de hauteur, pour un diamètre qui est le double de celui du Qutb Minar.

Fatehpur Sikri★★★

Depuis la plaine ocre et poudreuse, on aperçoit de loin un feston de pavillons, de tourelles et de murs rouges qui court sur une éminence : c'est Fatehpur Sikri, l'éphémère capitale d'Akbar. On peut certes y voir la coûteuse fantaisie d'un empereur tout-puissant. C'est peut-être oublier qu'Akbar fut un esprit curieux et universel, bien qu'illettré, dit-on, qui aimait à entendre débattre des philosophes hindous, musulmans, bouddhistes, jaïns, zoroastriens et même chrétiens, en la personne de jésuites portugais. Fort de ces connaissances, il voulut par la suite réunir tous ses sujets autour d'une foi commune centrée sur sa personne et réalisant la synthèse de toutes les religions de son empire. Fatehpur Sikri est la traduction dans la pierre de cette tentative qui ne lui survécut pas. Et s'il y eut fantaisie, c'est celle d'un maître absolu, libre de choisir à sa guise de placer ici un pavillon musulman, là une frise bouddhique, ailleurs un rinceau chrétien. Cette joie manifeste et quasi enfantine se lit toujours dans l'exubérance de l'architecture qui anime encore cette cité pourtant abandonnée depuis quatre siècles.

Agra, 37 km ; Bharatpur, 23 km ; Jaipur, 196 km.
Alt. 230 m ; 29 000 hab.

Indicatif ☎ 0562.

HÉBERGEMENT :
L'offre est sommaire : un modeste *rest house* tout près de l'entrée du site ; pour davantage de choix, voir dans la ville voisine d'Agra, ou à Bharatpur pour un hôtel de charme.

Attention, les monuments de Fatehpur Sikri dépendant de l'Archeological Survey of India ont vu leurs tarifs d'accès augmenter de manière considérable (entre 10 et 20 $, payables en Rs !).

Fatehpur Sikri mode d'emploi

Combien de temps. Comptez un minimum de trois heures de visite.

Accès. Prévoir une heure de route depuis Agra en raison des encombrements à la sortie de la ville. Services réguliers de bus depuis Agra.

Visite. Du lever au coucher du soleil, deux entrées donnent accès au site : par le Diwan-i-Am et par le palais de Jodh Bai. Venant de la route d'Agra, on aborde le site par la première. Vous pourrez demander à votre chauffeur de vous déposer là et de vous reprendre devant l'autre entrée, près de la Jama Masjid par laquelle se termine la visite. Autour du site, d'innombrables vendeurs proposent eau minérale et boissons gazeuses.

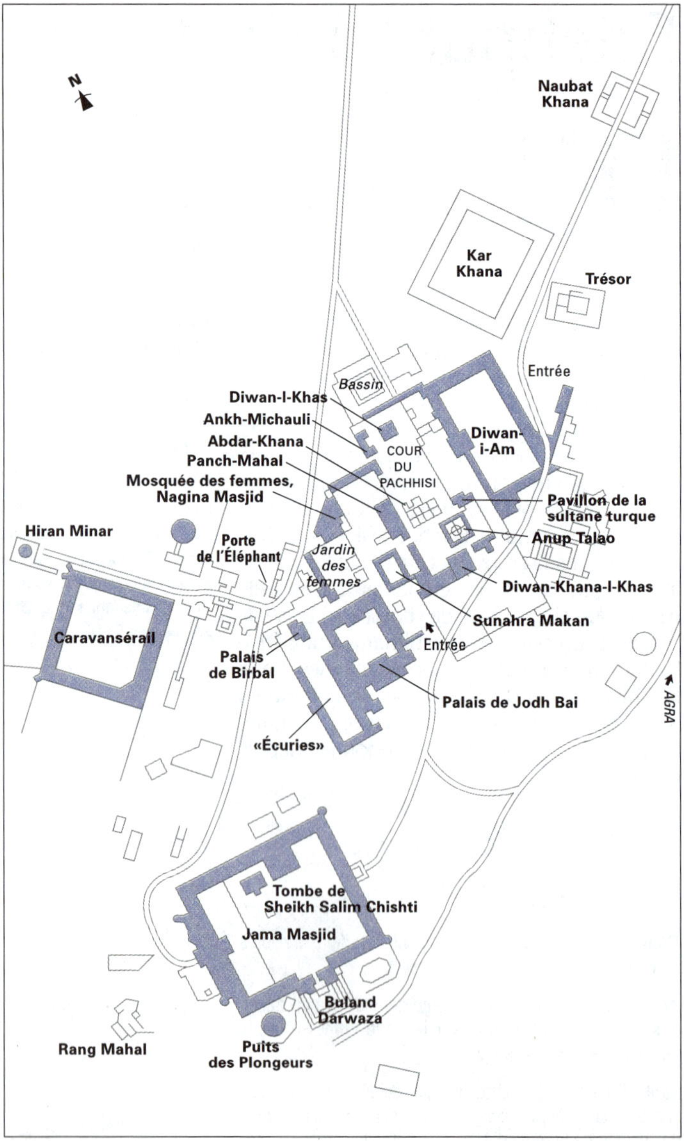

Fatehpur Sikri.

Fatehpur Sikri dans l'histoire

L'empereur et l'ascète

Cette place forte naturelle fut occupée au XVe s. par une colonie d'Afghans. Sous le règne d'Akbar, un saint homme, Sheikh Salim Chishti (1480-1572), appartenant à la lignée des soufis fondée par Khaja-ud-Din au XIIIe s. à Ajmer, y avait élu domicile, après avoir voyagé dans l'ensemble du monde musulman, jusqu'en Syrie et à La Mecque. La réputation de sainteté du sage musulman arriva jusqu'à Akbar qui vint le consulter, tourmenté par son manque de descendance mâle. Sheikh Salim lui prédit qu'il lui naîtrait trois fils. Le premier, le prince Salim, le futur Jahangir, naquit effectivement l'année suivante.

La ville de la Victoire

Sheikh Salim avait demandé à Akbar de construire une ville à l'emplacement de son ermitage. Pour complaire au saint homme, les travaux furent promptement menés et supervisés par Akbar en personne. Le 4 juillet 1572, il quitta Sikri pour aller conquérir Ahmedabad et le Gujarat. À son retour, en juin 1573, il baptisa sa création Fatehpur, « la ville de la Victoire », et y installa sa cour. Il l'abandonna en 1585 pour mener une campagne contre les tribus afghanes et prit Lahore pour capitale afin de mieux diriger les opérations militaires. Fatehpur cessa alors d'être le siège de la cour des Grands Moghols, à l'exception d'un bref séjour de trois mois de Jahangir, en 1619, parce que la peste faisait rage à Agra.

1 L'enceinte

La ville, planifiée pour être le centre administratif de l'empire, occupe sur un plateau rocheux une aire rectangulaire de 3,5 km de long sur 1,5 km de large, en partie protégée par un mur d'enceinte crénelé de 6 km de périmètre, percé de neuf portes.

Peu après avoir laissé à dr. la route de Bharatpur, vous franchirez la porte d'Agra la mieux conservée, ***Agra Darwaza.***

■ **Agra Darwaza** s'ouvre entre deux puissantes tours ; à dr., contre le rempart, ruines d'un caravansérail. Plus haut, sur la pente de l'arête rocheuse, un pavillon de grès rouge était la résidence de Tansen, célèbre chanteur et musicien qui enchantait la cour d'Akbar.

Traversez ensuite une enceinte dite Naubat Khana (le bâtiment de la Musique), où se tenaient les musiciens qui saluaient l'arrivée de l'empereur lorsqu'il gagnait son palais. Env. 100 m plus loin s'élève à dr. un énorme bâtiment ruiné, le Kar Khana, les ateliers impériaux ; sans doute y avait-il à cet endroit un atelier pour la frappe des monnaies (on battit monnaie à Fatehpur de 1575 à 1581). En face, un bâtiment est appelé Khazana ou « Trésor » (ce fut peut-être la demeure du surintendant des écuries impériales).

Peu après, vous arriverez à une esplanade à l'entrée de la zone des palais, où vous laisserez votre voiture pour continuer à pied.

2 Les palais★★★

■ **Diwan-i-Am.** Passé le guichet, vous entrerez dans cette vaste cour aujourd'hui plantée de gazon, qui servait aux audiences publiques. Elle est entourée de portiques interrompus, du côté face à l'entrée, par la loge surélevée (Diwan Khana-i-Am) où l'empereur, entouré de ses ministres et de ses officiers, prenait

Fatehpur Sikri

place chaque matin, 3 h après le lever du soleil, pour rendre la justice. Cette loge communique directement avec le palais d'État, un vaste ensemble de bâtiments et de cours ; l'étiquette exigeait que les courtisans déposent un baiser sur son seuil en y entrant, même en l'absence de l'empereur.

À dr. de la loge impériale, un passage (présenter le billet d'entrée) donne accès à la cour principale des palais.

■ **Diwan-i-Khas★★**. Face à l'entrée, la salle des audiences privées présente une disposition unique en Inde : un pilier central supporte un extraordinaire chapiteau formé de trois séries rayonnantes de consoles à clefs pendantes, superposées, qui sont surmontées d'un balcon circulaire, accessible par quatre passerelles aux balustrades de pierre ajourée partant de chacun des quatre angles de l'édifice. Au cours des audiences, le souverain se tenait sur la plate-forme centrale, ses ministres aux quatre coins.

■ **Ankh Michauli★**. Au-delà du Diwan-i-Khas, ce bâtiment dit des « Yeux fermés », où l'empereur aurait, selon la tradition populaire, joué à colin-maillard avec les dames de son harem, était peut-être, en réalité, l'un des trois trésors cités par le grand vizir et historiographe Abu al-Fadl : un pour les bijoux, un deuxième pour l'or et l'argent et un troisième pour les lingots de cuivre. Dans la salle centrale, vous remarquerez les bêtes fantastiques, gueule béante, sculptées sur les contre-fiches reliant obliquement les corbeaux, encastrés dans les murs, et les traverses de pierre du plafond. Dans les murs, des niches pouvaient être transformées en coffres fermés par des dalles de pierre coulissantes.

■ **Kiosque de l'Astrologue★★**. À l'angle du bâtiment précédent, face à la cour, se dresse un petit kiosque carré, soutenu par des colonnes à l'exubérante ornementation ; voyez notamment les *makaras,* monstres aquatiques formant les consoles des linteaux. Selon la tradition, il aurait servi de loge à l'astrologue de l'empereur. Mais celle-ci était peut-être destinée au souverain lui-même et lui servait de poste d'observation sur la cour.

■ **Cour du Pachhisi.** Face au kiosque de l'Astrologue, une cour dallée doit son nom à un échiquier en croix *(pachhisi)*, sur lequel l'empereur et ses courtisans jouaient au *chaupur* (une sorte de jeu d'échecs) ou à un jeu similaire. L'empereur s'y tenait sur un banc de pierre au milieu de l'échiquier dont les cases sont marquées au sol. Les pions étaient vivants : prisonniers de guerre ou, comme l'affirme une tradition populaire, jeunes filles entièrement nues…

■ **Abdar Khana.** Passant devant le Panch Mahal, que vous visiterez un peu plus tard, vous atteindrez l'Abdar Khana (le magasin à Eau), une construction à deux étages avec deux ailes à un seul étage (rez-de-chaussée) où étaient peut-être conservés « l'eau d'immortalité » que consommait l'empereur ainsi que les fruits dont Akbar était très friand.

■ **Anup Talao.** Ce « bassin sans pareil », peu profond, est accessible par des marches et doté d'une plate-forme centrale, à laquelle conduisent quatre passerelles de pierre. Ce bassin d'agrément est situé en face des appartements privés de l'empereur. C'est sur cette plate-forme que se tenaient chanteurs (dont le célèbre Tansen) et musiciens.

■ **Pavillon de la Sultane turque.** Ce gracieux kiosque, pourvu d'un élégant portique richement sculpté, imitant une structure en bois, devait être un lieu de repos, près du bassin qui dispensait quelque fraîcheur. À l'origine, le portique et la véranda devaient être dissimulés aux regards importuns par des lattis de bois. À l'intérieur, les murs sont ornés de délicats reliefs inspirés de l'art persan. Les panneaux des plinthes sont particulièrement séduisants : on y voit des lions et des oiseaux de paradis au milieu d'une végétation luxuriante, ou encore des vergers d'où s'échappent des palmiers chargés de dattes.

■ **Diwan Khana-i-Khas.** Cette partie du palais abritait la résidence de l'empereur. Côté cour, une estrade permettait au souverain d'écouter les chanteurs ou d'admirer les danseuses qui se produisaient sur la plate-forme du bassin (Anup Talao). À g. du bâtiment, au rez-de-chaussée *(l'accès à l'étage n'est pas autorisé)*, une pièce fut sans doute le témoin des longs entretiens qu'Akbar soutenait avec ses ministres ou encore avec les pères jésuites qu'il avait fait venir de Goa, tout comme il avait prié un savant brahmane, versé dans l'étude du *Mahabharata*, de l'initier aux mythes et légendes de l'hindouisme. Les niches ménagées dans les murs abritaient sans doute une bibliothèque.

À l'arrière, une seconde salle comprend une plate-forme, adossée au mur du fond où Akbar prenait place sur de luxueux tapis pour recevoir ses courtisans et ses ministres. De cette chambre, il se montrait chaque jour à ses sujets par une fenêtre qui donne sur la cour en contrebas. Remarquez la face externe des piliers qui encadrent la tribune : leur délicate décoration évoque la sculpture sur bois.

■ **Panch Mahal****. Par sa forme pyramidale, cette construction évoque les temples de bois du bouddhisme. Elle comprend, au-dessus du rez-de-chaussée, quatre étages de tailles décroissantes, entièrement ouverts. Il y a en tout 176 supports, dont, pour le seul rez-de-chaussée, 84 colonnes, nombre considéré par les hindous comme étant d'excellent augure ; c'est le produit du nombre des planètes (7) par celui des signes du zodiaque. Ce bâtiment ouvert à tous les vents était peut-être utilisé pendant les nuits chaudes de la saison précédant la mousson. Des 56 colonnes du premier étage surmontées d'élégants chapiteaux, aucune n'est identique à une autre. Des escaliers très raides conduisent jusqu'au petit kiosque du dernier étage simplement supporté par quatre piliers. Mesures de protection obligent, l'accès en est désormais interdit aux visiteurs.

■ **Sunahra Makan.** Également appelé maison de Mariyam ou encore maison Dorée, cet édifice était splendidement décoré de fresques dans le style des miniatures mogholes du temps d'Akbar, où l'or était abondamment employé. Des vestiges significatifs de ces fresques demeurent sur les façades N. et E. : on y reconnaît éléphants et cavalcades ainsi que des courtisans. Une petite pièce ouvrant sur le flanc S. conserve également les peintures de son plafond, un ensemble de carreaux et d'étoiles aux couleurs vives. Il aurait été occupé par la mère d'Akbar, Hamida Banu Bégum, qui portait le titre de Mariyam Makani (l'Égale de Marie), ou encore par l'une de ses épouses, une princesse rajpoute qui avait reçu le titre de Mariyam Zamani, « la Marie du Temps (présent) », et dont la tombe se trouve auprès de celle de son époux à Sikandra *(→ Env. d'Agra)*.

■ **Palais de Jodh Bai***. S'ouvrant du côté du Sunahra Makan par un imposant portail, cet édifice était surveillé par une garde de fidèles Rajpoutes qui résidaient dans le corps de bâtiment en saillie à g., tandis que le porche proprement dit était placé sous le contrôle d'eunuques. Ce bâtiment, le plus important du sérail, abritait sans doute les appartements de la mère de l'empereur et d'une fille de Babur, Gulbadan Bégum, mais surtout les épouses d'Akbar et quelques-unes des 300 odalisques qui, selon le père Monserrate, auraient fait partie du harem impérial. Par un viaduc aujourd'hui disparu, Akbar pouvait y accéder depuis le Diwan Khana-i-Khas.

Au-dessus de la porte, au linteau supporté par deux consoles de pierre, notez la représentation de l'un des plus vieux symboles mystiques de l'Inde aryenne sous la forme de deux étoiles à six branches, encadrées de deux balcons en encorbellement, aux piliers de marbre supportant un dôme oblong. Par un passage coudé qui interdisait d'observer la vie intime du harem, vous atteindrez la grande cour centrale, à la disposition rigoureusement symétrique. Quatre pavillons à coupoles occupent les angles tandis que quatre portiques s'avancent au milieu de chacun des côtés. Ils donnaient accès aux appartements qui se prolongeaient à l'étage *(accès interdit)*. À g. et à dr., deux pavillons trônant au-dessus du bâtiment sont couverts d'une séduisante toiture de tuiles vernissées d'un bleu turquoise contrastant avec l'uniformité du grès du reste de l'édifice. Le pavillon face à l'entrée est le plus richement orné, colonnes et chapiteaux empruntant leurs motifs décoratifs à l'art hindou. Côté dr., l'étage donnait accès au Hawa Mahal *(ci-dessous)*, balcon en encorbellement sur l'extérieur et où, derrière des *jali*, les femmes du harem pouvaient voir sans être vues.

■ **Jardin moghol.** En quittant le palais de Jodh Bai par l'unique porte, tournez à g. pour contourner l'édifice. Vous laisserez à dr. un ancien jardin moghol, le jardin des Femmes, autrefois entouré de hauts murs. Contre la façade du palais de Jodh Bai, s'avance l'élégant **Hawa Mahal**, le palais des Vents. De là part, vers la dr., une passerelle ponctuée de cinq pavillons. Elle reliait le harem à la Nagina Masjid, la mosquée des femmes. Les balustrades en sont suffisamment hautes pour dissimuler entièrement les occupantes du harem. Sur les côtés des pavillons, des ouvertures aujourd'hui béantes, étaient masquées par des *jali*.

■ **Palais de Birbal**.** Il faisait en réalité partie du harem et servit probablement de résidence à deux des épouses d'Akbar, toutes deux de la descendance de Babur. Le brahmane Raja Birbal, réputé pour ses mots d'esprit si éclatants que la tradition populaire voulut voir en lui l'un des « Neuf Joyaux » de la cour d'Akbar, eut effectivement une maison à Fatehpur, mais l'existence de celle-ci en plein harem semble improbable. Par sa décoration, ce palais doit surtout aux conceptions esthétiques hindoues, auxquelles sont cependant associés des ornements qui relèvent de l'art musulman, telles les arcatures ogivales à redans. Il comporte un étage de quatre pièces, dont deux sont couvertes d'un dôme, au-dessus d'un rez-de-chaussée de six chambres, somptueusement ornementées de sculptures d'une extrême finesse.

En contrebas du palais de Birbal s'étend une autre partie de la ville, aujourd'hui ruinée, dominée par la belle porte des Éléphants (ci-dessous).

■ **« Écuries ».** La présence d'écuries, où auraient été parqués des chevaux, des chameaux ou même des éléphants, a quelque chose de très surprenant si près du harem dont les pensionnaires, certaines de rang, n'auraient pas manqué d'être incommodées par les cris et les odeurs des animaux. La présence d'anneaux de pierre en face des cellules et au fond de celles-ci ne contredit pourtant pas absolument cette destination. Ces « étables » ont peut-être été en fait des logis réservés au personnel féminin, très nombreux, attaché au service du harem. La présence d'un hammam *(cellules du fond de l'aile g.)* semble confirmer cette dernière hypothèse.

À l'extrémité des écuries, un passage conduit vers la sortie du site, située près du palais de Jodh Bai, qui conduit directement à la Jama Masjid.

3 La Grande Mosquée** (Jama Masjid)

D'après l'inscription dédicatoire, cette mosquée ne mérite pas moins de respect que la fameuse Kaaba de La Mecque. Elle fut achevée en l'an 976 de l'Hégire (1571-1572), peu de temps avant la mort de Sheikh Salim Chishti dont elle renferme la tombe. C'est un édifice très vaste, de 165,20 m de long et de 133,60 m de large, qui peut accueillir env. 10 000 fidèles.

Attention ! Il est interdit d'entrer chaussé à l'intérieur de l'enceinte de la mosquée. Vous recouvrirez donc vos chaussures de babouches qui sont proposées devant la porte ; le bakchich est à laisser en partant. Évitez d'entrer pieds nus en raison de la pierre surchauffée par le soleil.

Une fois franchie la Badshahi Darwaza, la « Porte royale » que passait l'empereur venant de son palais, s'ouvre l'immense esplanade intérieure de la mosquée. À g. s'élève la **Sublime Porte** (Buland Darwaza), plus impressionnante encore vue de l'extérieur ; les hauts murs de g. sont couronnés de petits kiosques à sveltes colonnettes, tandis qu'en face un haut porche précède la salle de prière. Devant elle à dr., un petit mausolée de marbre d'un blanc immaculé abrite la tombe de Sheikh Salim Chishti, entourée d'autres sépultures. Au centre, un bassin de grès rouge, ombragé par un arbre, sert aux ablutions des fidèles avant la prière.

Le **tombeau**** de Sheikh Salim Chishti fut élevé sur le lieu même où le saint homme eut son oratoire, près du couvent de derviches où s'assemblaient les membres de la confrérie locale de soufis fondée au XIIe s. par Muin-ud-Din, le Khwaja Chishti *(→ Ajmer)*. Construit en 1580-1581, le tombeau est un édifice carré de 15 m de côté, avec un porche en saillie vers le centre de la cour, mais, vers 1606, sous Jahangir, furent ajoutés les merveilleux *jali* qui isolent de l'extérieur un large déambulatoire autour de la chambre funéraire.
Fixés aux lacis de marbre, de petits rubans de laine sont autant d'offrandes déposées par ceux, hindous comme musulmans, qui souhaitent la naissance d'un garçon et espèrent obtenir du saint la même grâce qu'Akbar. Les consoles ondulées à double harpe qui supportent l'élégant auvent de marbre, très saillant, ne sont pas moins étonnantes. Le dôme, primitivement en grès rouge, fut revêtu de plaques de marbre au siècle dernier. Dans la chambre funéraire, où règne une atmosphère sucrée de fumées d'encens, le baldaquin en bois d'ébène est recouvert de milliers de petites pièces de nacre, qui, au-dessus du cénotaphe, semblent délimiter une aire de sainteté. Tout à côté, la tombe d'Islam Khan, qui fut gouverneur du Bengale sous Jahangir, est entourée d'autres pierres tombales de membres de la famille et de disciples de Sheikh Salim, mais aussi de hauts personnages de l'empire.

La **salle de prière principale**, dont la coupole est ornée d'arabesques peintes dans le plus pur style persan, comporte trois *mihrab* : ils indiquent la direction de La Mecque vers laquelle se tournent les fidèles en prière. À dr. du *mihrab* central, superbement décoré de faïence émaillée, se trouve le *minbar*, en marbre,

simple chaire d'où le prédicateur lit la *khutba*, ou prière du vendredi, et prononce son sermon. Dans cette salle, Akbar formula son fameux prône sur la tolérance universelle, qui frayait la voie à la Foi divine, cette nouvelle religion syncrétiste que l'empereur proposa à son peuple.
De part et d'autre de la partie centrale de la salle de prière se trouve une aile tripartite, aux piliers de style hindou, également dotée de trois mihrabs, décorés de marbres noir et blanc, de faïence émaillée.

La **Sublime Porte**** (Buland Darwaza) est un véritable monument, probablement érigé pour commémorer la victoire que l'empereur remporta en 1573 lors de sa campagne au Gujarat. Un document manuscrit cite la date de 1575 comme celle de son achèvement. À g. de l'arche centrale quand on entre dans le hall, une inscription en persan et en arabe rappelle une campagne victorieuse d'Akbar dans le Deccan, en 1601, mais aussi quelques principes de la Foi divine. Le hall central est coiffé d'une coupole, au médaillon du milieu peint, soutenue par des panneaux surmontés d'arcs dont le linteau est supporté par des consoles de type hindou qui les font paraître à distance comme des arcs trilobés. À l'extérieur, le côté central d'un demi-octogone en saillie sur la façade est percé d'un large et haut porche, entre deux pans dotés de trois étages d'arcs superposés ; ceux de l'étage médian rappellent ceux du hall qui affectent la forme d'arcs trilobés. Ce monument de 41 m de hauteur est précédé, à l'extérieur, d'un escalier rachetant une dénivellation de 10 m.

Puits des Plongeurs. À dr., près de l'escalier, est creusé un puits octogonal, autrefois entouré d'une colonnade, dans lequel des hommes plongent, pour quelques roupies, d'une hauteur d'environ 40 m.

Langar Khana. Le bâtiment voûté, en ruine, de l'autre côté de l'escalier, est peut-être l'ancien Langar Khana, où l'on préparait la soupe des pauvres. Un établissement de ce genre était généralement attaché aux couvents des derviches. La plus spectaculaire cuisine de ce type est celle qui est annexée au Dargah d'Ajmer (Rajasthan).

La visite de la Jama Masjid terminée, vous devrez retraverser le site pour retrouver votre véhicule si vous n'avez pas demandé à votre chauffeur de vous rejoindre à la mosquée.

■ Retour bucolique vers l'entrée

Après la rigueur patrimoniale imposée au site, pourquoi pas une petite promenade romantique pour regagner l'entrée du site (une dizaine de minutes). En prenant à g. en sortant de la mosquée, vous descendrez un petit raidillon qui conduit vers la porte des Eléphants, autour de laquelle paissent paisiblement des troupeaux de moutons et de chèvres. Elle est entourée de corps de gardes et de bâtiments en grande partie ruinés. En prenant à dr. devant la porte, le chemin monte en longeant le pied des murs du palais, jusqu'à une rampe que vous gravirez à dr. Elle conduit à une immense citerne au pied de la terrasse du Diwan-i-Khas. En prenant à g., puis au bout du chemin à dr., vous regagnerez rapidement le parc de stationnement face à l'entrée au niveau du Kar Khana.

En savoir plus

Quelques pages pour aller plus loin

Petit dictionnaire

Les chiffres romains renvoient aux pages couleur illustrées.

A

Abhaya. Absence de crainte.

Abhaya-mudra. Geste protecteur de la main, aussi bien dans l'iconographie brahmanique (par exemple le geste de Shiva Nataraja, la paume ouverte, les doigts levés) que dans celle du bouddhisme *(encadré, p. 103)*.

Abhinaya. Mime *(voir Kathak)*.

Acharya. Maître, guide spirituel selon le brahmanisme, le bouddhisme et le jaïnisme.

Aditya. Divinités védiques, fils de la déesse Aditi, dont le chef est Varuna.

Adivasi (« habitants originels »). Aborigènes, populations tribales.

Agni. Dieu védique du Feu.

Agnikula. La lignée du Feu, clans royaux rajpoutes qui seraient nés au cours d'un grand feu sacrificiel sur le mont Abu.

Ahimsa. Litt. : non-nuisance, non-violence.

Airavata. Éléphant blanc à quatre défenses, le premier-né des éléphants et monture d'Indra.

Akali Dal (du sanskrit *a-kal*, « au-delà du temps »). Parti religieux sikh nationaliste.

Akbar. Troisième grand empereur moghol, né en 1542. Fils d'Humayun, il lui succéda de 1556 à 1605. Esprit curieux et éclairé, il fonda une société religieuse, « la Divine Foi », qui prônait une sorte de syncrétisme indo-musulman. On lui doit la construction du fort Rouge d'Agra et de la ville de Fatehpur Sikri. Sa cour fut l'une des plus brillantes de l'époque.

Amalaka (« sans tache » ; du nom sanskrit du fruit de l'*Emblica myrobola*). Ornement en forme de coussinet à côtes qui couronne les temples à toiture à arêtes curvilignes.

Ambedkar (Dr Bhimrao Ramji ; 1891-1951). Homme politique issu d'une caste d'intouchables, éminent juriste formé aux États-Unis, principal rédacteur de la Constitution. Il fut le premier intouchable ministre de l'Inde indépendante, et lutta toute sa vie pour faire sortir les intouchables de leur condition inférieure. Il préconisa notamment la conversion au bouddhisme pour sortir du « système des castes » *(p. 74)*.

Amitabha (« lumière infinie » ; ou *Amitayus*, « longévité infinie ») [en tib. *Opakmet* ('od-dpag-med)]. Le plus important des Bouddha de méditation ou Dhyani-bouddha *(voir Bouddha)*.

Ananta (« sans fin »). Serpent étendu sur les eaux de l'océan primordial, personnification de l'éternité.

Anda (« œuf »). Structure hémisphérique formant la partie du stupa où se trouve aménagée la chambre aux reliques (ou servant de tombeau ou bien ayant une fonction purement symbolique).

Andhaka. Démon tué par Shiva.

Anna. Unité monétaire qui valait un seizième de roupie.

Antarala. Vestibule d'un temple.

Apsaras. Nymphes associées aux *gandharva (voir ce mot)* et figurées sous les traits de danseuses et de musiciennes célestes.

Arati. Cérémonie faisant partie du culte du soir, qui consiste à offrir la lumière à la représentation de la divinité *(voir Puja)*.

Architecture

– architecture rupestre : *p. 150-151*.

– architecture des temples hindous : les temples appartiennent à deux grands types : le type « indo-aryen » ou nagara, dans le Nord, et le type dravidien, dans le Sud. Le temple indo-aryen est composé d'une tour-sanctuaire *(shikhara)* curviligne, aux nervures vigoureuses, précédée d'un ou plusieurs porches hypostyles *(mandapa)*. Tels sont, par exemple, les temples de Bhubaneshwar (VIIe-Xe s.), de Puri (XIe s.), de Khajuraho (X^e-

XIe s.), de Konarak (XIIIe s.) ou d'Amber (XIIIe s.). Dans le type dravidien, le sanctuaire *(garbagriha)* n'est pas la partie la plus haute ; au contraire, il en est le centre secret de rayonnement, autour duquel s'ordonnent des enceintes rectangulaires successives (d'autant plus hautes qu'on s'éloigne du sanctuaire), que l'on traverse par des portes monumentales, en forme de pyramides à étages, abondamment décorées *(gopuram)*. Parmi les plus purs exemples de temples dravidiens, citons ceux de Kanchipuram (XIIe-XIVe s.), de Srirangam (XVIe s.) ou de Madurai (XVIIe s.).

– architecture moghole : *p. 368-369.*

Ardhanarishvara. Le « seigneur dont la moitié est féminine » (Shiva) symbolisant l'union du dieu et de son énergie féminine *(shakti)*, souvent représenté sous la forme d'un être hermaphrodite, ayant un côté masculin et un côté féminin.

Arhat (ou arhant, « méritant »). Prophète jaïn *(tirthankara)*, saint bouddhique qui est parvenu au nirvana. De façon plus précise, l'un des seize (dix-huit dans le lamaïsme) disciples du Bouddha qui atteignirent l'éveil.

Arjuna. L'un des cinq frères Pandava, fils du roi Pandu, héros du Mahabharata. Son dialogue avec Krishna, sur le champ de bataille de Kurukshetra, où il commande l'armée des Pandava, constitue la Bhagavad Gita *(voir ce mot)*.

Asana. Posture, dans le yoga en particulier.

Ashoka. Troisième empereur (v. 268-231 av. J.-C.) de la dynastie des Maurya. Il réunit à partir du Magadha (actuel Bihar) un immense empire. Il se convertit au bouddhisme entre 250 et 248, après une campagne effectuée au royaume de Kalinga (Orissa). Cet événement eut une influence déterminante sur l'expansion de cette religion (jusqu'au Sri Lanka) et l'épanouissement de l'art bouddhique.

Ashram (ashrama). Lieu de retraite où des fidèles d'une communauté religieuse ou philosophique se placent sous la direction spirituelle d'un gourou, ou maître à penser, pour y recevoir son enseignement.

Ashvamedha. Sacrifice *(medha)* védique du cheval *(ashva)*, accompli notamment par les souverains pour célébrer leurs victoires.

Ashvatta. *Ficus religiosa*, pour les hindous arbre sacré, dont les racines sont au ciel, sous lequel Shakyamuni resta sept semaines en méditation, à Bodhgaya, avant de devenir un « éveillé », un Bouddha.

Astadikpala. Gardiens des quatre points cardinaux et des quatre points intermédiaires.

Asura. Démons à l'aspect terrifiant, ennemis des dieux qui les chassèrent des cieux sur la terre.

Atman. L'âme individuelle, selon la métaphysique brahmanique.

Avalokiteshvara (la « divinité qui regarde vers le bas [en signe de compassion] »). L'un des principaux bodhisattvas du bouddhisme du Mahayana, personnification de la charité, de la compassion. Son principal attribut est la fleur de lotus (*padmapani*, « lotus à la main »). Un Bouddha assis est représenté sur son front. En tibétain, *Chenrazi* (g) ou *Chenrezi* (g) [spyan-rags-gzigs]. Dans l'iconographie lamaïste, il est représenté soit avec deux bras et une tête, soit avec quatre bras et une tête, soit avec huit bras et onze têtes, soit avec mille bras et onze têtes.

Avatar (avatara). « Descente » sur terre d'un dieu (et plus spécialement de Vishnou) sous une forme humaine ou animale (ou participant des deux à la fois) pour restaurer l'ordre (dharma) ; par extension : transformation, métamorphose. Les dix avatars de Vishnou *(encadré p. 94)* sont Matsya (poisson), Kurma (tortue), Varaha (sanglier), Narasimha (homme-lion), Vamana (nain), Parashurama (Rama à la hache), Rama, Krishna, Bouddha et Kalkin (homme à tête de cheval).

Ayurveda (« science de la vitalité »). Veda secondaire, qui traite de la médecine.

B

BJP (Bharata Janata Party). Parti panindien, intégriste hindou.

Babur. Descendant de Gengis Khan et de Tamerlan, Babur (1483-1530) fut le premier empereur moghol. Sa victoire à Panipat (1526) sur Ibrahim Lodi lui ouvrit les portes du nord de l'Inde. Il régna de 1526 à 1530.

Bahadur. Héros. Titre introduit en Inde par les Moghols.

Baniya (du sanskrit *vaniya,* commerce). Nom attribué aux marchands, spécialement ceux du Gujarat et du Rajasthan.

Banjara. Commerçants en grain et en sel qui suivaient les armées en campagne dans le Deccan pour subvenir à leurs besoins. Membres d'une ethnie d'amuseurs publics nomades ; certains d'entre eux sont assimilés aux tziganes.

Banyan. *Ficus indica,* arbre sacré dont les nombreuses racines aériennes et pendantes forment de nouveaux troncs en touchant le sol.

Batik. Tissu teint, orné de dessins, figuratifs ou non, selon un procédé qui consiste à recouvrir d'une couche de cire les parties qui ne doivent pas prendre la teinture ; après fixation de celle-ci, la cire est éliminée par lavage à chaud ; l'opération est renouvelée autant de fois que le batik comporte de couleurs différentes : des effets particuliers sont obtenus en faisant craqueler la cire de manière à provoquer des infiltrations très ténues de teinture.

Bétel. Plante dont on utilise la feuille pour faire une chique digestive *(encadré, p. 40).*

Bhagavad Gita. Poème didactique de 700 versets du Mahabharata (6e livre), composé au IIIe ou au IIe s. avant notre ère, qui constitue le texte sacré le plus vénéré de la littérature brahmanique *(p. 98).*

Bhajan. Poème de dévotion chanté par des musiciens pieux *(p. 174).*

Bhakti. Doctrine ou plutôt attitude religieuse, assez comparable au dogme catholique de la grâce, qui consiste dans l'adoration *(bhakta)* confiante d'une divinité *(bhagavat),* la contemplation de son image, le chant et la méditation, en vue de réaliser sa délivrance par l'amour et de s'unir au dieu vénéré, avec la conviction qu'il est un ami favorable.

Bhangi. Harijan *(voir ce mot)* employé au balayage et à la vidange en Inde du Nord.

Bharat *(Bharatavarsha).* Pays du sage Bharata, nom attribué à l'Inde dans la tradition hindoue.

Bharata. Auteur semi-légendaire d'un traité de musique et de danse, le Natya-Shastra.

Bhikshu. Moines mendiants bouddhistes, autrefois itinérants, aujourd'hui surtout groupés en communautés monastiques dans les pays ayant conservé le bouddhisme.

Bhil. Importante tribu d'aborigènes vivant aux confins du Gujarat, du Rajasthan, du Madhya Pradesh et du Maharashtra.

Bhima. L'un des cinq frères Pandava, héros « musclé » du Mahabharata, surnommé ventre de loup *(Vridokara),* en raison de sa brutalité et de son appétit insatiable.

Bhumi-sparsha-mudra. Geste de toucher la terre que le Bouddha accomplit lors de sa dernière épreuve pour la « prendre à témoin » de son refus de la tentation *(p. 103).*

Bidi. Sorte de petite cigarette faite à la main avec des fragments de feuilles de tabac roulés dans une feuille de certains arbres ou arbustes.

Bodhi. L'« Éveil » à la « compréhension » totale des problèmes des hommes.

Bodhisattva (« être voué à l'Éveil »). Dans le bouddhisme du Mahayana, sage qui a atteint l'Éveil mais qui a renoncé à la délivrance totale des réincarnations pour rester auprès des hommes et les aider. Le plus connu est Avalokiteshvara (le dalaï-lama en serait la réincarnation).

Bouddha. L'Éveillé. Celui qui, dans le bouddhisme, est parvenu à l'Éveil, ou connaissance totale, par l'extinction des trois racines du mal (désir, haine et erreur), et qui est ainsi délivré du cycle des réincarnations *(encadré, p. 104).*

Brahma. Dieu créateur de l'Univers, l'une des trois divinités de la triade hindoue avec Shiva et Vishnou *(p. 90-91).*

Brahman. L'Absolu, l'âme universelle qui, selon les Upanishad et le Vedanta, est identique à l'âme individuelle *(atman).*

Brahmanes, brahmines. Membres du *varna* (« catégorie ») ou de la « caste » la plus élevée de l'Inde brahmanique, issue de la tête de Brahma. Par droit de naissance, les brahmanes sont les seuls habilités à enseigner et à commenter les Veda et les traditions (et, anciennement, à pratiquer les sacrifices) mais, dans la société indienne contemporaine, leur champ d'activités peut être bien plus étendu et, ainsi, beaucoup s'adonnent aux professions libérales, à l'administration, aux affaires, etc.

Brahmanisme. Système religieux et social qui a succédé au védisme *(voir Veda)* en intégrant au panthéon originel des divinités locales (Shiva, Krishna) et en ajoutant à l'antique religion aryenne une dimension plus philosophique et plus populaire à la fois. Ce système a consacré le pouvoir des brahmanes sur la société.

Brahmosamaj. Réforme de l'hindouisme, un peu analogue au protestantisme, fondée au XIXe s. au Bengale par le raja Manmohan Roy, qui préconise un retour au Veda et à un rituel symbolique simple. Le mouvement n'a, en fait, touché que l'intelligentsia bengalie (par ex. la famille Tagore).

British Raj. Désigne la période de la domination anglaise sur les Indes et cette domination elle-même.

C

Carnatique (musique). Adjectif désignant la tradition musicale de l'Inde du Sud par opposition à la musique hindustani de l'Inde du Nord *(p. 175)*.

Caste (du portugais *casta*, « race, lignage », *p. 74)*.

Chaitya (« lieu saint »). Sanctuaire bouddhique.

Chakra. Roue du *dharma*, l'un des attributs de Vishnou, qu'il lance parfois comme une arme.

Chandella. Dynastie d'origine rajpoute établie dans le Bundelkhand qui connut son apogée aux XIe et XIIe s. On leur doit les fameux temples de Khajuraho.

Chandra. La lune.

Chandragupta. Fondateur de la dynastie des Maurya (vers 320 av. J.-C.).

Charpay (ou charpoy). Litt. « quatre » *(char)* « pieds » *(pay)*. Lit fait de sangles tendues sur un cadre de bois que supportent quatre pieds.

Chaukidar. Gardien, garde-champêtre.

Cheval de vent (en tibétain *lhuntsta* [rlung-rta]). Cheval que l'on trouve imprimé sur les drapeaux de prière en pays lamaïste.

Chhatra. Parasol (emblème royal). Son féminin, *chhatri*, désigne un kiosque, un petit pavillon coiffé d'un dôme.

Chhau. Danse exécutée par des hommes, en l'honneur de Shiva, en Orissa et au Bengale ; elle doit son nom au masque (chhau) que portent les danseurs.

Chishti (Salim). Sage musulman soufi qui aurait prédit à Akbar qu'il aurait un fils. Il est à l'origine de la fondation de la ville de Fatehpur Sikri, où se trouve son tombeau.

Chowk. Place, élargissement d'une rue, au cœur d'une ville, où se trouve un bazar.

Cipaye (sepoy). Fantassin indien. Leur mutinerie dans l'armée anglaise en 1857 (« révolte des cipayes ») fut considérée par les nationalistes comme la première lutte de libération contre l'occupant européen *(encadré, p. 362)*.

Crore. Unité de mesure équivalant à 100 lakh, soit 10 millions. Ex. : *a crore of rupees* (« 10 millions de roupies »).

D

Dagaba (ou dagoba). Stupa *(voir ce mot)* dans la tradition pali. A donné le mot « pagode ».

Dak Bungalow. Ancien « relais de poste », encore aujourd'hui mis à la disposition des voyageurs comme gîte d'étape.

Dal. Terme générique désignant de nombreuses sortes de lentilles consommées presque chaque jour à travers tout le pays, principale source de protéines végétales.

Dalaï-lama. Titre d'origine mongol porté depuis le XVIe s. par le plus vénéré des dignitaires religieux tibétains. Il est considéré comme la réincarnation du bodhisattva Avalokiteshvara. Tenzin Gyatso, né en 1935 et XIVe dalaï, vit depuis 1959 en exil en Inde, à Dharamsala.

Darbar (ou durbar). Audience publique tenue autrefois par les souverains indiens ou par le British Raj.

Dargah. Sanctuaire consacré à un saint musulman.

Darshan. Bénédiction conférée par la simple « vue » d'une statue, d'un saint personnage, etc.

Deva. Divinité.

Devadasi (« servante des dieux »). Danseuses consacrées des temples, particulièrement de ceux de Shiva (seigneur de la danse), auquel elles rendent hommage par leurs danses. Elles furent à l'occasion prostituées.

Devanagari (« écriture des dieux »). Écriture utilisée pour le sanskrit et pour un certain nombre de langues modernes de l'Inde.

Devi. « Déesse », en particulier la déesse-mère.

Dharma-chakra (« Roue de la Loi »). Le symbole de la loi (morale) bouddhique.

Dharma. L'ordre du monde, l'un des concepts essentiels de la tradition, servant à désigner la Loi sous tous ses aspects, religieux, social, politique, métaphysique, et qui, avec le Bouddha et le Sangha (la communauté), constitue les trois Trésors.

Dharmasala. Gîte pour les pèlerins.

Dhoti. Pièce d'étoffe drapée autour des hanches et entre les jambes.

Dhrupad. Chant religieux selon un mode créé par Tansen *(p. 174)*.

Dhyana-mudra. Geste rituel de la méditation, la paume dr. dans la main g., sur les jambes croisées *(p. 103)*.

Digambara (« vêtu des points cardinaux »). Secte jaïne dont les membres sont « vêtus d'espace », c'est-à-dire nus.

Dikpala. Gardien des points cardinaux *(voir Astadikapala)*.

Doab. Litt. « espace entre deux fleuves » (*mesos-potamos* [cf. Mésopotamie]). Désigne les terres comprises entre le Gange et la Yamuna.

Doli. Palanquin porté par deux ou quatre hommes.

Durbar. Transcription anglaise de *darbar (voir ce mot)*.

Durga (l'« inaccessible »). Nom de la déesse, shakti de Shiva, sous son aspect terrible. Elle est particulièrement vénérée au Bengale.

Dvarapala (« gardien de porte »). Statue à l'entrée des temples et sanctuaires.

Dvija (« deux fois né »). Titre des trois premières castes, ou plutôt classes *(varna)*, après avoir reçu l'initiation et le cordon sacré, symbole de seconde naissance.

F

Fakir (de l'arabe : « pauvre »). Moine mendiant, mais le terme est souvent péjoratif, les véritables ascètes étant plus généralement appelés *sadhu* (« homme doux ») ou *yogin*.

G

Gana. « Troupe » de nains ou génies formant l'armée des dieux, spécialement de Shiva (Ganesh signifie « maître des troupes »).

Gandharva. Musiciens du ciel et compagnons des apsaras.

Gandhi (Indira ; 1917-1984). Fille de Jawaharlal Nehru dont elle fut la collaboratrice, et épouse d'un Parsi, Firoz Gandhi. Après la mort de Nehru et de son successeur Shastri, présidente du Congrès et Premier ministre, elle gouverna le pays de 1966 à 1984 avec une interruption de 1977 à 1980. Elle fut assassinée par deux de ses gardes du corps sikhs en 1984 à la suite de l'attaque du Temple d'Or, lieu sacré des sikhs à Amritsar, transformé en arsenal par les terroristes indépendantistes. Son fils Rajiv *(voir Gandhi [Rajiv])* fut élu pour lui succéder.

Gandhi (Mohandas Karamchand, dit le Mahatma ; 1869-1948). L'une des plus grandes figures de l'Inde du XXe s. Originaire du Gujarat, il fit des études de droit en Grande-Bretagne, puis commença une carrière d'avocat en Afrique du Sud où il prit la défense de la communauté indienne contre la ségrégation imposée par les colons. De retour en Inde, il s'engagea dans le mouvement nationaliste et mit en œuvre des moyens de lutte et de résistance pacifiques fondées sur le concept d'*ahimsa (voir ce mot)*. Défenseur des paysans et particulièrement des intouchables qu'il appela *harijan* (« enfants de Dieu »), prônant la concorde entre musulmans et hindous, il consacra sa vie à défendre la dignité humaine. Il fut assassiné à Delhi par un brahmane fanatique le 30 janvier 1948 *(encadré, p. 142)*.

Gandhi (Rajiv ; 1944-1991). Fils d'Indira, il succéda à sa mère comme Premier ministre après l'assassinat de celle-ci en 1984. À partir de 1989, il conduisit l'opposition jusqu'à son assassinat en mai 1991.

Ganesh (Ganapati dans le Sud). Dieu de la Chance, à tête d'éléphant, qui écarte les obstacles ; fils de Shiva et de Parvati, c'est l'une des divinités les plus populaires du panthéon hindou *(encadré, p. 97)*.

Ganga. Déesse fluviale du Gange.

Garbha-griha (« maison-matrice »). Le saint des saints du temple brahmanique.

Garuda. Aigle blanc à tête d'homme, monture de Vishnou.

Ghat (« montagne »). Degrés construits sur les rives d'un fleuve, au bord d'un bassin, pour en faciliter l'accès.

Ghee. Beurre cinq fois clarifié, utilisé en cuisine, pour les lampes des autels et pour les oblations au feu lors de certaines cérémonies.

Gita Govinda. Chantefable composée en sanskrit par Jayadeva, au XIIe s., chantant les amours passionnées du dieu Krishna et des bergères.

Go. *Voir Ko.*

Gond. Tribus vivant dans le centre de l'Inde, au Gondwana, où elles fondèrent des royaumes, ainsi qu'en Orissa.

Gopi (« vachère »). Bergère, pastourelle.

Gopura, gopuram. Porte d'enceinte pyramidale dans les temples du Sud.

Gourou. Maître, guide spirituel.

Graha. Nom général donné aux planètes. Les sept planètes de notre système solaire sont appelées les saptagraha–navagraha (neuf planètes) lorsqu'on leur adjoint Rahu et Ketu (les nœuds lunaires montant et descendant).

Gupta. Ère datée du début du règne de Chandragupta Ier (320-319 av. J.-C.).

Gurdwara (« porte du maître »). Temple sikh.

H

Hamsa. Sorte d'oie sauvage ou de cygne, animal-monture de Brahma.

Hanumân. Général de l'armée des singes, allié du roi Rama, héros du Ramayana, et populairement vénéré comme une divinité *(encadré, p. 96)*.

Harihara. Vishnou-Shiva. Dieu composite représenté avec la moitié de Vishnou à g. et la moitié de Shiva à dr.

Harijan (« enfants de dieu »). Nom donné par le Mahatma Gandhi aux intouchables, ancienne appellation aujourd'hui bannie.

Harmika. Reliquaire au sommet d'un stupa.

Harsha (ère). Ère datée du début du règne du roi Harsha *(Harshavadhana)*, c'est-à-dire 606 apr. J.-C.

Hartal. Sorte de grève générale, cessation du travail et de toute activité en signe de protestation, de deuil, de respect, etc.

Haveli. Riche demeure fortifiée des marchands du Rajasthan, construite autour de cours communiquant entre elles, et possédant généralement des balcons et balustrades en bois finement sculpté.

Hinayana (« Petit Véhicule »). Nom donné par dérision par les bouddhistes du Mahayana (« Grand Véhicule ») à la secte theravada (« Voie des Anciens »), celle des premiers âges du bouddhisme.

Hindustânî (musique). Désigne la tradition musicale de l'Inde du Nord, par opposition à la musique carnatique, de l'Inde du Sud *(p. 174)*.

Holi. Fête du Printemps, sorte de Mardi Gras, très populaire en Inde, à l'occasion de laquelle on s'asperge de couleurs.

Howdah. Nacelle munie de sièges et fixée sur le dos d'un éléphant.

Humayun. Fils de Babur, Humayun (1508-1556) fut le deuxième empereur moghol. Il régna de 1539 à 1540 et de 1555 à 1556, chassé durant 15 ans du trône de Delhi par l'Afghan Sher Shah.

Hvasang ou Ashang *(hva-shang)*. Personnage au ventre rebondi qui rappelle **Hypostyle.** Se dit d'une salle dont le plafond est supporté par des colonnes.

I

Imambara (« enclos des imams »). Bâtiment où, chez les musulmans chiites, ont lieu les cérémonies du Muharram.

Indra. Roi des dieux du panthéon védique. Le brahmanisme et l'hindouisme ne lui ont réservé qu'une place relativement secondaire. Sa monture est Airavata, l'éléphant blanc à quatre défenses.

Intouchables (terme aujourd'hui banni, remplacé par harijan, « enfants de Dieu », comme les a nommés Gandhi). Ceux qui sont, par le poids de leur karma, nés pour accomplir les travaux les plus vils, bien qu'indispensables (équarisseurs, vidangeurs, etc.). Classés par les recensements anglais avec les tribus aborigènes (adivasi) comme *scheduled castes,* ou castes répertoriées *(encadré, p. 78).*

Ishvara. Seigneur, dieu.

Iwan. Porche monumental, très profond ; forme architecturale originaire de Perse.

J

Jagamohan (synonyme : mandapa). Vestibule qui précède le sanctuaire *(p. 158-159).*

Jagannath (« seigneur de l'univers »). L'une des formes de Krishna sous laquelle il est vénéré particulièrement en Orissa, à Puri, où un grand temple lui est consacré.

Jaïn. Adepte du jaïnisme *(p. 106).*

Jaïnisme. Mouvement réformateur du brahmanisme, contemporain du bouddhisme, fondé par le prince Vardhamana, nommé Mahavira *(voir ce nom)* « le Grand Héros » ou Jina « le Victorieux ». Il prône la délivrance par l'ascèse totale et par la « non-nuisance » *(ahimsa)* absolue, respect de toute vie *(p. 106).*

Jali. Écran ajouré de pierre ou de marbre décorant les fenêtres. Ces claires-voies permettent de voir sans être vu et correspondent aux moucharabiehs du Proche-Orient.

Jamba *(byams-pa)*. Nom tibétain (prononciation bhoutanaise) de Maitreya.

Jat. Ethnie du Panjab, hindoue, sikh et musulmane, particulièrement efficace dans l'agriculture. Les Jats furent puissants aux XVIIe et XVIIIe s.

Jata. Tresse portée par les ascètes, en particulier sur les statues de Shiva.

Jata-mukuta. Diadème formé de mèches de cheveux tressés (sur les statues de Shiva, particulièrement).

Jataka (« naissance », en pali). Récit des vies antérieures du Bouddha.

Jati. Litt. « naissance » *(voir Caste et p. 74).*

Jauhar. Sacrifice collectif accompli par les femmes rajpoutes qui, pour ne pas tomber aux mains des assaillants, se jetaient ensemble sur un bûcher.

Jayadeva. Poète vishnouite bengali du XIIe s., auteur de la *Gita Govinda.*

Jina (« le Victorieux »). Nom donné par les jaïns au fondateur du jaïnisme.

Jinnah (Muhammad Ali ; 1876-1948). Homme politique, leader de la ligue musulmane, qui finit par obtenir la partition de l'Inde et la création du Pakistan (« Pays des Purs »), dont il devint président en 1947.

Jyotirlinga (« lingam de lumière »). Il en existe douze à travers l'Inde. Ils n'ont aucune représentation matérielle.

K

Kabir (1440-1518). Tisserand et poète mystique, proche du soufisme, qui concilia l'hindouisme et l'islam. On retrouve cette volonté syncrétiste chez le fondateur de la religion sikh Gourou Nanak *(voir ce nom).*

Kailasha (mont). Montagne du S. du Tibet, résidence de Shiva et de Parvati, objet, aujourd'hui encore, d'un grand pèlerinage solennel.

Kali (« la Noire »). Déesse de la Destruction des illusions et des apparences, shakti de Shiva, plus particulièrement vénérée au Bengale *(encadré, p. 95).*

Kalidas (IVe-Ve s.). Célèbre poète sanskrit de l'époque gupta, auteur entre autres de Shakuntala.

Kalpa. Période cosmique équivalant à un jour de Brahma, c'est-à-dire environ 4 milliards et 320 millions d'années solaires.

Chaque kalpa se termine par la destruction totale de l'univers et est suivi d'une nuit de Brahma d'une durée équivalente. Pendant cette période de latence, Vishnou repose sur le serpent Ananta (« sans fin »), en attendant qu'au matin Brahma naisse à nouveau de son nombril en même temps qu'un nouveau kalpa et un nouveau cosmos.

Kama. Dieu de l'amour.

Kamasutra (« stances sur l'amour »). Ouvrage en sanskrit (IVe-VIe s.) traitant de la plupart des aspects et des techniques de l'art de courtiser et de l'union sexuelle. S'il est souvent érotique, il n'a rien de pornographique.

Kanishka. Roi de la dynastie Kushan, fondateur d'un empire qui s'étendit de Purushapura (l'actuelle Peshawar) jusqu'au Bihar. Son règne (v. 144-167) marqua l'apogée de l'école de sculpture dite gréco-bouddhique du Ghandara.

Karma. « Acte », dans la religion brahmanique. Théorie selon laquelle les transmigrations de l'âme individuelle sont conditionnées par la somme des actes accomplis au cours de la vie présente, mais aussi des vies antérieures.

Karttik, Kartika ou Karttikeya. Dieu de la Guerre, fils de Shiva et de Parvati, également connu sous le nom de Skanda. Sa monture est le paon.

Kathak. Drame mimé et dansé au N. de l'Inde, où il se développa au XVe ou au XVIe s. Il s'inspire des grandes épopées et de la geste de Krishna *(p. 179)*.

Kathakali. Théâtre dansé, originaire du Kérala, au maquillage et aux costumes très élaborés.

Kayastha. Caste de scribes.

Khadi. Tissu de coton, filé à la main, tissé sur un métier à main et popularisé par le Mahatma Gandhi dans sa campagne de boycott des tissus anglais.

Khalji. Dynastie musulmane d'origine turque, qui régna à Delhi (1290-1320), à la suite de la dynastie des Esclaves.

Khan. Titre musulman introduit par les Moghols.

Khayal (ou khyal). Genre vocal de l'Inde du Nord, le plus populaire aujourd'hui *(p. 74)*.

Kinnara *(fém. kinnari)*. Serviteurs de Kubera, gardiens des richesses de la terre, créatures mi-hommes, mi-animaux (chevaux ou oiseaux).

Krishna. Huitième avatar de Vishnou qui revint sur terre pour débarrasser Mathura d'un tyran. Ses jeux amoureux avec Radha et les gopi *(voir ce mot)* symbolisent l'union mystique avec le dieu. Son culte, centré sur la *bhakti (voir ce mot)*, est très développé dans l'Inde contemporaine. Il est aussi, dans la Bhagavad Gita, l'écuyer et le maître d'Arjuna, qui lui enseigne la philosophie de l'action *(encadré, p. 98)*.

Kshatriya. Membres de la seconde « classe » *(varna)*, celle des nobles et des guerriers, « ceux du pouvoir ».

Kurma. Tortue, second avatar de Vishnou.

Kuru ou Kaurava. Nom des cent fils de Dhritarashtra, roi d'Indraprastha, qui luttèrent contre leurs cousins les Pandava. Cette lutte est immortalisée dans le Mahabharata.

Kushan. Tribu originaire de la Chine de l'Ouest, qui a donné son nom à une dynastie de l'Inde du Nord, qui régna aux IIe et IIIe s. L'époque kushan voit naître l'art gréco-bouddhique.

L

Lakh. Unité de mesure équivalant à 100 000. Exemple : *a lakh of people* (« 100 000 personnes »).

Lakshmi. Épouse de Vishnou, déesse de la Fortune et de la Beauté. Encadrée de deux éléphants, elle est appelée Gajalakhshmi *(p. 100-101)*.

Lassi. Yaourt liquide battu, servi sucré ou salé, boisson très populaire.

Lingam (ou linga ; litt. : « signe »). Pierre dressée arrondie, symbole représentant Shiva *(p. 93)*.

Lodi. Dynastie afghane de Delhi (1451-1526).

Lokh Sabha (« Assemblée du Peuple »). Chambre basse du Parlement indien.

Longhi. Sorte de sarong utilisé surtout en Inde du Sud. En Inde du Nord, il est surtout porté par les musulmans ; il est alors fait d'une cotonnade à carreaux.

Lotus *(padma)*. L'un des symboles les plus répandus en Asie. Née dans la fange, la fleur s'épanouit au soleil et devient symbole de la connaissance en conservant sa pureté. Pour les hindous, c'est d'un lotus que naît Brahma ; quant aux bouddhistes, ils en ont fait le trône du Bouddha *(encadré, p. 102)*.

M

Mahabharata. Grande épopée sacrée du brahmanisme relatant la lutte des Kaurava contre les Pandava *(p. 97)*.

Maharaja (« grand roi »). Titre qui servait à désigner les rois dès l'époque des Kushan.

Maharani. Féminin de maharaja.

Mahatma (« grande âme »). Titre attribué à un chef spirituel ou politique charismatique ; désigne en particulier Gandhi.

Mahavira *(Vardhamana)*. 24e et dernier *Jina*, contemporain du Bouddha Shakyamuni et fondateur du jaïnisme.

Mahayana (« Grand Véhicule »). L'une des deux principales branches du bouddhisme.

Maitreya. Dans le bouddhisme du Mahayana, grand bodhisattva, futur sauveur du monde.

Makara. Monstres aquatiques, sorte de crocodiles.

Mandala. Diagramme symbolisant le cosmos et servant de support à la méditation.

Mandapa. Salle hypostyle formant un vestibule ou une dépendance dans les sanctuaires.

Mandir. Bâtiment ; désigne généralement un temple.

Manipuri. Danse originaire du Manipur *(p. 180)*.

Manjusri. Grand bodhisattva du bouddhisme du Mahayana, maître de la parole, de la sagesse et de la science, dont le culte se répandit surtout en Chine et au Japon. Il est considéré comme le fondateur du royaume du Népal. Il est le plus souvent représenté tenant un glaive et accompagné du Prajnaparamita (« Livre de la sagesse »).

Mantra (« instrument de pensée »). Formule sacrée douée, selon la tradition, d'une énergie potentielle qui se manifeste quand elle est prononcée. Le mantra primordial est la syllabe om. Chaque divinité a son mantra qui la signifie.

Manu. Personnage royal plus ou moins mythique, qui aurait vécu entre le Ier s. av. J.-C. et le Ier s. apr. J.-C. Il serait l'auteur des « lois de Manu » (Manu smriti) décrivant une société brahmanique idéale fondée sur les quatre fonctions des varna *(voir Caste et p. 74)*.

Marathes. Population hindoue du Deccan (Maharashtra), qui entre dans l'histoire grâce à Shivaji Bhonsle *(voir ce nom)*. Dès la première moitié du XVIIIe s., l'expansion des Marathes est spectaculaire, culminant avec la formation de la Confédération marathe (1732-1738). L'écrasement des Marathes par Ahmed Shah à la bataille de Panipat (1761) favorisera la pénétration anglaise.

Marathi. Langue indo-aryenne parlée au Maharashtra.

Mastaka. Partie supérieure du shikhara *(voir ce mot)*, elle-même composée de plusieurs éléments.

Math. Monastère hindou, centre d'une école de philosophie, lieu d'enseignement d'une secte.

Maya. L'illusion, l'apparence illusoire du monde.

Mela. Litt. « réunion » ; généralement « foire ».

Milarepa (*mi-la-ras-pa* ; 1040-1123). Le quatrième et dernier des grands gourous qui œuvrèrent pour le passage de la secte non réformée (Nyingmapa) aux sectes demi-réformées (Kargyupa).

Mithuna. Couple amoureux.

Mitsering *(mi-tshe-ring)*. Le vieillard (*mi,* « l'homme, la personne ») de longue *(ring)* vie *(tshe)* : personnage du lamaïsme populaire. Il est une des constantes de l'iconographie tibétaine, apparaissant sur presque tous les auvents des monastères, entouré de tous les êtres : le cerf à quatre pattes, l'oiseau à deux pattes, l'arbre « à une patte » et le rocher « à zéro patte » !

Moksha (« délivrance »). Délivrance du *samsara* ou chaîne des réincarnations. But ultime de la vie idéale de l'hindou.

Mudra (« sceau »). Geste symbolique exécuté avec les mains (danse et sculpture en particulier) *(p. 103)*.

Muharram. Premier mois du calendrier musulman au cours duquel les chiites commémorent la mort par trahison de Hussein à la bataille de Kerbela en Mésopotamie, en 680.

Mukhalinga. Lingam où apparaît le visage de Shiva.

Munda. Tribu aborigène du centre et de l'Est indiens. Sa langue est le mundari.

Muni (« qui a fait vœu de silence »). Saint, ermite, sage.

N

Nabab (nawab). Gouverneur dans l'Inde musulmane.

Naga. Serpent, génie des eaux et des régions souterraines, gardien de trésors.

Nagi, nagini. Épouses des *naga*.

Namaskar. Litt. « se prosterner ». Salutation.

Nanak (gourou ; 1469-1538). Poète et prédicateur, fondateur du sikhisme, compilateur de l'Adi Granth, livre sacré des sikhs, qui contient aussi des fragments de son enseignement.

Nandi. Taureau, monture *(vahana)* de Shiva.

Nata-mandapa. Hall de danse (dans un temple ou non).

Nataraja. Roi de la danse (Shiva).

Navagraha. *Voir Graha.*

Nawang Namgyal. *Voir Jabtrung.*

Nehru (Pandit Jawaharlal ; 1889-1964). Homme politique et homme d'État, membre influent du mouvement du Congrès ; il s'engagea dans de nombreuses actions pour l'indépendance de l'Inde. Fut le partenaire de Gandhi. Il présida le gouvernement provisoire indien créé en 1946 et fut le Premier ministre de l'Inde depuis l'indépendance, en 1947, jusqu'à sa mort.

Nirvana (litt. « extinction »). Dans le bouddhisme, extinction des trois racines du mal (désir, haine et erreur), qui délivre du cycle des renaissances.

O

Odissi. Danse originaire des temples d'Orissa *(p. 180)*.

P

Padma. *Voir Lotus.*

Padmasana. Posture en lotus, particulière à la méditation.

Paisa. Un centième de roupie.

Paldan Lhamo *(dpal-dan lha-mo)*. « Femme » de Mahakala, déesse terrible au visage grimaçant, assimilée parfois à la Kali hindoue.

Pali. Langue indo-aryenne, contemporaine et dérivée du sanskrit classique, qui est la langue sacrée du bouddhisme, encore pratiquée par les moines du Sri Lanka, de Birmanie et de Thaïlande.

Pan. Chique (« masticatoire ») faite à partir d'une feuille de bétel repliée où sont enfermés de la noix d'arec pilée et divers aromates, réputée pour ses vertus digestives *(encadré, p. 40)*.

Panda. Prêtre brahmane de bas lignage qui exécute des cérémonies rituelles pour le compte de dévots et qui guide les pèlerins dans les temples.

Pandit. Titre honorifique attribué aux brahmanes ayant une connaissance approfondie des textes sanskrits ; titre des brahmanes du Cachemire.

Pardah (transcription anglaise : *purdah*). Rideau qui cache les femmes, spécialement musulmanes, dans les maisons et les voitures.

Paria. Intouchable. Vient du tamil *parayan*, joueur de tambour (spécialement aux funérailles).

Parsis. Descendants des Persans de confession zoroastrienne qui émigrèrent en Inde aux VIIe et VIIIe s. pour fuir les persécutions des musulmans.

Parvati. Épouse et *shakti* de Shiva.

Patel. Chef héréditaire d'un village au Gujarat et au Maharashtra.

Pendjabi (ou panjabi). Vêtement féminin originaire du Pendjab, utilisé dans tout le nord de l'Inde. Il se compose d'une sorte de pyjama serré à la cheville *(salwar)*, d'une longue tunique *(kamis)* et d'une écharpe *(dupada)*, généralement en mousseline, que l'on porte en laissant pendre les deux extrémités dans le dos.

Pipal. *Ficus religiosa,* sorte de peuplier vénéré comme arbre sacré car c'est sous cet arbre que le Bouddha connut l'Éveil à Bodhgaya.

Pir. Sage musulman ; tombeau d'un saint de l'islam.

Pradakshina (« vers la droite »). Circumambulation rituelle autour d'un sanctuaire, d'un stupa, dans le sens solaire, c'est-à-dire dans le sens de l'horloge.

Pradakshina-patha. Corridor de circumambulation autour de la cella d'un temple.

Prakrit. Langues « communes » de l'Inde ancienne dérivées du sanskrit, langue « parfaite ».

Prâna. En sanskrit : souffle, souffle vital.

Prasad. Nourriture consacrée, offerte à la divinité lors du culte et distribuée ensuite aux fidèles.

Puja (« culte »). Adoration de l'image sacrée, cérémonie rituelle, publique ou privée, du brahmanisme *(p. 102)*.

Pujari. Prêtre chargé de célébrer le culte *(puja)*.

Purana (« antiquité »). Anciens recueils de légendes, de généalogies, de dissertations sur la cosmologie, les pèlerinages, etc., beaucoup plus tardifs que le *Veda*.

Purohit. Brahmane chargé des cérémonies religieuses dans une famille ou un palais.

Q

Qawali. Chant de dévotion musulman à l'origine, venu d'Iran. Il est exécuté en groupe, avec un ou deux chanteurs comme leaders, dans un échange constant de solos et de chœurs.

R

Radha. Gopi ou bouvière sur les bords de la Yamuna, préférée du dieu Krishna. Les aventures mystiques du dieu et de la bergère, très populaires, ont inspiré de nombreux poèmes, chantefables et miniatures.

Raga (« coloration »). Mode mélodique interprété en correspondance avec une émotion, un sentiment, nés d'une influence extérieure (la pluie, la ronde des saisons, un moment de la journée) ou intérieure (amour, tristesse...). Ces sentiments peuvent être masculins *(raga)* ou féminins *(ragini)*. *Raga* et *ragini* sont un des thèmes de prédilection des miniaturistes hindous *(p. 173)*.

Raja. Roi.

Rajasthani. Langue indo-aryenne. Elle se subdivise en plusieurs dialectes (jaipuri, malvi, marwari, mewari et udaipuri).

Rajpoute (« fils de roi »). Habitant du Rajasthan *(Rajputana)*. Par extension, dans le Nord, *kshatriya*.

Rakshasa. Démon.

Rama. Septième avatar de Vishnou *(voir ce nom)*, héros du Ramayana, souvent représenté accompagné de son épouse, Sita, de son frère, Lakshmana, et du général des singes, Hanumân *(voir ce nom)*.

Ramakrishna (1836-1886). Prêtre brahmane, du temple de Dakshineshwar (près de Calcutta), fin mystique bengali et philosophe védantique, qui prêcha l'unité des religions. Son disciple Vivekananda (1863-1902) fit connaître la philosophie de son maître en Inde, en Europe et aux États-Unis, et fonda la Mission Ramakrishna, qui créa de nombreux ashrams, écoles et dispensaires.

Ramayana. L'une des deux grandes épopées de l'Inde *(p. 94)*.

Rangoli (*colam* dans le Sud, *alpana* au Bengale). Dessin géométrique de bon augure que les femmes exécutent avec de la pâte de riz, en particulier sur le seuil des maisons.

Rani. Reine ; féminin de raja.

Rasa. État affectif provoqué par l'émotion esthétique. Les théories esthétiques indiennes reconnaissent neuf rasa.

Ratha. Chariot ; en particulier, char de temple sur lequel la divinité visite ses fidèles.

Ray (Satyajit ; 1921-1992). Emblème du cinéma indien, S. Ray est considéré comme l'un des plus grands cinéastes indiens contemporains. Issu d'une famille appartenant à l'intelligentsia de Calcutta, il acquit rapidement une renommée internationale. Caractérisés par leurs préoccupations sociales et leur finesse psychologique, ses films – tous tournés au Bengale, à l'exception des *Joueurs d'échecs* – se situent à l'opposé du cinéma commercial indien, *(p. 185)*. S. Ray est également l'auteur d'essais et de nouvelles.

Rickshaw. Pousse-pousse, devenu cyclo-pousse, sauf à Calcutta. Très utilisé, le rickshaw se faufile dans les rues encombrées des villes indiennes.

Rigveda. Le plus ancien et le plus sacré des quatre recueils des *Veda*.

Rishi (« voyant »). Sage, saint personnage.

Roue de la Vie. Thème iconographique fréquent dans les monastères lamaïstes. La Roue de la Vie présente de façon condensée l'essentiel de la doctrine bouddhique. Elle est faite de trois cercles concentriques, tenus dans les griffes et les crocs de Sinje Chogyal, le dieu du jugement des âmes. Le cercle intérieur contient trois animaux qui symbolisent les trois principaux vices. Le deuxième cercle est divisé en six secteurs qui décrivent les six types de réincarnations possibles après la mort. Sur la jante sont figurés les douze liens de la production interdépendante.

Roupie. Unité monétaire de l'Union indienne. Cette monnaie fut créée en 1542 par Sher Shah avec l'introduction d'une pièce d'argent de 170 à 175 g. La Compagnie des Indes orientales adopta cette monnaie et la première roupie anglaise fut frappée à Bombay en 1677.

S

Sadhu (« bienveillant »). Ascète brahmanique.

Sahib (de l'arabe *sâheb* : « possesseur », « maître »). Terme de respect, notamment utilisé naguère pour s'adresser à un Européen.

Samadhi. Terme technique du yoga désignant la plus haute forme de concentration, où le sujet et l'objet se fondent, où la dualité est abolie. Désigne également l'endroit précis de la crémation d'un personnage important (la samadhi de Gandhi se trouve à Rajghat, à Delhi).

Samsara. Transmigration des âmes.

Samskâra. Rites de consécration qui jalonnent la vie de l'hindou des quatre castes. *(encadré p. 92).*

Sangha. La communauté bouddhique.

Sannyasin. Renonçant, moine-mendiant.

Sanskrit (« parfait »). Langue indo-aryenne ancienne, tenue pour sacrée, dans laquelle sont rédigés les textes sacrés du védisme, du brahmanisme et de l'hindouisme.

Saptagraha. *Voir Graha.*

Saptamatrika. Les sept shakti, mères du monde, protégées par Shiva.

Sarangi. Instrument musical à archet du N. de l'Inde, à trois ou quatre cordes, avec de nombreuses cordes de résonance *(p. 176-177).*

Sarasvati. Déesse de la connaissance, des lettres, des arts et des sciences *(p. 100-101).*

Sari. Vêtement féminin composé d'une pièce d'étoffe de 1,12 m de large et 5,20 m de long, drapée autour du corps, sans coutures ni épingles *(p. 54-55).*

Sarod. Instrument de musique à cordes pincées du Nord, plus bas de ton que le sitar, comme l'alto par rapport au violon *(p. 176-177).*

Sati. Nom de l'épouse de Shiva qui s'était immolée sur le bûcher funéraire de son époux et qui était ainsi devenue symbole de la fidélité. Ce terme désigne également l'ancienne coutume hindoue selon laquelle les femmes étaient sacrifiées sur le bûcher funéraire de leur époux *(p. 249).*

Sepoy. *Voir Cipaye.*

Shaka. Ère établie par le roi Kanishka, en 78 apr. J.-C.

Shakti (« énergie »). Énergie cosmique sous

forme féminine par laquelle Shiva agit dans le monde.

Shakyamuni. Le sage du clan des Shakya, nom sous lequel est souvent désigné le Bouddha Siddharta Gautama, fondateur du bouddhisme.

Shankaracharya (ou Shankara). Maître religieux et réformateur shivaïte (770 ?-810 ?) ; théoricien du Vedanta non dualiste *(advaita)*. L'un des plus grands philosophes de l'Inde.

Shikhara. Tour aux arêtes curvilignes au-dessus de la cella du temple. Ce type architectural est surtout répandu dans le N. de l'Inde *(p. 158-159)*.

Shiv Sena. Parti intégriste hindou de Bombay, souvent violent.

Shiva. Le dieu destructeur dans la triade hindoue, avec Brahma, le Créateur, et Vishnou, le Conservateur *(p. 90-91)*. Il détruit pour créer à nouveau et son rôle de dieu fécondateur est illustré par le culte du lingam *(p. 93)*. Il est l'ascète par excellence, le dieu suprême pour le shivaïsme. Il a plusieurs *shakti (voir ce nom)* : Parvati, Durga, Kali, Prithivi, Uma, Ambika, sans compter des formes purement locales, telle Minakshi, à Madurai. Il est souvent représenté en qualité de roi de la Danse (Nataraja), recevant le Gange dans sa chevelure, en dieu terrifiant (Bhairava), sous une forme androgyne (Ardhanishvara), etc.

Shivaji (Bhonsle ; 1627-1680). Chef marathe, fondateur de l'Empire marathe après d'âpres combats contre les Moghols et les Adlil Shah de Bijapur.

Shudra. Quatrième catégorie ou « caste » *(voir ce mot)* à la base de la hiérarchie reconnue de la société indienne.

Shunga. Dynastie dont l'avènement (185-v. 70 av. J.-C.) marque un retour en force du brahmanisme contre le bouddhisme.

Sikh. Litt. « disciple ». Adepte du sikhisme *(voir ce mot)*.

Sikhisme. Religion fondée au Pendjab par le gourou Nanak *(voir ce nom)* au début du XVIe s., empruntant aux principes de l'islam et de l'hindouisme *(p. 108)*.

Sitar. Instrument de musique du N. à cordes pincées *(p. 176-177)*.

Soufi. Adepte du soufisme *(voir ce mot)*.

Soufisme. Secte mystique musulmane, anciennement implantée en Perse, qui valorise l'expérience mystique au-delà du ritualisme. L'ordre des *chishti (voir ce mot)* est l'une des sectes soufies les plus populaires en Inde.

Stapathi. Architecte et maître d'œuvre.

Stupa. Monument en forme de tumulus hémisphérique qui contient des reliques du Bouddha ou de saints personnages du bouddhisme, ou parfois simplement commémoratif.

Surya. Nom du dieu du Soleil. Seul de tous les dieux de l'Inde, il est représenté avec des bottes, probablement selon un modèle d'origine iranienne.

Sutra (« fil » conducteur). Traités de rituels en sanskrit sous forme d'aphorismes ; puis, chez les bouddhistes et les jaïns, traités de morale.

Svastika (« de bon augure » en sanskrit). Symbole sacré en forme de croix grecque (gammée).

Svetembara (« vêtus de blanc »). Nom de l'une des deux grandes sectes du jaïnisme.

Swami. Maître, titre accordé à un guide spirituel.

T

Tabla. Jeu de deux tambours, l'un pour les basses (main gauche), l'autre pour la main droite, accompagnant l'instrumentiste dans le Nord.

Tagore (Rabindranath ; 1861-1941). Écrivain, issu d'une riche famille éclairée de Calcutta, il acquit une notoriété mondiale en devenant le premier Asiatique à recevoir le prix Nobel de littérature en 1913. Illustré dans ses œuvres, son humanisme trouva aussi une application concrète avec la fondation de l'université internationale de Shantiniketan (« lieu de paix »), au Bengale. La mémoire de Tagore est encore chère au cœur des Indiens. C'est à lui que l'on doit les paroles de l'hymne national.

Tala (« cycle rythmique »). L'un des deux grands concepts de la musique savante indienne *(p. 173)*.

Talam. Crotales, petites cymbales fixées aux doigts pour rythmer la danse.

Tampura. Instrument musical à quatre-cordes, correspondant à la « basse continue ».

Tank. Bassin, réservoir, étang artificiel.

Tansen (1550-1610). Célèbre musicien et chanteur indien de la cour d'Akbar. Près de sa tombe, à Gwalior, pousse un tamarinier dont les feuilles auraient la vertu de rendre plus pure la voix des chanteurs.

Tantra (« chaîne » ou « trame d'un tissu »). Manuel de caractère ésotérique proposant une cosmogonie, une philosophie et des rituels magiques qui permettent le dépassement de soi.

Tantrisme. Formes du shivaïsme et du bouddhisme du Mahayana tardif fondées sur l'étude et la pratique des tantra, avec une prépondérance du culte des divinités féminines *(encadré, p. 105)*.

Tapas (« chaleur »). Mortifications, macérations, pénitences.

Tara (« celle qui aide »). Dans le Mahayana, partenaire d'Avalokiteshvara. Il existe en fait plusieurs tara, les plus connues étant la tara verte et la tara blanche.

Tata. Instrument musical à cordes et archet.

Thali. Grand plateau de métal, individuel, sur lequel est traditionnellement servi le repas.

Thumri. Genre vocal de la musique classique de l'Inde du Nord *(p. 174)*.

Tilak. Marque religieuse apposée sur le front *(encadré, p. 99)*.

Tirtha (« gué »). Point d'eau sacré, lieu de pèlerinage.

Tirthankara (« faiseur de gué »). Nom donné par les jaïns à leurs patriarches ou réformateurs religieux qui, au nombre de 24 au cours des âges, guidèrent les hommes vers le salut.

Tonga. Voiture à un cheval.

Torana. Portique décoré à l'entrée de l'enclos d'un stupa, d'un temple.

Tribhanga. Triple flexion du corps (tête, corps et jambes) : un des canons de la sculpture indienne.

Triratna (« triple joyau »). Les trois vertus cardinales du jaïnisme : la foi juste, la connaissance juste et la conduite juste.

Trishula. Trident.

Tsongkhapa *(tsong-kha-pa)*. Fondateur de la secte des gelukpa (réformée) aux XIVe-XVe s.

Tughluq. Dynastie (1320-1414) qui succéda à Delhi à celle des Khalji.

Tulasi (ou tulsi). Basilic indien lié au culte de Vishnou.

Tulsidas. Grand poète hindi de l'époque d'Akbar (1532-1623), auteur de la version en hindi du Ramayana, connue dans tout le Nord de l'Inde.

U

Upanishad. Textes sacrés de l'hindouisme, rédigés en sanskrit, où sont présentés, en vers et en prose, sous forme d'exposés ou de dialogues, des expériences mystiques ainsi que les enseignements philosophiques et yogiques qui en découlent. Les plus anciens des Upanishad seraient antérieurs à 500 avant notre ère.

Upaveda. Les quatre Veda mineurs : *Ayurveda* (médecine), *Dhanurveda* (tir à l'arc), *Gandharvaveda* (musique), *Shilpashastra* (art et architecture).

Urdu (« langue des camps »). Forme du hindi, mais rédigée à l'aide de l'alphabet arabe et comprenant un nombre croissant de mots arabes et persans, surtout depuis qu'elle est devenue la langue nationale du Pakistan.

V

Vahana (« monture »). Animal-monture d'une divinité brahmanique.

Vairocana. Un des cinq Dhyani Bouddha ou Jina Bouddha *(voir Bouddha)*.

Vaishnava. Vishnouite.

Vaishya. Membre de l'une des quatre catégories *(varna)* ou « castes » *(voir ce mot)* de la société indienne, celle qui a pour fonctions la production et l'échange ; généralement traduit par « marchand ».

Vajrapani (en tibétain *Chakdor*). L'un des trois principaux bodhisattvas qui, comme son nom l'indique, tient un vajra *(voir ce mot)*. Il est souvent représenté sous une forme terrifiante.

Varaha. 3e avatar de Vishnou (p. 94), sous la forme d'un sanglier, qui alla repêcher la Terre au fond des eaux.

Varna (« couleur, catégorie »). *Voir Caste et p. 74.*

Varuna. Grande divinité védique, maître du ciel nocturne et des eaux, adversaire de Mitra, dieu du jour. Il ne joue plus qu'un rôle secondaire dans l'hindouisme ; il est parfois représenté debout sur un makara *(voir ce mot)*.

Veda (« savoir »). Ensemble des textes de la religion que les Arya apportèrent et développèrent en Inde et qui est composé de quatre recueils *(Rigveda, Yajurveda, Samaveda et Atharvaveda)*.

Vedanta (« la fin du Veda »). Le plus fameux des six points de vue philosophiques issus des Upanishad. Il expose un enseignement non dualiste mettant en évidence l'unité de l'Être individuel *(atman)* et de l'Être universel *(brahman)*, l'Un, l'Absolu étant la seule Réalité. Shankaracharya (VIIIe-IXe s. apr. J.-C. ; *voir ce mot)* développa cet enseignement et lui donna sa forme classique.

Vedika. Balustrade autour d'un stupa.

Vihara. Monastère bouddhique.

Vikrama. Ère hindoue dont l'origine se place en 58 av. J.-C.

Vimana. Tour-sanctuaire de type pyramidal, utilisée surtout dans les temples du Sud.

Vina. Instrument de musique à cordes pincées du Sud.

Vishnou. L'une des divinités de la triade hindoue avec Brahma, le Créateur, et Shiva, le Destructeur *(p. 90-91)*.

Vivekananda. *Voir Ramakrishna.*

Y

Yab-Yum. Les mots tibétains *yab* et *yum* sont des termes honorifiques pour père et mère. Le mot yab-yum désigne l'union sexuelle d'un dieu et d'une déesse, symbolisant la fusion de l'aspect « compassion » du dieu avec l'aspect « sagesse » de la déesse.

Yajgnopavita. Cordon sacré constituant un emblème pour les membres des trois plus hautes « catégories » de la société indienne ; ce cordon se porte sur l'épaule g. et passe sous le bras dr.

Yaksha. Génies des forêts, dont le chef est Kubera, le dieu des Richesses de la terre, souvent représentés aux entrées des sanctuaires bouddhiques où ils servent de gardiens ; ils figurent également au répertoire de l'iconographie brahmanique.

Yakshi, yakshini. Nymphes compagnes des yaksha.

Yama. Dieu du Royaume des morts.

Yoga. Discipline de maîtrise du corps et de l'esprit et point de vue *(darshana)* philosophique, l'un des six darshana codifié par Patanjali (au IIe s. av. J.-C. ?). Le yoga a influencé considérablement l'hindouisme et le bouddhisme classiques (sans parler du taoïsme), ainsi que le tantrisme *(voir ce mot)*.

Yogi. Adepte du yoga *(fém. : yogini)*.

Yoni. Table d'offrande carrée ou circulaire sur laquelle repose le lingam de Shiva.

Z

Zamindar. Litt. « gardien de la terre ». Collecteur d'impôts fonciers dans l'Empire moghol correspondant aux fermiers généraux de Louis XIV. Depuis lors, ce terme désigne les grands propriétaires terriens.

Bibliographie et discographie

Ouvrages de base

ANGOT M., *L'Inde classique,* Les Belles Lettres, coll. « Guide des civilisations », 2001.

BIARDEAU M., *L'Hindouisme, anthropologie d'une civilisation,* Flammarion, coll. « Champs », 1997.

DUMONT L., *Homo hierarchicus, le système des castes et ses implications,* Gallimard, coll. « Tel », 1979 ; (dir.), *La Civilisation indienne et nous, esquisse de sociologie comparée,* EHESS, 2002.

FRÉDÉRIC L., *L'Inde mystique et légendaire,* Éd. du Rocher, 1994.

TISON B., *Comprendre la culture hindoue,* Lyon, Chronique sociale, 2005.

Inde d'aujourd'hui, ouvrages généraux

BOILLOT J.-J., *L'Économie de l'Inde,* La Découverte, coll. « Repères », 2006.

BUSQUET G. et BUSQUET C., *L'Inde aujourd'hui,* Jaguar, 1981.

DELEURY G., *Le Modèle hindou,* Kailash, 1996 ; *L'Inde, continent rebelle,* Le Seuil, 2000.

DELIÈGE R., *Les Intouchables en Inde : des castes d'exclus,* Imago, 1998 ; *Les Castes en Inde aujourd'hui,* PUF, 2004.

DURAND-DASTÈS F. (dir.), « Monde indien », in *Afrique du Nord, Moyen-Orient, monde indien,* Belin, coll. « Géographie universelle », 1999.

FILLIOZAT P.-S. (dir.), *Dictionnaire des littératures de l'Inde,* PUF, coll. « Quadrige », 2001.

L'Inde et la Question nationale, revue *Hérodote,* n° 71, 1994.

JAFFRELOT C., *Les Nationalistes hindous,* Presses de la fondation des Sciences politiques, 1993 ; *Dr Ambedkar, leader intouchable et père de la Constitution indienne,* Presses de la fondation des Sciences politiques, 2000 ; *Inde : la Démocratie par la caste,* Fayard, 2005 ; (dir.), *L'Inde contemporaine de 1950 à nos jours,* Fayard, 1997.

SORMAN G., *Le Génie de l'Inde,* Fayard, 2000.

STERN H., *L'Inde des familles, le Rajasthan, des royaumes à l'Etat : enquête ethnographique,* L'Harmattan, coll. « Recherches asiatiques », 1996. Analyse des liens qui constituent les familles en réseaux.

Art

BÉGUIN G., *L'Art indien,* Flammarion, coll. « Tout l'art », 1998.

BERINSTAIN V., *L'Inde impériale des Grands Moghols,* Gallimard, coll. « Découvertes », 1997.

COUSIN F., *Tissus imprimés du Rajasthan,* L'Harmattan, coll. « Anthropologie. Connaissance des hommes », 1986.

CRAVEN R. C., *L'Art indien,* Paris, Thames & Hudson, coll. « L'univers de l'art », 1991.

DELAHOUTRE M., *Art et spiritualité de l'Inde,* Zodiaque, 1996.

LOTH A.-M., *Art de l'Inde, Diversité et Spiritualité,* Chapitre Douze (Belgique), 2005.

MICHELL G. et MARTINELLI A., *Les Palais indiens,* Paris, Thames and Hudson, 2004.

OKADA A., *Taj Mahal,* photographies de J.-L. Nou, Imprimerie nationale, 1993.

Peintures naïves indiennes : maisons décorées du Rajasthan, 1830-1930, revue *Double-page* n° 46, Paris : SNEP, 1987.

SIVARAMAMURTI O., *L'Art en Inde*, Citadelles & Mazenod, 1999.

Beaux livres

ALBANESE M. (dir.), *Inde du Nord : guide des sites archéologiques*, Gründ, 1999.

BALDIZZONE T. et G., *L'Inde des tribus oubliées*, Éd. du Chêne, 2004. Superbes photographies.

BEGUERMONT D., *Errances indiennes : carnets de voyage*, La Boussole, 2001.

BUSQUET C. et G., *Tableaux du Rajasthan*, photos B. Morandi, Arthaud, 2003.

DE ANGELI N. et DEMI I., *Inde, peuples aux mille visages*, Vilo, 2003.

DONIGER W., *Le Kâma Sûtra de Bikaner : essai*, trad. de l'anglais F. Durand-Bogaert, Gallimard, 2004. Présentation de l'œuvre peint sur ce thème à Bikaner entre 1678 et 1698.

FAUCON S., *Palais-hôtels du Rajasthan*, photos R. Faucon, Acanthe, 2005.

FOCH E., *L'Échappée indienne*, photos H. Costa, Philippe Rey, 2003.

GERMAIN-THOMAS O., *Le Voyage des Indes*, photographies de R. et S. Michaud, Imprimerie nationale, 2003.

GILL K., *L'Inde fabuleuse*, Minerva, 1992.

L'Inde de L. Rousselet, musée Goupil, Bordeaux, 1992. Catalogue de l'exposition.

HOLZBACHOVA R. et BÉNET Ph., *Rajasthan Delhi Agra : un art de vivre indo-musulman*, ACR, coll. « Images du monde », 2006.

LESAGE M., *L'Inde à fleur d'âme*, La Martinière, 2004.

MARTINELLI A. et MICHELL G., *Palais du Rajasthan*, trad. de l'anglais M. Phéline, Citadelles & Mazenod, 2005.

MICHAUD R. et S., *L'Inde dans un miroir*, Nathan, 1990. Confrontations de photos contemporaines et de miniatures du XVIe au XVIIIe s.

OKADA A., *Rajasthan : terre des seigneurs*, photos F. Kohler, Suisse : G. Naef, coll. « Terres de passion », 2003.

PELLIZZARI P., *Un milliard d'Indiens*, Cinq Continents, 2003.

PRIOR K. et ADAMSON J., *Bijoux de maharadjas*, Assouline, 2000.

VAN LYNDEN P., *Rajasthan*, Assouline, 2003.

VÂTSYÂYANA, *Les Kama-Sûtra*, texte intégral trad. du sanskrit, Zulma, 2003.

Cinéma

KOTHARI J. et RAHEJA D., *La Saga de Bollywood, le Cinéma indien*, Charles Moreau, 2004.

LENGLET P. et VASUDEV A., *Les Cinémas indiens*, préface de Satyajit Ray, revue *CinémAction* n° 29, Paris : Le Cerf, 1984.

PASSEK J.-L., *Cinéma indien*, Centre Georges-Pompidou, coll. « Cinéma Pluriel », 1983.

TESSON C., *Le Lustre et le lampadaire*, sur Satyajit Ray, *Les Cahiers du Cinéma* n° 457, 1992.

Danse et musique

AMAR G., *L'Inde danse*, L'Harmattan, 2005.

AUBOUX F., *L'Art du raga : la musique classique de l'Inde du Nord*, Minerve, 2003.

DANIÉLOU A., *La Musique de l'Inde du Nord*, Fata Morgana, 1995. Ouvrage de base, illustré de photos noir et blanc.

DAUMAL R., *Bharata, l'origine du théâtre, la poésie et la musique en Inde*, Gallimard, 1970.

Escale en Inde, CD Playa Sound, 2004.

Inde-Rajasthan, musiciens professionnels populaires, CD Ocora-Radio France, 1994.

India, religious music from Gujarat, CD Playa Sound, 2004.

MAZÉRAN A., *Visages de la danse indienne*, Paris : Alain Mazéran, 1988 ; *Gita Govinda*, Paris : Alain Mazéran, 1988.

Musique populaire de l'Inde du Nord, CD UNESCO, 1991.

ROBIN T., *Gulabi Sapera, danseuse gitane du Rajasthan*, photos V. Guillier (+ 1 CD), Naïve Livres, 2000.

Robin T., Roux-Fontaine E. et Mondelo S., *Rajasthan : voyage aux sources gitanes*, Éd. du Garde-Temps, coll. « Voyages », 2004.

Sangeet, *La Musique indienne : discographie, bibliographie*, Ville de Paris, Discothèque des Halles, 1986. Introduction à la musique et à la danse indiennes, avec une discographie commentée et une petite bibliographie.

Servan-Schreiber C., *Chanteurs itinérants en Inde du Nord*, L'Harmattan, 2000.

Shankar A., *Bapi... l'amour de ma vie*, Le Cherche-Midi, 2004. La vie et la carrière de Ravi Shankar, joueur de sitar, racontées par sa fille et élève.

Tupper F., *Musiques de l'Inde du Nord. Guide d'écoute et discographie CD*, Paris, Éd. du Makar, 1993. Ouvrage de référence. Guide d'achat avec une analyse de plus de 200 CD disponibles en France.

Histoire

Boivin M. *Histoire de l'Inde*, PUF, coll. « Que sais-je ? », n° 489, 2005 (3e éd.).

Borie G. de la, *Indira Gandhi*, M. Sell, coll. « Du côté des femmes », 2006.

Deliège R., *Gandhi*, PUF, coll. « Que sais-je ? », n° 3501, 1999.

Dupuis J., *Histoire de l'Inde des origines à la fin du XXe s.*, Kailash, coll. « Civilisations et sociétés », 2005.

Lapierre D. et Collins L., *Cette nuit, la liberté : l'épopée de l'indépendance de l'Inde*, Pocket, 2004.

Lecomte F., *Nehru*, Payot, 1994.

Narayana Rao V., Shulman D. et Subrahmanyam S., *Textures du temps : écrire l'histoire en Inde*, trad. de l'anglais M. Fourcade, Éd. du Seuil, coll. « La librairie du XXIe siècle », 2004.

Roux J.-P., *Babur, histoire des Grands Moghols*, Fayard, 1986.

Sergent B., *Genèse de l'Inde*, Payot, 1997.

Sofri G., *Gandhi et l'Inde*, Casterman, coll. « XXe s. », 1996.

L'Inde des Français

Biès J., *Littérature française et pensée hindoue des origines à 1950*, Paris, Klincksieck, 2000.

Deleury G. (dir.), *Le Voyage en Inde : anthologie des voyageurs français (1750-1820)*, Robert Laffont, coll. « Bouquins », 2003.

D'Souza F., *Quand la France découvrit l'Inde : les écrivains voyageurs français en Inde (1757-1818)*, L'Harmattan, 1995.

Soulages G. de et Randa P., *Les Dernières Années de l'Inde française*, Dualpha, 2004.

Philosophie, religion

Aurobindo S., *La Synthèse des yoga*, Buchet-Chastel, 3 vol., 1994 ; *Les Fondements de la culture indienne*, Buchet-Chastel, 1997.

Boisselier J., *La Sagesse du Bouddha*, Gallimard, coll. « Découvertes », 1993.

Brosse J., *Le Bouddha*, J'ai Lu, 2001.

Chenet F. (dir.), *Nirvana*, « Cahiers de l'Herne » n° 63, 1993.

Daniélou A., *Mythes et dieux de l'Inde : le polythéisme hindou*, Flammarion, coll. « Champs », 1999.

Deleury G., *Les Grands Mythes de l'Inde ou l'Empreinte de la tortue*, Fayard, 1992.

Demariaux J.-C., *Pour connaître l'hindouisme*, Éd. du Cerf, 1995.

Desjardins A., *Yoga et spiritualité*, La Table ronde, 1992 ; *Premiers pas vers la sagesse*, J'ai Lu, 2004.

Doniger W., *Shiva, érotique et ascétique*, trad. de l'anglais N. Menant, Gallimard, 1993.

Droit R.-P., *L'Oubli de l'Inde, une amnésie philosophique*, Le Seuil, 2004.

Du Breuil P., *Les Jaïns de l'Inde*, Aubier, 2001.

Dumézil G., *Mythe et Épopée*, Gallimard, coll. « Quarto », 1995.

Eliade M., *L'Inde, Le Yoga : immortalité et liberté*, Payot, coll. « Bibliothèque historique », 1991 ; *Sur l'érotique mystique indienne*, L'Herne, 1997.

FILLIOZAT J., *Les Philosophies de l'Inde*, PUF, coll. « Que sais-je ? », n° 932, 1986 (4e éd.).

FRÉDÉRIC L., *Les Dieux du Bouddhisme*, Flammarion, 2006.

HERBERT J., *La Mythologie hindoue*, Albin Michel, coll. « Spiritualités vivantes », 1979 ; *Le Yoga de l'amour : la geste de Krishna*, Albin Michel, 2000.

HULIN M. (trad. du sanskrit et prés.), *Sept récits initiatiques tirés du Yoga-Vasistha*, Berg International, 1991 ; *L'Inde des Sages*, Kiron-P. Lebaud, 2000.

JANSEN E. R., *Iconographie de l'hindouisme : les dieux, leurs manifestations et leur signification*, Binkey Kok (Pays-Bas), 1999.

KRISHNAMURTI J., *Commentaires sur la vie*, Buchet-Chastel, 3 vol., 1994.

LE SAULX H., *Sagesse hindoue, mystique chrétienne*, Bayard, 1991.

LOTH A.-M., *Védisme et hindouisme : images du Divin et des dieux*, Chapitre Douze (Belgique), 2005.

MALAMOUD C., *Cuire le monde : rite et pensée dans l'Inde ancienne*, La Découverte, coll. « Textes à l'appui », 1989.

NITYABODHANANDA S., *Mythes et religions de l'Inde*, Maisonneuve et Larose, 2001.

RENOU L., *L'Hindouisme*, PUF, coll. « Que sais-je ? », n° 475, 2001.

ROW T. S., *La Philosophie de la Bhagavad-Gita*, Adyar, 1992.

SAILLEY R., *Les Déesses de l'Inde*, Éd. du Cerf, coll. « Bref », 1999.

TARDAN-MASQUELIER Y., *L'Hindouisme : des origines védiques aux courants contemporains*, Bayard-Éd. du Centurion, 1999.

VARENNE J., *Vocabulaire de l'hindouisme*, Paris, Dervy-Livres, coll. « Mystiques et Religions », 1985 ; *Aux sources du yoga*, Éd. J. Renard, 1998.

VARENNE J. et HERBERT J., *Dictionnaire de l'hindouisme*, Éd. du Rocher, 2002.

WEBER M., *Hindouisme et bouddhisme*, Flammarion, coll. « Champs », 2003.

Littérature

BANERJI B. B., *La Complainte du sentier*, trad. du bengali F. Bhattacharya, Gallimard-Unesco, coll. « Connaissance de l'Orient », 1985.

CHATTERJI S.C., *Devdas*, trad. du bengali A. Dutta, Les Belles Lettres, coll. « La Voix de l'Inde », 2006.

CHENDI P., *Bouddha*, 2 vol. : *Le Rêve de lumière* ; *Le Sourire du sage*, Pocket, 2004.

CLÉMENT C., *Pour l'amour de l'Inde*, Flammarion, 1993.

DASWANI K., *Mariage à l'indienne*, Fallois, 2003.

DELEURY G., *Le Gardien du Gange*, Robert Laffont, 1993.

DESAI A., *Un héritage exorbitant*, Stock, coll. « Bibliothèque cosmopolite », 1992.

DEVI M., *Indiennes : Rudall et autres nouvelles*, trad. M. Morin, Actes Sud, 2004.

DIVAKARUNI C. B., *Mariage arrangé*, trad. de l'anglais M.-O. Probst, Philippe Picquier Poche, 2001 ; *La Maîtresse des épices*, trad. de l'anglais M.-O. Probst, Philippe Picquier Poche, 2002.

ELIADE M., *La Nuit bengali*, Gallimard, Folio, 1979.

FRAIN I., *Le Nabab*, Lattès, 1982 ; *Devi : la Reine des bandits*, Le Livre de Poche, 1994.

FRÉDÉRIC L., *Le Tigre et la Rose : une passion à la cour des Grands Moghols*, Kailash, 1998.

GHOSH A., *Un infidèle en Égypte*, Éd. du Seuil, coll. « Cadre vert », 1999 ; *Les Feux du Bengale*, trad. de l'anglais C. Besse, Éd. du Seuil, coll. « Points », 2002.

GUPTA B.P., *Gange, ô ma mère*, trad. du hindi par Balbir, Gallimard, 1991.

HESSE H., *Siddhartha*, Grasset, coll. « Les cahiers rouges », 2002.

KAKAR S., *L'Ascète du désir*, trad. de l'anglais B. Trule, Éd. du Seuil, 2000. L'histoire de Vatsyayana, l'auteur du *Kama Sutra*.

KANGA F., *Grandir*, Philippe Picquier Poche, 2002. Description pleine de verve du milieu des riches parsis de Bombay.

KIPLING R., *Kim ; Le Livre de la Jungle ; Simples contes des collines ; Le Retour d'Imray*, Robert Laffont, coll. « Bouquins », t. I, 1988. Deux volumes de la coll. « Bouquins » sont consacrés aux écrits de Kipling sur l'Inde.

LAPIERRE D., *La Cité de la joie*, Pocket, 2000.

LARNEUIL M., *Le Vautour et l'Enfant*, Kailash, 1997 ; *Le Mercenaire du Gange*, Le Livre de Poche, 2002.

MAAS S., *Noces indiennes*, trad. de l'anglais M. Leroy-Battistelli, J'ai Lu, 2003.

MEHTA G., *La Maharani*, Le Livre de Poche, 1990 ; *Le Serpent et l'Échelle*, Albin Michel, 2000.

MAHETA N., *Au point du jour, les Prabhatiyam de Narasimha Maheta : poète et saint vishnouite du Gujarat (XVe siècle)*, École française d'Extrême-Orient, 1986. 51 pada, hymnes chantés au réveil, composés dans les langues vernaculaires.

NAIPAUL V. S., *À la courbe du Fleuve*, Albin Michel, 2001.

NARAYAN R. K., *En attendant le Mahatma*, trad. de l'anglais P. Rouard, Belfond, 1999.

PASOLINI P. P., *L'Odeur de l'Inde*, Gallimard, coll. « Folio », 2001.

PAZ D., *Lueurs de l'Inde*, Gallimard, coll. « Arcades », 1997.

PERRIER, J.-C. (dir.), *Le Goût des villes de l'Inde*, Mercure de France, « Petit Mercure », 2005.

RAY S., *Les Aventures de Feluda*, Kailash, 1998 ; *Le Brigand du Kailash*, Kailash, 2001 ; *Le Tigre du Bengale*, Kailash, 2002.

ROY A., *Le Coût de la vie*, trad. de l'anglais C. Demanuelli, Gallimard, coll. « Arcades », 1999 ; *Le Dieu des petits riens*, Gallimard, coll. « Folio », 2000.

RUSHDIE S., *La Honte*, Plon, coll. « Feux croisés », 1997 ; *Les Enfants de minuit*, Plon, coll. « Feux croisés », 1997.

RYMAN R., *Le Voile de l'illusion*, Belfond, 1996 ; *Shalimar*, Le Livre de Poche, 2002.

SINGH K., *Une épouse pour le sahib et autres récits*, trad. de l'anglais J. Pimpaneau, Kwok On, 2001 ; *Je n'entendrai pas le rossignol*, trad. de l'anglais J. Pimpaneau, Philippe Picquier, 2004.

SUTCLIFFE W., *Vacances indiennes*, 10/18, 2005.

TABUCCHI A., *Nocturne indien*, 10/18, 2004.

TAGORE R., *L'Offrande lyrique*, trad. de l'anglais A. Gide, Gallimard, coll. « Poésie », 1971 ; *Le Vagabond et autres histoires*, Gallimard, coll. « L'Imaginaire », 2002 ; *La Maison et le Monde*, Payot, coll. « Petite bibliothèque », 2002 ; *La Petite mariée* suivi de *Nuage et soleil*, Gallimard, coll. « Folio », 2004.

THAROOR S., *Le Grand Roman indien*, trad. Christiane Besse, Éd. du Seuil, coll. « Points », 2002 ; *L'Émeute*, Éd. du Seuil, coll. « Points », 2004.

Théâtre de l'Inde ancienne, Gallimard, coll. « La Pléiade », 2006. Anthologie.

Témoignages, essais

BOULET M., *Dans la peau d'un intouchable*, Éd. du Seuil, coll. « Points », 1998.

CLAUSEL J., *Indes*, Payot, coll. « Petite Bibliothèque », 2001.

CLÉMENT C., *Gandhi, athlète de la liberté*, Gallimard, coll. « Découvertes », 1989 ; *Le Roman du Taj Mahal*, Noêsis, 1998 ; *Les Mille Romans de Bénarès*, Noêsis, 2001.

DAVID-NÉEL A., *L'Inde où j'ai vécu*, Pocket, 2003.

FRAIN I., *Quai des Indes*, Fayard, 1993.

JENKINS L., *Ma, l'Inde au féminin*, Mercure de France, coll. « 1 001 femmes », 1986.

KIRPALANI M.-C. et GOBURDHUN-JANI M., *Indiennes en mouvements*, Des femmes, 1993.

LAPIERRE D., *Les Héros de la Cité de la joie*, Robert Laffont, 1999 ; *Mille soleils*, Pocket, 1999 ; *Il était minuit cinq à Bhopal*, Pocket, 2002.

LOTI P., *L'Inde sans les Anglais*, Christian Pirot, 1998.

MACAIRE P., *Sur les routes des Indes, Vol. 3 : Gujarat, Rajasthan, Pakistan, Cachemire*, éd. Le Plein des sens (Gard), 2004.

MICHAUX H., *Un barbare en Asie*, Gallimard, coll. « L'Imaginaire », 1986.

NAIPAUL V. S., *L'Inde : un million de révoltes*, Plon, 1992 ; *L'Inde*, 10/18, 2001.

PERRIER J.-C. (textes réunis et présentés par), *André Malraux, la Tentation de l'Inde*, Gallimard, 2004.

Témoignages indiens

GANDHI, *Lettres à l'ashram*, Albin Michel, coll. « Spiritualités vivantes », 1989 ; *Autobiographie ou Mes expériences de vérité*, introd. et trad. G. Belmont, éd. O. Lacombe, P. Meile, PUF, coll. « Quadrige », 2003.

GAYATRI D. et RAD S.R., *Une princesse se souvient : mémoires de la maharani de Jaipur*, trad. de l'anglais E. Chayet, Kailash, 1992.

JADHAU N., *Intouchable, une famille de parias dans l'Inde contemporaine*, Hachette Pluriel, 2005.

NEHRU J., *Ma vie et mes prisons*, Denoël, 1981 ; *La Promesse tenue*, avant-propos de Rajiv Gandhi, choix et trad. M. Morazé, L'Harmattan, 1986 ; *La Découverte de l'Inde*, trad. D. Vitalyos, Philippe Picquier, 2002.

RAIRKAR H. et POITEVIN G., *Inde, le développement, une impasse ? : trois études indiennes*, L'Harmattan, ACIAD, 1985 ; *Inde, village au féminin : la peine d'exister*, L'Harmattan, ACIAD, 1985.

TAGORE R., *Souvenirs*, Gallimard, coll. « Connaissance de l'Orient », 1991.

VINOBA A. B., *La Révolution de la non-violence*, Albin Michel, 2000.

Textes indiens classiques

***La Bhagavad-Gîtâ* :**
—, prés. et trad. A.-M. Esnoul et O. Lacombe, Éd. du Seuil, coll. « Points Sagesses », 1977 ;
—, *Le Yoga de la Bhagavad-Gîtâ*, trad. P. Mandala, Accarias-L'Originel, 1998 ;
—, prés. et trad. S. Aurobindo, Albin Michel, 2000.

DANIÉLOU A., *Le Roman de l'Anneau : Shilappadikaram*, Gallimard-Unesco, 1990.

DU CŒUR G., *Anthologie de proverbes sanskrits*, L'Harmattan, 2004.

HULIN M., *L'Inde des sages : les plus beaux textes de l'hindouisme et du bouddhisme*, Philippe Lebaud, 2000.

RACHET G. (dir.), *Les Upanishads majeures*, Sand, coll. « Sagesse et Spiritualité », 1995.

***Le Mahabharata* :**
—, trad. du sanskrit J.-M. Peterfalvi, Garnier-Flammarion, 1986 (2 vol.) ;
—, adaptation J.-C. Carrière, Pocket, 1992 ;
—, trad. du sanskrit M. Biardeau, Éd. du Seuil, 2002 (2 vol.).

Le Ramayana, version hindi de Tulsî Dâs, trad. Charlotte Vaudeville, Les Belles Lettres, coll. « Le Monde indien », 1977.

Shiva, le seigneur du sommeil, trad. du sanskrit A. Porte, Éd. du Seuil, coll. « Points Sagesse », 1993.

Bandes dessinées

CEPPI D., *Les Routes de Bharata*, suivi de *La Malédiction de Surya*, Les Humanoïdes associés, 1999 ; *L'Étreinte d'Hourah*, Les Humanoïdes associés, 1999.

CHARLES M. ET J.-F., *India Dreams* (5 vol. en cofret), Casterman, 2005. Évocation de l'Inde du XXe s. sur trois générations à travers le regard des femmes d'une même famille .

Cartes

- *World Travel Map India Pakistan and Ceylon* au 1/4 000 000, éd. Bartholomew, disponible en Europe et en Inde, pratique pour les grands itinéraires.
- *Road Atlas of India* (en Inde seulement), plus détaillée, mais confuse par endroits.
- Les *Nelles Maps*, dont quatre couvrent le nord de l'Inde : *Northern India, Western India, Eastern India* et *N.-E. India*, au 1/1 500 000, éd. Nelles-Verlag, indiquent clairement presque tous les sites, routes, villes et villages mentionnés dans ce guide, ainsi que des plans de ville.

Filmographie

Films indiens

1955 : *Calcutta ville cruelle* (*Do bigha zamin*, R. BIMAL) ; *La Complainte du sentier* (*Pather panchali*, S. RAY).

1956 : *L'Invaincu* (*Aparajito*, S. RAY).

1957 : *Mother India* (M. KHAN) ; *Assoiffé* (*Pyaasa*, G. DUTT).

1958 : *Ajantrik* (R. GHATAK) ; *Le Salon de musique* (*Jalsaghar*, S. RAY).

1959 : *Fleurs de papier* (*Kaagaz ke phool*, G. DUTT) ; *Le Monde d'Apu* (*Apu sansar*, S. RAY) ; *La Pierre philosophale* (*Parash pathar*, S. RAY).

1960 : *Étoile cachée* (*Meghe dhaka tara*, R. GHATAK).

1962 : *Suvarnarekha* (R. GHATAK).

1964 : *Charulata* (S. RAY).

1965 : *Le Lâche et le Saint* (*Kapurush o Mahapurush*, S. RAY) ; film en deux parties.

1966 : *Le Héros* (*Nayak*, S. RAY).

1968 : *Les aventures de Goopy et Bagha* (*Goupy gyne Bagha byne*, S. RAY).

1970 : *Des jours et des nuits dans la forêt* (*Aranyer din ratri*, S. RAY).

1973 : *Tonnerres lointains* (*Ashani shanket*, S. RAY).

1977 : *Les Joueurs d'échecs* (*Shatranj ke khilari*, S. RAY) ; *Les Marginaux* (*Oka oorie katha*, M. SEN) ; *Bhumika* (S. BENEGAL) ; *Fire* (D. MEHTA).

1980 : *Le Royaume des diamants* (*Hirak Rajar Deshe*, S. RAY).

1983 : *Les Ruines* (*Khandar*, M. SEN).

1986 : *Genesis* (M. SEN).
1988 : *Salaam Bombay !* (M. NAIR).

1991 : *Les Branches de l'arbre* (*Shaka proshaka*, S. RAY).

1992 : *Agantuk le visiteur* (S. RAY).

1998 : *Earth* (D. MEHTA).

2000 : *Mohabbatien* (A. CHOPRA).

2001 : *La Famille indienne* (*Kabhi Khushi Kabhie Gham*, K. JOHAR) ; *Lagaan, Once upon a time in India* (A. GOWARIKER) ; *Le Mariage des moussons* (M. NAIR).

2002 : *Devdas* (S. L. BHANSALI).

2003 : *Hollywood Bollywood* (D. MEHTA).

2004 : *Veer-Zaara* (Y. CHOPRA) ; *Black* (S. L. BHANSALI) ; *New York masala* (N. ADVANI).

2005 : *Swades* (*Nous, le peuple*, A. GOWARIKER).

Films sur l'Inde

1951 : *Le Fleuve* (J. RENOIR) ; *Kim* (V. SAVILLE).

1969 : *Calcutta* (L. MALLE).

1975 : *L'Inde fantôme* (L. MALLE).

1983 : *Gandhi* (R. ATTENBOROUGH) ; *Chaleur et poussière* (J. IVORY).

1985 : *La Route des Indes* (D. LEAN).

1988 : *Le Mahabharata* (P. BROOK) ; *Pondichéry juste avant l'oubli* (J. FARGES) ; *La Nuit bengali* (N. KLOTZ) ; *Mère Teresa* (A. et J. PETRIE).

1989 : *Nocturne indien* (A. CORNEAU).

1992 : *La Cité de la joie* (R. JOFFÉ).

1993 : *Little Buddha* (B. BERTOLUCCI).

1997 : *Pondichéry, dernier comptoir des Indes* (B. FAVRE).

Documentaires CNRS-audiovisuel, (P. AMADO)

1979 : *Le ciel sur la terre, pèlerinages au Gange ; Kumbh Mela.*

1981 : *Les fêtes de Durga à Calcutta.*

1982 : *Les moissons du soleil.*

Table des cartes et plans

Index thématique des encadrés

Les chiffres romains renvoient aux pages couleur illustrées.

Architecture, habitat

Arts et traditions populaires, artisanat, cuisine, fêtes et rituels

Économie et politique

Géographie, environnement, paysages

Histoire

Personnages

Cinéma, littérature, musique, peinture

Société

Religion

Vie quotidienne

Index général

Agra : nom géographique, etc.
Akbar : nom propre
BRAHMANISME : mot clef.
Les chiffres romains renvoient aux pages couleur illustrées.

K

T

Index

Achevé d'imprimer en Italie par G. Canale & C. S.p.A. (Turin)
Dépôt légal : 78251 - 10/2006 - Collection n° 01 - Édition 01
ISBN : 2.01.240479-0
24/0479/6

GUIDES BLEUS

GUIDES BLEUS FRANCE

- Alsace, Lorraine
- Bordeaux
- Bordelais, Landes
- Bretagne Nord
- Bretagne Sud
- Champagne-Ardenne
- Corse
- Côte d'Azur
- France
- Franche-Comté
- Languedoc-Roussillon
- Limousin
- Marseille
- Nord-Pas-de-Calais
- Normandie
- Paris
- Pays basque (France et Espagne)
- Pays de la Loire
- Périgord, Quercy
- Picardie
- Poitou-Charentes
- Provence
- Rhône-Alpes
- Toulouse

GUIDES BLEUS MONDE

- Antilles, îles du Vent, Guyane
- Bruxelles et la Wallonie
- Chine : de Pékin à Hong Kong
- Chine du Sud-Ouest
- Égypte
- Espagne Centre et Nord
- Espagne du Sud
- États-Unis : Ouest américain
- Grèce
- Inde du Nord : vallée du Gange, marches du Deccan
- Inde du Sud
- Israël
- Italie du Sud
- Jordanie
- Lacs italiens, Milan et la Lombardie
- Maroc
- Mexique
- Norvège
- Portugal
- Rajasthan et Gujarat
- Syrie
- Toscane
- Tunisie
- Turquie
- Venise et la Vénétie

HACHETTE
Tourisme

N
① MEGHALAYA
② TRIPURA
AFGHANISTAN
PAKISTAN
CHINE
NÉPAL
BHOUTAN
BANGLADESH
MYANMAR
Kaboul
Islamabad
Lahore
Sukkur
Hyderabad
Indus
Jhelum
Chenab
Ravi
Sutlej
7 885
Disteghil Sar
8 611
K2
7 672
Saser
Srinagar
JAMMU-ET-CACHEMIRE
7 026
HIMACHAL PRADESH
Amritsar
Ludhiana
Simla
Chandigarh
Dehra Dun
Kamet
7 756
PENDJAB
UTTARANCHAL
Hardwar
HARYANA
Meerut
Delhi
New Delhi
Haridabad
Gandhi
Indira
Canal
Bikaner
1 052
UTTAR PRADESH
RAJASTHAN
387
Jodhpur
Jaipur
Ajmer
Agra
Yamuna
Lucknow
Kanpur
Gange
Ghaghara
Chambal
Gwalior
Bénarès (Varanasi)
Allahabad
Dhaulagiri
8 172
Mont Everest
8 850
Katmandou
Sun Kost
Gandak
SIKKIM
Gangtog
Lhassa
Brahmapoutre
Nizamghate
ARUNACHAL PRADESH
NAGALAND
Kohima
3 824
Guwahati
ASSAM
Shillong
1 412
Imphal
MANIPUR
Aizawl
2 704
Agartala
MIZORAM
Dacca
BIHAR
Patna
Gaya
Udaipur
1 722
GUJARAT
Ahmadabad
Rajkot
Vadodara
Bhavnagar
Narmada
Betwa
Bhopal
Indore
1 353
690
MADHYA PRADESH
Jabalpur
1 366
Dhambad
Asansol
JHARKHAND
1 225
Jamshedpur
BENGALE-OCCIDENTAL
Calcutta (Kolkata)
1 127
CHHATTISGARH